BECK'SCHE SONDERAUSGABEN

RANUCCIO BIANCHI BANDINELLI

Die römische Kunst

Von den Anfängen bis zum
Ende der Antike

VERLAG C.H. BECK MÜNCHEN

Sonderausgabe 1975
Ungekürzter Text der im ‹Universum der Kunst› erschienenen beiden Bände ‹Rom – Das Zentrum der Macht› (1970) und ‹Rom – Das Ende der Antike› (1971). Aus dem Italienischen von Marcell Restle (Erstes Buch), Annemarie Seling (Zweites Buch/ Erster Teil) und Herbert Schlüter (Zweites Buch/ Zweiter Teil)

Mit 4 Textabbildungen und 63 Abbildungen auf Tafeln

CIP -Kurztitelaufnahme der Deutschen Bibliothek

Bianchi Bandinelli, Ranuccio
[Sammlung ‹dt.›]
Die römische Kunst : von d. Anfängen bis z.
Ende d. Antike.
(Beck'sche Sonderausgaben)
ISBN 3 406 00734 1

ISBN 3 406 00734 1

Umschlagentwurf von Wolfgang Taube, München

Satz und Druck bei Georg Appl, Wemding
Printed in Germany

Den Vorschlag des Verlages, die Texte der im ‹Universum der Kunst› erschienenen Bände ‹Rom – Das Zentrum der Macht› und ‹Rom – Das Ende der Antike› in einer Sonderausgabe zusammenzufassen, hat Professor Ranuccio Bianchi Bandinelli noch zu seinen Lebzeiten nachdrücklich begrüßt, weil auch ihm daran lag, den Studierenden eine handliche und preiswürdige Ausgabe seiner Texte über die römische Kunst zur Verfügung stellen zu können. Er nahm dabei den Verzicht auf den größten Teil der Bilder in Kauf, wählte die ihm wesentlichsten Abbildungen für den vorliegenden Band noch selbst aus und versah im übrigen den Text des ersten Bandes mit Hinweisen auf Helbigs Führer durch die öffentlichen Sammlungen in Rom und andere Museumsführer. Leider hat ihm seine letzte Krankheit nicht mehr erlaubt, das gleiche für den Text des zweiten Buches zu tun, wo nun der Verlag versuchen mußte, die Abbildungs-Verweise in seinem Sinne fortzuführen. Auch ist der Wunsch des Autors, für diese Sonderausgabe ein eigenes Vorwort zu schreiben, unerfüllt geblieben, weshalb der Verlag die Vorworte zu den beiden Bänden unverändert übernommen hat, in der Hoffnung, damit dem Geiste des Autors am ehesten zu entsprechen.

Der Verlag

Inhalt

Erstes Buch. Rom – Das Zentrum der Macht

Zweites Buch. Rom – Das Ende der Antike

Zweiter Teil. Mittelmeerraum und Orient

ERSTES BUCH

ROM – DAS ZENTRUM DER MACHT

Vorwort zum ersten Buch

Die Kunst im Zeitalter Roms ist wie die griechische Kunst Teil einer weitverbreiteten Kulturschicht. Deshalb hat sich vor die historischen Tatsachen eine Menge von Gemeinplätzen geschoben, beim Kunsthistoriker genauso wie beim Kunstfreund. Solche Gemeinplätze sind besonders schwer auszuräumen. Dazu wäre eine wissenschaftliche Untersuchung nötig, die dieses Buch nicht liefern soll und kann. Andererseits ist eine Synthese, ein Überblick unmöglich, wenn die Analyse, die wissenschaftliche Zergliederung, nicht bis zu einem gewissen Punkt gediehen ist. Aus diesen Gründen kann das Buch keinen Gesamtüberblick über die Forschungen zur römischen Kunst geben. Die wesentlichsten Arbeiten sind außerdem vorwiegend archäologischer Natur. Hier aber geht es um die Darstellung der römischen Kunst, also der römischen Kunstformen, ihres Sinns und ihrer Entwicklung.

Dieses erste Buch will zu erläutern versuchen, wie die römische Kunst entstanden ist, wie sie sich verbreitet und entwickelt hat, eng verbunden mit der Geschichte der Gesellschaft und der Kultur des politischen Mittelpunktes Rom, die in ihrem inneren Aufbau und ihrer Organisation so grundverschieden von der klassisch-griechischen und hellenistischen oder einer anderen alten Mittelmeerkultur sind. Die Stadt Rom hat sich als Erbin mancher dieser Kulturen betrachtet. Deren Erfahrungen – besonders die des Hellenismus – haben der jungen römischen Kultur nicht wenig an wesentlichen und bestimmenden Elementen vermittelt. Trotzdem war Rom etwas anderes. Wir haben versucht, den in der künstlerischen Form zutage tretenden Ausdruck dieser Verschiedenheit und oft Doppelgesichtigkeit begrifflich zu fassen und herauszustellen. Es geht also nicht um eine Ästhetik der römischen Kunst; noch weniger soll sie überbewertet werden. Andererseits wollte man dem Leser auch kein Handbuch bieten, das einen historisch geordneten Katalog aller wichtigen Denkmäler römischer Kunst des hier zu behandelnden Zeitraums von den Anfängen bis zum ausgehenden 2. Jahrhundert n. Chr. hätte enthalten müssen.

Wir wollten nur eine Kunstgeschichte schreiben, das heißt, mit den Augen der Künstler der römischen Zeit sehen und soweit als möglich zu verstehen suchen, welche Kulturelemente, welche Bräuche, welche klar erfaßbaren oder unterschwelligen Motive dazu beigetragen haben, Bedeutung und Ausdruck der betreffenden Kunstwerke zu bestimmen. Schließlich möchten wir begreifen, was sie dem Auftraggeber, dem Künstler bedeutet haben und uns heute bedeuten.

Um besser zu verstehen, was wir wollen, vergegenwärtige man sich, daß der Titel dieses Buches ‹Rom – Das Zentrum der Macht› lautet. Das Machtzentrum nun ist die Stadt Rom selbst. Diese räumliche Beschränkung war beabsichtigt, um die enge Verbindung der Geburt und Entwicklung der römischen Kunst im weiteren Sinne mit der Gründung und Entwicklung der Stadt Rom zu unterstreichen. Die Stadt blieb in der Tat mehr als acht Jahrhunderte hindurch der politische Mittelpunkt der römischen Geschichte. Diese verlief nicht geradlinig; stammesbedingte und politische Schwierigkeiten bestimmten die Anfänge.

Trotzdem wurde die Stadt Rom schon nach wenigen Generationen zum handelspolitisch mächtigsten Zentrum: aller Reichtum der Mittelmeerländer, selbst fernerer Gebiete, war in ihre Macht gelangt. In Rom treffen sich alle Kulturströmungen und mischen sich, ohne jemals klar erfaßbar zu sein. Sie nehmen dabei wieder Neues in sich auf, genauer gesagt: Römisches. Es geht darum, herauszufinden, wann das ‹Römische› auftaucht, wie es sich gebildet hat und was es bedeuten mag, in historischer und in formalkünstlerischer Hinsicht.

Deshalb beschäftigt sich dieses erste Buch mit der Kunst, die in der Stadt Rom entstanden ist. Dabei ist unwichtig, ob sie von einheimischen oder von eingewanderten Künstlern geschaffen wurde. Die stadtrömische Kunst ist für die gesamte römische Kultur bis zum Ende des 2. Jahrhunderts n. Chr. bestimmend. Beispiele von anderen Orten werden nur herangezogen, um zu erläutern, was in Rom vorgeht.

Am Ende des 2. Jahrhunderts, unter dem Prinzipat des Commodus (180–192), des letzten der Antoninen, beginnt die Krise der alten Welt, die im Verlauf des 3. Jahrhunderts in ein entscheidendes und dramatisches Stadium tritt und den Übergang zur mittelalterlichen Welt vorbereitet. Rom bleibt Verwaltungszentrum, doch die Provinzen nehmen mehr und mehr an seinem politischen und kulturellen Leben teil. Nachdem durch die *Constitutio Antoniniana* von 212 n. Chr. allen Provinzbewohnern das römische Bürgerrecht zugestanden worden ist, fällt deren Einfluß, besonders jener der Orientalen, mehr und mehr ins Gewicht. Schließlich, im Jahre 324, wird der Regierungssitz an den Bosporus nach Byzanz verlegt. Am 11. Mai 330 wird ‹Neu-Rom› Zentrum des Reiches und nennt sich Constantinopolis.

Mit der Zeit des Commodus beginnen neue künstlerische Elemente in die Formensprache einzufließen und sich dem bis dahin ununterbrochen vorherrschenden Naturalismus entgegenzusetzen, den sich die Mittelmeerländer nach der Eroberung des Achaimenidenreiches durch Alexander den Großen und seit der Epoche, da sich die griechische Kunst in ihrer hellenistischen Phase verbreitete, als einzig gültige künstlerische Ausdrucksform in ihrem Gebiet zu eigen gemacht hatten.

Kaum je zuvor in der Geschichte sind politische, wirtschaftliche und geistige Krisen so deutlich mit der künstlerischen Krise zusammengefallen wie hier in der römischen Kaiserzeit. Deshalb beschäftigen wir uns in einem anderen Band mit dem Geschehen in der antiken römischen Kunst nach der Wende unter Commodus und bis zu der Zeit, da das Römische Reich mehr christlich als römisch genannt werden kann.

Die historische Aufgabe der römischen Kunst ist eine doppelte: einerseits ist sie Erbin der griechischen Kunst, die sie dem Westen vermittelt, andererseits bricht sie mit dem Hellenismus und weist so dem Mittelalter den Weg. Sie beginnt im Schoß der Mittelmeerkulturen und endet damit, daß sie die Verlagerung des künstlerischen Schwerpunkts vom Mittelmeerbereich nach Mitteleuropa vorbereitet, die mit der byzantinischen und der karolingischen Kunst erfolgt.

In das Bild, das man sich von der römischen Kunst macht, haben sich hartnäckig einige Mißverständnisse eingeschlichen, da man nicht genug die besondere Art berücksichtigte, wie Kunst und Kultur des politischen und wirtschaftlichen Zentrums Rom begannen und sich entwickelten. Die verbreitetsten Mißverständnisse lassen sich auf zwei Nenner bringen: nach der einen Theorie ist die römische Kunst einfach griechische Kunst unter römischer Herrschaft; nach der andern ist sie eine unmittelbare Erfindung Roms, ja der römischen ‹Rasse›, sie sei zusammengesetzt wie sie wolle; dieses ‹Römische› hätte der hellenistischen Kultur – bewußt oder unbewußt – gezielten Widerstand entgegensetzen müssen, um das eigene Kulturgut zu wahren. Eine solche Ansicht verrät die Überbleibsel der romantischen Auffassung vom ‹nationalen Kulturwollen›, die zu der Zeit aufkam, da sich die Nationalstaaten in der Neuzeit konstituierten; doch sie hat nichts zu tun mit einer streng historischen und entwicklungsgeschichtlichen Betrachtungsweise, wie wir sie in diesem Buche anstreben.

Neben solchen vereinfachenden Deutungsversuchen nimmt sich die geschichtliche Wirklichkeit, auch in der Kunst, wie immer weit vielfältiger aus. Man kann sie nicht in Formeln gießen. Die einzige Methode, ihr nahe zu kommen, besteht darin, sie in ihren besonderen Erscheinungsformen von Fall zu Fall konkret zu untersuchen. Wenn dies schon für jede beliebige Kultur gilt, dann um so mehr für die römische Kunst, deren Entwicklung schwankend und unsicher verlief und niemals von einem ästhetischen Programm bestimmt wurde.

Große Künstlerpersönlichkeiten sind selten und für uns im allgemeinen namenlos. Ihre Leistungen stehen zeitlich eng begrenzt im weiten Feld der figürlichen oder ornamentalen Werkstattproduktionen an Plastik, Malerei und Mosaik. In den Werkstätten betrieb man weiterhin die beinahe industrielle Serienfertigung, die im Hellenismus, vom ausgehenden 4. Jahrhundert bis zur Mitte des 1. Jahrhunderts v. Chr., begonnen hatte. Die römische Kunst war immer eng mit dem historischen Geschehen verbunden. Daher ist es wichtig, diese Kunst in ihrem geschichtlichen und politischen Zentrum, der Stadt Rom zu betrachten.

Interesse und Geschmack der Römer an der Kunst erwachten unvorhergesehen und heftig. Am Anfang fanden sie eher Gefallen an einer durch äußere Umstände sich aufdrängenden Mode als am Ausdruck eines tiefen und spontanen Gefühls, das sich – wie bei anderen Kulturen – zu bestätigen sucht und dem es gelingt, allmählich seine eigene Aussage zu finden. Der Reifungsprozeß verlief bald langsamer, bald schneller, wenn das Genie eines überragenden Künstlers ihn beschleunigte. Eine folgerichtige Formentwicklung, wie sie sich in allen großen Kulturen vollzieht, blieb der römischen Kultur in allen Bereichen der Kunst, mit Ausnahme der Architektur, fremd. Aber selbst in der Baukunst mußte man lange auf ein ästhetisch-formales Bewußtsein warten. Jahrhunderte hindurch verkleidete man römische Baukonstruktionen nur mit hellenistischem Ornament. Die gesamte römische Kunst erwuchs aus einer geistigen Begegnung mit der griechischen Kunst auf einer neuen sozialen Ebene, und nicht als Ausdruck eines tief im Bewußtsein der bestimmenden sozialen Gruppen verwurzelten Gefühls. Deshalb war sie von vornherein eklektisch und konnte sich sofort in einem Gewand vorstellen, das der Ideologie der Regierenden voll entsprach. Diese Ideologie wurde zum Großteil von Künstlern erarbeitet, die zu ihren Auftraggebern in einem ganz besonderen Verhältnis standen: gelegentlich waren es Kriegsgefangene oder gar Sklaven, auf jeden Fall sozial Tiefergestellte. Als Ausländer besaßen sie nicht das römische Bürgerrecht und konnten jederzeit in ihr Heimatland zurückgeschickt werden.

Damals, am Beginn der römischen Epoche, hatte das Bestreben des Auftraggebers, sich an ein Programm zu halten, besonderes Gewicht. Deshalb finden wir in manchen Kunstwerken eine sich völlig nach römischen Auffassungen richtende Grundidee, die sich unter der hellenistischen Formensprache eher verbarg als sich darin ausdrückte. Aber wegen dieser gewaltsamen Übernahme war die hellenistische Form nicht mehr sie selbst. Sie wandelte sich und wurde zu dem, was wir uns als ‹römische Kunst› zu bezeichnen angewöhnt haben.

Die hellenistische Kultur wurde in einem räumlich begrenzten Gebiet mit bescheidener, doch klar erfaßbarer Tradition übernommen, dem ‹mittelitalischen› Bereich. Die mittelitalische Kultur wurde übrigens nie völlig überlagert oder verleugnet. Man muß die italischen Vorgänger berücksichtigen, wenn man den späteren Verlauf der römischen Kunstgeschichte richtig verstehen will. In diesem Band kann das hier angeschnittene Problem nicht behandelt werden, genausowenig wie die spätere Entwicklung der römischen Kunst, die sich vom Mittelmeerbecken aus über einen Großteil der Länder verbreitete, die Jahrhunderte später den europäischen Westen bilden sollten.

Wir haben in diesem Werk den Werdegang der antiken Kunst in einem bestimmten Zeitraum zu betrachten, der zwischen zwei Entwicklungsstufen liegt: am Anfang beginnt die italische Halbinsel, die im Norden mit dem Zentrum des europäischen Kontinents verbunden ist und im Süden ins Mittelmeergebiet hineinreicht, sich zu zivilisieren und verschiedene einheimische Kulturen herauszubilden; am Ende bereitet das Römische Reich in seinen Provinzen die Verlagerung des historischen Schwerpunkts vom Mittelmeerbereich zum europäischen Kontinent vor. In karolingischer Zeit ist dieser Vorgang, der bereits im 3. und 4. Jahrhundert n. Chr. begann, abgeschlossen. Das ist der Zeitpunkt, zu dem das menschliche Denken seine Befreiung mehr im Überirdischen als in der irdischen Wirklichkeit findet, die mit dem Verfall der antiken Wissenschaft unverständlich geworden war. Dieser neue Weg zu irrationalen Zielen fängt am Ende des Zeitraums an, den wir in diesem Band behandeln. Er sollte für die Menschheit der Antike immer stärkere Anziehungskraft besitzen und und sie schließlich ins Mittelalter hinüberleiten.

I. Die Anfänge von Stadt, Gesellschaft und Kultur

Die Wiege Roms stand nicht auf dem palatinischen Hügel, wie wir in der Schule gelernt haben. Auf dem Palatin sind zwar tatsächlich Spuren von Wohnhütten aus der frühen Eisenzeit gefunden worden, aber sie sind mehr als ein Jahrhundert vor dem traditionell angenommenen Gründungsdatum Roms – 753 v. Chr. – entstanden.

Die Behausungen, die sich nach und nach auf dem Palatin und den benachbarten Hügeln bildeten, wären ein Dorf, eine zweitrangige Siedlung geblieben, wäre hier nicht der Tiber vorbeigeflossen und hätte sich nicht bei der heutigen Tiberinsel eine Furt befunden. Hier stand die Wiege Roms.

Die Geburt der Stadt beruht vor allem auf ihrer günstigen Lage als Verkehrs- und Handelszentrum, weniger auf ihrer Eigenschaft als landwirtschaftlicher Mittelpunkt. So behaupteten es nur die Ahnen der Römer, weil sie stolz auf ihre lange und beschwerliche Vergangenheit als Hirten und Ackerbauern waren, die mit einem so undankbaren Boden wie dem der römischen Campagna fertig geworden waren.

Wo immer auf der Welt sich zwei wichtige Straßen kreuzen oder wo eine Brücke steht, treffen sich Menschen und halten an. So entsteht ein Markt. Wo eine Brücke steht, bedarf sie einer gemeinsamen Institution für ihre Instandhaltung. In einer primitiven Gesellschaft wird mangels in juridische Formen gegossenen Rechts alles für die Gemeinschaft Wichtige *sacer* – heilig (sakral). So wird in Rom der für den Schutz der Brücke Zuständige mit sakraler Macht ausgestattet: er heißt *pontifex* (der die Brücke, *pons, facit,* macht). Diese etymologische Deutung (nach Marcus Terentius Varro, ‹De lingua latina› V, 83, und Dionysios von Halikarnassos XI, 73) ist heute umstritten, galt aber für die Alten und macht verständlich, wie wichtig für Rom die Brücke war. Noch zur Kaiserzeit waren an der Brücke am Fuß der steilen vulkanischen Hänge von Capitol und Palatin das Forum Boarium und das Forum Olitorium, der Vieh- und der Gemüsemarkt, eingerichtet. Über einen sanften Hang erreichte man die Talsohle, wo sich in früher Zeit eine Nekropole, später das Forum Romanum befand, das erst Markt, dann wirtschaftliches und politisches Zentrum war.

Die Tiberinsel und einige andere Stellen festen Landes bildeten in der sumpfigen Umgebung die einzigen günstigen Stützpunkte für den Übergang zwischen Nord und Süd am ganzen Unterlauf des Tibers. Das rechte Ufer –Trastevere – hieß noch zur Zeit des Dichters Horaz etruskisches Ufer *(litus tuscus)* und veiisches Ufer *(ripa veiens)*. Es gehörte also den Etruskern von Veii, deren nächstgelegener Stadt.

Zwei Flüsse begrenzten Etrurien, die beide auf entgegengesetzten Hängen desselben Berges entsprangen: Der Arno im Osten und Norden und der Tiber im Osten und Süden. Im Westen lag die Küste des von den Griechen so genannten Tyrrhenischen Meeres. Für jene hießen die Etrusker *tyrrenoi*.

Die Brücke verband Rom mit Etrurien, einem Land, dessen Bewohner keine Latiner waren. Man mußte sie also rasch abbauen können, wenn sich die Beziehungen verschlechterten. Es muß eine Brücke aus aneinandergefügten Holzbalken gewesen sein. Deswegen ging sie unter dem Namen *pons sublicius* in die Geschichte ein.

Zu ihrer Erneuerung durfte niemals Eisen verwendet werden. Das beweist, daß sie bereits vor der Entdeckung des Eisens bestanden hat. Am 14. Mai eines jeden Jahres warf man hier aus Weidenruten geflochtene Puppen in den Fluß, eine Reminiszenz an die Menschenopfer, die man vor Urzeiten dem Tiber zur Versöhnung dafür dargebracht hatte, daß man seinen Lauf behindert hatte.

Die Tradition zeigt uns den sagenhaften Horatius Cocles, der hier auf dieser Brücke allein die ganze etruskische Armee aufhielt, während seine Gefährten die Balken auseinandernahmen und zerschlugen.

Die Straße, die über diese Brücke führte, traf auf dem linken, römischen Ufer auf eine wichtige Straße, die Via Salaria, die Salzstraße. Auf ihr gelangten die wertvollen Erzeugnisse der Salzwiesen am Tyrrhenischen Meer ins Innere der Halbinsel und nach Überquerung der Berge ans Adriatische Meer.

Die rauhen Sabinerberge schließen sich ziemlich dicht um Rom, umgeben Latium und schieben sich bei Terracina bis ans Meer vor. Da die Etrusker ihren Handel in Campanien auf das Gebiet um den Golf von Neapel ausgedehnt hatten, mußten sie notgedrungen durch Rom. Benötigt aber eine Macht für ihre Handelsbeziehungen einen bestimmten Durchgangsort, richtet sie es meist so ein, daß sie hier ohne besondere Erlaubnis durchziehen kann. Rom lag damit im etruskischen Einflußbereich.

Seit der Mitte des 7. Jahrhunderts v. Chr. hatte die etruskische Städtevereinigung große handelspolitische Macht erlangt, besonders durch den Abbau der Kupferminen an der toscanischen Küste. Diese handelspolitische Macht hatte eine Kultur ermöglicht, die sich in Zusammenhang mit den östlichen Mittelmeerländern entwickelt hatte, wo sich bis dahin Kunstmotive vom Ende des II. Jahrtausends aus den mesopotamischen, hethitischen und kaukasischen Kulturzentren gehalten hatten. Durch den Handel mit Cypern, Phoinikien, Ägypten und später besonders mit Griechenland kam dieses Kunstgut aus Bronze, Gold, Silber, Elfenbein und Ton in Umlauf. Zu solchen Luxusgegenständen für eine reiche Aristokratie gehörte auch die bemalte Keramik aus den vorzüglichsten Werkstätten von Korinth und später, als der Athener Handel um 650 v. Chr. den von Korinth zu überflügeln begann, von Athen. Griechische Künstler, vor allem aus Korinth, waren damals nach Etrurien gekommen und hatten dort Werkstätten eröffnet, die dann von einheimischen Lehrlingen übernommen wurden.

Südlich des rauhen Latium, hinter dem Paß von Terracina und jenseits des Golfs von Gaeta, öffnete sich Campanien wie ein gelobtes Land. Der Fluß Silaris, heute Sele, setzte der etruskischen Expansion im Süden eine Grenze in Campanien. Auf der anderen Seite des Flusses lag unfern ein so blühendes griechisches Kulturzentrum wie Paestum, und daran schlossen sich all die reichen Griechenstädte Süditaliens und Siziliens. Griechenland und Etrurien haben also an der Wiege der römischen Kunst Pate gestanden.

Die Quellen berichten, daß am Ende des 6. Jahrhunderts v. Chr., als man in Rom einen größeren Tempel für die italisch-hellenische Götterdreiheit, Jupiter, Juno und Minerva auf dem Capitol bauen wollte, man diesen nach etruskischem Vorbild ausgestattet hätte. Für den Schmuck von Giebel und Sima hätte man etruskische Künstler aus Veii geholt, die für ihre vorzüglichen bemalten Terrakottastatuen bekannt waren. Diese Überlieferung ist jetzt durch Funde in Veii bestätigt worden: Terrakottastatuen von Apollon, Hermes, Herakles und anderen sowie Reste vom Schmuck eines Tempeldachs aus Terrakotta vom Ende des 6. Jahrhunderts v. Chr.

Allzu oberflächliche Stilvergleiche mit den Terrakotten aus Veii haben die etwas jüngere Bronzewölfin vom Kapitol als ein etrurisches Werk erscheinen lassen. In Wirklichkeit besitzt diese Arbeit nichts spezifisch Etrurisches. Sie könnte ebenso das Werk eines campanischen, sizilischen oder ausgewanderten griechischen Künstlers sein. Diese Tierdarstellung kann weit älter als die Legende von den Zwillingen Romulus und Remus sein, die die Wölfin gesäugt haben soll.

Im Lauf des 4. Jahrhunderts hat sich die Legende gebildet, die die Anfänge Roms im Zusammenhang mit der Irrfahrt des Aeneas, dessen Heirat mit Lavinia, der Tochter des Latinus, eines einheimischen Königs, und der Gründung der Stadt Lavinium mit den Troianern in Verbindung brachte. Später sollte diese Sage den Stoff zum nationalen Heldenepos Vergils im Rahmen der augusteischen Kulturpolitik abgeben. In Pratica di Mare, 31 Kilometer südlich von Rom und 5 Kilometer landeinwärts, wo sich das alte Lavinium befand, bezeugen noch dreizehn archaische Altäre, daß hier seit dem 6. Jahrhundert ein Zentrum der römischen Staatsreligion bestand, das es dann für immer blieb, aber auch ein Ort, an dem man die Lokalsagen von der Ankunft des Aeneas bis zur Ermordung des Königs Titus Tatius heilig hielt. Hier verehrte man die von Troia mitgebrachten Penaten und die Göttin des Herdes und Feuers Vesta, deren Kult griechisch ist wie der der Dioskuren Kastor und Polydeukes, der beschützenden Zwillinge, deren Kult durch eine Inschrift auf einer um 500 v. Chr. datierbaren, bei den Altären von Lavinium gefundenen Bronzeplatte gesichert ist.

All das zeugt davon, daß auch ohne Vermittlung Etruriens seit dem 6. Jahrhundert direkte Beziehungen zwischen Rom und Griechenland bestanden.

Als Handels- und Verkehrszentrum zwischen Nord und Süd kam Rom demnach mit der Kunst Etruriens und Griechenlands in Berührung. Die primitive latinische Kultur und Sprache zeigen eine gewisse Verwandtschaft mit denen der Kelten. Diese Kultur bildete sich am äußersten Rand einer Zone heraus, die man nordwest-indoeuropäisch nennen könnte. Deren Vorliebe für primitive künstlerische Ausdrucksformen zeigt sich in linearen und abstrakten Figuren, wie sie einer Zivilisation im vorrationalen Stadium eigen sind. Eine Kultur, in der die figürliche Kunst so wenig Raum einnimmt und sich auf den Schmuck einiger Tonvasen beschränkt, konnte natürlich der mächtigen, naturalistischen Kunsttradition verschiedener Zentren des östlichen Mittelmeerbereichs keinen ernsthaften Widerstand entgegensetzen. Am Anfang war Rom eine Stadt, deren Kunst etruskisch und griechisch war. Selbst die älteste dichterische Form, der saturninische Vers, zeigt entfernte Beziehungen zu Griechenland.

Der Zusammenhang mit der etruskischen Kultur ist freilich unmittelbarer und vorherrschend. Wir müssen jedoch sofort hinzufügen, daß die römische Kunst stilistisch keinesfalls die Fortsetzung der etruskischen ist. Diese Kontinuität zu sehr zu betonen, wie man es in den vergangenen vierzig Jahren seit der Entdeckung der etruskischen Kunst durch die Archäologen oft getan hat, hieße, sich von einem allzu einfachen Geschichtsschema verleiten lassen. Die wirkliche Geschichte ist dagegen in jedem Fall äußerst verwickelt.

Außerdem muß man in der etruskischen Kunst zwei große Zeitabschnitte unterscheiden – das gilt auch für ihre Verbindung mit Rom –: die archaische Periode reichte vom 7. bis zum Beginn des 5. Jahrhunderts v. Chr., als Etrurien eine internationale Wirtschaftsmacht darstellte. Seine Kunstübung stand noch in direkter und ständiger Verbindung mit der griechischen Kultur, und griechische Künstler machten Schule in Etrurien. In der zweiten Periode hatte Etrurien seine Vormachtstellung bereits eingebüßt. Aus einer Wirtschafts- und Handelsmacht war eine Föderation von vorwiegend landwirtschaftlich orientierten Stadtstaaten geworden, deren Handel vor dem anderer Städte der italischen Halbinsel nichts voraushatte.

Als Wendepunkt darf man die Niederlage der etruskischen Flotte gegen Hieron von Syrakus vor Cumae im Jahre 474 v. Chr. bezeichnen. Sie zwang zur Aufgabe der Handelsniederlassungen in Campanien. Von jetzt an traten der griechische und der karthagische Seehandel an die Stelle des etruskischen. Die Entdeckung noch ergiebigerer Erzgruben, vor allem in Spanien, setzte der wirtschaftlichen Macht der etruskischen Magnatenfamilien in der Toscana ein Ende. Aber selbst in der zweiten Periode behaupteten die Etrusker weiterhin ihre kulturelle Vorrangstellung gegenüber den übrigen mittelitalischen Bevölkerungsgruppen. Ihre Verbindungen zur Kultur der griechischen Kolonien in Süditalien und Sizilien rissen erst mit der Eroberung durch die Römer ab. Die Etrusker fanden dort einen Boden vor, den eine jahrhundertealte Tradition empfänglich gemacht hatte.

Die griechischen Sagen wurden dort, wo sie mit der Kultur der herrschenden etrurischen Klasse in Berührung kamen, roher, und die Kunst ging mehr und mehr dazu über, die Brutalitäten blutiger Schlachten und Menschenopfer unmittelbar und eindeutig zu schildern. Mit der gleichen Grausamkeit wurden lokale Begebenheiten dargestellt, wie Kämpfe unter den Etruskern oder solche zwischen den Etruskern und den Römern, oder wie die Geschichte des guten Königs Mestrna oder Mastarna, den man dem Servius Tullius gleichgesetzt hat. Ähnliche Malereien wie die aus einem etruskischen Grab in Vulci, dem sogenannten François-Grab aus der Zeit zwischen 350 und 300 v. Chr., muß es auch in Rom gegeben haben, aber sie sind verloren.

Als man 364 v. Chr. in Rom zum erstenmal Theateraufführungen veranstalten wollte, ahmte man das etruskische Theater nach und ließ Schauspieler aus Etrurien kommen. Noch zweihundert Jahre später sandten die römischen Patrizier ihre Kinder zum Studium nach Etrurien. Man sagte auch, die Zeremonien (‹Caeremonien›) der guten Erziehung stammten aus Caere. Erst später kam auf Grund der direkten Beziehungen zu Griechenland, nicht ohne Kritik auszulösen, die Mode auf, zum Studium nach Athen zu gehen.

Die etruskische Kunst dieser zweiten Periode, besonders jene, die man wegen ihrer zeitlichen Einordnung ‹hellenistisch› nennen kann, also die des 3. und 2. Jahrhunderts v. Chr., ist nur eine örtliche Variante der vorwiegend handwerklichen ‹italisch-hellenistischen› Kunstproduktion. Der ‹italische Hellenismus› ist seinerseits wieder eine provinzielle Spielart der großen hellenistischen Kultur, die sich nicht nur in den griechischen Städten des Mutterlandes, sondern auch in denen der Diadochenreiche Alexanders des Großen wie Pergamon, Magnesia, Apamea, Seleukeia, Antiochia und Alexandria entwickelte.

Für den modernen Menschen ist es schwer, sich ein Bild zu machen von der Verbreitung und dem hohen Stand der hellenistischen Kultur, insbesondere der Kunstproduktion, die von erstaunlicher Qualität blieb trotz der einsetzenden Industrialisierung, die sich aus der starken Nachfrage in der ganzen damals bekannten Welt nach solchen Kunstgegenständen ergab.

Wir können das besser verstehen, wenn wir an etwas Analoges denken: bis zur Schwelle des 20. Jahrhunderts war Europa im Stil seiner Kunstproduktion durchdrungen und bestimmt von den Werken, die Renaissance und Barock in drei Jahrhunderten hervorbrachten. In den Antiquitätengeschäften jeder beliebigen Stadt Europas oder Amerikas findet man nicht nur auf Bildern und Möbeln, sondern auch auf den kleinsten Gebrauchsgegenständen den Abglanz dieser beiden großen europäischen Kunstperioden. Für die hellenistische Kunstindustrie gilt in der Antike dasselbe, nur viel dauerhafter, stärker und weiter verbreitet. Die italische Halbinsel, seit alters durch Kolonisation und Handelsverbindungen eng mit den Griechen verbunden, konnte sich diesem Einfluß keinesfalls entziehen.

Italien lag Griechenland so nahe, daß hier die hellenistische Kunstproduktion begierig aufgenommen und eine ähnliche Industrie aufgebaut wurde. Süditalien und Griechenland gehörten zur gleichen Welt. Die Städte Apuliens, Siziliens oder Campaniens waren in kleinerem Maße und innerhalb eines beschränkteren Handelsgebiets selbst Zentren dieser Produktion. Tatsächlich spricht man von einem ‹italischen Hellenismus›, und es ist bezeichnend, daß es gelingt, fast überall gewisse Kunstdialekte zu unterscheiden: den sizilischen, der dem eigentlichen Hellenismus am nächsten kommt; den apulischen, dessen Reichtum und bäuerliche Üppigkeit deutlich Makedonien nahestehen; den härteren aus Picenum oder den campanischen und etrurischen, die einander sehr verwandt sind. Hier besteht eine Kunstkoine, eine gemeinsame künstlerische Sprache mit verschiedenen Dialekten.

Für uns stellt sich jetzt die Frage, wann und wie unter diesen Kunstdialekten ein nicht nur latinischer, sondern römischer Akzent vernehmbar ist. Wir kommen zu dem Schluß: sehr spät. Noch während des ganzen 4. und 3. Jahrhunderts v. Chr. sollten sich Malerei und Plastik in Rom nicht von denen im südlichen Etrurien und in Campanien unterscheiden.

Wir sollten uns nicht mit dieser Feststellung begnügen, sondern zu begreifen versuchen, warum in der Kunst ein römischer Akzent erst so spät zu erkennen ist. Sonst könnten wir – und das geschieht nur allzu häufig – weder die ihm anfänglich eigenen Merkmale noch auch die spätere Entwicklung der römischen Kunst verstehen.

Zwischen Tiber und Capitolshügel sind Weihgeschenke mit etruskischen Inschriften in derselben Grabungsschicht zutage gekommen, in der auch Architekturplastik griechisch-etruskischen Stils gefunden wurde. Die frühesten Zeugen römischer Kunstübung unterscheiden sich in nichts von denen, die in den etrurischen Städten Cerveteri und Veii oder den latinischen und faliscischen Städten Velletri, Satricum und Falerii ergraben wurden. Doch Stil und Machart sowie die Verwandtschaft mit anderen archäologischen Funden zeigen, daß Rom keinesfalls das Zentrum der Produktion war oder die anderen Städte beliefert hat. Sie beweisen vielmehr, daß Rom am Ende des 6. Jahrhunderts bereits die größte mittelitalische Stadt gewesen sein muß, denn sie stammen von Kultbauten, die über verschiedene Teile des heutigen Stadtgebiets verstreut waren. Der Beginn des für Rom neuen republikanischen Consularregimes und der Einfall der Volscer, durch den die Verbindungen mit Campanien abgeschnitten wurden, riefen eine wirtschaftliche Krise hervor. Das ganze 5. Jahrhundert hindurch fand sich Rom also in einer weniger glücklichen Lage.

Der Name ‹Rom› erscheint erst sehr viel später auf einem Kunstwerk: auf der berühmten ‹Cista Ficoroni› (Abb. 1), wahrscheinlich dem Hochzeitsgeschenk einer Mutter an ihre Tochter. Das feinziselierte, zylindrische Gefäß aus Kupfer – wohl kaum aus Bronze – war für Toilettenartikel bestimmt: Metallspiegel, Elfenbeinkamm, Parfumflacons, Schminktöpfchen, goldene Ohrringe und Halsketten. Die Inschrift besagt: «*Dindia Macolnia fileai Novios Plautios med Romai fecid*», «Dindia Macolnia hat mich ihrer Tochter geschenkt, Novios Plautios in Rom gefertigt.» Doch die auf der Gefäßwandung dargestellte Szene ist eine italische Version der griechischen Argonautensage und im Stil der griechischen Malerei des 5. und 4. Jahrhunderts wiedergegeben. Die

Bronzegruppe auf dem Deckel – Dionysos zwischen zwei Satyrn –, der auch die Inschrift trägt, geht formal unmittelbar auf Skulpturen griechischer Meister des 4. Jahrhunderts zurück. Die Gefäßform selbst ist typisch für den in Praeneste (Palestrina) blühenden Kunsthandel. Die latinische Stadt war, als das Stück entstand, wohl eben erst Bundesgenossin Roms geworden (354 v. Chr.). Plautios, der Künstler, war seinem Namen nach wohl kaum ein ‹Römer aus Rom›, wie man so sagt, sondern ein Einwanderer aus Campanien. Man kann sicherlich nicht sagen, die ‹Cista Ficoroni› sei ein Zeugnis für die römische Kunst, aber sie ist ein Zeugnis für die Kunst, die man zu der Zeit in Rom schuf. Wahrscheinlich deutet das *fecid* der Ficoroni-Inschrift darauf hin, daß Novios Plautios der Hersteller des Gefäßes und nicht der Graveur war. Man hat sich deshalb auch gefragt, ob Rom nicht das Produktionszentrum der zahlreichen Cisten aus Praeneste sei, die sich in nichts von den gleichzeitigen etruskischen unterscheiden. Was die zeitliche Einordnung anhand des Stils angeht, so stehen wir am Ende des 4. oder am Beginn des 3. Jahrhunderts v. Chr.

Was war und bedeutete Rom bis zu dieser Zeit? Rom ist, wie wir gesehen haben, als etruskisch-latinische Stadt entstanden. Bei seiner Frühgeschichte dürfen wir nicht übersehen, daß Rom eine Stadt und keineswegs eine Nation war. Rom ist nicht gleichbedeutend mit dem latinischen Volk und unterscheidet sich deutlich von den anderen sogenannten italischen Völkern. Rom ist wie eine isolierte Zelle, die sich aus einzelnen Teilen zusammensetzt und sich rasch vergrößert.

Daß eine Stadt mit so wenig Hinterland allein einen Staat darstellt, ist heute schwer einzusehen. Doch wir verstehen dies leichter, wenn wir bedenken, daß dieser Stadtstaat bereits das Ergebnis einer vergleichsweise komplizierten Organisation ist gegenüber primitiven, vereinzelten Sippen, die in verschiedenen Hüttengruppen wohnen, und selbst gegenüber bereits zu Stämmen vereinten Familienclans. Die Stadt ist ein Staat, weil sie die Verbindung einer Anzahl Stämme unter einer gemeinsamen Organisation darstellt. Rom bestand in frühester Zeit aus drei Stämmen, später aus zwanzig, aus denen mit der Erweiterung des Gebiets fünfunddreißig wurden. Der Stammesbegriff hat jetzt nur mehr bürokratische und verwaltungstechnische Bedeutung. Am Anfang allerdings waren es echte Familiengruppen.

Die großen frühen Kulturen wie die mesopotamische, ägyptische, indische und chinesische Kultur verdanken den Anstoß zu Stadtgründungen und den Ausbau der Städte einem großen Fluß – dem Euphrat, Nil, Indus und Hoang-Ho – mit periodischem Hochwasser, der die anliegenden Äcker zu bewässern ermöglichte. Ein dauernder und vor Dürre geschützter Anbau war damit sichergestellt, der schnell und laufend eine Überproduktion abwarf, aus deren Erlös monumentale öffentliche Sakralbauten errichtet und ausgeschmückt werden konnten. In Rom war dies durchwegs anders.

Der Tiber war ein zu dürftiger Fluß, wenn er auch in der Antike, als seine Berge noch mit dichten Wäldern bestanden waren, mehr Wasser führte als heute. Um Rom herum liegen Bänke aus vulkanischem Tuff und alluvialem Kalkstein, die nur mit wenigen Zentimetern Erde bedeckt sind. Ein solcher Boden eignet sich gerade noch als Weide für Schafe und eine anspruchslose Rinderrasse. Guter Ackerboden findet sich erst in den Albaner Bergen und auf den Hügeln um Tivoli, die heute in wenigen Minuten zu erreichen sind. Aber Tivoli war damals ein eigener Stadtstaat, der noch 354 v. Chr., gleichzeitig mit Praeneste, einen Beistandspakt mit Rom erneuerte.

In jeder Gemeinschaft, in der Hirten und Bauern zusammenleben, betrachten sich die Viehzüchter als Aristokraten: sie brauchen den Boden nicht zu bearbeiten und sind auch nicht mit ihm verbunden. Zu Pferd hüten sie ihre Herden und sehen verächtlich auf den Bauern herab, der sich über die Scholle beugt. Von Zeit zu Zeit erlaubt der Hirt sich, den Bauern auszuplündern, wenn er Getreide braucht. Dafür verteidigt er ihn mit Waffengewalt gegen äußere Gefahr; er kann dem Angreifer zu Pferde nachjagen. So entstehen in einer derartigen Gesellschaft rasch mehrere Klassen: Patrizier, Plebejer und Ritter. Einfälle in feindliches Gebiet mit Herdendiebstahl und Menschenraub bringen Diener und Sklaven ein.

Trotz solch wohlfeilen Gewerbes kann eine Gesellschaft von Hirten und Ackerbauern, die auf wenig fruchtbarem Boden wirkt, keine lebenswichtigen Reserven zurücklegen. Raschere Verdienstmöglichkeiten ergeben sich dagegen, als sich neben dem Hirten- und Bauernstand ein dritter Berufszweig auftut: der Handel, genauer der Zwischenhandel. Er gibt Rom dank Tiberfurt und Salzstraße den ersten Impuls zu Wohlstand und wirtschaftlichem Aufschwung. Doch Handel ist unsicherer als Ackerbau.

So war Rom im Laufe des 6. Jahrhunderts v. Chr. die Hauptstadt der Tarquinier geworden. Diese sagenhaften letzten ‹Könige› waren Etrusker. Ihre Vertreibung und die Gründung der römischen Republik blieben den Römern immer als wichtiges Ereignis im Gedächtnis haften. Es handelte sich nicht nur um einen Regierungswechsel, sondern auch um die Befreiung von einer Fremdherrschaft.

Als Datum für dieses Ereignis hat man allgemein das Jahr 509 oder 507 v. Chr., also das Ende des 6. Jahrhunderts, angenommen. Von einem gewissen Zeitpunkt an bemühen sich die Römer darum, ihre früheste Geschichte mit der griechischen in Einklang zu bringen. Soweit wie möglich versuchen sie ihre Einrichtungen so alt wie die der Griechen oder gar noch älter zu machen. Römische Geschichtsdaten werden erst ab 300 verläßlich; griechische Quellen bieten bereits ab 500 sichere Daten. Aber neuere historische Forschungen haben das Datum für die Vertreibung der Tarquinier im großen und ganzen bestätigt. Erwägenswert wäre jedoch der Vorschlag, es wenigstens um ein Vierteljahrhundert herabzusetzen. Damit rückte es in die Nähe eines anderen wichtigen Datums: der Niederlage der Etrusker in der Schlacht bei Cumae im Jahre 474 v. Chr. Diese beiden Ereignisse beschließen eine Epoche, auch wenn ihr genaues Datum nicht festliegt.

Die Vertreibung der Etrusker aus Rom und ihr Rückzug aus Campanien bedeutete für die Stadt Rom, die ihrer Funktion als Schlüsselposition beraubt war, und für ganz Mittelitalien eine wirtschaftliche und kulturelle Einbuße. Damit mußte die Unabhängigkeit bezahlt werden. Primitive Bergvölker wie die Volscer und Aequer, die in Campanien eindrangen, unterbrachen die Beziehungen zwischen Rom und der griechischen Welt fast völlig. Seit 421 war selbst Cumae samnitisch.

Dies läßt sich auch mit einer Sprachanalyse untermauern. Darüber hinaus haben wir noch einen weiteren Beweis: während im 6. Jahrhundert ein griechischer Kult nach dem anderen in Rom Einzug hielt, wird zu Beginn des 5. Jahrhunderts die noch unvollständige Reihe plötzlich unterbrochen (die Römer hatten jede neue Gottheit freundlich aufgenommen. Ihr Sinn für das Praktische sagte ihnen, man könne nie wissen, was ein neuer Gott Gutes oder seine Mißachtung Übles bewirken könne; jeder neue Kult, wenn er schon nichts Besonderes nütze, schade auf keinen Fall).

Nach der Einführung des Dioskurenkults im Jahre 484 v. Chr. (Titus Livius II, 42, 5) klafft eine Lücke bis zur Übernahme des Asklepioskults aus Epidauros, der 293 v. Chr. vor allem auf der Tiberinsel heimisch wird. Auch die etruskische Kultur erleidet zur gleichen Zeit eine ähnliche Unterbrechung ihrer Beziehungen zu Griechenland.

Plutarch (‹Numa› XVII, 3) überliefert uns eine Zunftliste der römischen Frühzeit, wahrscheinlich vom Ende des 6. Jahrhunderts. Darin kommen Flötenspieler, Goldschmiede, Schreiner, Färber, Schuster, Gerber, Kesselschmiede und Töpfer vor. Es fällt natürlich auf, daß Bäcker, Wäscher, Weber, Metzger und Grobschmiede fehlen. Das entspricht noch recht primitiven und bäuerlichen Lebensbedingungen: Brot bäckt man zu Hause; Wäsche wird im Hause gewoben und gewaschen. Fleisch braucht man offensichtlich nicht beim Metzger zu kaufen; wer etwas Land besitzt, zieht Vieh auf und schlachtet es daheim, und die kleinen Leute essen Fleisch, wenn etwas von der Opfertieren, die den Göttern geweiht sind, an das Volk verteilt wird.

Bei einer solchen Wirtschaftsstruktur braucht es nicht Wunder zu nehmen, daß die Zunftliste keine Steinmetzen aufführt, keine Architekten, Maler, Bildhauer oder wenigstens eine alle Sparten vereinende Künstlerzunft. Außerdem muß Eisen nach wie vor rar gewesen sein, und Kupfer, das die Kesselschmiede in seiner Legierung Bronze verwendet haben, kam immer noch aus Etrurien. Doch es gab Goldschmiede. Eine der ältesten latinischen Inschriften befindet sich auf einer Goldbrosche, der ‹Manios-Fibel›, einer typisch etruskischen Anstecknadel.

Im Laufe des 5. Jahrhunderts schränkt sich Rom wirtschaftlich und kulturell ein. Die Gefahr, aus einer Handelsmetropole wieder eine arme Bauernstadt zu werden, ist ihm wohl bewußt. Das zwingt Rom, sich mit allen Kräften auf den Kampf gegen die ringsum lebenden Völker zu konzentrieren und unmittelbar Beziehungen zu den Mächten anzuknüpfen, die das Meer beherrschen.

Ein Jahrhundert später – etwa um 355 v. Chr. – beginnt man in Rom erstmals Münzen herzustellen. Das Symbol ist ein Schiffsschnabel, Sinnbild des Handels, aber man pflegt noch immer den Wert des Geldes *(pecunia)* nach dem Besitz von Herden *(pecus)* zu berechnen. Die Münzen sind nicht geprägt, sondern in Bronze gegossen. Dieses Verfahren erscheint altertümlich, wenn man es mit den Prägemethoden der Städte im Bereich des östlichen Mittelmeers vergleicht; zudem ist gegossenes Geld unhandlich, zu groß und zu schwer (272,87 Gramm). Das sollte sich allmählich ändern.

Durch den 326 v. Chr. geschlossenen Vertrag mit Neapolis (Neapel) kommt Rom in ständige Verbindung mit der griechischen Handelswelt. Daher wird die schwere römische Münze italischen Typs alsbald von Münzen griechischer Art aus Silber, Bronze, gelegentlich sogar aus Gold abgelöst, die auf griechischem Maßsystem fußen.

Auch dabei geht Rom nicht von einer Theorie oder einem System aus, sondern paßt sein eigenes Handeln jeweils den praktischen Erfordernissen sowie der politischen, ökonomischen und selbst kulturellen Lage an, die sich gerade ergibt.

Das 5. Jahrhundert war für Rom das Zeitalter der inneren Organisation, das Jahrhundert der ersten Rechtscodifizierung (Zwölftafelgesetz) und der Wehrordnung, die anscheinend im Zeichen einer Frontstellung der Patrizier gegen die Plebejer entstand. Gleichzeitig sind im 5. Jahrhundert weitreichende Verträge ausgehandelt worden: am Ende dieses oder zu Beginn des 4. Jahrhunderts wurde der Überlieferung nach der erste Vertrag mit Karthago geschlossen. Seit in Pyrgi, dem Hafen von Caere, Inschriften gefunden wurden, die zu jener Zeit von engen Verbindungen zwischen den Etruskern von Caere und punisch sprechenden Völkern zeugen, verdient diese Überlieferung stärkere Beachtung. Im Laufe des Jahrhunderts kam es auch zu den ersten Vorgefechten des späteren Zusammenstoßes mit den Keltenstämmen Galliens, die in die Po-Ebene eingedrungen waren.

Vor allem jedoch erkannte Rom jetzt die Notwendigkeit, sich ein Hinterland zu schaffen, das groß genug und überdies autonom war. Die erste wichtige gegnerische Stadt, die sich Rom ergab, war zu Beginn des 4. Jahrhunderts (nach dem traditionellen Datum 396 v. Chr.) das etruskische Veii, das kaum 20 Kilometer von Rom entfernt liegt. Am Ende des Zweiten Samniterkrieges im Jahre 304 v. Chr. war Rom bereits die beherrschende Macht auf der Halbinsel, und diese Vormachtstellung sollte sich mit dem Sieg bei Sentinum 295 v. Chr. noch weiter festigen.

Das Gelände, auf dem Rom steht, ist mannigfaltig; seine Hügel waren steiler und schroffer, als sie uns heute vorkommen (Palatin und Capitol). Zusammen mit den dazwischenliegenden sumpfigen Niederungen boten sie einen natürlichen Schutz.

Möglicherweise waren einige Hügel Roms bereits seit dem 6. Jahrhundert teilweise befestigt. Aber erst auf den Galliereinfall und die Plünderung hin scheint man 378 unternommen zu haben, die gesamte Stadt zu ummauern. Diese sogenannte ‹Serviusmauer› besteht aus massiven, sorgfältig behauenen und gefügten Tuffquadern. Vor ihr lag ein Graben, dessen Spuren noch heute an vielen Stellen zu sehen sind. Das ermöglicht uns, die Ausdehnung der damaligen Stadt zu rekonstruieren. Es ist nicht ausgeschlossen, daß sizilische Handwerker am Bau dieser Mauer beteiligt waren. Der Einfall der Gallier, eines von allen benachbarten Stämmen so verschiedenen Volkes, das so weit hergezogen kam, um eine reich gewordene Stadt zu plündern, verursachte den Römern ein tiefes Trauma, das übrigens alle italischen Völker nachempfanden.

Durch einen jahrhundertelangen Kampf gegen Natur und Armut, aber auch gegen gleichartige Nachbarn bildeten sich Charakter und Mentalität der Römer am Beginn der republikanischen Zeit.

Diese Menschen waren hart, ungestüm und starrköpfig, gewöhnt an schwere Arbeit und unbedingte Autorität in der Familie. Dem Körper und der Gesinnung nach waren sie Bauern, die jedenfalls auf praktischen und raschen Gewinn aus waren, auf einen Vorteil, der sich durch persönlichen Einsatz und durch den festen Willen aller gegen das widrige Schicksal erreichen ließ, aber auch durch Verschlagenheit, in der sich ihre Phantasie erschöpfte. Das dumpfe Gefühl, von unbegreiflichen Mächten bedroht zu sein, trieb sie weniger zu einer auf Offenbarungsglauben und Gottvertrauen fußenden Religiosität als zu argwöhnischem Aberglauben. Ihr Mißtrauen ging so weit, daß sie nicht einmal die Schutzgottheit ihrer Stadt mit Namen nennen und auch nicht angeben wollten, ob es ein Gott oder eine Göttin sei (Macrobius, ‹Saturnalia› III, 9). Noch während der Bürgerkriege am Ende der republikanischen Zeit konnte die Beschuldigung, jemand habe diesen Namen preisgegeben, als Vorwand für einen legalen politischen Mord dienen.

Einer Gesellschaft aus so gearteten Menschen mußte folgerichtig alles überflüssig und etwas unverständlich vorkommen, was nicht unmittelbar nützlich und praktisch war. «Diese verrückten Griechen» kann man mehr als einmal bei römischen Schriftstellern lesen, wenn es um künstlerische und philosophische Fragen geht. Aber auch deren Moral und Politik mußten den Römern ‹verrückt› erscheinen.

Ästhetische Fragen und überhaupt alle theoretischen Aussagen lagen außerhalb des Horizonts dieser Menschen. Sie hatten zwar Gesetze und folgten einer Kasuistik, sie besaßen juristische Erfahrung, aber kannten keine Rechtstheorie. Im Jahre 173 und noch 161 v. Chr. verjagte man einige griechische Philosophen aus Rom unter der Anklage, sie verdürben das Volk. Die Römer waren aber durchaus in der Lage, einen guten Baumeister und Maurermeister zu schätzen. Die um 210 v. Chr. erbauten neun Tore und fünfzig Türme der Stadtmauer ihrer Kolonie Falerii Novi zeigen architektonisches Geschick. Bei öffentlichen Bauten nahmen sie sich die Technik ihrer etruskischen Lehrherren zum Vorbild, wie noch die Mauern der latinischen Kolonie Cosa (273 v. Chr.) beweisen.

Römische Architektur gab es längst vor römischer Malerei und Plastik. Aber noch im 2. Jahrhundert v. Chr. wurde auf Anordnung des Senats der begonnene Bau eines festen Theaters aus Stein als «unnötig und für die Sitte des Volkes schädlich» wieder eingerissen (Titus Livius, ‹Ab urbe condita›, Periocha XLVIII). Manche Interpreten glaubten, man habe in Wirklichkeit verhindern wollen, daß sich das Volk im Theater wie in einer Festung verschanzen könne.

Es dauerte mehrere Generationen, bis Macht, Sicherheit und aufgehäufte Reichtümer die Römer davon überzeugten, daß man nicht zur kultivierten Welt gehört, wenn man sich nicht als Kenner und Liebhaber der Kunst gibt. Das war für die Alten beunruhigend, für die neue Generation aber faszinierend. Die Jungen verbrachten «einen Großteil des Tages damit, über Kunst und Künstler zu diskutieren», erzählt Plutarch an einer Stelle, die wir später noch einmal zitieren werden.

Der Horizont Roms reichte im ganzen 4. Jahrhundert nicht über Mittelitalien hinaus.

Mehr oder weniger dauerhafte Verträge und Abmachungen – sie sind selten beständig – verbanden Rom mit den wichtigsten Städten in Etrurien, Latium und vereinzelt in Campanien. Doch am Ende des 4. und am Anfang des 3. Jahrhunderts erweiterte sich das Blickfeld schnell. Die streng patrizische Gesellschaft Roms mußte sich gleichzeitig neuen gärenden Ideen und neuen sozialen Forderungen öffnen. Die in den ersten Jahren der Republik zurückgedrängten Plebejer wurden Mitglieder der Priester- und Augurenkollegien. Der Weg über Kult und Ritus zu Einfluß ist bezeichnend für die römische Gesellschaft.

Der Krieg Roms gegen Tarent, die blühendste und kultivierteste Stadt der südlichen Halbinsel, führte die Armee des Pyrrhos vom Epirus im Jahre 280 v. Chr. nach Italien und Sizilien. Man hatte dabei Gelegenheit, eine neue, außerordentliche und sicher eindrucksvolle Waffe kennenzulernen: den Kampfelefanten, den bewaffnete Männer von einem kleinen Turm auf dessen Rücken aus lenkten. Aber der Beleg für dieses Ereignis, den wir im italischen, vielleicht auch im latinischen Kunsthandwerk finden, ist bereits von einer hellenistischen Darstellung geprägt.

Das war in der Tat das erste größere unmittelbare Zusammentreffen der römischen Bevölkerung mit einem völlig hellenisierten Volk. Innerhalb von zehn Jahren folgte rasch der Vertrag mit einem hellenistischen Herrscher, mit Ptolemaios II. Philadelphos, dem Erben des afrikanischen Teils des Alexanderreiches.

Darauf folgten der endgültige Sieg über Tarent (272 v. Chr.), die Einnahme von Rhegion (270 v. Chr.) und die Liga mit Syrakus anläßlich des Ersten Punischen Krieges (264–241 v. Chr.). In Sizilien Fuß fassen bedeutete den unvermeidbaren Zusammenstoß mit Karthago. Im Jahre 228 v. Chr. schließlich wurden die Römer zu den Isthmischen Spielen in Korinth zugelassen, was gleichbedeutend mit einer Aufnahme in die Völkergemeinschaft der griechischen Kultur war.

Diese Verbindungen und die siegreich beendeten Kriege in Sardinien, Korsika und Dalmatien führten noch nicht zu grundsätzlichen Veränderungen der römischen Kultur. Einige der Länder, mit denen die Römer in Berührung kamen, waren rückständiger als die Italiker. Am Anfang der Via Appia, noch innerhalb der Stadtmauer, befindet sich unter den zugänglich gebliebenen Grabanlagen die der Scipionen. Der darin gefundene, um 260 v. Chr. entstandene Sarkophag des Scipio Barbatus, eines der siegreichen Generäle aus der berühmten Familie, zeigt klar den unmittelbaren Einfluß sizilischer Vorbilder. Es bleibt angesichts der großen Entwicklung des Porträts am Ausgang der republikanischen Zeit bemerkenswert, daß kein Bildnis diesen einfachen, architektonisch empfundenen, altarförmigen Sarkophag schmückt.

Ein Relief aus dem Museo Provinciale in Lucera läßt erkennen, wie weit der Horizont bodenständiger Künstler ohne den Kontakt mit dem Hellenismus reichte. Es zeigt einen Hirten inmitten seiner Herde und die Kunst eines Hirtenvolks. Ein solches Fragment zu datieren ist schwer: Primitivkunst und Nichtkultur sind geschichtslos und haben allzeit dieselbe Form. Im italischen Bereich kann ein solches Relief ebenso ins 5. Jahrhundert v. Chr. wie ins 1. Jahrhundert n. Chr. gehören. Man könnte es nur dann zeitlich einordnen, wenn man wüßte, ob mit ihm zusammen Fragmente von Keramik gefunden wurden und welcher Art sie waren.

Wir wissen allerdings aus Schriftquellen, daß bereits im 4. Jahrhundert v. Chr. auf dem Forum in Rom in ziemlich regelmäßigen Zeitabständen Ehrenstatuen sagenhafter und geschichtlicher Persönlichkeiten aufgestellt wurden. Als früheste finden Statuen auf der Rostra zum Gedenken an die vier römischen Bürger Erwähnung, die 438 als Gesandte nach Fidenae geschickt und vom König der Veiier getötet worden waren. Erst nach einer Unterbrechung von hundert Jahren ist von neuem die Rede von Statuen. Doch von etwa 340 an sind sie häufig, und es hat sogar Reiterstandbilder gegeben. Mit den Statuen des Pythagoras und des Alkibiades kamen um 290 griechische Idealisierungen der Weisheit und Tapferkeit hinzu.

Alle diese Statuen scheinen aus Bronze gewesen zu sein, und wir wissen, daß einige als Beutestücke aus den Städten Großgriechenlands und Etruriens stammten. Da sie aus Bronze waren, sind sie alle der Gier nach Metall zum Opfer gefallen, eine Folge des Niedergangs des antiken Handels. Der Kopf – wahrscheinlich einer Reiterfigur –, den man in der Renaissance auf eine Büste gesetzt und im Capitol unter dem willkürlichen Namen des Gründers der Republik Junius Brutus aufbewahrt hat, ist vielleicht das einzige Fragment, das auf uns gekommen ist.

Diesem außergewöhnlichen Porträt einen Platz in der Stilentwicklung zuzuweisen ist nicht einfach. Seine ‹Umwelt› ist noch nicht ernsthaft und unvoreingenommen untersucht worden. Obwohl der Schöpfer dieses Werkes Griechen als Lehrmeister hatte, steht es doch fern der griechischen Kunst. Aber auch der römischen Kunst gehört es nicht an, denn alles, was wir römisch nennen dürfen, hat anderen Gehalt. Nur was an ethischem Wert in diesem Gesicht steckt und es so ernst macht ist römisch. Vor etwa vierzig Jahren wurde (von mir und anderen) vorgeschlagen, diesen Kopf dem etruskischen Kunstkreis zuzuschreiben, aber das geschah vor allem, um zu betonen, daß er weder zur griechischen noch zur römischen Kunst gehört, wie man bis dahin annahm. Die mittelitalische Kunst, die sich sowohl von der nach Sizilien und Süditalien eingeführten griechischen wie von der etruskischen Kunst unterscheidet, war noch nicht als eigenständig erkannt worden. Sie stand mit beiden in Verbindung, erhielt von beiden Anregungen, war aber innerlich von einer Herbheit bestimmt, wie sie den Bergbauern eignet. Sie wich der Eleganz der griechisch-hellenistischen Kunst aus und übernahm mehr deren Ikonographie und Komposition als ihre Formensprache. Ihr Gebiet reichte von Apulien bis Picenum, von Campanien bis Samnium und Latium; sie bildete den Mutterboden für die gesamte italische Kunst südlich des Apennin in der Zeit, bevor die Römer die ganze Halbinsel beherrschten. Dieser mittelitalischen Kunst der ersten und zweiten Hälfte des 3. Jahrhunderts, die unberührt ist von der frischen Eleganz der urbanen Kultur hellenistischer Zeit, müssen wir diesen sogenannten Brutuskopf zuordnen, der übrigens vortrefflich zu dem überlieferten Bild des Brutus paßt, mit dem man ihn in Zusammenhang gebracht hat.

Die mittelitalische Kunst reicht über den Rahmen dieses Buches hinaus und muß für sich gesondert betrachtet werden, ist aber ihrerseits wieder die notwendige Voraussetzung für die römische Kunst. Gerade im Schoß dieser Kultur bemerkt man plötzlich einen neuen Akzent, den wir als genuin römisch ansehen können. Diesen besonderen Ton versuchen wir bei seiner Entstehung und in seiner Eigenheit zu vernehmen. Ein in der Erforschung antiker Kunst lange herrschendes Vorurteil, dem Ideal der Klassik verhaftet, hat uns oft daran gehindert.

Sicher gab es Werkstätten dieser mittelitalischen Kunst in Rom selbst. Wir haben bereits den Künstler Novios Plautios kennengelernt. In diesen Kunstkreis gehören Werke, die zweifellos an Ort und Stelle verfertigt wurden, wie die Architektur- und Plastikfragmente eines Grabes der Flötistengilde aus Peperin-Kalkstein auf dem Esquilin, die man in die Zeit des ausgehenden 2. oder des beginnenden 1. Jahrhunderts v. Chr. datieren kann. Eine Orpheusgestalt bei den Tieren, die man in der Nähe der Porta Tiburtina entdeckt hat, gehört nicht zum eben erwähnten Flötistengrab, wie oft behauptet wurde. Eine hellenistische Ikonographie mit eleganten Bewegungsmotiven, wie sie für den Hellenismus der italischen Provinz so bezeichnend ist, wird hier mit bäuerischer Schwerfälligkeit vorgetragen; dafür war kein etrurischer Meißel verantwortlich, sondern ein mittelitalischer (vgl. Helbig, Nr. 1599*).

* Wolfgang Helbig: Führer durch die öffentlichen Sammlungen klassischer Altertümer in Rom. Vierte, völlig neubearbeitete Auflage herausgegeben von Hermine Speier,

Das Bildschema der Alexanderschlacht – das große pompejanische Mosaik überliefert uns eine leicht angepaßte Kopie des berühmten originalen Malwerks vom Ende des 4. Jahrhunderts v. Chr. – wird wenig reizvoll, wenn auch nicht wirkungslos in einem provinziellen Relief aus Isernia verwendet, das römische Kriege schildert.

Damit stehen wir am Beginn der Kaiserzeit, aber die mittelitalische hellenistische Kultur ist an diesem Beispiel immer noch lebendig.

Diese Kulturtradition ist streng zu trennen von dem neuen hellenistischen Einfluß, den der Zustrom griechischer Originalkunstwerke nach Rom und die Ansiedlung griechischer Künstler und Kunsthandwerker im neuen politischen Zentrum des Mittelmeerbereichs mit sich brachten. Der jüngere Einfluß überlagerte allein den Kulturkreis einer Elite, die sich durch soziale Stellung und Finanzkraft herausgebildet hatte und deren eigentlicher Mittelpunkt Rom war. Der überkommene mittelitalische Hellenismus hingegen entstand und entwickelte sich gleichzeitig mit der eigentlich hellenistischen Kunst, die zum unmittelbaren und natürlichen Ausdruck der italischen Provinz wurde.

Hier spielte Campanien eine Sonderrolle; es war die einzige Landschaft, die wenigstens teilweise vom allgemeinen Niedergang in Süditalien nach dem Zweiten Punischen Krieg gegen Hannibal (218–201 v. Chr.) verschont blieb.

In diesen mittelitalischen Kulturkreis gehören auch die von den Verbündeten im Krieg gegen Rom (91–88 v. Chr.) geprägten Münzen. Auf ihnen liest man zum erstenmal den Namen ITALIA (Abb. 4, 5). Es wäre aber verfehlt, hierin ein letztes Aufbäumen der italischen Völker gegen die Unterwerfung durch Rom zu sehen. Dieser Krieg der Bundesgenossen gegen Rom wurde nicht für die Unabhängigkeit geführt, sondern um die Gewährung des Bürgerrechts in Rom: ein Gesetz vom Jahre 90/89 v. Chr. machte alle Italiker, südlich des Po-Flusses, zu römischen Bürgern. Je mehr die juristische Trennung zwischen Römern und Italikern von da an gegenstandslos wird, um so gewichtiger wird der Unterschied zwischen italischer und römischer Kunst. Es gibt einen kulturellen Zwischenbereich, der noch nicht in Anlehnung an den Neuattizismus von der Vorliebe für die hellenisierende Marmorskulptur durchdrungen ist, sondern vorwiegend in Terrakotta arbeitet.

Aus den Heiligtümern Latiums nördlich, östlich und südlich von Rom kommen zahlreiche Statuen und Büsten aus dieser Produktion. Ein typisches Beispiel dafür ist eine Sammlung von Votivgaben aus Castelletto im Tal von Ariccia, die auch Bronzemünzen von den ersten römisch-campanischen Prägungen

Tübingen 1963–1972. 1. Bd: Die Päpstlichen Sammlungen im Vatikan und Lateran. Nr. 1–1160. 2. Bd: Die Städtischen Sammlungen: Kapitolinische Museen und Museo Barracco. Die Staatlichen Sammlungen: Ara Pacis, Galleria Borghese, Galleria Spada, Museo Pigorini, Antiquarien auf Forum und Palatin. Nr. 1161–2116. 3. Bd: Die Staatlichen Sammlungen: Museo Nazionale Romano (Thermenmuseum), Museo di Villa Giulia. Nr. 2117–2994. 4. Bd: Die Staatlichen Sammlungen: Museo Ostiense in Ostia Antica, Museo der Villa Hadriana in Tivoli, Villa Albani. Nr. 2995–3388.

des 4. Jahrhunderts v. Chr. bis zu Stücken des Kaisers Claudius enthielt (Rom, Thermenmuseum, Inv. Nr. 112374–76).

Neben bescheideneren Weihgaben fanden sich zwei bemerkenswerte Statuetten der Kore-Persephone und der Demeter sowie eine Demeterbüste. Letztere ist deutlich von sizilischen Vorbildern beeinflußt, in denen noch ein Abglanz vom Ausdruck der Demeter aus Knidos fortlebt. Inschriften der Familie Duronia erinnern an eine von Titus Livius (XXXIX, 9) erzählte Episode, die sich im Jahre 186 v. Chr. abgespielt haben kann.

Alles verleitet uns, diese Terrakotten um die Mitte des 3. Jahrhunderts v. Chr. anzusetzen. Sie sind typische Beispiele für eine Kunst, die man noch nicht römisch nennen kann, die aber für die Kunst Roms bestimmend ist. Zu ihr gehört auch der Giebelschmuck stadtrömischer Tempel, wie die Skulpturen aus der Via San Gregorio (Helbig, Nr. 1605).

In anderen Fällen tritt der römische Akzent deutlicher zutage und kommt selbst in benachbarten nichtrömischen Kunstzentren vor. Im folgenden Kapitel wird die Rede davon sein, wie sich in Rom eine besondere Form des Porträts herausgebildet hat. Terrakottaporträts aus Caere lassen uns einen Abglanz dieser besonderen Form in romanisierter etruskischer Umwelt erkennen. Sie stammen aus einer Kunstproduktion, die das Mittelstands-Bürgertum belieferte und eine Generation später Porträts schuf wie das auf einer Grabstele vom Anfang der Via Praenestina (Via Statilia, Helbig, Nr. 1631).

Man darf dabei nicht vergessen, daß es gleichzeitig in Rom Künstler gab, die ausgesprochen hellenistisch erzogen oder gar Griechen waren wie jener, der ein Porträt Pompejus' des Großen schuf. Wir können es durch einen genauen Vergleich mit den Münzen identifizieren, die sein Sohn Sextus ihm zu Ehren unter der Münzhoheit des Quintus Nasidius schlagen ließ.

Die Eroberung und Plünderung von Syrakus 212 v. Chr., bei der Archimedes umkam, waren von entscheidender Bedeutung für Roms nahe Beziehung zur hellenistischen Kunst. Plutarch (‹Marcellus› 21) berichtet dreihundert Jahre nach diesen Ereignissen in der Biographie des siegreichen Generals, Marcellus hätte «den größten Teil und die schönsten der Kunstwerke aus Syrakus nach Rom gebracht für die Feier seines Triumphes und für die Verschönerung der Stadt». «Rom kannte und besaß zuvor tatsächlich keinen der so verfeinerten und luxuriösen Gegenstände noch erfreute es sich an Meisterwerken der Grazie und Eleganz ...» Deshalb gewann «Marcellus die Herzen des römischen Volkes für sich, denn er hatte die Stadt um ein Vergnügen, um griechische Grazie und mannigfaltige Kunstwerke bereichert. Doch Fabius Maximus stand bei den Alten in größerem Ansehen. Nichts dergleichen schaffte er nach der Einnahme von Tarent fort, raffte dagegen Geld und Reichtum an sich. Die Bildwerke ließ er an Ort und Stelle und soll der Sage nach dabei geäußert haben: ‹Lassen wir den Tarentinern ihre aufgebrachten Götter.› Marcellus warf man in der Tat vor, Mißgunst und Haß auf Rom gezogen zu haben. Denn es schien so, als ob er nicht nur Menschen, sondern auch Götter als Gefangene und im Triumph hinwegführte. Außerdem hätte er das an Kampf und Ackerbau gewöhnte Volk, das bis dahin jede Verweichlichung und Leichtfertigkeit gemieden hätte wie der Herakles des Euripides – frank, barsch und nur für große Taten zu gebrauchen –, zu Müßiggang und Geschwätz verleitet, zu weltläufigem Geplauder über Kunst und Künstler verführt, die damit einen Großteil des Tages zubrachten.»

«Indessen rühmte er sich auch den Griechen gegenüber, er hätte die Römer gelehrt, die herrlichen Werke der griechischen Kunst, die sie nicht kannten, zu schätzen und zu bewundern.»

Dieser Abschnitt könnte etwas an Glaubwürdigkeit verlieren, da er so lange Zeit nach den Ereignissen und von einem Griechen geschrieben wurde, der vielleicht die bäuerische Einfalt der alten Römer ins Licht rücken wollte. Aber die Quellentradition, auf der diese Erzählung beruht und auf die Plutarch sich stützte, ist sicherlich alt und rein römisch. Auch Titus Livius (XXV, 40, 1–3) bestätigt, daß die Eroberung von Syrakus «der Anfang für die Bewunderung griechischer Kunstwerke» gewesen sei. Der Hochmut, der aus den Fabius Maximus in den Mund gelegten Worten und den Anklagen der älteren Römer gegen Marcellus spricht, ist bezeichnend römisch. (Abb. 6, Porträt des Marcellus auf einer 42 v. Chr. geprägten Münze).

Seit dem Ende des 3. Jahrhunderts entdeckte man also in Rom, daß Kunst mehr ist als Technik und über Kunst zu sprechen zu den erregendsten Möglichkeiten gehört, vom innersten Wesen des Menschen zu reden. Es bleibt jedoch anzumerken, daß die Römer zwei Generationen später noch keine großen Fortschritte hierin erzielt hatten. Kunst war in Rom immer noch nicht Teil der Paideia, will sagen der grundlegenden Erziehung und Bildung aller Söhne aus gutem Hause, wie das in Griechenland von jeher der Fall gewesen war. Der siegreiche General, der 146 v. Chr. in Korinth die geraubten Schätze versteigern ließ, war daher so sehr überrascht von dem hohen Gebot des Königs Attalos II. von Pergamon für ein antikes Dionysosbild, daß er – Plinius berichtet darüber (XXXV, 24) – «irgendeine verborgene Macht in diesem Bilde vermutete *(aliquid in ea virtutis, quod ipse nesciret)* und es vom Verkauf zurückzog». Das Gebot des Attalos, so will die Überlieferung, hätte 600000 Denare betragen. Bei aller Schwierigkeit, antike Geldsummen umzurechnen, entsprach das damals dem Gegenwert von 198 Kilogramm Gold oder 10000 Rindern. In der Kaiserzeit mußte man für die Aufnahme in den römischen Senat über ein Vermögen von 250000 Denaren verfügen können, und unter Hadrian wurde der Jahressold eines Legionärs von 225 auf 300 Denare erhöht. Der für das Bild angebotene Preis entspricht, auf verschiedene Weise umgerechnet, etwa dem Gegenwert von 160000 Dollar, ein Preis, den man auch heute für ein Meisterwerk antiker Kunst zu entrichten hat. Wenn man einwendet, Mummius sei kein Kunstkenner gewesen, sondern General, so ist das nicht schlüssig, denn die Römer kannten keine Berufsoffiziere, und der General Mummius war zugleich Consul, also einer der beiden Staatschefs, ein

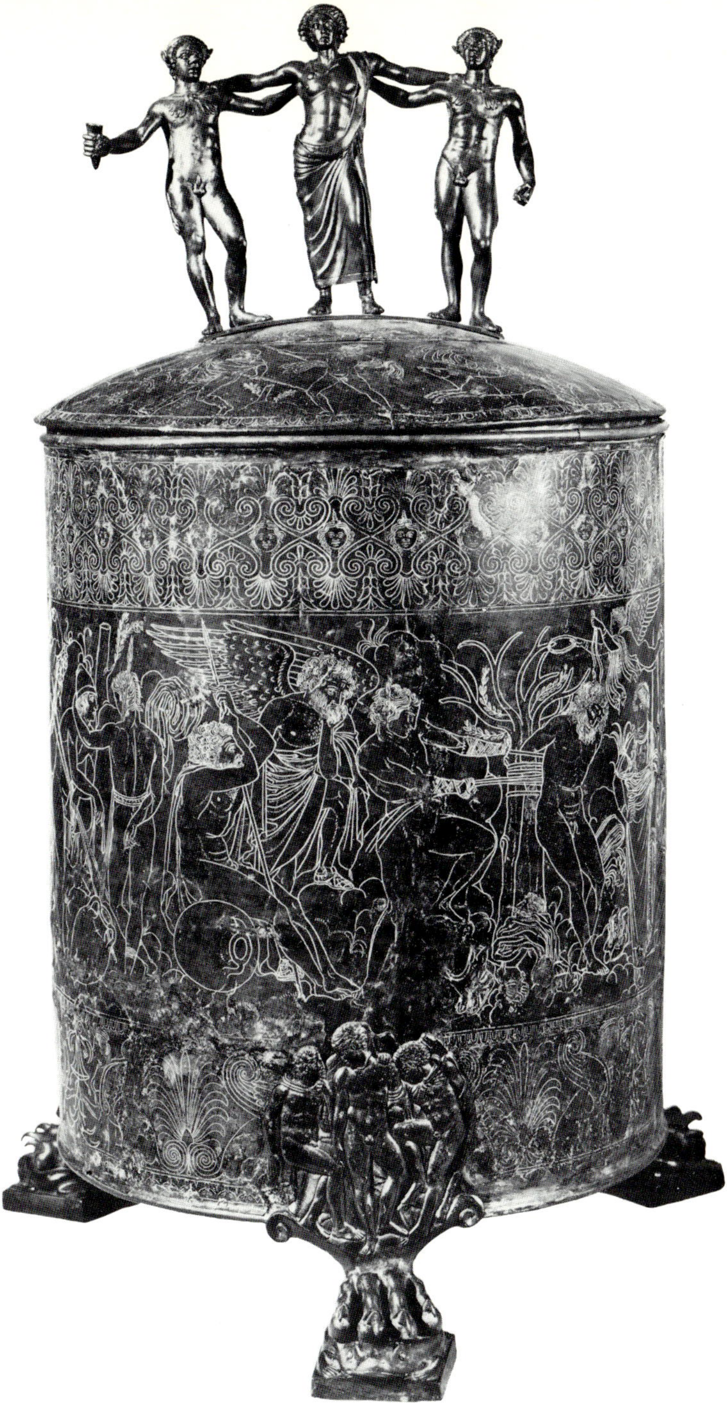

1 – Novios Plautios: Die ‹Cista Ficoroni› – Rom

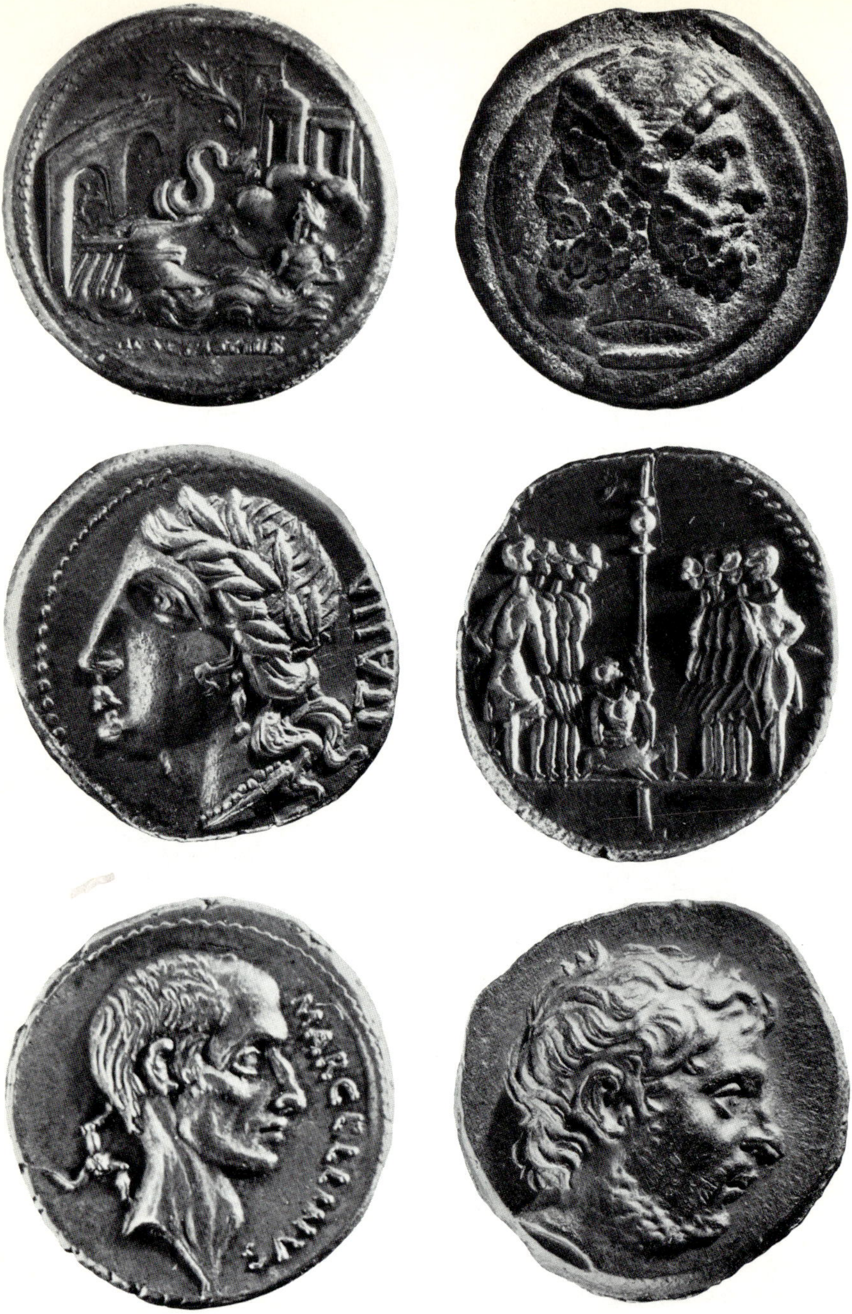

2 – Rom – Münze, Die Asklepiosschlange erreicht die Tiberinsel – Paris; 3 – Rom – Die älteste römische Münze, Vorderseite: Januskopf – Rom; 4/5 – Münze, Vorderseite: Weiblicher Kopf und Inschrift Italia. Rückseite: Kriegseid – Paris; 6 – Rom – Denar, Marcus Claudius Marcellus – Paris; 7 – Attischer Stater, Titus Quinctius Flaminius – Berlin

Politiker, ein Bürger. Wir dürfen deshalb annehmen, daß das Denken des Mummius typisch für die gehobene Gesellschaftsschicht seiner Zeit war. Das schließt nicht aus, daß es einige Intellektuelle in Rom gab, die von Aristides aus Theben, dem Maler dieses Bildes und Gründer der thebanisch-attischen Malerschule am Anfang des 4. Jahrhunderts, wußten. Bezeichnend für die römische Gesellschaft jedoch, daß ein solcher Intellektueller – wenn er damals gelebt hat – sich seiner Kenntnis vor seinen Mitbürgern beinahe schämte.

Nach der Eroberung von Syrakus rissen die Möglichkeiten, mit griechischer Kunst zusammenzutreffen und deren Schöpfungen zu besitzen, nicht mehr ab, wenn auch Roms Begegnung mit Griechenland mehr auf dem Schlachtfeld stattfand als auf geistigem Gebiet und die nach Rom verschleppten Kunstwerke im Besitz des Staates blieben. Der Krieg gegen Philipp V. von Makedonien endete 197 v. Chr. mit einem großen Triumph des Consuls Flamininus (Abb. 7, Porträt des Flamininus auf einer in Athen geprägten Münze). Er entführte weitere Wagenladungen von Statuen und wertvollen, in Gold und Silber getriebenen Gefäßen nach Rom. Der Krieg gegen Antiochos III. erreichte seinen Höhepunkt mit der Einnahme von Magnesia am Sipylos. Er endete mit der Eroberung des hellenistischen Kleinasien durch einen der Scipionen, woraufhin Rom mit dem Erlesensten überschüttet wurde, was die hellenistische Kunst dort geschaffen hatte, wo sie sich mit besonders großer Frische, Originalität und Pracht entfaltet hatte. Titus Livius (XXXVII, 59, 3–5) und Plinius (‹Naturalis historia› XXXIV, 34) berichten, mit diesem Krieg seien «die Holz- und Terrakottastatuen aus den Tempeln verschwunden und durch eingeführte Kunstwerke ersetzt worden». Beim Triumph wurde folgende Kriegsbeute vorgestellt: 224 Standarten, 134 Stadtmodelle, 1231 Elefantenzähne, 234 goldene Kronen, 137420 Pfund eingeschmolzenes Silber, 224000 Tetradrachmen, 321000 kleinasiatische Münzen (Cistophoren), 140000 Goldmünzen (Philippen), ziselierte Vasen aus Silber im Gewicht von 423 Pfund, aus Gold im Gewicht von 1023 Pfund, 134 Götterstatuen – alles zusammen kann auf etwa 18 Millionen Denare geschätzt werden. Die Liste des Raubgutes und der Kriegsentschädigungen aus den Jahren 200 und 157 v. Chr. (zusammengestellt von T. Frank, ‹Economic Survey of Ancient Rome›, I, S. 127–138) vermittelt ein anschauliches Bild davon, welche Fülle von Reichtümern damals ununterbrochen Jahr für Jahr in Rom zusammenströmte. In dieser ersten Phase der Eroberung hat man – das bleibt zu bemerken – ausschließlich die Tempel geplündert. Daß die Götter des besiegten Volkes nach Rom überführt wurden, diente den Siegern als Rechtfertigung für den Raub der Tempelschätze und war für sie in jedem Fall ein gutes Geschäft.

Das Jahr 146 v. Chr. war schicksalhaft: Scipio Aemilianus eroberte endgültig Karthago, Lucius Mummius Korinth und damit das griechische Festland einschließlich Athens.

Als Beispiel mag genügen, den ältesten Apollotempel außerhalb der Stadtmauern auf dem Marsfeld anzuführen, der zu Beginn der augusteischen Zeit von Caius Sosius, dem Stadthalter Syriens im Jahre 38 und Eroberer Jerusalems im Jahre 37, vollständig erneuert wurde. Dieser nach hellenistischen Vorbildern errichtete elegante Bau war eine Art Museum geworden. Hier standen: ein Apollo in Zedernholz aus Seleukeia; zwölf Statuen des rhodischen Bildhauers Philiskos – Apollo mit Latona sowie Diana mit den neun Musen –, sorgfältige und kostbare Kopien; außerdem ein Apollon Kitharoides von Timarchides, einem Athener Künstler des 2. Jahrhunderts v. Chr., eine Statuengruppe der Niobe mit den Niobiden, die man Skopas oder Praxiteles – das war umstritten – zuschrieb, ein Bild des thebanischen Malers Aristides aus dem 4. Jahrhundert v. Chr., von dem wir bereits gesprochen haben, und andere Kunstwerke mehr. Von ihnen kennt man heute noch eine Statue des Apollo, der einst wohl einen Bogen spannte und in dem – wie man in einer geistreichen Hypothese vorschlug – ein Original des Bildhauers Pythagoras von Rhegion zu sehen ist, eines großgriechischen Meisters aus klassischer Zeit. Das Standbild war in Crotone geraubt worden; auf den Münzen dieser Stadt ist es wiedergegeben.

So kamen damals zahllose griechische Originale, Statuen, Bilder und Metallkunstwerke als Kriegsbeute nach Rom. Als notwendige Folge mußte eine Sammelleidenschaft entstehen, deren Hunger nach Kunstwerken mit Stücken aus dem Besitz griechischer Tempel, Städte oder Potentaten kaum zu stillen war. In dieser zweiten Phase wurden massenhaft Kopien berühmter Statuen und Bilder angefertigt oder von der Klassik inspirierte Werke geschaffen, die zumeist aus den neuattischen Werkstätten Athens importiert wurden, das für die Römer ein Symbol für Kultur und Kunst, zugleich aber auch der nächstgelegene Kunstmarkt geblieben war. Auf die Wirtschaft nahm die Sammelleidenschaft insofern Einfluß, als die Kunst einen wichtigen Platz im öffentlichen Denken erhielt. Unter derart außergewöhnlichen Umständen, die sich nie mehr in der Geschichte so stark und in solchem Ausmaß wiederholt haben, konnte sich natürlich nie eine selbständige und harmonisch entwickelte Kunsttradition herausbilden.

Der Wirrwarr an Werken von so verschiedenen Zeiten und Stilen vermochte nur eine eklektische Ästhetik im Sinne der ‹Geschmacklosigkeit› im europäischen Bürgertum der zweiten Hälfte des 19. Jahrhunderts n. Chr. entstehen zu lassen, die sich vornehmlich nach Seltenheit, Kuriosität oder nach dem Unikum richtete, anstatt Bedeutung und Wert künstlerischer Form tatsächlich zu erfassen. All das Neue mußte zuerst verarbeitet, also zu einer gewohnten und vertrauten Angelegenheit werden, bevor an die Stelle dieser Zergliederung der Aufbau einer neuen Kunst und Kultur treten konnte. So außergewöhnlich sind die Voraussetzungen, unter denen sich die Kunst formte, daß man sich die Umstände ihres Beginns immer vergegenwärtigen muß, um hoffen zu können, Wert und geschichtliche Bedeutung der römischen Kunstentwicklung zu begreifen.

Die römische Gesellschaft hatte bis dahin patriarchalisch gelebt. Ihr kultureller Horizont war überwiegend bäuerlich geblieben und einer Tradition der

Sparsamkeit und Einfachheit angepaßt, die auf dem eher bescheidenen individuellen und gemeinschaftlichen Wirtschaftspotential fußte. Die Tempel waren wie in Etrurien auf hohem steinernem Podest aus Holz gebaut und mit bemalter, durch Model geformte Terrakotta verkleidet. Die Wohnhäuser hatten ein Riegelwerk aus Holz, das mit Bruchsteinen und Mörtel ausgefacht war, wie man es noch in den Ruinen von Herculaneum sehen kann. Die am Ort gefertigte Keramik war grob. Von Campanien her hatte sich eine schwarz gefirnißte Ware mit sparsamem Reliefornament als Bronzeimitation verbreitet. Einige Gefäße mit roter Glasur, häufig ungleichmäßigem Brand und eingepunztem Palmettenmuster kamen aus etruskischen Werkstätten im Arnotal. Dort entstanden später auch in augusteischer Zeit die Manufakturen der Reliefkeramik *(terra sigillata)*. Man verwendete Bronzekessel, aber sie trugen selten Reliefschmuck. Tafelsilber war noch so ungewöhnlich, daß sich eine karthagische Gesandtschaft, wohl die des Jahres 150 v. Chr., bei ihrer Besuchsrunde in verschiedenen Patrizierfamilien immer wieder vor demselben Silberservice fand, das sich die verschiedenen Familien eine nach der anderen ausgeliehen hatten. Eine weitere Anekdote bestätigt diese Geschichte: aitolische Gesandte wurden im Jahre 172 v. Chr. beim Consul Aelius Cato aus rohen Keramikschüsseln bewirtet. Sie schickten ihm daraufhin als Geschenk eine Tafelgarnitur aus Silber, die der Consul ausschlug (Plinius, ‹Naturalis historia› XXXIII, 142–143). Dieser Consul war ein Schwiegersohn des Aemilius Paulus, des Siegers über König Perseus in der Schlacht bei Pydna 168 v. Chr., die zur Auflösung des Königreichs Makedonien führte. Bei seinem Tode besaß er nur zwei Silberbecher, ein Geschenk seines Schwiegervaters.

Von derart bescheidenen Anschauungen ging die römische Gesellschaft aus. Im Verlauf einer Generation jedoch erlebte Rom eine so massive Konzentration des Kapitals, wie sie die Geschichte nie mehr erlebt hat. Verglichen mit der Machtballung der modernen kapitalistischen Großstaaten, war sie umfassender, denn sie vereinigte den gesamten beweglichen Reichtum des Mittelmeerbereichs in sich.

Weitgehend floß dieses Kapital in die Staatskasse, doch ein Teil verblieb in privaten Händen. Niemals war in einem großen Staat die politische Macht so abhängig vom Reichtum wie hier. Was die Silberarbeiten angeht, sei daran erinnert, daß Julius Caesar 65 v. Chr. die Ausgaben für ein Schauspiel bestritt, bei dem dreihundertzwanzig Gladiatorenpaare, alle in Silberharnischen, miteinander kämpften. Bei einer anderen Gelegenheit stellte er vierhundert Löwen zur Schau. Recht kostspielige Vergnügen! – und das vor seiner spanischen Mission, die der Beginn seines Aufstiegs war. Der Bankier und Heereslieferant Crassus, der den Spartacus-Aufstand niedergeworfen hatte und entlang der Via Appia von Capua bis Rom sechstausend Kreuze hatte aufstellen und die Aufrührerischen daran hatte aufhängen lassen, vermachte seinen Erben bei seinem Tod ein Vermögen von schätzungsweise zwei Millionen Goldpfund Sterling (200 Millionen Sesterzien).

Die Auswirkungen dieses wirtschaftlichen Umschwungs sind vom Standpunkt der allgemeinen Geschichte aus eingehend untersucht worden, doch auch in der Kunstgeschichte müssen sie berücksichtigt werden. Sie führten im Grunde zu der Krise der alten gesellschaftlichen Institutionen, die sich als unfähig erwiesen, das so komplexe System eines Staates mit imperialistischer Struktur zu meistern. Die Krise war so tiefgehend, daß sie erst mit dem Prinzipat des Augustus behoben wurde, also mit einer zwar formell durch einen juristischen Winkelzug verschleierten, aber deswegen nicht weniger gründlichen Umformung in einen monarchistischen Staat, der sich auf eine strenge bürokratische Organisation stützte und Rom aufs neue Frieden und innere Sicherheit finden ließ.

Das letzte Jahrhundert der Republik war furchtbar. Der politische Kampf wurde geführt, ohne daß man sonderlich wählerisch in den Mitteln war, und er artete in Gewalttätigkeiten aus. Sie reichten von Straßenkämpfen bis zu Überfällen, Meuchelmord, Vermögenseinzug, Verbannung und Bürgerkrieg. In der 16. Epode träumt in seinem vielleicht ältesten erhaltenen Gedicht der vierundzwanzigjährige Horaz um das Jahr 41 v. Chr. ganz im Stil der literarischen Mode, die auf den Hellenismus zurückging und dessen Vorliebe für solche Gedankenfiktionen teilte, sehnsüchtig von einem ruhigen Landleben im Verborgenen; er schlägt vor, zu den glückseligen Inseln des östlichen Meeres zu fliehen und Rom dem Untergang zu weihen. Der Ausdruck seines Gefühls wirkt echt und zeigt einen Überdruß, ein Verlangen, allem zu entkommen, und ein Trachten nach Reinheit des Herzens. Glück und Erfolg des Augustus beruhen nicht zuletzt darauf, daß er solche Gefühle erkannt und befriedigt hat.

In diesem Klima, das heftige und blutige Kämpfe, jähes und kurzes Glück wie fanatischer Ehrgeiz bestimmten, bildeten sich Roms Kultur und Kunst. Hatte man früher von Werken griechischer Kunst gehört und war ihnen begegnet, so eröffnete sich jetzt nach Unterwerfung der hellenistischen Länder die erregende Möglichkeit, diese kostbaren Dinge durch gewaltsame Aneignung zu besitzen. Jeder reiche Römer wollte an Luxus mit den Höfen der hellenistischen Fürsten wetteifern. Hierin liegt der Grund für die Sammelleidenschaft der Römer jener Zeit, und dadurch erklärt sich der besondere Charakter ihrer Villen und Gärten, ja selbst der Schmuck ihrer Wohnhäuser.

Beim Ausbruch des Vesuvs im Jahre 79 n. Chr. wurden die Städte Campaniens unter einer Aschenschicht begraben und blieben unverändert erhalten. Dadurch, daß ihr Leben so unvorhersehbar unterbrochen wurde, haben wir in Pompeji und Herculaneum einen Beweis für ihre Art, der uns in Rom fehlt, wo das Leben vom Altertum bis heute andauert und die Vergangenheit nach und nach ausgelöscht hat. Trotz allem ist Rom noch jetzt reicher an antiken Denkmälern als jede andere Stadt. In Pompeji und Herculaneum waren die Bürgerhäuser von bescheidenem Luxus, verglichen mit dem Prunk, den die Paläste der vornehmen Römer aufgewiesen haben müssen, und doch überraschen sie durch den Reichtum ihrer malerischen Ausstattung. Das zum Museum gewordene Haus, eine Nachbildung der durch Beschreibungen bekannten hellenistischen Königspaläste, erläutert dies deutlich. Nichts erinnert uns lebhafter an die Ausstattung eines pompejanischen Hauses als die erhaltene Beschreibung vom Prachtzelt des Königs Ptolemaios III. Euergetes (246–221 v. Chr.). Dort war alles wirklich: die Bilder in den Wandfeldern, die Tapisserien mit szenischen Darstellungen, die an den vier Ecken aufgehängt waren oder den Raum aufteilten, die Dreifüße aus Metall oder die schlanken Holzsäulen, die das Zeltdach stützten; dies alles gibt in Pompeji eine illusionistische Malerei wieder. Auf anderen Wänden sehen wir perspektivisch fluchtende Säulen von Portiken um einen Hof, in dessen Mitte ein eleganter kleiner, mit Girlanden geschmückter Rundtempel steht. Eine derartige Architektur gab es dazumal weder im Campanien noch in Rom.

Mußte sich der normale Bürger mit solchen gemalten Träumen begnügen, so gab es doch einige Mächtige, die diesen Glanz hellenistischer Kultur wenigstens teilweise verwirklichen konnten. In ihren Luxuswohnungen sammelten sich Statuen, Bronzen und Silbergeschirr; die wurden um so mehr geschätzt, je abgenutzter sie erschienen, sich also dadurch als hellenistische Originale und nicht als ‹moderne› Kopien und Imitationen erwiesen. All das gehört wohl zur römischen Kultur, nicht aber in die Geschichte der römischen Kunst.

Sicher bleibt diese Vorliebe für Altes ein bestimmendes Merkmal der Kunst dieser Zeit einschließlich der julisch-claudischen Ära. Sie zeigt sich auch später wieder und läßt eine Reihe klassizistischer Bewegungen entstehen, die typisch für die ganze römische Kunst bis hin zu Constantin und Theodosius bleiben. Doch sind sie für sie grundlegend und kennzeichnen sie als teilweise gekünstelt, intellektualistisch und programmatisch. Dies eben ist die schwache Seite der römischen Kunst. Werke von höchster Reinheit und wahrer Erfindung bleiben selten und stammen nur von wenigen Künstlern, während die Masse der anonymen Kunstproduktion überhandnimmt. Daraus erklärt sich, warum während des 2. und 1. Jahrhunderts v. Chr. trotz der Berührung mit so vielen und verschiedenartigen griechischen Kunstwerken aller Epochen nirgends ein neues Kunstwollen, eine frische und ursprüngliche Strömung, hervorbricht. Erst seit Trajan, als der Zufluß griechischer Werke nach einem Jahrhundert versiegte und die hellenistische Tradition selbst an ihren Quellen erschöpft war, sollte es neue künstlerische Ausdrucksmöglichkeiten in der Monumentalkunst geben. Bis dahin hatte sich auch die Gier, Kunstwerke zu besitzen, allmählich befriedigt und das aus diesem Besitz entstandene schlechte Gewissen beruhigt.

Dies schlechte Gewissen gehört zu den eigenartigsten Zügen der römischen Kultur am Ende der Republik. Eine solche Masse an Kunstwerken war wie ein auf nicht ganz legalem Weg erworbener Adelsbrief, den man dem Besucher mit Stolz, aber nicht ohne inneres Unbehagen vorweist. Um das zu überspielen, erzählt man von den bescheidenen Anfängen der Familie und trägt eine gewisse Verachtung für das eingerahmte Dokument zur Schau. Andere, praktische Dinge sind wichtiger.

Alle römischen Schriftsteller, die von Kunst sprechen, bemühen sich, ihr Interesse für die Kunst zu leugnen, besonders jene, die sich am meisten mit ihr beschäftigen – von den Beschwerden des alten, starrköpfigen Bauern Cato, der diese Dinge wirklich verabscheute, soll hier abgesehen werden. Wir finden jenen Zug selbst bei Cicero, dem Römer, der die griechische Kultur am besten verstanden zu haben scheint. Auch wenn er die theoretischen Überlegungen, die in der hellenistischen Literatur zu formal-künstlerischen Problemen verbreitet waren, in weltläufigem Eklektizismus vereinfacht hat, verstand er doch, sie zu durchschauen, und hätte es so in der Hand gehabt, zu einem unabhängigen kritischen Urteil zu kommen. Aber er versuchte es nicht einmal.

Vor Plotin im ausgehenden 3. Jahrhundert n. Chr. sucht man vergebens eine theoretische Stellungnahme zur Kunst, die sich von der der Rhetoriker vom Ende des Hellenismus unterscheidet. Rom sah die Kunst nie eigentlich als Problem, besonders nicht im 2. und 1. Jahrhundert v. Chr., zur Zeit, da die hellenistische Kultur sich ihrem Ende zuneigte und der römische Imperialismus erstand.

Cicero war selbst Sammler und beauftragte seinen Freund Atticus, den großen Verleger, ihm in Athen Statuen zu suchen, die in eine seiner Villen paßten. Auch er konnte in großem Stil Geld ausgeben (der Aufwand für sein Haus kostete ihn im Jahre 44 v. Chr. 200 000 Sesterzien, also etwa 2 000 Pfund Sterling in Gold). Sein Vermögen kann man auf dreißig Millionen Sesterzien (300 000 Pfund Sterling in Gold) schätzen. Für seine Villen bei Tusculum (Frascati), Pompeji und seiner Heimatstadt Arpinum (‹Briefe an Atticus› II, 1, 11) stürzte sich Cicero in Schulden. Berühmt blieb ein Eßtisch aus Holz vom Lebensbaum, für den er eine halbe Million Sesterzien (5 000 Pfund Sterling in Gold) bezahlt hatte (Plinius, ‹Naturalis historia› XIII, 19).

In seinen Reden gegen Verres (70 v. Chr.), der wegen Veruntreuung und Erpressung als Verwalter der Provinz Sizilien angeklagt war, liefert uns Cicero ein besonders anschauliches Bild von der Sammelwut der Reichen und dem musealen Charakter, den ihre Villen und Wohnungen mehr und mehr annahmen. Daneben kokettiert er mit einer eigentümlich antikulturellen Haltung. Einige Beispiele genügen: Cicero beschreibt das Haus eines Römers mit Namen Heius in Messina, das eine Fortuna geweihte Privatkapelle besaß. Als Kultbild stand darin eine alte Holzstatue; unter anderem fanden sich dort ein Eros des Praxiteles und ein Herakles von Myron; andere Räume des Hauses waren mit Teppichen und figuralen Tapisserien «in alter pergamenischer Kunst» geschmückt. Cicero erzählt von Tischen in anderen Häusern, die mit Silbergeschirr – Platten, Schüsseln, Bechern und Tierkopfgefäßen – beladen waren. Manchmal weiß er sogar zu berichten, aus welchen älteren Sammlungen die Stücke stammten, und versteht sie abschätzend zu werten. Von Zeit zu Zeit jedoch findet er es nötig, sich vor den Zuhörern seiner Anklagerede dafür zu entschuldigen, daß er ein kompetenter Kunstkenner geworden sei. Er rechtfertigt sich damit, daß er mit der Kunst eigentlich nicht vertraut sei und all diese Künstlernamen im Laufe seiner Untersuchungen über die Kunstdiebstähle des Verres erst habe lernen müssen. Weiter beschreibt er – immer im Hause des Heius – die Bronzestatuen zweier junger Mädchen, die Kultgegenstände auf dem Kopfe trugen. «Man nannte sie Kanephoren», erklärt er. Wer war ihr Schöpfer . . .? «Eben flüstert man mir zu, Polyklet sei es gewesen.» Der so in der Schwebe gelassene Meistername, den der Sekretär einsagt, macht auf die Menge den nachhaltigsten Eindruck: er ist berühmt und bekannt. Das ist nicht nur ein Advokatentrick.

Dieses gespielte Nichtwissen ist bezeichnend. Es erinnert an das *nescio quis* – «ein gewisser Ich-weiß-nicht-wer» –, mit dem Augustinus später Verszitate Vergils oder anderer großer heidnischer Dichter glaubte einleiten zu müssen. Aber die vorgegebene christliche Unkenntnis zeugte von bewußter Verachtung und sollte unterstreichen, daß man sich einer anderen Welt, einer neuen Kultur zugehörig fühlte, auch wenn das nicht jedesmal völlig glückte und Hieronymus in seinen Alpträumen sich den Vorwurf machte, ein Anhänger Ciceros und nicht Christi zu sein. Bei Cicero und seinen Zeitgenossen dagegen handelt es sich bei dieser ‹Unkenntnis› einfach um ein schlechtes Gewissen. Sie hatten den Eindruck, die rauhe Armut der Vorfahren und das harte Römerleben von einst verraten zu haben. Dazu kamen ein andauerndes Minderwertigkeitsgefühl und die Einsicht, trotz allem den grundlegenden Sinn und das wahre Geheimnis dieser Kunstwerke nicht begriffen zu haben, sowie das Wissen, daß kein Römer Ähnliches schaffen könnte außer bloßen Kopien.

Cicero ließ durch seinen Sekretär Auszüge aus Listen mit Schätzpreisen für Kunstwerke vorlesen, die «von Leuten, die sich für so etwas begeistern», zusammengestellt seien. Er fühlte sich aber bemüßigt, zum Ausdruck zu bringen, daß er sich persönlich aus so etwas nicht viel mache und er darauf nicht angewiesen sei: *«ego vero ad meam rationem usumque meum non aestimo»* (‹In Verrem› II, IV, 7, 13). Wir haben gesehen, daß das nicht wahr ist. Etwas weiter (60, 134) unternimmt er es, zu erklären, wie schwerwiegend die Diebstähle des Verres für die Bürger Siziliens und der Magna Graecia seien, wenn er sagt: «Die Griechen hegen eine besondere Leidenschaft für diese Dinge, die wir verachten» *(«quas nos contemnimus»).*

Noch bei der Würdigung des Agrippa, der 12 v. Chr. stirbt, ist diese Reserviertheit zu spüren: man lobte an ihm seine Neigung mehr zum Bäuerischen als zum Verfeinerten. Eine Plinius-Stelle (‹Naturalis historia›/XXXV, 26) jedoch enthält einen neuen Aspekt, der beweist, daß die Zeiten des schlechten Gewissens teilweise schon vorbei waren: Agrippa äußert die Meinung, daß die gesammelten Kunstwerke nicht in Privatwohnungen verschlossen bleiben dürften, sondern für das Volk zugänglich sein müßten, und öffnete deshalb seine eigenen Sammlungen. Das ist ein Vorspiel für die Ansicht späterer Zeiten, das Kunstwerk gehöre in die Öffentlichkeit; zugleich bedeutet es das Ende der Privatsammlungen.

Die Zahl griechischer Meisterwerke war nicht unerschöpflich. Die berühmtesten konnten außerdem nicht von der Stelle bewegt werden oder waren zur Zeit der Eroberung weggeschafft und in Tempeln und Fora aufgestellt worden oder noch dazu bestimmt, eine neugegründete Koloniestadt zu verschönern. Die Sammler mußten sich deshalb von einem gewissen Zeitpunkt an mit Kopien der bekanntesten Werke begnügen. Außer den Kopien gab es Varianten, abgeänderte Ausführungen berühmter Statuen und Wiederholungen klassischer Bildtypen nicht nur für dekorative, sondern auch für zweckgebundene Aufgaben. So kennt man spiegelbildliche Kopien eines vielgerühmten Statuentyps, die zu einer seitenrichtigen, genauen Kopie des Originals paßten und mit dieser in ein Gartenensemble oder eine Fassade gestellt werden konnten. Ein Beispiel dafür sind die Repliken des Pothos von Skopas. Es gibt Statuen in der Art des Phidias oder eines anderen großen klassischen Meisters, die gelegentlich mittels einer Form genau in Bronze nachgegossen und vergoldet oder versilbert worden sind. Diese können etwa Leuchter tragen, wie die in Pompeji gefundenen Epheben.

Neben den Kopien gibt es ungefähre Nachbildungen und Pasticcios, also Stücke, bei denen Motive verschiedenster Vorbilder zu einem völlig neuen Ganzen zusammengefügt wurden. Die Erzählung, daß Verres Reliefszenen aus alten Gold- oder Silberbechern herausbrechen und sie auf mannigfaltige Weise in für ihn eigens von einer großen toreutischen Werkstatt angefertigtes Geschirr einfügen ließ (Cicero, ‹In Verrem›, II, IV, 24, 54), gibt eine lebendige Schilderung von der Mode, die für solche Pasticcios verantwortlich war. Hierher gehören auch Kopien eines alten Götterbildes, dem man einen Porträtkopf aufsetzte, wie die von Kleomenes signierte Statue eines Redners im Louvre, dessen Kopf zweifellos ein Porträt aus der Familie des Augustus ist, während der Corpus dem Standbild eines Hermes als Redner in Athen (sogenannter Hermes Ludovisi) entspricht.

Für jene und die gesamte römische Zeit bestimmend ist dieses mangelnde Stilgefühl, das die Unvereinbarkeit eines streng nach den Gesetzen der Kontrapost-Formel aufgebauten und also fast abstrakten und vergeistigten Körpers mit einem zufälligen, brutal-realistischen Porträt nicht begreift.

Stileinheit war für die römische Zeit ein fremder Begriff. Hierin war Rom Erbin der italo-etruskischen Kunst, der die organische Erscheinung von Grund auf fehlte. Das erklärt den mehr aufs Praktische und Brauchbare denn aufs Künstlerische gerichteten Charakter der römischen Kunstproduktion. Andererseits wurde die Entwicklung der römischen Kunst stets behindert durch diese Waren des Kunstmarktes, die zwar sicher Zeugnisse der römischen Kultur, nicht aber der römischen Kunstentwicklung sind.

Angesichts all dieser Kopien und Pasticcios, der Listen berühmter Kunstwerke, doch auch der wie Neuschöpfungen wirkenden Varianten klassischer

Bildthemen, bleibt ein Bildhauer namens Pasiteles zu nennen, der immer wieder in den literarischen Quellen erwähnt wird und, den Signaturen auf einigen erhaltenen Statuen nach zu schließen, Schule gemacht hat. Er stammte aus einer der süditalischen Griechenstädte, vielleicht Campaniens, wurde aber römischer Bürger. Seine Schaffenszeit lag um die Mitte des letzten vorchristlichen Jahrhunderts. Cicero kannte ihn, und Pompejus scheint ihn gefördert zu haben. Er war ein geschickter Modelleur in Ton und Wachs, arbeitete aber vorwiegend in Metall; auch als Bildhauer und sogar als Schriftsteller machte er sich einen Namen mit Abhandlungen über künstlerische Probleme, für die er sich gewiß aus hellenistischen Werken Anregungen holte und Listen der berühmtesten Meisterwerke zusammenstellte (‹Nobilia opera›). Eine Anekdote erzählt, er habe sich damit beschäftigt, einen Löwen im Käfig nach der Natur zu kopieren. Außerdem kennt man ihn als Schöpfer elfenbeinerner Götterbilder. Er muß ein vielseitiger Geist, ein geschickter Techniker gewesen sein, doch auch zu jenen Künstlern im Dienste reicher Sammler gehört haben, die «wie Jagdhunde überall herumspüren und alles ohne Unterschied verfolgen, um auf diese oder jene Weise auch das geringste zu entdecken», wie Cicero über den im Dienst des Verres Stehenden schreibt (‹In Verrem› II, IV, 13, 31). Aber Pasiteles gehört noch in die Geschichte der griechischen, nicht der römischen Kunst.

Wir vermögen uns kein Bild seines Schaffens zu machen, denn keines seiner Werke konnte bislang identifiziert werden. Man hat ihm zwar das Porträt des Pompejus in der Ny-Carlsberg-Glyptotek in Kopenhagen zugeschrieben, doch begegnet dies großen Zweifeln und hat wenig Wahrscheinlichkeit für sich. Sicher verbinden sich in diesem Werk auf charakteristische Weise dekorative hellenistische Elemente mit einer delikaten und plastischen Modellierung, die auf ein Tonoriginal zurückgeht.

Dagegen sind zwei Werke der Pasiteles-Schule in Rom erhalten. Die Statue eines athletischen Epheben ist ein besonders gutes Beispiel für den rückwärtsgerichteten klassizistischen Stil. Trotzdem ist dieses Werk interessant, zeigt es doch, wieweit das dazumal beliebte intellektualistische Raffinement imstande war, nicht nur die Fülle der Klassik sondern auch die Herbheit des Strengen Stils um 460 v. Chr. nachzuahmen. Die Vorliebe für das Ursprünglich-Primitive sollte es auf diesem Wege erreichen, daß man selbst die Archaik auf manieristische Weise nachbildete. Jener Ephebe, im Stil der Zeit vor Phidias gehalten, wurde von einem Künstler mit dem griechischen Namen Stephanos signiert, der sich als Schüler des Pasiteles ausgibt. Ein anderer Künstler, auch er ein Grieche, signierte als Menelaos, Schüler des Stephanos. Von ihm kennen wir ein Werk von kühler, akademischer Komposition: Elektra umarmt den jugendlichen Bruder Orest wie eine Mutter. Die Auffassung ist höchst manieriert und entfernt sich weit vom Charakter der Personen, die die großen Dichter der griechischen Tragödie unsterblich machten (Rom, Thermenmuseum, Helbig, Nr. 2352).

Einen anderen Bildhauer griechischen Namens, dessen Heimat uns unbekannt ist, der sich aber mit beträchtlichem Erfolg in Rom niedergelassen hat, Arkesilaos, kennen wir nur aus einigen Quellenhinweisen und nach unsicheren Kopien. Man vermutete, auch er sei Experte im Modellieren von Ton gewesen, denn für seine Bozzetti seien so hohe Preise bezahlt worden wie für die ausgeführten Werke anderer Künstler, und zwar gerade von jenen. Das ist wenigstens die geläufige Auslegung der Quellen und des Wortes *proplasmata.* Aber vielleicht handelte es sich auch um Gipsmodelle für Metalltreibarbeiten in der Art, wie Plinius sie später beschreibt (‹Historia naturalis› XXXV, 155), oder um solche, wie sie bei Grabungen in verschiedenen Teilen des Römischen Reiches und jenseits seiner Grenzen zutage gefördert wurden. Arkesilaos hat jedoch das Götterbild geschaffen, das Caesar im mittleren Tempel auf seinem Forum hat aufstellen lassen: die Venus Genetrix, Schutzgöttin der *gens Iulia.* Seine Schaffenszeit reichte etwas über die des Pasiteles hinaus und lag zwischen 55 und 40 v. Chr. Wie der Name des Pasiteles mit Pompejus verbunden ist, so der des Arkesilaos mit Lucullus, dem reichen und prunkliebenden Lebemann, Proconsul der Provinz Asia (wenn es sich nicht um seinen Sohn handelt). Wahrscheinlich kam Arkesilaos aus Kleinasien nach Rom. Ähnlich ist der Name des Triumvirs Antonius mit dem des Euandros verknüpft. Auch dieser war Bildhauer und Toreut, stammte aus Athen und kam dann als künstlerischer Berater an den Hof der Kleopatra nach Alexandria. Später ließ er sich als Restaurator und Kunsthändler unter dem Namen Caius Avianus Euandros in Rom nieder. Auch Cicero bediente sich seines Werks (Cicero, ‹Ad familiares›, VII, 23 und XIII, 2 C; Horaz, ‹Satiren›, I, III, 91; Plinius, ‹Naturalis historia› XXXVI, 32).

II. Kunst bei Plebejern und Patriziern

1. Ehrendenkmal und Porträt

Im 2. Jahrhundert (200–100 v. Chr.) entschied sich, wozu sich Rom im Laufe der Zeit entwickeln sollte. Die beiden ersten Generationen des Jahrhunderts hatten den östlichen Mittelmeerbereich erobert; die dritte war gewissermaßen die revolutionäre: die neuen Raum- und Größenverhältnisse, in denen sich Handel und Politik abspielten, machten eine solche Revolution unausweichlich, im Innern des römischen Klassen- und Gesellschaftsgefüges ebenso wie in den Beziehungen zu den übrigen italischen Völkern.

Am Anfang des Jahrhunderts hatte sich Rom im Norden vor den Galliern zu schützen, die sich in der Po-Ebene niedergelassen hatten. Eine latinische Kolonie nach der anderen wurde gegründet: 189 v. Chr. Bononia (Bologna), das aus einer etruskischen (Felsina) eine Stadt der gallischen Boier geworden war; 183 v. Chr. Mutina (Modena) und Parma sowie schon 181 v. Chr. Aquileia, das vorgeschobenste Bollwerk. Die Koloniestädte Pisa (180 v. Chr.) und Luni (177 v. Chr.) hielten die Grenze gegen die Ligurer. Gleichzeitig aber setzten die Römer ihren Fuß auf griechischen Boden, als ihr siegreicher Krieg gegen Philipp V. von Makedonien (200–197 v. Chr.) ihnen das ermöglichte. Im folgenden Jahr verkündeten sie die Freiheit aller griechischen und kleinasiatischen Städte von der makedonischen Herrschaft, zweifellos ein sehr geschickter politischer Schachzug, der die römische Unterwanderung förderte.

Der Krieg gegen Antiochos III. von 191 bis 190 v. Chr. brachte Rom die Herrschaft über Kleinasien bis zum Tauros-Gebirge ein. Wir haben auch schon das schicksalsträchtige Jahr 146 v. Chr. erwähnt, das die Zerstörung Karthagos und die Eroberung Griechenlands durch den Fall Korinths erlebte.

Während dieser Zeit entwickelte die gesamte Kunstwelt, wie wir im vorigen Kapitel erwähnten, eine rege Aktivität im Dienst der Neureichen. Kaum zu befriedigende Kunstsammler, geschickte Künstler, die ebenso geschickte Händler waren, sowie Kunsthandwerker, die in ihren Werkstätten fast industriell Kopien anfertigten, Originale überarbeiteten, restaurierten und abänderten, bewegten sich in dieser Welt. Darin zeigt sich, wie sehr die neuen Herren des Mittelmeerbereichs darauf brannten, sich wahllos und wenigstens äußerlich des Erbes einer mehr als fünf Jahrhunderte alten künstlerischen Kultur zu bemächtigen, die eindringlicher und schöpferischer nicht gedacht werden kann als im klassischen und hellenistischen Griechentum. Es darf nicht überraschen, daß unter solchen Verhältnissen sich im 1. Jahrhundert v. Chr. noch keine neue künstlerische Idee, kein eigener Ausdruck herausbildeten, sondern im Gegenteil eine besondere Art von Eklektizismus vorherrschte, der in ein und demselben Werk völlig verschiedene Vorbilder zu verbinden trachtete.

Dieser Eklektizismus ist das erste Bestimmungsmerkmal, das die römische Kunst von der mittelitalischen unterscheidet, die bis dahin in Rom allen künstlerischen Erfordernissen gerecht geworden war. Man kann sogar sagen: es hebt die römische Kunst von jeder anderen ab, denn üblicherweise tritt der Eklektizismus am Schluß einer Kulturperiode auf und ist Zeichen einer gewissen Erschöpfung, eines verbohrten Intellektualismus. Hier in Rom dagegen steht er am Beginn.

Ganz deutlich zeigt sich dieses besondere Moment in einem Werk, das man als das älteste öffentliche Denkmal römischer Reliefkunst bezeichnen darf, das uns erhalten ist: in dem sogenannten ‹Altar des Domitius Ahenobarbus›. Es ist unsicher, ob das Denkmal mit der Familie der Ahenobarbi zu tun hat, und wahrscheinlich war es kein Altar. Ein Mitglied dieser Familie, vielleicht ein Consul des Jahres 192 v. Chr., hatte in der Nähe des Circus Flaminius einen Neptuntempel erweitert. Im Jahre 42 v. Chr. errang dann ein anderes Mitglied der Familie einen großen Seesieg; um diese Zeit wurde in dem Tempel eine Figurengruppe mit Thetis und Achill samt einem Meergöttergefolge aufgestellt. Man hat diese Gruppe (Plinius, ‹Naturalis historia› XXXVI, 26) dem berühmten griechischen Bildhauer Skopas zugeschrieben, der im 4. Jahrhundert v. Chr. lebte. Es handelte sich aber sehr wahrscheinlich um Skopas den Jüngeren, der im ausgehenden 2. Jahrhundert v. Chr. tätig war. Die Reliefs, die uns hier angehen, sind in einem römischen Palast gefunden worden, in dessen Nachbarschaft man unter der Kirche San Salvatore in Campo antike Ruinen entdeckt hatte. Ohne bisher sicheren Anhaltspunkt haben berühmte Archäologen hier wie üblich eine Hypothese zur logischen Folgerung erhoben, woran schon Stendhal seine Ironie ausließ. Sie bezeichneten diese Ruinen als Reste des Neptuntempels, setzten voraus, daß diese Reliefs von dort stammten, und erfanden so den ‹Altar des Domitius Ahenobarbus›. Nach dem Tode des Kardinals Fesch, dem der Palast gehörte, wurden seine Sammlungen aufgelöst. Eine Reihe dieser Reliefs, eine Längsseite und zwei Schmalseiten eines großen Rechtecks, kamen in die Glyptothek nach München. Die andere, zweite Längsseite gelangte in den Louvre nach Paris. Mit Sicherheit wissen wir nur, daß beide Reliefserien zum selben Kunstwerk gehörten. Das ist immerhin etwas, denn wenn diese Fragmente ohne nähere Beschreibungen und Belege verstreut worden wären, hätte man schwerlich annehmen können, daß sie einmal zu einem Ganzen gehört haben, so groß ist der Stilunterschied zwischen ihnen.

Die Münchener Reliefs zeigen ein Gefolge von Meeresgöttern und sind vollständig in späthellenistischer Manier aufgefaßt. Die Louvre-Reihe läßt einen Opferzug erkennen, Tiere, einen Altar und vor ihm wohl Mars selbst, Soldaten im Kettenpanzer, ovale Schilde haltend, sowie eine Gruppe von vier Bürgern in der Toga bei einer Einschreibung oder Wahl. Welche Erklärung (vielleicht eine *lustratio?*) man der Szene auch gibt, Inhalt und Formensprache sind gänzlich verschieden von denen der drei übrigen Seiten. Obwohl fast alle Köpfe dieser Seite moderne Ergänzungen sind, erkennt man doch eine vom mittelitalischen Stil des 2. Jahrhunderts v. Chr. unterschiedliche Auffassung, auch wenn sie diesem nahesteht: einen Stil, den wir erstmals an einem offiziellen Kunstwerk als eigentlich ‹römisch› bezeichnen dürfen. Am wahrscheinlichsten ist eine Datierung in die Zeit zwischen 115 und 70 v. Chr.

Wichtiger als die Diskussion über die Bestimmung dieses Werks, über die Bedeutung der Szenen oder eine genaue zeitliche Einordnung scheint uns zu sein, das Augenmerk auf zwei Punkte zu lenken: einmal die eklektische Verbindung zweier verschiedener Stile oder Modi, des hellenistischen für die mythologische Szene und des ‹römischen› für die Szene aus dem öffentlichen Leben; dann die deutlich übergroße Darstellung der Opfertiere. Womit mag die Absage an die von der hellenistischen Kunst eingebürgerte naturalistische Norm zu begründen sein, die damals in den zivilisierten Gegenden allgemein anerkannt und der römischen Kultur wohlvertraut war?

Dieselbe Frage kann man vor dem Fries des Augustusbogens zu Susa in Piemont stellen, wo die Darstellung eines riesigen Schweines den Opferzug beherrscht. Ihm folgen andere überdimensional groß wiedergegebene Tiere: Stier, Schaf und Widder. Der Bogen feiert den politischen Vertrag zwischen Rom und dem Seguserkönig Cottius um 8 oder 9 v. Chr. Die Reliefs sind, wenn auch in der Provinz, so doch in der hochaugusteischen Zeit ausgeführt worden, in der raffinierte neuattische Eleganz die Kunst bestimmte. Die übergroß proportionierten Opfertiere sind jedoch nicht der offensichtlichen Ungeschicklichkeit der provinziellen Künstler zuzuschreiben; man hat dem Opfertier einen besonders großen Platz eingeräumt, um darzutun, wie wichtig der feierliche religiöse Akt zur Besiegelung des politischen Vertrags und wie hoch die Zahl der geopferten Tiere war. Beabsichtigt war also eine symbolische, nicht eine naturalistische Darstellung.

Im Gegensatz dazu nimmt auf verschiedenen anderen Altären, auf denen opfernde Beamte dargestellt sind, das geopferte Tier einen weitaus kleineren Platz im Bild ein, so auf dem ‹Altar der vier *vicomagistri*› aus dem Aesculetum-Viertel in Rom, etwa aus dem Jahre 2 n. Chr. (Helbig, Nr. 1741). Hier und in vielen anderen vergleichbaren Werken läßt sich das damit erklären, daß das Tier nur dargestellt ist, um die sich vollziehende Handlung zu deuten und zu charakterisieren. Wiederum ist das Tier nur Symbol und nichts weiter. Indem man es verkleidet, gewinnt man Raum für die deutliche Darstellung der hier handelnden Beamten, die das Werk in Auftrag gegeben haben.

Für diese bewußte Vernachlässigung der Regeln des hellenistischen Naturalismus zugunsten eines deutlichen Hervorhebens von Handlung und Stifter haben wir zahlreiche Beispiele in römischen Grabdenkmälern für niedere Beamte, meistens Sevirn, Freigelassene, von der ausgehenden republikanischen Epoche bis in die beginnende Flavierzeit. In solchen Werken lebt die mittelitalische Kunst weiter und fügt dem, was sie vom Hellenismus in sich aufgenommen hat, eine neue Weise der Auffassung hinzu, die von offizieller Kunst abgeleitet ist.

Natürlich finden sich die Zeugnisse dieser plebejischen Kunstströmung vorwiegend in den Provinzstädten, den Municipien, und weniger in der Hauptstadt. Aber was uns diese Denkmäler zeigen, ist für die Geschichte der römischen Kunst besonders wichtig: vor allem bezeugen sie, daß der elegante und verfeinerte Neuattizismus der augusteischen Zeit Ausdrucksform einer elitären Schicht bleibt, daß er nicht in die lebendige Entwicklung der römischen Kunst eingreift, um sie abzuwandeln, sondern sich im wesentlichen auf die Hauptstadt und deren Schöpfungen beschränkt. In zweiter Linie zeigen sie, daß in den Werken der plebejischen Kunstströmung bereits seit dem ersten vorchristlichen Jahrhundert gewisse ikonographische Gewohnheiten und formale Regeln zu finden sind, wie der Symbolwert der nichtnaturalistischen Größendarstellung, die häufig vorkommende Frontalität, die die wichtigsten handelnden Personen von vorn wiedergibt (Altar von Angera in Mailand), oder das Aufreihen der Figuren nebeneinander auf einer flachen, neutralen Grundfläche, das jegliche Verkürzung und illusionistische Perspektive vermeidet (perspektivische Verkürzungen sind für ein ungeübtes Auge stets schwer erfaßbar). All diese Dinge muß man sich vergegenwärtigen, denn in ihnen liegt der Keim für verschiedene künstlerische Möglichkeiten, die dann in den Vordergrund treten sollten, als der hellenistische Strom versiegte und im Laufe des dritten nachchristlichen Jahrhunderts die Plebejer das neue Gerüst des Staates bildeten, als die bei den Soldatenkaisern unbeliebte alte Patrizierschicht beiseite geschoben wurde.

Unter den zahlreichen Beispielen für einen von mittelitalischen Vorbildern abhängigen Stil fallen die Reste eines Grabdenkmals aus San Guglielmo al Goleto in der Provinz Avellino auf, das am Ende der republikanischen Zeit oder Anfang des 1. Jahrhunderts n. Chr. entstand und eine Frauenfigur zeigt, die in ihrer herben Formensprache fast an eine romanische Plastik des 12. Jahrhunderts erinnert. Ein anderes, älteres Relief aus Amiternum in den Abruzzen (Abb. 8) gibt die Episoden eines Leichenbegräbnisses genauestens wieder, um deutlich zu machen, daß es sich hier nicht um eine gewöhnliche Bestattung mit nur sechs Leichenträgern, sondern um eine wichtigere handelt, wenn auch nicht um ein Begräbnis erster Klasse mit zehn Trägern, von dem jedoch die Musikanten und Klagefrauen übernommen wurden. In der Komposition wurde jegliche Perspektive vermieden; die Figuren sind auf kleinen Standlinien aufgereiht. Dies hebt den vor allem erzählenden und repräsentativen Charakter des Werks hervor. Dagegen lenkt die Darstellung des auf einem Tragbett auf der Seite liegenden Toten – man ist versucht, an ein Double oder eine Mumie zu denken – unsere Aufmerksamkeit besonders auf den von Sternen mit der Mondsichel übersäten Hintergrund, der wohl einen baldachinartig aufgespannten Stoff andeuten soll. Diese Astralzeichen sind eine deutliche

Anspielung auf jene astrologischen Glaubenslehren, die ausgerechnet ein Bürger von Amiternum, Nigidius Figulus, ein Freund des Cicero, eben damals in Rom verbreitet hatte.

Diese Kunst mußte sich vor allem darauf einstellen, den Wunsch nach Selbstbestätigung auszudrücken, der überall in der antiken Kultur verbreitet und für Rom und seinen Bereich von Cicero eindeutig erklärt wurde, als er (‹Tusculanische Disputationen› I, 1, 4) zu dem Schluß kam, die wichtigste Triebfeder einer jeden menschlichen Tätigkeit, ob praktischer, kultureller oder künstlerischer Natur, sei der Ruhm. Das ist im Grunde nichts anderes als die antike Form vom Glauben der modernen Wohlstandsgesellschaft an die reine Effizienz, die in Rom ihren deutlichsten Ausdruck gefunden hat.

Man versteht leicht, wie brennend dieser Wunsch nach öffentlicher Bestätigung bei Leuten war, die, eben aus den verachtenswerten Bedingungen eines Sklavenlebens befreit, als *liberti* (Freigelassene) durch verschiedene Schachergeschäfte oft zu beträchtlichem Vermögen gelangt waren und nun auf kleinere Beamten- oder Ehrenposten wie das Sevirat hoffen durften.

Dieses Collegium besaß in den Provinzstädten einigen Glanz und organisierte die öffentlichen Spiele wie den Gladiatorenkampf. Die Höhe der Kosten dafür galt als Gradmesser für den sozialen Aufstieg der Stifter.

Die ‹Saturae› des Petronius, ein Abenteuerroman – wohl aus neronischer Zeit –, sind für uns ein außergewöhnliches Dokument für die Mentalität, aus der solches Zurschaustellen erwuchs. Ein berühmtes Kapitel dieses Werks führt uns den Neureichen, Freigelassenen und Sevir Trimalchio vor Augen, der damit prahlt, noch nie einen philosophischen Vortrag gehört zu haben, aber doch ein guter, vom Glück begünstigter, sehr reicher und freigebiger Bürger zu sein. Die Anordnungen, die er für den Bau und Schmuck seines Grabes gibt (‹Saturae› LXXI), sind in einer Reihe städtischer Grabdenkmäler wirklich genau befolgt worden.

Die getreueste Illustration zu diesem Abschnitt aus dem ‹Gastmahl des Trimalchio› findet sich vielleicht am Grab eines Sevirs aus Teate, dessen Bruchstücke das Museum von Chieti in den Abruzzen aufbewahrt. Der Sevir Lusius Storax (Abb. 9), wie ihn die Inschrift des Denkmals nennt, sitzt inmitten anderer Beamter auf einer Tribüne (Trimalchio verlangt «*me sedentum in tribunali*» dargestellt zu werden). Ein Fries mit Gladiatorenkämpfern erinnert an die Freigebigkeit, mit der dieser Magistrat seinen Bürgern Vergnügungen bereitet hat. Bezeichnend für diese Kunst ist, daß die elegante Darstellung der Gladiatoren von hellenistischen Vorbildern abhängt, die Magistratsversammlung jedoch verwandte Züge in der italisch-etruskischen Kunst hat und, man kann sagen, vollkommen römisch ist.

Das Besondere der römischen Kunst ist ihre enge Bindung an die Wirklichkeit des täglichen Lebens. Auch die Archäologie hat sich inzwischen vom Vorurteil des dem Klassizismus eigenen Schönheitsideals befreit, das in Rom nur die Fortsetzung der griechischen Kultur des Studiums für wert erachtete. Man beginnt einzusehen, daß in solchen Äußerungen die wahre und echte Lebenskraft dieser Kunst zutage tritt.

Ihre feste Bindung an das tägliche Leben und die Wirklichkeit zeigt sich mannigfach: so wurden beispielsweise auf den Giebeln und Mauern der Grabmäler an Stelle mythologischer Figuren vorzugsweise Werkzeuge dargestellt, wenn es sich um das Grab eines Unternehmers, Handwerkers oder eines Soldaten handelte (L'Aquila, Ostia). Für ornamentale und symbolische Darstellungen einzelner Waffen und Rüstungen gibt es in Rom bestimmte hellenistische Vorläufer auf Reliefs, die aus der Umgebung des Capitols stammen und die man – wahrscheinlich irrtümlich – mit den von westhellenistischen Städten gestifteten, um 150 v. Chr. errichteten Bauwerken in Verbindung gebracht hat, die aber eher Reste einer Trophäe sind. Solche Darstellungen auf Gräbern unterscheiden sich kaum von gleichartigen Votivreliefs (Este) oder von Laden- und Werkstattschildern aus demselben Gebiet. Auf dem Schild eines Gemüse- und Geflügelhändlers in Ostia, dem Hafen Roms, sieht man nur die Köpfe von Hühnern aus einem Käfig unter dem Ladentisch herausschauen, an dem die Verkäuferin mit lebhafter Geste waltet. Es gehört, nach dem Haus zu urteilen, bei dem es gefunden wurde, in die Zeit der Antoninen (zweite Hälfte des 2. Jahrhunderts n. Chr.). Doch sein Stil unterscheidet sich wenig von dem der Reliefs aus dem 1. Jahrhundert n. Chr. Dort, wo nicht formale Theorien vorherrschen, sondern die lebendige, leicht zu erfassende Erzählung in den Vordergrund tritt, ist eine Stilentwicklung kaum fühlbar, wenn sie nicht durch äußeren Anlaß hervorgerufen wird. Die Menschen, die hier wiedergegeben sind, kennen kein Gestern oder Heute, stehen außerhalb jeder Zeit; es gibt sie immer. Weil diese Kunst so eng mit dem täglichen Leben in Verbindung steht, sich vor allem einfachen Menschen und Gegenständen zuwendet, hat man sie gewöhnlich ‹Volkskunst› genannt. Diese Bezeichnung ist aus zwei Gründen doppelsinnig. Fürs erste hat der Begriff ‹Volk› in einer Sklavengesellschaft eine andere Bedeutung als unser heutiger moderner Begriff. Dies gilt im besonderen für die römische Gesellschaft, wo es eine juristische Definition gibt (‹Institutiones› I, 3–4), derzufolge unter *populus* = Volk «alle Bürger, auch die Patrizier und Senatoren», zu verstehen sind. Wollte man aber Patrizier und Bürger im Senatorenrang ausschließen, hatte man den Ausdruck *plebs* = Plebejer zu verwenden. Zum zweiten ist zu beachten, daß der Begriff ‹Volkskunst› auf die Romantik zurückgeht, die von der Literatur herkommend, eine allgemeine oder besondere Unmittelbarkeit annahm, in der sich die ‹Volksseele› spontan, rein und unverfälscht äußert. Diese ‹Volksseele› war keine historische Tatsache, sondern in Wirklichkeit ein wissenschaftlich-kritischer Begriff. Die Wissenschaft sprach in der Folge dieser Auffassung jeden Wert ab und erniedrigte die Volkskunst zu ‹gesunkenem Kulturgut›, das unter den Handwerkern kursierte, aber immer von Vorbildern einer höheren Kulturschicht herrührt. Diese Auffassung läßt sich nicht auf die römische Kunstströmung übertragen, die wir hier untersuchen.

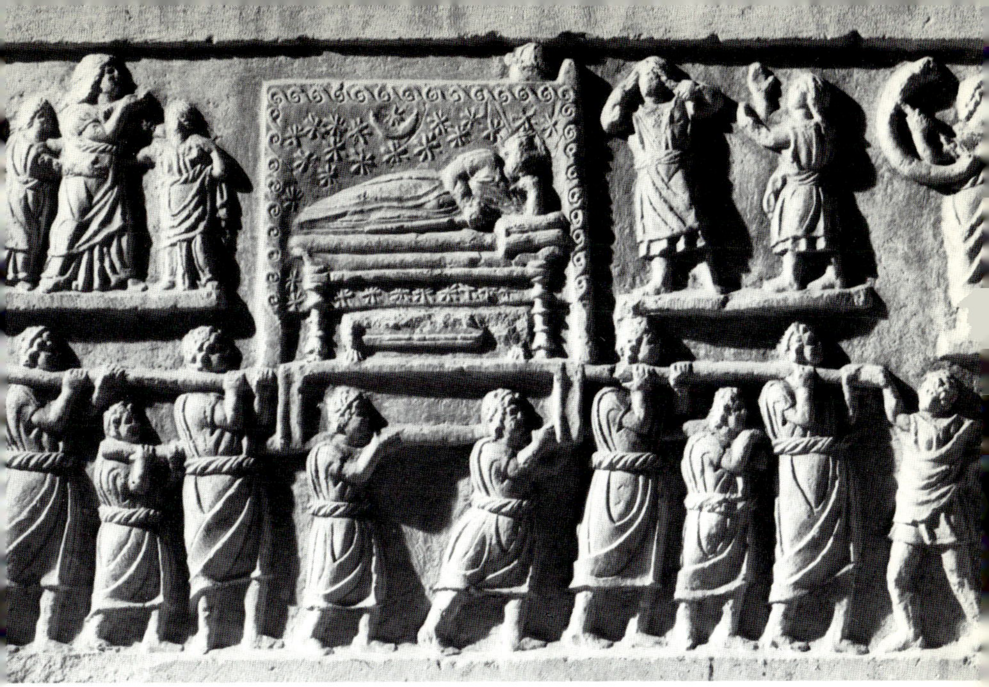

8 – San Vittorino (Amiternum) – Relief: Leichenbegängnis (Ausschnitt) – L'Aquila

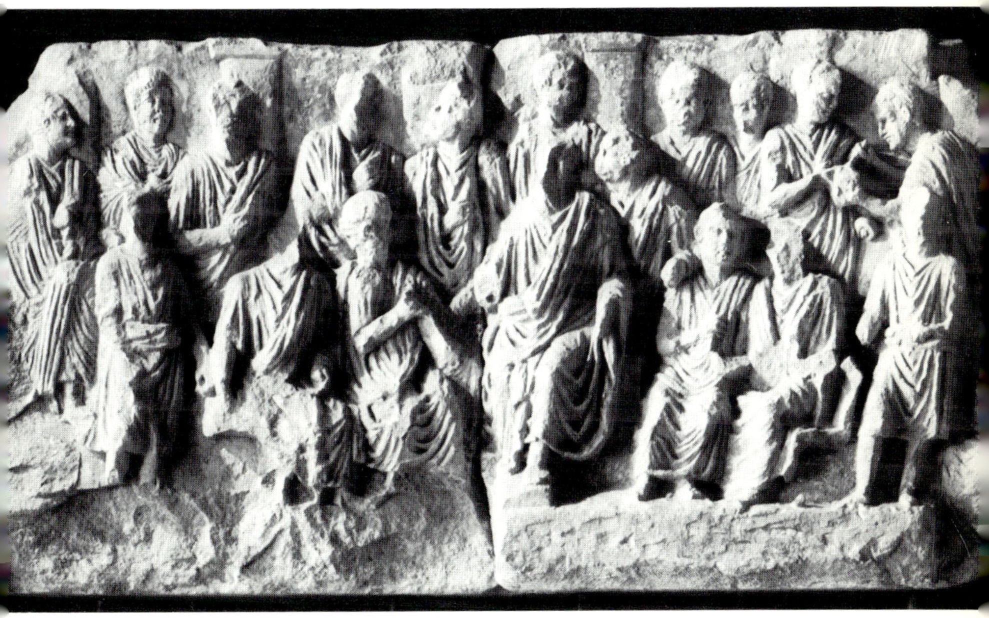

9 – Chieti (Teate Marrucinorum) – Grabdenkmal des Lusius Storax. Ausschnitt: Magistratsversammlung – Chieti

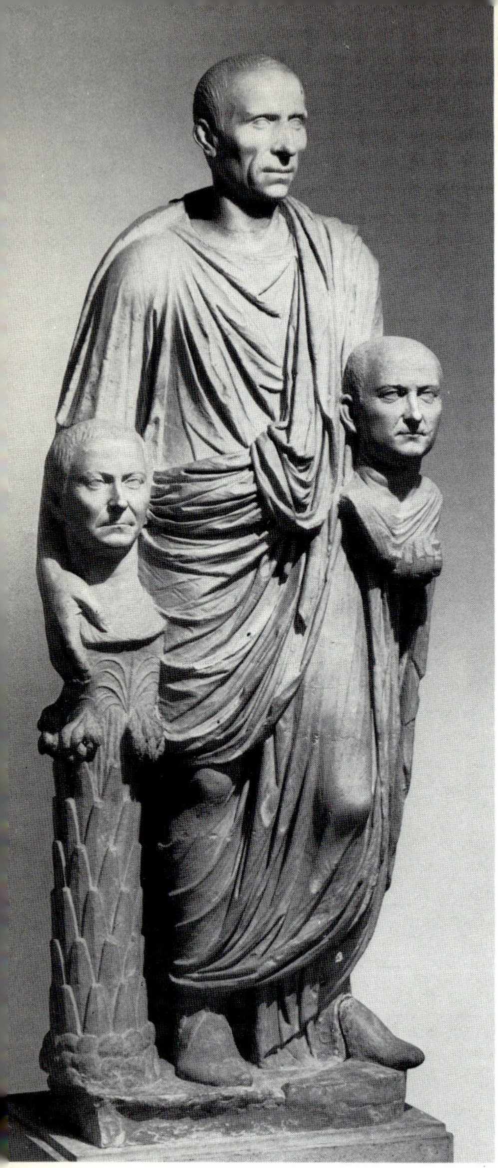

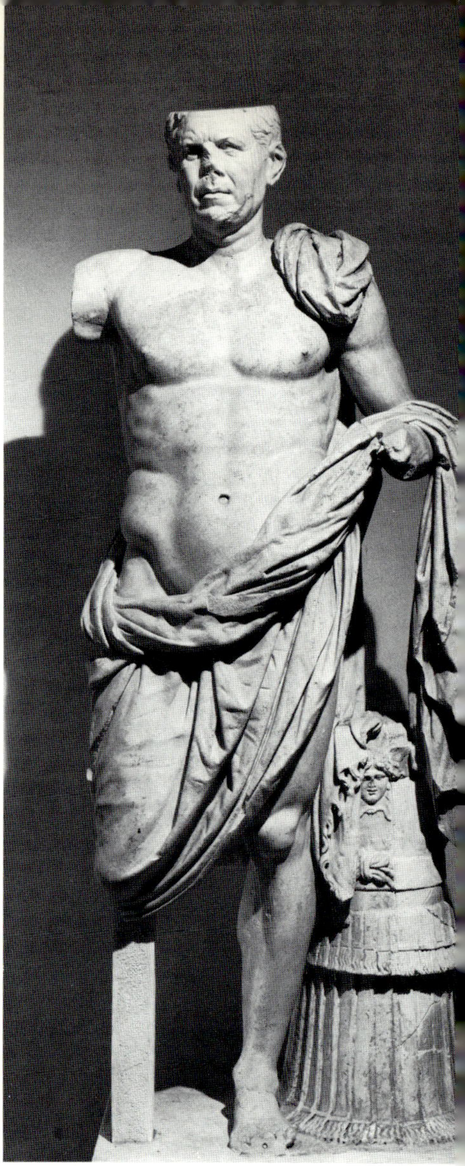

10 – Rom – Statue eines Patriziers mit Ahnenbildnissen, sogenannte ‹Barberini-Statue› – Rom
11 – Tivoli (Tibur) – Statue eines Generals aus der Zeit der Mithridatischen Kriege – Rom

Selbst wenn wir in ihr Elemente finden, die, etwas verarmt, aus der Kunst der gebildeten Schichten stammen, also aus der hellenistischen Tradition, so ist doch von entscheidender Bedeutung, daß wir hier einer völlig anderen Auffassung von Kunst gegenüberstehen, die in Stil, Ikonographie und Ausdruck zu ganz andersartigen Lösungen kommt. Aus all diesen Gründen nennen wir diese Kunstströmung nicht ‹Volkskunst›, sondern ‹Plebejerkunst›. Diese Benennung darf nur als Ordnungsbegriff verstanden werden und nicht im Sinn einer Sozialpolemik als Gegensatz zur offiziellen Kunst, die wir senatorisch nennen könnten. Wir werden sogar sehen, wie diese beiden Ströme häufig ineinanderfließen und formale Mittel untereinander austauschen.

Auch die Malerei hat Teil an dieser Kunstströmung. Pompeji hat uns genug Beispiele dafür hinterlassen: Marktszenen, Prozessionen und verschiedene Ereignisse, die mit dem Bemühen um besondere Klarheit ins Bild gesetzt wurden. Um dieses wichtige Vorhaben zu erreichen, veränderte man die Perspektive, wie bei der Wiedergabe des Amphitheaters, in dem sich ein Streitgetümmel zwischen Zuschauern aus Pompeji und Nocera abspielt. Die Episode gehört in das Jahr 59 n. Chr., wie wir von Tacitus erfahren, der anläßlich der als Strafe dafür ausgesprochenen zehnjährigen Sperre des Amphitheaters von Pompeji davon berichtet. Wir erkennen auf dem kleinen Bild, perspektivisch korrekt wiedergegeben, die Fassade des Theaters mit ihren beiden Zugangsrampen; dahinter öffnet sich der Blick ins Innere der Arena, aber künstlich verzerrt. Das Zeltdach darüber, das die Zuschauer vor der Sonne schützen soll, ist vom Rest der Darstellung getrennt und nach oben verschoben. Alles, was den Schauplatz bezeichnet, muß ja gezeigt werden, nur darf es die Verständlichkeit der Szene nicht beeinträchtigen. Auf die gleiche Weise wurde auf dem Relief aus Amiternum, das eine Leichenzeremonie zeigt, der mit Sternen übersäte Stoff hinter dem Toten aufgespannt, obwohl er doch in Wirklichkeit als Baldachin über ihm aufgehängt war. Auf dem Wirtsschild einer Schenke in der Via di Diana in Ostia finden wir eine ähnliche, kaum von kompositorischer Befangenheit getrübte Frische und Natürlichkeit des Vortrags, wie auch bei einem gemalten Blumenkorb am Eingang eines Grabes in der Via Portuense in Rom, das bereits ins 2. Jahrhundert n. Chr. gehört und aus dem wir weiter unten noch Porträts und Darstellungen von Kinderspielen zeigen werden.

Plebejer, die durch Lieferungen für die Armee während der Bürgerkriege am Ende der republikanischen Zeit zu Reichtum gekommen waren, wie der Bäkker Marcus Vergilius Eurysaces, ließen sich aufwendige Gräber errichten. Sein monumentales Grab, das neben der heutigen «Porta Maggiore» in Rom steht, schmückt ein langer Fries. Der Relieffries, der die verschiedenen Stadien des Brotbackens in industrieller Fließbandproduktion zeigt, gehört noch zu derselben Kunstströmung, ohne in die graziöse Manier hellenistischer Werke zu verfallen, wie es dagegen später mit der Mosaikinschrift eines gewissen Pomponius Hylas geschah, die sich im Muschelrahmen am Eingang eines eleganten

Columbariengrabes aus dem 2. Jahrhundert n. Chr. nahe der Porta Latina befindet.

Mit dieser besonderen plebejischen Kunstströmung vertraut, die bislang viel zu wenig beachtet und untersucht wurde, erkennen wir in ihr zwanglos den Keim zu solchen Formen, die durch zeichenhaft-symbolische Verwendung abstrakt geworden sind, im 3. und 4. Jahrhundert n. Chr. aber, in der Spätantike, allgemein verwendet wurden. Wir wollen drei Reliefs mit Bankettszenen betrachten. Die Zahl der Tafelnden läßt darauf schließen, daß sie mit dem Sevirat zusammenhängen, von dem wir bereits gesprochen haben. Dieses Amt war unter Augustus sehr beliebt, verfiel aber gegen Ende des 1. Jahrhunderts n. Chr., da es immer schwieriger wurde, reich gewordene Plebejer zu finden, die bereit waren, für einen wenig Ruhm und Glanz versprechenden Titel viel Geld auszugeben. Schon in der ersten Hälfte des 2. Jahrhunderts n. Chr. sind Denkmäler für Sevirn fast völlig verschwunden. Daher stammen die drei Reliefs mit Bankettszenen höchstwahrscheinlich noch aus dem 1. Jahrhundert n. Chr. Das eine kommt wiederum aus Amiternum und befindet sich jetzt in einer verlassenen Abtei in Pizzoli, die anderen gehören dem Museum von Este im Bezirk Padua und dem Museo Nazionale in Ancona. Die Datierung des ersten läßt keinen Zweifel aufkommen, es gehört noch in die übliche beschreibende realistische Kompositionsart. Aber bereits das zweite erinnert mit seinen Draperien, die die Szene beschatten und zugleich schmücken sollen, an Mosaikdarstellungen des 4. Jahrhunderts n. Chr. Das dritte schließlich, mit seiner verzerrten Perspektive von oben, gemahnt unmittelbar an Kompositionen, wie sie uns durch die Kunst der Katakomben vermittelt worden sind. Wieder einmal handelt es sich deutlich um «Vorstufen zur Spätantike» in der plebejischen Kunst, wie Gerhart Rodenwaldt diese Erscheinung bereits 1940 genannt hat.

Diese Strömung, die einerseits dem bürgerlichen Denken und der religiösen Welt der Römer, andererseits den Vorläufern der mittelitalischen Kunst unmittelbar verbunden bleibt, hat jedoch auch direkte Folgen. Durch ihre Verschmelzung mit dem hellenistischen Naturalismus in dessen objektiver Ausprägung bildet sich ein historisch-erzählender Stil heraus, das erste greifbare Ergebnis bei der Entfaltung eines eigentlich ‹römischen› Stils in der antiken Kunst. Hierzu gehören auch, in eine verfeinerte Umwelt übertragen, einige Reliefs des 1. Jahrhunderts n. Chr., wie der Fries aus dem Tempel des Apollo Sosianus, der die Vorbereitungen zu einem Triumphzug zeigt, und ein anderes von einer großen Altarbasis, auf dem eine Opferprozession dargestellt ist; es wurde in Rom unter der Cancelleria aufgefunden und befindet sich jetzt in den Vaticanischen Museen (Helbig, Nr. 258).

Der Fries des Apollotempels (Helbig, Nr. 1670) war hoch in dessen Innenraum angebracht, muß aber trotz der kleinen Figuren zu erkennen gewesen sein, denn das Relief ist einfach gegliedert und tief geschnitten. Es ist nicht ausgeschlossen, daß es mehrfarbig bemalt war. Die Darstellung bezieht sich auf den Triumph, den Caius Sosius im Jahre 34 v. Chr. gefeiert hat, doch führen verschiedene Überlegungen dazu, das Werk in die Jahre zwischen 20 und 17 v. Chr. zu datieren. Einen ganz ähnlichen Stil zeigt das Relief mit der Darstellung einer Prozession auf dem Altar in der Mitte der *Ara Pacis,* die im Jahre 9 v. Chr. eingeweiht wurde. Der gleiche Stil mit wenigen Varianten findet sich dann auf vielen kleineren Friesen – immer mit der Wiedergabe religiöser Prozessionen oder Triumphzüge –, die direkt über der Arkade des Titusbogens in Rom und des Trajansbogens in Benevent angebracht sind.

Dieses unveränderte Stilelement, das in sonst völlig verschiedene künstlerische Zusammenhänge gestellt wurde, bestätigt eine auch anderswo gemachte Beobachtung und findet seine genaue Parallele in der antiken Literaturgeschichte. In der antiken Poesie entspricht jedem literarischen Genus ein eigenes Metrum, in der klassischen griechischen Literatur häufig sogar eine besondere Sprechweise. So gehört auch in der bildenden Kunst zu jedem Genus ein eigener ‹Stil›. Die moderne Wissenschaft hat die Einteilung in literarische und künstlerische Genera verneint, aber für die Antike waren diese Genera Wirklichkeit. Jedes Genus hatte seine eigenen Regeln, und diese Regeln dienten als Leitbild in einer Zeit, da die Kunst, vor allem die Plastik, immer häufiger aus großen Kunstwerkstätten kam, wo die Regeln – der Kanon – und die handwerkliche Tradition einen wichtigen Ausgangspunkt und ein wesentliches Element im Gefüge der Kunstproduktion bildeten.

Das Relief von der Cancelleria muß einen rechteckigen Altar von ungefähr fünf Metern Länge geschmückt haben; das wäre beinahe dieselbe Länge wie beim sogenannten ‹Altar des Domitius Ahenobarbus› und bei der *Ara Pacis.* In der Prozession schreiten Tiere, die für das Opfer bestimmt sind, Opfergehilfen, Priester, Musiker mit ihren langen Tuben und – von uns aus gesehen rechts – die vier *vicomagistri* und hinter ihnen Diener, von denen jeder eine Larenstatue, Schutzgötter von Haus und Straße, trägt. Ziemlich einmalig ist die Gruppe der Musiker, von denen zwei in Rückenansicht wiedergegeben sind. Da das ganze Relief keine ausgesprochene Bemühung um Abwechslung in der Komposition zeigt, handelt es sich dabei wohl nur um ein Hilfsmittel, mit dem man vermeiden wollte, daß die langen Tuben zuviel Platz einnehmen. Aber die Verkürzung der Tuben und die rückwärts zum Hintergrund gewandten Figuren lassen erkennen, daß dieser Grund in der Vorstellung des Bildhauers überhaupt nicht existierte: er stellt einzig eine freie Raumzone dar, in der sich die Figuren bewegen. Sie füllen diesen Raum nicht in voller Höhe des Frieses aus, sondern über ihren Köpfen bleibt eine Zone frei. Das ist ein weiterer Hinweis auf das Raumgefühl des Künstlers und rückt dieses Relief weit von den im klassizistischen Geschmack entworfenen ab, wo die Figuren wie bei der *Ara pacis* die volle Höhe des Frieses einnehmen.

Hier haben wir eines der seltenen Beispiele für Freiheit im Umgang mit dem Raum und für perspektivische Auffassung in der römischen Kunst der ersten Jahrhunderte. Wir tun gut daran, uns an diese Feststellung zu erinnern, weil wir im folgenden Kapitel auf das Problem zurückkommen müssen und weil einige der verbreitetsten Entwicklungstheorien zur römischen Kunst auf der Raumauffassung fußen. Die Datierung des Reliefs ist noch umstritten, da es verschiedene Hypothesen über den Altar gibt, zu dem es vielleicht gehörte. Stilistisch gesehen, scheint es sich unter die julisch-claudischen Werke der Zeit von 30 bis 50 n. Chr. einzureihen.

2. Das Porträt

Die Definition einer ‹plebejischen› Kunstströmung hat uns geholfen, die Entstehung einiger besonderer Gesichtspunkte im historischen Relief zu begreifen. Diese Reliefs zeigen einen Augenblick des damaligen Lebens, sei es privat, öffentlich, profan oder religiös. Meist vereinen sie alle diese Sphären des römischen Alltags zugleich. Das ‹historische Relief›, wie es genannt wird, hat eine große Geschichte in der ägyptischen und assyrischen Kunst hinter sich, wo es die Taten der Herrscher zu verherrlichen hatte. Wir haben also im strengen Sinn keine römische ‹Erfindung› vor uns, auch wenn die hellenistischen Herrscher ihre Taten mehr durch mythologische Anspielungen feiern ließen. So bedienten sie sich beispielsweise einer Darstellung der Amazonenschlacht oder der Gigantomachie, um ihre Siege über ‹barbarische› Völker zu preisen. In der römischen Kunst erhält das historische Relief außergewöhnliche Bedeutung und macht eine Entwicklung durch, die für die Betrachtung und Einordnung dieser Kunst grundlegend scheint.

Ein anderer Zweig künstlerischen Schaffens, der die römische Kunst auf besondere Weise bestimmt, ist das Porträt. Beide, historisches Relief und Porträt, entspringen ein und derselben erdgebundenen Objektivität, frei von jeder metaphysischen Spekulation.

Über das römische Porträt und seinen Ursprung ist viel geschrieben worden und darunter auch manch Ungenaues, das, auf hinreichende Autorität gestützt, zur allgemeinen Ansicht wurde, so daß es heute ziemlich schwer ist, solche Ansichten durch andere zu ersetzen, die, wie uns scheint, historisch besser begründet sind. Um uns nicht im Dickicht der Polemik zu verlieren, die vor allem die Spezialisten interessiert, legen wir hier unsere Meinung dar und beschränken uns darauf, wo es nötig ist, auf Anschauungen hinzuweisen, die wir ablehnen.

So müssen wir gleich betonen, daß das historische Relief zwar, was Auffassung und teilweise auch Formalkünstlerisches anbelangt, in der von der mittelitalischen abhängenden Plebejerkunst wurzelt, das römische Porträt dagegen in einer patrizischen Umwelt geschaffen wurde. Es ist sogar die typischste Ausprägung von Denkungsart und Sitte des römischen Patriziertums. Andererseits kann man unserer Ansicht nach fast sicher sein, daß die Schöpfer des eigentlich römischen Porträts der republikanischen Zeit Künstler griechischer

Schulung waren, die hier in den Dienst einer typisch römischen patrizischen Gedankenwelt gestellt wurden.

Die Porträtkunst ist zu jeder Zeit eine doppeldeutige Kunstgattung: sie erwächst aus einem starken gefühlsmäßigen oder ideologischen Antrieb, verwirklicht sich aber mehr im technischen als im intuitiven Erfassen. Die Porträtkunst steht nicht in jeder Kultur und nicht zu allen Zeiten innerhalb ein und derselben Kultur in Blüte. Im allgemeinen ist das realistische Porträt, das physiognomisch getreu eine bestimmte Person wiedergibt, immer die Frucht einer städtischen, tief politisch aufgefaßten Kultur gewesen, in der die herrschende soziale Klasse an ihre eigene Tradition gebunden und mit weitreichenden Mitteln versehen ist.

In Griechenland tauchte das in den Gesichtszügen individualisierte Porträt erst spät auf und konnte erst entstehen, nachdem die moralischen und politischen Fesseln unter dem Einfluß der sophistischen ‹Aufklärung› gefallen waren. Das erste Porträt in diesem Sinne war vielleicht das Platons, das ein Nichtgrieche zu Ehren des Philosophen nach dessen Tod, also in der zweiten Hälfte des 4. Jahrhunderts v.Chr., an einem den Musen geweihten öffentlichen Ort aufstellen ließ. Dies war noch eine öffentliche Ehrung, und solche Porträts sind zu allen Zeiten mehr oder weniger absichtsvoll oder im Nachhinein geschaffen worden. Das physiognomisch getreue Porträt entstand im privaten Bereich. Das ist der Grund, weshalb das griechische Porträt erst in hellenistischer Zeit zu einem genauen Abbild der Person wird. Äußerst selten sind griechische Porträts erhalten, da sie gewöhnlich aus Bronze waren. Doch die hellenistischen Herrschermünzen zeigen einen Abglanz der großen griechischen Porträtkunst, die sich jeder physiognomischen Feinheit, jeder Nuance im Ausdruck eines Gesichts anpaßt, vom harten Realismus im Porträt des Antiochos I. von Syrien (281–261 v. Chr.) bis zu objektiven Wiedergabe des pontischen Königs Mithridates IV. (um 169–150 v.Chr.) oder der Mithridates' VI. (111–63 v.Chr.), bei der exaltierte Inspiration die Lippen schürzt, den Blick festigt und die Haare bewegt. Über die Masse mittelmäßiger Repliken und schlechter Kopien griechischer Porträts, die in römischer Zeit zum Schmuck der Bibliotheken, Theater und Häuser angefertigt wurden, hat man meist die wenigen über die Zeit hinweg geretteten Zeugnisse griechischer Porträtkunst vergessen. Vergleicht man die originalen Porträts der römischen Kunst, die wir besitzen, mit solcher Massenproduktion, so heben sie sich selbstverständlich durch ihre Eindringlichkeit und Frische ab. Daher hat man viel zu lange und ausschließlich von einer römischen Porträtkunst gesprochen, als ob das Privatporträt eine absolute Domäne dieses Kunstbereichs gewesen sei. Außerdem verführte das moderne Interesse an der etruskischen Kunst zu dem Glauben, in ihr sei die unmittelbare Vorstufe des römischen Porträts zu finden. In Wahrheit bedürfen alle diese in unser akademisches Kulturverständnis eingedrungenen und darin umlaufenden Behauptungen einiger Korrektur auf Grund sorgfältiger Untersuchungen.

Wir müssen dabei feststellen, daß vor der Mitte des 4. Jahrhunderts, also bevor genaue Porträts in Griechenland in verstärktem Maße auftreten, in der etruskischen und italischen Kunst kein einziges realistisches, physiognomisch getreues Porträt zu finden ist. Die Gesichter der Menschen, die auf Sarkophagen liegen oder die man in Gräbern gemalt hat, sind vordem allgemeintypisch, mehr noch als das konventionelle oder ‹erfundene› Porträt, das man zur selben Zeit in Griechenland antrifft. Erst später bringt in der etruskischen Kunst eine zunehmende Charakterisierung zum Lebendigen hin häufig einen vermeintlich individuellen Ausdruck mit sich. Hält man aber solche Werke gegen die Masse ähnlicher, so geben sie sich als ganz allgemein typisiert zu erkennen. Das sind also keine individuellen Porträts, sondern nichts weiter als menschliche Typen: Jünglinge, Greise, Mädchen und Matronen. In den sehr seltenen Fällen, die man als wirkliche Individualporträts ansehen kann, ist offensichtlich ein Einfluß durch hellenistische Porträts zu erkennen.

Wir haben bereits dargelegt, wie Rom sich das künstlerische Schaffen Etruriens und Mittelitaliens zu eigen machte, bevor sich eine eigene spezifisch römische Formensprache herausbildete. Zu diesen mittelitalischen Schöpfungen gehört, wie wir sahen, der eindrucksvolle Kopf des sogenannten ‹Brutus› aus dem Palazzo dei Conservatori am Capitol. Außerdem ist hier ein Bronzekopf aus den Abruzzen im Cabinet des Antiques der Bibliothèque Nationale in Paris zu nennen (im allgemeinen wird Bovianum als Fundort angegeben; in Wirklichkeit kommt er aus San Giovanni Lipioni, 18 km in der Luftlinie von Bovianum entfernt). Dieses Porträt hängt geradewegs von der hellenistischen Porträtkunst, vielleicht sogar des Makedonierraumes, ab. In ihren provinziellen Abwandlungen nimmt sie eine besondere Intensität des Ausdrucks an und bedient sich ‹impressionistischer› Techniken wie der Punktierung des Bartes: ein von Terrakottaarbeiten übernommenes Darstellungsmittel.

Diese Bronze, eine der wenigen erhaltenen, ist wie der ‹Brutus› zweifellos ein öffentliches Ehrenporträt. Das typisch römische Porträt der republikanischen Zeit dagegen entsteht in der privaten Sphäre, genauer im Bereich des Familienkultes, weniger der Totenverehrung, wenn es auch in der Folge auf das für ein Grab bestimmte Bild Einfluß gewinnt. In Genus und Stilmodus jedoch unterscheidet sich das private Porträt jederzeit vom öffentlichen, wenigstens bis zu den Flaviern.

Daß man sich selbst in verhältnismäßig später Zeit im Römischen (1. Jahrhundert v. Chr. und 1. Jahrhundert n. Chr.) mit dem einfachen Zeichen einer menschlichen Gestalt begnügte, beweisen zahlreiche Cippi aus der römischen Nekropole von Tarent, heute im dortigen Museum. Es sind allgemein gefaßte Köpfe, die hart zu einer geometrischen Form stilisiert wurden. Aber der Totenkult findet in Rom in den Patrizierfamilien einen besonderen Ausdruck.

Wir besitzen darüber ein sehr interessantes Dokument in einem literarischen Text, der besondere Bedeutung erhält durch die Situation, in der sich der Autor befand. Rom hatte in Griechenland versucht, vor einem Waffengang mit diplomatischer Kunst Einfluß zu gewinnen. Während man Athen gewisse Zugeständnisse machte, ließ man sich trotzdem tausend Bürger ausliefern, die zwar wie Gäste behandelt wurden, aber in Wirklichkeit nichts anderes als Geiseln waren, die als solche siebzehn Jahre in Rom lebten. Unter ihnen kam im Jahre 166 v. Chr. Polybios, der künftige Historiker, nach Rom. Als Sohn einer in der Achaierliga angesehenen Persönlichkeit hatte er eine militärische Laufbahn eingeschlagen und höhere Erziehung genossen. Mit vierzig Jahren kam er nach Rom. Das Bild, das uns dieser aufgeschlossene, freidenkende Intellektuelle von der römischen Kultur seiner Zeit zeichnet, ist nicht nur eines der wichtigsten und ältesten Dokumente dieser Art, sondern auch eines der unverfälschtesten. Die Abschnitte, in denen Polybios seine beginnende Freundschaft mit Scipio Aemilianus schildert – er lebte als Gast in dessen Familie, hat Scipio erzogen und zwanzig Jahre später als Berater zur Belagerung Karthagos begleitet –, gehören zu den erhabensten der Weltliteratur. Mit seiner geistigen Klarheit erkannte Polybios, daß die Zeit für die Römer arbeitete und daß die Eroberung des östlichen Mittelmeerbereichs einschließlich Griechenlands durch sie unausweichlich war. In durchaus guter Absicht vermerkte er alles, was von griechischer Sitte abwich, und was ihn besonders überraschte, war ein Brauch, den er nirgendwo anders angetroffen hatte: das Totenritual der römischen Patrizier. Es lohnt sich, zu lesen, was er darüber (VI, 53) schreibt:

«Wenn eine Person von hohem Stand stirbt, wird ihr Leichnam im Laufe des Begräbnisritus in großem Trauerzug zum Forum geleitet und dort in der Nähe der sogenannten Rostra aufgebahrt, fast immer aufrecht und gut sichtbar, selten liegend.

Während das Volk den Katafalk umsteht, steigt der Sohn des Toten – wenn er einen großjährigen hat, der zugegen ist, oder bei seiner Abwesenheit ein anderes Familienmitglied – auf die Tribüne und erinnert an die Tugenden des Toten und die erfolgreichen Taten seines Lebens. So rufen die einen, die an seinen Unternehmungen teilgenommen haben, ihre Erinnerungen wach, aber auch die ihm Fremden vergegenwärtigen sich das Leben des Toten. Die Menge ist so sehr bewegt, daß dieser Verlust nicht nur die Angehörigen trifft, sondern das ganze Volk.

Nach der *laudatio funebris* wird der Tote nach den üblichen Begräbnisriten bestattet und sein Bild, in einem Holzschrein verschlossen, an den am stärksten im Blickfeld liegenden Platz des Hauses gebracht.

Dieses Bild ist eine Wachsmaske, die Gesichtszüge und Hautbeschaffenheit des Toten mit bemerkenswerter Treue wiedergibt. Bei öffentlichen Opfern werden solche Bilder ausgestellt und mit großer Achtung verehrt. Stirbt ein hochgestellter Verwandter, trägt man sie beim Leichenzug mit, und Personen mit ähnlicher Statur und vergleichbarem Äußeren tragen diese Masken über ihren Gesichtern.

War der Tote ein Consul oder Praetor, ziehen diese die *toga praetexta*, eine purpurgesäumte Toga, an, wenn er Censor war, eine Purpurtoga, und wenn er einen Triumphzug zugestanden oder eine andere Ehrung dieser Art bekommen hat, eine golddurchwirkte Toga.

Diese Träger von Masken und Togen stehen auf Wagen. Die Lictoren tragen die Fasces und andere Ehrenzeichen voraus, die jenem nach seinem Amt zu Lebzeiten zugestanden hatten. Wenn sie an der Rostra angekommen sind, setzen sie sich in einer Reihe auf die *sella curulis*. Ein junger Mann, der auf guten Ruf und Geltung hofft, wird schwerlich einem schöneren Schauspiel als diesem beiwohnen können. Wer würde beim Anblick dieser sozusagen lebenden und beschwörenden Bilder berühmter Männer durch deren Verdienste nicht angefeuert? Welches Schauspiel könnte schöner sein als das?

Wenn der Redner, der die Lobrede halten soll, aufgehört hat, vom Toten zu sprechen, erinnert er an Erfolge und Taten der Vorfahren, deren Bilder ausgestellt sind, angefangen beim Ältesten. So erneuert sich der Ruf von den großen Taten tapferer Männer ständig. Den Ruhm derer, die eine edle Unternehmung ausgeführt, und die Namen jener, die dem Vaterlande wohl gedient haben, kennt jedermann, und so werden sie der Nachwelt überliefert. Und was das Wichtigste ist: die jungen Männer werden veranlaßt, alles zu ertragen, um den Ruhm, der kühnen Männern gebührt, zu erringen.» So weit Polybios.

Dieses außergewöhnliche Ritual, mit seiner Verbindung zum Ahnenkult und besonders zu Preis und Ruhm des Patrizierstandes, das Polybios uns beschrieben hat, scheint von der griechischen Welt her unbeeinflußt zu sein. Es hat nichts zu tun mit dem Porträt des Toten auf seinem Grab, sondern hängt eng mit einer vor allem politischen Konzeption zusammen, die durch religiöse Pflichten und besondere rechtliche Normen, das *ius imaginum,* bestimmt wird. Mit diesem *ius imaginum,* wie der juristische Fachausdruck lautet, erhält man das Vorrecht, die Bilder der Vorfahren im Innenhof des Hauses, im Atrium, aufzustellen.

Jedes Bild mußte in einem eigenen Schränkchen mit Türen aufbewahrt werden, die das angesehenste Familienmitglied nur bei bestimmten Gelegenheiten öffnete. Jeder dieser kleinen Schreine trug eine Inschrift mit Namen und Titeln des Toten. Alle zusammen bildeten schließlich einen Familienstammbaum (Plinius, ‹Naturalis historia› XXXV, 6). Dieses Bilderrecht war streng auf die Nobiles beschränkt und ging auf Kinder und Verwandte über. Die Frau nahm die Bilder ihrer eigenen Vorfahren mit, die dann in die schon bestehende Reihe im Hause ihres Gatten eingefügt wurden. Wir kennen einige Vorfälle und Proteste dagegen, daß das Bild eines Fremden in die Reihe einer *gens* aufgenommen werden sollte (Plinius ‹Historia naturalis› XXXV, 8). All diese Gewohnheiten führten dazu, daß von einer *imago,* einem Urbild, für die Mitglieder der weitverzweigten Familien viele Repliken hergestellt werden mußten. Als man dann die Wachsmasken durch Bildnisbüsten ersetzte, mußte man auch von diesen viele Kopien anfertigen, manche sofort, andere in späterer Zeit. Daher drängt sich uns die Schlußfolgerung auf, daß nur eine kleine Zahl der ‹republikanischen› Porträts, die wir kennen, auch tatsächlich in republikanischer Zeit ausgeführt wurde. Die meisten, vor allem die der großen Patrizierfamilien, sind nur in späteren Repliken der Kaiserzeit erhalten, in denen sich der Stil des Originals mit anderen Stilelementen, etwa der Zeit, aus der die Kopie stammt, verbindet. Dadurch wird die zeitliche Einordnung auf Grund einer Stilanalyse häufig unzuverlässig.

Das *ius imaginum* blieb ein den Patriziern vorbehaltenes Recht, solange nur Patrizier zu ordentlichen Beamtenstellen zugelassen wurden. Später wurde es auch auf plebejische Familien ausgedehnt, von denen man annahm, sie stammten von Patrizierfamilien ab, und schließlich auch auf die Abkommen jener, die einmal eines der höheren Ämter innegehabt hatten (*curules*).

Das Senatsamt, eigentlicher Ausdruck des Patriziats, war erblich. Freigeborene aber, die ein Vermögen von einer Million Sesterzien (oder 250000 Denaren) besaßen, konnten darauf hoffen, durch ihre Wahl zum Quaestor und später zum Aedil, Volkstribun, Praetor oder Consul in den Senat zu kommen. Zwar wurde der neue Senator dadurch nicht Patrizier, aber seine Nachkommen gehörten von da an zur Nobilitas, zum Adel. Damals konnten nur Senatsmitglieder Proconsuln in den Provinzen und Legionskommandeure werden. Man sieht, wie eng das Nobilitas-Prinzip jeweils unmittelbar mit den Familienporträts zusammenhängt. Sallust (‹Bellum Jugurthinum› LXXXV, 25) legt dem Marius bittere Worte gegen die römischen Patrizier in den Mund, die ihn verachteten, «weil ich keine [Ahnen-]Bilder habe und mein Adel neu ist». Als Zeichen alten Adels galt es, wenn man ein Haus mit einem Atrium «voll rauchgeschwärzter Bilder» (Seneca, ‹Epistola› XLIV, 5) besaß. Die Bilder Verurteilter tauchen beim Begräbnis eines anderen Familienmitgliedes nicht auf; auch werden beim Leichenbegängnis eines Verurteilten selbst die Bilder seiner Ahnen nicht mitgetragen (Tacitus, ‹Annalen› III, 76).

Das Porträt nahm also im Leben der Römer eine ganz besondere Bedeutung an, die aber vor allem politisch und vom Klassendenken her verstanden wurde, weniger vom Künstlerischen. Selbstverständlich mußte diese Auffassung vom Porträt als Ausdruck der senatorischen Aristokratie zu einer Zeit übertriebenes Gewicht erhalten, da die Patrizier wieder die Oberhand gewannen und ihre Vorrechte zurückerhielten. Das war die aristokratische Reaktion der Zeit Sullas auf die angsterregenden Reformen der Gracchen. Die ersten Gesetze gegen die Reformen wurden 121 v. Chr. verabschiedet, und die Zeit dieser Reaktion dauerte bis zum Jahre 111 v. Chr. Der Kampf gegen den Sklavenaufstand in Sizilien (104–100 v. Chr.) und gegen die Piraten führte, vom Jahre 98 an, zu einer Periode noch entschiedenerer Reaktion der Patrizier. Ihr Nachlassen hatte seinen Grund sicher im offenen Aufstand der latinischen Bundesgenossen (Bundesgenossenkrieg 91–88 v. Chr.) und dem dabei errungenen Zugeständnis des Bürgerrechts für alle Italiker.

In den harten inneren Auseinandersetzungen fand die reaktionärste Senatspartei ihren Führer in Sulla, der keinen Augenblick zögerte, auf Rom zu marschieren und durch wahre Massaker Samniter und Etrusker auszurotten.

Währenddessen wurde die Opposition durch Proskription, Gütereinzug und Mord zerschlagen. Unter der Diktatur Sullas (82–79 v. Chr.) vergrößerten sich die Macht und Mitgliederzahl des Senats, während das Tribunat eingeschränkt wurde. Die neue Verfassung, die er eingeführt hatte, blieb über seinen Tod hinaus bis zum Consulat des Pompejus im Jahre 70 v. Chr., also zwölf Jahre, in Kraft. In den fünfzig Jahren, in denen das alte Patriziertum seine Herrschaft und sein Selbstbewußtsein zurückgewann, vor allem in der Zeit Sullas, entstand das typisch republikanisch-römische Porträt, ein eigenständiger Ableger des hellenistischen Realismus. Seine Entwicklung reicht bis in die Zeit des zweiten Triumvirats des Antonius, Octavian und Lepidus (43–33 v. Chr.).

Die Anfänge können wir bei der Betrachtung einiger Münzbildnisse feststellen. Das Bildnis Lebender auf Münzen zu setzen, war verboten, bis Julius Caesar dieses Gesetz durchbrach. In der Folge machte der Senat Octavian dieses Zugeständnis. Die Finanzbeamten hatten daher häufig Bildnisse ihrer berühmten Ahnen auf die Münzen gesetzt. Die einschlägigen Untersuchungen, vor allem von Bernhard Schweitzer (1948), haben gezeigt, daß die Münzbildnisse fast immer mehr oder weniger getreu die damals ausgeführten Porträts der betreffenden Männer wiedergaben. Sie alle hatten zwischen 90 und 70 v. Chr. Ämter inne, also genau in der Zeit der patrizischen Reaktion. Es waren aber auch die Jahre des brutalen Eingriffs in die Wirtschaft der Provinz Kleinasien, dessen Folge unter anderem die Auswanderung von Handwerkern und Künstlern nach Rom war, wo sie als Silberschmiede, Edelsteinschneider und Bildhauer für eine Gesellschaft mit luxuriösen Ansprüchen arbeiteten.

Der besondere Porträtstil, der damals in Rom entstand, zeichnet sich durch einen minuziösen Realismus aus, der sich darin gefällt, die Unregelmäßigkeiten der Epidermis wiederzugeben, als ob es sich um das Relief einer Landschaft handle. Man achtet mehr auf die Einzelheiten als auf den Gesamteindruck. In bewußtem Gegensatz zur weltläufigen intellektuellen Eleganz des hellenistischen Bürgers vernimmt man hier deutlich das Lob auf Härte und Willensstärke eines Bauerngeschlechts, das, an Mühsal gewöhnt, sich mit politischer Diskussion vertraut gemacht hat, voll Stolz auf seine Vergangenheit. Bislang gab es nirgendwo einen Porträttyp, der einen derart vollkommenen Zusammenhang mit der objektiven Wirklichkeit ausgedrückt hätte, ohne ästhetischen Reiz und weltläufige Liebenswürdigkeit zu entwickeln. Doch gerade mit diesen Merkmalen beweist das typisch republikanische Porträt, daß es nur zu einer einzigen Klasse oder zu einer bestimmten Menschengruppe gehört (Abb. 12, 13).

Gleichzeitig findet man in Rom aber auch Anklänge an das leidenschaftlich aufgefaßte hellenistische Porträt, das ein wenig theatralisch und emphatisch im Ausdruck ist, sowie das objektive, naturalistische Bildnis mit eben so viel verhaltener Eleganz, daß es für die römisch-aristokratische Umgebung annehmbar war.

Bei einer Statue – früher im Palazzo Barberini, heute im Museo Nuovo im Konservatorenpalast auf dem Capitol (Abb. 10) – ist all das auf gewisse Weise ins Bild gefaßt, was wir von der besonderen Umwelt, in der das typisch römische Porträt entstanden ist, dargelegt haben. Man sieht einen mit der Toga bekleideten Mann, der zwei Büsten trägt. Die griechische Kunst kannte die Porträtbüste nicht; denn sie duldete keine solchen künstlerischen Zerstückelungen des menschlichen Organismus. In der Welt der Etrusker und Römer dagegen – auch bei den Kelten – stellte ein einzelner Kopf bereits den ganzen Menschen dar. Vom Typus her, kaum aus Gründen des künstlerischen Ausdrucks, muß man die bis knapp unterhalb des Halses reichende Büstenform der republikanischen Zeit im Zusammenhang mit den Totenmasken sehen. Aber es wäre ein Irrtum, vorauszusetzen, wie es häufig vorkam, daß der Stil des republikanischen Porträts unmittelbar von der dem Toten abgenommenen Wachsmaske abhängt. Natürlich können gewisse Züge, die man bei zwei oder drei Porträts aus dieser Zeit antrifft, wie die hervorspringenden Backenknochen eines abgemagerten Gesichts, die eine gespannte Haut knapp bedeckt, physiognomische Eigenheiten von Totenmasken sein. Aber das sind Dinge, die zur dargelegten Problematik passen. Jedenfalls gehören die beiden Büsten der Barberini-Statue nicht in die stilistische Reihe des Patrizierporträts aus der Sulla-Zeit. Sie schließen sich an den objektiven Naturalismus der hellenistischen und mittelitalischen Tradition an. Bei genauen Vergleichen zeigt sich, daß die Büste, die der Togatus in der rechten Hand trägt, nach Schnitt und Formbehandlung die Kopie eines zwischen 50 und 40 v. Chr. geschaffenen Porträts ist; dagegen scheint die Büste in der Linken, die eine unleugbare Familienähnlichkeit mit der ersten aufweist, nach einem Vorbild aus der Zeit um 20–15 v. Chr., also fast eine Generation später, gefertigt worden zu sein. Unglücklicherweise ist der originale Kopf der Togastatue verlorengegangen. Der jetzige, neu angepaßte ist zwar ein antiker Kopf, aber aus den dreißiger Jahren v. Chr., während die Statue selbst nach Typ und Behandlung der Toga bereits der Zeit des Augustus angehört. Ursprünglich muß diese Statue ein Zeugnis für Familienbilder dreier Generationen, von 50 v. Chr. bis etwa 15 n. Chr., gewesen sein.

Der Kopf, den man auf die Barberini-Statue gesetzt hat, ist ein typisches Porträt aus der Zeit des zweiten Triumvirats (43–32 v. Chr.), in der die hellenistische Form einen Kompromiß mit naturalistisch-dokumentarischen Zügen eingeht. In dieselbe Zeit gehört auch die Replik eines herrlichen Porträts, das man lange ohne hinreichenden Grund für einen Kopf des Sulla gehalten hat (Museo Archeologico zu Venedig, aus Rom). Das beste Beispiel für diesen Porträttyp ist eine originale Bronzebüste in der Eremitage in Leningrad, die – leider ohne Herkunftsangabe – aus altem, russischem Staatsbesitz 1928 ins Museum überwiesen wurde. Von einem ähnlichen Werk muß das Münzbild des Caesarmörders Marcus Brutus auf den Goldmünzen des Jahres 43 v. Chr. abhängig sein.

Das objektive, simpel naturalistisch gesehene Porträt stammt aus dem mittelitalischen Hellenismus. Deshalb findet man bescheidene Vorstufen und anspruchslose Beispiele für diese Gattung unter den Votivköpfen aus latinischen und mitteletruskischen Heiligtümern. Darunter gibt es gelegentlich qualitätvolle Stücke wie einen männlichen Kopf in Tarquinia, einen zarten Frauenkopf in den Berliner Museen oder die Frauenbüste des Museo Gregoriano im Vatican. In der Zeit des Augustus übernimmt dieser einfache Objektivismus klassizistische Züge des Attizismus so gut, daß sich Votiv-Terrakotten nicht mehr wesentlich von den ersten Bildnissen Octavians unterscheiden.

Das römische Porträt des 1. Jahrhunderts v. Chr. kann daher unmöglich unter einem Begriff zusammengefaßt werden. Wenn man als gemeinsamen Nenner das Streben nach Realismus ansieht, so ist diese Grundtendenz mehr gedanklicher als künstlerischer Natur; sie nimmt recht verschiedene Färbungen an, die wenigstens auf vier andere, aus verschiedenen Richtungen kommende formale Strömungen zurückgehen können, die in Rom aufeinandertreffen und sich mischen. Neben den beiden, die wir schon erwähnt haben – das schlichte, objektive, aus Mittelitalien stammende Porträt und das in der Zeit Sullas entstandene, patrizierhaft aufgefaßte Porträt –, gibt es rein hellenistische, reich und etwas barock gestaltete – wie das Bild des Consuls Flamininus auf seinen in Griechenland geprägten Münzen (Abb. 7) – oder solche, bei denen die mittelitalische Tradition noch sichtbar ist, die aber auch neueste hellenistische Vorbilder übernommen hat. Dazu gehören einige der in dieser Richtung bemerkenswertesten Beispiele römisch-republikanischer Kunst. Sie behalten formale Eigenheiten der italischen Tradition bei, die in Terrakotta zu arbeiten gewöhnt ist; auch wenn die Werke in Stein oder Marmor ausgeführt sind, erinnern sie an die Modellierung in Ton.

Eines der typischsten Beispiele für diese Mischung hellenistischer und römischer Elemente ist die bei Tivoli gefundene Statue eines ‹Generals›, heute im Museo Nazionale in Rom (Abb. 11). Man darf nicht vergessen, daß es bei diesem Eroberervolk, das die Römer waren, weder damals noch in den folgenden Jahrhunderten einen Offiziersstand gab. Wenn der siegreiche Heerführer die *urbs* betrat, mußte er seine Uniform ablegen und nur als Bürger vor den Senat treten. Das Werk zeigt uns daher eine sonst nackte Gestalt im Heroenmantel in der Weise, wie die mythischen Heroen der Griechen dargestellt wurden, nur ist die Draperie hier reicher und nimmt Rücksicht auf die Schamhaftigkeit eines Römers. Der Küraß, Zeichen des Militärs, ist wie ein Attribut seitlich abgestellt und dient als Stütze für die Statue.

Plinius (‹Naturalis historia› XXXV, 18) sagt ausdrücklich, es sei «griechische Sitte, den Körper nicht zu bedecken; die Römer hingegen legen als Soldaten den Küraß an». Aber Plinius schrieb zur Zeit des Kaisers Vespasian, mehr als hundert Jahre nach der wahrscheinlichen Entstehung der Statue von Tivoli, als Statuen römischer Kaiser im Waffenkleid üblich geworden, ja vorgeschrieben waren. Hier jedoch stehen wir noch am Anfang dieser Entwicklung zum

Typus der Panzerstatue. Das plastisch aufgefaßte Gesicht hat seine reiche Modellierung und die zum Atmen leicht geöffneten Lippen der hellenistischen Porträtkunst entliehen. Doch der Rest Pathos, der aus ihm hervorgeht, wird gemildert durch hartnäckiges Bemühen um Einzelheiten, ein Zug der Kunst des Patrizierporträts der Sulla-Zeit. Daher rührt der formale Gegensatz in diesem Gesicht, der sich im Ausdruck der Unsicherheit und des Zögerns bemerkbar macht und zur ‹heroischen› Haltung der Statue kontrastiert. In der Ikonographie des Gesamten wie in Einzelheiten des Porträts offenbaren sich also zwei verschiedene künstlerische Ströme und zwei Grundthemen. Diese Zweiheit ist noch nicht sehr entschieden, aber doch bezeichnend für die damalige römische Welt. Welcher Zeit denn? Man hat viel über die Datierung dieser Figur diskutiert. Am wahrscheinlichsten sind die Schlußfolgerungen, nach denen sie in die kurz auf die Diktatur Sullas folgende Zeit zwischen 78 und 68 v. Chr. verwiesen wird. Der Dargestellte könnte also einer der Generäle des Lucullus sein, in der Zeit, da dieser die Provinz Asia neu ordnete. Als süße Frucht jener großen politischen und militärischen Unternehmung ist uns nur die Kirsche verblieben, die Lucullus in den Westen gebracht hat. Das ist immerhin etwas.

In der augusteischen Ära vermindert das Vorherrschen des Neuattischen im Umkreis der oberen Gesellschaftsschicht den Zustrom hellenistischer Plastik und bringt gewisse Feinheiten aus der alexandrinischen Welt herbei, die auf das Porträt der Octavia, der Schwester des Augustus, und auf das frische charmante Brustbild eines jungen Mädchens aus der Sammlung Torlonia (Helbig, Nr. 3259) Einfluß hatten. Die herbe und hochmütige Art eines Patrizierporträts konnte eine Gesellschaft nicht mehr befriedigen, die sich anpassungsfähiger und kultivierter zeigen wollte und an hellenistischer Eleganz hing. Doch das Patrizierporträt der Zeit Sullas hatte einen Nachfolger: die gleiche Porträtauffassung trifft man noch spät auf Grabstelen Freigelassener und kleiner Händler. Von Rom aus breitete sie sich auf die italische Provinz aus und wurde bezeichnend für das römische Porträt. Aus ihr entstanden Männer- und Frauenstatuen, wie einige campanische Beispiele aus dem Museum in Neapel und zahlreiche Stelen in Ravenna und den Städten in der Po-Ebene beweisen, wo sie sich lange hielt: Grabdenkmäler kleiner Leute, die sich in der Art der Großen von einst darstellen ließen. Das legt die Vermutung nahe, wir hätten es häufig eher mit einer noch andauernden Auffassung vom Bildtyp zu tun als mit eigentlichen Porträts. Damit bleibt auch die auf Frisurmoden aufbauende Chronologie zweifelhaft.

Es gibt noch einen zweiten Porträttyp, den man wenigstens seiner Ikonographie und seiner ursprünglichen Bedeutung wegen erwähnen muß: die *imago clipeata,* das Bild auf dem Schild.

Antike Schriftquellen bezeugen ausdrücklich, diese Porträtart sei griechischen Ursprungs. In Griechenland war dies die einzige annehmbare Form eines Bildwerks, das keine ganze Statue war. Für den Dargestellten war dies eine

Ehrung wie das Auf-den-Schild-Heben, beinahe ein erster Schritt zur Apotheose. Anfänglich durfte das Porträt im *clipeus* nur aus mehr oder weniger wertvollem Metall bestehen. Auch als die ursprüngliche Form des Schildes mehr zum Rahmen wurde, behielt dieser häufig die dem Metall eigenen Formen bei, selbst wenn das Bild jetzt in Stein gehauen (Helbig, Nr. 3105, 3106) oder auf eine Tafel oder Wand gemalt wurde (Helbig, Nr. 2171). Man trifft die *imago clipeata* sogar recht häufig in der Malerei an, wie dann auch im Totenkult. Der Typus findet sich während der ganzen Kaiserzeit auf Sarkophagen, auf Monumentalgräbern und Gedächtnisstätten.

In Griechenland ist der *clipeus* im Heiligtum der Götter von Samothrake um das Jahr 100 v. Chr. bezeugt. Wenn man sich für Rom auf eine Auskunft des Plinius verläßt – hier schafft eine offensichtliche Personenverwechslung der Zusammenstellung seiner Notizen Verwirrung –, wären dort die ersten *imagines clipeatae* mit Porträts von Privatleuten um das Jahr 80 v. Chr. durch einen Appius Claudius (wahrscheinlich Claudius Pulcher) im Tempel der Bellona aufgehängt worden. Darauf soll Marcus Aemilius 78 v. Chr. sein eigenes Haus mit derartigen *clipei* geschmückt haben. Pompejanische Malereien der Flavierzeit – aus dem Vettier-Haus und dem Impluvium-Haus – zeigen, wie Metallschilde mit Reliefköpfen in den Interkolumnien, also zwischen den Säulen, aufgehängt wurden.

Nach all dem kann man folgern, daß sich in republikanischer Zeit das herausgebildet hat, was später in den Jahrhunderten der Kaiserzeit das römische Bildnis schlechthin war. Das letzte Jahrhundert vor der Zeitwende war eine Art Tiegel, in dem in Rom die verschiedensten Kulturströme zu neuen Legierungen zusammenschmolzen.

Das neue Gebilde entsteht, wie wir noch bei anderen Kunstzweigen sehen werden, indem sich zwischen einer im Grunde urrömischen Auffassung und dem Bestreben, ihr mit Hilfe hellenistischer Formtradition künstlerischen Ausdruck zu geben, ein Gleichgewicht herstellt. Das ist weniger das Suchen nach einer eigenen künstlerischen Form durch Erarbeiten mehrerer wahrhaft römischer Kunstprinzipien, sondern vielmehr eine solide Grundauffassung, eine bestimmte Ideologie, der man verschiedene damals geläufige Formprinzipien anzupassen sucht. Einige Anspielungen in den literarischen Quellen lassen vermuten, daß neben der vom Gesicht des Toten abgenommenen Wachsmaske die älteste Porträtform das auf eine Holztafel gemalte Bildnis war: *cera et tabula* (Martial, ‹Epigrammaton Liber› XI, 102). Bemerkt sei, daß Plinius das Buch XXXV seiner ‹Naturalis historia›, das der Malerei gewidmet ist, mit der Geschichte des Porträts beginnt. Das zeigt, wie wichtig gemalte Bildnisse waren, von denen aus dem römischen Ägypten außerordentliche Beispiele erhalten sind. Solche gab es auch in Rom. Jedenfalls ist für jeden klar, der sich um ein etwas tieferes Verständnis der Kunst bemüht, daß der Schritt von der materiell vorgegebenen Maske zum Bildnis, das spricht und formal etwas über die lebendige Erscheinung eines Menschen aussagt, nicht auf mechanischem Weg erreicht werden kann, sondern auf ähnlich schwierige Weise zustande kommt wie der Übergang von dem in der Natur vorhandenen realen Vorbild zum künstlerischen Abbild. Die Totenmaske ist also keine formale Matrize für das römische Porträt, sondern seine ideologische Voraussetzung.

In einem *lararium* im sogenannten ‹Haus des Menander› zu Pompeji hat man unmittelbar auf niedrige Sockel gesetzte Wachsköpfchen gefunden. Sie waren wohl ganz allgemein aufgefaßte Bilder und müssen keinesfalls von Totenmasken abhängig sein. Ihre Entdeckung hat die Ansicht verstärkt, die Sitte der Totenmasken sei nicht sehr alt gewesen – vor Polybios berichtet kein anderes Dokument darüber –, sondern sei bereits dem Anliegen entsprungen, die Züge der Ahnen festzuhalten. Ein solcher Wunsch muß in den Patrizierfamilien besonders lebhaft gewesen sein, denn ein Gesetz regelte dieses Recht und beschränkte es auf die Patrizier. Wenn die Griechen dem Bruder des Bildhauers Lysipp (zweite Hälfte des 4. Jahrhunderts v. Chr.) die Erfindung des Gipsabgusses zuschrieben, der Voraussetzung für die Ausführung von Wachsmasken ist – obwohl Gipsabgüsse seit ältester Zeit in Ägypten angefertigt wurden –, so haben wir vielleicht einen Anhaltspunkt dafür, die Anfänge dieser Technik für Ahnenbildnisse bei den alten Römern zeitlich zu bestimmen.

Das beste Zeugnis für den Zusammenhang zwischen Maske und Bild, das wir besitzen, ist ein Terrakotta-Kopf im Louvre (aus der Sammlung Campana), dessen Hals auf einem kleinen Sockel ruht. Er stammt sicher aus Rom selbst oder aus Latium, zeigt aber bereits ein künstlerisches Erarbeiten der Maske im Sinne des typisch republikanischen Porträts.

Dic *imago*, das Ahnenbild, das in der nach einer Form gegossenen Maske festgehalten wurde, war als solches weder ein Kunstwerk noch Ausdruck einer künstlerischen Auffassung von der Plastik. Nur durch die Berührung mit einer hochentwickelten Skulpturtradition wie mit der des hellenistischen Porträts hat die römische Kultur zu einem gewissen Zeitpunkt ihren eigenen Ausdruck in der Porträtkunst gefunden. Das Porträt ist eng an die offizielle Prunk- und Propagandakunst gebunden. Allein in Rom hat man noch zu Lebzeiten des Augustus außer allen übrigen ungefähr achtzig Silberstatuen von ihm aufgestellt (Tatenbericht II, 24). Deshalb bleibt das Porträt immer ein typischer Ausdruck römischer Kunst, gleichsam eine ihrer Kronen. Aber seine Entstehungsgeschichte ist, wie wir zu erhellen versuchten, äußerst vielschichtig. Man könnte die Problematik zusammenfassen und sagen: es bemühte sich, die formalen Erfordernisse eines plastischen, geschmeidigen Stils, der für die Veränderungen der Oberfläche und die Bedeutung des Ausdrucks empfänglich ist, mit dem Streben nach möglichst genauer, bis in kleinste Einzelheiten präziser, ja starrer Dokumentation zu vereinen, die die Voraussetzung für den häuslichen Ahnenbilderkult in den Patrizierfamilien darstellte. Fast bis zum Ende der republikanischen Zeit hat man um den Ausgleich zwischen diesen verschiedenen, teilweise gegensätzlichen Forderungen gerungen, und dabei hat sich das typisch römische Porträt herausgebildet. Doch entstand es aus einer neuen Auffassung von der künstlerischen Form.

Damals fand das realistische Porträt aus der Zeit des zweiten Triumvirats auch in den Grabmälern der Kleinbürger Eingang, wie es die Stele aus der Via Statilia (Rom, Museo Nuovo im Konservatorenpalast, Helbig, Nr. 1631) zeigt. Eine andere Stele dagegen, die nicht weit von der ersten entfernt gefunden wurde und ein Ehepaar darstellt, läßt schon den neuen Stil der augusteischen Zeit erkennen, vor allem aber die Verfeinerung und Eleganz, die die Generation vom Ende des 1. Jahrhunderts v. Chr. von denen der republikanischen Zeit unterscheiden. Die zweite Stele zeigt wahrscheinlich das Porträt des Brotfabrikanten Marcus Vergilius Eurysaces und seine Frau Atistia, wenn die nahebei gefundene Inschrift zum Grab gehört hat. Der Unterschied zwischen diesen beiden Generationen könnte nicht deutlicher sein. Von jetzt an sollten jede Kunstperiode, jeder Geschmacks- und Stilwandel der römischen Gesellschaft ihre Rückwirkung auf die Porträtkunst haben.

Wir blicken auf eine außergewöhnliche Galerie von Charakteren: die betagte Dame aus einer großen Familie vom Land (Bildnis aus Palombara Sabina, Rom, Museo Nazionale, Helbig, Nr. 2298), eine Kaufmannsfamilie aus Ostia, (Inv.-Nr. 625), beides Porträts vom Ende des 1. Jahrhunderts v. Chr.; das blutleere Gesicht eines Isispriesters aus der Zeit zwischen Caligula und Nero (Rom, Museo Nazionale) oder auch das fein modellierte Grabrelief von der Porta Laurentina in Ostia.

In der Zeit zwischen Titus und Trajan können wir auch Porträts finden, in denen nichts mehr vom nüchternen Stil der römischen Porträts der Frühzeit übriggeblieben ist. Ein berühmtes Porträt wie das einer Frau mit hoher Lokkenfrisur im Capitolinischen Museum – vielleicht Vibia Matidia, die Schwester der zukünftigen Gemahlin Hadrians? – ist ein Beispiel für die vollendete Harmonie in Stil und Charakterisierung einer blendenden und weltgewandten Frau (Helbig, Nr. 1288). Der Kopf einer alten Frau im Museo Laterano (Helbig, Nr. 1102), zeitlich dem vorausgehenden nahestehend, zeigt, wieweit die Verschiedenheit künstlerischen Ausdrucks im Rahmen derselben Kultur reichen kann und wieweit die damals in Rom arbeitenden Künstler die beiden für jedes plastische Porträt bestimmenden Erfordernisse – realistische Wiedergabe und einheitliche plastische Form – zu verbinden wußten.

In dieselbe Zeit fällt auch ein Höhepunkt des gemalten Porträts. Am Beginn seines Kapitels über das Porträt spricht Plinius der Ältere vor allem von gemalten Bildnissen als von denen, die am häufigsten vertreten sind. Von diesen Schöpfungen sind außer Fresken wenige auf uns gekommen, wie das Porträt eines einfachen Beamten und seiner Frau aus Pompeji. Allerdings ist die Reihe der uns immer wieder in Staunen versetzenden Porträts in der römischen Kunst Ägyptens nicht ausschließlich eine Besonderheit des Fayûm, es sei denn als Grabschmuck im Zusammenhang mit Mumifizierungsgebräuchen. Diese Werke sind uns nur dank der besonders günstigen klimatischen Bedingungen

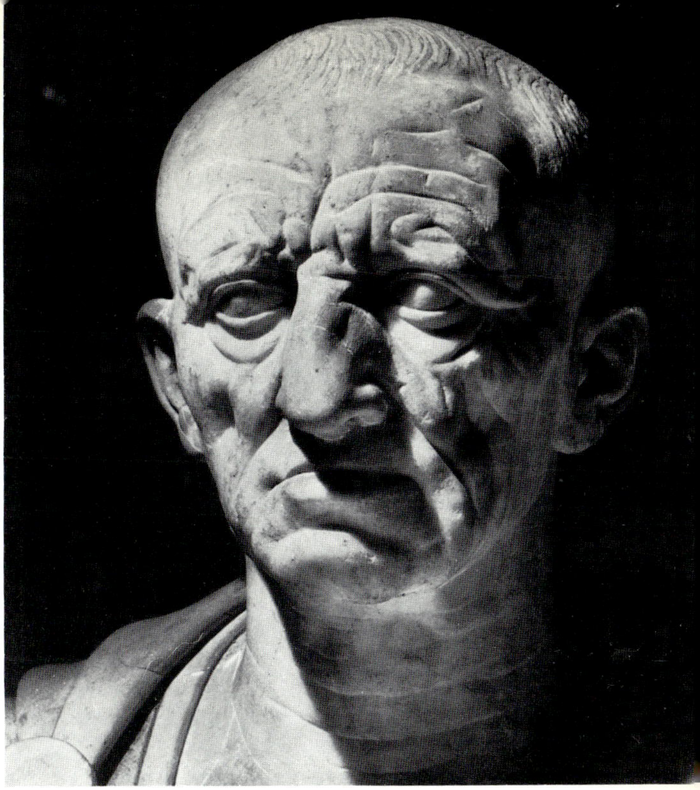

12/13 – Rom – Porträt
eines römischen
Patriziers – Rom

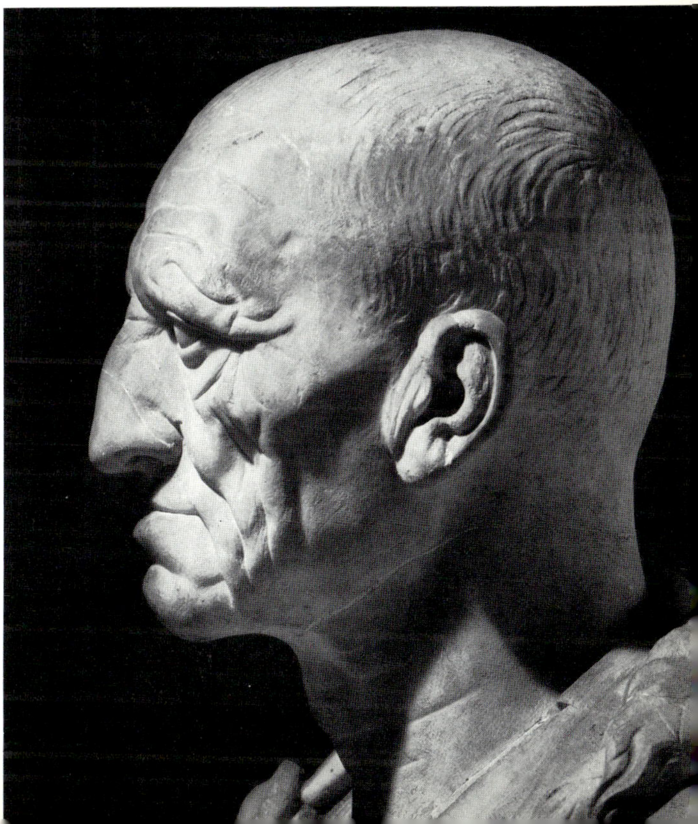

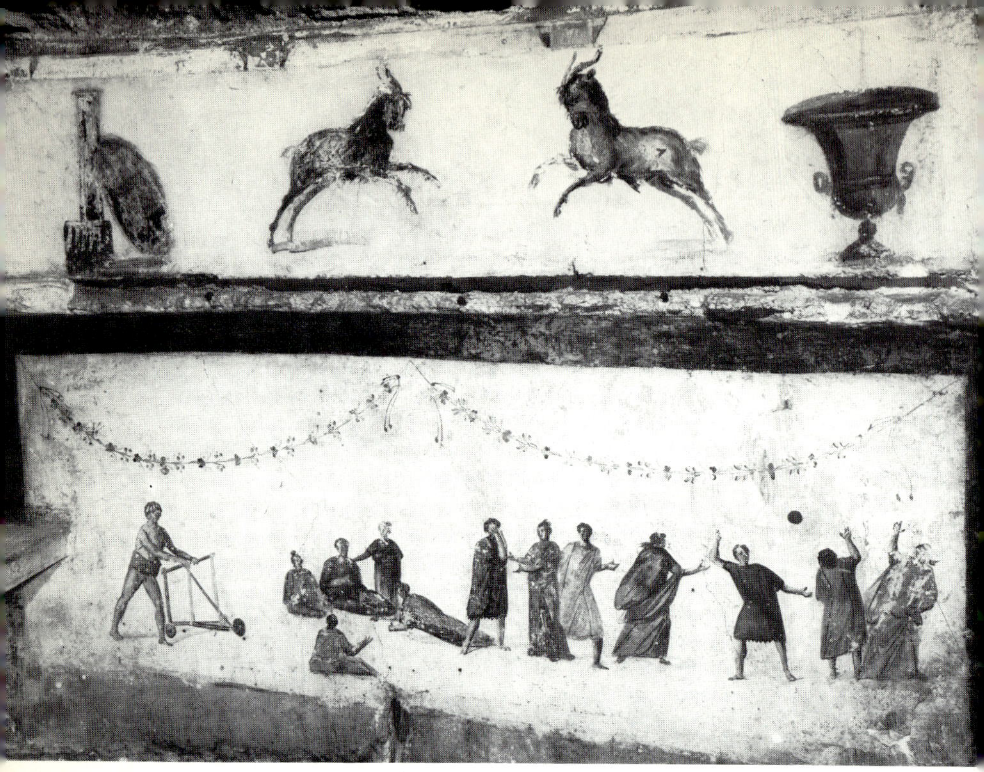

14 – Rom – Grab an der Via Portuense – Wandschmuck

15 – Rom – Haus auf dem Palatin, sogenanntes ‹Haus der Masken› – Wandschmuck

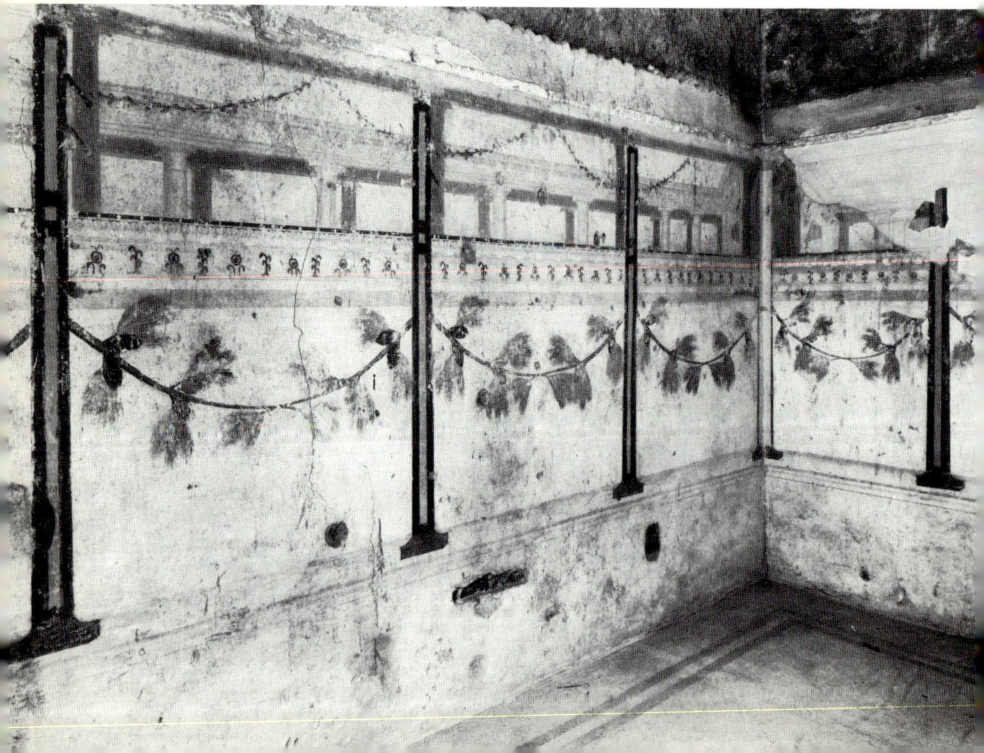

erhalten geblieben, während ähnliche Stücke in allen übrigen Gegenden der römischen Welt verloren gingen.

Bis zu der künstlerischen Krise, die mit der Zeit des Commodus beginnt, bestimmt das zwischen den zwei genannten Erfordernissen erreichte Gleichgewicht die doch recht verschiedenartigen Versuche in der Kunst des römischen Porträts. Das zeigt sich in den für die Familie oder für das Grab bestimmten Büsten ebenso wie auf den Stelen, den Grabaltären und den Gedächtnisstatuen, wenn auch hier nur andeutungsweise und dafür mehr und mehr in Angleichung an den gebräuchlichen offiziellen Stil.

Wem die Mittel fehlten, um sich in einem großen Baudenkmal selbst unsterblich zu machen, der trat Vereinigungen bei, die gegen Erlegung einer jährlichen Summe die Garantie dafür gaben, daß die Asche an einem würdigen Ort bestattet wurde. Es sind noch einige dieser großen Gemeinschaftsgräber erhalten, die man wegen der meist halbrund geöffneten Wandnischen, ähnlich den Taubenschlägen, Columbarien nannte. Am Beginn der Via Appia und der Via Latina in Rom kann man noch einige besonders großartige sehen: das der Freigelassenen aus dem augusteischen Kaiserhaus (Vigna Codini) und das der Freigelassenen der Marcella, der zweiten Frau des Marcus Vipsanius Agrippa.

All diese verschiedenen Formen der «Erhöhung eines Wesens über die anderen», wie Plinius über das Gedächtnisporträt (‹Naturalis historia› XXXIV, 27) sagt, geben uns – ungeachtet des rein Künstlerischen – die Möglichkeit, einen Blick auf eine Besonderheit der römischen Gesellschaft zu werfen: bestimmt von der Bindung an die Realität des Lebens, tief durchdrungen vom Willen, über den Tod hinaus im Gedächtnis der Menschen weiterzuleben, mit Hilfe eines persönlichen Bildnisses, errichteten die Römer Gräber großartig wie Festungen – im Mittelalter wurden sie auch als solche verwendet – oder, wenn es die Mittel nicht erlaubten, wenigstens eine Aedicula oder eine Stele. Diese Grabmäler, ob eindrucksvoll oder bescheiden, standen nicht auf Friedhöfen zusammen, sondern entlang den Heerstraßen, so daß jeder, der vorüberging, sie sehen, ihre Inschriften lesen und so noch mit den Toten in einer gedachten Fortdauer von Zeit und Leben Gemeinschaft haben konnte: *non omnis moriar* – ich werde nicht völlig sterben.

Man muß dieses Bedürfnis der Seele, diese *religio* oder Bindung bedenken, wenn man recht verstehen will, wie es zu einer Zeit, da die tiefe Krisis der römisch-kaiserzeitlichen Gesellschaft zu großer Entmutigung und zum Verlangen nach Weltflucht führte, dahin kommen konnte, daß die Menschen Trost bei den Religionen fanden, die ihnen Genugtuung und Belohnung nach dem Tode versprachen.

III. Das Raumproblem
Malerei und Architektur

Bis Paul Klee verkündete, die Kunst wiederhole nicht das Sichtbare, sondern mache es in seinen mannigfaltigen Abwandlungen der Zeit, des Ortes und der Person sichtbar, herrschte für die Kunst Europas vom 13. bis 20. Jahrhundert ausdrücklich und eingestandenermaßen die Regel, die Wirklichkeit nachzuahmen, auch wenn jeder Künstler ihr ein anderes, auf seine Weise über die sichtbare und fühlbare Realität hinausgehendes Gesicht zu geben trachtete und so eine neue Wirklichkeit schuf: die einer von Zeit und Ort abhängigen Kunst. Der Realismus war eine Art gedachtes Besitzergreifen von der Welt. Deswegen ging dieses Bemühen um eine künstlerische Form häufig Hand in Hand mit wissenschaftlichem Forschen über die Geometrie des Raumes, über Art und Wirkung des Lichts, über Anatomie, die Seinsweise sowie jeden Gesichtspunkt des Lebens und der Natur. Dieses Suchen und dieser Wille, von der Welt geistig Besitz zu nehmen, waren im Okzident in der Antike der griechischen Kultur eigen wie keiner anderen.

Solches Streben hat später Europa dahin gebracht, die antike Kunst als bereits vollkommene, abgeklärte zweite Natur anzusehen, von der man lernen konnte. Die Antike, die der europäische Westen als Lehrmeisterin entdeckte, war in Wirklichkeit die römische Antike. Man las griechische oder lateinische Dichter, aber man machte keinen Unterschied zwischen Griechenland und Rom. Es waren einfach ‹die Alten›. Man glaubte vor griechischer Kunst zu stehen und wagte Zuschreibungen: *«opus Phidiae, opus Praxitelis»* setzte man unter die Dioskuren der Constantinsthermen auf dem Quirinal, und auf ähnliche Weise entstanden auch andere Zuweisungen.

Die erste Übertragung jener Kapitel über Kunstwerke der ‹Naturalis historia› von Plinius dem Älteren in eine moderne Sprache, ins Italienische, stammt von einem Bildhauer, der sie in eine Geschichte der Kunst einfügte. Unter dem Titel ‹Commentarii› begann diese mit dem alten Griechenland und endete mit den Werken des Verfassers Lorenzo Ghiberti, des Schöpfers der berühmten Baptisteriumstüren von Florenz, und seiner Zeitgenossen. Die Schrift wurde zwischen 1448 und 1455 verfaßt. Die Neuentdeckung Griechenlands und die Unterscheidung zwischen griechischer und römischer Kunst ist eine Leistung der Neuzeit, nicht mehr der Renaissance. Johann Joachim Winckelmann, Verfasser der ‹Geschichte der Kunst des Altertums› (Dresden 1764) und mit Recht als Vater moderner Kunstgeschichtsschreibung betrachtet, argwöhnte selbst nicht, daß ein Gutteil der Statuen, die er als griechische Werke bewunderte, keine Originale, sondern häufig mittelmäßige Kopien aus römischer Zeit waren.

Die antike Kunstgeschichte ist als Hilfswissenschaft der Philologie entstanden, also zur Erklärung und Illustration der antiken Literatur. Auch Winckelmann nahm als Leitfaden den Text des Plinius, immer mit dem Vorhaben, die antiken Kunstwerke zu studieren, um in ihnen das «Wesen der Kunst», also eine künstlerisch-ästhetische Norm zu entdecken. Er überschätzte dessen Wert und bedachte nicht, daß Plinius ebensoweit vom Zeitalter des Phidias entfernt war wie er, Winckelmann selbst, von der Kunst des 12. Jahrhunderts, der er nur Unverständnis und Verachtung bezeigte. So gelangte er vom Studium der griechischen Plastik zu einer neoklassischen Ästhetik und bemerkte nicht, daß Plinius für sein Werk Schriften späthellenistischer Autoren verwendet hatte, Quellen, die einer klassizistischen Strömung angehörten, die um das Jahr 150 v. Chr. in Athen und Alexandria begonnen hatte. Daher berichtete Plinius nach seinen Quellen, daß zu Beginn des 3. Jahrhunderts v. Chr. die Kunst «tot» gewesen und um die Mitte des 2. Jahrhunderts «wiederauferstanden» sei (‹Naturalis historia› XXXIV, 52). Auf diese Weise verbindet er die klassizistische Kunst des 2. Jahrhunderts mit der Klassik des 4. Jahrhunderts v. Chr., als gingen sie ineinander über, trennt die ganze hellenistische Kunst davon ab und zeigt ein in ständiger Unbewegtheit erstarrtes Bild der griechischen Kunst.

Es bedurfte der Entdeckungen und archäologischen Forschungen von einhundertfünfzig Jahren, um diese Lücke zu schließen und von der griechischen Kunst ein historisch richtiges Bild zu zeichnen. Erst dann hat man erkannt, daß – im Gegensatz zu dem, was uns die Neoklassik überliefert hat – nicht die Plastik, sondern die Malerei die führende Kunst in Griechenland war und die formale Freiheit des Hellenismus nicht als Zwischenspiel in einer sonst geradlinigen und einheitlichen Entwicklung der griechischen Kunst angesehen werden darf, sondern als Höhe- und Endpunkt eines Suchens nach Form innerhalb des Raumes, das schon sehr früh nach der Geburt der griechischen Kunst selbst um die Mitte des 8. Jahrhunderts v. Chr. begonnen hat. Dieses Suchen unterscheidet die griechische Kunst deutlich von allen anderen vorausgegangenen Kulturen des Mittelmeerbeckens. So wie sie in Griechenland grundlegend ist, fehlt sie anderswo, diese Suche nach sinnhafter Wiedergabe des Raumes, nach Darstellung der in diesen Raum gestellten Dinge, so wie wir sie in Wirklichkeit sehen.

Die Suche nach einem Bildraum ist die Ursache für den mächtigen Realismus der griechischen Kunst, der seinen höchsten Ausdruck im Naturalismus der hellenistischen Zeit erfährt. Das führt zur Entstehung der perspektivischen Zeichnung – zuerst am Ende des 6. Jahrhunderts v. Chr. empirisch, später am Anfang des 4. Jahrhunderts mathematisch –, ebenso wie des Helldunkels, des Schlagschattens und der Ton-in-Ton-Malerei. Diese Dinge schienen von einem gewissen Zeitpunkt an natürliche Ausdrucksformen durchdachten künstlerischen Schaffens zu sein und waren die Grundlage für die große europäische bildende Kunst vom 13. bis zum 20. Jahrhundert, doch keine andere Kunstwelt rund um das Mittelmeer außer der griechischen hatte sie entdeckt.

Alle diese Errungenschaften, von der Perspektive angefangen bis zur Lokalfarbe, die dazu dienen, die Bewegung einer Figur im Raum sichtbar zu machen, können sicher nicht durch eine einmalige künstlerische Erfindung dauerhaft und fruchtbringend werden, sondern sich nur in einer vielfältigen künstlerischen Welt zur allgemein-verbindlichen Formensprache entwickeln, in der Generationen von Künstlern sich entschlossen und bewußt immer wieder dasselbe Problem zu bewältigen vornehmen. Solch eine Welt war die griechische Kunst in besonderem Maße. In ihr war das Ringen um die Form jederzeit von theoretischer Überlegung begleitet – wie später in der europäischen Renaissance –, und das Kunstwerk gedieh als Frucht des Gleichgewichts zwischen irrationaler Inspiration und rationaler Theorie.

Die neuklassische Deutung der antiken Kunst verwies die römische Kunst in eine Reihe von Erscheinungsformen, die nicht wert sind, näher untersucht zu werden. Die römische Kunst bis zur Zeit der Antoninen galt als Entartung der griechischen, in die Hände eines bäuerischen, ungebildeten Volkes übergegangenen Kunst, die sich mit ungeschickten Nachahmungen begnügte und vom ausgehenden 2. Jahrhundert n. Chr. an in die Barbarei der ‹Verfallszeit› geraten war.

Gegen eine solche Auffassung, die von den klassischen Archäologen widerspruchslos hingenommen worden war, wandten sich in den letzten Jahren des 19. und den ersten Jahren des 20. Jahrhunderts die Kunsthistoriker der ‹Wiener Schule› Franz Wickhoff und Alois Riegl. Das Interesse Wickhoffs für die damals moderne Malerei der Impressionisten führte ihn dazu, sich besonders mit der Pompejanischen, also römischen Malerei zu befassen, in der er zu seiner großen Überraschung die leichte, ungezwungene Technik und den Sinn für Raumatmosphäre wiederfand, die die zeitgenössische Malerei in ihrem Gegensatz zum Akademismus zu entdecken glaubte. Die Historienbilder nach römischen Themen, die die Akademie des 19. Jahrhunderts ihren Schülern als Aufgabe stellte, hatten zur Folge, daß der Spott aus behelmten Römern Feuerwehrleute machte, und gerade da entdeckte man, daß die römische Kunst genau die richtige Waffe gegen solch akademisches Feuerwehrleute-Denken ist. Eine interessante Entdeckung!

Franz Wickhoff kostete diesen Fund aus und erkannte nicht die historische Falle, die ihm Plinius mit seiner Fabel über den Tod der Kunst und der von daher kommenden Auffassung und Deutung der griechischen Kunst gestellt hatte, sondern ließ sich darin fangen. So erklärte er alles, was von diesem klassizistischen Schema abwich, als das Neue und Eigenständige der römischen Kunst, ein historisch bedeutsamer Fehler, an dem die Geschichte der antiken Kunst schwer trug und der lange ein wirkliches Verstehen der römischen wie der hellenistischen Kunst verhinderte. Somit entstand eine glänzend unterbaute, aber falsche Idee: die genaue Darstellung des Raumes in Malerei und Plastik sei eine römische oder zumindest in römischer Zeit gemachte Erfindung. Einige glaubten, sie sei in Campanien aufgekommen, andere fahndeten nach Vorstufen in der etruskischen und italischen Kunst. Dort suchen heute noch einige Forscher.

Diese kurze historische Einleitung war nötig, damit wir ungehindert zur Frage dieses Kapitels kommen können: wie sah der römische Künstler den Raum?

Die Raumauffassung eines Künstlers, also die Art, wie er den Raum in seinem Werk wiedergibt oder ausläßt, ob er dafür ein Gespür hat oder nicht, ist ein Grundproblem für die Kunst aller Zeiten.

Räumlicher Bezug zeigt sich vor allem in zwei Künsten: in der Malerei und in der Architektur. In der Malerei wird der Eindruck des Raumes durch eine Reihe zeichnerischer und farblicher Mittel hervorgerufen. Die Architektur verwirklicht tatsächlichen Raum. Die beiden Künste folgen völlig verschiedenen Entwicklungslinien und stehen untereinander in keinerlei Beziehung.

1. Malerei

Die großen Museen römischer Malerei sind für uns die beim Vesuvausbruch im Jahre 79 n. Chr. unter dem Aschenregen begrabenen campanischen Städte. Wir haben uns aber vorgenommen, in diesem Buche die Kunst der Stadt Rom zu betrachten, die Zentrum der politischen und wirtschaftlichen Macht sowie kultureller Brennpunkt spätestens von der Mitte des 2. vorchristlichen Jahrhunderts für die ganze Zeit war, die uns hier angeht. Weil Rom nie zerstört oder verlassen wurde und das Leben dort bis heute weiterpulst, sind die Spuren einer so vergänglichen Kunst wie der Malerei spärlich. Doch das wenige läßt darauf schließen, daß sich die Malerei Roms im Grunde nicht wesentlich von der in den Städten um den Vesuv unterschieden haben dürfte, daß sie im allgemeinen sogar von höherer Qualität war, wie man es beim Vergleich zwischen Hauptstadt und Provinz erwarten kann.

Natürlich ist nichts mehr vorhanden von all jenen wertvollen Bildern auf Holz und den Gemälden der großen griechischen Maler des 4. und 3. Jahrhunderts v. Chr., die nach Rom gebracht worden waren und einige Tempel sowie die Portikus der Octavia – Augustus hatte sie zu Ehren seiner Schwester an einer Stelle erbaut, wo seit 147 v. Chr. eine Portikus zwei kleine griechische Tempel umschloß – zu richtigen Pinakotheken machten.

In dekorativen Wandmalereien gibt es einige Kopien dieser griechischen Gemälde, aber Plinius sagt ausdrücklich (‹Historia naturalis› XXXV, 118), daß die wirklich große Malerei nur in Bildern auf Holz vorkomme und zu seiner Zeit (um Vespasian, 69–79 n. Chr.) schon fast völlig verschwunden sei (‹Naturalis historia› XXXV, 28). Die Wandmalereien als Schmuck der Wohnungen zeigten dagegen, besonders in der Wahl kostbarer Farben, mehr den Luxus und Reichtum der Besitzer als künstlerischen Geschmack (‹Historia naturalis› XXXV, 50).

Wir können ein gutes Beispiel für solche Kopien griechischer Originale und ‹Übersetzungen ins Lateinische› mit zwei Repliken eines einzigen Bildvorwurfs anführen: Theseus als Befreier – die eine aus Herculaneum, die andere, kleinere aus Pompeji. Die erste (Neapel, Museum, Inv. Nr. 9049) ist eine getreue Kopie einer griechischen Malerei, die in der Gestalt des Theseus den lysippschen Figurenkanon wiederaufnimmt. Das solid, mit leichten, sich kreuzenden Pinselstrichen ausgeführte Bild ist reich an Helldunkel. Die Auffassung richtet sich ganz nach dem Sinn des Mythos: der Held ist vom Erfolg seiner Mission wie geblendet. Die weit geöffneten Augen blicken schwärmerisch. In majestätischer Haltung schreitet er am Kadaver des Monstrums Minotaurus, das er getötet hat, vorbei. Er ist von der Größe des Augenblicks so gefangen, daß er den ihn umringenden Knaben, die er befreit hat, keine Aufmerksamkeit schenkt. Links oben erkennt man noch die untere Partie einer auf einem Felsen sitzenden Figur (einer Nymphe?). Das Bild ist von der Verzauberung des Mythos völlig durchtränkt. In der pompejanischen Replik (Neapel, Museum, Inv.Nr. 9043) dagegen ist jegliche Bildpoesie verschwunden. Diese Szene könnte auch ein Zeitereignis wiedergeben. Läßt man die peinlichen Verzeichnungen auf sich beruhen – sie sind besonders stark bei den Kindern um Theseus –, so bleibt immer noch die schlecht angelegte und wenig ausgewogene Gestalt des Helden mit ihrer grobvulgären Anatomie. Die Gruppe rechts, ein Greis und viel zu veristisch aufgefaßte Mädchen, wirkt fast wie die Momentaufnahme einer Schulklasse. Dem Eingang zum Labyrinth glaubte der Maler das vertraute Aussehen eines Tors in der Stadtmauer geben zu müssen, unter dem das getötete Monstrum liegt, recht bedauernswert mit seinem kleinen Menschenarm und weit entfernt davon, Schrecken zu verbreiten. Zweifellos hat die Erinnerung an das wohl berühmte Vorbild des Künstlers, der die Kopie in Herculaneum geschaffen hat, auch den pompejanischen Maler beeinflußt. Er steht aber auf dem Boden einer völlig verschiedenen Kultur, da er jedes Bildelement in die vertraute Alltagssprache umsetzt und jeden Glanz des Mythos fallen läßt. Das Bild in Herculaneum befindet sich auf der Wand eines öffentlichen Gebäudes, der Basilika, und gehört in den Umkreis hellenistisch-römischer Kultur. Die pompejanische Malerei – aus der Exedra eines Privathauses, des sogenannten ‹Hauses des Gavius Rufus› in Regio VII – steht der römisch-campanischen Kultur nahe. Sie zeugt von jener Vorliebe für reale, greifbare und alltägliche Dinge, die schon in den Ehrenreliefs zutage trat, die wir in die plebejische Kunst einreihten und die enge Beziehung zur italischen Tradition in Campanien haben.

Diese zwei Fresken können daher die notwendige Unterscheidung zwischen einer Malerei der römischen Zeit, die unmittelbar auf der hellenistischen Tradition fußt, und der eigentlichen römischen Malerei verdeutlichen. Das ist nur eine allererste Unterscheidung; das Gesamtbild ist weitaus vielgestaltiger. In der Tat gibt es in Rom wie in Pompeji eine rein hellenistische Malerei, deren Überlieferung griechische Maler weiterführten, und es gibt die römische Malerei, eine Fortsetzung der mittelitalischen Tradition. Der unmittelbare hellenistische Beitrag verschwindet in der Folge. Die römische Malerei wiederholt von da an bis zum Ende des 2. Jahrhunderts n. Chr. das überkommene Repertoire. Vom Beginn des 3. Jahrhundert n. Chr. an dagegen sieht man, wie neue Bildthemen aufgenommen und geschaffen werden und wie eine neue Bildkultur entsteht, von der wir sichere, wenn auch nur mittelbare Zeugen in den Mosaiken und bis hin zu spätantiken Miniaturen besitzen.

Vom 3. Jahrhundert v. Chr. an (Schlacht bei Messina gegen die Karthager im Jahre 264 v. Chr., Plinius, ‹Naturalis historia› XXXV, 22) gab es in Rom nach literarischen Berichten eine besondere Art der Malerei: die Triumphalbilder. Das waren Bilder, die man im Triumphzug mittrug und die Szenen aus dem gewonnenen Krieg zeigten oder öfter die eroberten Städte und Plätze, eine geographische Karte mit den ungefähr eingezeichneten Schlachtorten. So war es beispielsweise beim Feldzug des Sempronius Gracchus in Sardinien (174 v. Chr., Titus Livius XLI, 33). Die ausführlichste Beschreibung solcher Bilder gibt uns Flavius Josephus (‹Bellum Judaicum› VII, 143–152) anläßlich des Triumphes von Vespasian und Titus nach der Eroberung Jerusalems. Der italienische Renaissancemaler Andrea Mantegna folgte eng dem Text des Flavius Josephus bei der Komposition seiner Bildserie ‹Der Triumph Julius Caesars›, die sich heute in Hampton Court befindet.

Natürlich blieb von diesen Triumphalbildern nichts erhalten. Aber sie beeinflußten sicher die Komposition historischer Reliefs, wie sie der Titusbogen und die Trajanssäule aufweisen. Ist diese Hypothese richtig, wie es vernünftig und glaubhaft erscheint, so nahm in der Triumphalmalerei die Landschaft einen breiten Raum ein. Manchmal, so etwa im Fall der Sardinienkarte, zeigte sie geradezu eine Art Vogelperspektive. Etwas Ähnliches bemerkt man bereits in den sicherlich farbig gefaßten Reliefs, die Episoden aus der ‹Ilias› und anderen Epen (*tabulae Iliacae*) darstellen, die am Beginn der Kaiserzeit entstanden sind und von denen einige eine griechische Signatur – Theodoros – tragen; man weiß nicht, ob ein Künstler- oder Händlername gemeint ist (Helbig, Nr. 1266, 1274).

Entdeckungen und Forschungen der letzten Jahre haben gezeigt, wie tief die hellenistische Malerei mit ihrem Helldunkel und der Meisterung des Raumes in die mittelitalische Kunst von Apulien bis Etrurien eingedrungen ist. Apulien scheint hierin besonders weit vorgeschritten zu sein, und ähnliche, in Etrurien entdeckte Malereien spiegeln vielleicht die Errungenschaften der griechischen Malerei wider, die über Apulien dorthin gelangt war. Auf diesem Boden erwuchs die Triumphalmalerei, auch sie Ausdruck der römischen Gesellschaft mit Hilfe künstlerischer Mittel, die man der unter Einfluß der hellenistischen Kunst stehenden mittelitalischen Kultur entlehnt hatte.

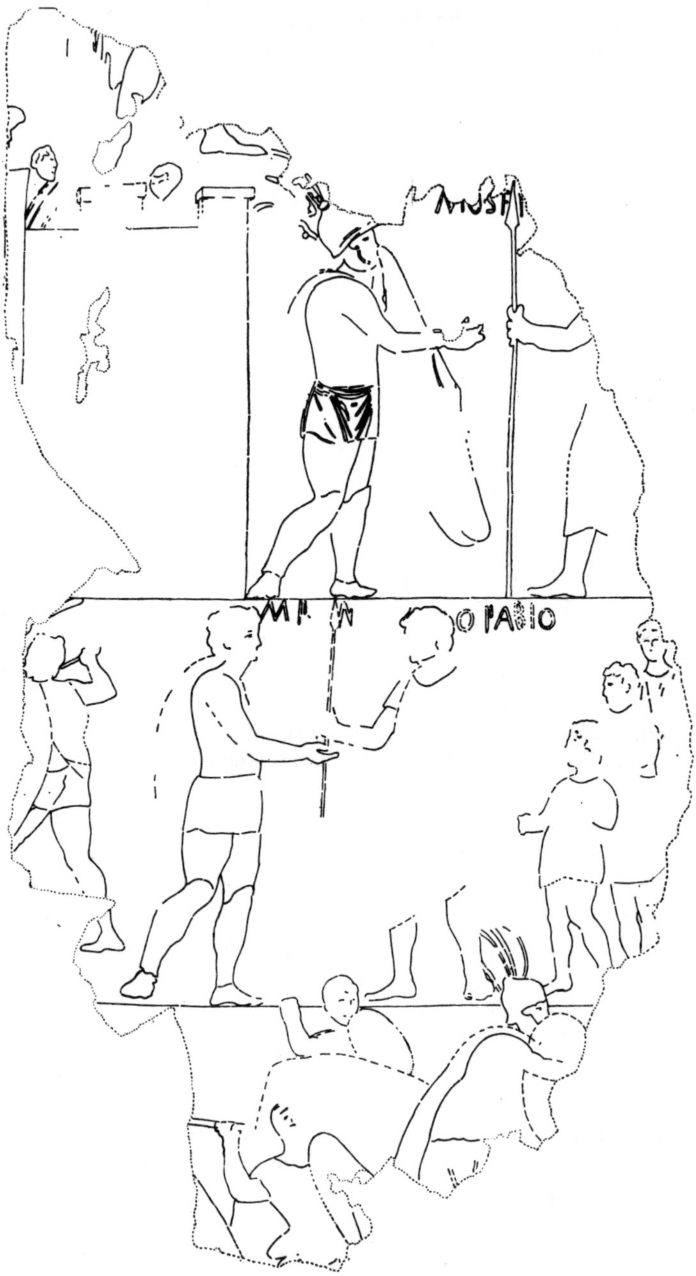

Rom – Malerei im Grab am Esquilin. Rekonstruktionszeichnung

Mit der Zeit mußte hier sicherlich eine Rückübersetzung in die dem römischen Geschmack nähere ‹Prosa› vorgenommen werden, wie wir in den Malereien des ‹Theseus als Befreier› erkannt haben. Das älteste Zeugnis einer Malerei in Rom ist ein Fragment aus einem Grab am Esquilin (Helbig, Nr. 1600). Es erzählt in vier übereinandergesetzten Zonen auf hellem Grund eine historische Szene. Einige Personen sind bezeichnet, so Marcus Fannius und Marcus Fabius. Diese sind größer dargestellt als die übrigen Gestalten. Eine andere, von der im oberen Teil nur Reste des rechten Beines und des linken Fußes erhalten geblieben sind, muß noch größer angelegt gewesen sein. In der zweiten Zone erkennt man links eine Stadt mit zinnenbekränzter Mauer, vor der ein sehr groß dargestellter Krieger steht; er trägt einen ovalen Buckelschild und einen Helm mit je einer beiderseits nach oben ragenden Feder; ein Mann neben ihm in kurzer Toga ist mit einer Lanze bewaffnet. Über diesen zwei Figuren sind Reste einer Inschrift zu erkennen, die die Namen wiederholt, die man an gleicher Stelle im dritten Register vollständig lesen kann. Um die beiden Protagonisten sieht man mit Lanzen bewaffnete Soldaten in kurzer Tunika und kleiner dargestellt. In der untersten Zone spielt sich ein Kampf ab. Ein Krieger mit ovalem Buckelschild und einem mit zwei Federn geschmückten Helm ist wieder größer gemalt als die anderen, deren Waffen auf Italiker schließen lassen, vielleicht auf Samniter. Welcher historische Vorgang mit dieser Szene gemeint war, bleibt unsicher. Unter den verschiedenen Vorschlägen, die man gemacht hat, ist der wahrscheinlichste jener, der die Malerei mit Quintus Fabius Maximus Rullianus in Verbindung bringt. Dieser – Consul im Jahre 322 v. Chr. Triumphator – befehligte die römische Reiterei im Zweiten Samniterkrieg, der 326 ausgebrochen war.

Einige Besonderheiten in der Buchstabenform der Inschriften trifft man nach dem Ende des 3. Jahrhunderts v. Chr. nicht mehr an, und der Stil dieses Werkes steht dem einiger Grabmalereien aus Paestum nahe, die man in die campanische Malerei einordnen kann. Ganz und gar römisch jedoch ist es, die Hauptpersonen größer darzustellen. Wir haben dies schon bei den Reliefs der Plebejerkunst bis weit in die Kaiserzeit hinein bemerkt. Diese Malerei ist also tatsächlich eine ‹Incunabel› der römischen Malerei im allgemeinen und der historischen Triumphalmalerei im besonderen. Allerdings ist es möglich, daß das erhaltene Fragment die getreue Kopie einer Malerei vom Beginn des 3. Jahrhunderts v. Chr. ist, die als Grabschmuck für einen Nachkommen des Quintus Fabius ausgeführt wurde. Wenn wir unter den wenigen bekannten Namen römischer Maler den eines Fabius Pictor aus der großen Familie der Fabier finden, der um 304 v. Chr. die Wände des Tempels der Salus bemalt hat, so berechtigt uns das keineswegs, ihm auch das Original unseres Fragments zuzuschreiben, selbst wenn einige Gelehrte dieser Versuchung erlagen.

Das Fragment vom Esquilin zeigt uns, daß sich die älteste römische Malerei dem für die hellenistische Malerei typischen Bemühen um das Helldunkel, um Licht- und Raumeffekte noch nicht angeschlossen hatte. Aber etwas von hellenistischer Grazie und hellenistischem Bildfluidum ist bereits in die Keramikmalerei Latiums – und vielleicht sogar Roms – übergegangen, wie beispielsweise die kleinen Schalen zeigen, die inschriftlich als *pocolom* (Schale) verschiedenen Gottheiten gewidmet sind und die zu einer schon in der ersten Hälfte des 3. Jahrhunderts v.Chr. charakteristischen Ware gehören (Helbig, Nr. 994). Das hellenistische Kunsthandwerk war offenbar eine Frage der Mode und des Handels, während die Wandmalerei ihrer eigenen Tradition folgte.

Am Anfang des 2. Jahrhunderts v. Chr. kann man offenbar den aus Kleinasien stammenden Maler Lykon ansetzen, der in einem Tempel in Ardea nahe Rom gearbeitet hat. Nachdem er das Bürgerrecht erhalten hatte, änderte er später seinen Namen in Marcus Plautius um. Dieser Name erinnert an den Künstler der ‹Cista Ficoroni›.

Bald werden in Rom auch Hauswände mit Fesken geschmückt, in denen sich der Abglanz hellenistischer Malerei spiegelt. Eines der bedeutendsten Beispiele ist die Reihe von Landschaften mit Episoden aus der ‹Odyssee›, die die Biblioteca Vaticana aufbewahrt; sie kommen aus einem Haus auf dem Esquilin (Helbig, Nr. 465). Für Franz Wickhoff waren sie die Hauptzeugen seiner These, die Landschaftsmalerei mit ihren perspektivisch gemalten Hintergründen und der in ihnen atmenden Atmosphäre sei eine Erfindung der römischen Künstler. Aber gerade Malereien dieses Themas («Die Irrfahrten des Odysseus von Land zu Land»›) werden in einer Übersicht über die Wandmalerei behandelt, die sich bei Vitruv (VII, 5) findet. Das Thema gehört eben zu jenen, die nach Vitruv – er schrieb um 30 bis 25 v.Chr. – von den Alten gemalt wurden. Außerdem berichtet schon Plato in der ersten Hälfte des 4. Jahrhunderts v.Chr. (Kritias 107 B–D): «Die Maler ... geben Erde, Berge, Flüsse, Wälder, den Himmel und alles, was sie umgibt, wieder ...» Heute ist man sich darin einig, daß die Malereien vom Esquilin Kopien vielleicht alexandrinischer Originale aus der Zeit um 150 v.Chr. sind und in Rom in den Jahren zwischen 50 und 40 v.Chr. entstanden. Der Maler war wohl kein Grieche, denn die griechischen Inschriften zeigen einige Fehler. Sie gehören jedenfalls in die Geschichte der hellenistischen Malerei und sind hier nur als Zeugen für die am Ende der Republik in Rom gängige künstlerische Kultur angeführt.

Die Dekoration aller Wände mit einem System ornamentaler Malereien war dagegen jünger (Plinius, ‹Naturalis historia› XXXV, 118). Ein für die Chronologie der verschiedenen Typen – man nennt sie fälschlich ‹Stile› – der Wanddekoration wichtiges Beispiel sind die Malereien eines Hauses auf dem Palatin, die sicherlich aus dem Jahrzehnt um 100 stammen, denn das Haus ist durch datierbare spätere Bauten zum großen Teil zerstört worden. Wegen einer Eigenheit des Ornaments nennt man es ‹Haus der Greifen› (Helbig, Nr. 2116). In ihm ist das älteste Beispiel jener Dekorationsart erhalten, die man den ‹zweiten Stil› genannt hat: eine auf die Wand gemalte Scheinarchitektur aus Säulen mit Ansatz zur Perspektive. Der gleiche Säulentyp findet sich auf einem Mosaik in Palestrina wieder, das zu öffentlichen Gebäuden aus der Zeit Sullas gehörte. Gerade dem Sulla weist Plinius die Einführung des figürlichen Fußbodenmosaiks zu (obgleich diese Plinius-Stelle ‹Naturalis historia› XXXVI, 189, zu vielen Diskussionen Anlaß gab, scheint dies die sicherste, durch archäologische Zeugen erhärtete Deutung zu sein). Auch in Pompeji sind die ersten Wände des ‹zweiten Stils› in die Zeit Sullas datierbar. Rom wäre also etwas voraus gewesen, was durchaus logisch erscheint. Das ornamentale Bodenmosaik desselben Raumes im ‹Haus der Greifen› zeigt in der Mitte ein Rechteck mit perspektivischem Würfelmuster in Helldunkel, das sich im Wandsockel wiederholt. Ein Gegenstück kommt in der zweiten Hälfte des 2. Jahrhunderts in Pergamon vor.

Doch noch am Ende des 1. Jahrhunderts, da in der Wanddekoration bereits eine Flut hellenistischer Motive überhandgenommen hat, finden wir in Rom ein bemerkenswertes Beispiel für ganz besondere römische Historienmalerei, auch wenn es durchsetzt ist von formelhaften Motiven und Figuren hellenistischer Auffassung. Es handelt sich um den an den Wänden umlaufenden Fries eines wichtigen Grabes auf dem Esquilin, das der Familie der Statilii gehörte (Helbig, Nr. 2489). Sein Erhaltungszustand ist heute leider so schlecht, daß die Deutung schwierig wird. Zweifellos waren dort Ereignisse aus der frühesten, sagenhaften Geschichte Roms dargestellt: auf der Südwand der Mauerbau von Lavinium – die Stadt wurde mit der Ankunft des Aeneas und, wie wir gesehen haben, mit den ältesten religiösen Kulten in Verbindung gebracht –, Schlachten – vielleicht die beim Fluß Numicus –, feierliche Versammlungen; auf der Nordwand die Auffindung der Zwillinge Romulus und Remus in einer rechteckigen Kiste, flankiert von einer Flußpersonifikation – dem Tiber – und einer Nymphe, die dem hellenistischen Formenschatz entlehnt sind, wie auch die geflügelte Victoria am Ende der Südwand, die einen Palmzweig hält und einem Krieger einen Kranz reicht.

Die Malereien sind lebhaft gezeichnet und in ihrer bunten und intensiven Farbigkeit naturalistisch aufgefaßt. Auch in diesem Fall ist es kaum denkbar, daß die vielfältige Darstellungsreihe nur zum Schmuck eines Grabes geschaffen worden wäre. Wahrscheinlicher entlehnte man die Motive und Szenen den Malereien eines Tempels oder öffentlichen Gebäudes, da sie ja nicht eigentlich sepulkral sind, wie wir es in anderen Fällen sehen. Auch hier spielen alle Szenen in derselben Ebene, und man entdeckt keinerlei Bemühen, einen Bildraum oder eine Landschaft vorzutäuschen. Das Interesse ist einzig auf die Erzählung konzentriert.

Der Schmuck eines in der Nähe der Farnesina – jener Renaissancevilla, die Peruzzi erbaute und Raffael für Agostino Chigi ausmalte – entdeckten Hauses ist von ganz anderer Art und von sehr verfeinerter Qualität. Nahe dem Tiber, auf dessen rechtem Ufer gelegen, muß dieses Haus ebenfalls eine Villa gewesen sein, die in den Jahren 25 bis 19 v. Chr. erbaut worden war. Es ist das beste Zeugnis für den Geschmack der gehobenen Schichten am Ende der Republik und zu Beginn der augusteischen Zeit (Helbig, Nr. 2482).

Eine Wand war mit einer Scheinarchitektur – im späten ‹zweiten Stil› – in allzu lebhaften Farben bemalt, die die oben bereits erwähnte kritische Bemerkung des Plinius verständlich macht. Das Besondere sind die in die Scheinarchitektur täuschend hineingemalten Bildtafeln auf weißem Grund, offensichtlich Nachahmungen von Malereien (*pinakes*) des Strengen Stils, also griechischer Kunst gegen 460 v. Chr. Diese Vorliebe, die man nicht nur für die Klassik, sondern auch für die ältere Zeit entwickelte und die später zu häufiger Nachahmung des archaischen Stils führte, ist typisch für die verfeinerte Gesellschaft der augusteischen Zeit. Aber die Neigung zum Strengen Stil, also zum Übergang zwischen Archaik und Klassik, einer kurzen, aber sehr lauten Zeit der Reife, zeigt eine besondere Verfeinerung.

Auf dieser Wand ist ein griechischer Name eingraviert: *Seleukos epoiei* – ‹Seleukos hat es gemacht› –, was man als eine Art fast geheimer Künstlersignatur angesehen hat. Das ist möglich, und der Name kann genauso zu den Malereien gehören wie zum Deckenstuck. Er mag kleinasiatisch, vielleicht aber auch alexandrinisch sein.

Interessanter sind die Malereien in zwei anderen Räumen dieses Hauses. Im einen sind über hohem, schwarzgrundigem Wandsockel heute fast völlig verblichene Landschaften leicht hinskizziert. Über den Sockel hin ist ein zarter, girlandenartiger Blattzweig gehängt. Darüber steht ein kleinfiguriger, lebendig gemalter und in der malerischen Substanz sehr frischer Fries. Die abgebildeten Histörchen richten sich alle jeweils nach einer Figur, die gerade dem Recht zum Siege verhelfen will. Veilleicht sind es Illustrationen zu einer Anekdotenreihe um eine Sagenfigur der Fabulistik. Man hat hier den Namen des Pharaos Bokchoris genannt, der im 8. Jahrhundert v. Chr. lebte und zum volkstümlichen Symbol des gerechten Urteils geworden ist. Ob hier nun Szenen der Bokchoris-Fabel dargestellt sind oder nicht, dieser Fries wirft, von seinem künstlerischen Ausdruck abgesehen, das Problem auf, ob es vor der Einführung der Pergamenthandschriften antike Textillustrationen auf Papyrus gegeben hat.

Die andere Reihe von Malereien – in einem Gang und einigen Zimmern mit weißem Grund – bringt uns mit einer recht originellen Künstlerpersönlichkeit zusammen. Auch wenn dieses Genre – ländliche Szenen oder Seestücke mit kleinen Staffagefiguren – sehr verbreitet gewesen sein muß, so haben wir doch in diesem Falle keine Kopie vor uns. Landschaft und Meer sind in Helldunkel mit einer Frische und Schnelligkeit skizziert, die eine enge Verbindung zwischen Einfall und Ausführung zeigen. Die Figuren scheinen aus dem Pinsel eines Alessandro Magnasco oder Jacques Callot geflossen zu sein. Es ist wenig sinnvoll – wie man sich das angewöhnt hat – ‹Meister› zu erfinden, wenn diese isoliert bleiben und man sie nicht mit mehreren eigenhändigen oder Schulwerken in Verbindung bringen kann; doch dieser Maler verdient in die Kunstgeschichte einzugehen als der ‹Maler der Farnesina›.

Etliche Forscher haben vorgeschlagen, ihn mit Ludius – oder Studius nach der Lesart einiger Handschriften – zu identifizieren, einem der ganz wenigen

Maler römischer Zeit, die Plinius (‹Naturalis historia› XXXV, 116) für erwähnenswert hält. Er lebte zur Zeit des Augustus und hatte sich auf Landschaften spezialisiert, in denen sich ländliche und galante Szenen abspielen. Aber er konnte nicht der einzige gewesen sein, denn Plinius berichtet, er sei der Begründer dieses Genres; allerdings findet sich fast die gesamte Bildthemenliste des Plinius in diesen Malereien. Vom selben Maler stammen auch die Masken, die mit leichter Hand aquarellartig auf den die monochromen Szenen umgebenden Fries gemalt sind.

Eine herrliche Malerei, die aus dem Rahmen des Gewohnten herausragt und viel Anlaß zu Diskussionen über ihre Datierung gab, ist unter dem Namen ‹Aula Isiaca› bekannt (Helbig, Nr. 2092). Es handelt sich um einen großen Raum auf dem Palatin, der unter einem neronischen Bau verborgen war und dann in den Substruktionen der Basilika des Flavierpalastes verschwand. Die Wände waren mit Landschaften bemalt, in denen mit dem Isiskult zusammenhängende Szenen vorkommen. Auf dem Fries, der die Wand oben begrenzt, erkennt man Zeichen des Isisdienstes: langschnäblige Vase, Lotosblume, Uräusschlange und so weiter. Im Jahre 21 v. Chr. verbot Agrippa den Kult der Göttin Isis in der Umgebung der Stadt Rom, Augustus im Jahre 20 v. Chr. innerhalb des Pomeriums; Tiberius ließ sogar 19 n. Chr. die Heiligtümer schließen und die Priester hinrichten. Erst Caligula (37–41 n. Chr.) setzte den Kult wieder ein und war selbst Isis-Anhänger. Aus diesem Grund glaubte man die Malerei dieses Raumes in die Zeit des Caligula datieren zu müssen (G. E. Rizzo). Doch Beobachtungen über die Entwicklung des ‹zweiten Stils› führten zu einem neuen Datierungsvorschlag in die Jahre zwischen 30 und 20 v. Chr. (H. G. Beyen). Diese Datierung ist kürzlich gefestigt worden durch Untersuchungen, die man bei der Abnahme dieser Malereien – sie sind heute im Domitianspalast aufbewahrt – angestellt hat (die Freskotechnik ist übrigens dadurch bezeugt, daß man auf der Rückseite des Bewurfs die Grenzen der einzelnen ‹Tagwerke› sehen konnte).

Unglücklicherweise sind die Landschaften und mythologischen Szenen jetzt fast nicht mehr zu erkennen. Es gibt zwar Stiche des 18. Jahrhunderts davon, die aber in Einzelheiten wenig getreu sind. Doch die Deckenmalerei, deren Fragmente besser erhalten sind, ist ein vorzügliches Beispiel für eine solche Dekoration, einmal ihres Themas wegen und dann, weil man Spuren einer Vergoldung auf dem über blauem Grund wellenförmig sich hinziehenden Band gefunden hat. Der außergewöhnliche Charakter dieses Malereischmucks ist ebenfalls ein Argument für eine frühere Datierung. Die Malereien müssen entstanden sein, als man noch hellenistische Motive – in diesem Fall wegen des Bezugs zum Isiskult alexandrinische – unmittelbar eingeführt hat und das Ornament noch nicht in den schematischen Formeln des Kunsthandwerks erstarrt war.

Wie weit die Malerei der Hauptstadt über der der Vesuvstädte stand, beweist auch der als Garten ausgemalte große Saal, der einzige Rest der Villa, die Livia, die kluge Gemahlin des Augustus, in Prima Porta besaß. Sie lag auf den schroffen Anhöhen aus vulkanischem Tuff, die die Via Flaminia beherrschen, und hieß *ad gallinas albas,* ‹zu den weißen Hennen› (Helbig, Nr. 2486).

Der ‹Garten› aus der Villa der Livia ist eine Malerei ohne Gegenstück. Hinter leichten Zäunen, wie sie etwa ein Gartenparterre umschließen, steht ein dichtes Gehölz verschiedener Büsche und Bäume. Vögel spielen im Gezweig oder durchschneiden den blauen Himmel, wo mannigfache Farbabstufungen den Eindruck wirklicher Atmosphäre entstehen lassen. Wir bezweifeln sehr, daß dies die Frucht römischer Erfindung ist, haben aber zu wenig Anhaltspunkte, um seinen Ursprung aufzuzeigen. Der eingefriedete Garten mit verschiedenen ausgewählten, doch frei wachsenden Pflanzen und lebenden Tieren ist eine iranische Erfindung, die die Griechen *paradeisos* nannten. Aber wir besitzen keine einzige so alte Darstellung. Die recht ärmliche, oberflächliche Malerei eines Grabes aus der Nekropole von Anfouchi in Alexandria ist Zeuge einer ähnlichen, jedoch auf eine Baumreihe beschränkten Bildauffassung. Das ist allerdings zu wenig, als daß man daraus mit einiger Sicherheit auf Gartenmalereien jener Art wie in Prima Porta schließen könnte. Was man in Pompeji etwa im ‹Haus des Menander› Vergleichbares sehen kann, zeigt doch wesentliche Unterschiede.

Es ist unsicher, ob diese Malerei noch zu Lebzeiten der Livia – sie starb 29 n. Chr. – ausgeführt wurde. Bislang hat man nicht beachtet, daß ähnliche Malereien derselben Hand in den Blendfenstern eines Musik- oder Vortragssaales in der Via Labicana in Rom zu sehen waren, den man gewöhnlich ‹Auditorium des Maecenas› nennt und der vielleicht ein Nymphäum war. Der Bau, den man in die Jahre 49 bis 35 v. Chr. setzt, ist noch nicht so weit untersucht worden, daß man ein sicheres Datum für ihn angeben könnte. Die Ausschmückung muß aber später sein. Seine Malereien sind inzwischen durch Zeiteinwirkung zerstört, anscheinend ohne daß man ein einziges Photo davon besitzt.

Die Malereien eines herrschaftlichen Hauses auf dem Palatin dagegen lassen sich ohne Schwierigkeiten in die Entwicklung des Wandschmucks einordnen. Man hat es ‹Haus der Livia› genannt, und es kann sogar zum Privathaus des Augustus gehört haben. Der Name dient nur dazu, die annähernde Entstehungszeit dieses Hauses anzugeben. Eine seiner Wände darf als Beispiel für die letzte Phase des ‹zweiten Stils› dienen, der vom Beginn der augusteischen Zeit bis ins ausgehende 1. Jahrhundert n. Chr. reicht. Eine frühere Fassung dieser Scheinarchitektur ist ebenfalls auf dem Palatin und im Bereich der Wohnungsbauten des Augustus im sogenannten ‹Haus der Masken› bezeugt (Abb. 15). Das Bezeichnende in der letzten Phase ist nicht nur die Scheinarchitektur, die Öffnungen in den Wänden schafft, diese sogar in einem gewissen Sinn auflöst, sondern sie bildet ihre eigene Syntax aus, setzt zwei kleine Öffnungen zu seiten einer großen im Mittelpunkt, ganz deutlich im Sinne von Theaterdekorationen.

Über Ursprung und weitere Entwicklung des für römische Häuser typischen Wandschmucks vermögen wir noch nicht hinreichend klare Aufschlüsse zu geben. Die Grundelemente sind einhellig als hellenistisch erkannt worden. Aber der Verlust des Wandschmucks in den Häusern hellenistischer Städte ist so vollkommen, daß wir nicht mehr sagen können, wie weit die Maler, die diese Motive in Rom eingeführt haben, Neues hineinfließen ließen oder aus welchen hellenistischen Kunstzentren sie kamen. Wahrscheinlich waren es kleinasiatische oder syrische Städte, doch wir können es nicht mit Sicherheit sagen. Wie dem auch sei, diese Dekorationssysteme haben sich, einmal eingeführt, innerhalb der römischen Kultur weiter entfaltet.

Die Entwicklung zeigt eine immer stärkere Vorliebe für die illusionistische Perspektive, für das Entmaterialisieren der Wände mittels Scheinarchitektur und Durchblicken, die nach den Jahren 60 bis 63 n. Chr. ihren Höhepunkt im sogenannten ‹vierten oder phantastischen Stil› erreicht. Dieses Datum ist für Pompeji gesichert, da fast alle Malereien der Phase sich auf Mauern befinden, die nach dem Erdbeben des Jahres 62 oder 63 n. Chr. errichtet oder ausgebessert wurden. Dieser allgemeine Zug zur optischen Öffnung der Wand ist wiederum zeitlich begrenzt durch die vorwiegend ornamentalen Dekorationen des sogenannten ‹dritten Stils›, der zwischen 15 v. Chr und 40 n. Chr. in Rom beziehungsweise 60 n. Chr. in Pompeji und seiner Umgebung liegt und sich durch besonders feine und sorgfältige Ausführung auszeichnet.

Wenn um 60 n. Chr. der perspektivische Stil uneingeschränkt und heftiger denn je auftritt, wird er phantastisch und ornamental überladen. Typisch für diese Phase ist, daß man Figuren aus dem Rahmen eines bekannten Bildes herausnimmt und sie in Anlehnung an Theaterprospekte in die Architektur hineinstellt. Das bemerkenswerteste Symptom ist jedoch, daß von jetzt an kein neues hellenistisches Moment mehr auftritt, weder im architektonischen Schema noch in der Reihe der dargestellten Themen. Der hellenistische Zustrom ist versiegt. Eines bleibt dagegen beachtenswert: gerade um die sechziger Jahre kündigt sich in der römischen Architektur eine Revolution an, deren neu erwachtes Interesse der Gestaltung großer Innenräume gilt.

Unglücklicherweise fehlt uns in der Malerei nach dem Jahre 79 n. Chr. die Fülle von Zeugnissen, die uns die Städte um den Vesuv hätten bieten können. Wir haben uns mit gelegentlichen und vereinzelten Spuren zu begnügen. Jedenfalls kann man sagen, daß die schöpferische Kraft im Lauf der folgenden Generation völlig erlahmt.

Sobald der hellenistische Zustrom versiegt ist, endet das Suchen nach Illusionismus und Perspektive in der Malerei. In der Architektur aber werden die Motive wiederaufgegriffen und weiterentwickelt, die die erste Berührung mit dem asiatischen Hellenismus zur Zeit Sullas vermittelt hatte.

Das Grundschema der Wandgliederung in der Malerei – eine große Aedicula in der Mitte mit zwei kleineren Öffnungen zur Seite – ist langlebig. In der Zeit des Commodus finden wir es auf ein abstraktes Liniensystem reduziert; noch in den Verschlingungen roter und grüner Linien auf weißem Grund der Dekorationen aus den dreißiger Jahren des 3. Jahrhunderts, die ihre Fortsetzung in den Katakombenmalereien haben, ist es erkennbar. Das scheint mir eine wichtige Bestätigung der übrigen Beobachtungen zu sein, nach denen sich der perspektivische Stil als vollkommen hellenistisch und unrömisch zu erkennen gibt, verschwindet er doch mit dem Ende des hellenistischen Einflusses aus der Wanddekoration. Das geschah – obwohl die letzte, ausschweifende Phase der architektonischen Phantasie von Rom selbst ausging – in neronischer Zeit, als gerade die Architekten Severus und Celer ihre revolutionäre Baukunst schufen.

Nach dem großen Brand Roms im Jahre 64 n. Chr. beschlagnahmte Nero ein weites, zusammenhängendes Gelände zwischen dem Caelius und dem Esquilin für seinen persönlichen Gebrauch und ließ dort die *Domus Aurea* – das ‹Goldene Haus› – errichten, wie dieser Palast alsbald hieß, in dessen Vestibül die Kolossalstatue des Nero als Helios stand. Das bronzene Bildwerk, dreißig Meter hoch, war ein Werk des griechischen Bildhauers Zenodoros, der wohl aus Kleinasien kam. Der Künstler, an klassischen Vorbildern geschult, war Spezialist für Kolossalstatuen. Im Heiligtum der gallischen Arverner, auf dem Gipfel des Puy de Dôme, hatte er bereits ein riesiges Standbild einer dem Mercurius angeglichenen gallischen Gottheit errichtet. Nach Neros Selbstmord im Jahre 68 n. Chr. und seiner vom Senat verfügten *damnatio memoriae* wurde das gesamte Gebiet der Öffentlichkeit zugänglich gemacht. Hier baute man das *Amphitheatrum Flavium* (Colosseum) und die Titusthermen. Doch ein Teil der *Domus Aurea* blieb in die Neubauten einbezogen und ist heute noch vorhanden.

In diese Räume, die inzwischen zu Kellergrotten geworden waren, drangen die Renaissancekünstler ein. Ihre Kopien, die sie dort anfertigten, beeinflußten bald die neuen Wanddekorationen, die man von daher Grotesken nannte. In der Folge erhielt dieser Begriff eine ganz andere Bedeutung, die auf dem bizarren Charakter dieser Malerei beruht. Daß die Ruinen der *Domus Aurea* bis heute noch nicht völlig erforscht, aufgenommen, photographiert oder studiert sind, gehört zu den Absurditäten der Archäologie. Und gerade da könnten wir unter anderem eine der seltenen, in den literarischen Quellen genannten Malerpersönlichkeiten ausfindig machen: Fabullus, der sich so wichtig nahm, daß er in der Toga malte und von dem Plinius (‹Naturalis historia› XXXV, 121) sagte, die *Domus Aurea* sei seiner Kunst Gefängnis, da er sie kaum anderswo hätte zeigen können.

Bei solch unglücklichem Forschungsstand können wir unter den erhaltenen Malereien der *Domus Aurea* keinesfalls mit Sicherheit die Entwicklung einer Malerpersönlichkeit herausschälen, die eine Gleichsetzung mit Fabullus erlaubte. Wir vermögen nicht einmal zu sagen, ob wir in ihm, wie es denkbar wäre, den Schöpfer des sogenannten ‹vierten oder phantastischen pompejanischen Stils› sehen dürfen. Wir können nur vorschlagen, in einigen Fragmenten

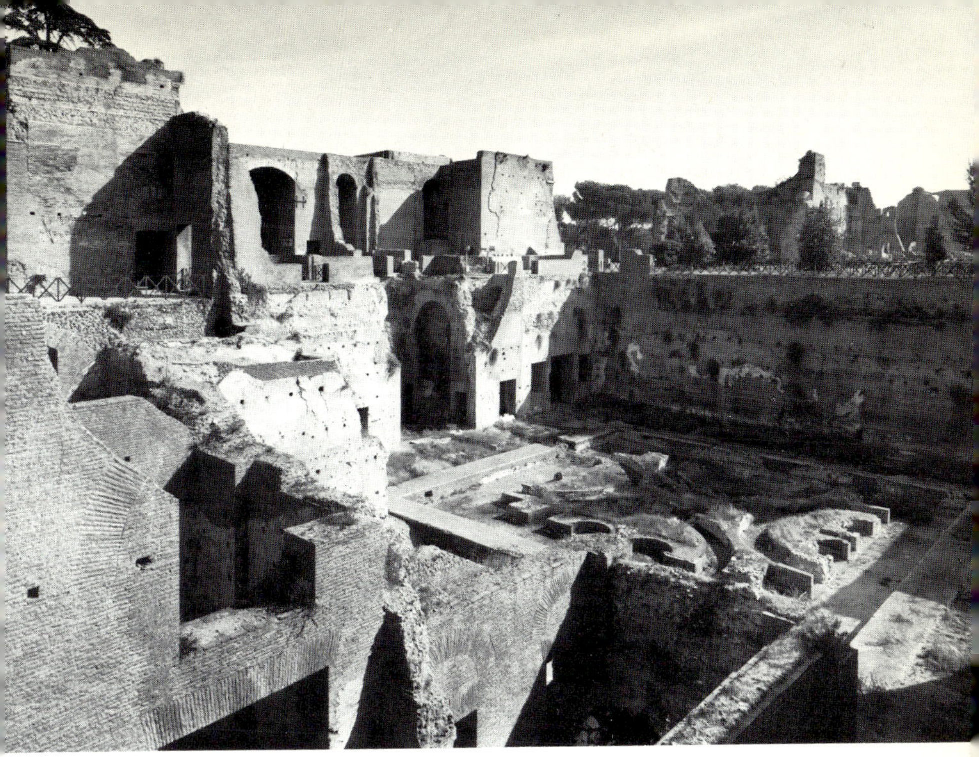

16 – Rom – Paläste der Flavier: Gartenfassade

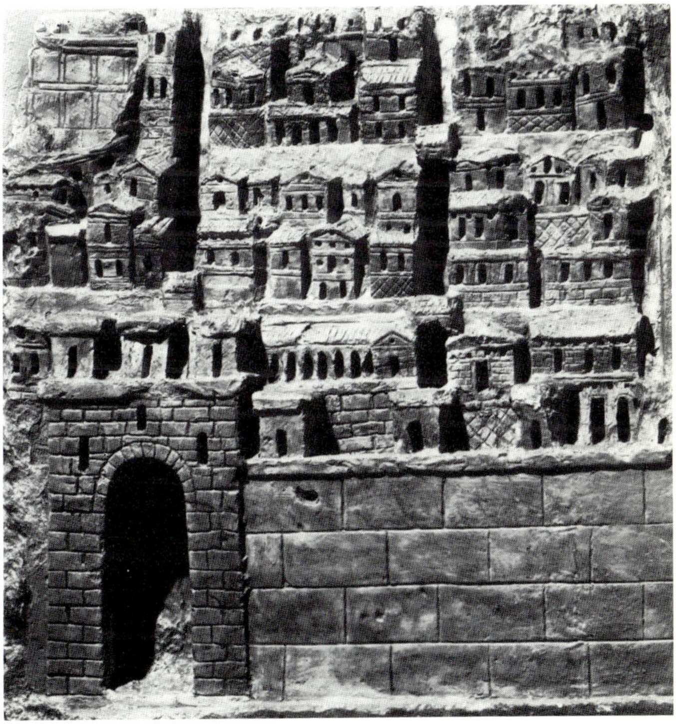

17 – Rom (?) –
Relief mit
perspektivischer
Stadtansicht
(Ausschnitt) –
Avezzano

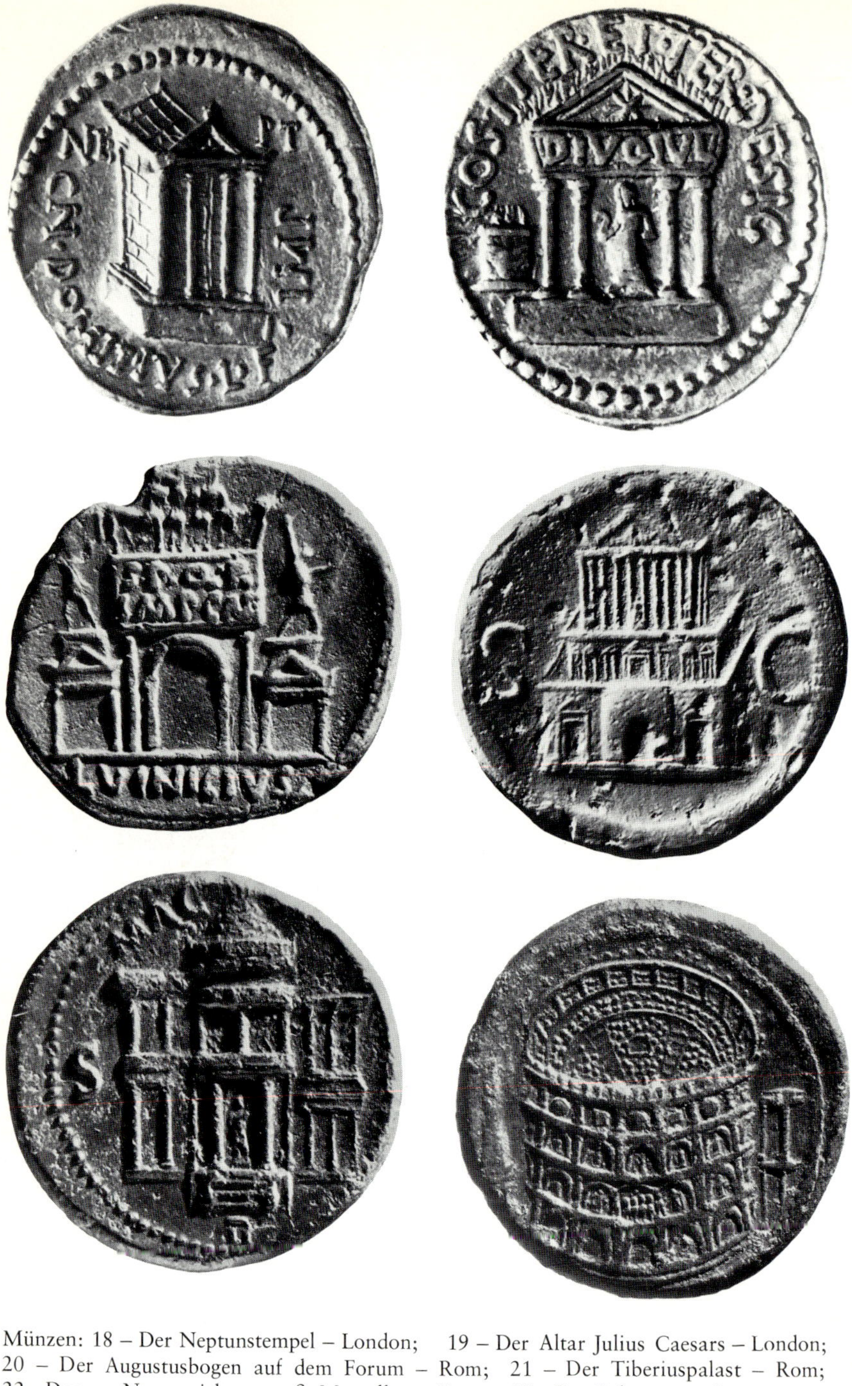

Münzen: 18 – Der Neptunstempel – London; 19 – Der Altar Julius Caesars – London; 20 – Der Augustusbogen auf dem Forum – Rom; 21 – Der Tiberiuspalast – Rom; 22 – Das von Nero errichtete große Marcellum – Rom; 23 – Das Colosseum – Rom

(Helbig, Nr. 2074, 2110) aus der *Domus Transitoria*, der auch von der Feuersbrunst des Jahres 64 n. Chr. ereilten ersten Residenz des Nero zwischen Palatin und Caelius, Vorboten eines neuen Dekorationstyps zu sehen, der sich klar vom vertrauten Ornamentschema abhebt.

Im Bildschmuck der *Domus Aurea* sind unleugbar wenigstens zwei verschiedene Hände erkennbar. Welche aber gehört dem Fabullus? Die eine füllt die langen Gänge und ihre hohen Tonnengewölbe mit einem dem üblichen Typ verwandten, jedoch mehr linearen Schmuck, so daß seine architektonischen Motive völlig unzusammenhängend und phantastisch anmuten. Außerdem sind die seit dem 1. Jahrhundert v. Chr. in der Malerei verbreiteten Motive aus Kult oder dem Leben an See und Weiher in kleinen, in die Dekoration eingefügten Landschaften mit wenigen, leichten Pinselstrichen wiedergegeben mit einem Schmelz, der die bislang übliche ‹impressionistische› Malerei weit übertrifft. Wir müssen bald auf diesen Punkt zurückkommen.

Die andere Malweise in der *Domus Aurea* erneuert das dekorative System tiefgreifend, besonders bei den Gewölbemalereien. Die Wände, wo Figuren auf verschiedenen Ebenen in die Architekturmalerei eingefügt sind, geben ein erstes Beispiel für den ‹vierten Stil›, der sich aber hier so streng und großartig ausdrückt, daß er alle pompejanischen Varianten an Qualität übertrifft, die, mit diesen Wandmalereien verglichen, in der Tat recht provinziell erscheinen.

Die Deckenmalereien des Saales westlich des großen Oktogons zeigen als zentrales Thema Achill auf Skyros (Achill ist in Frauenkleidern unter den Töchtern des Königs Lykomedes verborgen, verrät sich aber beim Anblick von Waffen als Mann). Diese Komposition scheint eine eigene Erfindung des Malers zu sein, die unabhängig von den berühmten Vorbildern der griechischen Malerei und ihrer Repliken und Varianten im Bildschatz der pompejanischen Malerei ist. Besonders deutlich wird die Originalität dieses Bildes, weil es sich klar von den für die klassiche griechische Malerei als gültig erschlossenen Normen abhebt. Deswegen dürfen wir vielleicht in diesem Fall doch den Namen Fabullus nennen. Solche Art Malerei hat im 16. Jahrhundert ein unüberhörbares Echo gefunden. Sie bot sich den Renaissancemalern auf ihrem Weg in die *Domus Aurea* dar.

Das ‹Haus der Gewölbemalereien› in Ostia, einst vielleicht ein kleines zweifelhaftes Hotel, ist ein gleichzeitiges Beispiel dafür, wie die Ausmalung eines bescheideneren Hauses ausgesehen haben muß.

Auch in der Malerei können wir offenbar wie in der Plastik zwei Strömungen feststellen. Die eine hat Beziehung zur mittelitalischen Tradition und zeigt zum Gedächtnis oder zu Ehren einer berühmten Persönlichkeit lokalhistorische Ereignisse, die man als eigentlich römisch bezeichnen kann. Die andere hat eine vorwiegend ornamentale Aufgabe; sie nützt das Erbe der großen griechischen Malerei, wenn sie sie auch räumlich einschränkt und zum Ornament abwandelt, und entwickelt auf Grund hellenistischer Motive neue Systeme des Wandschmucks. Um 60 n. Chr. gibt es eine Entwicklungskrise innerhalb der

Systeme. Der hellenistische Einfluß hört auf, und von da an bildet sich eine wirklich römische Malerei heraus. In ihr entstehen keine berühmten Tafelbilder mehr wie in der griechischen, sondern sie muß sich neuen Aufgaben widmen: vor allem der Historienmalerei in öffentlichen Bauten und deren Ableger, der Triumphalmalerei; der Wandmalerei, von der am meisten erhalten blieb, die aber eine immer größere Vereinfachung bis hin zur Nachlässigkeit zeigt; schließlich dem Porträt, wovon herrliche Beispiele außerhalb von Rom, aus der Provinz Ägypten, auf uns gekommen sind (sicher gab es auch in Rom solche Porträts, wie Plinius, ‹Naturalis historia› XXXV, 6, bezeugt).

Wie schon gesagt, kann man im Schmuck der *Domus Aurea* einige formal flüssige und rasch hinskizzierte Landschaftsmalereien bemerken. Hier taucht ein Phänomen auf, das bezeichnend für die spätrömische und frühchristliche Malerei ist: die ‹tachistische› Fleckenmalerei. Sie läßt die Zwischentöne ebenso aus wie die Übergänge von Hell zu Dunkel, die sonst durch ineinandergehendes Stricheln oder Lasur erzielt werden, und setzt die Lichter, also die hellsten Töne, direkt neben die Schatten. Diese Malerei mit Farbflecken, die zum erstenmal in den Landschaften der *Domus Aurea* auftritt, kommt zweifellos aus der Helldunkel-Farbgebung der hellenistischen Tafelmalerei, die auch in der pompejanischen Wandmalerei aufgegriffen wurde. Man beachte aus diesem Gesichtswinkel den Ausschnitt der Replik eines Tafelbildes aus dem ‹Haus der Quadriga›, das Hephaistos zeigt, wie er die Waffen des Achill schmiedet – es läßt sich um das Jahr 70 datieren (Museo Archeologico Nazionale, Neapel, Inv. Nr. 9531) –, oder auch eine der zahllosen Phantasielandschaften vom Ende der pompejanischen Zeit. Der hellenistisch-römische ‹Impressionismus› war eines der Momente aus der naturalistischen Tradition hellenistischer Kunst, so wie der Impressionismus des 19. Jahrhunderts eine Malweise war, die aus dem Akademismus heraus zur Berührung mit dem Realismus und der Natur führte. Der ‹Tachismus› in der Malerei verleitet aber zu einem Abbau des Naturalismus, verleiht ihm einen Zug ins nur Gedachte, verstärkt damit den bereits ausgeprägten Intellektualismus der phantastischen pompejanischen Landschaften und verliert endlich jeden Zusammenhang mit der objektiven Wirklichkeit der Natur. Das ist ein besonders wichtiger Punkt für das Verständnis der späteren Entwicklungen der römischen Kunst. Im Gegensatz zu der oft wiederholten Ansicht Franz Wickhoffs behaupten wir, daß die römische Kunst weder den Impressionismus in der Malerei noch das Landschaftsbild erfand, sondern beide aus dem Hellenismus übernahm, ihren Naturalismus aber durch die ‹tachistische› Malerei zerstörte und damit die impressionistische Technik an die äußersten Grenzen ihrer Möglichkeiten trieb. Dieser Abbau des Naturalismus erfolgt nicht zugunsten einer größeren Räumlichkeit, sondern führt im Gegenteil nach dem 3. Jahrhundert zu einer Malerei voll abstrakter Transzendenz.

Die Malereien des 2. Jahrhunderts dagegen, die man in Rom antrifft, wie jene eines Grabes an der Via Portuense (Abb. 14), sind häufig erzählend, fast volkstümlich, ohne jeden perspektivischen Hintergrund, so wie schon die alte mittelitalische Malerei. Diese Malweise ändert sich nicht, auch wenn man dem Bild eine überirdische, symbolische Bedeutung geben möchte, wie bei den Darstellungen von Spielen auf der rechten Wand des Grabes an der Via Portuense. Bei der Datierung dieser Malereien führen verschiedene Überlegungen dazu, sie in die Mitte des 2. Jahrhunderts zu setzen. Kurz danach ist das für Urnenbestattung gedachte Columbarium auch für Leichenbestattungen hergerichtet worden, indem man in die Sockelzone der Wand Grabnischen und in den Fußboden Gräber einließ.

2. Architektur

Die darstellenden Künste – Malerei und Plastik – sind sehr viel mehr Modeerscheinungen oder geistvollen Improvisationen unterworfen als die Architektur, die unmittelbarer die Bedürfnisse einer bestimmten Gesellschaft ausdrückt, weil die Errichtung öffentlicher Bauten stärker an die herrschende Klasse und deren wirtschaftliche Möglichkeiten gebunden ist. Die Architektur vermag ein viel genaueres Bild von der Entwicklung künstlerischer Kultur zu geben, denn gerade die römische Zeit versucht ja nicht von Anfang an eine ihr eigene formale Ansicht zum Ausdruck zu bringen, sondern verwendet lange nur ausgeliehene plastische Formen. Andererseits sind bei der Architektur technische Strukturprobleme zu berücksichtigen, die dem nicht eigens vorgebildeten Laien weniger vertraut sind, so daß es schwieriger ist, die sachliche und objektive Geschichte der Architektur jedermann verständlich auseinanderzusetzen. Deswegen müssen wir uns darauf beschränken, die Entwicklung der römischen Architektur in großen Zügen zu verfolgen und nur einige der bezeichnendsten Bauten vorzuführen.

Das Problem der Raumerfahrung, von der Innenraumgrenze des Baues her zu verstehen, und die Bedeutung, die ein in diesen von Architektur umgebenen Raum hineingestellter Mensch erhält, sind grundlegend für das Sinnverständnis einer Architektur. Hier bietet sich bereits eine erste Feststellung an: während die Römer in der Malerei kein besonders feines Gefühl für den Raum bewiesen – in den auf örtliche Überlieferungen zurückgehenden Werken bemühten sie sich sogar, die hellenistische Raumstruktur zu beschneiden –, so übernahmen sie in der Architektur zwar die linearen hellenistischen Formen für den Außenbau, schufen dagegen im Innern Räume von immer reicherer Raumbeziehung. Wie die hellenistische Architektur durch Beziehung verschiedener Gebäude oder deren Teile aufeinander im Außenbau mit weiten Raummassen arbeitet, so scheinen diese jetzt in das Innere verlegt. Damit wird die römische Architektur vom 1. Jahrhundert n. Chr. an zum Vorläufer der europäischen Architektur des Mittelalters. Die Wölbung, aus der später die Kuppel entstehen sollte, ist ein grundlegendes Moment dieses Zuges, und die

Wölbung baut auf der Struktur des Bogens auf. Die ersten Bogen finden bei den Jochen kleiner Brücken und für andere Zweckbauten am Anfang des 2. Jahrhunderts v.Chr. Verwendung. Es gibt keine älteren etruskischen Vorgänger, wie man oftmals behauptet hat, und möglicherweise ist diese Technik in Italien durch hellenistische Baumeister aus Kleinasien eingeführt worden.

Zum erstenmal bei einem großen Zweckbau wurde der Bogen in Rom für die großen Lagerhallen, die sogenannte *Porticus Aemilia,* verwendet, die in der ersten Hälfte des 2. Jahrhunderts v.Chr. am Tiber südlich der Tiberinsel erbaut wurden. Das Gebäude bestand aus zweihundert Räumen mit Tonnengewölben über Pfeilern. Weiter flußabwärts am linken Tiberufer wurde 174 v.Chr. ein anderes großes Lagerhaus, das *emporium*, errichtet. Diese Zweckbauten sind die frühesten Zeugen für so riesige Konstruktionen in Rom. Noch mehr als anderthalb Jahrhunderte lang behalten die Tempel dagegen weiterhin bescheidene Ausmaße bei – ein bemerkenswerter Zug.

Seit der Verwendung besonders widerstandsfähigen Mörtels als Bindemittel entwickelt sich aus dem Bogen rasch das Tonnengewölbe, das durch Bauten zwischen dem Ende des 3. Jahrhunderts und dem 2. Jahrhundert v.Chr. belegt ist. In der letzten Zeit der Republik verbreitet sich das Kreuzgratgewölbe und zur Zeit Neros und der Flavier die Kuppel. Thermenbauten von der Küste Campaniens, in Baiae und anderswo, sind die frühesten Beispiele dafür. Durch ihre Größe und den Wasserreichtum unterscheiden sich diese Bäder deutlich von den in der hellenistischen Welt gebräuchlichen. Der Zuschlag von Ziegel- und Steinbröckchen zum Mörtel, der dadurch besonders widerstandsfähig wird, scheint ebenfalls in Campanien begonnen zu haben. Solcher Mörtel wurde für Mauer- und Gewölbebauten rasch in Holzverschalungen, die später wieder entfernt wurden, gegossen, was ermöglichte, in kürzester Zeit sehr feste und weittragende Konstruktionen herzustellen. Anfangs wurden diese Bauskelette in irgendeiner Weise mit anderen, ornamentalen Bauelementen hellenistischen Typs wie Reliefs verkleidet – ein Bauvorgang ähnlich wie bei unserem modernen Stahlbeton. Solche Skelette wurden zuerst nur als technisches Verfahren angewandt, dann suchte man sie äußerlich mit dem überkommenen Formenapparat zu verschalen, und erst später wurden sie als selbständige formale Elemente angesehen und beabsichtigt. Von da an war es möglich, einen neuen Architekturstil zu schaffen.

Während der Eroberung Makedoniens durch die Römer gelangten unmittelbare Beispiele bescheidener hellenistischer Architektur nach Rom. Caecilius Metellus Macedonicus beauftragte nach seinem Triumph im Jahre 146 v.Chr. den Architekten Hermodoros von Salamis, einen kleinen Tempel des Jupiter Stator zu erbauen. Dieser sollte sechs Frontsäulen und eine Säulenreihe an jeder Längsseite, nicht aber an der Rückseite haben. Der Ausschluß der Rückseite war eine Anpassung der hellenistischen Bauformen an die Tradition des italischen Tempels. Der Bau hatte bescheidene Maße, war aber in Rom der erste Tempel aus Marmor. Nicht weit davon führte man ebenfalls aus Marmor einen Junotempel auf, auch ihn mit sechs Frontsäulen – also hexastyl –, jedoch keine an den übrigen Seiten des Baues. Der Platz, an dem beide Tempel standen, wurde in hellenistischer Weise mit einer Portikus umgeben (die Augustus später umbaute und der Octavia widmete). Hermodoros errichtete noch andere Tempel sowie ein Arsenal *(navalia)* auf dem Marsfeld. In der Folge aber baute man wieder weiter aus Tuff, der teilweise mit Stuck überzogen wurde, wie wir an den Tempeln am *Largo Argentina* sehen können.

Die römische Architektur entwickelte zum erstenmal zwischen 120 und 80 v.Chr., in der Zeit Sullas, eine eigene Dynamik. Hauptsächlich Kalkstein wurde als Mauerverkleidung und für Säulen verwendet. Der Stein hat seinen Namen von den offenen Steinbrüchen in der Nähe von Tibur, dem heutigen Tivoli: *lapis tiburtinus* – Travertin. Er nimmt mit der Zeit eine bräunliche Patina an, ist aber anfangs nahezu weiß und geeignet, den Marmor griechischer Gebäude vorzutäuschen.

In der Endphase der Republik und in augusteischer Zeit wurden die frühen Schöpfungen in Technik und Kunst der außergewöhnlichen Architektengeneration der Sulla-Zeit jedoch nicht mehr weiterentwickelt, obwohl wir ihr in Rom solche Bauten wie das 78 v.Chr. vollendete große *Tabularium* verdanken, das noch heute – sichtbarer Ausdruck für den damals nachdrücklichen Machtanspruch des Patriziertums – von der Höhe des Capitolhügels aus das unter ihm liegende Forum Romanum beherrscht und als Staatsarchiv diente, oder in Latium den Herculestempel in Tibur (Tivoli) und das Heiligtum des Jupiter Anxur in Terracina. Das Zeitalter des Augustus, das eine wahre Hofkunst hervorgebracht hat, bildet in der Architektur ebenso wie in der Malerei und Plastik einen Hiatus in der Entwicklung der eigentlich römischen Kunst, die damals im verfeinerten Neuattizismus erstarrt war. Die Frühwerke der Zeit Sullas erlebten erst am Ende der Regierung des Claudius gegen 50 n.Chr. eine Neubelebung und in der neronischen und flavischen Epoche eine Weiterentwicklung.

Unter Sulla verwendet die Baukunst außer Kalkstein (Travertin) noch Tuff und Peperin. Gegen Ende der Republik kommen Ziegelverkleidungen zu weiter Verbreitung. Seit der letzten Generation des 1. Jahrhunderts v.Chr. entstehen große Ziegel- und Dachplattenfabriken auf industrieller Basis, Gründungen von manchmal auch in Gesellschaften zusammengeschlossenen Handwerkern, häufiger von Freigelassenen der großen Familien oder gar der kaiserlichen Familie selbst. Die Ziegelstempel dieser Unternehmer sind eine große Hilfe für die Datierung der Bauten. So konnte man beispielsweise das Pantheon, das auf seinem Giebel noch die Inschrift des im Jahre 12 v.Chr. verstorbenen Agrippa trägt, mit Hilfe der Ziegelstempel vollständig einem Wiederaufbau unter Kaiser Hadrian (117–138 n.Chr.) zuschreiben, also in eine Zeit setzen, in der auch die Ziegelindustrie ihre größte Ausdehnung erfuhr. Im Lauf der Jahre kommt diese Baumaterialindustrie immer mehr in kaiserliche Hand; unter Caracalla ist sie völlig verstaatlicht.

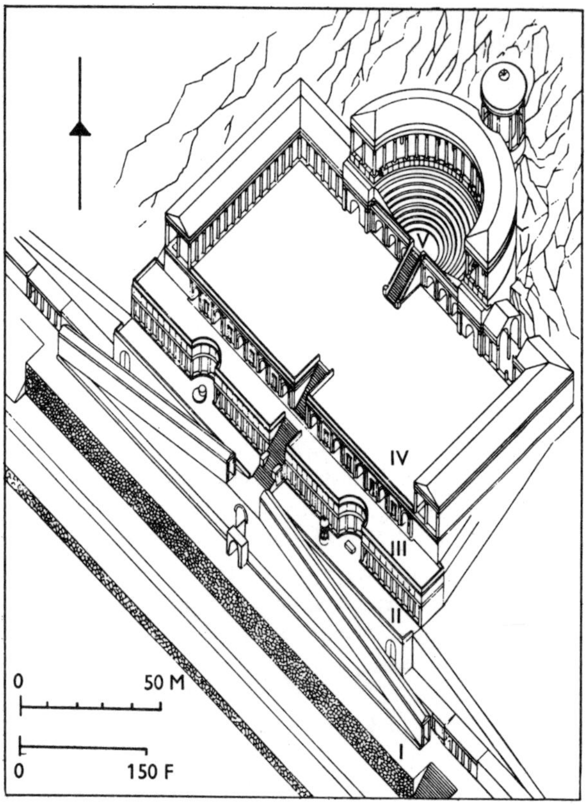

Palestrina (Praeneste) – Fortunatempel (Rekonstruktion, Niveau I–V)

Das großartigste Beispiel sullanischer Architektur ist die monumentale Gesamtanlage des Fortunatempels in Praeneste (Palestrina), der sich über mehrere Terrassen erstreckt. Zwischen den öffentlichen Gebäuden des Stadtzentrums der Kolonie und der Spitze des Heiligtums liegt ein Höhenunterschied von rund 90 Metern. Man hat versucht, die Gesamtanlage sehr früh, in die Mitte des 2. Jahrhunderts v. Chr., zu datieren, doch ist diese Ansicht abgelehnt und die traditionelle Datierung in die Zeit Sullas mit Nachdruck verfochten worden. Vor kurzem jedoch hat eine Datierung in die letzten Jahrzehnte des 2. Jahrhunderts v. Chr. bemerkenswerte Unterstützung erhalten. Der namhafte Epigraphiker Attilio Degrassi hat eine lange Reihe von Inschriften veröffentlicht. Es sind Weihinschriften auf Steinen und Architekturgliedern des Heiligtums. Diese Inschriften nennen Familiennamen, die in den Weih- oder Grabinschriften der von Sulla neu angesiedelten Bürger nicht mehr vorkommen. Das liefert die Bestätigung für den erbarmungslosen Befehl Sullas, der alle erwachsenen Männer der alten Familien unter einem Vorwand außerhalb der Stadt versammeln und hinrichten ließ (vgl. Valerius Maximus, ‹Factorum ac dictorum memorabilium libri› IX, 11, 1). Das ist gleichzeitig ein Beleg für den vorsullanischen Architekturbestand des Heiligtums. Die fraglichen Inschriften lassen sich datieren, da die dort erwähnten Freigelassenen Namen und Vornamen tragen, ein Brauch, dem man erst ab 112 bis 111 v. Chr. begegnet und der nach 71 v. Chr. nicht mehr geübt wurde.

Der Baukomplex des Heiligtums in Palestrina weist manche Besonderheiten auf. Die erste besteht darin, daß die Anlage wie ein Bühnenbild geschickt auf sieben Ebenen verteilt geplant ist. Das zeigt die Tatsache, daß die Hallenrampen, die von der nicht mehr bebauten Plattform zur vierten, schon recht weit oberhalb des Ausgangspunktes liegenden Terrasse führen, auf der Talseite geschlossen sind. So öffnet sich der Blick des oben an der Rampe Ankommenden, der sich im selben Augenblick schon im Inneren der Bauanlage befindet, plötzlich in eine außerordentliche Weite wie auf eine Szenerie. Eine zweite, sehr wichtige Eigenart ist, daß alle Hallen und Exedren von der vierten Terrasse an in Gußmauerwerk errichtet und gewölbt sind, während die Schauseiten noch die traditionellen hellenistischen Formen – Säule mit Architrav – zeigen. Auch die Hallen der fünften Terrasse und des großen Platzes, den sie umschließen – das sechste Niveau, das an Festtagen als Markt gedient haben muß –, sind in dieser Art gebaut. Als dritte Merkwürdigkeit ist die Verbindung zwischen Kultort – hier der kleine Rundtempel, der die gesamte Anlage krönt – und freiem Platz in Form der Cavea eines Theaters hervorzuheben. Solche Verbindungen findet man auch bei anderen Heiligtümern dieser Zeit in Latium und Rom. Dort ist das Theater des Pompejus mit dem dazugehörigen Tempel der Venus zwischen 55 und 52 v. Chr. erbaut worden. Dies war das erste massiv aufgemauerte Theater in Rom, dem dann das von Augustus zum Gedächtnis seines Neffen Marcellus errichtete Theater folgte, das gegen 13 v. Chr. eingeweiht wurde.

Ein bemerkenswerter Bautyp, der sich langsam in der republikanischen Zeit nach dem Ende des Zweiten Punischen Krieges und dem Sieg des Flamininus über Philipp V. von Makedonien (197 v. Chr.) herausbildete, war die Basilika. Der im allgemeinen rechteckig angelegte Bau mit oder ohne Portikus an einer der äußeren Längsseiten, der im Innern in drei Schiffe geteilt war, besaß häufig eine halbkreisförmige Apsis an der rückwärtigen Schmalseite. Solche Gebäude dienten der Justizverwaltung und zu verschiedenen Versammlungen im Dienst des öffentlichen Lebens. Die Entstehung des Architekturtyps der Basilika wird noch diskutiert. Aber auch in diesem Fall scheint es sinnvoll, anzunehmen, ein in den Städten der Magna Graecia gebräuchlicher Typ öffentlicher Bauten sei den besonderen römischen Erfordernissen angepaßt worden, um so mehr als die langen Säulenhallen um die Agora, den großen Platz, eine entsprechende Aufgabe in den übrigen hellenistischen Städten erfüllten. Die Basilika von Pompeji entstand vor der römischen Kolonisation der Stadt und ist älter als mindestens drei Basiliken, die zwischen 184 und 170 v. Chr. am Forum

Romanum errichtet wurden. Die eine der drei, die Basilica Fulvia, wurde später durch die Familie Aemilia neu gebaut und behielt deren Namen – nach mehreren Restaurierungen – während der Kaiserzeit bei. Eine Münze des Jahres 65 v. Chr. zeigt das zweigeschossige Innere mit den vergoldeten Bronzeschilden als Schmuck, die die Ahnenbilder der Aemilii trugen und vom Consul des Jahres 78 v. Chr. angebracht worden waren. Die Basilika blieb die reichste und aufwendigste wegen ihres Dekors, zu dem auch Julius Caesar dank seiner bei der Eroberung Galliens zusammengerafften Beutegelder beitrug. Eine Wasseruhr, die einer der Scipionen gestiftet hatte, lief dort seit 159 v. Chr. Wie wichtig die Basilika für die Entwicklung des bedeutendsten christlichen Kultbautyps ist, fällt nicht unter unser Thema und braucht hier nur am Rande erwähnt zu werden.

Vitruv, der zu Anfang der Regierungszeit des Augustus schreibt und dessen Text der einzige uns vollständig erhaltene Architekturtraktat der Antike ist, verwendet trotz dieser grundlegenden Errungenschaften der republikanischen Architektur eine griechische Terminologie, sagt aber ausdrücklich, daß er sie notgedrungen mangels einer entsprechenden lateinischen gebrauche. Wir neigen dazu, wie ein großer Renaissance-Architekt, Leone Battista Alberti, Vitruv nicht zu überschätzen, den er tadelt, er sei «weder Grieche noch Römer» (‹De re aedificatoria› Buch VI, 1485). Daß es keine brauchbare lateinische Terminologie gab zeigt sich auf alle Fälle darin, daß die römische Architektur zwischen Sulla und Augustus weder ein theoretisches noch Normen setzendes System gefunden hat. Sie war trotz ihrer eigenständigen Entwicklung von Bautypen eine rein praktische Technik geblieben.

In diese Zeit reicht auch die Typologie der großen Grabbauten längs der Consularstraßen zurück. Der großartigste Typ ist der Rundplan, der einen oder mehrere gewölbte Grabräume umschließt. Darüber häufte man außerdem einen Erdtumulus, auf dem Pflanzen wuchsen wie bei den Tumuli etruskischer Nekropolen, von denen sich dieser Typ ableitet. Man gab ihm jedoch eine architektonische Struktur mehr im vertikalen Sinne, die mächtiger aussah, wogegen die etruskischen Tumuli häufig nur aus dem weichen Tuffstein an Ort und Stelle herausgearbeitet wurden. Eines der bekanntesten Beispiele für diese großen Rundbauten ist das Grab der Caecilia Metella, einer Tochter des Consuls im Jahre 69 v. Chr. und Frau eines gewissen Crassus. Das Grab steht unweit Roms an der Via Appia: ein großer zylindrischer Bau auf quadratischem Fundament, völlig mit Travertin verkleidet. Wir wissen nicht genau, welcher Art die Verwandtschaft der Toten – ihr Name steht auf dem Grabmal – mit dem Großbankier Marcus Licinius Crassus war, der den Aufstieg Julius Caesars finanziell unterstützte und im Jahre 60 v. Chr. mit Caesar und Pompejus das erste Triumvirat einging, um sich der Führung im Staate zu bemächtigen. Er war mit Pompejus Consul im Jahre 70 v. Chr. und hatte im Jahr zuvor den von Spartacus angeführten Sklavenaufstand im Blut erstickt, indem er die Via Appia von Capua bis Rom mit sechstausend Gekreuzigten säumte. Dieser mächtige Mann konnte es sich erlauben, für eine seiner Verwandten, vielleicht die Frau seines Sohnes, ein weitaus großartigeres Grab als andere zu erbauen, das auch später nur noch von den im Typ gleichartigen kaiserlichen Mausoleen des Augustus und Hadrians übertroffen wurde.

Julius Caesar erkannte, daß das alte, jetzt zu kleine Forum Romanum vergrößert werden mußte, und ließ daneben am Fuß des Capitols von 51 v. Chr. an ein neues Forum erbauen.

Man schuf einen weiten Platz, den man mit geräumigen, gewölbten Läden aus Peperinquadern umschloß. Im Zentrum stand der Tempel der Venus Genetrix, der sagenhaften Ahnfrau der *gens Iulia*, ein griechischer Tempel aus Marmor mit sehr engem Interkolumnium. Er enthielt als Kultstatue ein Werk des neuattischen Bildhauers Arkesilaos und Malereien des Timomachos von Byzanz. Um sein Forum bauen zu können, mußte Caesar in dreijährigen Verhandlungen alle Häuser auf dem vorgesehenen Platz aufkaufen und abreißen lassen: es waren Wohnungen des Adels. Die dafür aufgewendete Summe betrug – die Quellen schwanken in ihren Angaben – zwischen 60000 und 100000 Sesterzien. Die zweite Zahl entspräche ungefähr 20000000 Gold-Francs und gibt einen Eindruck von den überhöhten Grundstückspreisen im Zentrum Roms. Doch der Tempel, von dem Grabungen einige Fragmente zutage förderten, ist nicht mehr aus der Zeit Caesars, sondern gehört zu einem unter Trajan restaurierten und vergrößerten Bau.

An das Forum Caesars schloß man fast ein halbes Jahrhundert später das Augustusforum an. Dieses diente nun nicht mehr praktischen Zwecken und dem Handel, sondern war vor allem ein monumentales Denkmal. Hier standen die Statuen der berühmtesten römischen Führer, von Aeneas und den Königen von Alba Longa bis zu Caesar, der die Krönung dieser Galerie bildete. Unter jeder Statue stand ein Lobspruch. Mars Ultor – also dem Rächer – einen Tempel zu bauen, beschloß Octavian nach seinem endgültigen Sieg im Jahre 42 v. Chr. bei Philippi über die Partei der Mörder Caesars, dessen Erbe und Adoptivsohn der später (seit dem Jahr 27 v. Chr.) Augustus genannte Octavian war. Zu beiden Seiten des in großem Maßstab angelegten Tempels aus weißem Marmor lag je ein mit farbigem, als ‹afrikanisch› bezeichnetem Marmor inkrustierter Hemizyklos (die Marmorbrüche sind erst kürzlich in Teos bei Izmir identifiziert worden). Die monumentale Anlage war gegen das Viertel der einfachen Leute, die Subura, mit einer hohen Begrenzungsmauer aus *lapis gabinus* und Peperin abgeschlossen, die sich an die dort früher bestehende Haus- und Straßeneinteilung halten mußte, da ein Erwerb dieser Gegend noch schwieriger war als zur Zeit Caesars, denn es hätte den Abbruch eines dichtbewohnten Viertels bedeutet. Im Jahre 2 v. Chr. wurde das Forum eingeweiht, aber der Tempel war noch unvollendet. Unter Hadrian wurde auch er erneuert.

Die Münzen überliefern uns ein nicht immer ganz klares Bild von den unter Augustus und Tiberius errichteten Bauten (Abb. 18 bis 21). Doch trifft man keinesfalls architektonische Neuerungen bis zur Zeit des Claudius (41–54

n. Chr.). Damals kam das Bauen mit nur grob bossierten Blöcken in Mode, die manchmal eine nur ganz unregelmäßige Formkontur ergeben, wie man es besonders an der sogenannten Porta Maggiore sieht; mit Hilfe dieses Baues ließ sich die Wasserleitung des Claudius (52 n. Chr. vollendet) über die Via Praenestina führen, wobei das alte Grabmal des Eurysaces bestehen blieb.

Erst zur Zeit Neros regte sich in der römischen Architektur eine bedeutende Strömung, die im ganzen Reich ein Echo fand. Die ersten Anzeichen dafür erkennt man in der bereits genannten *Domus Transitoria* (54–64 n. Chr.) und dann besonders in der *Domus Aurea* (64–68 n. Chr.). Diese Entwicklung geht weiter und wird noch deutlicher im Palast der Flavier auf dem Palatin, den Domitian zwischen 87 und 96 n. Chr. erbaute und der später vergrößert wurde *(Domus Augustana)* (Abb. 16). Den Höhepunkt erreicht diese Richtung mit dem Trajansmarkt, der im Lauf des ersten Jahrzehnts des 2. Jahrhunderts n. Chr. angelegt wurde. Unter Hadrian, der sich selbst sehr für die Architektur interessierte, sollten kühne Neuerungen aufkommen, die weit über die Antike hinaus wirksam blieben. Sie führen zu einer vielschichtigen Innenraumarchitektur, deren Anfänge schon in neronischer Zeit liegen; unter Hadrian sollten sie sich voll entfalten.

Diese Phase der römischen Architektur findet ihren eigentlichen Ausdruck und ihre besondere Entwicklung in der Stadt Rom selbst und den von den Kaisern in Auftrag gegebenen Bauten und entzieht sich einer streng utilitaristischen oder funktionellen Erklärung. Diese in besonderem Sinne schöpferische Bewegung innerhalb der antiken Kunst, die Themen und Erfahrungen der vorkaiserzeitlichen Architektur Campaniens und Latiums weiterentwickelt, wird bahnbrechend für einige grundlegende Architekturformen der Spätantike, ja des Mittelalters. Hierin liegt die historische, europäische Bedeutung der Architektur jener Zeit, die von Rom ausgeht, aber nicht auf eine bestimmte Epoche und ein umgrenztes Gebiet beschränkt bleibt.

Wenn wir die spätantike und einen Teil der mittelalterlichen Architektur unmittelbar von dem ableiten, was zwischen der zweiten Hälfte des 1. und der Mitte des 2. Jahrunderts geschaffen wurde, so müssen wir auch daran denken, welche Bedeutung diese römische Architektur in der Folge für die europäische Renaissance hatte. In dem vorher schon angeführten Abschnitt sagt Leone Battista Alberti auch: «Alle antiken Bauten, die aus irgendeinem Grunde bedeutsam sein könnten, habe ich untersucht, um Nützliches aus ihnen lernen zu können. Ich habe ohne Unterlaß gegraben, geforscht, gemessen und skizziert, was ich nur konnte, damit ich all das beherrschen lernte und zu meiner Verfügung hatte, was menschliche Erfindungsgabe und Tatkraft mir boten.» Diese Forschungs- und Ermittlungsarbeit besonders an den Bauten Roms und seiner Umgebung dauerte das ganze 16. und 17. Jahrhundert hindurch an.

Der Architekt der *Domus Aurea*, Severus, und sein Mitarbeiter Celer waren die ersten, die einen Bau nach ganz neuen Grundsätzen errichteten und die bislang nur in rein strukturellem Sinn erprobten Techniken dazu benützten, ein neues Architekturbild zu verwirklichen.

In Griechenland hatte die Architektur ihren einheitlichen Charakter bewahrt, da sie die Bauformen des Peripteraltempels für alle Bautypen als Norm nahm. In Rom dagegen, wo der Tempel sich dem griechischen angleicht, hat man doch neue, dem jeweiligen praktischen Zweck entsprechende Bautypen entwickelt. Gleichwohl fuhr man fort, griechische Bauformen als Außenschmuck zu verwenden.

Ein weiterer grundlegender Unterschied zwischen griechischer und römischer Architektur wird deutlich, wenn man sieht, wie die in Griechenland immer angewandte, saubere Quadertechnik der Mauer eine massive, aber auch lebendige und elastische Festigkeit verleiht. Die römische Mauer aus Ziegeln oder Gußmauerwerk dagegen ist als totes Element gedacht, das den Raum zu umschließen hat, mehr eine Schale, die einen Raum vom anderen trennt, als eine tragende Struktur. Die Innenräume mit ihrer konkaven Wölbung, die häufig erst sehr hoch ansetzt, schaffen Raumvolumina, deren Fluchtpunkt im Innern der Baustruktur selbst liegt. Der Mensch nimmt in diesen Räumen eine besondere Stellung ein und wird von einem Gefühl der Unterordnung unter den majestätischen und unfaßbaren Bau überfallen, auf dem das Auge keinen herausgehobenen Ruhepunkt findet, von dem aus es einen neuen dynamischen Antrieb erhielte, was der Betrachter noch heute im Innern des Pantheon nachfühlen kann. Sobald sich der Mensch aber auf ein auch nur kleines Podium oder einen Stuhl stellt, wird auch er vom umgebenden Raum und der hohen Wölbung seltsam emporgetragen und empfängt eine sakrale Würde der Unberührbarkeit. Die reine griechische Vernunft weicht hier dem Mysterium des Symbols.

Das ‹Turm der Winde› genannte Monument – Andronikos aus Kyrrhos in Makedonien ließ es im 1. Jahrhundert v. Chr. in Athen als Wasser- und Sonnenuhr erbauen – ist im Innern oktogonal und mißt sieben Meter im Durchmesser. Der Sinn des Baues läßt sich nur von außen erfassen, so daß man ihn als Turm empfindet. Das Oktogon in der *Domus Aurea* dagegen, das fast den doppelten Durchmesser hat und in einen massiven Bau mit geradliniger Fassade eingeschlossen ist, hat nur als Innenraum einen Sinn. Dieser Raum wird von außen her architektonisch überhaupt nicht angekündigt und ruft beim Eintretenden ein Gefühl der Überraschung und Überlegenheit hervor. Diese Tatsache ist nicht zu leugnen, auch wenn man nicht sicher weiß, wo der Saal lag, dessen Kuppel «Tag und Nacht sich drehte wie die Erde», von dem die literarischen Quellen (Sueton, ‹De vita Caesarum›, Nero, XXXI, 3) berichten, oder wenn man die aus dem Iran stammende kosmogonische Deutung ausschließen möchte, die sich durch gute Argumente stützen ließe. Die orientalische Ideologie vom Herrscher als Weltschöpfer ist in gewisser Weise ein Teil des neronischen ‹Wahns›.

Eine kühne Kuppel über Säulenstützen auf Münzen Neros meint wohl den großen Markt, das *Macellum*, den er bauen ließ (Abb. 22).

Eine erschöpfende Studie über die Architektur der *Domus Aurea* ist noch ebensowenig möglich wie über die Malerei. Sie müßte Hand in Hand mit einer Arbeit über die großen Thermenbauten von Titus und Trajan geschrieben werden, denn unter ihnen verschwand ein Teil der Bauten Neros. Auf der gegenüberliegenden Seite wurde das *Amphitheatrum Flavium*, das ‹Colosseum›, gebaut, um das weite Gelände dem Volk zu seinem Vergnügen zurückzugeben, das Nero okkupiert hatte, um das Gefühl zu haben, «auf menschenwürdige Weise zu wohnen».

Ob der Riesenbau des Colosseums, den Vespasian begonnen, Titus weitergeführt und Domitian vollendet hat, fünf oder zehn Jahre dauerte ist nicht mehr auszumachen. Auf einer Münze des Titus (Abb. 23) erscheint der Bau bereits vollendet, aber es kann sich dabei um das Projekt handeln. Ein Relief aus der Zeit Domitians zeigt es dagegen noch im Bau. Achtzig Arkaden gliedern den Außenbau in allen drei Stockwerken; sie werden jeweils von Halbsäulen eingefaßt, von dorischen im Erdgeschoß, ionischen im zweiten und korinthischen im dritten Geschoß. Die Säulen messen bei einer Weite von 4,20 Metern 7,05 Meter in der Höhe im Erdgeschoß, 6,42 Meter in den beiden Obergeschossen. Das oberste Stockwerk schließt mit einer Attika ab, hat keine Arkaden, jedoch Fenster, die früher mit vergoldeten Bronzeschilden abwechselten. All das bringt keine architektonischen Neuheiten, doch die riesigen Proportionen stellten besondere technische Anforderungen an die Widerstandsfähigkeit des Baumaterials oder funktionelle Probleme, was den Ablauf der Schauspiele oder Ankunft und Weggang von rund fünfzigtausend Zuschauern betraf.

Die tragenden Teile sind aus Travertin gebaut; die Gewölbe aus Ziegeln besaßen einst Stuckdekorationen, von denen wenig übriggeblieben ist, aber sie waren in der Renaissance noch sichtbar, und wir besitzen alte Zeichnungen von ihnen. Der Baumeister des *Amphitheatrum Flavium* ist unbekannt. Rabirius, der Architekt des Domitianspalastes auf dem Palatin kann mit guten Gründen ausgeschlossen werden.

Der Palastbau wurde in seinen zentralen Teilen vor 92 n. Chr. beendet, die Bauten beim Forum Romanum und der Zirkus erst zwischen 93 und 96 n. Chr. Der Palast (Abb. 16) bestand hauptsächlich aus offiziellen Räumen und Empfangssälen. Mit den späteren Anbauten des privaten Wohnteils blieb er Kaiserresidenz *(Domus Augustana)* bis in die Spätantike. Man erkennt eine höhere Reife der neuen Baugedanken der neronischen Zeit sowie einen größeren Formalzusammenhang. Die neuen Möglichkeiten, die die Gewölbekonstruktion eröffnet, werden weitgehend ausgenutzt: Die Raumaufteilung der Obergeschosse ist in der Tat unabhängig vom Plan des Erdgeschosses. Das gibt der architektonischen Phantasie größere Freiheit. Die Zeitgenossen bestaunten beim Domitianspalast vor allem die Höhe der Räume. Sie hatten den Eindruck, «hier müsse ein *dominus et deus* wohnen», ein in die irdische Macht eingesetzter Gott. Damals entstand die Auffassung von der Göttlichkeit des Herrschers, der man in der neuen römischen Palastarchitektur Ausdruck geben wollte. Einmal zum Leben erweckt, sind diese neuen Formen und Architekturmotive weitergewachsen, auch unter den Kaisern des 2. Jahrhunderts, die diese Ideologie abgelehnt haben. Sie wird von Commodus an wiederaufgenommen und rasch weiterentwickelt. Im 3. Jahrhundert dann setzt sie dauernde Normen für den künstlerischen und architektonischen Ausdruck wie für das Zeremoniell, das jene Ideologie verdeutlicht.

In der Zeit Neros vollzieht sich also in der römischen Kunst eine bedeutende Wendung. Eine neue Raumauffassung entsteht, die in der Malerei zu den phantastischen Wanddekorationen der letzten pompejanischen Phase hinleitet, aber es bahnt sich auch jene Trennung von Form und Bildsubstanz an, die später zu einer neuen Absage an die räumliche Perspektive führt. Allerdings hat das dann eine andere Bedeutung als das anfängliche Fehlen der Perspektive.

In der Architektur hingegen entwickelt sich der Innenraum bei den öffentlichen oder kaiserlichen Bauten in großartiger Weise, und dem war Dauer beschieden.

Die eindrucksvollen Reste eines großen römischen Baues zwischen dem Quirinal und dem Pincio in den *Horti Sallustiani,* den Gärten des Sallust, aus der trajanisch-hadrianischen Zeit zeigen, daß die neue Architektur für reiche Privatleute aufwendige Wohnbauten, ja regelrechte Paläste hervorbringt, mit mehreren Stockwerken und einem in der Mitte gelegenen Kuppelsaal.

Selbst bei den Wohnbauten der wohlhabenden Bürger und Kaufleute findet man in dieser Zeit neue Bautypen. Bessere Beispiele als Rom bietet hierfür Ostia. Die stärker zerstörten römischen bestätigen jedoch, daß in der Hauptstadt derselbe Wohnhaustyp stand.

Das Haus mit Atrium und Säulenperistyl in der Mitte wird jetzt durch einen Ziegelbau mit weitem Pfeilerarkaden-Hof ersetzt. Von diesem Haustyp ausgehend, den immer noch eine einzige Familie bewohnt, entwickelt sich bald danach ein Bautyp, der mit der Zeit mehr und mehr Räume und Höfe aufweist, bis zu drei, gelegentlich sogar vier Stockwerken hoch reicht und Außenbalkone hat. Der Zugang erfolgte von der Straße aus und nicht durch den Innenhof. In solchen Mietskasernen wohnten mehrere Familien. Es handelt sich dabei um eine Intensivbebauung, wie die Antike sie bis dahin nicht kennt.

Hierin kündigt sich teilweise schon der Wohnhaustyp des mittelalterlichen Bürgertums an, ja geht sogar in anderer Hinsicht bereits über ihn hinaus. Vor allem zeugt solches Bauen von einer städtebaulichen Konzeption mit einheitlichen Haustypen, wie Beispiele aus trajanischer und hadrianischer Zeit in Ostia beweisen. Einige davon entwickeln sich nach Grundsätzen, die ganz modern anmuten, nämlich Einheitsgrundrissen für mehrere Wohnungen in einem Gesamtblock über mehrere Stockwerke. Eines der besten Beispiele findet sich

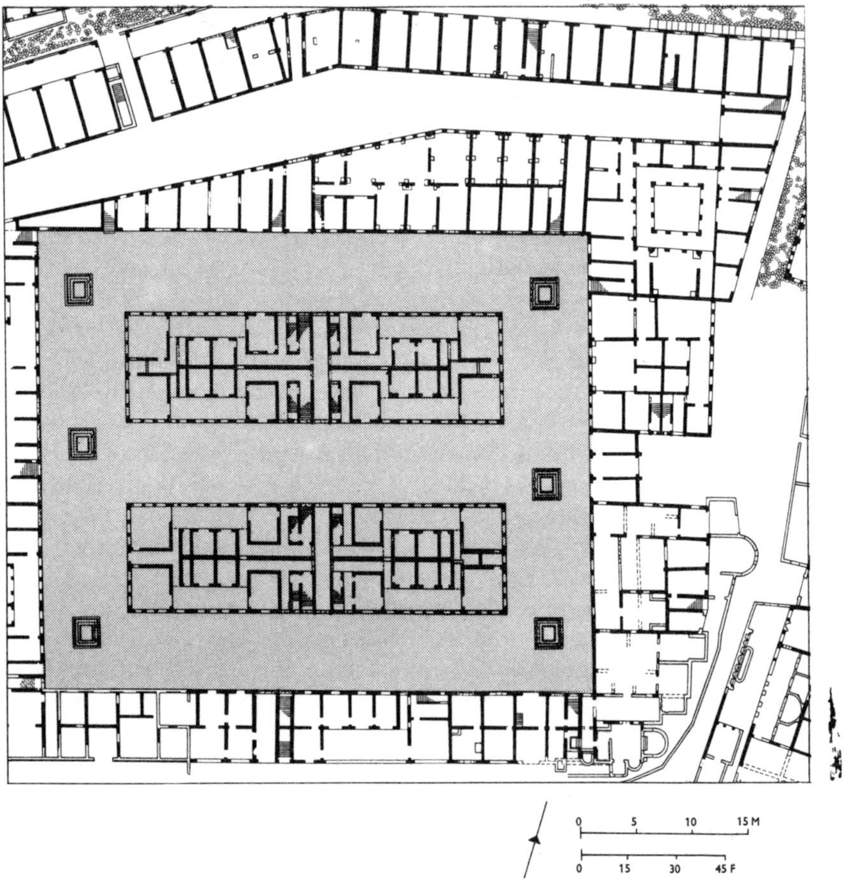

Ostia – Zwei Häuserblöcke mit Einheitsgrundriß in einem mit sechs Brunnen geschmückten Garten, darum Wohnbauten und Läden

in den Ruinen Ostias (Insel IX der Region III) aus hadrianischer Zeit. Es bestand aus zwei Hausblöcken mit je vier Einheitswohnungen auf jedem Stockwerk; das Ganze lag in einem Garten mit sechs Brunnen, umgeben von Verkaufsläden und anderen Wohnungen, etwas abseits der lärmenden Hauptstraße der Stadt.

Ein einzigartiges Relief in einer Privatsammlung in Avezzano in den Abruzzen zeigt uns anschaulich das Aussehen einer Stadt jener Zeit (Abb. 17).

IV. Vom Neuattizismus zum Neuhellenismus

«Als Weisen betrachte, wer alten Wein trinkt und gerne sich alte Komödien ansieht», denn «die neuen Komödien sind schlechter noch als das neue Geld». Mit diesen Worten präsentiert der Prolog der ‹Casina› diese «Komödie des Plautus aus dem Antiken, die die ältesten Leute bereits sehen konnten, die Jungen dagegen noch nicht gesehen haben». Man hat sich überlegt, wann so etwas gesprochen worden sein könnte, und kam zu dem Schluß, es müßte um die Mitte des 2. Jahrhunderts v. Chr., genauer noch zwischen 150 und 130 v. Chr. gewesen sein: Cicero (106–43 v. Chr.) bewunderte Plautus noch, während dieser für Horaz (65–8 v. Chr.) schon ein Greuel war. In dieser Zeitspanne, im Verlauf jener vier Generationen, von der Eroberung Afrikas und Griechenlands sowie der Errichtung der Provinzen Asia und Syria bis zur Rückkehr Julius Caesars aus Spanien und zu seinem Consulat (59 v. Chr.), änderte sich vieles innerhalb der römischen Gesellschaft. Eine neue Richtung in der inneren Geschichte Roms begann damals nach einem Jahrhundert härtester sozialer Kämpfe und Parteiungen.

Wir haben bereits erwähnt, daß damals in Rom verschiedene künstlerische Ströme zusammenflossen und eine recht eklektische Kunst entstehen ließen, besonders in der Plastik. Nur in der Architektur vermochte die neue Kraft rasch eigene Tendenzen und neue, zweckbezogene Techniken zu entwikkeln.

Aus den Provinzen Asia und Syria, dann aus Kyrene (im Jahre 96 v. Chr. von seinem letzten Fürsten an Rom vererbt) und Alexandria waren Anregungen der großen Kunst und Kultur des orientalischen, also des wirklichen und eigentlichen Hellenismus nach Rom gelangt. Aus Athen übernahm man dagegen die Bewunderung für die Zeit der Klassik des 5. Jahrhunderts v. Chr. und für die vorangegangenen Perioden wie den Strengen Stil und die Archaik. Wenn die intellektuellen Kreise Athens Phidias höher schätzten als jeden anderen Künstler, so berauschten sie sich damit in einer Zeit der unwiederbringlich verlorenen Unabhängigkeit an Macht und Glanz ihrer großen Geschichte. Die überall in den Zentren der griechischen Welt verbreitete Tendenz zum Klassizismus wurde in Athen zum Neuattizismus, der Kunst und Kultur prägte. Solche Kultur faszinierte die jungen Römer aus guter Familie sehr, die nach Athen kamen, um sich ihre Provinzmanieren abzugewöhnen. Es wurde ihnen nicht bewußt, daß sie eine bereits tote Kultur, die zum aufgeklebten Ornament geworden war, in sich aufnahmen. Der Kult um den neuattischen Stil verstand sich als bewußter Gegensatz zu den lebendigsten und einfallsreichsten Strömungen des nachlysippschen Hellenismus.

Die für die erste Hälfte des 1. Jahrhunderts v.Chr. bezeichnende private Sammlerwut hatte sich beruhigt, der Wirbelsturm ins Land gewehter Kunstwerke und künstlerischer Einflüsse sich gelegt. Der durch eine Menge von Zutaten gesättigte und gärende Sud begann sich zu klären und zu setzen.

Ganz konkrete wirtschaftliche Gründe führten dazu, daß das Kunstsammeln im großen Stil aufhörte: die Steuerfreiheit, Privileg der römischen Bürger, war zu Ende. Als im Jahre 43 v.Chr. das von den der Proskription verfallenen Gegenern konfiszierte Geld ausgegangen war, besteuerten die Triumvirn Antonius, Octavian und Lepidus Haus- und Grundbesitz. Für den verpachteten Grund war die Steuer gleich hoch wie die gesamte Pacht, für nichtverpachteten entsprach sie dem halben Pachtwert. Dazu kam eine allgemeine Steuer von zehn Prozent. Cassius Dio (XLVII, 16) berichtet, diese zehn Prozent seien in Wirklichkeit das gewesen, was den Grundbesitzern noch übriggeblieben sei. Die Erhebung wurde nach der Steuererklärung des Betroffenen vorgenommen, doch bei aufgedeckter falscher Angabe setzte der Steuerschuldner den Einzug seines ganzen Vermögens aufs Spiel. Es gab auch die Möglichkeit, auf sein gesamtes Patrimonium zu verzichten und davon nur ein Drittel zurückzuerhalten. Aber die Preise, die man bei solchen Versteigerungen erzielte, waren miserabel (vgl. Sueton, Augustus 40). Für den Großteil der Grundbesitzer bedeutete diese Steuer den Verlust aller flüssigen Geldmittel. Die Rächer Caesars waren praktisch die einzigen, die noch über beträchtliche Vermögen verfügen konnten.

Genau zehn Jahre danach kam es zwischen den beiden überlebenden Triumvirn Octavian und Antonius zum offenen und endgültigen Bruch. Drei Jahre später waren die Bürgerkriege zu Ende. Vier Monate belagerten die Schiffe des Agrippa im Golf von Preveza im Epirus, nördlich der Insel Leukas die vereinigten Flotten der Kleopatra und des Antonius. Am 2. September des Jahres 31 v.Chr. durchbrachen diese die Blockade und stellten sich der Schlacht. Der Durchbruch verwandelte sich in Flucht und heillose Auflösung zu Wasser und zu Land. Antonius besiegelte sein Schicksal: sein Schiff drehte ab und fuhr im Kielwasser des Schnellseglers, der Kleopatra nach ihrem Ägypten brachte. Dort, bei Actium, im Golf von Arta, wurde der Bürgerkrieg entschieden, auch wenn er noch fast ein Jahr weiterdauerte.

Tatsächlich war die Schlacht von Actium eine recht bescheidene Schlacht trotz der großen Zahl von nicht weniger als vierhundert Schiffen auf beiden Seiten. Erst später wird sie legendär und vom Sieger Caius Julius Caesar Octavian unter Apollos Zeichen gestellt. Von da ab nannte sich Octavian *Imperator Caesar divi filius*; vier Jahre später sollte man ihn für alle Zukunft Augustus nennen. In Wahrheit beendete diese Schlacht eine krisenreiche Zeit, die ein Jahrhundert zuvor mit den Reformen des Tiberius Gracchus im Jahre 133 v.Chr. begonnen hatte. Wie jede Zeit, in der tiefgreifende wirtschaftliche und politische Veränderungen die menschliche Gesellschaft bewegen, war sie ungestüm und quälend; in ihr zu leben bedeutete Pein und Gefahr. Julius Caesars

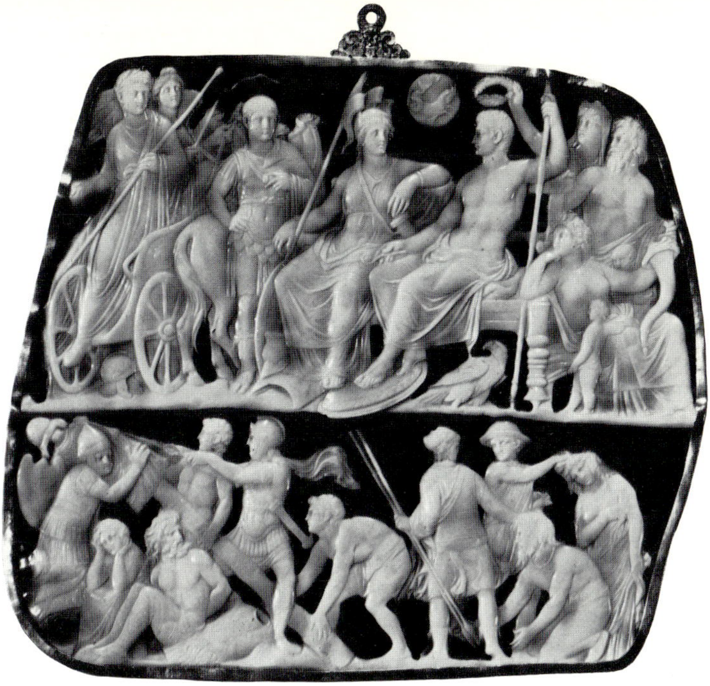

24 – Rom (?) – Cameo: Die ‹Gemma Augustea› mit Roma und Tiberius – Wien

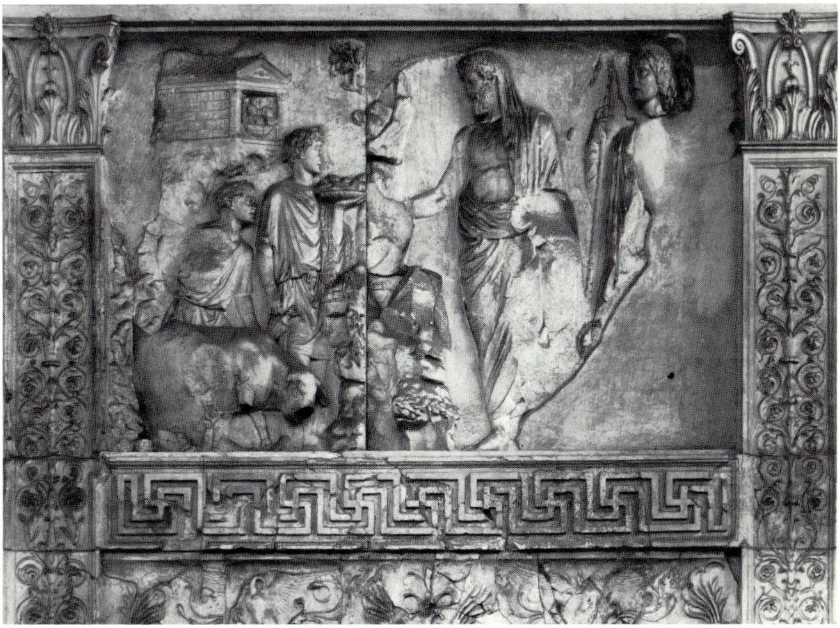

25 – Rom, Ara Pacis Augustae, Umfriedung – Aeneas und das Heiligtum der Penaten – Rom

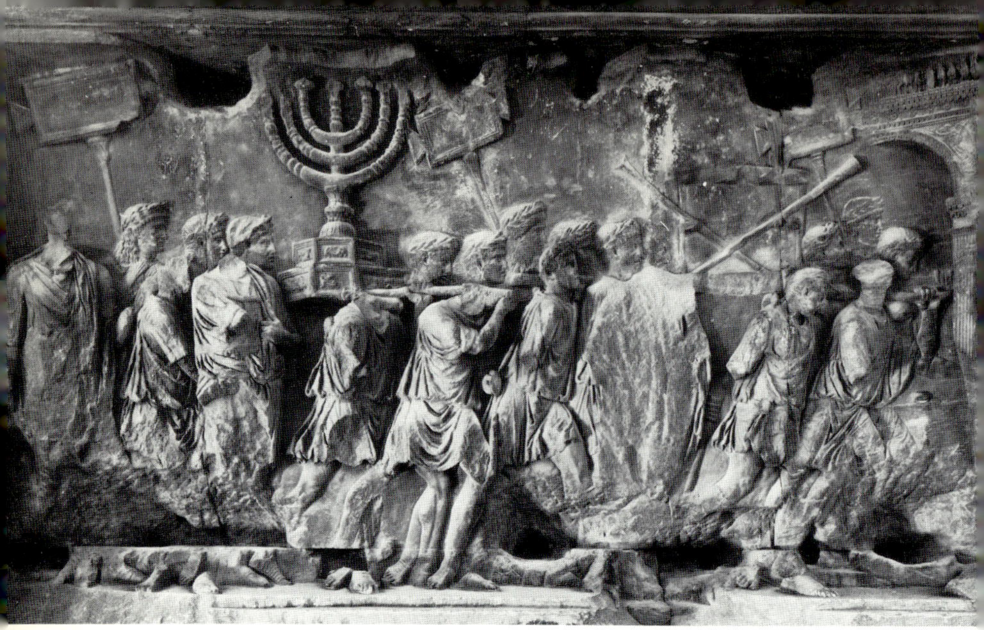

26 – Rom, Titusbogen – Triumph des Titus: Plünderung des Tempels von Jerusalem

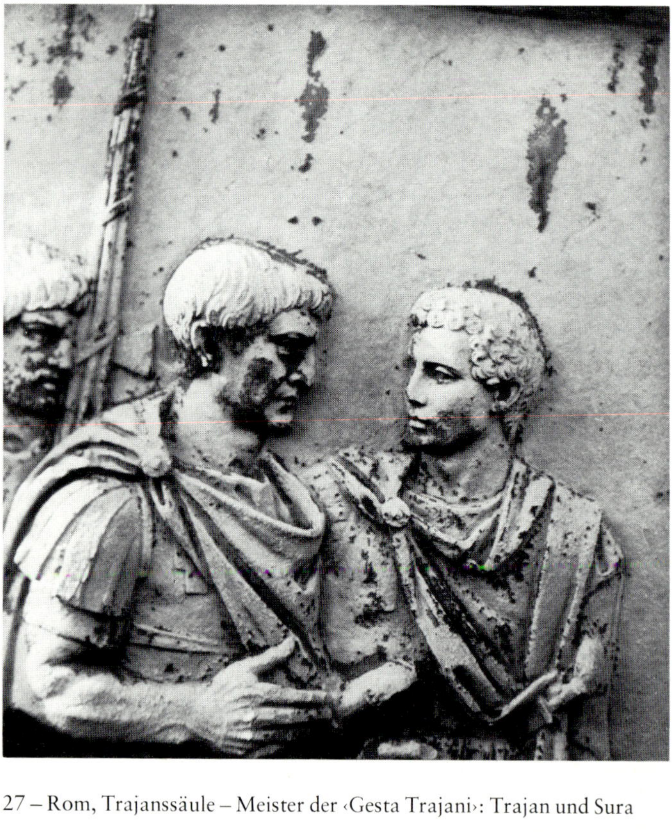

27 – Rom, Trajanssäule – Meister der ‹Gesta Trajani›: Trajan und Sura

Ermordung im Jahre 44 v. Chr. beschwor ihr nahes Ende herauf. Caesar war zweifellos der ehrgeizigste, aber auch intelligenteste und von Vorurteilen oder vorgefaßten Meinungen freieste unter jenen Männern, die damals den Aufstieg zur Macht gewagt haben. Auch jemandem, der nicht sein Freund ist, nötigt die jederzeit frische und schöpferische Tatkraft seines politischen Denkens Bewunderung ab.

Die Krise brach zwölf Jahre nach der Zerstörung Karthagos (146 v. Chr.) und der endgültigen Unterwerfung Griechenlands, mit der die Epoche der Mittelmeereroberungen zugunsten der Senatorenfamilien Roms zu Ende war, plötzlich und heftig aus. Die Reformen des Tiberius Gracchus lagen im wesentlichen in einem genaugenommen recht gemäßigten Gesetz gegen die widerrechtliche Aneignung von Staatsgrund durch die Großgrundbesitzer, die sich dadurch langsam riesige Latifundien geschaffen hatten. Dieses Gesetz rührte nicht an den Privatbesitz, sondern nur an das von Privatleuten in Besitz genommene Domänenland, das über ein gewisses Maß – immer noch das Doppelte des anfangs rechtmäßig zugestandenen – hinausging. Außerdem war, wenigstens im ursprünglichen Entwurf, eine Entschädigung für die Verbesserung des Staatsgrundes vorgesehen. Doch die Mitglieder des Senats erhoben ihre eigenen Interessen sofort zur Staatssache und waren besorgt um das Weiterleben der bestehenden politischen Einrichtungen. Der verantwortungslose Widerstand der persönlich betroffenen Senatoren und ihre Intrigen machten aus Tiberius Gracchus – er war ein Enkel des Scipio Africanus und durch seine Familie mit den höchsten römischen Patriziern verwandt – einen entschlossenen Revolutionär.

Der Mord an Tiberius Gracchus – man erschlug ihn mit Stühlen während einer von seinem Cousin, dem Pontifex Scipio Nasica angezettelten Demonstration, die mehr als zweihundert Menschen das Leben kostete – war die erste einer langen Reihe organisierter politischer und blutiger Unruhen in den Straßen Roms im Herbst des Jahres 133 v. Chr. Man kann sagen, daß von da an bis zur Schlacht von Actium die Römer fortdauernd im Schatten des Bürgerkrieges lebten.

Die Reaktion der Senatoren, die, wie schon gesagt, mit Sulla ihren Höhepunkt erreichte, hatte den Zwist und die Rivalität nur noch vertieft. Als Sulla damals sechsundfünfzigjährig am 6. Juli des Jahres 82 v. Chr. in Rom einzog, kamen mit ihm Crassus, Verres, Catilina und der erst vierundzwanzigjährige Pompejus. Es hatte eben ein Blutbad unter den Nobiles und einen Brand auf dem Capitol gegeben. Sulla stellte eine Proskriptionsliste von 4700 Bürgern der Gegenpartei auf, deren Besitz zur Versteigerung gelangte oder beschlagnahmt wurde. Nach seinem endgültigen Sieg im November sah Rom auf dem Marsfeld das makabre Schauspiel der Ermordung – entgegen allen Versprechungen – von sechstausend Gefangenen, die in Wirklichkeit nichts anderes als politische Gegner waren. Das Grab des Marius wurde geschändet, sein Neffe gefoltert und dann wie ein Schlachtopfer getötet. Am 27. und 28. Januar darauf feierte Sulla seinen Triumph und wurde als «Retter und Vater der Stadt» ausgerufen.

Will man nicht oberflächlichen historischen Analogien zum Opfer fallen, darf man nie vergessen, daß sich der Klassenkampf in Rom immer innerhalb einer privilegierten Minderheit freier Bürger abspielte. Aber das machte diesen Kampf um so lebhafter und gnadenloser, und jeder Erfolg war nur vorläufig.

Dieses notwendigerweise Vorläufige und Provisorische drängte schließlich zu einer autoritären und monarchistischen Lösung. Eine solche war schon lange aus der Erfordernis heraus vorgeschlagen worden, der Situation in den Rom unterworfenen Ländern des östlichen Mittelmeerbereichs gerecht zu werden. Wenn wir uns einmal von der romantischen Geschichtsauffassung befreien, die alles mit der Persönlichkeit und dem Ehrgeiz der handelnden Personen erklärt, verstehen wir gut, daß Caesar, obwohl er als ‹Mann des Volkes› seine politische Laufbahn begann, später den Weg zu einem monarchistischen Regime hellenistischer Prägung einschlug, das den wirtschaftlichen Interessen jener Gruppen, auf die er sich stützte, am besten zusagte.

Der ‹Caesarismus› ist keine allgemeine historische Kategorie, sondern das Ergebnis einer politischen Aktion, die genau zu benennende soziale Ursachen hat und durch feste Fäden mit der eigentümlichen Entwicklung der römischen Gesellschaft verbunden ist. Selbstverständlich entstand auch eine eigene Ideologie, die beim Aufeinandertreffen der römischen und der orientalischen Welt sich am Vorbild hellenistischen Herrschertums entzündete und sich in dieser Richtung weiterentwickelte.

Schon seit dem Ende des 2. Jahrhunderts v. Chr. wurden neue mystische Kulte nach Rom gebracht. Später breiteten sich messianische Glaubensüberzeugungen aus, die sich in der Literatur der ausgehenden republikanischen Zeit klar niederschlugen. Solch eschatologischer Glaube mußte, soweit wir schließen können, einen gut bereiteten Boden finden in allen etruskischen Vorstellungen, die in der römischen Gesellschaft noch wohl gegenwärtig und offiziell in Übung waren, trotz der rationalen Aufklärung, die von der griechischen Philosophie herkam (vgl. dazu Cicero, ‹Cato Major› III, 8, 18; ‹De Haruspicum responsis› XIX, 40). Man weiß, Kult und Ritus gehören zu den am tiefsten im menschlichen Geist verwurzelten Bedürfnissen. Man hatte den Anbruch eines neuen Zeitalters nach der Theorie von den Jahrhundertzyklen zuerst für das Jahr 83, dann für 63 v. Chr. erwartet. Diese Voraussagen trafen nicht ein. Trotzdem hörte man nicht auf zu warten. Wie in allen solchen Fällen untersuchte man die Sache nur noch einmal und änderte die Auslegung. Die Hoffnung auf den, der das neue Zeitalter und den Umschwung brächte, dauerte fort.

Bereits über dem Haus Caesars wölbte sich eine Kuppel, kosmisches und heiliges Sinnbild aus der achaimenidischen Kultur. Seit 40 v. Chr. kostümierte sich Marc Anton als Dionysos, und Octavian übernahm die Rolle des Apollon. Auf den Stuckreliefs des Hauses bei der Farnesina erhielt Hermes-Thot, jener griechisch-ägyptische Gott der mystischen Weisheit, mitten unter den übrigen Göttern in einer heiligen Landschaft hellenistischer Art stehend, die Züge Octavians, des *Novus Mercurius* (Helbig, Nr. 2482, S. 436). So besingt ihn dann auch Horaz (‹Carmina› I, 2). Zwei Generationen später begrüßt man auf die gleiche Weise den Apostel Paulus in Lystra: «*quoniam ipse erat dux verbi*» – «weil er das Wort führte» (Apostelgeschichte XIV, 12): er war Hermes-Logios. In diesen Zusammenhang gehört die von dem Athener Kleomenes geschaffene Statue eines Prinzen aus der Familie des Augustus (Paris, Louvre), die bis auf das idealisierte Porträt identisch ist mit dem in der Klassik (5. Jahrhundert v. Chr.) geschaffenen Bildtyp des Hermes-Logios, des Redners. Das Warten auf einen friedenbringenden Herrscher, der ein neues Zeitalter heraufführt, findet sich klar auf Augustus bezogen in der vierten Ekloge Vergils ebenso wie im ‹Carmen saeculare› des Horaz (17 v. Chr.). Das ‹Carmen saeculare› ist vier Jahre vor dem Beschluß des Senats, die *Ara Pacis* zu errichten, entstanden. Dort ist der Hymnus auf die in einer neuen Ordnung wieder fruchtbare Erde aufgegriffen.

Der Widerhall solcher Seelenzustände und solchen Glaubens, für den man in der Astrologie Bestätigung suchte, besonders auch der Widerhall jenes Empfindens von Erschlaffung und Nachlassen, das man sich selbst um den Preis der Verleugnung gewisser Ziele, für die man lange gekämpft hatte, einhandelte, ist im bestimmenden Wesen der zeitgenössischen Kunst genau zu vernehmen. Man findet beim bereits früher Gefestigten und zum Gesetz Erhobenen Zuflucht.

So setzt sich in der offiziellen römischen Kunst auf die Dauer ein rückwärts gewandter, akademischer Zug fest, ein Geschmack – häufig ein schlechter – an literarischer und rhetorischer Verkleidung eines neuen Werkes mit Gewand und Mode des Klassizismus. Das bleibt ständige Eigenart des künstlerischen Schaffens für die herrschende Klasse. Wenn der Augustus von Prima Porta im Vatican (Helbig, Nr. 411) unter seinem Panzer den Körper des Doryphoros von Polyklet verbirgt, so folgen noch zweihundert Jahre später die vornehmen Damen und Herren der antoninischen Zeit dem kaiserlichen Beispiel und lassen sich in eklektischer, typologischer Annäherung als Mars und Venus darstellen, als Mars Borghese, der sich von einer Statue des 5. Jahrhunderts v. Chr. herleitet, und als Venus von Milo des 2. Jahrhunderts v. Chr. (Helbig, Nr. 2132). Eine andere Dame, vielleicht Freundin und Herrin irgendeines ‹Herakles› des 3. Jahrhunderts n. Chr., fand es passend, sich in ihrer banalen Nacktheit als unsterbliche, siegreiche Omphale abbilden zu lassen, bekleidet mit dem Löwenfell des Halbgottes. Wie schon die Mutter Alexanders des Großen, ließ sich dann Helena, die Mutter Constantins, als sitzende Venus darstellen nach dem Vorbild einer achthundert Jahre zuvor im Umkreis des Phidias geschaffenen Statue, wiederum mit Ausnahme des Porträtkopfes (Helbig, Nr. 1326).

Dieser in die Vergangenheit gerichtete, stets gelehrte und an politischen

Anspielungen reiche Charakterzug der römisch-kaiserzeitlichen Kunst wird dauerhaft und frühentwickelt in der augusteischen Zeit.

Wir können darüber Rechenschaft ablegen bei der Betrachtung eines typischen Werkes wie der *Ara Pacis Augustae* (Helbig, Nr. 1937), die unter anderem den Vorteil hat, daß wir ihre ‹Lebensdaten› genau kennen: den Augenblick, da der Entwurf ‹gezeugt› ward, sowie Zeit und Ort der ‹Geburt›; nur der ‹Vatersname›, der Künstler, bleibt uns verborgen. Augustus ließ sie selbst aufzeichnen (‹Res Gestae› II, 37 ff.): um seine siegreiche Heimkehr aus Spanien und Gallien und den seit langem glühend herbeigesehnten Frieden zu feiern, habe der Senat beschlossen, auf dem Marsfeld einen Altar zu errichten, an dem Magistrat, Priester und Vestalinnen jährlich eine Gedächtniszeremonie zu begehen hätten. Das Dekret stammt aus dem Jahre 13 v. Chr.; der Altar wurde 9 v. Chr. eingeweiht.

Seit der ersten Entdeckung von Reliefplatten im Jahre 1568 in den Fundamenten des Palazzo Fiano an der Via Lata (so hieß früher der ‹Corso›), seitlich von San Lorenzo in Lucina, bis zu den letzten Grabungen von 1937/1938 wurde Bruchstück für Bruchstück ein großer Teil des Werkes ans Tageslicht gehoben. Das unglücklich und an schlechtem Ort neu aufgebaute wertvolle Denkmal gibt trotz allem heute einen Eindruck davon, wie römische Skulptur ausgesehen hat. Dieses und das von der *Ara Pacis* ausstrahlende geschichtliche Flair haben allgemein die häufig überschätzte künsterische Bedeutung verfälscht. Wir stehen nicht vor einem großen Kunstwerk, sondern vor einem außerordentlich typischen Beispiel der augusteischen Zeit. Das Ganze bestand aus dem Altar im eigentlichen Sinn und einer mit figuralen und ornamentalen Reliefs geschmückten Umfriedung. Sie und der Altar sind im gegenseitigen Maßverhältnis unglücklich, kühl und ohne wirklichen Bezug nebeneinandergesetzt; der Altar füllt fast den ganzen Innenraum der Umfriedung. Über einem Ornamentsockel folgt ein Fries mit rituellen Szenen, dessen kleine Figuren eine neben der anderen mit klarem Umriß wie bei einem Goldschmiedewerk lebhaft aus dem Marmor herausgearbeitet sind. Trotz der monotonen Komposition fehlt der Darstellung nicht eine gewisse Frische, auch wenn dieser Teil unschwer zu vermissen wäre. Der Schwerpunkt liegt im Schmuck der Umfriedung, durch die auf den Schmalseiten je ein in der Hauptachse liegendes Tor hineinführt. Die Innenseite schmücken oben von Stierschädeln – Bukranien als symbolische Opferreste – gehaltene Girlanden und *paterae*, runde Metallschalen, deren man sich beim Opfer bediente, um eine Flüssigkeit auf den Altar zu gießen. Darunter imitiert der Marmor einen Bohlenzaun. Beide Schmuckmotive sind eine leicht stilisierte Übertragung auf edles Material einer provisorischen Umzäunung, wie man sie gelegentlich für eine Zeremonie benützte: von girlandenbekränzten Holzbohlen. Die Rückübersetzung und Rekonstruktion lassen sich leicht vorstellen.

Diese dekorativen und strukturellen Motive im Innern stehen in keiner Beziehung zum Schmuck der Außenseite, der sich seinerseits wieder aus strukturell voneinander völlig unabhängigen Elementen zusammensetzt. Vom Quaderverband der Marmorblöcke abgesehen, verbindet sie allein die Symbolik, die kühl entworfen ist mit der fühllosen Programmatik offizieller Kunst. Ihr Los ist es, von für wahrhaft Künstlerisches empfindungslosen Menschen begriffen zu werden, deren Interesse von einem hinlänglich banalen Symbolismus angeregt werden muß, der ihnen den Eindruck verschafft, eine große Idee sei dank ihrem Verdienst durch die Kunst unsterblich gemacht worden.

Beiderseits der Durchgänge schmücken symbolische Szenen im Zusammenhang mit den Gründungslegenden Roms die Umfriedung der *Ara Pacis*. Den Eingang rahmen zwei Darstellungen aus den Anfängen der Stadt: der Lupercal, also die Auffindung der beiden von der Wölfin gesäugten, vom Schicksal bestimmten Zwillinge durch den Hirten Faustulus. Mars durfte nicht fehlen und wohl ebensowenig Rhea Sylvia, doch kennen wir davon nur einige Fragmente. Auf der anderen Seite opfert Aeneas (Abb. 25) den Penaten, deren Tempel oben inmitten einer Wald- und Felslandschaft im hellenistischen Stil dargestellt ist. Auf der rückwärtigen Seite tritt uns einerseits die Menschen freigebig nährende Erdgöttin Tellus entgegen, begleitet von Symbolgestalten für Wasser und Winde: Erde, Wasser und Himmel, also die Welt, in der wir leben, prächtig, reich und friedsam. An der anderen Seite derselben Türe sitzt auf einem Waffenhaufen die gerüstete Roma, Beherrscherin und Hüterin dieser Welt: Rom und die Erde als die beiden Pole, zwischen denen der römische Bürger unter der Leitung und im Frieden des Augustus lebt. Auf beiden Längsseiten stellen zwei im realen Augenblick erfaßte, doch in konventionellen Bewegungsmotiven erstarrte Prozessionen den Festzug bei der Einweihung des Altars dar.

Schmal- und Längsseiten stehen in keinem kompositionellen Zusammenhang, ebensowenig wie es einen strukturellen zwischen den beiden Prozessionszügen gibt.

Wo diese Reliefs im tektonischen Bau des Ganzen eingeordnet sind, ist nicht sichtbar gemacht. Sie sind in ein architektonisches Gesims eingelassen, das die Komposition zerschneidet und keine Beziehung zum Bildraum mit den Figuren hat. Selbst wenn man annimmt, die Reliefs seien – wie es wahrscheinlich ist – polychrom gewesen, so ist ihre Modellierung doch zu klar und bestimmt, als daß man sie für gemalte Tafeln in einem Rahmen halten könnte wie die Reliefs des Mausoleums von Saint-Rémy-de-Provence. Und was soll der Ranken- und Blätterschmuck unterhalb des Figurenfrieses darstellen? Er ist formal und künsterisch vielleicht das Lebendigste am ganzen Denkmal, hat aber keinen funktionellen Zusammenhang mit den Friesen.

Solcher Mangel an Verständnis für Aufbau und Organik einzelner Teile wäre ein Greuel für den klassischen Griechen, der für jede Einzelheit eine klare Deutung und im Gefüge eine logische Funktion forderte.

Im italisch-römischen Raum ist so unvermittelt Nebeneinandergestelltes nicht neu: etruskische Malereien des 6. Jahrhunderts v. Chr. zeigen bereits einen Figurenfries, der ohne organischen Bezug über einen Fries mit floralem Schmuck gestellt ist (‹Stiergrab› in Tarquinia). Auch dort stehen die Figuren über vertikalen Elementen, die an die abgewandelte Palisadenwand an der Innenseite der Umfriedung der *Ara Pacis* erinnern.

Man sieht, die Gesamtauffassung eines Altars inmitten einer Umzäunung, die Vereinigung mythischer und geschichtlicher Bildvorwürfe – genau wie beim ‹Altar des Domitius Ahenobarbus› –, die Verschwommenheit der Strukturbeziehungen zwischen den verschiedenen Teilen dieses Denkmals sind offensichtlich lokale, römische Züge, die mit der italischen Tradition zusammenhängen. Nehmen wir aber die künstlerische Form in Augenschein, in der sich diese Konzeption ausdrückt, müssen wir uns davon überzeugen, daß die Künstler, die solches aufgriffen und ausführten, Griechen waren. Ob sie auch Bildhauer lokaler Werkstätten hinzugezogen haben, entzieht sich unserer Kenntnis. Es läßt sich nicht beweisen, ist deswegen aber nicht ausgeschlossen. Außerdem ändert das nichts am Problem selbst.

Das Aeneas-Relief ist verwandt mit einer Reihe anderer, die idyllische Hirtenmotive zeigen. In ihnen scheint die Plastik mit der Malerei in Wettstreit zu treten bei der Wiedergabe der Landschaft, die ganz allgemein mit Grotten und Felsen dargestellt wird.

Das tiefe Bedürfnis nach einer ländlichen Welt ist charakteristisch für die Kultur einer durch und durch städtischen Bevölkerung, die der Wirklichkeit des Landlebens völlig entfremdet ist. Es stand am Anfang der Eklogen des Vergil und bewegte Horaz zu dem Ausruf: «Glücklicher Bauer, wenn du den Vorteil deines Standes einsähest!» Cato hätte sicherlich eine solche Auffassung nicht geteilt. Sie entstammt unmittelbar dem literarischen Geschmack des Späthellenismus. Andererseits diente sie merklich den politischen Zielen der herrschenden Klasse der Zeit des Horaz. Noch unter Tiberius fand sie künstlerischen Ausdruck in den Reliefs von einem Brunnen, einst in der Sammlung Grimani, jetzt im Kunsthistorischen Museum zu Wien, zu denen noch ein jüngst in Palestrina aufgefundenes drittes gehört. Die offizielle römische Kultur jener Zeit hat solche Manier, solchen Geschmack und solche Symbole übernommen, auch wenn die dahinterstehende Auffassung vollkommen hellenistisch und damit dem eigentlich römischen Gefühl fremd bleibt.

Das sorgfältige Studium des Ornamentsystems vom Ranken- und Blütenfries der *Ara Pacis* – das Original ist auf der ursprünglich auf die Südostecke stoßenden Schmalseitenplatte erhalten – ließ erkennen, daß das Motiv typisch pergamenisch ist. In Pergamon jedoch ist es in der Zeit der *Ara Pacis* nicht mehr anzutreffen, sondern nur um einiges früher: mitten im 2. Jahrhundert v. Chr., worauf Theodor Kraus hingewiesen hat. Eine solche Feststellung zeigt, wie rückwärts gewandt und völlig klassizistisch der Künstler war, der den Schmuck der römischen *Ara Pacis* entworfen hat. Der Klassizismus tötet in diesem Falle nicht den Sinn für die Atmosphäre, für den Raum zwischen den Ranken, die wir als hellenistisches Erbe erkannt haben, sondern hält ihn am

Leben und macht ihn mit äußerster Delikatesse erfaßbar. Denselben Sinn für räumliche Werte bemerkt man im Innern daran, wie sich die Girlandenbänder, in ganz flachem Relief angedeutet, frei in der Luft einrollen. Auch die *paterae* – heute sieht man sie einfach ohne Zusammenhang auf den Hintergrund geklebt – müssen ursprünglich im freien Raum mit nur gemalten Bändern aufgehängt gewesen sein.

Dieser hellenistisch geprägte Sinn für Atmosphärisches zeigt sich auch in den Werken der Goldschmiedekunst. Hier gesellen sich raffinierte Ausführung und minuziöse Genauigkeit dazu. Schon bei den Marmorreliefs fällt eine virtuose Technik auf, die der ornamentalen Plastik der augusteischen Zeit und jeder für sie charakteristischen etwas Verfeinertes, Wertvolles und Vollkommenes verleiht. Der hellenistische Naturalismus, den hier neuattische oder neuasiatische Züge kaum erstarren ließen, stellt sich dabei in den Dienst einer offiziellen, kühl einem Programm gehorchenden Kunst und schenkt ihr den Glanz des Kostbaren. Dies läßt den Mangel an Schwung und Poesie verschmerzen und macht die Erzeugnisse solch hohen Kunsthandwerks nicht nur erträglich, sondern gelegentlich auch bewundernswert. Damit wird in Rom die Erinnerung an den künstlerischen Glanz hellenistischer Königshöfe wachgerufen und gleichsam wiederbelebt. Überall läßt sich dieser bewußt und gewollt erzeugte Abglanz erkennen: auf Gemmen und Cameen ebenso wie auf Ehrenstatuen der augusteischen Zeit, die zwar keine schöpferische Periode war, doch für uns den Höchststand des antiken Kunsthandwerks und seiner Technik bringt. Der große ‹Camée de France› (Paris, Bibliothèque Nationale) zeigt eine auf drei Register verteilte Komposition: unten die gefangenen Barbaren, in der Mitte eine Hofepisode und oben Gottmenschen, deren einer den Pegasos besteigt. Seit dem Mittelalter wurde dieser Cameo im Schatz der Sainte-Chapelle zu Paris aufbewahrt, da man seine zentrale Szene als eine Darstellung des ägyptischen Joseph vor Pharao gedeutet hatte. Auch heute noch sind sich nicht alle Gelehrten einig über die historische Auslegung dieser Szene. Eine kürzlich erschienene Arbeit behauptet sogar, das Stück sei während der Renaissance vollkommen überarbeitet worden, wobei man Personen vom Hofe Karls IX. und der Katharina von Medici hätte darstellen wollen, obwohl ursprünglich Kaiser Hadrian und sein Gefolge gemeint gewesen seien. Im allgemeinen aber schlägt man vor, in den beiden sitzenden Gestalten Tiberius und Livia zu sehen. Dann wäre der vor ihnen stehende Krieger Germanicus, Drusus der Jüngere, Caligula oder gar noch des Germanicus Sohn Nero. Das Stück ist weit weniger fein ausgeführt als die *Gemma Augustea* mit der Glorifizierung des Tiberius (Wien, Kunsthistorisches Museum), der neben der Roma sitzt und von der Oikumene gekrönt wird, der Personifizierung der Weltmacht (Abb. 24). Dagegen ist der ‹Camée de France› der größte auf uns gekommene, geschnittene Sardonyx des Altertums. Möglicherweise stammt die Komposition von einem offiziellen Tafelbild ab.

Solch augusteische Kunst verlangt unsere Bewunderung, aber ohne das

Gefühl innerer Anteilnahme und Gelöstheit hervorzurufen, wie es sich vor geringeren Werken einstellt, die erst einmal an menschliche Leidenschaft appellieren und dann jenen dramatischen Kampf sichtbar werden lassen zwischen dem künstlerischen Wollen und dem wirklich Erreichten. Hier dagegen ist alles schon im vorhinein festgelegt: man weiß, was zu sagen ist und wie man es zu sagen hat, was man zu machen hat und wie. Schließlich scheint es, Rom habe wirklich den Frieden unter der Führung eines Mannes und innerhalb einer schon vorprogrammierten Kultur gefunden.

In der Kunst bildet sich nach dem vorhergehenden Eklektizismus ein – vor allem in der Plastik – wesentlich vom Neuattischen her geprägter Stil aus, der trotz allem einen neuen Akzent in die antike Kunstsprache bringt. In der *Ara Pacis* vereinigt sich das künstlerische Erbe Pergamons, Alexandrias und Athens zu einem für die augusteische Zeit typischen Werk. Aus all diesen Gründen weckte die Kunst stets die Bewunderung der konformistischen Geister, einst und jetzt.

Für die Römer bedeutete die *Pax Augusta* keineswegs die Verwirklichung eines Ziels, für das man lange gekämpft hat, sondern schlicht das Ende einer Zeit voll Angst und Gefahr, voll quälender Ungewißheit über das Morgen; zu Ende war der stete, für alle, die nicht auf vorderster politischer Bühne standen, so unerträglich gewordene Wechsel. Im Grunde ist die *Pax Augusta* eine Fiktion. Schließlich ging die Parole auch jenen von den Lippen, die nichts dabei gewannen, weil sie müde waren, dagegen anzukämpfen. Solch Schlagwort traf weithin in der Bevölkerung, selbst beim politischen Gegner, auf begeisterte Aufnahme. Dem leistete Augustus bewußt Vorschub mit seiner Milde, seiner salbungsvollen Frömmigkeit und Uneigennützigkeit, die er so gut in Szene zu setzen verstand.

Hierin liegt der psychologisch überraschendste Zug seiner Persönlichkeit, wie er sich vom harten, entschlossen befehlenden und kühl wilde Taten berechnenden Parteiführer des Bürgerkrieges zum persönlich milden und zurückhaltenden Fürsten entwickelt hat, ein Bild der Klugheit und Beherrschung, der Ämter und Ehren nur übernahm, um jenen einen Gefallen zu tun, denen er erst die Möglichkeit dazu verschaffte, sie ihm anzubieten, voll Ehrfurcht vor der Überlieferung, frommer und gütiger Neubegründer der überkommenen Zucht und Sitte wie der Familie.

Diese beiden Gesichter geben zwei der vielen erhaltenen Porträts besonders gut wieder. Das eine im Museo Capitolino – einst in der Villa Albani – muß zur Zeit der Schlacht bei Actium entstanden sein (Helbig, Nr. 1278). Das eigenartige, völlig hellenistisch aufgefaßte Porträt voller Verve zeigt uns den etwa fünfundzwanzigjährigen Octavian. Der Künstler schmeichelt ihm bereits. Das Gesicht ist angespannt und vom Willen zur Selbstbestätigung geprägt (ein Kopf in Arles zeigt noch Spuren dieser Auffassung). Als das andere Porträt entstand – es stammt von der Via Labicana und ist heute im Museo Nazionale Romano zu Rom (Helbig, Nr. 2300) –, war Augustus in Wirklichkeit schon recht alt. Der Künstler deutet das durch die leicht eingefallenen Wangen an. Während des Opfers, das Augustus gerade darbringt, ist sein Gesicht mild und ruhig, doch bei allem Ernst, aller Schlichtheit voll Weisheit, Erfahrung und Verständnis für die Turbulenz des Lebens, die ihn kaum mehr berührt. Hier ist nicht nur das schönste Augustusporträt – weitaus verdichteter als das auf banale Weise stimmende Standbild von Prima Porta –, sondern auch eines der bezeichnendsten und originellsten Werke des Jahrhunderts. In ihm ist etwas verwirklicht, das es zuvor nicht gab; ein neuer ethischer Gehalt, Ausdruck einer neuen Welt, hat hier eine neue Form gefunden. Die sorgsam kalligraphisch geordnete Frisur verrät deutlich die neuattische Wurzel und ein klassisches Vorbild. Das Gesicht dagegen ist fern von jedem stets etwas thetralischen Pathos hellenistischer Porträts. Es zeigt einen einfachen und objektiven Realismus sowie ein Empfinden für feinste Hautoberflächen. Ähnliches findet sich auf Terrakotten aus den Heiligtümern Latiums und Südetruriens. Es scheint so, daß eine Seite des politischen Programms von Augustus, der altitalischen Tradition wieder Gewicht zu geben mit dem deutlichen Ziel einer Befriedung der Halbinsel, durch unseren unbekannten Bildhauer Form erhalten hat.

Ob solcher Feinheiten in der Ausführung wurde die Kunst der augusteischen Zeit allgemein als Höhepunkt der römischen Kunst gerühmt. So wenigstens war die Meinung derer, die sich noch an das neoklassische Leitbild der Begründer der Archäologie hielten. Das Ideal von der Ruhe, dem Gutsein und der Ordnung, das darin Ausdruck findet, entsprach sehr wohl dem Liberalismus des 19. Jahrhunderts, in dem sich dieses Urteil nach und nach bildete. Wir fühlen uns nicht mehr imstande, solches zu teilen. Uns zeigt sich in der augusteischen Kunst ein dem Offiziellen gemäßer Ausdruck, der sich, jener Gesellschaft verbunden und auf das Zentrum politischer Macht beschränkt, in deren Dienst begeben hat. Kunst und Regierung des Augustus fußen auf einer Fiktion, die die hellenistischen Königreiche und gleichzeitig die römische Consularrepublik weiterleben lassen möchte. Diese Kunst fürchtet sich, irgendein Gefühl auszudrücken, und flüchtet in einen Konformismus, alles besser zu machen und die Technik virtuos zu handhaben. Freiheit und Problemstellung der hellenistischen Kunst, der Sinn für Raum und Atmosphäre sind abgeschwächt und ihres Inhalts verlustig gegangen. Der Neuattizismus trägt ein Großteil Schuld daran.

Der Neuattizismus war nicht in Pergamon aufgekommen, wie mancher Gelehrte angenommen hat, sondern tatsächlich in Athen. Er war nicht nur eine Geschmacksfrage, eine Vorliebe für deutliche, klare und gefällige Form, sondern auch Ausdruck einer besonderen Situation.

Griechenland war unter makedonische Herrschaft geraten; Athen hatte seine Rolle als lebendiges, politisches Zentrum, als Hauptstadt ausgespielt, auch wenn es die eleganteste, verfeinertste und geistvollste griechische Stadt geblieben ist. Gerade dieser Zug zum Intellektuellen war der Grund für fortwährende Intrigen und Ressentiments. Andere Städte, die sich unter den neuen

Herren rasch entwickelten, zogen die tatkräftigsten und originellsten Künstler an sich. In Athen gab es keine wichtigen Aufträge mehr. Das künstlerische Schaffen beschränkte sich dort auf kleinere, gefällige Sachen, auf Dekoratives und gut Verkäufliches, allerdings von bester Qualität. So kam es zur neuattischen Kunst, die, rückwärts gerichtet, voll Sehnsucht die Klassik neu zu beleben versuchte.

Als dieser Neuattizismus nach Rom kam, verlor er jene Sehnsucht nach Vergangenem, die ihn am Leben gehalten hatte. Es blieb allein, was sich formal umsetzen ließ, rasch, kühl und tausendfach ausgeführt im Kunsthandwerk. Mit seiner Vorliebe für klare Formen im weiten Raum, auf leerem Grund verwendet der Neuattizismus klassische, archaische, selbst ägyptische Motive, wie etwa auf den Obsidiantassen aus Stabiae (Neapel, Museum), in die mit Hilfe von Goldfäden und -stegen Glasflüsse eingelassen sind. Er hat offensichtlich auch die Kunstwerkstätten im ägyptischen Alexandria erreicht.

So entstand der augusteische Stil, in dem nur selten, dafür mit größerer Wärme, Nichtklassisches aufscheint, das der italische Hellenismus über seine fortdauernde lokale Kunsttradition beisteuerte.

Die Keramiken der vielen Werkstätten von Arezzo (Helbig, Nr. 2656, 3156) sind ein Beispiel für den augusteischen Neuattizismus im Kunsthandwerk, dessen technisches Vorbild teils in Griechenland – für die Reliefs –, teils in Mittelitalien – für die Farbe – zu suchen ist. Diese Werkstätten hatten schon in der Zeit Sullas begonnen, erreichten aber ihren künstlerischen Höhepunkt unter Augustus. Von Arezzo aus verbreitete sich jene Keramik, deren Reliefs mit Hilfe eines Models hergestellt – daher *terra sigillata* von *sigillum* = kleine Figur – und vor dem Brand und dem Firnissen auf dem Gefäß angebracht wurden, im ganzen Reich. Besonders eifrige Manufakturen wurden in Gallien gegründet. Gefäße aus den Werkstätten von Arezzo sind selbst bei den Grabungen von Arikamedu südlich von Pondichéry an der Ostküste Indiens entdeckt worden. Das braucht nicht mehr zu verwundern als der Fund einer indischen Elfenbeinstatuette in Pompeji: zur Zeit des Augustus waren wenigstens vier indische Gesandtschaften zu Gesprächen über Politik und Handel nach Rom gekommen sowie eine ceylonesische unter Claudius.

Im Kunsthandwerk aus kostbarem Material, in Arbeiten für ein gehobenes Publikum, das keine Neuerungen liebte, erreichte die augusteische Kunst – oft waren griechische Künstler am Werk – ihren Höhepunkt und zugleich eigensten Ausdruck. Die augusteische Kunst heißt Goldschmiedewerke, Cameen, geschnittene Gemmen und wie Cameen behandeltes Glas. Gerade diese Stücke inspirieren sich dauernd an den Schätzen der Höfe von Pergamon, Syrien und Alexandria. Was die augusteische Kunst auf diesem Gebiet schuf, diente in der ganzen römischen Zeit als Muster. Deshalb entdeckt erst der Fachmann, daß eine Gemme, ein Cameo oder ein Silberbecher, die man für augusteisch gehalten hatte, aus constantinischer Zeit stammen.

Außer den Schätzen an wertvollen Dingen, die man in Italien zutage gefördert

dert hat, etwa in Boscoreale oder im ‹Haus des Menander› zu Pompeji – hier kommen zu den augusteischen Stücken auch etwas spätere hinzu –, zeigt ein in Hildesheim entdeckter Schatz, daß solch Silberwerk von seinen Besitzern auch mit in die Provinzen genommen wurde. Der Schatzfund von Hoby in Dänemark beweist, daß dieses Silber selbst bis zu den Stammesfürsten Nordeuropas gelangte.

Die offizielle Kunst wandte sich völlig ab vom lebendigen Überschwang des Ausdrucks, von rasch, summarisch und immer improvisierend entworfener Form, alles Kennzeichen unmittelbaren hellenistischen Einflusses in der italisch-römischen Kunstkultur. So verliert auch das offizielle Porträt Lebendigkeit und Realismus der republikanischen Porträtkunst. Das macht es so schwer, die verschiedenen Mitglieder des julisch-claudischen Hauses auseinanderzuhalten, besonders die Prinzen, denen stets aufs neue und stets vergebens die Sorge des Augustus galt, wenn er eine schon vorher festgelegte, dynastische Nachfolge für sein Prinzipat sichern wollte. Alle starben zu früh, sowohl die Söhne Agrippas und Julias, der Tocher des Augustus, wie die Söhne des Tiberius. Letzterer, im Jahre 42 v.Chr. geboren, war ein Sohn der Livia, die Octavian nach ihrer Scheidung in dritter Ehe zur Frau genommen hatte, da sie bereits mit Drusus dem Älteren schwanger ging. 11. v.Chr. wurde Tiberius der dritte Mann der Julia, deren Kinder in zartem Alter starben. Die Thronfolge des Tiberius schien also die natürlichste zu sein. Doch nach seinem Tod mußte man auf entferntere Verwandte zurückgreifen wie Caius, den man Caligula nannte, einen Enkel von Drusus dem Älteren. Mit Erleichterung begrüßte man nach dessen sinnlosem Regiment seinen Onkel Claudius als Nachfolger. Alt und furchtsam, etwas stotternd war dieser doch so normal und friedsam, daß man ihn unter so viel Neurotikern immerhin für einen mittelmäßig klugen und begabten Mann hielt.

In der Geschichte bezeichnet die Herrschaft des Claudius (41–54 n.Chr.) eine Zeit weiser Verwaltung und des Einvernehmens mit dem Senat, die aber nach den ersten Regierungsjahren seines Nachfolgers und Schwiegersohnes Nero jäh und heftig endete. In der Kunstgeschichte markiert die Herrschaft des Claudius das Ende des augusteischen ‹Hofstils›. Das Neuattische überwiegt zumindest noch in der Plastik, aber die Oberfläche beginnt sich wieder zu beleben, das Relief wird reicher, gewinnt an Farbe. Das verstärkt sich in der zweiten Jahrhunderthälfte und bereitet so den Boden für die formalen Elemente der darauffolgenden Zeit der Flavier (69–98 n.Chr. mit den Kaisern Vespasian, Titus, Domitian und schließlich Nerva).

Dieses Flirren der plastischen Oberfläche, das Feinempfinden und Erfahrung des östlichen Hellenismus wiederaufnimmt, ist schon in einem Denkmal zu finden, das sein thematisches und formales Vorbild in der *Ara Pacis* hat; wir meinen die *Ara Pietatis Augustae*, deren Errichtung der Senat noch unter Tiberius im Jahre 22 n.Chr. beschloß, die aber erst zwanzig Jahre später im Jahre 43 n.Chr. von Claudius eingeweiht wurde. Auch hier umschloß eine mit

Opferreliefs geschmückte Umfriedung einen Altar, doch gestatten die wenigen erhaltenen Fragmente keine Rekonstruktion. Die besten gehörten in der Renaissance zur Sammlung des Kardinals Della Valle und wurden später zum Schmuck der Villa Medici am Pincio verwendet.

Auch die *Basilica sotterranea* an der Porta Maggiore, eines der seltsamsten Baudenkmäler, gehört in die Zeit des Claudius. Man hat den dreischiffigen Saal mit einer Apsis als Raum für die geheimen Zusammenkünfte einer Sekte reicher und intellektueller Römer gedeutet. Die Sekte scheint sich an neupythagoreischen Lehren orientiert zu haben, die in der Läuterung des Geistes und der Metempsychose den Weg zur Befreiung und ewigen Glückseligkeit nach dem Tode sahen. Aber das letzte Wort über die Symboldeutung des Schmucks ist vielleicht noch nicht gesprochen worden. Doch was die Kunst anbelangt, ist dieses Werk das beste Beispiel für eine rein weiße Stuckdekoration, deren Anmut und Witz erst wieder am Ende des 18. Jahrhunderts in Europa annähernd erreicht worden sind. Dem Schmuck dieser Basilika nah Verwandtes findet sich in einigen der kleinen, galanten Zimmer des 18. Jahrhunderts, die man in Venedig *ridotti*, ‹Zufluchtsorte›, nannte. Diese alexandrinische Technik begegnete uns bereits in augusteischer Zeit im Haus an der Farnesina. Doch hier in der *Basilica sotteranea* ist alles leichter geworden. Die kleinen Einzelfiguren oder Szenen stehen im Mittelpunkt weiter Flächen und Räume; sie ordnen sich dem gesamten Rahmensystem unter, das die Wölbungen in regelmäßige Felder unterteilt. Auch wenn einige Szenen als Allegorien aufgefaßt werden können, sind sie doch nicht stärker herausgehoben als die rein dekorativen. Alle Darstellungen sind vorwiegend als Dekoration entworfen. Die Jünger dieser Mysteriengemeinschaft – so scheint uns – müssen schon auch ideologische Gründe gehabt haben, um diesen Ort zu besuchen, dürften aber ihren mondänen Mystizismus nicht gar so ernst genommen haben.

Selbst die Gräber wurden damals mit von der griechischen Mythologie inspirierten Stuckreliefs ausgeschmückt und kaum noch, wie ein Jahrhundert zuvor, als die Republik in den Händen der großen Patrizierfamilien lag, mit Malereien zum Ruhme der Familie.

In der Plastik ändert sich unter Nero kaum Wesentliches gegenüber der Kunst unter Claudius. Aber wir haben bemerkt, wie heftig sich der Bruch mit den neuattischen Schemata in der Malerei vollzog, in der Architektur sogar mit revolutionärer Kraft. Hier kommt es sogar zu ersten direkten Verbindungen mit dem Hellenismus der Zeit Sullas und noch Früherem.

Auf dem Gebiet der Plastik findet man erst unter Domitian (81–96 n. Chr.), dessen finstere Persönlichkeit das erste Jahrhundert des Prinzipats beschließt, einen neuen Zugang zum Neuhellenismus.

Schon beim ersten flavischen Kaiser, Vespasian, zeigt sich in der Reihe seiner Porträts eine Wiederaufnahme voraugusteischer Bildweise. Außerdem unterscheiden sich Privat- und Totenporträts deutlicher von ofiziellen und Ehrenstatuen des Kaisers. Der Kopf Vespasians in der Ny Carlsberg-Glyptotek entspricht ganz offensichtlich dem, was die Geschichtsschreiber seiner militärischen Taten vom Aussehen dieses Mannes berichten: ein alter Soldat aus plebejischer Familie, der wie ein Bauer aussah, mit seinem sonnverbrannten, wie gewaltsam zusammengekniffenen Gesicht, vulgär in seiner Haltung und der Art, sich zu geben. Das Porträt im Museo Nazionale Romano (Helbig, Nr. 2310) dagegen zeigt ihn als den *princeps*, sehr distinguiert, intellektuell, schwach an einen der hellenistischen Herrscher erinnernd.

Ein letzter Schimmer des augusteischen Klassizismus liegt auf den Reliefplatten aus der Zeit Domitians mit Gedenkszenen, die man in einem Depot nicht mehr benötigter Marmorstücke unter der päpstlichen Cancelleria aufgefunden hat (Helbig, Nr. 12). Doch schon der Schmuck des Titusbogens an der Einmündung der Via Sacra in das Forum bestätigt eine neue künstlerische Konzeption.

Auf einer der Platten von der Cancelleria sind noch alle Figuren auf einer Ebene aneinandergereiht vor einer völlig neutralen Wand als Hintergrund; auf der anderen stehen sie in einer leicht gekrümmten Kurve, so daß die ersten etwas mehr vortreten als die übrigen. In der Darstellung des Titustriumphes jedoch kommt der Festzug auf den Betrachter zu, zieht knapp an ihm vorüber, wendet sich dann und verschwindet in einem Bogen, der *porta triumphalis* (Abb. 26). Die Figuren – lebhaft im Relief – bilden einen gegen den Betrachter zu konvexen Bogen; der Grund hingegen wölbt sich konkav, die atmosphärische Weite andeutend.

Das ist kaum nur ein Trick des Künstlers, um die Szene zu beleben. Schon die Tatsache, daß er notgedrungen immer wieder darauf zurückkommt, zeigt, daß sich hier etwas wandelt in der Art, den Bezug zwischen Mensch und Umweltwirklichkeit zu sehen und darzustellen. Das wird auch an der veränderten Beziehung zwischen Betrachter und Kunstwirklichkeit deutlich.

Trotz der verschiedenen und immer neuen Ausdrucksweisen behielt die griechische Kunst doch unverändert den Bezug zwischen Betrachter und Darstellung bei, den frühere Kunst geschaffen hatte. Seine Konzeption bestand hauptsächlich darin, den Betrachter als unbeweglich an einen Punkt gefesselt anzunehmen, vor dem sich horizontal der Hintergrund ausspannt, auf dem sich wiederum die Figuren der Komposition bewegen. Der Wechsel, der sich da anbahnt, geht weder auf Mode noch Erfindungsreichtum eines Künstler zurück, sondern beruht auf tieferen Beziehungen. Die Zeichnung ist immer noch vom Klassizismus her geprägt; der Betrachter steht noch unbeweglich auf seinem Beobachtungspunkt. Aber der räumliche Bezug ist ein anderer geworden. Der Hintergrund ist nicht mehr horizontal gespannt, sondern wölbt sich konvex oder konkav.

Ein Jahrhundert später wurde der Betrachter in den Bildraum miteinbezogen, in dem die dargestellten Figuren sich bewegen, denn im Vordergrund finden sich von hinten Gesehene, in die Szene Hineinblickende. Der Betrachter fühlt sich dadurch in den Mittelgrund, also hinter die Figuren versetzt. Einen kühnen, wenn auch nicht völlig gelungenen Versuch in dieser Richtung zeigt ein Relief im Innern des Triumphbogens am Forum, im Scheitel der Wölbung. Es stellt die Apotheose des Titus dar. Die angewandte Verkürzung verbindet den Kopf des Kaisers unmittelbar mit dem Leib des Adlers, der ihn gen Himmel trägt – wie bei einem Deckenfresko Tiepolos, nur längst nicht so locker.

Eine interessante Reihe von Skulpturen, die für die nichtoffizielle Kunst der Zeit Domitians bezeichnend sind, kommt aus einem Familiengrab der Haterii (Helbig, Nr. 1071–1077). Es wurde um die Mitte des vergangenen Jahrhunderts – leider recht unordentlich – an der Via Casilina in der Nähe von Centocelle ausgegraben. Man glaubt als Besitzer des Grabes mit guten Gründen einen gewissen Quintus Haterius Tychicus annehmen zu können, der als *redemptor*, also Unternehmer öffentlicher Bauarbeiten bekannt war. Das würde die Darstellung verschiedener Architekturdenkmäler, wie des in der Attika noch unvollendeten Colosseums oder einer Hebemaschine, im einstigen Reliefschmuck des kleinen Grabhauses erklären. Gerade ein Bauunternehmer kann gut für den Erfolg eines Mannes der Mittelschicht beim Aufschwung im Bauwesen unter Domitian Zeugnis geben. Der Künstler des Reliefs legt besonderen Nachdruck auf die Darstellung von Symbolen aus Ritual und Totenkult. Sie sind sorgfältig in allen Details wiedergegeben, aber ohne rechte Größenbeziehung zwischen den Einzelheiten und den Figuren. Diese Darstellungsweise ist – wir haben das gesehen – eine Eigenart der plebejischen Kunst. Gleichzeitig aber gehören auch vorzügliche Porträts zu diesem Werk, die zu den besten Beispielen des dank hellenistischem Einfluß feinfühlender und formal genauer gewordenen römischen Realismus zu zählen sind. Die Büsten beschränken sich nicht auf den Kopf und ein Stück Hals, sondern sind wirkliche Halbfiguren, nur ohne Arme. Zwei befinden sich, je einzeln, in einer Nische, die aus der Wand herausgeragt haben muß. Sie erinnert in etwa an den Schrank, in dem man einst bei den Patrizierfamilien die Bilder aufbewahrte.

In der Nische, die das Frauenporträt enthält, ranken sich Rosen über tektonisch bedeutungslose Pfeiler und Säulen. Wiederum Rosen umwinden die Säule auf einem rechteckigen Pfeiler, der mit anderen zusammen Transennae, also Gitterplatten, eingerahmt haben muß. Der Sinn für die Atmosphäre, die in diesen Reliefs um alle diese dargestellten Dinge herumflirrt, ist etwas ganz anderes, als was bei den Reliefs des Titusbogens zu beobachten war, zeugt aber vom selben Bemühen um Darstellung des Raumes. Man sucht hier das Detail immer genauer und realistischer wiederzugeben, doch geht das nicht Hand in Hand mit dem mangelnden Gefühl für die Wirkung des Ganzen, da man ja im Gesamtentwurf nicht auf den Naturalismus abzielt. Zwar spricht man den Formdialekt des hellenistischen Naturalismus, doch was man sagt, stammt aus der italisch-römischen Tradition. Die Relieftechnik ist außerordentlich fein geworden: die Blätter des Rosengeranks erreichen in der Tat nicht mehr als die Dicke eines wirklichen Blattes; die Form ist reich modelliert, aber zugleich klar. Auch bei den Porträtköpfen ist die gesamte Oberfläche mittels eines sorgfältigen und einfühlsamen Reliefs belebt, in der Wirkung zugleich farbig und dekorativ. Die Haare werden zum Ornament, doch luftig und weich. Der Künstler dieser Plastiken führte den Meißel mit der gleichen Freiheit, die den Zeichner zur Feder greifen läßt, doch sein Bestreben war vor allem, was die Natur eingibt in lieblichem Ornament auszudrücken und beides einander anzupassen.

Einen Schritt weiter auf dem Weg, die Atmosphäre wiederzugeben, geht ein anderes Relieffragment mit Efeugerank, das ganz woanders herkommt. Häufig ist der Grund um die Blätter herum vertieft, um ihnen größere Leichtigkeit zu geben. Dinge im Hintergrund sind auf der Fläche nur angedeutet. An einer kleinen, ornamentalen Einzelheit sieht man hier Technik und Ausdruck sich vorbereiten, deren volle und letzte Möglichkeiten später ein großer Meister wie der der Reliefs der Trajanssäule beherrschen sollte; nicht zuletzt kündigt sich hier auch die äußerste technische Freiheit in der Bearbeitung des Marmors an, die selbst in den dauernd wiederholten Kompositionen der Sarkophage lebendig bleibt.

Selten waren einzelne, individuelle Künstlerpersönlichkeiten mit ihrer schöpferischen Erfindung in der Lage, plastisch-lebendigen Ausdruck mit origineller Vielfalt in Vorlagen zu gießen, die an viele Generationen weitervererbt werden konnten. Das gelang weitaus eher den bedeutenden Bildhauerwerkstätten, in denen Künstler im Tagelohn arbeiteten. Würde man die Kunstgeschichte der römischen Zeit nur als Geschichte der großen Künstler schreiben, verschlösse man sich von vornherein jedem wahren geschichtlichen und strukturellen Verständnis des künstlerischen Schaffens dieser Epoche. Das Kunsthandwerk ist viel eher als der große Künstler darauf angewiesen, den Wünschen des Bestellers zu dessen Zufriedenheit nachzukommen. Außerdem müssen die Kunsterzeugnisse – besonders die Sarkophage – verkauft und ausgeführt werden. Der Zusammenhang mit der Sozial- und Wirtschaftsgeschichte ist daher grundlegend.

V. Die Geburt einer Reichskunst
Trajan und Hadrian

Im Vierkaiserjahr 69 n. Chr., in dem Galba, Otho, Vitellius und Vespasian nacheinander an der Regierung waren, begann nach dem kurzen, aber heftigen Bürgerkrieg mit dem Prinzipat des Vespasian eine Veränderung in Politik und Verwaltung, die die Grundlage für die Epoche von Nerva (96–98 n. Chr.) bis Marc Aurel (161–180 n. Chr.) bildet, die als glücklichste Zeit des Römischen Reiches in Erinnerung und Überlieferung der Antike eingehen sollte. Noch in den auf und vor Constantin (306–337 n. Chr.) gehaltenen Panegyriken sollte es zum festen Bestandteil einer solchen Lobrede gehören, seine Regierungszeit mit der des Trajan, des *optimus princeps* ((98–117 n. Chr.), mit der des Hadrian (117–138 n. Chr.) und der Antoninen (Antoninus Pius 138–161 n. Chr., Lucius Verus 161–169 n. Chr., Adoptivbruder, Schwiegersohn und Mitkaiser Marc Aurels) zu vergleichen. Auch auf den Münzen werden die Regierungsjahre jener Kaiser *felicia tempora* genannt. Die kaiserliche Propaganda in diesem Sinne machte zwei Generationen hindurch wenigstens auf die römischen Bürger tatsächlichen Eindruck und hatte Erfolg. In den folgenden Zeiten von Gefahr und Krisen, die von Mal zu Mal schwerer wurden, sollte sich diese Erinnerung vertiefen.

Nur ein besonders starkes und einiges Heer konnte solche Eroberungskriege führen wie die Trajans vor allem in Dacien (dem heutigen Rumänien) und im Orient (in Armenien und gegen die Parther) oder die Marc Aurels zur Verteidigung der nördlichen Provinzen (Britannien, Germanien) und der Länder jenseits der Donau. Gleichzeitig sicherten zwei grundlegende Dinge eine lange Periode des Wohlstands und des inneren Friedens: die Schaffung einer romanisierten Provinzaristokratie und die Lösung des Nachfolgeproblems im Prinzipat, das sich dauernd stellte. Beides veränderte und bestimmte Gesicht und Wesen des römischen Staates jener Zeit.

Der Provinzadel, ursprünglich ehemalige Soldaten, später auch Beamte, erneuerte schließlich die alte Senatorenklasse vollkommen. Auch wenn die Senatoren Wohnsitz und Besitzungen in Italien haben mußten, vertrat der Senat doch auf Grund der Herkunft seiner Mitglieder tatsächlich das gesamte Reich und bestand zum Großteil aus Männern, deren Autorität weniger auf der Größe ihres Besitztums als auf ihrer Erfahrung als Beamte, Offiziere und Provinzgouverneure beruhte. Durch die Heeresreform Vespasians wurden die römischen Soldaten mit Ausnahme eines kleinen Teils der kaiserlichen Prätorianergarde nicht mehr unter den italischen Proletariern ausgehoben, sondern im Gegenteil aus den höchsten und kultiviertesten Bevölkerungsschichten der

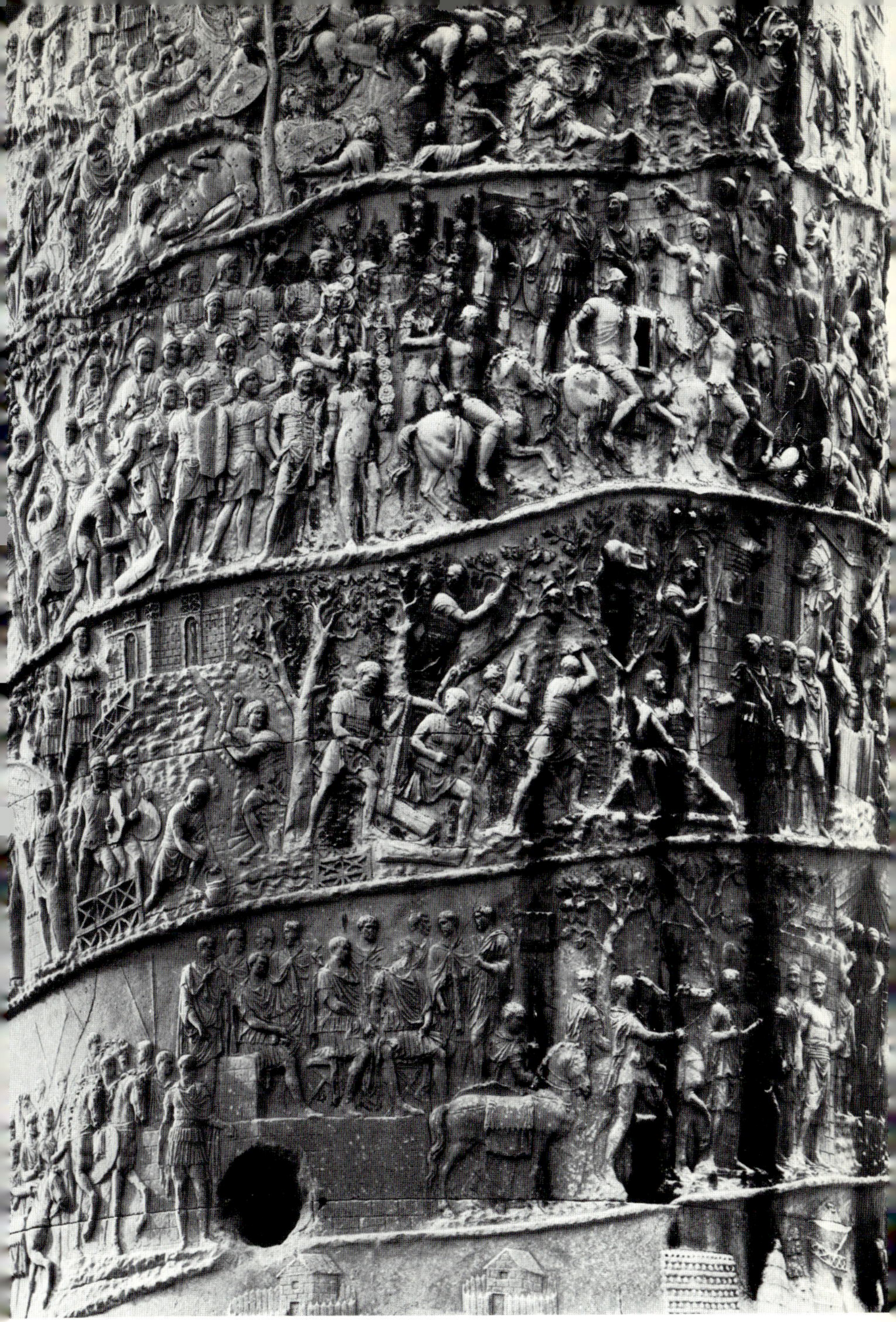

28 – Rom, Trajanssäule (Ausschnitt)

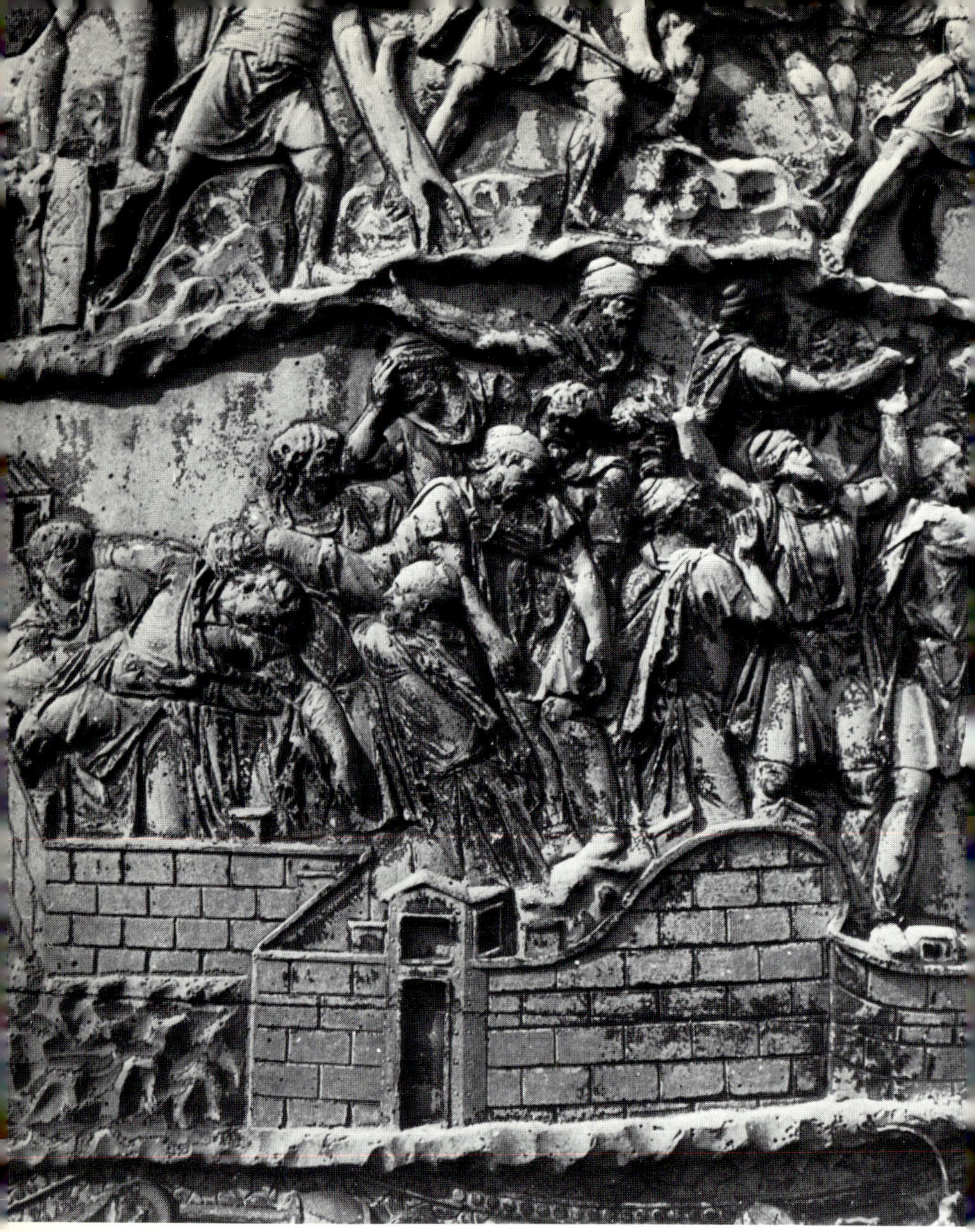

29 – Rom, Trajanssäule – Freitod der Dacer

Provinzen gewonnen. Hier gehörten Grundbesitzer und Bauern zu den neugegründeten Municipien; sie vertraten die wachsende Urbanisierung der Provinz.

Zuerst gerieten die westlichen Provinzen (Spanien, Gallien, Illyrien, Noricum und Pannonien) stärker in das Blickfeld der Politik und Verwaltung. Kaiser wie Trajan und Hadrian waren in Spanien geboren oder stammten vom gallischen Landadel ab wie Antoninus Pius und Marc Aurel. Doch bereits unter Vespasian saßen drei Orientalen, darunter ein ehemaliger König, im Senat. Unter Trajan kamen Griechen dazu, deren Zahl unter Hadrian noch größer wurde (Plutarch erwähnt das ehrgeizige Streben der Griechen nach Senatssitzen). Gegen die Jahrhundertwende amtieren auch in Kleinasien geborene Consuln (in den Jahren 92 und 93 n. Chr.). Das Band zwischen Rom und seinen Provinzen wird fester; einst bestand die Verbindung nur im Unterwerfen, jetzt in den Gemeinsamkeiten der Verwaltung. Die nationale Opposition der Provinzen gegen Rom verschwand damit nicht, jedoch setzte sich in der Tat eine Einheit im ganzen Reich durch, wie es sie früher nicht gegeben hatte.

Es ist sicher nicht zufällig oder nur dem selbständigen und unabhängigen Wachstum der künstlerischen Form zuzuschreiben, wenn sich in dieser Zeit neue künstlerische Entwicklungen und Grundlagen erkennen lassen, die wirklicher Ausdruck des römischen Weltreiches sind und mit keiner früheren künstlerischen Aussage verwechselt werden können. Das hellenistische Erbe ist endlich nicht mehr eine kulturelle Anleihe, sondern eine Mitgift, die in die Ehe der neuen römischen Kultur von Anfang an eingebracht, ihr angeglichen und verändert wird. Das zeigt auch die neue Art des Schmucks, den man nunmehr auch in den Gräbern des Adels findet und nicht nur in den Häusern, wenn auch hier seltener, weil nur wenig davon erhalten geblieben ist. So sieht man ihn beispielsweise in einigen Gräbern an der Via Latina, wo die Kreuzgewölbe mit eleganten Malereien und Stucchi geschmückt sind, die frei nach hellenistischen Motiven erfunden wurden und bescheidenere Abbilder der *Domus Aurea* in Umlauf bringen.

Das zweite Element, das sich als grundlegend für die besonderen geschichtlichen Bedingungen jener Zeit erwiesen hat, ist die Regelung der Nachfolge im kaiserlichen Amt. Das hat unmittelbaren Einfluß auf die Auffassung von Macht und Person des Kaisers. Deutlich erkennbar ist auch die Auswirkung auf die Kunst, besonders auf das Kaiserbild, nach dem sich häufig das Privatporträt richtet. Die Nachfolgeregelung geschah damals mit Hilfe der Adoption, theoretisch außerhalb der Familie. Dieser Brauch bedeutete einen Sieg der intellektuellen Opposition und die Verwirklichung einer Idee, die man im philosophischen Schrifttum der Zeit ausgiebig diskutiert und definiert findet. Hierin vereinigt sich schließlich pythagoreisches Gedankengut mit stoischen Auffassungen und selbst mit denen solch populärer Philosophen, die sich als Kyniker ansahen. Diese philosophischen Diskussionen zielten auf die Politik hin. Das beweist die durch Vespasian verfügte Verbannung aller Philosophen aus Rom, unter denen Dio aus Prusa in Bithynien, den man später Dio Chrysostomos nannte, und der Stoiker Musonius waren. Vor allem der erstere widmete sich von da an einer wahrhaft philosophisch-politischen Predigertätigkeit, wobei er, oft verkleidet und unter anderem Namen, von Stadt zu Stadt zog. Aus seinen Reden, deren Zielscheibe besonders Domitian war, geht deutlich die Leitidee dieser Opposition hervor, die immer wieder auf die Unterscheidung zwischen dem Tyrannen und dem guten, legitimen König zurückkommt. Dieser erhält seine Autorität von Gott, der ihn auserwählt, weil er der beste unter den Menschen ist. Seine Macht kann also nicht erblich sein noch sich zur Tyrannei wandeln. Die Adoption eines Nachfolgers durch den Kaiser, der den besten der Senatoren auswählt, stimmt mit diesem Konzept überein. Männer wie Trajan, Hadrian und Marc Aurel entsprachen vollkommen den Forderungen des philosophischen Denkens jener Zeit, demzufolge die Ausübung der höchsten Macht ein Dienst ist, ein Amt, das Gott und der Staat ihnen auferlegt haben. Der Kaiser ist nicht Herr des Staates, sondern dessen erster Diener, von dem man harte Disziplin, Pflichtgefühl, mühevolle und unaufhörliche Sorge forderte. Eine solche von Grund auf liberale und gleichzeitig tiefreligiöse Auffassung mit einem Zug zum Mystizismus trat in den Schriften der Stoiker seit dem großen Schüler des Musonius, Epiktet (um 50 n. Chr. zu Hierapolis in Phrygien geboren und um 135 n. Chr. in Nikopolis-Actium gestorben), immer stärker hervor. Unmittelbar aus seiner Lehre entstand ein so bewegendes und weitgehend tragisches menschliches Dokument wie die ‹Selbstbetrachtungen› (τὰ εἰς ἑαυτόν) Marc Aurels. Die göttliche Erleuchtung, die die Wahl des Kaisers leiten muß, macht dessen Person heilig; er verkörpert in sich sichtbar die Majestät des Reiches.

Mit Trajan hatte sich die Opposition der Philosophen beruhigt: Dio wird fast zum Herold des Kaisers, wenn er seine Reden ‹Über Herrschaft und Tyrannei› in den wichtigsten Städten des Ostens hält und damit wirksam zur Befriedung der Provinzen beiträgt. Die erste dieser Reden stammt aus demselben Jahr wie der Panegyrikos auf Trajan von Plinius dem Jüngeren: beide sind 100 n. Chr. verfaßt worden. Zum zehnten Jahrestag der Regierung Trajans, 108 n. Chr., entstand ein Porträt des Kaisers, das eine neue Bildauffassung erkennen läßt. Früher – wir haben es bei Vespasian gesehen – gab es offizielle Porträts, die im Sinne der Tradition klassischer griechischer Kunst idealisiert oder gar vergöttlicht waren und daneben realistische Privatporträts ohne jede Rücksicht und Zurückhaltung. Diese Dualität verschwindet jetzt: von Trajan gibt es ein einheitliches Porträt, das nichts Göttliches mehr an sich hat, dafür aber die menschlichen Züge und Qualitäten des Mannes so betont, daß es ihn, lebendig und heroisch in der Haltung, zum Höhepunkt seiner Macht erhebt. Hier ist das neue Herrscherideal ausgedrückt. Wohl nie ist menschliche Beziehung als Vertrauen und Verehrung eines hohen Würdenträgers und Freundes zu dem, der sicher und ruhig entscheiden und befehlen kann, so gut in der Kunst wiedergegeben worden wie in der Darstellung Trajans und eines

Gefolgsmannes *(comes)* – vielleicht Lucius Licinius Sura –, unter Hunderten anderer Szenen der Säule versteckt, die die beiden Dacerkriege des Kaisers preist (Abb. 27).

Diese Umgebung und ein solches Klima lassen uns den neuen Gehalt der Kunst jener Zeit besser verstehen. Man könnte von ihr sagen, sie sei endlich ganz und gar römisch geworden, weil sie Ausdruck einer neuen Welt ist, die sich in ihrem Aufbau vollständig von der hellenistischen unterscheidet. Dazu kommt, daß in der Zeit Trajans einer der größten Künstler der Antike solchem Inhalt Form zu geben verstand. Wir haben ihn ‹*Meister der gesta Trajani*› genannt, weil wir seinen richtigen Namen und seine Person nicht kennen, wenn sie auch Raum für manche Hypothese läßt. Um so besser ist uns die Künstlerpersönlichkeit faßbar: wir kennen die auf dem Trajansforum zwischen 110 und 113 n. Chr. errichtete Säule mit ihrem zweihundert Meter langen Reliefband in fortlaufender Erzählung; wir besitzen Teile eines ungefähr drei Meter hohen Relieffrieses, der die Figuren in Lebensgröße zeigt und von dem Platten, voneinander getrennt, im mittleren Durchgang und an der Attika des Constantinsbogens versetzt sind. Zusammen mit einigen anderen Fragmenten in verschiedenen Museen läßt sich die Länge dieses Frieses auf mehr als achtundzwanzig, vielleicht sogar sechsunddreißig Meter errechnen; ein riesiges Werk, das in Rom bis dahin in dieser Art kein Vorbild hatte. Es muß zu irgendeinem Gebäude am Forum gehört haben; wir wissen jedoch nicht genau, wo und wie. Keine Spur des Neuattizismus ist von jetzt an mehr zu finden. Der Künstler hat bewußt Motive des Telephos-Frieses vom Pergamon-Altar sowie Details aus der Ikonographie Alexanders des Großen übernommen – der die Feinde angreifende und zu Boden streckende Kaiser –, doch sie sind mit bislang unbekannter Kraft und Erhabenheit vorgetragen, die angemessen zum Ausdruck bringen, was man hier verherrlichen wollte: den Gedanken von der unbesiegbaren Macht des Römischen Reiches. (Eine jüngst vorgelegte Hypothese trennt diesen gewaltigen Relieffries vom Trajansforum und verlegt ihn in die Spätzeit des Domitian.)

Außerdem kennen wir den Trajansbogen in Benevent, den der Senat im Jahre 114 n. Chr. zur Eröffnung der Via Appia Nuova beschlossen hat. Diese Straße verbesserte die Verbindung zum Hafen von Brindisi, dem Ausgangspunkt aller Feldzüge in den Osten. Der Bogen wurde erst in hadrianischer Zeit vollendet. In den Reliefs der Attika ist ein deutlicher Stilwechsel zu erkennen, ein Zeichen dafür, daß hier eine künstlerische Meisterschaft herrscht, die sich von der der übrigen Skulpturen – denen, die dem Trajansforum nahestehen – unterscheidet. Im Bogendurchgang verherrlicht ein großes Relief die *institutio alimentaria,* eine der für Trajan typischen Fürsorgeeinrichtungen: es handelt sich um Staatsdarlehen für kleinere Landwirte, mit deren Zinsen wiederum die Erziehung der Söhne dieser Landwirte unterstützt wurde. Auf dem Relief des Beneventaner Bogens erkennt man vor Trajan und einigen allegorischen Figuren Bauern, die ihre Kinder – Knaben und Mädchen – an der Hand halten oder auf den Schultern tragen. Die enge stilistische Verbindung zu den Reliefs der Trajanssäule ist klar ersichtlich. Vom künstlerischen Wert abgesehen, haben wir eine thematisch vollkommen neue Komposition vor uns. Zum erstenmal werden hier auf einem offiziellen Denkmal die niederen Klassen des Volkes dargestellt.

Die erwähnten Werke sprechen alle nicht nur eine recht ähnliche künstlerische Sprache, sondern sind auch so reich an neuen Lösungen, daß wir sie für Schöpfungen verschiedener Werkstätten halten, hinter denen aber eine einzige große und originelle Künstlerpersönlichkeit stand. In den Provinzen gibt es zu der Zeit kein vergleichbares Werk der Plastik, aber der Reflex dieser Kunstwerke sollte bald große Verbreitung finden, wie das bisher für kein Skulpturdenkmal der Hauptstadt aus früherer Zeit galt. Auch das zeigt uns, daß wir bei einem wichtigen Abschnitt in der Entwicklung der Kunst der Römerzeit angekommen sind.

Möglicherweise kann man jene großartige Künstlerpersönlichkeit, die wir annehmen zu dürfen glauben, mit Apollodoros gleichsetzen, von dem uns die spärlichen historischen Quellen, die wir für diese Zeit besitzen, berichten, er sei Architekt und Militäringenieur Trajans gewesen. Eine der Quellen, Prokopios, versichert uns, er sei in Damaskus geboren. Alle Bauten am Trajansforum, deren Aussehen uns Münzbilder überliefern, besaßen wie der Trajansbogen in Benevent einen außerordentlich reichen Skulpturenschmuck, so daß die Architektur nur einfach als Träger oder Rahmen für die Skulptur erscheint. Selbst bei der Trajanssäule, die im Typus eine völlig neue Erfindung darstellt, haben nur Basis und Kapitell rein architektonische Formen. Wir dürfen deshalb eine enge Zusammenarbeit zwischen einem berühmten Architekten, eben Apollodor, und einem großen Bildhauer, der die Steinmetzwerkstätten geleitet hatte, annehmen oder den Schluß ziehen, daß Architekt und Bildhauer ein und dieselbe Person waren.

Die historischen Quellen bezeichnen einmütig das Forum des Trajan, diese geniale Schöpfung, als Werk des Apollodoros. Vergebens hat man versucht, die Bauten zwei verschiedenen Architekten zuzuschreiben, dem einen das Forum und die Basilika mit ihren vielen hellenistischen Motiven, dem anderen die Marktgebäude, die die typisch römische Architektur der Zeit Domitians fortsetzen. Beides sind Teile einer einheitlichen und außergewöhnlichen Stadtplanung. Indem man einen Teil des Quirinalhügels abtrug – die Trajanssäule zeigt die Höhe des Abraumes an –, erhielt man einen großartigen Platz, zu dem man von der Seite des Augustusforums her und dann durch einen Triumphbogen gelangte, auf dem eine von Elefanten gezogene Quadriga stand. Mit dieser Anordnung war das Problem der aufeinanderfolgenden Vergrößerungen der Fora endgültig gelöst. Es begann mit dem Forum Caesars, darauf folgte das Augustusforum, die beide dann durch das unter Nerva begonnene Forum Transitorium, einen langen, portikusumsäumten Platz, mit dem Forum Romanum verbunden wurden. Die neue, riesige städtebauliche Lösung Trajans umfaßte eine gewaltige Basilika, die sogenannte Basilica Ulpia, zwei Bibliotheken, eine griechische und eine lateinische, zwischen denen sich die Säule erhob, welche die Dacerkriege darstellte, sowie einen später dem vergöttlichten Trajan geweihten Tempel.

Hinter einer mächtigen, halbkreisförmigen Exedra und längs dem abgetragenen Hang des Hügels errichtete man zahlreiche Ladenbauten, die alle auf Terrassen und verschiedenen Höhen standen. Sie zogen sich an einer W-förmigen Straße hin, der Via Biberatica, die, vom Niveau des Forums ausgehend,

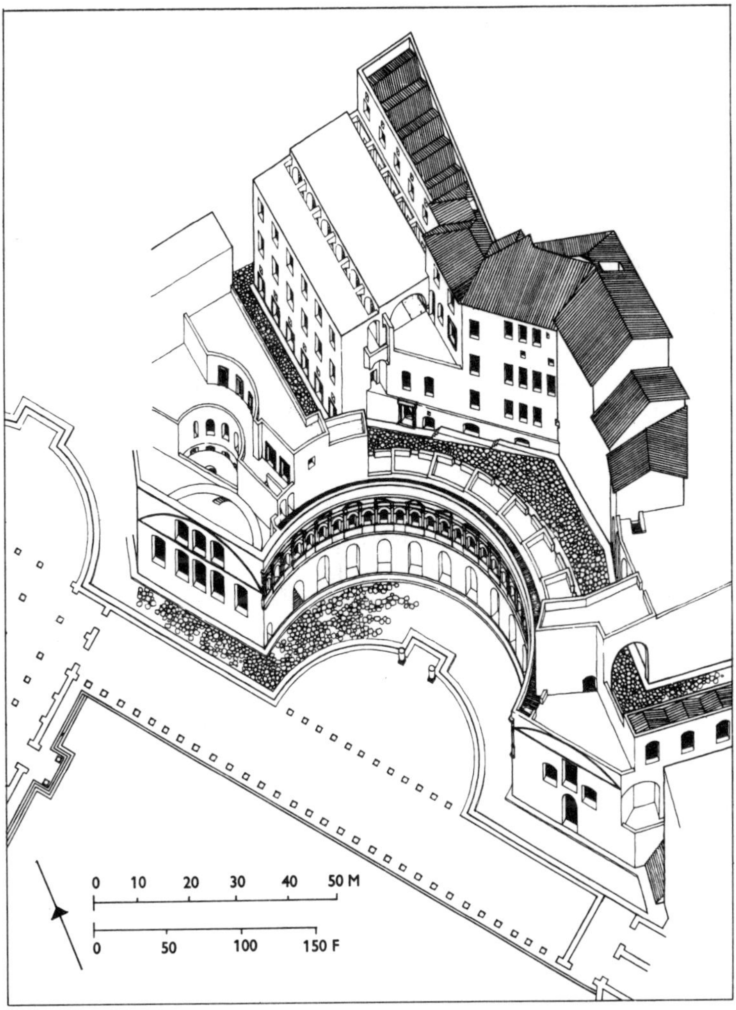

Rom – Trajansmarkt und Warenhäuser

fast die Hügelkuppe des Quirinals erklimmt. Oben beschloß dieses Marktzentrum, das fast den ganzen Handel der Stadt an einem Platz zusammenfaßte, ein weiter, gewölbter Saal mit zwei Stockwerken von Läden, ein richtiggehendes Kaufhaus, ähnlich dem späteren Basar des islamischen Orients und ähnlich in der Anlage wie die Galerien großer, moderner Warenhäuser.

Die Forumsbauten waren mit Marmorplatten, Stuck, Skulpturen und Malereien verkleidet. Es ist schwer, sich eine genaue Vorstellung davon zu machen, wie diese Architektur nach ihrer Vollendung im Spiel des Lichtes und der Reflexe ausgesehen hat. Heute steht nur noch das nackte Mauergerüst da. Das Trajansforum blieb bis in die Spätantike das monumentalste Bauwunder Roms. Wir wissen es durch den Bericht des Ammianus Marcellinus (XVI, 10, 15) über den Besuch des Kaisers Constantius II. im Jahre 356 n.Chr. Die Marktbauten dagegen waren in Sichtmauerwerk aus Ziegeln errichtet, von außerordentlich geschickten Handwerkern mit großer Sorgfalt ins Werk gesetzt. Hier wurden am ganzen Bau keine Säule und wenig Gesims verwendet; der Schmuck bestand aus Terrakotten. Im Vergleich zum Forum mit seinem Tempel und der Basilika hat man an den weitläufigen Säulenhof hellenistischen Typs aus der julisch-claudischen Zeit gerade in Damaskus erinnert. In diesem Hof konnten Gebäude Platz finden wie später die Johanneskirche und die Omaijadenmoschee. Für den großen Marktsaal hat man als Vergleiche den Markt von Ferentino und den von Tibur vom Anfang des 1. Jahrhunderts v.Chr. genannt. Diese Märkte wiesen bereits einen weiten, tonnengewölbten rechteckigen Saal mit seitlichen Nebenräumen auf. Dieses Grundschema ist beim Saal des Trajansmarktes mit neuem Ziel und modernen, nicht nur zweckbezogenen, sondern auch formalen Bauideen erstmalig erarbeitet worden. Vergleicht man die außerordentliche Mauerstärke republikanischer Bauten mit den streng funktionellen Maßen des für den Trajansmarkt charakteristischen, ziegelverkleideten Gußmauerwerks, ermißt man, welch technischer Fortschritt den Baumeistern der trajanischen Zeit gelungen war. Der Gegensatz zwischen solch isolierten Hallen und der vielschichtigen wie ausgewogenen Verteilung dieser Marktbauten auf hauptsächlich sechs verschiedene Ebenen entlang dem Hügelhang zeigt das Geniale der gewählten Lösung sowohl für die Stadt und ihr Wesen wie für architektonische Form und Funktion. Innen- und Außenbau zusammen entsprechen vollkommen ihrer Bestimmung; Licht und Luft haben reichlich Zutritt.

Wenn wir Apollodor die Planung des Forums sowie des Marktes zuweisen dürfen, so folgt daraus, daß er die Grundprinzipien der hellenistischen wie der römischen Architektur über die Bauten der Domitianzeit hinaus bis zum Heiligtum von Praeneste sich außergewöhnlich zu eigen gemacht und sie völlig neu erarbeitet hat. Auch bei den Reliefs der Trajanssäule wird man als bestimmendes Merkmal die enge Verbindung hellenistischer Elemente mit römisch-plebejischen bemerken, aus der von jetzt an der vollkommen neue Stil römischer Reichskunst hervorgeht.

Die Quellen erwähnen noch andere Bauten Apollodors, ein *odeion,* also einen Theaterbau für Musikdarbietungen, von dem keine Spur auf uns gekommen ist, sowie die an die Titusthermen angebauten Bäder über der *Domus Aurea.* Nach neueren unbeweisbaren Hypothesen werden diesem Architekten auch der künstliche Hafen zwischen Porto nahe Ostia und Fiumicino, der Hafen von Civitavecchia sowie weitere Bauten zugeschrieben. Die große Donaubrücke, ebenso andere auf der Trajanssäule dargestellte Bauunternehmungen bezeugen die Tätigkeit Apollodors als Militäringenieur. Die Mynas-Handschrift, in der sein Traktat über die Poliorketik steht, enthält Zeichnungen von Kriegsmaschinen, die Aussehen und Charakter des Originals bis in die byzantinische Zeit hinein beibehalten haben.

Die Trajanssäule ist im Typ eine vollkommene Neuschöpfung. Schon seit der hellenistischen Zeit hat man auch in Rom Säulen als Träger für Gedächtnisstatuen errichtet, und selbst in den Provinzen wurden den Göttern geweihte Säulen mit übereinander angeordneten Reliefbändern geschmückt (Jupitersäule in Mainz). Doch der Gedanke, um den Schaft einer Kolossalsäule mit dem Standbild des Kaisers auf der Spitze – im ursprünglichen Plan war es nach dem Zeugnis der Münzen ein Adler – zu dessen Gedächtnis ein fortlaufendes Figurenband wie eine Spirale herumzuwickeln, ist völlig neu. Eine Hypothese, die lange Geltung hatte, versuchte glauben zu machen, man hätte eine lange Buchrolle darstellen wollen, weil damals die Rolle die einzig bekannte Form eines Buches war. Man hatte bemerkt, daß diese Säule zwischen den beiden Bibliotheken stand und die Reliefs sicher polychrom waren. Nun, da man die Probleme der antiken Buchillustration besonders dank den Forschungen Kurt Weitzmanns besser kennt, möchte man diese These eher ablehnen. Man nimmt an, die nachtrajanischen Säulen könnten die vollkommen mit fortlaufenden Szenen illustrierten Buchrollen beeinflußt haben. Daß es solche gab, scheint der sogenannte ‹Josua-Rotulus› aus dem 10. Jahrhundert in der Vaticanischen Bibliothek zu beweisen, der viel ältere Bildthemen überliefert. Die mit fortlaufendem Relief umgebene Säule ist also etwas völlig Originelles, und ihre Entstehung kann tatsächlich nur als Erfindung charakterisiert werden. Ihre Kompositionsvorbilder sind dagegen in der Triumphmalerei zu suchen.

Die Säulenbasis schmücken Waffentrophäen, die ein bereits auf den Balustraden des Heiligtums der Athena-Polias in Pergamon erprobtes Motiv wiederaufnehmen. Darüber erhebt sich der Säulenschaft zu einer Höhe von fast 27 Metern (26,62 Meter), und wenn man Torus, Schaftring und Kapitell mitrechnet 29,78 Meter, was genau 100 römischen Fuß entspricht; mit Basis und Statuenpostament sind es 39,86 Meter. Der Schaft besteht aus siebzehn übereinandergesetzten Säulentrommeln aus griechischem Marmor (Paros?) mit 3,83 Metern Durchmesser und 1,56 Metern Höhe. Die Reliefs – dreiundzwanzig Windungen mit insgesamt 200 Metern Länge – wurden sicher erst ausgeführt, nachdem die Trommeln versetzt worden waren. Nach oben zu wird das Reliefband breiter, um der durch die zunehmende Entfernung bedingten optischen Verkürzung entgegenzuwirken, so daß alle Windungen gleich breit erscheinen (tatsächlich ist es am Fuß 0,89 Meter breit, oben aber 1,25 Meter; die Relieffiguren messen infolgedessen unten 0,60 Meter Höhe, oben dagegen 0,80 Meter). Der Arbeitsvorgang und diese genau eingehaltenen perspektivischen Veränderungen nötigen dazu, eine Modellzeichnung anzunehmen, die vorher vorhanden und für die Ausführung der Reliefs bestimmend war. Das Relief selbst ist sehr flach gehalten, damit die architektonische Linie der Säule nicht wie später bei der Marc-Aurel-Säule verändert würde. Elemente von Zeichen- und Maltechnik sind in ihm noch spürbar. Die Figuren sind häufig durch eine den Kontur unterstreichende Rille herausgehoben, die Schatten schafft und die Zeichnung hervortreten läßt. Gelegentlich versinken Einzelheiten der Figuren im Hintergrund und sind eingetieft statt erhaben. Dank dieser Kunstmittel und dem Wechsel der Oberflächenstruktur hat man ein malerisches Relief erhalten, das kaum knapper sein könnte, das mit wenigen Zentimetern Höhe den Eindruck von Luft und einer Raumperspektive erzielt, in der sich die Figuren mühelos entwickeln können (Abb. 28). Für die Wiedergabe von Gebäuden und Städten sind die perspektivischen Mittel schon seit Jahrhunderten der Brauch, doch hier erreichte die dargestellte Architektur ungewöhnliche Klarheit und Genauigkeit.

Die Modellzeichnung muß bereits fertig gewesen sein, als man beschloß, die Säule mittels einer in die Marmortrommeln eingeschnittenen Innentreppe zugänglich zu machen, denn die Fensterschlitze, die der Wendeltreppe Licht geben, sind zwar gleichzeitig mit den Reliefs ausgeführt worden, geraten aber – gelegentlich stark – in Konflikt mit den Figuren. Sie müssen also ursprünglich nicht vorgesehen gewesen sein (diese Ungeschicklichkeit wiederholt sich bei der doch sonst weniger sorgfältigen Marc-Aurel-Säule nicht). Recht ungewöhnlich ist auch, daß im Sockel der Säule die Urne mit der Asche des Kaisers enthalten war, dessen Bronzestatue oben stand.

Das 200 Meter lange Reliefband erzählt die Ereignisse der beiden vom Kaiser persönlich geleiteten Dacerkriege von 101 bis 102 und 105 bis 107 n. Chr. über die Donau und die Transsylvanischen Alpen hinweg bis zu den Ostkarpaten. Die Feldzüge gegen die Dacer waren aus zwei Gründen beschlossen worden: einmal war die Donaugrenze ungenügend gesichert; seit der Zeit Vespasians und Domitians war sie häufig erfolgreich angegriffen worden, und die Dacer waren dabei sogar in die Provinz Moesien eingefallen; zum anderen gehörten diese Unternehmungen in den Rahmen einer Ausdehnungspolitik nach Osten, gegen das Schwarze Meer und Armenien zu, die die Sicherheit des Balkans zur Voraussetzung hatte. Mit der Eroberung Daciens geriet außerdem fast das gesamte Schwarze Meer unter die Kontrolle Roms. Zudem war Dacien reich an Gold- und Eisenvorkommen.

Sobald es darum geht, die Darstellungen auf der Trajanssäule für den zeitlichen Ablauf der Feldzüge auszuwerten, stehen die Meinungen gegeneinander. Sicher sind die Ereignisse in chronologischer Folge abgebildet worden, und man hat große Sorgfalt darauf verwandt, Einzelheiten in der Bewaffnung der verschiedenen Truppenteile richtig wiederzugeben. Vom Künstlerischen her – und das interessiert uns hier – müssen wir anerkennen, daß der Fries der Trajanssäule der Höhepunkt und originellste Ausdruck des historischen römischen Reliefs ist, eines der bezeichnendsten Kunstwerke der gesamten Antike. Bislang hat die mangelhafte photographische Dokumentation diese Erkenntnis verzögert. Doch die Renaissancekünstler waren sich ihrer bewußt, allen voran Donatello, der mit den Bronzekanzeln von San Lorenzo in Florenz und den Reliefs von San Antonio in Padua für seine Zeit annähernd Gleichartiges schuf.

Der Bildbericht über jeden der Kriegszüge hat als Kern einige ständig wiederkehrende Szenen, die vielleicht schon zum eingebürgerten Themenbestand der Triumphalmalerei gehörten: Aufbruch, Straßen- und Festungsbau, religiöse Zeremonien, Ansprache an die Truppen, Belagerung, Schlacht und Unterwerfung der besiegten Feinde und gelegentlich rohe Plünderungsszenen, Dokumente für die erbarmungslose Ausrottung eines Volkes. Doch jedes dieser Themen ist den Umständen angepaßt und in Einzelheiten abgewandelt. Unter diese Szenen reihen sich Episoden, die den Ablauf des Feldzuges charakterisieren. Es ist ein Wunder, daß trotz solcher Figurenfülle und der Themenwiederholungen die Komposition auf der ganzen Länge von 200 Metern nirgends einen Moment der Ermüdung aufweist, nirgendwo analoge Schemata oder reine Füllsel zeigt, sondern im Gegenteil mit unerschöpflicher Erfindungskraft und Frische abläuft.

Die Thematik dieses Kunstwerkes steht zweifellos im Dienst der kaiserlichen Propaganda und verherrlicht die Person des Kaisers. Aber die überlegene Freiheit des Künstlers bestätigt sich in der Art, das zentrale Thema der Szenen aufzubauen und darzustellen. Dafür hat er eine neue Formensprache geschaffen. Was den Gehalt der Darstellungen angeht, so haben wir schon bei der Szene, in der der Kaiser mit Sura spricht, die Überzeugungskraft Trajans hervorgehoben. Das ist eine beispielhafte Szene, in der sich die neue Auffassung vom Herrscher als dem ersten Beamten des Staatsapparates bestätigt, der kraft all seiner Fähigkeiten und seiner menschlichen Autorität befiehlt. In keiner der vielen Darstellungen des Kaisers ist übersteigerte Pose oder Schmeichelei des Künstlers zu bemerken. Selbst in der großartigen Szene der Unterwerfung, die die zweite Kampagne des ersten Krieges beschließt – eine weitgespannte Komposition, die in sich ein großer Fries ist –, erscheint der sitzende, im Profil wiedergegebene Kaiser mehr als Richter denn als Sieger. Zwischen diesen Darstellungen und jenen auf der Marc-Aurel-Säule, wo der Feind abgeschlachtet und beschimpft wird, klafft ein tiefer Unterschied in der ethisch-politischen Auffassung, der bis in die Münzbilder der christlichen Kaiser des 4. Jahrhunderts reicht. Die zerstörerische Gewalt Gottes im Alten Testament scheint sich bis zu diesen fortgepflanzt zu haben, wenn sie den geschlagenen Feind unter ihren Füßen zertreten.

Diese Achtung vor dem Besiegten, die auf der Trajanssäule ihren Ausdruck gefunden hat, ist Abglanz einer von der griechischen Kultur herkommenden Ethik und der stoischen Philosophie. Noch Marc Aurel sollte Erbe dieser Tradition sein. Er drückt es deutlich in seinen ‹Selbstbetrachtungen› aus (X, 10), wenn er mitten im Barbarenkrieg einen Soldaten, der einen Sarmaten in einen Hinterhalt gelockt und gefangen hat, mit einer Spinne vergleicht, die stolz darauf ist, eine Fliege gefangen zu haben; für ihn sind beide Mörder. Aber die Trajanssäule geht noch ein Stück weiter. Mit offensichtlicher Sympathie sind die Dacer dargestellt; beharrlich werden ihre immer wieder aufflammenden Kämpfe aus dem Hinterhalt der Wälder heraus im Bild gezeigt, ihre Seelengröße beim gemeinsamen Freitod (Abb. 29), die schmerzvolle Lage der vor dem Feind fliehenden Bauernfamilien, die gezwungen sind, ihre Berge zu verlassen. Muß man hier nicht einen Schritt über die von Trajan angestrebte Gleichheit vor dem Gesetz hinaus erkennen, oder ist es eher der Ausdruck persönlicher Gefühle des Künstlers, der die Nöte einer unter das römische Joch gebeugten Bevölkerung aus eigener Erfahrung kannte, weil er in der Provinz geboren ist? Sicher gehören die Darstellungen vom Widerstand der Dacer zu den künstlerisch am eindrucksvollsten gestalteten Szenen. Die Erzählung vom Tod des Dacerführers Decebalus wird zu einer Glorifizierung dieses stolzen und glücklosen Streiters im Kampf um die Unabhängigkeit seines Volkes: er entflieht mit wenigen Getreuen durch einen Wald, während die römischen Soldaten Pferde wegführen, die mit dem kostbaren Tafelgeschirr aus dem königlichen Schatz beladen sind, dessen Versteck ihnen verraten worden war (Cassius Dio LXVIII, 14). Decebalus irrt unweit der Stadt durch Wälder und unwegsames Gelände, er beschwört seine Männer, von denen sich einige töten. Verfolgt von der römischen Reiterei, entflieht er verhängten Zügels mit wenigen Gefährten. Als er von den Feinden eingeholt wird, läßt er sich vom Pferd fallen und tötet sich. Seinen Kopf tragen dann die römischen Truppen auf einer großen Platte davon.

Karl Lehmann-Hartleben, der sich als erster mit dem kunstgeschichtlichen Problem der Trajanssäule befaßt hat, nannte sie ein Kunstwerk aus dem «Beginn der Spätantike». Wir müssen aufs neue fragen, ob diese Definition richtig ist. Nach unseren Überlegungen ist das abzulehnen. Nähmen wir sie an, hieße das jene Doppeldeutigkeit, die so lange auf der römischen Kunst lastete, neu bestätigen, und das bedeutete indessen, die Schöpfungen der augusteischen Zeit als den vollkommensten Ausdruck dieser Kunst anzusehen. Wir haben uns dagegen hier wiederum bemüht, ihren durch gezielte politische Ideologien bestimmten künstlichen Charakter und ihre ganz von der neuattischen Kultur geprägte und schon in sich selbst unechte Formensprache deutlich zu machen. Das Kunstschaffen der Zeit des Augustus verbirgt seinen Mangel an Ernst und lebensvoller Kraft unter dem Mantel blendender Perfektion und stupendem technischem Raffinement. Nimmt man diese Deutung an, so folgt daraus, daß die Kunst der Flavierzeit, wie wir zu zeigen versuchten, eine Wiederaufnahme der fruchtbaren Beziehung zwischen dem östlichen Hellenismus und der mittelitalischen Künstlertradition ist, die schon während der republikanischen Zeit bestand und aus der die römische Kunst hervorging. In der trajanischen Kunst, besonders in der Trajanssäule, ist diese Mischung am vollkommensten gelungen und hat eine neue künstlerische Form hervorgebracht, die man im Vollsinn als römisch bezeichnen darf.

Bereits bei der Plebejerkunst des 1. Jahrhunderts haben wir bemerkt, daß einige von ihr gefundene Lösungen der Spätantike vorausgingen. Etliches davon ist auch in die Formensprache der Trajanssäule eingegangen, wahrscheinlich auf dem Weg über die Triumphalmalerei. In keiner Szene jedoch gibt es hierarchisch oder symbolisch zu verstehende Größenbeziehungen oder Kompositionen, bei denen alle Personen in einer Reihe vor neutralem Hintergrund stehen. Im wesentlichen lebt diese Formensprache immer aus der großen Tradition des hellenistischen Naturalismus, die man sogar als Brennpunkt bezeichnen könnte. Nur wenn man die Grundlagen des hellenistischen Naturalismus verläßt oder sie mißachtet, gelangt man zur künstlerischen Form der Spätantike, die andersartig und hier gleichbedeutend mit dem Beginn des Mittelalters ist. Das erste Anzeichen für eine Krise in diesem Sinne, der erste Bruch, zeigt sich in der Zeit des Commodus. Im fließenden und graphischen Relief der Trajanssäule, für das es formal Entsprechendes in den hellenistisch bestimmten Reliefs vom Grabdenkmal der Julier in Glanum gibt, ist derartiges sicher noch nicht anzutreffen. Die Reliefs in Glanum, dem heutigen Saint-Rémy-de-Provence, sind die Übertragungen hellenistischer Malereien auf Stein, in einer Gegend, die wie die gesamte Gallia Narbonensis bis zum 1. Jahrhundert v. Chr. tief von der griechischen Kultur durchdrungen war.

Diese kritische Erkenntnis, die zur Ablehnung spätantiker Tendenzen in der Trajanssäule führt, scheint auch dann gültig zu sein, wenn wir ein besonderes Ausdrucksmoment feststellen müssen, das weniger den Naturalismus als eines seiner Elemente schwächt: den organischen Zusammenhang der Einzelformen der menschlichen Gestalt. Ein Vernachlässigen dieses organischen Zusammenhangs erlaubt es dem ‹Meister der Trajanssäule›, den menschlichen Körper so zu biegen und unnatürlich darzustellen, daß er geradezu ein ornamentales Element zur geometrischen Füllung leerer Flächen wird. Allerdings trifft man dies auf den Säulenreliefs nur bei den Gestalten der Toten an, die sich überschneiden und verschränken, zu Haufen ballen und verzerrte Stellungen einnehmen, die der Künstler wunderbar zum Aufbau des Raumes verwendet. Auch für diesen Zug ist der Anfang in der pergamenischen Plastik (Telephosfries) zu finden, doch was dort eine vereinzelte Anspielung war, wird hier zum Motiv, das mit seinen Varianten ein Thema aufbaut, das häufig in den Kampfszenen zwischen Römern und Barbaren auf den Sarkophagen vom Ende des 2. und besonders aus dem 3. Jahrhundert verwendet werden sollte. Nur in diesem Punkt läßt sich die Skulptur der Trajanssäule mit der späteren Plastik in Verbindung bringen; die Formauffassung ist tiefgreifend anders. Das wiederaufgegriffene Motiv hat rein ikonographische Bedeutung. Ikonographie und Stil sind, wie wir wissen, zwei Dinge, die nicht verwechselt werden dürfen, will man zu einem kritischen und angemessenen Verständnis des Kunstwerks gelangen. Der Rang des ‹Meisters der *gesta Trajani*› ist auch am großen Reichtum neuerfundener ikonographischer Schemata erkennbar. Wir wissen, wie dauerhaft solche Schemata in der Antike waren, wenn sie – einmal eingeführt – von Werkstatt zu Werkstatt weitergereicht und sozusagen geheiligt wurden, weil sie, wie in der Antike üblich, in einen ganz bestimmten, typisierten Themenbereich gehörten und weil ein Großteil der antiken Kunstproduktion rituell-symbolisch bedingt war und damit dem religiösen oder politischen Inhalt entsprach. Nach den großen Meistern der klassischen und hellenistischen Antike findet ein Bildhauer zum erstenmal wieder eine neue Sprache, wie es die alten griechischen Meister vom geometrischen Stil an bis zur klassischen Kunst taten. Hier ist keine Wende, kein Bruch, sondern das Ziel einer künstlerischen Entwicklung, die im Vollbesitz aller früher im Laufe der Tradition erarbeiteten Ausdrucksmittel ist. Aus all diesen Gründen, weil es hier keinen Bruch mit dem hellenistischen Naturalismus gibt, sondern dieser im Gegenteil bis zum äußersten gesteigert und betont wird, kann man die Trajanssäule nicht als den Beginn der Spätantike bezeichnen.

In Rom und den von diesem Kunstzentrum unmittelbar abhängigen Werken wurde der vom ‹Meister der *gesta Trajani*› geschaffene Stil jedoch in seiner Entwicklung jäh unterbrochen, da der Nachfolger Trajans, Hadrian, eigene persönliche Ansichten und Vorlieben hatte. Die literarischen Quellen berichten von seinen harten Auseinandersetzungen in der Jugend mit Apollodoros. Nach einigen Gewährsleuten soll dieser Streit sich heftiger wiederholt haben, als Hadrian an die Macht gekommen war; der in Kunstfragen dilettierende Kaiser soll den großen Architekten ins Exil verbannt, vielleicht sogar zum Tode verurteilt haben. Welche Bedeutung man dieser Überlieferung auch immer zugestehen kann, in der Attika des Trajansbogens zu Benevent ist, wie wir schon einmal gesagt haben, deutlich ein Stilwechsel zu erkennen. Die eine der dort dargestellten Szenen kann nur nach dem 20. Februar 116 n. Chr. entworfen worden sein. An diesem Tag nahm Trajan den Beinamen ‹Parthicus› an, auf den die betreffende Darstellung anspielt. Also müssen die Reliefs unter Hadrian vollendet worden sein, nachdem Trajan im Alter von vierundsechzig Jahren im August des Jahres 117 n. Chr. zu Selinus in Kilikien verstorben war.

Für die erhabene Müdigkeit des alten Trajan gibt es ein bewegendes Zeugnis in dem bronzenen Clipeus-Porträt im Museum von Ankara, das sein psychologisches Gegenstück in dem nüchtern-traurigen Porträt (Helbig, Nr. 1294) seiner Frau Plotina hat. Das Porträt von Ankara ist von jenem, das den Kaiser am zehnten Jahrestag seiner Regierung in der Fülle seiner Kraft zeigt, ebenso verschieden wie von dem posthumen Monumentalporträt, bei dem die Züge des Kaisers geläutert und bis zu heroischer Würde erhoben erscheinen. Dieses wurde in Ostia gefunden und stammt aus der Zeit Hadrians (Helbig, Nr.

3085). Man könnte sich vorstellen, daß es auf jenes Porträt zurückgeht, das in dem posthumen Triumphzug mitgetragen wurde, den Hadrian zur Ehre Trajans ausrichten ließ. Wir werden später sehen, wie das Vorbild der trajanischen Kunst in anderen Teilen des Reiches Nachahmung gefunden hat, selbst in Pergamon und den Bildhauerwerkstätten der griechisch sprechenden Provinzen. Darin unterscheidet sie sich vom augusteischen Purismus, der eine auf die unmittelbare Umgebung des römischen Hofes beschränkte Erscheinung geblieben war.

Dagegen behalten die beiden auf dem Forum Romanum gefundenen Schranken den trajanischen Stil bei. Auf der Innenseite sind Opfertiere wiedergegeben, außen Amts- und Gnadenhandlungen Trajans mit den Forumsgebäuden im Hintergrund.

Die Malereien eines Zimmers, die man in einem nahe dem Flußhafen Roms am Tiber gelegenen Haus entdeckt hat und die um 131 n. Chr. datiert werden können, entfernen sich weit von jedem überkommenen Schema; ihr Sinn konnte bislang nicht genügend erhellt werden. Die Boote und Fische, die Wände und Decke schmücken, scheinen Motive von Mosaikböden vorwegzunehmen, wie sie vor allem in den afrikanischen Provinzen vom folgenden Jahrhundert an üblich wurden.

Das grandioseste und dramatischste Dokument für die umfangreiche, beinahe besessene Bautätigkeit Hadrians ist der Venus und Roma geweihte Tempel, den er zwischen dem flavischen Amphitheater und dem Forum Romanum erbaut hat. Schenkt man der Überlieferung Glauben, dann wäre das endgültige Zerwürfnis mit Apollodor gerade um die Pläne dieses Baues, an denen Hadrian selbst mitgearbeitet haben soll, entstanden. Der Tempel wurde um das Jahr 121 n. Chr. begonnen, nachdem man die Bauten der neronischen und der republikanischen Zeit niedergerissen sowie den Koloß des Nero-Helios versetzt hatte. Beim Tode Hadrians im Jahre 138 n. Chr. war er noch unvollendet. Die riesige, ornamentüberladene Baumasse zeigt einen einmaligen Plan: im wesentlichen sind es zwei Tempel, deren Cellae mit dem Rücken gegeneinandergestellt sind und deren Apsiden sich berühren. Die Cellae waren mit Kassettentonnen eingewölbt. Das bedingte sehr dicke Mauern, in denen sich Statuennischen öffneten. Die Wände waren mit Marmorplatten inkrustiert. Vor den Längsseiten, die bei der Verdoppelung der Cella insgesamt eine Länge von 164,90 Metern (541 römische Fuß) erreichten, standen Marmorsäulen, im Pronaos dagegen Monolithsäulen aus grauem Granit. Der Tempel war und blieb der großartigste in Rom mit seinen zehn Frontsäulen an beiden Fassaden. Daß er so massig erschien, rührte daher, daß man ihn auf eine hohe Unterkonstruktion und Plattform gestellt hatte. Münzen des Antoninus Pius überliefern uns sein Bild, während auf den Münzen Hadrians nur eines Tempels für seine Schwiegermutter Matidia gedacht wird, der er zu einem Großteil seinen Erfolg verdankte. Dieser Tempel war der erste, den man zu Ehren einer Kaiserin errichtete.

Die Plastik der hadrianischen Zeit stellt auf besondere Art das Problem, wie sie kritisch einzuordnen sei. Jocelyn Toynbee hat sie als das letzte Kapitel der klassischen griechischen Kunst bezeichnet. Eine solche Definition läßt sich nur aufrechterhalten, wenn man davon ausgeht, daß hier mit der Antinousstatue zum letztenmal in der Antike ein neuer Typ eines Athletenstandbilds nach den Regeln klassischer Skulptur geschaffen wurde (Helbig, Nr. 34, 1025). Antinous, ein Knabe aus Bithynien, von der Nordküste Kleinasiens, von Hadrian geliebt, fand in den Fluten des Nil einen mysteriösen Tod, den man sogar rituell auffassen möchte. Auch wenn sich das Antinousbild an klassische Form anlehnt, so prägen doch Farbe und Sehnsucht Form und Inhalt so stark, daß man es eher romantisch denn klassisch nennen kann. Zum erstenmal tauchen hier in der europäischen Kultur romantische Züge auf. Das Element der Farbe, das sich im gewollten Gegensatz zwischen der polierten Oberfläche des Fleisches und dem Helldunkel der Haare zeigt – am besten bei einem Porträt aus Ostia (Helbig, Nr. 3124) –, wird von der hadrianischen Kultur auf die Plastik der Antoninen übertragen. Anzeichen dieser Art fanden sich früher bereits in trajanischer Zeit, in Werkstätten Südkleinasiens, wo es ausgedehnte Marmorbrüche gab. Die Tätigkeit von Künstlern aus Aphrodisias selbst ist in Rom von hadrianischer Zeit an durch Signaturen häufig bezeugt. Die Meister waren technisch sehr geschickt, und ihre Tätigkeit galt im besonderen dem Kopieren klassischer Statuen. Der Marmor erhielt unter ihrem Meißel eine charakteristische Feinheit und Wärme, die ihre Schöpfungen vom kalten Neuattizismus der augusteischen Zeit deutlich abheben. Selbst in Athen wurde der Klassizismus damals etwas vitaler, wie die in Rom eingeführten attischen Sarkophage beweisen. Ein zierliches Beispiel ist der für zwei Kinder bestimmte Sarkophag aus der Nekropole von Ostia, den Kindergestalten schmücken (Helbig, Nr. 3130). Ein Gegenstück dazu ist der Fries aus dem Tempel der Venus Genetrix (Helbig, Nr. 1672), den Trajan auf dem Caesarforum erneuert hat.

Zweifellos war Hadrian ein begeisterter Verehrer der reinen Schönheit in der griechischen Kunst, und sein Sinn dafür begünstigte jede künstlerische Äußerung, die sich offen an die antike Tradition anlehnte. Doch darf man nicht außer acht lassen, daß diese Vorliebe auch handfeste politische Voraussetzungen hatte. Das zeigen deutlich die langen Reisen Hadrians nach Griechenland und in die Ostprovinzen zusammen mit seiner Gemahlin Sabina, die er nicht liebte, die aber hier – zum erstenmal in der römischen Geschichte – als Kaiserin auftrat und offizielle Repräsentationspflichten erfüllte. Die Reisen hatten politische Ziele. Das beweisen die Feierlichkeiten allerorts: Inschriften und Münzen provinzieller Prägestätten sind als Dokumente übriggeblieben. Hadrian hatte sich entschlossen, die entlegensten Eroberungen Trajans wieder aufzugeben: die parthischen Provinzen jenseits des Euphrat und Armenien, wo ein Fürst unter römischem Protektorat eingesetzt wurde. Die Arabia und Dacien – letzteres nach einigem Schwanken – hat man behalten, außerdem Verträge mit den Herrschern der Roxolanen, Jazygen, Sueben, Quaden und

Markomannen abgeschlossen, also mit allen Grenzvölkern vom Schwarzen Meer bis Böhmen. Einige Senatskreise, die Trajan einst sehr nahegestanden hatten, haben diese Vertragspolitik nicht gutgeheißen, obwohl dazu auch ein großzügiger Nachlaß ausstehender Steuern kam, die infolge der dauernden Kriege beträchtlich gestiegen waren, und obwohl Hadrian sich auf die Politik des Augustus berief. Hadrian beendete die Eroberungen und suchte die Grenzen militärisch (Hadrianswall in Britannien) wie diplomatisch zu sichern. Auf der anderen Seite war er bestrebt, durch enge kulturelle und religiöse Bande die einst zu den hellenistischen Reichen gehörigen Provinzen und Griechenland selbst mit Athen an der Spitze an Rom zu binden. Dieses Programm zielte darauf ab, gegen den ständig wachsenden Druck der ‹Barbarenvölker› einen festen Verteidigungskern zu bilden. Gleichzeitig tat Hadrian einen merklichen Schritt weiter auf die Idee von der geheiligten Herrschergewalt und dem Herrscherkult zu. Die stoische Philosophie, die Hadrian sich zu eigen machte, gibt dem Herrscher ein höheres Bewußtsein von seiner Aufgabe, der Gerechtigkeit und der *humanitas*. Daneben aber schließt sie fast mystische Elemente ein, wenn sie den Weisen als ‹Zeugen› der Gottheit ansieht (Epiktet, 3. Unterhaltung).

Der Philhellenismus Hadrians erscheint so – zieht man all das in Rechnung – als eine eher vielfältige Sache denn eine einfache und sicher zeitbedingte intellektualistische Eigenart, eine persönliche Einstellung. Auch die bezeichnendsten Skulpturwerke dieser Zeit, die es in Rom gibt – acht Rundreliefs, die man später in den Constantinsbogen eingefügt hat –, erhalten dadurch einen deutlicheren Sinn. Wir haben keinen Anhaltspunkt dafür, aus welchem hadrianischen Bau diese acht Reliefs kommen; Form und Typologie sind völlig ungewöhnlich. Sie stellen Jagdszenen und Opfer an Gottheiten dar, die Beziehungen zum erlegten Tier haben: Hirsch, Wildschwein, Bär, Löwe – Apollon, Diana, Silvanus, Hercules. Bis dahin besaß die Jagd bei den Römern keine große Bedeutung. Bei den orientalischen Völkern, von den Ägyptern bis zu den Assyrern, hatte sie jedoch eine lange Geschichte und wurde als vornehme Bestätigung für die *virtus* (Kraft und Tugend), in jeder Beziehung eines Herrschers würdig, gefeiert. Alexander der Große hat die Löwenjagd im Orient übernommen. Später jagten die parthischen Herrscher vor allem auf Hirsch und Eber. Seit diesen Reliefs aus der hadrianischen Zeit wurden Jagdszenen in der römischen Kunst auf Sarkophagen, Mosaiken und sicher auch Malereien immer häufiger, weniger um die ‹Vergnügungen› der Herrscher zu verherrlichen als ihres symbolischen Gehaltes wegen.

Selbst zur Zeit des verfeinerten Klassizismus unter Hadrian behält die plebejische Kunstströmung ihre Grundprinzipien bei, nach denen die Deutlichkeit der Szenen und die Darstellung einer Person zu ihrem Gedächtnis höher stehen als der Naturalismus und der genaue Bezug der Proportionen. Hierfür genügt als Beispiel ein Relief, das ein älteres Ehepaar zeigt, das die Frisur noch nach der Mode der Zeit Trajans trägt. Die beiden stehen vor einem Hintergrund, der ein Wagenrennen im Zirkus abbildet. Der Zirkus ist in der erzählenden konventionellen Perspektive wiedergegeben, während bei den Gestalten der Eheleute der Mann als der Wichtigere größer dargestellt ist und selbst innerhalb der Körperproportionen der Kopf wie in alten Zeiten den Vorrang erhält (Helbig, Nr. 1010).

Hermen, die man für Zirkusjockeis aufstellte, deren grobe Züge durch den glatten Stil veredelt erscheinen, kommen aus einem Heiligtum am Aventin, wo die Zirkusleute damals einen liegenden Hercules *(Hercules cubans)* verehrten, dessen derbes Bild ein Beweis für die magisch-religiöse Anziehungskraft ist, die primitive Formen immer ausgeübt haben.

Vom Baufieber Hadrians zeugen vor allem zwei Denkmäler, die uns ein Urteil über die Architektur Roms jener Zeit erlauben: der Neubau des ursprünglich von Agrippa errichteten Pantheons, das einst mit den Agrippathermen verbunden war, und die Villa Hadriana am Fuß des Hügels von Tibur (Tivoli), das letzte Refugium des frühzeitig gealterten Kaisers – er starb mit zweiundsechzig Jahren –, der letzte romantische Traum dieses großen Dilettanten, dekadenten Dichters, Stillebenmalers und Erfinder neuer Architekturen.

Wir können hier die Baustrukturen des Pantheons nicht von Grund auf analysieren und müssen uns darauf beschränken, seinen Eindruck auf den Besucher, also das mit seiner Form gewollte und erreichte Ergebnis zu betrachten. Weil es der einzige Bau dieses Typs aus römischer Zeit ist, der uns im wesentlichen unversehrt erhalten blieb, ist es praktisch unmöglich, ihn mit ähnlichen anderen Bauten zu vergleichen, die nur als Ruinen oder im Plan bekannt sind, oder gar den Unterschied zu diesen und vielleicht seine Überlegenheit festzustellen. Auf Grund dieser Umstände ist das Pantheon für uns der Bau, der vor allen anderen den Gipfelpunkt einer typisch römisch-italischen Architekturauffassung am vollkommensten verkörpert. Der Wert des Baues liegt in seinem Innenraum, wie wir das schon bei der Palastarchitektur der Zeit Neros und Domitians ebenso wie der Zeit Sullas oder noch früherer Zeit in den Küstenorten Campaniens wie Baiae, Pozzuoli und so weiter beobachtet haben. Hierbei ist ein wesentlicher Unterschied zu bemerken. Die griechische Kultur gab den Typ des Kuppelgrabes der minoisch-mykenischen Epoche bereits vor der Zeit des geometrischen Stils (11.–10. Jahrhundert v. Chr.) auf und benützte, wenigstens in Griechenland selbst, unzugängliche Gräber, bei denen man die Toten nur von außen verehren konnte. Die etruskische und in deren Folge die römische Kultur behält den Typ des Kammergrabes immer bei. Doch verstand man es, seine Außen- und Innenansicht abzuwandeln, indem man Formen vorzog, die dem Menschen das Gefühl gaben, im umgebenden Raum eingeschlossen, auf gewisse Weise beschützt zu sein, ihm aber auch den magischen Sinn eines Mysteriums vermittelten. Diesen irrationalen Zug entdecken wir auch im hellenistischen Bereich, in Alexandria wie im Osten, besonders in Kleinasien, wenn auch weniger ausgeprägt. Außer für gewisse Mysterienkult-

30 – Rom – Porträt des jugendlichen Marc Aurel – Rom

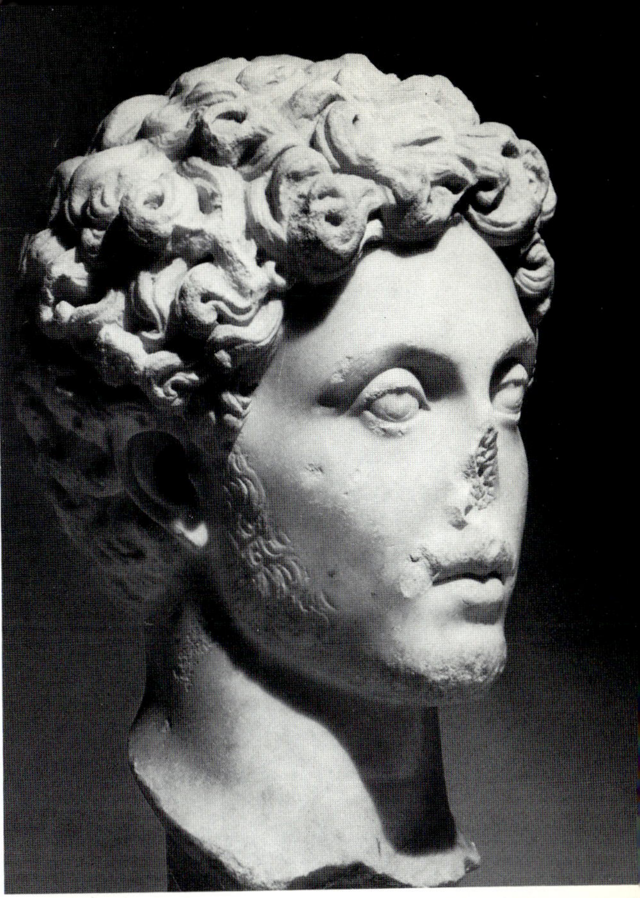

31 – Rom, Marc-Aurel-Säule – Der Kaiser auf dem Schlachtfeld (Ausschnitt)

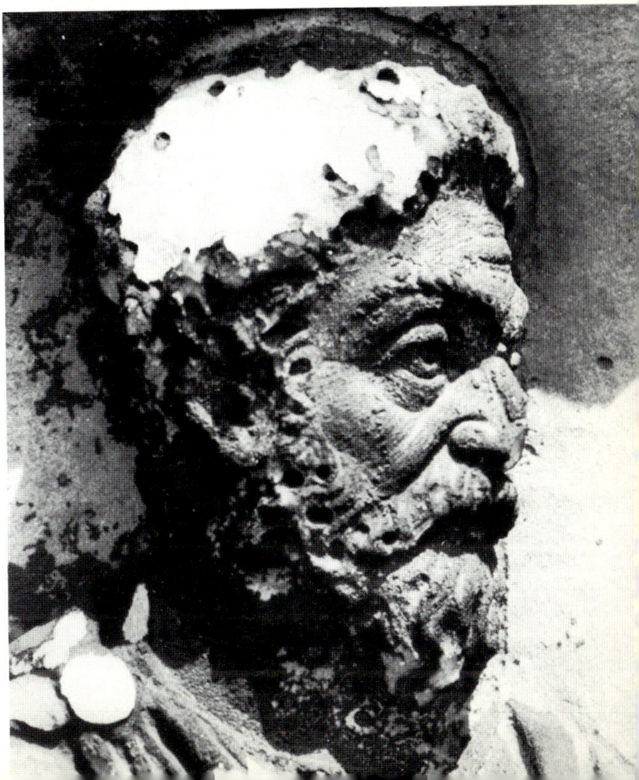

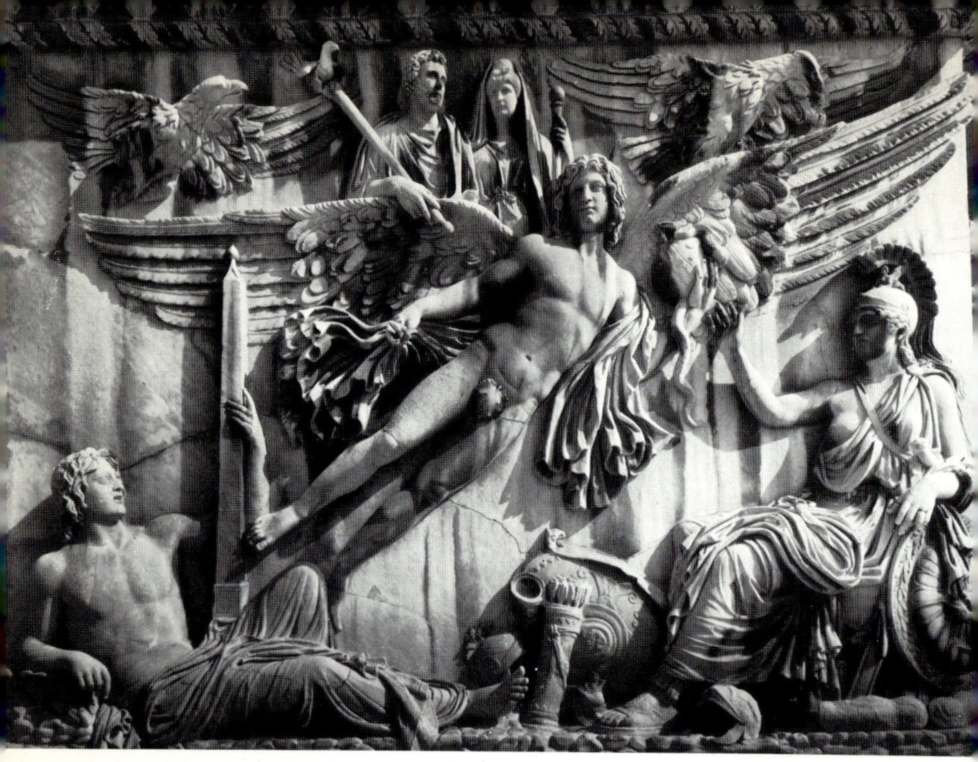

32 – Rom – Basis der Säule des Antoninus Pius: Apotheose des Antoninus und der Faustina – Vatican

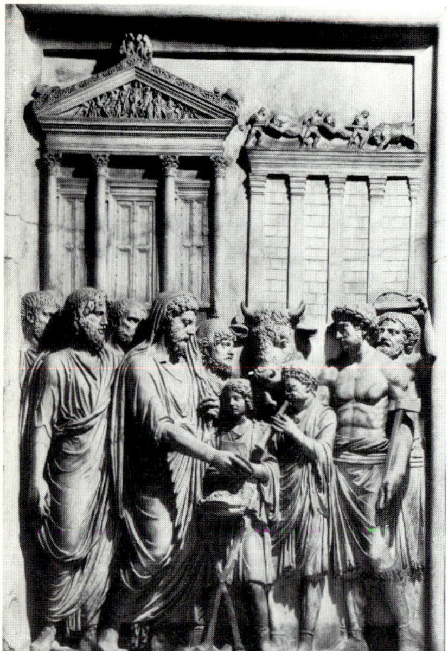

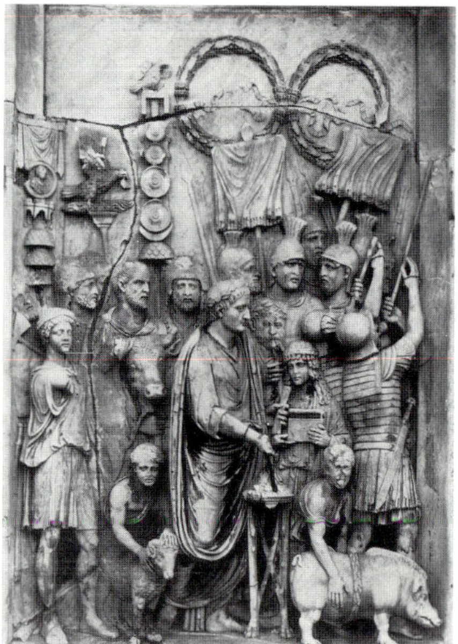

Rom, Ehrenmal Marc Aurels: 33 – Marc Aurel opfert vor dem Jupitertempel; 34 – Opferszene

orte ist er dem Ausdruck griechisch-klassischen Gefühls und daher auch seiner Architektur fremd, die im wesentlichen immer Fassadenarchitektur geblieben ist.

Das Hadriansmausoleum, das der Kaiser für sich und seine Nachfolger am rechten Tiberufer erbauen ließ und das mit dem Marsfeld durch eine aufwendige Brücke verbunden war, bewahrt noch den Grundtyp einer runden Grabarchitektur mit Tumulus und einer großen Totenkammer. Es folgt hierin seinen römischen Vorbildern der augusteischen und republikanischen Zeit, die das Tumulus-Kammergrab der weitflächigen etruskischen Nekropolen vergrößert und abgewandelt haben. Der Baukern des Hadriansmausoleums ist heute noch, seiner Marmorverkleidung beraubt, im Unterbau der Papstfestung ‹Engelsburg› sichtbar.

Seine ‹Villa› in der Nähe von Tibur muß für Hadrian zweifellos der geliebteste Platz auf der Welt gewesen sein. Der außergewöhnliche Charakter dieses riesigen Gebäudekomplexes, der so unterschiedliche Typen vereinte, sich in die Täler schmiegte oder über Hügel hinwegzog, die im Altertum sicher bewaldet waren, zeigt die Freude des Kaisers daran, immer neue Umgebungen zu schaffen. Ein Teil der Bauten war intimer Natur, nicht zu weitläufig, sondern überschaubar, viele andere wieder weit und betont feierlich, die einen für die private Meditation, die anderen für den Empfang vieler Gäste gedacht. Daneben gab es Bibliotheken, Bäder und Plätze für mythologische Kultbilder, die nur dafür gebaut wurden, um Kopien berühmter Kunstwerke aufzunehmen. Ein kultivierter und in sich gekehrter Geist konnte hier seine Träume verwirklichen und seinem Empfinden angemessene Stätten erstehen lassen. Hieraus erwuchs eine seltsame Bautengruppe, die noch sehr ungenügend erforscht ist, sowohl was Benennung und Zweck der einzelnen Bauten als auch die Architektur selbst angeht. Sie hat mit ihren pittoresken Ansichten zu jeder Zeit nicht geringe Anziehungskraft ausgeübt.

Die ungewöhnlichsten Baugruppen sind das sogenannte ‹Teatro marittimo›, die ‹Piazza d'Oro› und der ‹Canopus›. Das ‹Teatro marittimo› ist eine elegante kleine Villa, die von einem kreisrunden Wasserlauf gänzlich umschlossen wird. Mit einer Drehbrücke konnte man den Zugang sperren. Um den ringförmigen Wasserkanal lag eine tonnengewölbte Säulenhalle. Von hier aus gelangt man auf der Nordseite in einen großen, geschlossenen Saal, auf der Westseite in einen mächtigen Apsidensaal oder auch in einen nach Osten zu gelegenen weitläufigen Hof. Durch diesen wiederum kann man jene Baugruppe erreichen, die wohl die eigentliche Residenz oder genauer einen Teil der Privatgemächer des Kaisers darstellte. Außerdem hat man Zugang zu einem Flügel mit lauter Einzelräumen, die alle an einem gemeinsamen Korridor liegen. Man hielt sie für Gästezimmer. Die Fußbodenmosaiken dieser Räume, jedes anders als das nächste, sind vorzügliche Beispiele für ornamentale Muster in Schwarz und Weiß, wie sie für die hadrianische und die folgende Zeit typisch sind. In anderen Teilen der Villa hat man allerdings auch farbige, figürliche Mosaiken entdeckt, bei denen man den hellenistischen Brauch, Malereien im Mosaik wiederzugeben, antrifft. Mit schwarzweißen Ornamenten bildete sich gerade eine typisch musivische Dekorationsweise heraus. Hier beginnt die eigenständige Entwicklung dieser Kunst, die besonders vom 3. Jahrhundert an eine bezeichnende Komponente der künstlerischen Kultur des römischen Reiches werden sollte.

Einem großräumigen Hallenhof, der hinter den vermutlichen Residenzbauten liegt, hat man den Namen ‹Piazza d'Oro› gegeben. Man gelangt in dieses Peristyl durch einen achteckigen Saal mit vier halbkreisförmigen Apsiden. An den Längsseiten des Peristyls erstrecken sich unterirdische Hallengänge. Vom rückwärtigen Flügel aus kommt man in eine Reihe von Räumen, deren Bestimmung unbekannt ist. Zu ihnen gehört auch ein in seiner Art kühner, einzigartiger Bau. In den Ecken eines auf quadratischem Grundriß errichteten Baues sind halbkreisförmige Apsiden eingestellt. Die Raumgrenze verläuft abwechselnd konkav und konvex um den Mittelpunkt herum. Das führt bei der Eindeckung zu hintereinander abgetreppten Halbkuppeln. Die Begrenzung des Raumes wird durch Säulenöffnungen durchbrochen, die eine Reihe perspektivischer Durchblicke ergeben, in die Nachbargemächer links und rechts und auf den in der Hauptachse liegenden Raum, den die mit rechteckigen und halbrunden Nischen geschmückte Fassade eines großen Brunnens, des Nymphäums, abschließt. Diese Raumfolge konnte niemals einem vernünftigen Zweck dienen. Sie erscheint wie das höchste und letzte Auskosten der durch die neuen Konstruktionstechniken seit der Flavierzeit gegebenen kühnsten Möglichkeiten. Auch wenn wir daran das Letztmögliche, das Virtuose der Architektur bewundern, die Selbstzweck geworden ist, so liegen doch schon in ihrem rein intellektualistischen Charakter ihre eigene Grenze und ihr eigenes Urteil beschlossen. Tatsächlich hat sie nicht einmal in ihrer Zeit Nachfolge oder Weiterentwicklung erfahren. Sie scheint uns ein Gegenstück zum ‹Lob des Rauches› zu sein, in dem sich die sprachliche Virtuosität des Rhetors Fronto, eines Lehrers von Marcus Aurelius, übt. Hier drückt sich nicht klassisches, sondern eher barockes Gefühl aus.

Der ‹Canopus›, dessen Namen historische Quellen bezeugen und der Erinnerung an Ägypten wachruft, war ein enges Tal zwischen zwei Erhebungen. Auf der einen, heute Roccabruna genannt, lag ein anderer Palastteil. Am Beginn dieses Tales stand rechts und links eine Reihe kleiner, rechteckiger Gebäude. Den Rest, die Talsohle, bedeckte ein See. Im Hintergrund beschloß eine weitere Architekturfassade das Tal. Dort erhob sich eine in der Mitte von einer Kaskade durchflossene große Nische. Von hier stammen zahlreiche der besten Kopien klassisch-antiker Statuentypen. Vor kurzem hat man dort unter anderem Repliken der Koren vom Erechtheion in Athen und eine Marmorkopie der Amazonen des Phidias gefunden.

Besonders wichtig für die römische Kunst, aber auch für deren Auswirkungen auf die Kunst des Mittelalters und den Beginn der Renaissance in Europa, war, daß die wohlhabenden Klassen an Stelle der Einäscherung immer häufiger die Erdbestattung übernahmen. Der neue Brauch führte zu einer zunehmend weiteren Verbreitung reliefgeschmückter Marmorsarkophage und zur Gründung darauf spezialisierter Werkstätten in Rom ebenso wie in Athen und Kleinasien. Die Vorliebe für Sarkophage scheint durch die engeren, damals immer ausgedehnteren Verbindungen mit den hellenisierten Städten Kleinasiens bestimmt worden zu sein. Dort waren Sarkophage schon seit alter Zeit Brauch. Doch muß man auch den zusehends stärker werdenden Zug der römischen Kultur zu philosophischen und religiösen Symbolismen berücksichtigen, die in den auf Gräber bezogenen Darstellungen eine verstärkte Bedeutung erhielten.

Der nachweisbar älteste Sarkophag dieser Zeit aus Rom trägt die Grabinschrift des Caius Bellicus Natalis Tebanius, der Consul des Jahres 87 n. Chr. gewesen ist. Der Sarkophag befindet sich auf dem Camposanto in Pisa. Es ist ein Girlandensarkophag, ein in Kleinasien und Alexandria häufiger Typ. Auch wenn er hellenistischen Geist atmet, so sind die kleinen, zwischen den Girlanden dargestellten mythologischen Szenen doch ein typologisches Element, das nach dem augenblicklichen Stand unseres Wissens wohl in den Werkstätten der Stadt Rom hinzugefügt wurde. Aber der neueste Fund von Malereien in der Nekropole von Tyros, wo mythische Themen den Raum über den Girlanden füllen, zeigt uns, daß das Motiv gleichzeitig auch in Syrien verbreitet war. Bei anderen römischen Beispielen aus der Zeit Hadrians – ein Sarkophag im Louvre mit Szenen aus der Aktaionsage – weist diese Form viel Grazie und Feinheit auf. Eine weitere typologische Neuerung der römischen Werkstätten ist der Schmuck des Sarkophags nur auf drei Seiten. Die freigelassene Rückseite war gegen die Wand des Grabes gelehnt, das altem italischem Brauch gemäß immer noch im wesentlichen ein unterirdisches Zimmer nachbildet. Bei den aus Griechenland und Kleinasien eingeführten Sarkophagen dagegen sind alle vier Seiten geschmückt. Das setzt voraus, daß das Grab ein kleines Gebäude, ein Heroon, war und der Sarkophag in der Mitte des Saales stand.

Den geläufigen Typ römischer Sarkophage der Zeit Hadrians zeigen recht gut zwei Exemplare, die in einem Grab zusammen mit einem den oben genannten ähnelnden Girlandensarkophag entdeckt wurden. Das Grab ist mit Hilfe der Ziegelstempel auf 132 bis 134 n. Chr. zu datieren. Die Sarkophage zeigen keinerlei Struktur wie die griechischen, die immer einen Holzkasten oder eine architektonische Gliederung nachahmen. Solcher Mangel an organisch-logischer Struktur ist typisch mittelitalisch und römisch. Das ist teilweise der Grund dafür, daß die Reliefs von hellenistischen mythologischen Malereien beeinflußt zu sein scheinen und besonders figurenreiche Kompositionen lieben. Unsere beiden Beispiele zeigen die Orestes- und die Niobidensage (Helbig, Nr. 1127, 1129). Beim zweiten ist bemerkenswert, daß der Künstler die Urheber des Massakers, Apollon und Artemis, in die Eckfelder des Deckels verbannt und sie kleiner darstellt, wie um anzudeuten, daß sie sich weit entfernt, in den Lüften, befänden. Man kann sich in der Tat leicht vorstellen, daß man sie in einer Malerei so wiedergab. Betrachtet man einen anderen Sarkophag im Palazzo Giustiniani zu Rom, der auch den Orestesmythos zeigt, versteht man die Arbeitsweise der Künstler in diesen Werkstätten. Für die Hauptfiguren hat man denselben ‹Karton› verwendet, aber die Nebenfiguren sind vereinfacht worden. Die Sarkophage sind also immer serienweise in qualitativ recht hochstehenden Kunstwerkstätten gearbeitet worden. Dort konnte der Käufer aus schon bestehenden Stücken dasjenige auswählen, das ihm nach Darstellung und Preis am ehesten zusagte. Das blieb so im Laufe der sich ausweitenden römischen Produktion, selbst als man gegen das Ende des 2. Jahrhunderts Szenen aus dem römischen Leben den mythologischen Darstellungen vorzog. Auf Bestellung ausgeführte Stücke, die Neuerungen im Themenschatz der Werkstätten und Künstler bringen, müssen als Ausnahmen betrachtet werden und sind nur für besonders bedeutende Persönlichkeiten angefertigt worden. Daher können uns die Sarkophage ein unmittelbares Bild der Entwicklung römischer Kunst von Trajan und Hadrian an geben. Auch hierin bestätigt sich, daß eine neue, echte, vom Kaisertum und Reichsgedanken her geprägte römische Kunst entstanden ist.

VI. Die erste Krise der hellenistischen Tradition
Die Zeit der Antoninen

Bis zu den Flaviern, praktisch also noch das ganze 1. Jahrhundert n. Chr. hindurch, konnte sich Rom als Erbe der hellenistischen Königreiche ansehen. Seine Herrscher und selbst der Senat fühlten sich als Vollstrecker der Politik Alexanders des Großen, wie seine Diadochen sie auslegten, nur mit dem Unterschied, daß sie jetzt von Rom aus betrieben wurde. Die Stellung Roms als Zentrum des Reiches ist unter Trajan bewußt unterstrichen und durch den Bau neuer Denkmäler betont worden. Unter Hadrian trachtete man dann Rom und die Provinzen mit hellenistischer Kultur eng zusammenzuschweißen, indem man in den alten Städten neue Anregungen zum Bauen gab. In Athen entstand damals ein Viertel mit Monumentalbauten, jetzt ‹Hadriansstadt›, nicht mehr ‹Theseusstadt›. Der Zugang führte durch einen Bogen mit einzigartigen, hellenistisch inspirierten Formen. Eine ‹Bibliothek› mit hundert Säulen aus Pavonazzetto-Marmor, ein Pantheon sowie Tempel der Hera und des Zeus Panhellenios wurden errichtet. Den vom syrischen König Antiochos IV. Epiphanes begonnenen Bau des riesigen Zeus-Olympios-Tempels ließ Hadrian dreihundert Jahre später vollenden.

Eine straffe Verwaltung unter Trajan und Hadrian gab den Provinzen ein neues wirtschaftliches Gleichgewicht sowie neue Lebensimpulse. In Rom dagegen wurden die Verwaltungs- und Wirtschaftsprobleme, von den militärischen abgesehen, von Tag zu Tag schwieriger. Die Entstehung einer Reichskunst fällt mit Veränderungen in der wirtschaftlichen und politischen Struktur des Reiches zusammen, das unter den Antoninen den Provinzen zum Nachteil Italiens wachsende Bedeutung gibt. Die aktivsten Provinzen jener Zeit sind die hellenistisch-orientalischen. Von dort kommen Schriftsteller und Ärzte, Techniker, Philosophen und Magier sowie Künstler und Kunstwerke. Auf der anderen Seite des Mittelmeers zeigen einzig die drei Provinzen im Westen Nordafrikas Originalität in ihrem literarischen, philosophischen und künstlerischen Schaffen, also Africa proconsularis, Numidien und in zweiter Linie auch Mauretanien, die dem heutigen Tunesien, einem Teil Libyens, Algerien und Marokko entsprechen. Was aus diesen östlichen und westlichen Provinzen kommt, ist alles andere als ‹provinziell›. Eine solche Charakterisierung muß dem Schaffen der Donauländer, Britanniens, Galliens und Norditaliens bis zum Apennin, den sogenannten ‹europäischen› Provinzen vorbehalten bleiben. Besonders die hellenistischen Ostprovinzen sind eng mit Rom verbunden. Von dort stammen häufig die lebendigsten Anregungen in Kunst und Philosophie, die Beamten und Staatsmänner sowie die tatendurstigsten Soldaten.

Das ist die Situation vor dem Erlaß der *Constitutio Antoniniana* Caracallas von 212, jenes Gesetzes, das (mit wenigen Einschränkungen) allen Provinzbewohnern das römische Bürgerrecht verleiht, wodurch man die Einheit des Reiches festigen wollte.

Dieser Vorgang gegenseitiger Durchdringung Roms und seiner Provinzen verstärkt sich in der antoninischen Zeit so sehr, daß man von jetzt an die römische Kunst unmöglich mehr vom Blickpunkt der Stadt Rom aus betrachten kann. Die geschichtlichen Veränderungen, die damals begannen, sollten eineinhalb Jahrhunderte später zur Verlegung des Machtzentrums vom alten Rom in das ‹Neue Rom› Konstantinopel führen, das 324 n. Chr. gegründet und 330 eingeweiht wurde. Für den Augenblick ist Rom noch der Mittelpunkt der Macht, aber die Kaiser fühlen sich nicht mehr als politische Erben Alexanders des Großen; sie berufen sich auf Augustus.

Wir haben bereits zum Ausdruck gebracht, daß man mit Hilfe der Adoption das schwere Problem der Nachfolge in der Macht, die sich niemals ausdrücklich als monarchisch bezeichnen wollte, gelöst zu haben glaubte. Von Nerva bis Marcus Aurelius hat man diese Frage so gelöst. Die Stammbäume sind kompliziert. Trajan adoptierte kurz vor seinem Tod Hadrian, einen entfernten Verwandten. Das ist nicht ohne Widerspruch geblieben. Matidia, der Hadrian später einen Tempel erbauen ließ, hatte zwei Männer; vom ersten stammt Vibia Sabina, die Gemahlin Hadrians, ab, vom zweiten Rupilia Faustina. Rupilia Faustina und ihr Mann, der dreimalige Consul Annius Verus, hatten einen Sohn gleichen Namens und eine Tochter, Faustina die Ältere, die den im Jahre 86 n. Chr. geborenen Hadrianus Antoninus mit dem Beinamen Pius heiratete, den Adoptivsohn und im Jahre 138 n. Chr. Nachfolger Hadrians. Dem Sohn des Consuls Annius Verus und Bruder Faustinas der Älteren, jenem Annius Verus, der in zweiter Ehe mit Domitia Lucilla verheiratet war und im Jahre 130 n. Chr. starb, wurde 121 ein Sohn geboren, den wir unter dem Namen Marcus Aurelius kennen. Er wurde von Antoninus Pius adoptiert und heiratete im Jahre 145 n. Chr. dessen Tochter Annia Galeria Faustina die Jüngere. Marcus Aurelius war andererseits auch ein Neffe Faustinas der Älteren, der Gemahlin des Antoninus Pius. Die Tochter Marc Aurels heiratete den 130 n. Chr. geborenen Lucius Aurelius Verus, einen Sohn des Lucius Aelius Caesar, der seinerseits ein Adoptivsohn Hadrians war. Marcus Aurelius teilte seinen nach dem Tode des Antoninus Pius im Jahre 161 n. Chr. angetretenen Prinzipat mit Lucius Verus. Beim Tode Marc Aurels im Jahre 180 n. Chr. ging die Nachfolge indessen leider an den leiblichen Sohn des Marcus, Lucius Aurelius Commodus, über, der 161 n. Chr. geboren und der einzige überlebende männliche Nachkomme unter zahlreichen Kindern – fast nur Mädchen – war. Diese Familie mit ihren wirren Verwandtschaftsverhältnissen regierte das Reich von 138 n. Chr. bis 192 n. Chr., ein halbes Jahrhundert, in dem die erste Krise des Reiches und auch der traditionellen hellenistisch-römischen Kunst anzubrechen drohte.

Von den wenigen Überresten der Denkmäler aus der Zeit des Antoninus Pius verdienen an erster Stelle die Reliefs mit Provinzpersonifikationen aus dem 145 n. Chr. geweihten Tempel des Divus Hadrianus genannt zu werden (Helbig, Nr. 1437). Das ist sinnbildhaft für die immer engeren Bande zu den Provinzen. Vom Tempel selbst sind noch elf der ursprünglich dreizehn Säulen einer Längsseite an der Piazza di Pietra im Zentrum Roms zu sehen. Die Provinzdarstellungen müssen wohl zu einem Sockel gehört haben, auf dem die die Innenmauern der Tempelcella zierenden Halbsäulen gestanden haben. Die Cella war mit einer Tonne von siebzehn Metern Spannweite eingewölbt. Die Figuren, die mit den Plinthen der Halbsäulen korrespondierten, erhielten symbolisch die Bedeutung von ‹Stützen des Imperiums›. Es ist dabei bezeichnend, daß jede Anspielung auf die Unterwerfung in den Figuren vermieden wird. In ihrem Stil überwiegt noch ein allgemeiner Zug ins Klassizistische. Man macht keinen Versuch, die Personifikationen mit den den verschiedenen Völkerschaften eigenen Körperzügen zu charakterisieren. Das Bestreben der hadrianischen Kunst, der Figur Farbe und Nuancen zu geben, ist hier noch verstärkt durch die auffällige Hinterschneidung des Umrisses, die jede Figur vom neutralen Hintergrund abhebt. Außerdem wird der laufende Bohrer verwendet. Von den insgesamt zwanzig aufgefundenen Figuren sind drei in Neapel, zwei in der Villa Doria-Pamphili, zwei weitere im Palazzo Odescalchi, eine im Palazzo Farnese, eine im Lateran sowie sieben weitere, die bekanntesten, im Hof des Palazzo dei Conservatori; die vier letzten sind verloren.

Auch die Bauten bestätigen eine Entwicklung in Richtung auf die zur Zeit Neros begonnene neue römische Architektur, selbst wenn das anmutige hellenistische Bauornament wiederaufgenommen wird. Die Münzbilder bezeugen uns zwei Rundtempel auf dem Forum Romanum, von denen einer der Kybele und einer dem Bacchus geweiht war.

Die Porträts jener Zeit wie das des Lucius Verus (Helbig, Nr. 2320) oder des jungen Marc Aurel (Helbig, Nr. 2051, Abb. 30) betonen die schon unter Hadrian gebräuchliche und für einige Bildhauerwerkstätten Kleinasiens bezeichnende samtige Glätte der Fleischteile sowie die frische Farbigkeit bei der Behandlung der Haare, des Bartes und der Draperie. Im Relief mit der Apotheose der Sabina (Helbig, Nr. 1800) steht trotz der zahlreichen Restaurierungen – darunter fast der ganze Kopf Hadrians und seines Begleiters – der hadrianische Klassizismus auf der Linie attischer Werkstätten. Selbst die Ikonographie ist griechisch, auch wenn das Motiv der Apotheose schon lange in der römischen Kultur Heimat gefunden hat. Die geflügelte Figur, die die tote Sabina entführt, über der das Marsfeld bedeutenden Gestalt eines jungen Mannes und dem Scheiterhaufen gleicht einer Nike. Das Diagonal der Komposition läßt ebenfalls eine die Klassik nachahmende Gliederung erkennen. Die Absicht, im Relief ein vollkommen irreales, symbolisches Ereignis fern von historisch genauer Dokumentation darzustellen, die bisher die römische Memorialkunst bestimmt hatte, zeigt einen Wandel der Auffassung und den

Beginn eines Strebens zum metaphysischen Symbol, der sich im Lauf der folgenden Jahre noch verstärken sollte. Rund fünfundzwanzig Jahre später entsteht eine andere Apotheose auf dem Sockel der Säule, die Marcus Aurelius und Lucius Verus zum Gedächtnis ihres Vorgängers Antoninus Pius errichteten.

Diese Säule stand auf dem Marsfeld, beinahe dort, wo sich heute der Obelisk von Montecitorio erhebt, den Augustus als Dorn einer großen Sonnenuhr hatte aufstellen lassen. Der schmucklose Monolith aus Rosengranit trug ein Standbild des Kaisers mit den Attributen Jupiters. Die Weihinschrift nennt nur Antoninus, aber auf dem Relief ist der Kaiser mit seiner zwanzig Jahre früher verstorbenen Frau Faustina in der Apotheose vereint. Das symbolische Element hat sich also noch verstärkt. Die Flügelgestalt, als Aeternitas gedeutet, im Relief mit der Apotheose der Sabina noch weiblich, ist jetzt ein Jüngling und muß als Aion aufgefaßt werden. Es ist die Personifikatios der absoluten Zeit, die schon im klassischen Denken vorkommt (Platon, ‹Timaios› 37) und die sich darin von Kronos unterscheidet, der die Zeit in ihrem Bezug zum menschlichen Leben bedeutet. Die Darstellung des Aion hier steht vielleicht im Zusammenhang mit den orientalischen Mysterienreligionen. Er wäre dann Attribut der höchsten Gottheit, ja dieses höchste Wesen selbst, das am Anfang war und ewig sein wird, die sich fortwährend erneuernde Zeit. Trotz der offensichtlichen stilistischen Ähnlichkeit mit dem Relief der Sabina gibt es auch bezeichnende Unterschiede. Als Gegenstück zu der Schwere und Festigkeit, die die unten sitzenden Gestalten – Roma und das Marsfeld – fast zu reinen Gegenständen herabwürdigen, entfesselt der große, geflügelte Genius aus sich selbst eine aufsteigende Bewegung. Man glaubt den weiten, leisen Flügelschlag zu vernehmen unter dem stürmischen Geflatter der Adler darüber. Kleine kompositorische Tricks entrücken das Werk seinem sonst offenkundigen Klassizismus. So reicht der linke Flügel über die Basisecke hinaus; ebenso ragt der Schild der Gestalt der Roma über die Kante hinaus, und Gewandzipfel hängen über die Sockelbordüre hinab. Das sind Zeichen einer Wendung zu größerem Reichtum im Ausdruck von Bewegung und Farbe, die die dem Klassizismus verhafteten Schemata durchbricht (Helbig, Nr. 480, Abb. 32). Auf den beiden Seiten der Basis, wo kreisförmig angeordnete Kavalkaden dargestellt sind, hat man diesen neuen künstlerischen Tendenzen mehr Raum gegeben. Die Reliefs zeigen die *decursio,* ein sehr altes Ehrenritual, das darin bestand, daß man dreimal den Scheiterhaufen des Toten oder den Grabtumulus mit Reitersoldaten – in diesem Fall mit Prätorianern – umritt. Darauf folgten Paraden, Aufmärsche oder Kampfspiele von Fußtruppen. Eine Anspielung auf diesen zweiten Teil der Zeremonie ist in der Gruppe der Soldaten zu Fuß inmitten des Kreises der Berittenen zu sehen. So wie diese Szene dargestellt ist, scheint sie beinahe die Übertragung des Zirkusrennens auf jenem Relief mit dem Porträt der beiden Ehegatten aus dem vorhergehenden Kapitel ins Hochrelief zu sein oder auch eines Reliefs in Foligno mit Wettrennen, das ebenfalls der plebejischen Kunstströmung angehört. Gerade diese Modi der Plebejerkunst, Grundlagen des römischen Historienreliefs, sind hier formal völlig neu erarbeitet worden und zeigen sich starken Helldunkelwirkungen und barokkem Geschmack verpflichtet. Auf dieser Säulenbasis geschieht dasselbe, was wir später am Anfang der italienischen Renaissance so häufig auf den Predellen der großen Altartafeln bemerken: in den weniger wichtigen Teilen eines solchen Kunstwerkes – auf der Predella oder, wie bei der Säulenbasis, in den Seitenreliefs – kann der Künstler einer neuen, veränderten Kunstauffassung freien Raum geben, denn der offizielle Auftraggeber hätte sich in seinem Konformismus noch an den Neuerungen stoßen können, wären diese im wichtigsten Teil vorgetragen worden.

Demselben Kaiserpaar wurde der Tempel gewidmet, der noch teilweise erhalten am Forum Romanum steht und den Antoninus zunächst Faustina allein zu bauen gelobt hatte.

Die Vorliebe für Farbe und Gegensätze zwischen Licht und Schatten, ein Ergebnis der virtuosen Behandlung des Marmors als formbare Masse, findet sich in vielen Porträts: vom Kopf eines gewissen Volkakios Myropnous aus Ostia (Helbig, Nr. 3119) noch aus der Zeit des Antoninus Pius bis zur Büste des jungen Commodus (Helbig, Nr. 1285) und jener aus der Zeit seines Regierungsantritts – er gleicht da einem Zeitgenossen des französischen Bürgerkönigs Louis-Philippe (Helbig, Nr. 190) – oder dem Porträt aus seinen letzten Lebensjahren, wo er, als Herakles dargestellt, bereits vollkommen von seinem politisch-religiösen Wahn gefangengenommen ist. Diese Büste wurde auf dem Esquilin im Umkreis der kaiserlichen Gärten gefunden und ist in die Zeit um 190 n. Chr. zu datieren (Helbig, Nr. 1486). Commodus war damals noch keine dreißig Jahre alt. Er ist als Herakles dargestellt, die Äpfel der Hesperiden in der Hand; den Sockel bilden der Amazonenschild und, über dem Globus mit dem Tierkreis neben besonderen Zeichen, gekreuzte Füllhörner; zu beiden Seiten knieten – die eine ist verloren – Victorien. All diese programmatischen Insignien dienen der Glorifizierung des Commodus, der sich auf den Münzen fromm, glücklich, Friedensbringer für die Welt, unbesiegt, römischer Herakles, Besieger der Amazonen, im höchsten Maße tugendhaft nennt, und das alles neben seinen militärischen Ehrentiteln. Der barock übersteigerten Phantasie entspricht der völlig barocke Geschmack dieser verfeinerten Skulptur. Sie besteht aus griechischem Marmor, der Sockel aus orientalischem Alabaster. Die Fleischpartien leuchten hell, während die Haare vielleicht vergoldet waren. Die Büste steht frei wie eine Erscheinung auf ihrem zerbrechlich wirkenden Unterbau, der einen mit der Büste fest verbundenen, massiven Fuß verdeckt. Konzeption und Form sind weit von der stilistischen Klarheit der griechischen Kunst entfernt, auch von der mondänen, hellenistischen Raffinesse, von der sie jedoch wiederum abhängt. Der Bildhauer war vielleicht ein Kleinasiate. Wirre Überschwenglichkeiten, die im eschatologischen Denken der östlichen, in Rom eingedrungenen Religionsphilosophien und Mysterien wurzeln, haben der Kultur einen irrationalen Zug verliehen. In der Kunst führen diese Momente zu ungewöhnlich formalen Lösungen.

In der eben geschilderten Kunstrichtung waren zu jener Zeit Stuckdekorationen vor allem geschätzt. In diesem Material wurde besonders flüssig und leicht gearbeitet, fast so wie mit dem Pinsel. Der Gebrauch des Pinsels ist tatsächlich anzunehmen, da man bei der Vorbereitung des Stucks wahrscheinlich punisches Wachs *(cera punica)* verwendete. Das punische Wachs diente in der Wandmalerei als Bindemittel, das es erlaubte, der Freskomalerei sowohl das Flüssige eines Aquarells als auch eine dichte Körperhaftigkeit zu geben.

In der Malerei wiederholen sich einige Motive wie das der Villen am Meeresstrand – im Haus unter San Sebastiano an der Via Appia – immer wieder, obwohl die überkommenen Systeme des Wandschmucks jetzt aufgegeben werden: in welchem Sinn, werden wir in Kürze sehen. Diese Motive, deren Vorbilder nun weit zurückliegen, verraten neue Bemühungen um Perspektive, die Luft und Atmosphäre besonders betonen. Im allgemeinen aber gilt der Zug zur Vereinfachung der ornamentalen Motive, und man entdeckt gelegentlich auch handwerkliche Vergröberung, die die Motive isoliert. Das erleichtert die Arbeit und die Verwendung der einzelnen Themen in verschiedenen Abwandlungen. Die Bedeutung des Ornaments wird verstärkt, der Eindruck unmittelbarer, die Verständlichkeit leichter. Ein Motiv isolieren heißt seine Wirkung steigern, wie ein moderner, in der Plakatkunst erfahrener Graphiker sehr wohl weiß. Im Bodenmosaik findet man die gleichen Züge. Gerade hier läßt man von der Nachahmung von Malereivorlagen ab und schafft einen dem Fußbodenmosaik eigenen Stil.

Die Bautechnik mit Ziegelverkleidung, die in der Zeit Trajans und Hadrians ihren Höhepunkt erreicht hatte, wird jetzt weiter angewandt bei Grabbauten, Mietshäusern, Lager- und Handelsgebäuden, für die es in Ostia vorzügliche Beispiele gibt. Gelegentlich kommt eine bescheidene Polychromie vor, wenn man Ziegel und Bimsstein abwechselnd verwendet. Bei diesen anspruchslosen Bauten bleiben die Architekturformen einfach, und ihre Wirkung verdanken sie vor allem den sorgfältigen Verhältnisbezügen zwischen Struktur einerseits und Mauer und Öffnung andererseits. Die vielen Zeichnungen, die uns von ihnen erhalten sind – manchmal richtige Bauaufnahmen mit den Maßen –, beweisen, wie sehr sich die Architekten der italienischen Frührenaissance dafür interessierten. Sie reichen von Baldassare Peruzzi (1481–1536) bis zu den Sangalli, Giuliano (1445–1516), Antonino der Ältere (1455–1534) und Antonino der Jüngere (1483–1546). Selbst das Grab der Annia Regilla, der Frau eines unermeßlich reichen Mannes wie Herodes Atticus, an der Via Appia zeugt von dieser Nüchternheit und Beschränkung der Form.

Auf den Sarkophagen hingegen entwickelt sich eine besonders lebhafte Skulptur, die zum Teil von hellenistischen Vorbildern, insbesondere der Kunst Pergamons abhängt. Solche Vorbilder beherrschen die Komposition von Schlachten gegen die Barbaren, die in der Regel als Galater charakterisiert sind

(Helbig, Nr. 1215). Beim Kopieren von älteren Vorlagen hat man die Mode der damaligen Zeit wie Frisuren und andere Details übernommen. Das läßt sich auf einem Sarkophag, der die Alkeste-Sage wiedergibt, in den Vaticanischen Museen beobachten (Helbig, Nr. 291). (Der Sarkophag stammt aus Ostia und kann zwischen 161 und 170 datiert werden, weil er nach der Inschrift einem C. Iunius Euhodus und seiner Gemahlin Metilia Acte, Priesterin der Kybele, gehörte, deren Lebzeiten historisch belegt werden können.) Die Sage von Alkeste, die an Stelle ihres Gatten sterben wollte und die Herakles in die Welt der Lebenden zurückbrachte, war in der Fassung der Euripidestragödie verbreitet und besonders im Bereich der Todessymbolik beliebt, zum Lobpreis der Gattentreue und als ein Zeichen für das Leben nach dem Tode, das die in die Mysterien Eingeweihten als Belohnung erwartete. In einem katakombenähnlichen Familiengrab an der Via Latina findet sich dieser Mythos noch in der Mitte des 4. Jahrhunderts zusammen mit christlichen Themen wieder (vgl. André Grabar, ‹Die Kunst des frühen Christentums›, Abb. 251).

Neben der allgemeinen Ikonographie der Barbarenschlacht entwickelt sich in den achtziger und neunziger Jahren des 2. Jahrhunderts n. Chr. ein neuer, im besonderen römischer Typus des Monumentalsarkophags. Auf ihm sind Schlachten dargestellt, in denen deutlich als Römer gekennzeichnete Soldaten gegen Barbarenvölker von den Nordgrenzen des Reiches kämpfen, wobei man nicht genau unterscheiden kann, ob es Markomannen, Kelten, Quaden oder Roxolaner sind. Eines der wichtigsten Beispiele für diese Art ist der aus Portonaccio an der Via Casilina kommende Sarkophag im Museo Nazionale Romano, in dem vermutlich ein Offizier aus den Kriegen der Zeit Marc Aurels bestattet war (Helbig, Nr. 2126). Wenn bei einem so reichen und sorgfältig gestalteten Werk nur der Kopf der Hauptperson nicht ausgearbeitet ist, beweist dies, daß es sich auch hier um ein Stück der Serienfertigung handelt, das erst mit dem Porträt des Toten, für den es gekauft werden sollte, vollendet gewesen wäre.

Zusammen mit einigen anderen – Rom, Palazzo Giustiniani; Frascati, Villa Taverna; Perugia, Museo Nazionale – muß der Sarkophag jener Werkstatt zugewiesen werden, die in diesen Jahren an der Marc-Aurel-Säule gearbeitet hat, doch zeigt er größere Feinheit der Ausführung und bessere Komposition der Szenen, die sich mit Eleganz und dem Streben nach einer jede technische Schwierigkeit überwindenden Raumdarstellung abwechseln und verschränken. Die Gestalten der gefangenen Barbaren mit ihren leidvollen Gesten sind noch ein Erbe der Zeit Trajans, entfalten jedoch ein betonteres Pathos, das dem verstärkten Suchen nach farbig-malerischen Effekten entspricht. Dazu läßt sich eine Beobachtung machen, die bislang in keiner systematischen Untersuchung dargelegt wurde: Anzeichen von Pathos, die seelische Angst und nicht leiblichen Schmerz ausdrücken, finden sich im Römischen erstmals in der Plebejerkunst der norditalienischen und der gallisch-römischen Provinzen. Von da aus gelangen sie nach Pannonien. Das mag ganz allgemein wichtig sein für die Beurteilung des Ausdrucks seelischen Leidens, der sich in der Porträtkunst des 3. Jahrhunderts selbst bis in das Kinderporträt hinein findet.

Den beiden Kaisern Hadrian und Antoninus Pius gelang es, das Reich durch kluge und wachsame Diplomatie zu regieren. In der Zeit Marc Aurels jedoch, der Lucius Verus zum Mitregenten hatte, wurde der Druck auf die Ost- und Nordgrenzen so stark, daß der Krieg unausweichlich geworden war, wollte man ein Auseinanderbrechen des Reiches in einen Ost- und einen Westteil verhindern. Die Nahtstelle lag in den Donauländern vom Noricum über Pannonien bis nach Moesien, die von den Sarmatenstämmen bedrängt wurden. Im Osten erhob sich das Partherreich, das als einziges den Römern die Stirn zu bieten vermochte, gegen die römische Suprematie in Armenien und machte die Handelswege ins Innere Asiens unsicher.

Die Notiz in den chinesischen Annalen von einer Gesandtschaft Ngan-tun's oder Ant-tun's – also Marcus Aurelius Antoninus' – im Jahre 166 n. Chr. aus Amman zeigt, wie wichtig diese Handelsbeziehungen geworden waren. Die römischen Quellen wissen davon nichts. Höchstwahrscheinlich war es keine offizielle Gesandtschaft, sondern eine Gruppe von römischen Kaufleuten. Sicherlich sind jedoch die Geschenke, die sie nach China brachten, unterwegs gekauft worden: Elfenbein, Rhinozeroshörner und Schildkrötenpanzer. Die damals noch junge Entdeckung der regelmäßigen Monsunwinde begünstigte dieses Vordringen nach Fernost.

Marcus Aurelius verabscheute den Krieg. Als die Staatsraison ihm den Kampf aufzudrängen schien, unterwarf er sich ihr und nahm die Mühen des Lagerlebens mit jenem erhabenen Pflichtgefühl auf sich, das jede seiner Handlungen von innen her bestimmte.

Die Philosophie war für ihn kein Ornament, und damit zeigt er sich einem seiner Lehrer, Marcus Cornelius Fronto, überlegen, dessen Briefwechsel mit Marcus Aurelius und Lucius Verus wir besitzen. Für Marc Aurel war die stoische Philosophie zu einer vollkommen menschlichen Religion geworden, wo die Vernunft, Ausfluß Gottes, das gemeinsame Maß aller guten Menschen ist, auch wenn sie aus verschiedener Umwelt kommen und von anderer Rasse sind; durch sie werden alle als Glieder einer einzigen Menschheitsfamilie zueinander hingezogen. Das Moralgesetz, als göttliches Gesetz verstanden, ist in sich schon religiöser Akt. Befolgt man es, trägt es seinen Lohn in sich selbst. Eine andere Hoffnung oder Belohnung darf man weder in diesem noch in einem anderen Leben erwarten. Allein die Zufriedenheit des Menschen ist sein Lohn, wenn er dem Sinn seiner Aufgabe, gemäß seiner vernünftigen Seinsnatur, und dem allgemeinen Gesetz der Welt und Gottes folgt. Diese Überlegungen finden sich häufig in Marc Aurels ‹Selbstbetrachtungen›, besonders XII, 29, aber auch anderswo ausgedrückt. Dieses geistige Tagebuch ist auf griechisch, in der Philosophensprache, abgefaßt für die Selbsterziehung, wie der eigentliche Titel besagt: τὰ εἰς ἑαυτόν – für sich selbst. Es gehört zu den vornehmsten Dokumenten wahrer Menschlichkeit und schmerzlicher Erfahrung eines der Pflicht geweihten Lebens, die je geschrieben worden sind. «Noch kurze Zeit, und ich bin tot; alles hat sein Ende gefunden. Was soll ich mehr suchen, als wenn ich mich bemühe, weise zu sein und gerecht gegen andere, sowie die Gesetze Gottes zu den meinen mache?» (VIII, 2, 1–2). Die religiöse Stimmung, auf jeder Seite der ‹Selbstbetrachtungen› gegenwärtig, ist bezeichnend für diese Zeit. Wenn sie nicht mehr durch eine ebenso strenge Zucht der Vernunft unterstützt wird, wandelt sie sich in Aberglauben und öffnet jeder Magie und irrationaler Hingabe Tür und Tor. Das geschieht in höchstem Maße bei Commodus.

Den Krieg im Osten befehligte Lucius Verus, doch die Leitung der Operationen lag in den Händen erfahrener Generale. 165 n. Chr. drangen zwei römische Armeen in Mesopotamien ein, überschritten den Euphrat, marschierten gegen Dura Europos, gelangten bis zum Tigris und besetzten Seleukeia und Ktesiphon, wo sie den Palast des Großkönigs zerstörten. Lucius nahm den Titel *Parthicus Maximus* an. Bevor noch der Krieg zu Ende war, schrieb Lucius Verus bereits an Fronto, um ihn zu bitten, sich für die Abfassung seiner Geschichte vorzubereiten. Er solle darauf Nachdruck legen, daß es vor seiner Ankunft auf dem Kriegsschauplatz keine Erfolge gegeben habe, und in «kristallklarer Evidenz» herausstellen, daß die Parther zuvor überlegen waren (Fronto, ‹Ad Verum imperatorem› II, 3, Ausgabe Haines II, S. 194f.). Diese Attitüde des Lucius verdeutlicht uns das Klima, das gleichzeitig den brillanten Schriftsteller Lukian zu seiner schneidenden Darstellung ‹Wie man Geschichte schreiben muß› treibt. Das Werk ist gegen die Schmeichler gerichtet, die «unseren Heerführer mit Achill und den Perserkönig mit Thersites vergleichen, ohne zu merken, daß ihr Achill größer erschiene, hätte er Hektor und nicht Thersites als Gegner», und die «schamlos» schrieben: «am Europos sind dreihundertsiebzigtausendzweihundertsechsunddreißig Feinde gefallen, während die Römer nur zwei Tote und neun Verwundete zu beklagen hatten» (Lukian, ‹Quomodo historia est conscribenda› XX, 3). Hier erscheint diese Verachtung für den Feind, die die Reliefs der Marc-Aurel-Säule im Gegensatz zu denen der Trajanssäule beherrscht. Sie wird auf Jahrhunderte hinaus den Geist der Toleranz und Gerechtigkeit ablösen, der bei Marcus Aurelius noch so lebendig war als Erbe der griechischen *paideia.*

166 n. Chr. wurden die Städte Carrhes und Dura zu römischen Kolonien erhoben und die Kontrollen über Armenien gesichert. Am 12. Oktober desselben Jahres, nach fünf Jahren kostspieligen Krieges, feierten die zwei Kaiser den Triumph. Auf Vorschlag des Lucius erhielten die beiden Söhne Marc Aurels den Caesarentitel. Commodus war fünf Jahre alt, Annius Verus drei. Seit einem halben Jahrhundert hatten die Bürger Roms keinen Triumphzug mehr erlebt. Der letzte hatte einem toten Kaiser, Trajan, gegolten. Doch Ende 166 oder Anfang 167 n. Chr. begann der erste Einfall nordischer Völker, für die die Zeit ihrer Wanderungen begann. Sechstausend Langobarden und Obier fielen im oberen Pannonien ein, wurden aber zurückgedrängt. Darauf folgte ein Angriff auf die dacischen Goldminen. Dahinter rückten die Markomannen

und Quaden vor, in Wirklichkeit ein geschlossener Verband verschiedener germanischer Stämme, die Ballomar, der König der Markomannen, anführte. Aus dem Orient wurde durch das Heer eine Seuche eingeschleppt, die sich nach und nach über alle Garnisonen bis nach Rom ausbreitete und viele Opfer forderte. Wir wissen nicht, ob es sich um Flecktyphus, Pocken oder tatsächlich die Pest handelte. Der große Arzt Galenos kam selbst nach Rom, kehrte aber kurze Zeit darauf wieder nach Pergamon zurück. Typisch für die Zunahme des Aberglaubens in dieser Zeit ist, daß man für die Seuche sofort magisch-religiöse Gründe fand. Verschiedenartige Betrüger versäumten nicht, hieraus in den entfernten Ostprovinzen wie auch in Rom ihren Vorteil zu ziehen. Um die öffentliche Meinung zu beschwichtigen, wurde Rom durch Priester aller Religionen gereinigt. Marcus Aurelius (IX, 2) schrieb: «Mit viel mehr Recht nenne ich den Verderb der Vernunft eine Pest als die Seuche und die mit ihr zusammenhängende Veränderung und Verderbnis der Luft um uns, die wir atmen. Die Seuche befällt die Tiere so, wie sie eben Tiere befallen kann, diese Pest aber Menschen in dem Punkt, der sie zu Menschen macht.» Zur gleichen Zeit feierte Lucius Verus in seiner Villa an der Via Claudia extravagante Feste und umgab sich mit einer Menge Schauspieler, die er in Syrien und Alexandrien aufgelesen hatte. «Man hätte glauben können, daß er einen Krieg gegen das Theater gewonnen hat», meinte ein Geschichtsschreiber aus späterer Zeit (‹Vita Veri› VIII, 6–11).

Ein bezeichnendes Beispiel für diese Zeit ist die Geschichte Glykons, den man als Reinkarnation des Asklepios hinstellte. Sein Kult war von der Zeit des Antoninus Pius an in Paphlagonien, Dacien, Moesien und vielleicht sogar in Rom selbst verbreitet. Mysterienkulte mit heiligen Darstellungen wurden gegründet. Auf der Agora von Parium zeigte man seinen Kenotaph und seine Kultstatue (Athenagoras 26). Kult und Orakel waren das Werk eines Scharlatans mit Namen Alexander, der sie in Abonoteichos begründet hatte. Als Mann von blendendem Aussehen und findigen Geistes gab er sich als Schüler des Apollonios von Tyana aus. Es gelang ihm, seine noch recht jugendliche Tochter mit einem schon betagten Proconsul Asiae mit Namen Rutilianus zu verheiraten, der ihn bei verschiedenen Anlässen protegierte, selbst dann, als jenes Betrügereien und Ruchlosigkeiten fast zum Aufruhr geführt hätten. Um das Orakel des Glykon einzurichten, bediente sich Alexander einer großen, gezähmten Schlange, die er aus Pella in Makedonien mitgebracht hatte. Er hatte ihr einen beweglichen, fast menschlich aussehenden Kopf, eine Attrappe aus bemaltem Stoff und Pferdehaar aufgesetzt. Mit dieser improvisierten Göttlichkeit glich das Tier etwas der weitverbreiteten Hypostase des Khnum, eines Schöpfergottes der spätägyptischen Mythologie, der auf zahlreichen gnostischen Gemmen als Schlange mit einem Löwenkopf dargestellt ist. Obwohl der ‹aufgeklärte› Lukian von Samosata den falschen Propheten mehrmals als Schwindler demaskiert hat (Lukian, ‹Alexander Pseudomantis› 13–19), dauerte der Glykonkult doch ein Jahrhundert an und war auf vielen Münzen dargestellt. In Tomi hat man sein in Stein gehauenes Bild gefunden (Constantsa, Archäologisches Museum).

Im Frühling des Jahres 168 n.Chr. brachen die beiden Kaiser zum Feldzug gegen die Markomannen und Quaden auf und errichteten ihr Feldlager in Aquileia. Während Marc Aurel auf der Notwendigkeit bestand, persönlich am Feldzug teilzunehmen, wollte Lucius Verus nach Rom zurückkehren. Auf der Rückreise kam er bei Altinum durch einen Zwischenfall ums Leben. Nach seinem Tode vertraute man den Oberbefehl dem aus Antiochia gebürtigen Tiberius Claudius Pompejanus an, der aus dem Ritterstand kam und seit zwei Jahren Gouverneur im unteren Pannonien war. Pompejanus heiratete darauf die Witwe des Lucius Verus, Lucilla, eine Tochter Marc Aurels. Als Schwiegersohn des die Regierungsgeschäfte nun allein führenden Kaisers und als Heerführer in dem einige Male wiederaufgenommenen Krieg sehen wir ihn im unmittelbaren Gefolge des Kaisers auf allen Denkmälern, mit denen wir uns sogleich beschäftigen werden.

Auch an anderen Grenzen des Reiches häuften sich die Angriffe; Barbaren drangen in Italien ein und gelangten bis Verona; die Finanzlage verschärfte sich und veranlaßte Marc Aurel, kostbare Kleider, Geschirr, Statuen und Malereien aus dem kaiserlichen Schatz im Trajansmarkt versteigern zu lassen, um eine neue Steuererhebung umgehen zu können; der Druck auf die Donauländer hielt an. All das zwang den Kaiser, einen großen Feldzug zu beschließen, der die Gründung einer neuen Provinz jenseits von Dacien zum Ziel hatte. Von 171 bis 173 n.Chr. weilte Marc Aurel persönlich im Legionslager von Carnuntum bei Wien. Im Jahre 174 n.Chr. besiegte man die Markomannen und Quaden und konnte rascher gegen die Sarmaten vorgehen, wahrscheinlich vom Standlager Aquincum in der Nähe von Budapest aus. Avidius Cassius, dem mutigen Heerführer der Partherkriege, waren nach einer glücklichen Expedition gegen einen Aufstand in Ägypten größere Machtbefugnisse gegeben worden. Diese mißbrauchte Avidius zu einer Erhebung im Osten. Marcus Aurelius, begleitet von seiner Gemahlin Faustina, war gezwungen, nach Syrien zu eilen. Die Rebellion war bei seiner Ankunft glücklicherweise schon niedergeschlagen durch das Eingreifen des Statthalters von Kappadokien, doch blieb der Kaiser bis 176 n. Chr. im Osten. Auf dem Rückweg starb Faustina. Am 12. Dezember feierte Marc Aurel nach acht Jahren Abwesenheit von Rom seinen zweiten Triumph zusammen mit Commodus, den er an der Macht im Reiche beteiligt hatte.

Neue Schwierigkeiten an der Donaufront führten den Kaiser dann ins Lager von Vindobona (Wien), wo er – Opfer einer sich unter den Truppen immer mehr ausbreitenden Epidemie – am 17. März des Jahres 180 n. Chr. starb.

Wir haben uns mehr als gewöhnlich bei den geschichtlichen Ereignissen der Regierungszeit Marc Aurels aufgehalten, denn die Probleme der Deutung und Chronologie einer Reihe historischer Reliefs sind eng damit verbunden. Diese Denkmäler vertreten in Rom die Kunst der Antoninenzeit und sind gleichzeitig von grundlegender Bedeutung für den Stil- und Formwandel der römischen Kunst.

In den Provinzen, außerhalb Roms, ist der großartige Fries aus Ephesos, der die Fasten der Antoninen von der Adoption des Antoninus Pius bis zu den Parthersiegen des Lucius Verus verherrlicht, das bedeutendste Bildhauerwerk. Dieser Fries mit seinen lebensgroßen Figuren in Hochrelief ist uns nicht in seiner ursprünglichen Anordnung erhalten geblieben. Wie der große Trajansfries, zu dem er das einzige Gegenbeispiel ist, wurde auch er später wiederverwendet und diente als vorderer Abschluß für das Wasserbassin eines Nymphäums, zu dem man die Fassade der im ersten Jahrzehnt des Prinzipats Hadrians von Caius Julius Aquila und seinen Erben in Ephesos errichteten Bibliothek mit dem Heroon-Grab seines Vaters Titus Julius Celsus Polemeanus – ein Juwel der Architektur – umgestaltet hatte. An diesem Fries, der sich heute in der Antikensammlung des Kunsthistorischen Museums in der Neuen Hofburg in Wien befindet, müssen verschiedene Meister gearbeitet haben, von denen derjenige, der die Schlachtenszenen geschaffen hat, ein wirklicher Neuerer war. Auch bei ihm ist ein formaler Bezug zu den hellenistischen Skulpturen Pergamons festzustellen. Andererseits jedoch könnte man ihn auch als Nachfolger des ‹Meisters der *gesta Trajani*› bezeichnen wegen seiner größeren räumlichen Freiheit, der Lebhaftigkeit seiner Figuren und seiner neuen ikonographischen Erfindungen. Wir entdecken vor allem eine Vorliebe für die schräge Anordnung der Personen, ob sie sich, vom Hintergrund ausgehend, zum Betrachter hin oder vom Beschauer aus in die Fläche zurück zu bewegen scheinen. Die eindringliche Suche nach Farbwirkungen ist ebenso auffallend wie die sparsame Verwendung des Bohrers, der fast nur bei den Haaren benützt wurde, obwohl dieses Bildhauerwerkzeug in den Werkstätten von Ephesos seit den ersten Denkmälern aus hadrianischer Zeit sehr geläufig ist.

Man muß sich dieser Beobachtungen erinnern, wenn man einem der besonders häufig diskutierten Probleme der römischen Kunst jener Zeit gegenübersteht: dem der drei Reliefs im Treppenhaus des Palazzo dei Conservatori auf dem Capitol (Helbig, Nr. 1444) und der acht Reliefs gleichen Ausmaßes, die in die Attika des Constantinsbogens eingefügt wurden. Auch wenn bei den letzteren der Kopf des Kaisers ersetzt wurde – erst durch den Constantins, danach durch restaurierte –, so ist man doch sicher, daß alle elf Reliefs zu einem oder mehreren der für Marc Aurel errichteten Ehrendenkmäler gehörten, denn überall erkennt man im unmittelbaren Gefolge des Kaisers einen und denselben Mann, den man mit Tiberius Claudius Pompejanus gleichsetzen kann. Man hat sich bislang vorwiegend über die ursprüngliche Bestimmung dieser Reliefs, über Art und Lage der Architekturdenkmäler, als deren Schmuck sie gedient haben, Gedanken gemacht. Diese rein archäologischen Diskussionen haben fast vergessen lassen, wie wichtig die stilistische und kunsthistorische Analyse dieser Werke ist. Die drei Reliefs im Palazzo dei Conservatori kommen aus einer Kirche, die früher am Forum Romanum stand, dort, wo sich einst

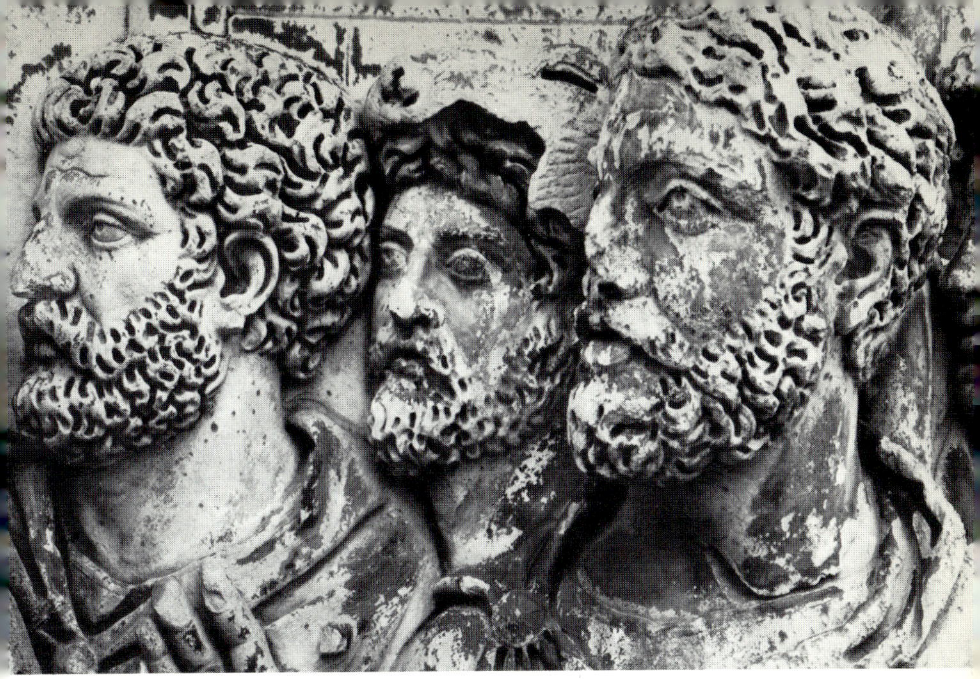

35 – Rom, Ehrenmal Marc Aurels – Relief (Ausschnitt) – Rom

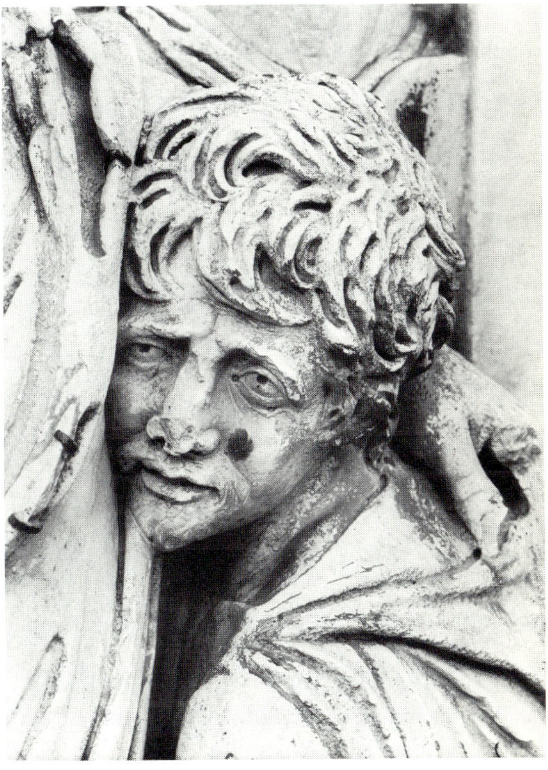

36 – Rom, Ehrenmal Marc Aurels – Unterwerfung eines Barbarenführers (Ausschnitt) – Rom

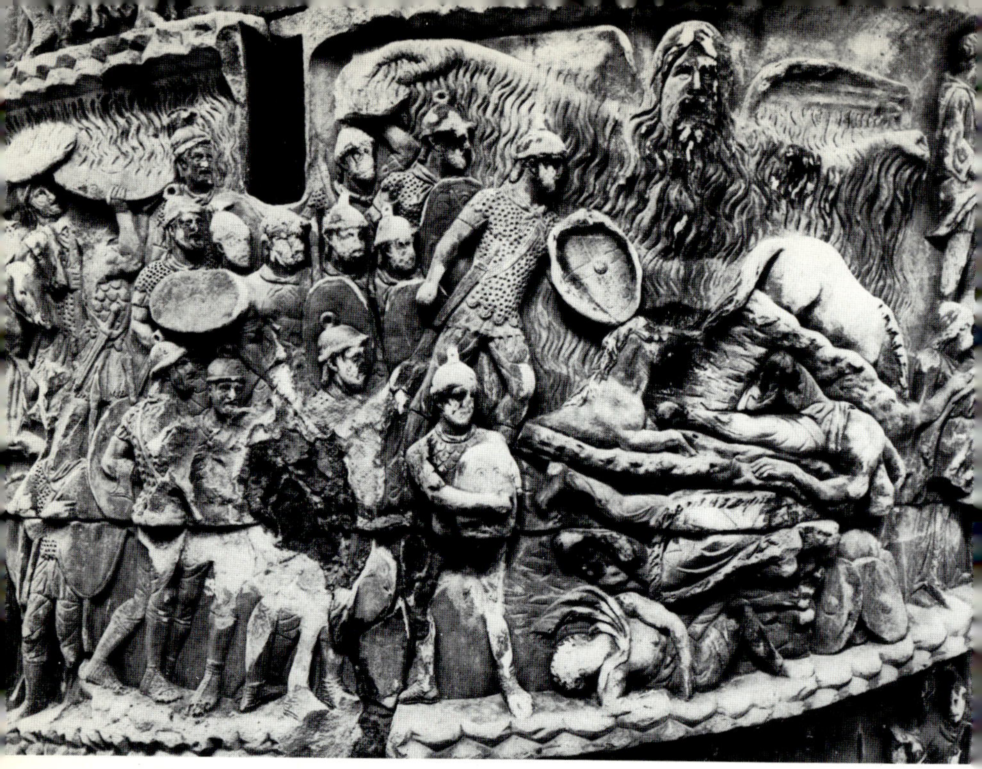

37 – Rom, Marc-Aurel-Säule – Das Regenwunder (Ausschnitt)

38 – Ungarn – Grabstele des Legionärs Caius Septimus (Abguß) – Rom

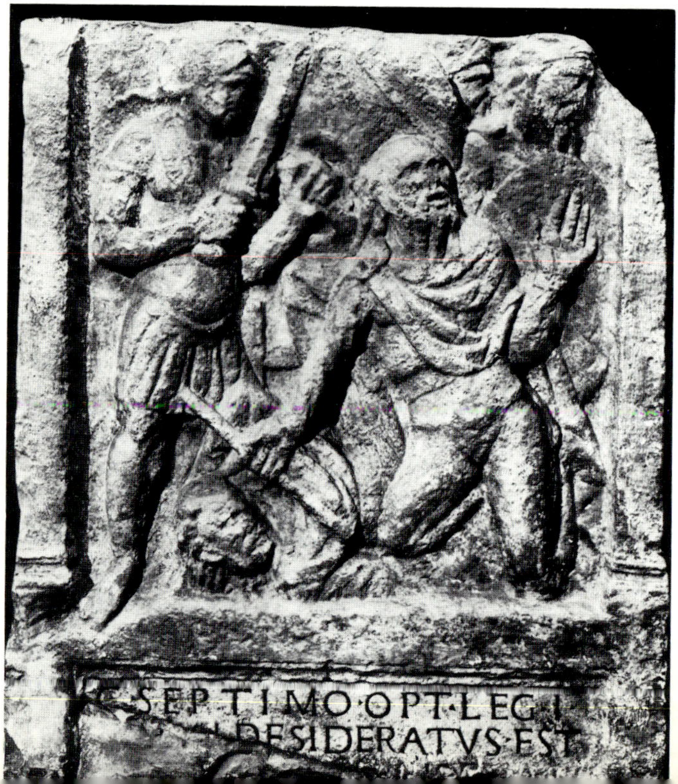

zu seinem Triumph des Jahres 176 n. Chr. ein Ehrenbogen für Marc Aurel erhob. Daß sie zu diesem Triumphbogen gehörten, ist also wahrscheinlich. Aber die acht Reliefs am Constantinsbogen stammen unleugbar aus einer anders ausgerichteten Werkstatt. Daher stellt sich die Frage, ob man sie als zum selben Bogen gehörend zählen darf oder ob man sie hypothetisch für ein anderes Denkmal in Anspruch nehmen muß. Beides ist denkbar, denn keine der beiden Möglichkeiten läßt sich beweisen, und sie interessieren uns hier nicht. Für die Geschichte der künstlerischen Form ist nur wichtig, daß sich alle elf Reliefs auf Ereignisse beziehen, die wahrscheinlich nach dem Tod des Lucius Verus liegen, aber vielleicht nicht vor dem Triumph im Jahre 176 n. Chr.; das wären die Kriege gegen die Barbarenstämme des Nordens. Man kann sich auch fragen, ob auf den Reliefs Commodus dargestellt war oder nicht und ob sein Bild gegebenenfalls nach der durch den Senat sofort nach seinem Tod im Jahre 192 n. Chr. verfügten *damnatio memoriae* getilgt worden ist. Diese Möglichkeit ist durchaus gegeben, auch wenn die Beobachtungen über diesen Punkt keine völlige Klarheit erbringen.

Ein anderes kunsthistorisches Problem, das sich hier stellt, ist, in welcher Beziehung diese Skulpturenserie zu den Reliefs der Marc-Aurel-Säule steht. Diese war sicher im Jahre 193 n. Chr. bereits vollendet, denn wir besitzen ein Dokument, das uns versichert, ein Teil des Gerüstholzes sei damals dem Wächter des Denkmals überlassen worden, damit er sich ein Häuschen bauen könne.

Allein der springende Punkt für die Kunstgeschichte bleibt, daß zwischen den drei Reliefs im Palazzo dei Conservatori und den acht am Constantinsbogen sich eine künstlerische Wende vollzieht, die sich nicht nur auf Geschmacksfragen oder persönliche Ansicht beschränkt, sondern den Beginn einer neuen Auffassung kennzeichnet. Sie sollte weitergehen bis zum wirklichen Bruch mit der Tradition, in dem wir die Anfänge der spätantiken und vormittelalterlichen Kunst erkennen.

Es ist leicht möglich, daß am selben Denkmal Bildhauer verschiedener Richtungen zusammengearbeitet haben. Wichtig ist, daß die drei ersten Reliefs einer traditionellen, die acht am Constantinsbogen aber einer neuen Kunstphase angehören.

Die drei Reliefs im Palazzo dei Conservatori zeigen Marcus Aurelius zu Pferd, wie er besiegte Barbaren empfängt, auf dem Triumphwagen – neben ihm muß auf einem jetzt freien Platz Commodus gestanden haben – und vor dem Capitolstempel, ein Opfer darbringend. Man könnte diese drei Darstellungen mit Clementia, Victoria und Pietas Augusti benennen. Eine vierte mit ähnlicher Thematik und stilnah muß diese Reihe vervollständigt haben. Die Platten sind in ihrer Komposition noch klassizistisch gestimmt. Das Relief kennt nur sparsame farbliche Effekte und entfernt sich nicht weit von dem, was wir an römischen Skulptur-Denkmälern aus der Zeit des Antoninus Pius kennengelernt haben.

Wir müssen beachten, wie das Thema ‹Opfer› bei den Reliefs des Constantinsbogens wiedergegeben und aufgefaßt ist, um den Unterschied zu den übrigen drei einschätzen zu können. Dort, im Palazzo dei Conservatori (Abb. 33), ist die Szene klar zweigeteilt: im Vordergrund stehen die Figuren dicht beieinander, meist im Profil gezeigt; im flacheren Relief des Hintergrunds erkennt man eine geschlossene und ausgeklügelte Architektur. Das Darstellungsschema ist traditionell in seiner Anordnung, bei der sich die Szene vor dem Betrachter abspielt. In der Opferszene am Constantinsbogen (Abb. 34) wird dieses Schema tiefgreifend verändert. Die Prozession ist so dargestellt, als ob sie von links nach rechts aus dem Hintergrund herausträte, an der Gestalt des Kaisers, der die Opferlibationen vollzieht, vorbeischritte und sich in einem Bogen wieder dem Hintergrund zuwendete. An die Stelle der offiziellen Feierlichkeit des einen Reliefs ist hier ein Realismus getreten, der mit wenigen Figuren das Durcheinander der Menge im freien Raum wiederzugeben vermag. Das hat gleichzeitig zur Folge, daß die Person des Kaisers isoliert in den Vordergrund tritt. Figuren so darzustellen, als kämen sie vom Hintergrund auf den Betrachter zu oder schritten von ihm weg nach hinten, ist bezeichnend für die antoninischen Reliefs aus Ephesos, die unserer Beobachtung nach von der pergamenischen Kunst beeinflußt sind. In Rom jedoch ist die Wirkung der Reliefs aus Pergamon weniger zu spüren. Hier handelt es sich eher um ein Angleichen an den erzählenden Stil aus den historischen Reliefs der plebejischen Kunstströmung. In anderen Stücken derselben Reihe ist die Komposition mehr im klassizistischen Sinne ausgeglichen, etwa im Relief Nr. VII, das die *liberalitas* des Kaisers zeigt und in zwei übereinanderliegende Register aufgeteilt ist. Die Gestalt des fast frontal in der oberen Hälfte sitzenden Kaisers und besonders die Rückenfigur im unteren Register links sind Zeichen einer neuen Raumauffassung und Raumwiedergabe. Man braucht die Szene nur mit der im Thema ähnlichen am Trajansbogen zu Benevent zu vergleichen.

Neben der Gestalt des Kaisers ist auf dem Relief Marc Aurels noch der Fuß einer Person übriggeblieben, die den Platz links vom Kaiser innegehabt haben muß. Man hat vorgeschlagen, darin einen Überrest der später herausgenommenen Figur des Commodus zu sehen, auch wenn der zur Verfügung stehende Platz für die Figur eines Erwachsenen zu klein scheint. Man muß berücksichtigen, wie weit die auf dem Grund erkennbare Bearbeitung nach oben reicht. Von da ab weiter aufwärts war der Hintergrund immer sichtbar, und die davorsitzende Figur überdeckte ihn nicht.

Bei fast allen anderen Reliefs dieser Reihe, auch wenn der Kaiser nach dem traditionellen Kompositionsschema sitzend oder im Profil dargestellt ist, hat der Bildhauer das lebhafte, zum Hintergrund hin oder von dort zum Beobachter her führende Bewegungsmotiv eingeflochten. Damit wird der Betrachter in gewisser Weise in das Geschehen einbezogen und steht der Komposition nicht mehr fremd gegenüber. Dazu kommt eine Art, die Einzelheiten wiederzugeben, die man als ‹illusionistisch› bezeichnet hat. Ihre Wirkung beruht nämlich auf einer optischen Illusion. Anstatt daß man eine Gewandfalte im Relief so modelliert hätte, wie sie in Wirklichkeit ist, erreichte man die gleiche Wirkung, indem man das Relief flacher hielt, den Faltenkontur aber durch tiefe Schatten hervorhob. Dies gelang mit einer Reihe runder Bohrlöcher, eines neben dem anderen, oder noch besser mit einer fortlaufenden Furche, die man mit dem sogenannten ‹laufenden Bohrer› erzeugte (dieses Bildhauerwerkzeug ist auf einem Sarkophag im Erzbischöflichen Museum zu Urbino dargestellt: es zeigt den Eigentümer des Sarkophags, den Bildhauer Eutropos – der Name ist griechisch geschrieben –, wie er einen Löwenkopf auf einem Sarkophag ausarbeitet; ein Geselle hilft ihm und dreht den Bohrer, eine spiralförmige Schneide aus Eisen, die man mittels zweier Schnüre mit beiden Händen antrieb). Auf diese Weise wurde der plastische Eindruck durch die Illusion stärker, als er in Wirklichkeit war. Schon seit langem, zumindest seit der hadrianischen Zeit, in nebensächlichen Partien der traditionellen Plastik als schnelleres und daher wirtschaftlicheres Verfahren verwendet, ist diese Technik in den Werkstätten Kleinasiens zum Ausdrucksmittel eines eigenen Stils entwickelt worden. Bei den Frisuren auf einigen der ephesischen Platten ist es noch sparsam angewandt worden. In den antoninischen Reliefs am Constantinsbogen ist es besonders bei den Köpfen ein sehr wirkungsvolles Mittel (Abb. 35). Es verstärkt, sogar etwas übertrieben, die Suche nach malerischem Ausdruck, die in Rom zur Zeit Hadrians aufgekommen war und sich unter Antoninus Pius gesteigert hatte. Man entfernt sich dadurch vom objektiven Naturalismus und vom organischen Formzusammenhang. Ähnlich hat die ‹Farbfleckmalerei› den Naturalismus der ‹impressionistischen› Maltechnik zerstört.

Wir müssen daher in den unter den Antoninen ausgeführten Reliefs vom Constantinsbogen und danach in der Zeit des Commodus eine entscheidende Wende in der römischen Kunst sehen. Das betrifft sowohl die Auffassung vom Figurenraum wie die illusionistische Relieftechnik. Diese Wende ist endgültig, denn die neue Ausdrucks- und Formensprache ist keine Einzelerscheinung. Ihr illusionistischer Charakter, die Loslösung vom hellenistischen Naturalismus und der klassisch-organischen Form sollten im Laufe der Entwicklung immer deutlicher hervortreten. Der Weg, den man hier beschreitet, führt unmittelbar zum Bruch mit der klassischen Tradition, was am Ende des 3. Jahrhunderts, in der Tetrarchenzeit, klar ersichtlich werden sollte.

Wir möchten das Zustandekommen dieser wichtigen Kunstströmung aus ihren beiden Zuflüssen erklären können, um unseren vom Sehen her gewonnenen Eindruck in eine Geschichte der Kunst umzuwandeln. Es genügt in der Tat nicht, diese neuen Eigenheiten des Reliefs festzustellen und sie in den historischen Ablauf einer Zeit einzuordnen, wie das am Beginn des 20. Jahrhunderts Alois Riegl längst getan hat. Es genügt auch nicht mehr, diese Reliefs zu beschreiben und sie mit einem Etikett zu versehen wie ‹Meister der Marc-Aurel-Reliefs›. Das kann höchstens einer Klassifizierung nach Schulen und für Museen dienen. Man müßte, sofern dies möglich ist, einerseits das Verhältnis zwischen den Werkstätten und den tatsächlichen Entstehungsprozeß aufzeigen können und andererseits versuchen, die eigentliche Bedeutung dieser formalen Wende zu verstehen, die als Ausdruck oder genauer Zusammenspiel bestimmter historischer, ethischer oder sozialer Umstände gedeutet werden muß.

Für das erste Problem kommen wir leider wegen der vielen verlorenen Denkmäler zu keiner Gewißheit, sondern nur zu einer Hypothese. Wir glauben, der Bezug zu den Meistern des großen Antoninenfrieses aus Ephesos, der zehn Jahre zuvor geschaffen wurde, ist eine beweisbare Tatsache. Möglich bleibt, daß einige dieser ephesischen Bildhauer in Rom eine Werkstatt gründeten, die einen Stil pflegte, in dem sich die pergamenische Kunst, gefärbt durch Ephesisches, zu einer neuen Form gewandelt hat und außerdem am Erbe der großen trajanischen Schule in römischen Werkstätten teilhatte. Man entdeckt in der Tat einen Nachklang davon in der flüssigen Zeichnung und im betont pathetischen Ausdruck. Man muß unter diesem Gesichtspunkt besonders die Einzelheiten im Relief Nr. VIII beachten, das die Unterwerfung eines alten Barbarenfürsten zeigt, den ein junger Mann mit dem Ausdruck tiefen Schmerzes stützt (Abb. 36).

Für die andere Frage – wie sich denn in dieser Kunst der Wende die wechselnden Bedingungen jener Zeit widerspiegeln – müssen wir uns, wenn wir nicht zu weit abschweifen wollen, darauf beschränken, den Bezug zwischen Naturalismus und organischer Form auf der einen sowie rationalem Weltbegreifen, Auflösung der organischen Form und formaler Abstraktion auf der anderen Seite und deren tieferen Zusammenhang mit irrationalen Tendenzen und metaphysischen Lösungen für die Probleme dieser Welt anzudeuten. Dieser Bezug kann für alle Zeiten festgestellt werden, in der Vorgeschichte, im Mittelalter und in der Jetztzeit. Wir können das Problem in diesem Buch nicht eingehend erörtern und vertiefen. Für unseren besonderen Fall hier, die Zeit des Commodus, genügt es, an das zu erinnern, was wir bereits vorher über die religiöse Angst sagten, die schon zu Beginn des antoninischen Zeitalters in Aberglauben umgeschlagen war. Unter Commodus wird solch ein Abrücken von der Vernunft besonders übertrieben, als sich die mit orientalischen Mysterienkulten und täglicher Wundererwartung beschäftigten Philosophensekten überall verbreiteten. Gerade zu dieser Zeit taucht auch zum erstenmal in der antiken Kunst in wenigstens zwei Darstellungen auf der Marc-Aurel-Säule das Wunder auf: in der Szene XIa das Blitzwunder und in der Szene XVI das Regenwunder (Abb. 37).

Die Säule ist dem Gedächtnis der Markomannen-, Quaden- und Sarmatenkriege Marc Aurels an der Donaugrenze gewidmet. Sie ist eine offensichtliche Nachahmung der Trajanssäule, doch in den die beiden Werke trennenden achtzig Jahren vollzog sich ein tiefgreifender Wandel in der künstlerischen Sprache. Nur in wenigen Einzelheiten der Reliefs erkennt man noch das Echo des trajanischen Stils. Die bedeutendste Wende vollzog sich trotz allem erst in den letzten Jahren zwischen 176 und 190 n. Chr., wie wir eben aufzuzeigen versuchten. Keinesfalls können wir die Meinung teilen, zwischen den acht Platten des ‹Meisters der Marc-Aurel-Reliefs› und der an der Säule arbeitenden Werkstatt bestehe die gleiche Verbindung wie zwischen dem ‹Meister der *gesta Trajani*› und der Trajanssäule. Dort vermochte man wahrscheinlich ein und denselben leitenden Künstler für beide Werke verantwortlich zu machen, nicht aber hier. Die Reliefs der Marcussäule stehen sicher in Beziehung zu der neuen künstlerischen Konzeption, die uns in den Antoninenreliefs am Constantinsbogen bezeugt ist, aber der hellenistische Abglanz ist viel schwächer, die Komposition weniger kühn und die Struktur besitzt mindere Kraft. Die Trajanssäule erkannten wir als das Werk eines großen Meisters, der die Konzeption und vielleicht die Zeichnung des ganzen Frieses erstellte. In der Marc-Aurel-Säule haben wir die gemeinschaftliche Schöpfung einer Werkstatt vor uns. Die Meister der Marcussäule sind weniger kultiviert. Ihre schwächere Persönlichkeit bleibt stärker der römisch-plebejischen Kunsttradition historischer Erzählweise verhaftet. Es gibt noch einen anderen tiefgreifenden Unterschied, der die beiden Werke trennt: bei der Marc-Aurel-Säule fehlt die einheitliche Konzeption ebenso wie die einheitliche Form, der niemals unterbrochene und doch stets neue Ablauf der Erzählung. Es sind nicht nur mehrere Bildhauer mit der Ausführung betraut, sondern auch mehrere Meister lieferten die Vorlagen. Eine eingehende Analyse könnte das zeigen. Die Aufzählung der Ereignisse scheint keiner zeitlichen Ordnung zu folgen. Es gibt Gründe dafür, zu glauben, daß gewisse Szenen, die man besonders betonen wollte, wie etwa das Regenwunder, vorweggenommen und weiter unten placiert wurden, wo man sie besser sehen konnte.

Den ursprünglichen Säulensockel kann man auf alten Stichen erkennen. 1589 wurden die mit Figurenreliefs geschmückten Blöcke behauen und auf die heutige Sockelbasis verkleinert, die die Inschrift von Papst Sixtus V. trägt. Das Niveau ist gegenüber dem antiken um 3,86 Meter gestiegen. Da sich der Fuß der Basis einst drei Meter über dem antiken Straßenniveau befand, muß der monumentale Charakter des Ganzen noch stärker zum Ausdruck gekommen sein; der Säulenschaft begann demnach mehr als zehn Meter über dem Straßenniveau. Einschließlich Basis und Kapitell ist die Säule aus neunzehn Trommeln zusammengesetzt. Ein weiterer, zylindrischer Block diente als Sockel für das Standbild des Kaisers auf der Spitze. Sie war also mehr als einhundert römische Fuß hoch. Das Reliefband windet sich einundzwanzigmal um den Säulenschaft, um zwei Windungen weniger als bei der Trajanssäule. Daher sind die Figuren größer. Das Relief ist kräftiger, was die architektonische Gestalt der Säule beeinträchtigt, der im übrigen auch die traditionelle Entasis bei zwei Drittel der Säulenhöhe fehlt. Dieses Erbe griechischen Gefühls für Gliederung hatte die Trajanssäule noch bewahrt.

Commodus kommt – das ist bemerkenswert – in keiner Szene vor. Die von John Morris 1952 vorgeschlagenen Identifikationen überzeugen in keinem Fall. Vielleicht war Commodus im Widmungsrelief des Sockels dargestellt.

Wenn er auf der Säule nicht vorkommt, so ist daran nicht die spätere *damnatio memoriae* schuld. Das führt dazu, dieselbe Frage noch einmal zu stellen, die schon bei den elf Reliefs des Marcus Aurelius aufgetaucht war. In der Tat hat Marc Aurel den Krieg bis 175 n.Chr. allein geführt.

Auf der Trajanssäule ist der Kaiser so wiedergegeben, wie es am besten in den Ablauf des Dargestellten paßt, und in allen Marsch- oder Audienzszenen erscheint er im Profil. Auf der Marc-Aurel-Säule dagegen wird der Kaiser häufig frontal gezeigt, ein deutliches Zeichen für die veränderte Auffassung und die Wende in der Kunst. Die Frontaldarstellung ist überall in den offiziellen Szenen zu sehen, wie bei der Truppenparade, der Vorführung Gefangener und fast immer bei Ansprachen. Die Frontalerscheinung entspricht der neuen Auffassung vom Figurenraum, die wir in den Reliefs Marc Aurels am Constantinsbogen beobachtet haben, ebenso wie einer Ikonographie kaiserlicher Majestät. Diese sollte nach der großen Krise im ausgehenden 3. Jahrhundert die Regel werden und steht in unmittelbarer Beziehung zur Auffassung von der göttlichen Majestät *(divina majestas)* des Kaisers, die nach iranischem Vorbild bis heute ihren Weg gemacht hat. Trotz der klaren, rationalistischen Gedankenwelt Marc Aurels hat man ihm bereits übernatürliche Kräfte zugeschrieben: ein Biograph aus späterer Zeit deutete das Blitzwunder von 172 n.Chr. als Ergebnis der kaiserlichen Gebete (‹Vita Marci› 24). Auf das Blitzwunder folgt an der Säule kurz darauf das Regenwunder. Der zeitliche Ansatz dieses Ereignisses schwankt zwischen 171 und 174 n.Chr., und man ist sich im Zweifel darüber, ob es sich im Gebiet der Cottini oder eher der Quaden begab. Es brachte den halbverdursteten Römern Rettung, den Gegnern aber Unheil, indem es sie wegschwemmte. Man schrieb das Wunder Hermes Aerios zu oder dem Bemühen des ägyptischen Priesters Harnuphis, später auch dem Gebet der christlichen Soldaten der zwölften Legion, die den Namen ‹Fulminata› trug. Wie dem auch sei, man fand für diese Darstellung eine vollkommen neue Ikonographie: ein großes Flügelwesen mit den Zügen eher eines Flußgottes als Jupiters erscheint durch einen dicht strömenden Regenvorhang hindurch, der nicht von seiner Gestalt ausgeht, sondern sich an der Seite fortsetzt. Im Vordergrund erkennt man von den Fluten mitgerissene Tiere und Leichen, während römische Soldaten erfrischt und gestärkt vorwärtsmarschieren. Es gibt auf der Marc-Aurel-Säule viele allgemeine Füllszenen, aber einige wichtige Szenen sind so dramatisch und wirksam gestaltet, wie es mit ähnlich einfachen Mitteln vorher nicht gelungen war. Wir sind weit von den dramatisch erzählten Szenen auf der Trajanssäule entfernt. Hier ist die Wirkung auf einfachere Weise erreicht: durch die Wiederholung einer Geste, einer Bewegung, desselben Bildschemas. Solche Verfahren wie das, die Figuren sich vom Betrachter weg auf den Hintergrund zu bewegen zu lassen, das wir bei den acht Reliefs am Constantinsbogen beobachtet haben und das auch hier angewendet wird, sind im Grunde die gleichen, die die moderne Plakatkunst wiederentdeckt hat: Vereinfachung der Komposition, damit sie leichter und unmittelbarer aufzufassen ist. Das schließt die Notwendigkeit ein, die Aufmerksamkeit der Masse gefangenzunehmen, die auf einen Schrei, einen Anruf und wiederholten Rhythmus eher anspricht als auf zarte Modellierung und kaum darum bemüht wäre, verborgene Schönheiten einer intellektuellen Verfeinerung, die sich auf Formales beruft, zu entdecken. Die Gestalten, die vom Hintergrund auf den Betrachter zustürzen, entsprechen den heutigen, gesuchten filmischen Effekten. Hier geht es also nicht um eine persönliche Kunstauffassung, sondern um den Ausdruck eines neuen, weniger subtilen Wollens und Bemühens, das durch eine tiefgreifend veränderte Gesellschaft bedingt ist.

Die Szene, in der Kriegsgefangene durch Hilfstruppen, barbarisch wie sie, enthauptet, oder jene, in der Dörfer mit ihren Hütten angezündet werden, die Frauen heulen und ihre Kinder zu schützen versuchen – aus dieser ikonographischen Quelle haben die Renaissancekünstler für die Darstellung des Kindermordes zu Bethlehem geschöpft –, oder das ganz neue Bild des Kaisers vor einer Festung, durch deren Tor, weiter unten, ein Bote eintritt – all das sind völlig neue Bildvorwürfe. Sie rücken die Meister der Marc-Aurel-Säule zweifellos in die Reihe der originellsten römischen Künstler, deren Einfluß noch im folgenden Jahrhundert spürbar bleibt. Aus den Bildern von Tod und Zerstörung, inmitten von mehr als hundert Szenen, taucht immer wieder das faszinierende, wirklichkeitsnahe Gesicht des Kaisers auf, tief gezeichnet von der Angst, der Müdigkeit und dem Alter. Er muß damals vierundfünfzig Jahre alt gewesen sein. Hier ist nicht das Gesicht eines siegesstolzen Triumphators, sondern das eines Menschen, das die Wirklichkeit der täglichen Erfüllung undankbarer Pflichten widerspiegelt und einen wahrhaft leidvollen Heiligen zeigt, der «den Lebensgewohnheiten der Reichen völlig entfremdet» ist (‹Selbstbetrachtungen›, I, 3). Man muß dieses Bild Marc Aurels (Abb. 31) mit denen aus seinen besten Mannesjahren oder gar mit seinem Jugendbildnis vergleichen (Abb. 30).

Die ornamentale Wandmalerei der Antoninenzeit verliert jenen Naturalismus, der auch bei den phantastischsten Erfindungen nicht mehr realer Architektur immer den Dekorsystemen zugrunde lag. Vergleicht man eine Wand der noch neronischen *Domus Aurea* mit einer aus der Zeit des Antoninus Pius in Ostia und dann mit einer weiteren aus der Zeit des Commodus im sogenannten Gelben Zimmer im ‹Haus der Malereien› in Ostia, so entdeckt man, daß im linearen Schema der letzten kaum ein Schimmer des überkommenen Systems der architektonischen Wanddekoration übriggeblieben ist. Hier ist ein unmittelbarer Vorläufer des weit abstrakteren Systems zu erkennen, das während der ersten dreißig Jahre des 3. Jahrhunderts – etwa im Haus unter der Basilika San Sebastiano an der Via Appia – geläufig war und sich in der Malerei der christlichen Katakomben fortsetzte. In der großfigurigen Malerei dagegen finden sich Fresken von bemerkenswert frischer Farbgebung und weitem Atem wie in einigen Mithräen, jenen Kultstätten der iranischen Religion, die sich damals besonders in der Armee immer weiter verbreitete, zum Beispiel im Mithräum von Marino bei Rom. In anderen Malereien gibt es mehrere unterschiedlich gedeutete Varianten einer mythologischen Szene, die Heroen auf einer im vielgestaltig bevölkerten Meer liegenden Insel zeigt. Das beste Beispiel ist über einem Brunnen im Haus auf dem Caelius erhalten, das dem Pammachius gehört hatte und dann dem Gedächtnis der wohl nicht historisch bezeugten Martyrer Johannes und Paulus geweiht wurde.

Ein Votivrelief aus Ostia im Museum Torlonia mutet wie die Vereinigung aller Stiltendenzen der ausgehenden Antoninenzeit an. In ihm verbindet sich der malerische Stil der zeitgenössischen Plastik unter Vernachlässigung der Proportionen und der naturalistischen Darstellung, wie sie für die Reliefs der plebejischen Kunstströmung bezeichnend ist, mit den magisch-religiösen Bestrebungen, die nun das Feld beherrschen. Der dem Symbol zugewiesene Platz wird besonders betont, was das große apotropäische Auge beweist, das ohne formale Verbindung zum übrigen mitten im Relief auftaucht. Man erkennt, lose nebeneinander gestellt, den Leuchtturm von Ostia, ein Schiff mit bemalten Segeln, auf dem kleine Gestalten am Werk sind, eine Neptunstatue, ein zweites Schiff und weitere Statuen, die das charakteristische Stadtbild von Ostia vorstellen sollen. Außerdem sieht man im Hintergrund eine Attika, auf der eine von Elefanten gezogene Quadriga steht; sie stellt die *Porta Triumphalis* von Rom dar, den *aditus urbis,* das Zugangstor zur Hauptstadt, durch das man, von Ostia herkommend, die Stadt betrat. Es lag nahe beim *Forum Boarium,* war aber vom mehr als zwanzig Kilometer entfernten Ostia aus sicher nicht zu sehen.

Die Krisis der antiken Gesellschaft zeigt sich ausgesprochen deutlich unter dem Prinzipat des Commodus. Er ist sozusagen das Ergebnis und die wichtigste handelnde Person der Krise. Nach einem im Jahre 188 n. Chr. auf ihn verübten Attentat begab er sich unter den Schutz der *Magna Mater* Kybele, der großen phrygischen Göttermutter. Ein freigelassener phrygischer Sklave wurde sein Prätorianerpräfekt. Später verschrieb er sich der Verehrung des Neptun-Serapis, des Dolichenus und des Mithras, alles orientalische Gottheiten der Mysterienkultreligionen, die Heil und ein Leben nach dem Tode versprachen. Weiter flüchtete er sich unter den Schutz der ägyptischen Isis. Diesmal wurde ein Ägypter Präfekt der Prätorianer. Mystischer Irrationalismus und politische Einstellung vermischen sich fortwährend. Auf der anderen Seite kennt man seine Kostümierung als Herakles und seine Teilnahme an den Gladiatorenkämpfen. Wenige Jahre später sollte man auf den Mosaiken der Caracallathermen die Porträts der Gladiatoren und Athleten finden, die jene von sämtlichen Schichten des Volkes zu neuen Idolen der Masse Erhobenen in all ihrer Brutalität zeigen (Helbig, Nr. 1028, 2478). Wir sind weit entfernt vom klassischen Ideal der nüchternen Schönheit des griechischen Athleten, der sich durch die Erziehung und die gymnastischen Übungen ausgebildet hatte. Die Griechen taten recht daran, sich in Ägypten oder Syrien von der einheimischen Bevölkerung abzusondern. Wo sich in hellenistischer Zeit eine griechische Gemeinde niederließ, nannte sie sich selbst «die vom Gymnasium». Irrationalismus und Gefallen am Primitiven, Brutalen und Unmittelbaren im Menschen gehen immer Hand in Hand. Wie als Reaktion auf das Vorbild von Weihe und Zurückhaltung des Augustus, von der Milde des Titus oder Trajan oder vom nüchternen Pflichtbewußtsein eines Marc Aurel, das man bald nach Commodus dem Kaiser Caracalla immer wieder vor Augen hielt und in der offiziellen Literatur verherrlichte, wollte dieser mit wildem und brutalem Gesichtsausdruck dargestellt werden, seitwärts gewandt, wie von einem Argwohn gepackt oder im Begriff, einen unerwarteten Befehl zu erteilen.

Mit Commodus hatte auch eine neue Epoche der Auffassung vom Herrschertum begonnen. Der römische Kaiser wandelte sich zusehends zu einem Gottherrscher orientalischen Typs. Man hat mit Recht gesagt (Wilhelm Weber, ‹Römisches Herrschertum und Reich›), Commodus sei der erste Herrscher Europas gewesen, der sich König der Welt und Diener der Gottheit genannt hätte. Hier hört man die Spätantike und das Mittelalter bereits heraus. Cassius Dio, Senator und Geschichtsschreiber, meint von jener Zeit: «Nach Marcus' Tod wird die Geschichte aus einem goldenen Reich übergehen in ein Reich aus verrostetem Eisen.»

Mit den vielfältigen orientalischen Religionen, die persönliches Heil und ein Leben nach dem Tode versprachen, verbreitete sich damals auch das Christentum, das als einziges verfolgt wurde. Ein Prozeß gegen die Christen zu Lyon in den Jahren 177/178 n. Chr., bei dem achtundsiebzig Menschen hingerichtet wurden und der zumeist aus dem Osten Eingewanderte betraf, brachte die ersten Martyrer, von denen die heidnischen historischen Quellen berichten. Die Christen wurden als einzige verfolgt, weil allein ihre Religion die Ewigkeit und den absoluten Charakter des Römerreiches in Frage stellte im Hinblick auf eine andere Ewigkeit und Universalität. Die Christen lehnten auch als einzige den Kaiserkult ab. Die Akten des Martyrers Justinus, des christlichen Philosophen, geben ein gutes Bild des tatsächlichen Prozesses, der sich – wahrscheinlich im Jahre 167 n. Chr. – abspielte. Der Präfekt Quintus Junius Rusticus, stoischer Lehrmeister des Kaisers Marc Aurel (Eusebios, ‹Kirchengeschichte› IV, 16) wurde zum Richter dieses Christen ernannt, der über die Verwandtschaft von Christentum und Stoa in ihrer ethischen Auffassung geschrieben hatte. Es scheint, daß Rusticus sich wirklich Rechenschaft über das Wesen dieser Lehre geben wollte, aber die unüberwindliche Schwelle war die Ablehnung des Kaiserkultes. Außer in seiner weitverzweigten Organisation lag die große Kraft des Christentums, das die herrschenden Schichten höchstens auf negative Weise begreifen konnten, darin, daß es seit seinem Kampf gegen die Gnosis sich jede Abweichung versagte, jeder Verlockung zum Intellektualismus widerstand und deswegen eine breite, populäre Massenbasis besaß. Alle anderen auf Mysterien beruhenden Religionen waren intellektualistisch und vielfältig. Der Mithraskult, der das am wenigsten war, blieb auch die gefährlichste Konkurrenz für das Christentum. Während der Zeit, da der von Herodes Atticus in Athen gegründete Lehrstuhl wirksam war und da Marc Aurel – im Gegensatz zu den Prinzipien dieses Lehrens – die erste philosophische Lehrkanzel in Rom einrichtete, gab es in der Hauptstadt Rom auch eine Cathedra, einen Lehrstuhl, den des Apostels Petrus. Es war der armseligste und einfachste, aber er begann bereits einige Vertreter der höheren Klassen, besonders Frauen, anzuziehen.

Darüber gibt es einen einzigartigen Bericht, die Geschichte des Papstes Calixtus, der das Patrimonium, das Vermögen der römischen Kirche und den Besitz an Friedhöfen, deren größter heute noch seinen Namen trägt, geordnet hat. Calixtus war vorher Sklave und leitete auf Rechnung seines Herrn eine Bank. Von Juden angeklagt, wurde er zwischen 186 und 189 n. Chr. zur Zwangsarbeit in den Bergwerken Sardiniens verurteilt, wo er mit Sicherheit umgekommen wäre. Doch er war Christ ebenso wie die Lieblingskonkubine des Commodus, Marcia, die Fürbitte für ihn einlegte und 190 oder 192 n. Chr. seine Freilassung und Rückkehr nach Rom erwirkte. 218 n. Chr. wurde er nach einer harten Auseinandersetzung mit Hippolytos zum Vorsteher der römischen Gemeinde gewählt. Ein Goldglas des 4. Jahrhunderts (in Paris, Bibliothèque Nationale) hat uns sein Bild überliefert. Im Stil lehnt es sich an ein Vorbild des 3. Jahrhunderts an und geht vielleicht auf ein authentisches Porträt zurück.

Schlußwort zum ersten Buch

Wir haben in diesem ersten Buch versucht, in großen Zügen verständlich zu machen, wie in einer seit mehr als einem halben Jahrtausend von der griechischen Kunst beherrschten Welt in römischer Zeit eine Kunst entstehen und sich behaupten konnte. Wir haben ihren Beginn und ihre Entwicklung im politischen Zentrum dieser andersartigen Welt verfolgt, die sich nach und nach um Rom herum entfaltete. Diese Stadt war ursprünglich ein zweitrangiger mittelitalischer Platz, der zwar für den Verkehr an günstiger Stelle lag, dessen Boden für Ackerbau und Viehzucht dagegen wenig geeignet war. Rom wird mit der Zeit erst zur Leitzentrale für die gesamte Politik und jeglichen Reichtum im Mittelmeerbecken sowie zum Mittelpunkt großer Teile des Gebietes, das eines Tages Europa darstellen sollte. Seine historische Situation ist so außergewöhnlich, daß es uns berechtigt erschien, unser Augenmerk in diesem Buch allein auf die Kunst der Metropole, die Sitz der Macht war, zu lenken. Selbstverständlich stand dieser Mittelpunkt allen Einflüssen offen. Hier trafen alle schöpferischen Kräfte zusammen, gute wie schlechte, aus allen Ländern rund um das Mittelmeer. Rom selbst aber gelang es auf dem Gebiet der bildenden Kunst, allen von außen kommenden künstlerischen Anregungen nach einer ersten, eklektizistischen Phase sein eigenes Gesicht zu geben. Das glückte um so leichter, als die nach und nach entstehende Kunstproduktion immer eng an genau anzusprechende soziale und politische Gegebenheiten gebunden blieb, von den Nachahmungen klassischer griechischer Kunstwerke einmal abgesehen, die vorwiegend dem luxuriösen Dekor dienten. Wir versuchten die Rolle begreiflich zu machen, die das klassische und – durch die blühenden kleinasiatischen und syrischen Städte vertreten – das hellenistische Griechenland bei der Entstehung einer römischen Kunst gespielt haben, aber auch den Beitrag zu erkennen, den jene provinzielle Spielart des Hellenismus geleistet hat, die wir mittelitalisch nannten und die in der plebejischen Kunstströmung der römischen Kunst eine Nachfolge fand.

Am Ende unserer Betrachtungen, in der Zeit des Commodus, also in den letzten Jahren des 2. Jahrhunderts n. Chr., sehen wir, daß wir unsere Aufmerksamkeit von da ab keineswegs mehr allein auf die Stadt Rom konzentrieren können. Die Reichsprovinzen übernehmen die Führung in der Geschichte, in Politik, Verwaltung und Finanzen und folglich auch in Kultur und Kunst. Von diesem Augenblick an beginnt für Rom ein Abschnitt kultureller Passivität. In gewisser Beziehung bleibt die Stadt Treffpunkt und parasitäres Zentrum der Assimilation. Später sollten die Provinzen ihre Selbständigkeit zurückfordern. Als Preis der Unabhängigkeit müssen sie dafür ein Absinken des wirtschaftlichen, kulturellen und künstlerischen Niveaus in Kauf nehmen. Doch mit dem Beginn dieser schwierigen und dramatischen Lage sollten die am Rande liegenden künstlerischen Kulturen der mehr oder minder kolonisierten Länder nach und nach das formale Erbgut für die folgenden Epochen ausbilden. Die noch etwas dunkle Idee von einem Europa, die bereits in den Texten des antiken Griechentums vorgezeichnet erscheint, wird von Plinius (‹Naturalis historia› III, 1) wiederaufgegriffen und erweitert, auch wenn sie erst Jahrhunderte später Wirklichkeit werden sollte. Europa wäre in seiner Kunst ein anderes geworden, hätte es nicht das gemeinsame Fundament einer über alle Provinzen verbreiteten römischen Kunst gegeben.

Als Symbol für die Rolle der Betroffenen, die gleichzeitig auch Hauptakteure in den Provinzen des Reiches nach Marc Aurel waren, wollen wir zuletzt die Aufmerksamkeit auf den Grabstein eines Soldaten mit Namen Caius Septimus lenken, der in der ersten Legion Dienst tat, die ihre Garnison an der Donau hatte. Er befindet sich heute im Nationalmuseum zu Budapest (Abb. 38). Ein Barbar, vielleicht Sarmate, ist neben anderen, toten oder fliehenden Leidensgenossen in die Knie gesunken. In seiner Rechten hält er noch den Stummel einer abgebrochenen Lanze. Ein hinter ihm stehender römischer Soldat will ihn gerade enthaupten. Nach streng klassizistischer Betrachtungsweise könnte man die Plastik als grob bezeichnen. Nach den Regeln des provinziellen und plebejischen Expressionismus und der neuen römischen Kunst aber ist sie ein Meisterwerk. Von Gehalt und formalem Ausdruck her ist die wichtigste Person nicht der römische Soldat, dem das kleine Denkmal gewidmet ist und der in der Darstellung schematisch, mechanisch und steif wie eine drohende Marionette erscheint, sondern der dem Tode nahe Barbar, der mit offenem Mund und erhobener Hand bewegungslos erstarrt ist. Seine Geste heischt kein Mitleid und fleht nicht um Hilfe, sondern verrät einen Menschen, dessen Gefühl und Wahrnehmung an einem einzigen Augenblick hängen, in dem ihn der tödliche Schlag treffen wird, dem er nicht mehr entgehen kann. An sich ist das eine bescheidene provinzielle Arbeit, die sich in gewisser Beziehung von der Werkstatt der Marc-Aurel-Säule herleitet, aber sie faßt zusammen, was sich alles in der antiken Kultur tiefgreifend verändert hat. Außer den kleinen, rahmenden Pilastern erinnert nichts an die glorreiche Vergangenheit der klassischen Kunst. Vieles dagegen mutet wie eine Vorwegnahme der Formensprache christlich-mittelalterlicher europäischer Kunst an. Das irrationale Element, das zur Zeit des Commodus in der antiken Kunst die Oberhand gewann, sollte niemals mehr aus der westlichen Überlieferung verschwinden.

ZWEITES BUCH

ROM – DAS ENDE DER ANTIKE

Vorwort zum zweiten Buch

Dieses Buch schließt unmittelbar an den Band ‹Rom – Das Zentrum der Macht› an. In ihm wurde die Entstehung einer römischen Kunst in Rom von der Gründung der Stadt bis zum Ende des 2. Jahrhunderts n. Chr. verfolgt, genauer: bis zum Ende der Regierung des Commodus (192 n. Chr.). Hier endete auch, als wir noch Studenten waren, die Beschäftigung mit der Geschichte der römischen Kunst. Das folgende, das 3. Jahrhundert, wurde nicht in die Betrachtung einbezogen, da man es für eine Zeit der Unordnung und des Verfalls hielt, und erst die ‹Renaissance› der constantinischen Zeit wurde wieder einer Behandlung für wert gehalten. In diesem Buch ‹Rom – Das Ende der Antike› ist versucht worden, ein Bild der Kunst und Kultur des ganzen Römischen Reiches im 3. und 4. Jahrhundert zu entwerfen, vom Tod des Commodus bis zum Ende der Regierung Theodosius' I. (395 n. Chr.).

Dabei sollten nicht allein, wie sonst üblich, die Hauptstädte und die großen Kunstzentren behandelt werden, sondern alle Provinzen, die an jener Umwandlung von der hellenistischen zur mittelalterlichen, von der mittelmeerischen zur europäischen Kunst Anteil hatten. Diese geographische Verschiebung und diese Umwandlung der sichtbaren Form gehören zu den Ereignissen, die sich am tiefsten in die Geschichte der abendländischen Kultur eingegraben haben. In den bildenden Künsten war der Einschnitt entscheidend und trennte zwei Welten. Trotzdem geschah er nicht plötzlich.

Dieses Buch will einige Züge jener Umwandlung in einer Auswahl von Denkmälern vorführen. Um die Umbildung völlig und von allen Seiten zu klären, bedürfte es eines umfangreicheren Raumes. Aber unsere Zeit ist besonders geeignet, das Absinken einer Kultur, die in einem bestimmten Moment ihre Lebenskraft verloren hat, und das allmähliche Aufsteigen einer neuen Kultur, die plumper, aber im Menschlichen reicher war, zu verfolgen und zu verstehen.

Die ersten Risse in der Idee von einer tausend Jahre gültigen plastischen Form werden im letzten Kapitel des vorigen Buches gezeigt. Noch weniger als jenes soll dieses zweite Buch ein Handbuch sein, in dem systematisch alle Denkmäler und alle Kunstgattungen behandelt werden, was ohnehin bei dem gegebenen Textumfang unmöglich wäre. Aber fast unmöglich ist es auch, für diese Zeit ein umfassendes, klares Bild der Entwicklung zu vermitteln. Die Geschichte der römischen Kunst befindet sich immer noch im Stadium einer fließenden, formlosen Masse, in der nur wenige feste Punkte auftauchen. Dies hat vor allem seinen Grund in der ablehnenden Haltung, die die klassischen Archäologen auf der ganzen Welt dem modernen historischen Denken gegenüber einnehmen. Daher gibt der vorliegende Text nicht einmal ein Kapitel der Geschichte der römischen Kunst wieder, sondern konzentriert sich ausschließlich auf die Ausbildung jener Kunstäußerungen, die wir als ‹spätantik› erkennen. Mit diesem Wort kennzeichnen wir gerade die Zeit tiefer Umschichtungen, in der der Keim für die byzantinische Kunst des Ostens wie für die mittelalterliche Kunst des Westens liegt.

Das ‹Ende der Antike› wird hier verstanden als Ende einer Kunst, die an eine bestimmte herrschende Klasse gebunden war, und als Entstehung einer anderen Form auf Grund tiefer Veränderungen. Es wird nicht als Katastrophe, sondern als Entwicklung und historischer Vorgang aufgefaßt.

Um den Weg zu zeigen, den die Kunst in diesen Jahrhunderten durchläuft, wird hier vor allem die Skulptur herangezogen. Die Mosaikkunst ersetzt nur zum Teil die fast völlig verlorene Malerei, und nur wenige Hinweise werden auf die Architektur und auf die Kunstwerke gegeben, die besonders an das Christentum gebunden sind, das sich in dieser Zeit behauptet und zur Staatsreligion des Imperiums erhoben wird.

Einleitung

1. Leiden am Leben

Die Historiker der Gegenwart stimmen darin überein, daß das 19. Jahrhundert, was Lebensweise und Kultur anbelangt, bis zum August 1914 reichte, bis zum Beginn des Ersten Weltkriegs, der die verborgenen Widersprüche und Gegensätze aufdeckte und die Reste des alten Jahrhunderts fast völlig tilgte. Entsprechend kann man sagen, daß das 3. Jahrhundert, in dem alle Historiker die Zeit der großen Krisis der antiken Welt sehen, schon am 31. Dezember 192 begann, als Commodus einunddreißigjährig nach zwölf Jahren der Regierung erwürgt wurde.

Der Geschichtsschreiber Cassius Dio, der dem Senat angehörte, hatte schon zur Zeit Marc Aurels den Einschnitt vorausgesehen: «Nach Marcus' Tod wird die Geschichte aus einem goldenen Reich übergehen in ein Reich aus verrostetem Eisen.»

Commodus' Nachfolger Pertinax, der Präfekt von Rom, wurde nach dreimonatiger Regierung ebenfalls ermordet. Der aus Leptis Magna in Tripolitanien gebürtige Lucius Septimius Severus, Statthalter von *Pannonia inferior,* dem heutigen Ungarn, der von den Donau- und Rheintruppen unterstützt wird, reißt die Macht an sich. Er schlägt den Kandidaten der Praetorianer, den reichen, freigebigen Senator Didius Julianus, wie auch den von den im Osten stationierten Truppen aufgestellten Kaiser, Pescennius Niger, und bringt den von den britischen Legionen gewählten Clodius Albinus zum Verzicht. Am 9. Juni 193 zieht Septimius Severus als erklärter Rächer des Pertinax in Rom ein und wird vom Senat anerkannt. Seine erste Maßnahme war die Entlassung aller Praetorianer. Bei der Neuaufstellung wurde die Truppe an Zahl vervierfacht und vorwiegend aus Angehörigen des illyrischen und des syrischen Provinzheers zusammengesetzt. Mit Severus endet die Herrschaft der großen Familien, die sich seit der republikanischen Zeit in der Leitung des römischen Staates abgewechselt hatten, und mit ihm endet auch die Vorrangstellung Roms und Italiens als Machtzentrum. Damals beginnt eine autoritäre, streng zentralisierte Organisation des Staates, die fast ein Jahrhundert später mit der großen Reform Diocletians vollendet werden sollte. Die Rolle des Römischen Staates als Fortsetzung des Alexanderreichs und des Hellenismus geht zu Ende, und der Bruch mit der hellenistischen Tradition wird deutlich, nicht nur in der Kunst.

Die Krisis war latent schon vorhanden. Im ersten Buch ‹Rom – Das Zentrum der Macht› haben wir gezeigt, daß sich eine Wende in der Kunst dieser

Zeit vollzieht, die selbst in den öffentlichen Denkmälern grundlegende Elemente der hellenistischen Tradition aufgibt. Das Gleichgewicht der hellenistischen Form wird zerschlagen, und in der Kunst des Westens setzt sich zum erstenmal ein irrationales Element durch, das für Jahrhunderte nicht mehr verschwinden wird. Es handelt sich also um eine Krisis, die tief und entscheidend in die Geschichte der mittelmeerischen und abendländischen Kultur eingreift, so tief, daß man lange glaubte, an diesem Punkt beginne eine Zeit des Verfalls von Kultur und Kunst.

In Wirklichkeit ist das Problem vielschichtiger, weil sich in dieser Zeit gesellschaftliche und künstlerische Formen herausbildeten, die sich, basierend auf den gleichen, wenn auch anfangs untergeordnet erscheinenden Voraussetzungen, fast ein Jahrtausend fortentwickelten. Daher spricht die moderne Geschichtsschreibung hier lieber vom Beginn einer neuen statt vom Verfall einer alten Zeit, selbst wenn damals tatsächlich viele Errungenschaften des menschlichen Geistes verlorengingen, die später mühsam zurückerobert werden mußten.

Auch wer die Kunstwerke betrachtet, erkennt die lange vorbereitete Krisis. Im vorigen Band haben wir gezeigt, daß zur Zeit des Commodus eine Wende in der hellenistischen Kunst eintrat, der die strukturellen Grundvoraussetzungen entzogen wurden. Dies führte im Laufe des 3. Jahrhunderts zu einem völligen Bruch mit der hellenistischen Form, obwohl auf einigen Gebieten alte formale und ikonographische Elemente noch lange fortlebten. Zur selben Zeit aber bildete sich ein neuer Stil heraus, der in gewisser Hinsicht vom 4. bis zum 11. Jahrhundert bestehenblieb.

Beschränken wir uns, wie es hier geboten scheint, auf die Kunst, so muß vorausgeschickt werden, daß es unseres Erachtens Aufgabe der Kunstgeschichte ohne Rücksicht auf Zeit und Ort der betrachteten Werke ist, das Neue und Originale eines Künstlers wie einer Kunstepoche herauszustellen sowie darzulegen, in welcher Weise und aus welchen Gründen sich diese neuen Elemente behauptet haben. Das heißt, daß einerseits die Entstehung rein vom formalen Standpunkt aus, andererseits die semantische Bedeutung zu untersuchen ist; denn die künstlerische Form ist immer Zeichen und gewissermaßen Symbol für eine bestimmte menschliche Situation.

Wenn wir die Skulptur des 3. Jahrhunderts in den großen Kunstzentren des Römischen Reiches betrachten, fällt auf, daß die Gesichter häufig einen Ausdruck des Schmerzes annehmen und daß um dieses Ausdrucks willen die hellenistische Form in ihrer traditionellen Auffassung verändert wurde. Es ist nicht körperlicher Schmerz, wie er schon im Hellenismus mit verschiedenen Zielrichtungen gestaltet worden war; man braucht nur an die berühmte Laokoongruppe (Helbig, Nr. 219) zu erinnern. Seelisches Leiden war dagegen in Gebärden, nicht in den Gesichtern ausgedrückt worden. Es handelt sich also um etwas Neues: nicht körperlicher Schmerz, sondern seelische Angst. Diese Angst spricht sich jetzt in Bildnissen und selbst in Köpfen ornamentalen Charakters aus: in Bildnissen junger (Rom, Junger Prinz) wie alter Menschen, und selbst im Kaiserbildnis (Rom, Claudius Gothicus, Helbig, Nr. 2063), das in allen anderen Epochen in heroischer Idealisierung oder als männliche Bestätigung des eigenen Machtbewußtseins dargestellt worden war und später von der Majestät einer göttlichen Herkunft, die sich die Kaiser anmaßten, geprägt wurde. Seelische Angst und Unsicherheit hingegen finden sich nur im Kaiserporträt dieser Zeit.

Die formalen Mittel, durch die jener Ausdruck erzeugt wird, sind leicht zu erkennen; sie bestehen vor allem in der Betonung der über das natürliche Maß hinaus vergrößerten Augen, und bei den Augen in der Betonung von Pupille und Iris, die man vom Ende der hadrianischen Zeit an nicht mehr durch Farbe allein, sondern auch im Marmor – wie es bei Terrakotta und Bronze immer üblich war – plastisch durchgestaltet kennzeichnete. Oft unterstreicht auch die Neigung des Kopfes den pathetischen Ausdruck, so etwa bei einem Knabenbildnis aus früher antoninischer Zeit (um 160; ehemals Sammlung Howell, Florenz; jetzt im Kunsthandel verschollen). In diesem pathetischen, zarten Bildnis sind die plastischen Formen noch fest und geschlossen. Aber im 3. Jahrhundert tritt die plastische Geschlossenheit hinter der Bevorzugung farblicher Akzente zurück. Zugleich beginnt sich der exakte anatomische Aufbau der Gesichter aufzulösen, wodurch gerade die Betonung des gewollten Ausdrucks erreicht wird. Der Grundsatz unantastbarer klassischer Vollkommenheit ist damit aufgegeben. Die Archäologen, die sich mit römischer Kunst befassen, haben deswegen hierfür den aus der Moderne entlehnten Begriff des ‹Expressionismus› angewandt (G. Rodenwaldt). Wer sich des grundsätzlichen Unterschieds zwischen der antiken und der modernen expressionistischen Kunst um 1920 bewußt bleibt, könnte ihn wohl als diakritisches Zeichen verwenden; doch hat ihn ständiger Mißbrauch für denjenigen, der sich um eine genaue Definition bemüht, wertlos gemacht.

Die plastische Form des Hellenismus, die sich aus klar bestimmten Flächen zusammensetzte und im Helldunkel weiche Übergänge aufwies, wurde von innen durch jene geschlossene körperhafte Struktur gestützt, die noch aus der griechisch-archaischen Kunst stammte. Jetzt zeigt sich die plastische Form oft mit wechselnder Oberfläche, die dem Blick keinen Ruhepunkt bietet, sondern ihn hinweggleiten läßt über ein vages Helldunkel mit tiefen Schattenfurchen und kompakt, ja brutal vortretenden Massen, auf denen leichte, kurze Meißelschläge oder kleine Löcher in kaum modellierten Flächen Bart oder Haare markieren. Das Porträt des Kaisers Decius (249–251) im Capitolinischen Museum in Rom (Helbig, Nr. 1320, Abb. 41) ist vielleicht das typischste Beispiel für diese neue plastische Form an einem Kopf, bei dem die naturalistische Genauigkeit noch weitgehend gewahrt ist. Trotzdem sind wir betroffen vom Ausdruck der Unsicherheit und des Fragens, der das Gesicht dieses Herrschers kennzeichnet. Wesentlich ungenauer und aufgelöster sind die Köpfe der Vorsteher der athletischen Spiele, die an einem Kapitell (Helbig, Nr. 478, Abb. 40) aus den Thermen des Alexander Severus (222–235) dargestellt sind; diese Thermen wurden von 227 an zur Erweiterung der neronischen Thermen auf dem Marsfeld errichtet (dort, wo heute der Palazzo Madama, der Sitz des Senats, steht). Die Bemühung um den Ausdruck der Angst, verbunden mit der Auflösung der anatomischen Form, tritt bei einem ornamentalen Werk wie diesem Kapitell merklich früher zutage als im offiziellen Kaiserporträt. Daraus wird deutlich, daß es sich um eine wichtige künstlerische Strömung handelt, um ein echtes formales Problem, das mehrere Künstlergenerationen hindurch und in verschiedenen Schulen verfolgt wird. Tatsächlich ist es bezeichnend für jedes neue formale Problem der Antike, daß es zunächst bei ornamentalen Stücken und öffentlichen Werken an untergeordneter Stelle erprobt wird, ehe man es bei wichtigeren Kunstwerken anwendet und als gültig anerkennt.

Die ersten Anzeichen für eine nachlassende formale Strenge – im Sinne der Tradition – und für einen schwindenden inneren Zusammenhalt der Einzelteile kann man auf dem Gebiet der Plastik in den Münzprägungen des Antoninus Pius (zwischen 150 und 160) feststellen; doch sind sie nur bei künstlicher Vergrößerung zu erkennen. Deutlicher sind solche Anzeichen schon in den 193 bis 196 geprägten Münzen des Septimius Severus.

Diesem Nachlassen des organischen strukturellen Zusammenhalts der plastischen Form entspricht eine von der Tradition abweichende Auffassung des Expressiven. Sie ist durchaus antinaturalistisch; die naturgetreue Form wird ersetzt durch eine optisch suggestive Illusion, die leicht ins Willkürliche und Symbolische übergeht. Sie ist zuerst in der Malerei zu beobachten, in der sich der hellenistische ‹Impressionismus› in eine ‹tachistische› Malweise wandelt, die die eigentliche naturalistische Absicht des ‹Impressionismus› vernichtet. Im Relief tritt dieser neuartige Formcharakter bei einem öffentlichen Monument in Rom zuerst in den Reliefs mit Taten Marc Aurels auf, die in den Constantinsbogen eingefügt wurden, wahrscheinlich aber in die Zeit des Commodus zu datieren sind. Wir haben diese Reliefs schon im ersten Buch (‹Rom – Das Zentrum der Macht›) hervorgehoben und dort die Vermutung ausgesprochen, daß sie mit der in hadrianischer und antoninischer Zeit in Ephesos entstandenen Kunst in Verbindung zu bringen seien.

So viel mag zunächst zur Kennzeichnung dieser Formensprache genügen. Die stilistischen Mittel dienen, wie wir gezeigt haben, dem Ausdruck der Angst, den diese Zeit sucht. Die Mittel sind jedoch nicht auf diese Absicht und diese Zeit beschränkt. Wir müssen also fragen, wann und wo man begonnen hatte, seelisches und nicht körperliches Leid auszudrücken.

Die Wurzeln liegen wiederum in der hellenistischen Kunst von Pergamon, aus der die römischen Bildhauer immer wieder geschöpft haben, speziell in den Darstellungen galatischer Barbaren, wie des ‹Sterbenden Galliers› (Rom, Capitolinisches Museum, Helbig, Nr. 1436) und des ‹Galliers, der sich den Tod gibt› (Rom, Museo Nazionale, Helbig, Nr. 2337), um die wichtigsten Beispiele zu nennen. Eine besondere Wirkung übten die Darstellungen der

Kämpfe zwischen Griechen und Barbaren aus, auf die die Bildhauer der römischen Sarkophage in reichem Maße zurückgriffen, indem sie ganze Kompositionen wiederholten oder auch nur den Typus des galatischen Barbaren übernahmen und auf andere barbarische Stämme übertrugen, mit denen die Römer Krieg führten. Dort liegt der Ausgangspunkt für all jene Darstellungen. Doch darf nicht vergessen werden, daß derartige Barbarenkämpfe schon in das Repertoire vorrömischer Zeit aufgenommen und häufig auf etruskischen Sarkophagen und Urnen verwendet worden sind. Diese Barbarendarstellungen zeigen jedoch den Ausdruck stolzen Schmerzes (Abb. 39), nicht der Angst, und die Künstler des 3. Jahrhunderts konnten bei ihnen nur gewisse formale Anhaltspunkte finden. Der Gehalt ist neu und erreicht eine Intensität, die Ausdruckswerte der christlichen Kunst vorausnimmt (Rom, Schlachtensarkophag Ludovisi, Helbig, Nr. 2354).

Aus diesen Vorbemerkungen erklärt sich zur Genüge, daß in der römischen Kunst der Ausdruck von Trauer und Schmerz zuerst in Barbarendarstellungen zu finden ist, vor allem bei Gefesselten neben Trophäen. In den römischen Westprovinzen treten charakteristische Beispiele schon im 1. Jahrhundert auf, vor allem in der *Gallia Narbonensis* (Bogen von Carpentras, Bogen von Orange). Die Tatsache, daß die *Narbonensis* hellenistischen Einflüssen besonders ausgesetzt war, bestätigt die angedeutete Ableitung. Vielleicht könnte man auch eine Beziehung zu den ‹têtes coupées› des 123 v. Chr. von den Römern eroberten gallischen Heiligtums von Entremont bei Aix-en-Provence feststellen, die ihrer Form nach nicht ohne Berührung mit den Griechen an der Südküste entstanden sein können.

Ich weiß nicht, ob die trauernden, gefesselten Barbaren auf römischen Denkmälern der abendländischen Provinzen mit der Tatsache in Verbindung gebracht werden können, daß der Ausdruck der Angst außer auf den Darstellungen von Barbaren sehr früh in den Profan- und Grabporträts in der Kunst der Provinzen anzutreffen ist. Die Provinzialkunst geht von der ‹plebejischen› Kunstrichtung in Rom aus, deren individuelle und expressive Charakterisierung immer bezeichnend für die direkte Nähe zur Wirklichkeit war, die jeder volkstümlichen Kunst eigen ist. In den Kapiteln über diese Provinzen wird ausführlicher darüber gesprochen werden. Vorläufig weisen wir nur auf Bildnisse in Aquileia oder aus Este, also dem italienischen Bereich nördlich des Apennin, hin, die noch vor das 2. Jahrhundert zu datieren sind. Einige schmucklose Sarkophage aus Aquileia mit großem Sarg und schwerem Deckel in Dachform zeigen die Verbreitung eines Typus, der aus dem graeco-asiatischen Kunstkreis stammt, im römischen Westen jedoch in den Eckakroterien die Bilder der hier beigesetzten Toten zeigt; so vereinigt sich die römische Bildnistradition mit der Anwendung figuraler Akroterien, wie sie griechische Tempel und mit Terrakotten gedeckte kleine Heiligtümer geschmückt hatten.

Nach diesen ikonographischen und stilistischen Untersuchungen, die gewissermaßen die technischen Voraussetzungen für die Verbreitung dieses Porträttypus im 3. Jahrhundert liefern, müssen wir die Umwelt betrachten, in der dieser Typus mit seinem besonderen Ausdruck von Angst und innerer Unsicherheit entstand, der nicht nur Stilphänomen, sondern Kennzeichen einer bestimmten menschlichen und kulturellen Grundhaltung ist. Er erscheint ja nicht nur in Kampfszenen und Totenklagen (Ostia und Rom, Museo Torlonia), sondern, wie gezeigt wurde, auch auf Ehrenreliefs und im offiziellen Bildnis.

Diese Grundhaltung hat ein christlicher Schriftsteller um 251 klar umschrieben. In seinem ‹Brief an Demetrianus› malt Cyprianus, Bischof von Karthago, ein trostloses Bild seiner Zeit: «Aus den durchwühlten und durchforschten Gebirgen gewinnt man Marmortafeln nicht mehr in der gleichen Fülle. Die Bergwerke sind erschöpft und bieten geringere Ausbeute an Silber und Gold, allmählich versiegen ihre Adern. Die Bauern auf dem Lande werden weniger oder fehlen ganz, ebenso die Seeleute auf dem Meer, die Soldaten in den Lagern. Gleichzeitig schwinden die Rechtschaffenheit auf dem Forum, die Gerechtigkeit in den Gerichtsurteilen, die Eintracht unter Freunden, die Geschicklichkeit in den Künsten und die Zucht in den Sitten. Kannst du dir denken, daß eine solche Reihe von Verfallserscheinungen sich noch aufhalten läßt oder daß die frühere Jugendkraft, die einst alles erfüllte, je zurückkehrt? Mit Notwendigkeit neigt sich ein jedes Ding, das sich seinem Ende nähert, nimmt ab und geht unter» (‹Ad Demetrianum› III). Diese pessimistische Vision gehört zweifellos zur christlichen Polemik gegen das heidnische Imperium. Wie sich aus dem Zusammenhang ergibt, antwortet sie jedoch auf die von Demetrianus und anderen erhobene Anklage, daß die Ursache des allgemeinen Unheils die Christen mit ihrem Widerstand gegen den Staat und seine Religion seien; denn in Krisenzeiten sucht man nach einem Schuldigen.

Gegen diese Anklage hatten die Verfechter des Christentums seit langem kämpfen müssen. Tertullian widmet diesem Thema in seinem um 197 geschriebenen ‹Apologeticum› drei Kapitel (XL–XLII). In jener Schrift des Cyprianus jedoch geht es weniger um die Verteidigung als um die Behauptung, daß «die Welt altersschwach» sei. Die christliche Opposition, die die Auflösung aller Werte, der Natur wie der Menschen, aufzeigt, glaubt an das Geschick des Weltendes und der nachfolgenden Erneuerung. Eine solche Polemik hätte aber keinen Sinn gehabt, wenn der Verfall nicht so allgemein bekannt und derartig über das ganze Imperium verbreitet gewesen wäre, daß er als antichristliche Propaganda dienen konnte.

Die von dem karthagischen Bischof gewählten Argumente könnte man leicht Punkt für Punkt durch historisch bekannte Tatsachen, die die schwere Krisis dieser Zeit aufzeigen, belegen. Die Anzeichen waren schon unter Marc Aurel sichtbar geworden; zu Beginn des neuen Jahrhunderts traten sie – wie wir heute nur allzu gut begreifen – akut in Erscheinung. Die ungeheuren militärischen Ausgaben auf der einen, die verminderten Erwerbsmöglichkeiten auf der anderen Seite, die sich lähmend auf den Hauptzweig der damaligen kapitalistischen Geldwirtschaft, den Handel, auswirkten, erklären die schwierige

Situation, in der sich das Imperium befand. Der Geldwert schwand in erschreckendem Maße: Silbergeld, das ursprünglich einen Feingehalt von 97% und nur 3% Beimischung unedler Metalle enthalten hatte, schwankte im Jahre 260 zwischen 50% und 30% Feinsilber und endete, praktisch Falschgeld, bei einem Feingehalt von 5%, bei dem es sich um schlechtes, durch Einschmelzen gewonnenes Silber handelte. Silbergeld wurde schließlich nur noch ausnahmsweise zu feierlichen Anlässen geprägt. Goldmünzen fielen von einem anfänglichen Gewicht von rund 8,175 g auf 1,513 g. Zur Zeit Aurelians (271) fand ein Aufstand in der Münze von Rom statt, die darauf zwei Jahre lang untätig blieb. 273 wurde sie unter illyrischer Leitung wiedereröffnet (während ihrer Stillegung arbeiteten andere Münzstätten: die 259 eröffnete Münze von Mailand, die 257 gegründete in Köln, die Prägestätten von Siscia, Ephesos und Antiochia: ein deutliches Anzeichen für die ausgespielte Führerrolle Roms).

In Wechselbeziehung zu dem Währungsverfall standen die immer drükkender werdenden Steuerlasten, die ihrerseits die Krisis noch verschärften. Schon die persönliche Steuer *(tributum capitis)* und die Grundsteuer *(tributum soli)* wurden in den Provinzen als entehrendes Zeichen der Unterwerfung unter das Imperium empfunden, und noch Tertullian nennt sie «Brandmale der Knechtschaft» *(«haec sunt notae captivitatis»*, ‹Apologeticum› XIII). Dann erhöhte man die Umsatzsteuer *(venalium)*, die unter Tiberius 0,5% betragen hatte, auf 2,5% und führte an neuen Abgaben die Steuer auf den Verkauf von Sklaven (4%) und auf die Freilassung von Sklaven (*vicesima libertatis*, 5%) ein. Die Erbschaftssteuer setzte Caracalla von 5% auf 10% hinauf, und zwar sogleich nach seiner *Constitutio Antoniniana* von 212, in der allen freien Reichsuntertanen das römische Bürgerrecht gewährt wurde. Diese Konzession hatte für Italien, das jetzt wie die Provinzen besteuert wurde und damit seine Vormachtstellung innerhalb des Imperiums eingebüßt hatte, nur negative Folgen; andererseits verbesserte sie, ohne es zu wollen, die rechtliche Stellung der Christen in den Gemeinden des Ostens und Nordafrikas.

Im 3. Jahrhundert mehrten sich die Anlässe für außerordentliche Steuern in Form von Dienstleistungen und Naturalabgaben. Besonders drückend war das *aurum coronarium*, ursprünglich eine Umlage für Geschenke an siegreiche Feldherren, die man später in eine regionale Steuer umwandelte. Sie wurde von den Reichen gezahlt, die jedoch das Recht hatten, diese Beträge bei den Bürgern ihres Kreises wieder einzuziehen; daraus ergaben sich Schwierigkeiten und Mißbräuche. Ferner die *annona militaris*, eine Abgabe, meist in Naturalien, für den Unterhalt des Heeres; die *lustralis collatio*, ein alle fünf Jahre von den Kaufleuten zu entrichtendes ‹Geschenk›. Großgrundbesitzer, die sich von der Ableistung der Militärpflicht freikaufen wollten, zahlten das *aurum tironicum;* doch waren sie nicht von der *vehiculatio* befreit, aus der der Transport der kaiserlichen Post von Station zu Station des riesigen Straßennetzes bestritten wurde. Von einem gewissen Zeitpunkt an wurde von den Großgrundbesitzern Land eingezogen, damit dort Barbarentruppen zur Verteidigung der

Grenzen einquartiert werden konnten. Wie der Historiker M. Rostovtzeff nachgewiesen hat, endeten *honestiores* und *humiliores,* Mittelstand und Kleinbürgertum, Kaufleute und Bauern, im Elend.

Besonders charakteristisch für das Leben in diesem Jahrhundert war die Tatsache, daß die militärische Dienstzeit außerordentlich rigoros, bis auf zwanzig Jahre, verlängert wurde. Außer den ungeheuren Summen, die der Unterhalt des Heeres verschlang, war auch die Versorgung der ausgedienten Soldaten zu bestreiten; und die ‹Veteranen› stellten einen ansehnlichen Teil der Bevölkerung dar.

Besonders in den Provinzen, wo der Druck der römischen Oberherrschaft unabwendbar und kein Entrinnen aus der inneren und äußeren Not möglich schien, mußte früher als anderswo das Gefühl der Angst in den Menschen übermächtig werden. Eine dumpfe Feindseligkeit gegen das Imperium und die durch seine Verwaltung verkörperte Macht entstand. Daraus bildete sich der inbrünstige Wunsch nach einem Wechsel, nach völliger Umwandlung. Das Christentum verdankte einen guten Teil seiner Anhänger der Tatsache, daß es der als unabänderlich verkündeten Ewigkeit des Imperiums die Möglichkeit einer andersgearteten universalen Gemeinschaft, die der Kirche, entgegenstellte. Dadurch gewann eine Schrift wie der Traktat eben jenes Cyprianus über die Einheit der katholischen Kirche, abgesehen von seinem theologischen Wert, tiefe politische Bedeutung, für die sein Verfasser mit dem Martyrium büßen mußte.

Die wirtschaftliche und die politische Krisis, die sich in der raschen Aufeinanderfolge gewaltsam eingesetzter und gewaltsam beseitigter Kaiser aussprach, mußte zwangsläufig eine tiefe geistige Krisis hervorrufen. Sie lenkte von einer Seite auf das Christentum hin. Bis zu seiner Anerkennung unter Constantin, die einen Kompromiß zwischen Kirche und Imperium darstellte, wirkten die christlichen Gemeinden wie wahre Revolutionsherde, während sie danach sogleich als verstärkendes Element in den Staat integriert wurden.

Die große reinigende Macht des Evangeliums wurde dann dazu verwendet, eine neue Herrschaft über die Menschen aufzurichten, die gerade gehofft hatten, durch diese Macht befreit zu werden – ein Vorgang, der sich noch öfter in der Geschichte wiederholen sollte.

Von einer anderen Seite und in anderer Form – sichtbarer, weil der Konflikt mit den herrschenden Kräften wegfiel, die häufig direkt beteiligt waren – führte jene geistige Krisis zu verschiedenen philosophischen Strömungen und vor allem zu den religiösen Lehren der einzelnen orientalischen Mysterienkulte hin. Die große Errungenschaft der griechischen Kultur waren Meisterung und Gebrauch des rationalen Denkens durch den Menschen gewesen, und auf dieses Denken hatte sich zum erstenmal die geistige und technische Eroberung der Welt gegründet. Diese große Errungenschaft wurde jetzt Schritt für Schritt aufgegeben. Von allen Seiten wurde der Kampf gegen die Vernunft geführt, und mit ihr wich für Jahrhunderte das wissenschaftliche Denken. Der Schlaf der Vernunft erzeugt Ungeheuer (ein Thema Francisco Goyas). Wenn sich auch die philosophischen Lehren, die Mysterienkulte und das Christentum scharf bekämpften, so führten sie doch – das muß man sich vor Augen halten – im Grunde alle in die gleiche Richtung, die man als Ablehnung des irdischen Lebens und der Wirklichkeit und als Hinwendung der menschlichen Hoffnung auf eine Erlösung im Jenseits zusammenfassen kann. Die Menschen dieser Zeit stießen von allen Seiten, auf verschiedenen, nur scheinbar entgegengesetzten Wegen, auf das Irrationale, dem sie sich mit schmerzlicher Befriedigung hingaben, wie es immer geschieht, wenn der Mensch sich verlassen und Gewalten ausgeliefert fühlt, deren er nicht Herr werden kann, die aber selbst die Macht haben, ihn zu vernichten.

Bedenken wir diese Situation der Menschen des 3. Jahrhunderts, ebenso in Rom wie in den Provinzen, dann kann es uns nicht wundern, daß die Kunst jener Zeit gelernt hatte, die Angst darzustellen.

Eine erste Unterweisung über die ‹Abkehr von der Welt› war von der Philosophie der Stoiker und der Epikureer gegeben worden. Doch die von ihnen gepriesene Gelassenheit *(ataraxia)* war nicht von jedermann zu erreichen, sondern nur von einer kleinen Elite. Andererseits nimmt auch der Stoizismus beinahe mystische Züge an, wenn er den Begriff der ‹Zeugenschaft› *(martyria)* verbreitet. Der ‹Weise›, der noch bei Seneca seine ganze geistige Kraft aus sich selbst, aus dem eigenen rationalen Denken zieht, wird jetzt «als Zeuge der Gottheit» verstanden. Epiktet stellt sich vor, daß Jupiter ihn bestimmt habe «zum Zeugen». Der Gott habe ihn aufgerufen: «Tritt hervor und gib Zeugnis». Und der Philosoph freut sich, «daß Jupiter mich auf die Probe stellen und sehen will, ob in mir ein Soldat und rechter Bürger stecke und ob er mich zu den anderen Menschen schicken könne als Zeugen für das, was man erlangen müsse» (Epiktet, ‹Encheiridion›, Abhandlung III).

Im Jahre 205 wurde in Lykopolis in Ägypten Plotin geboren, der Begründer des Neuplatonismus (gestorben 270 in *Minturnae*). Er war Mitschüler des Origenes gewesen, der einer der wichtigsten und umstrittensten Denker des Christentums wurde. Plotin hatte großen Einfluß in der oberen Gesellschaftsschicht Roms, selbst am Hofe des Kaisers Gallienus. Der Gedanke einer Flucht vor der Welt, wie ihn schon frühere Philosophen verkündet hatten, nimmt bei Plotin den Charakter einer geheimen, der Masse nicht zugänglichen Lehre an. Es ist nicht nur Ablehnung gegenüber den Anforderungen der Welt, sondern geradezu ein Auskosten der Krankheit: «Notwendig ist, daß der Mensch den eigenen Körper hemmt und schwächt, um zu zeigen, daß der wahre Mensch etwas anderes ist als die äußeren Dinge, die ihn umgeben.» Der Wissende «weicht der Krankheit nicht aus, sondern will die Erfahrung des Leidens machen» (‹Enneaden› I, 4, 14). Welche Entfernung vom athletischen Ideal, das in der griechischen Klassik geherrscht und ihren Form- und Schönheitskanon geprägt hatte!

Wir glauben nicht, daß man einen direkten Einfluß der Lehren Plotins auf die Kunst seiner Zeit annehmen kann. Einige seiner Gedanken lassen uns jedoch besser die unter den Menschen des 3. Jahrhunderts verbreiteten Gefühle verstehen, die in der Kunst ihren Ausdruck fanden. Charakteristisch dafür sind die Auflösung des organischen Zusammenhangs und der große Wert, den man dem Expressiven und nicht mehr der anatomischen Richtigkeit beimißt. Plotin sagt: «Je mehr die Materie an Form verliert, desto ähnlicher wird sie dem ursprünglichen Vorbild, der Idee.» «Wenn der Künstler das formt, was er in sich hat, kann sein Werk schön genannt werden. Das Auge sieht in dem Werk das, was der Mensch in seinem Geist (*nous*) hat» (‹Enneaden› V, 8, 1). Die Nachahmung, die *mimesis* (nach dem alten platonischen Begriff), hat Bestand. Aber es ist der Körper, der die Seele nachahmt; er ist ein *eidolon* oder *mimnema* der Seele. Aus diesen Voraussetzungen entsteht dann am Ende des Jahrhunderts das Ideal des «geistigen Menschen» (*homo spiritualis, aner pneumatikos*), wie es sich in zahlreichen Porträts des 3. bis 5. Jahrhunderts klar ausprägt. Es ist offensichtlich, wie nahe diese Gedanken, die auf die Darstellung einer inneren Vision durch reale, tastbare Formen abzielen, einem dem Apostel Paulus zugeschriebenen Ausspruch kommen: «Das Sichtbare ist nur ein Schleier vor dem Unsichtbaren.» Sie sollten im Mittelalter nicht nur die Spekulation der Mystik, sondern auch die Ikonographie der europäischen Kunst, vor allem im 11. und 12. Jahrhundert, bestimmen.

Während diese philosophischen Lehren besonders die oberen Schichten berührten, wurden die Abwendung von der Wirklichkeit und das Hineingleiten ins Irrationale, vor allem ins Mystische und Magische, noch stärker gefördert durch die Ausbreitung der orientalischen Kulte, die auf Geheimlehren und dem Gedanken der Katharsis und Wiedergeburt in einem besseren Leben aufgebaut waren. Diese Kulte erlebten weiteste Verbreitung seit der Zeit des Septimius Severus, des Caracalla und des Marcus Aurelius Antoninus, der vielleicht ein Sohn Caracallas war und als Priester des Sol von Emesa den Namen Elagabal annahm. Besondere Impulse erhielten die orientalischen Kulte durch die syrischen Prinzessinnen, die mit ihrer Verwandtschaft am römischen Hof einzogen: Julia Domna, die Gattin des Septimius Severus, und ihre Schwester Julia Maesa. Man schrieb jenen Riten reinigende Kräfte zu: sie wirkten erregender und daher anziehender als der griechische Kult anthropomorpher Götter, der durch die Kritik der Philosophen und das äußerliche Ritual der Staatsreligion, wie es die römischen Beamten vollzogen, seines religiösen Inhalts beraubt worden war. Bei den orientalischen Religionen wurde der Kult, durch den der einzelne Reinigung und Erlösung erlangen konnte, so wesentlich, daß er nur von einer geweihten Priesterschaft vollzogen werden konnte. Das Bildnis eines *archigallos*, das heißt Oberpriester, aus der Nekropole von Ostia (Helbig, Nr. 3003) gibt über das Künstlerische hinaus ein eindrucksvolles menschliches Zeugnis eines aus Fanatismus seiner Männlichkeit beraubten Priesters der Kybele.

Wir können hier nicht näher auf die Lehre der Hermetiker und auf die verschiedenen orientalischen Religionen eingehen; die wichtigsten waren der Kult der Kybele, der großen Mutter (deren Priester, die *galloi*, entmannt waren), der des Jupiter Dolichenus, der Isis und des Mithras, die zusammen mit vielen kleineren und lokalen Kulten im ganzen Reich verbreitet waren. Hier sollten nur einige Hinweise zum Verständnis dessen gegeben werden, daß die gegen Ende des 2. Jahrhunderts einsetzende wirtschaftliche und soziale Krisis – von der noch zu sprechen sein wird – einer tiefen geistigen Krisis entsprach. Diese drängte die Menschen zum Irrationalen und entfremdete sie – durch religiöse Vorstellungen oder philosophische Lehren, die alle dem gleichen Ziel zustrebten – der Wirklichkeit des Lebens und der Welt. Die neue Form der bildenden Kunst – labil, aufgelöst, mit starker Betonung der Niedergeschlagenheit, Angst und inneren Qual – erklärt sich direkt aus diesen besonderen menschlichen Bedingungen. Sie entsteht nicht durch äußere Einflüsse oder als flüchtige Mode, sondern als historisch unabwendbare, natürliche Erscheinung innerhalb der römischen Gesellschaft des 2. und 3. Jahrhunderts. Nur selten in der Geschichte der Kunst ist die Beziehung zwischen Gesellschaft und Formensprache so eng und ergibt sich so klar wie hier. Das verleiht der Kunst dieser Epoche – die als dekadent angesehen und mißachtet wurde, solange die klassizistische Auffassung in der europäischen Kultur überwog – eine Intensität und Frische des Ausdrucks, wie sie die römische Kunst sonst nie als Ganzes erreicht hat, sondern nur in vereinzelten Werken einiger großer Künstler, wie des Meisters der ‹gesta Trajani› und weniger anderer. Im 3. Jahrhundert jedoch sind es die anonymen Meister der großen Ateliers mit ihren serienweise hergestellten Sarkophagen, Bildnisstatuen, Grab- und Ehrenreliefs, die auch im Westen mindestens bis zur Jahrhundertmitte mit großer technischer Fertigkeit eine neue Kunst geschaffen haben.

2. Der Wille zur Macht

Der Ausdruck innerer Angst war nicht der einzige Gehalt der Plastik des 3. Jahrhunderts. Ihre Grundmerkmale sind die Abkehr vom klassischen Formenkanon und eine mit optischen Werten arbeitende Modellierung mit dem Ziel, in jedem Fall das Expressive betont zur Wirkung zu bringen. Neben der Angst, die einem weitverbreiteten Gefühl entspricht, offenbart sich in diesem Jahrhundert auch der Wille zur Macht, der kein Mittel scheut, um sich durchzusetzen.

Nach der traditionellen Struktur des römischen Staates oblag es dem Senat – das heißt ursprünglich dem Patriziat –, das Staatsoberhaupt zu ernennen, da noch im Kaiserreich die juristische Fiktion des Fortbestandes der Republik aufrechterhalten wurde. In Wirklichkeit gelang dem Senat zum letztenmal im Jahre 238 eine wenn auch nicht ganz spontane, so doch für längere Zeit wirksame Nominierung mit dem – wie die meisten Quellen angeben – dreizehnjährigen Gordianus Pius (oder III.), der in einigen seiner frühen Bildnisse den Ausdruck eines erschreckten jungen Hasen zeigt. Die zuerst als Vertreter des Senats Ernannten, Pupienus und Balbinus, waren nach neunundneunzigtägiger Regierung ermordet worden. Gordianus wurde 244 auf einem Feldzug gegen die Parther von rebellierenden Truppen getötet, die sich zugunsten des *Praefectus praetorio* Philippus erhoben hatten, der wegen seiner Herkunft aus der Trachonitis Philippus Arabs genannt wurde. Von nun an war jeder Kaiser ein nur vorübergehend zur Macht gekommener Soldatenführer. Die Regierung lag also in Wirklichkeit in den Händen der hohen Beamten. Am unheilvollsten waren die fünfzig Jahre zwischen Maximinus Thrax (235) und Diocletian (284), der dann die große Reform herbeiführte.

Marc Aurel war der letzte Kaiser gewesen, der in der *paideia* aufgewachsen war, der auf Vernunft und Toleranz fußenden griechischen Erziehung. Ihm folgten rohe, gierige Menschen auf dem Thron, Abenteurer an der Spitze des riesigen Reiches, die als einzige Grundlage die Unterstützung der Truppen hatten, aus denen sie hervorgegangen waren, und als einziges Ziel die unumschränkte Macht. Die Kunst dieser Zeit, die die klassische Ausgewogenheit der Tradition aufgibt, strebt nach dem Expressiven und bringt es hervor, indem sie die allgemeinen Formen stark vereinfacht und sich ganz auf kennzeichnende Einzelzüge konzentriert. Damit gelingt es ihr, von diesen Menschen allgemeingültige Bilder zu schaffen, die sich durch die innere Kraft der Formensprache weit über das Anekdotisch-Persönliche erheben. In diesen Bildnissen spricht sich klar die neue Konzeption der Macht aus, die den Übergang vom Prinzipat zum Dominat bezeichnet.

Hierher gehören die Porträts von Maximinus (235–238, Rom, Capitolinisches Museum, Helbig, Nr. 1314), Philippus Arabs (244–249, Rom, Vaticanische Museen, Helbig, Nr. 456), Trebonianus (251–253, New York, Metropolitan Museum, Abb. 42), Diocletian (284–305, Rom, Villa Doria-Pamphili) und anderen, historisch nicht bestimmbaren Männern, die Persönlichkeiten von erbarmungsloser Energie und unbezähmbarer Vitalität präsentieren, wie sie die Porträtplastik niemals wieder, weder vorher noch nachher, so unverhüllt aufzudecken gewagt hat. Hier sind die entsprechenden Mittel gefunden worden, um diesen persönlichen Gehalt außerhalb jedes vorgeformten ikonographischen Schemas zu erfassen. Es sind außerordentlich viele Künstler, die diese Ausdrucksmittel, aus einem engbegrenzten Formenschatz ausgewählt und von Fall zu Fall variiert, anzuwenden wissen.

Der erwähnte von den Historikern festgestellte Übergang vom Prinzipat zum Dominat vollzieht sich deutlich unter den severischen Herrschern. Gerade die severische Kunst tritt besonders hervor und wirkt lange nach. In dieser Zeit wird die Verherrlichung von Angehörigen des Kaiserhauses durch Monumente von gewaltiger Größe fortgesetzt (Bogen des Septimius Severus in Rom und in Leptis Magna). Auch die Glyptik erlebt eine neue Blüte (Cameo von Nancy).

Unter Gallienus (253–268), der die Verbindung zu den Zentren der hellenistischen Tradition bewußt wiederaufnimmt, entsteht ein Kaiserbildnis, das die schon von Alexander dem Großen der östlichen Welt entlehnte Auffassung wiederholt: der von einer Gottheit erleuchtete Herrscher und Heerführer mit zum Himmel emporgewandten Augen im Gespräch mit dem Übernatürlichen, aus dem ihm Kraft, Macht und Rechtmäßigkeit zufließen.

Schon Hadrian verkörpert die von den Göttern verliehene Macht. Bei seiner zweiten Münzprägung wird ein *aureus* geschlagen, auf dem der Kaiser die Erdkugel als Sinnbild universaler Macht nicht von dem Genius des Senats empfängt, sondern aus den Händen Jupiters; und 119 prägt er Münzen mit der Legende ‹PROVIDENTIA DEORUM›. Im 3. Jahrhundert wird diese Auffassung präzisiert und erweitert. Die Bestätigung der Göttlichkeit des Herrschers, die sich nicht mehr auf die Apotheose nach seinem Tod beschränkt, sondern jetzt seiner irdischen Person als *divina maiestas* zukommt, verleiht dem rohen Machtwillen der Soldatenkaiser den Ausdruck unnahbarer Größe. Unter Constantin erscheint auf den Münzen wieder das Bild des ‹erleuchteten Heerführers›; in der Großplastik gibt es dafür allerdings keine Beispiele. Das Kaiserbildnis erhält jetzt vielmehr eine Starrheit, die zugleich animalisch und göttlich wirkt. Sie spricht sich ebenso in dem kleinen Format einer Münze wie im Kolossalporträt aus: in der 315 in Pavia (*Ticinum*) geprägten Silbermünze, wo auf dem Helm zum erstenmal das Monogramm Christi steht, wie in dem kolossalen Bronzekopf (Helbig, Nr. 1578) im Konservatorenpalast in Rom, den man bisher mit einem der Nachfolger Constantins identifizierte, jetzt aber auf Grund der späten Münzikonographie als Bildnis Constantins selbst ansehen muß. Der Anlaß zur Aufstellung einer solchen Kolossalstatue, die, wie die Fragmente zeigen, den Erdball hielt, könnte das dreißigjährige Regierungsjubiläum Constantins im Jahre 335 gewesen sein. Es kann sich aber auch um eine posthume Ehrung handeln. Die Münzen von 330 entsprechen diesem Porträt genau. Wie weit sich dieses Bildnis im Lauf der Zeit gewandelt hat, wird deutlich, wenn man die hier gezeigte feierliche Größe mit der Darstellung Constantins als listiger Parteiführer auf den Münzen der Tetrarchenzeit vergleicht.

Auf den Münzen der Nachfolger Constantins, von Constans (337–350) bis Theodosius (379–395), kommt die Verachtung gegenüber dem Feind, deren Darstellung mit den Reliefs der Marc-Aurel-Säule begonnen hatte (während sie auf der Trajanssäule noch fehlte), immer stärker zum Ausdruck. Sie entsprach dem zunehmenden Bewußtsein von Autorität und Macht, das den christlichen Kaisern aus dem Gedanken, Streiter des alleinigen, wahren und allmächtigen Gottes zu sein, erwuchs. Der gefangene Feind wird an den Haaren geschleift oder zertreten wie ein Wurm, der sich vergeblich windet, wie in späteren Darstellungen der Drache unter den Füßen des Erzengels: «Über Schlangen und Ottern wirst du gehen und junge Löwen und Drachen niedertreten» verheißt der Psalter (XCI, 13). Die Victoria, deren Altar 357 aus dem Saal des römischen Senats entfernt wurde, schwebt nicht mehr als gunstspendende Göttin über dem Kaiser, sondern steht, während sie ihn krönt, auf dem Globus, den er selbst als Weltherrscher in der Hand hält. Diese Ikonographie findet sich schon auf dem Cameo von Nancy, der Caracalla zugeschrieben wird. Man muß unterscheiden zwischen der Victoria auf dem vom Kaiser gehaltenen Erdball als bloßes Attribut, als Gegenstand und lebloses Bild, nämlich als Statuette auf dem Globus, und andererseits der in der gleichen Stellung gegebenen Victoria, die aber, als wäre sie lebendig, eine Handlung vollzieht, indem sie dem Kaiser den Kranz reicht oder aufs Haupt setzt. Die ikonographischen Merkmale beider Darstellungen sind nahe verwandt, in der Auffassung aber besteht ein grundlegender Unterschied. In der einen Auffassung verkörpert die Figur auf dem Globus die Siegesgöttin Nike, die, wenn sie den Kaiser krönt, ihn persönlich auf seinem Marsch begleitet oder über ihm schwebt. Im andern Fall hat die Victoria ihre göttliche Selbständigkeit verloren; sie ist ein Symbol, das vom Kaiser fest in der Hand gehalten wird. Der erste Fall, die Victoria als Nike, tritt in der römischen Münzkunst zum erstenmal auf Denaren Octavians nach der Schlacht von Actium auf, der zweite Fall bei Carinus und Numerianus (282–284). Der Cameo von Nancy jedoch nimmt diese Ikonographie voraus, die neu ist für Rom, aber schon auf Tetradrachmen des Partherkönigs Orodes I. (geprägt 38/37 v. Chr.) vorkam. Es tritt also ein Wandel der Ikonographie und der Auffassung ein, der sich unter dem Einfluß orientalischen Gedankenguts vollzieht. Dieses wirkt nur als Idee auf die Ikonographie ein; eine Beziehung zum orientalischen Formengut besteht nicht.

Nach persischem Vorbild identifiziert sich der Kaiser immer stärker mit der Gottheit. In der Hofetikette wird nach der Tetrarchie offiziell von der «göttlichen Majestät» des Kaisers gesprochen; seine Leibwachen werden «Beschützer der göttlichen Flanken», seine Gewänder «heilige Kleider» genannt. Diese Terminologie wird dann vom byzantinischen Hof übernommen, ebenso das Zeremoniell, das sich am päpstlichen Hof teilweise bis heute erhalten hat.

Das Kaiserbildnis wird immer entrückter und unpersönlicher und fügt sich in das von der Hofetikette vorgeschriebene Schema ein. Das Münzbild der thronenden Kaiser Valentinian und Valens (367–375) zeigt bereits die Starre byzantinischer Ikonen.

Nach Constantin erhält die gesamte künstlerische Produktion immer stärker nicht nur offiziellen, sondern höfischen Charakter: Kameen, Gemmen, Silbergerät und Elfenbeindiptychen. Gerade die neuartige Gattung der Diptychen verbreitet sich im Laufe des 4. Jahrhunderts. Aus der ursprünglichen Verwendung von zwei Schreibtäfelchen, die durch Scharniere verbunden waren – der alten Form des Diptychons –, entstanden die ‹Codicillardiptychen›, auf denen kaiserliche Dekrete aufgeschrieben und versandt wurden. Aus ihnen entwikkelten sich Diptychen, die in Elfenbein geschnitzte Bildnisse des Kaisers oder der Konsuln trugen. Sie wurden zum Jahresbeginn oder beim Antritt eines Amtes an Privatleute oder hohe Beamte verschenkt, vielleicht auch an den Kaiser selbst. Ein Gesetz aus dem Jahr 384 (‹Codex Theodosianus› XV, 9, 1) bestimmte, daß Diptychen aus Elfenbein nur den Konsuln gegeben werden dürften, während für andere hohe Beamte eine besondere Genehmigung des Kaisers erforderlich war. Eine solche Bestimmung dürfte bald außer Gebrauch gekommen sein. Von der Kirche wurden Diptychen dann für liturgische Zwecke benutzt (Lesungen von Listen der Bischöfe oder Gemeindemitglieder). Sie waren zunächst unverziert. Doch schon am Ende des 4. Jahrhunderts gibt es Tafeln mit Figurenschmuck. Zu diesen gehört das Diptychon mit Adam und Szenen um den Apostel Paulus (Florenz, Bargello), auf dem Adam wie ein antiker Orpheus unter den Tieren dargestellt ist. Eine so enge motivische und formale Anlehnung an hellenistische Vorbilder läßt auf eine Entstehung im östlichen Teil des Reiches (Konstantinopel?) schließen, während der schon im 3. Jahrhundert sich vorbereitende vertikale Aufbau der Komposition konsequent auf Mosaiken des 4. Jahrhunderts in Algerien und Tunesien verwirklicht ist. Die Diptychen laizistischer Art gehen mit der Abschaffung des Konsulamtes im Jahre 541 zu Ende; Diptychen für den kirchlichen Gebrauch werden bis zum 7. Jahrhundert geschaffen. Man kann verschiedene westliche und östliche Werkstätten unterscheiden. Wahrscheinlich in Mailand wurde das Diptychon gearbeitet, das Stilicho (Konsul im Jahre 400) mit seiner Gattin Serena, der Nichte des Kaisers Theodosius, und seinem Sohn Eucherius darstellt, der seit 395 Ehrenämter bekleidete (Monza, Kathedrale). Es ist ein gutes Beispiel für den repräsentativen, betont dekorativen höfischen Stil. Dagegen wirkt in dem fragmentarischen, wohl in Rom gearbeiteten Stück, das den Namen der Lampadii trägt, in der Zirkusszene noch die Überlieferung der römischen Plebejerkunst nach. Im oberen Teil indessen ist der Vorsteher der Spiele offiziell und hierarchisch gegeben: er thront unbeweglich und auch kompositionell von der übrigen Szene getrennt in der Haltung des Triumphators zwischen zwei mit der Toga bekleideten Männern. Als Symbol seines Amtes hält er das Tuch (*mappa*) in der Hand, mit dem er das Zeichen zum Beginn der Spiele gegeben hat.

Die für Elfenbeinarbeiten typische Glätte der Oberfläche und Schärfe der Umrisse entsprechen ganz dem Geschmack der Zeit und ihrer elitären Gesellschaft. Die gleichen Charakteristika zeigen auch die Werke der Großplastik, wie zum Beispiel die Statue eines Konsuls (Rom, Konservatorenpalast), der ebenfalls das Zeichen zum Beginn von Wettspielen gibt, nunmehr eine wichtige Aufgabe eines auf rein repräsentative Funktionen herabgesunkenen Amtes. Auch ein schönes weibliches Bildnis (Rom, Museo Torlonia) entstand offenbar in dieser Zeit, am Ende des 4. Jahrhunderts, da es im Mausoleum der Helena, der Mutter Constantins, aufgefunden wurde. Man hat darin Eudoxia, die erste Frau des Kaisers Arcadius, vermutet, die 404 starb. Eine solche Identifizierung muß hypothetisch bleiben. Doch paßt die glatte, preziöse Figur stilistisch besser zu dieser Datierung als zu anderen Vorschlägen (wie der Bestimmung als Eutropia, Gattin des Maximianus Herculis, die hundert Jahre früher lebte).

Hieraus erkennt man, wie wenig wir im Grunde von der Kunst dieser Jahrhunderte wissen, in denen die Antike sich erschöpft und die byzantinische Epoche ihre wesentlichen Merkmale noch nicht ausgebildet hat.

Die Lebensangst der römischen Gesellschaft zeigt sich auch in ihrer Leidenschaft für Zirkusspiele, Pferderennen und wilde Gladiatorenkämpfe, die im 3. Jahrhundert stark zunimmt. Die Lust an Kampf und Blut versucht die moderne Psychologie als Reflex einer unterdrückten Gesellschaft zu erklären, in der die Gewalt, die durch politische und wirtschaftliche Kräfte ständig auf den einzelnen ausgeübt wird, sich umsetzt in Gewalt, die das Individuum als unbewußte Reaktion auf seine eigene Ohnmacht auf andere Individuen ausübt.

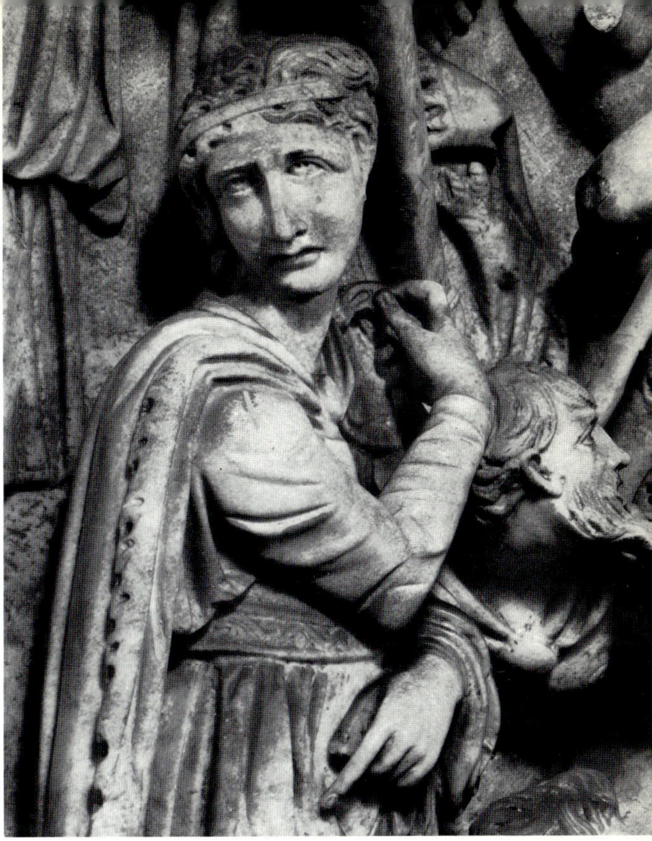

39 – Rom – Sarkophag. Ausschnitt: Gefangene Barbarin – Rom

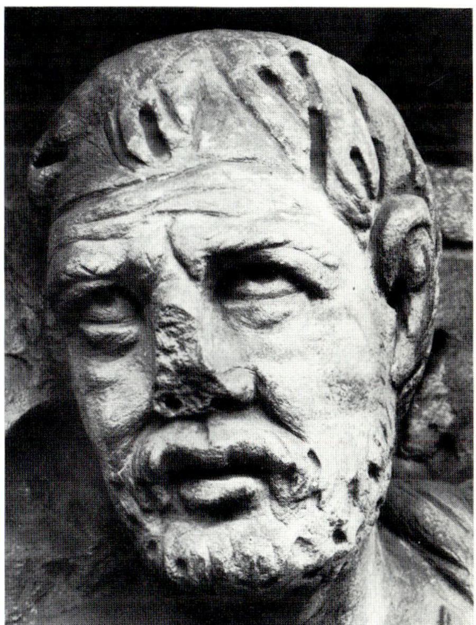

40 – Rom, Thermen des Alexander Severus – Kapitell (Ausschnitt) – Vatican

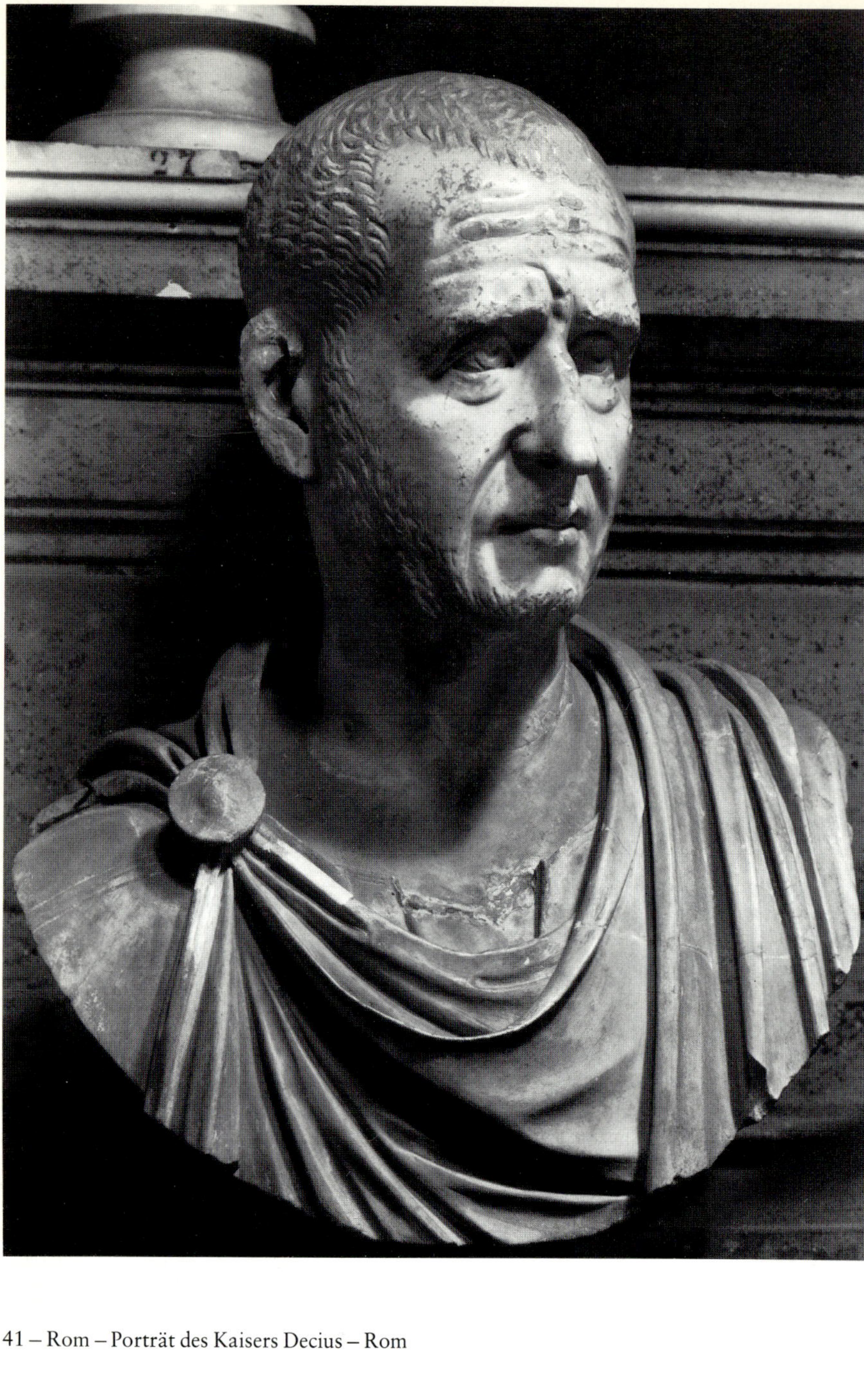

41 – Rom – Porträt des Kaisers Decius – Rom

ERSTER TEIL. ROM UND DAS ABENDLAND

I. Rom

Am Anfang des 3. Jahrhunderts, unter dem severischen Herrscherhaus (Septimius Severus 193–211, Caracalla 211–217, Elagabalus 218–222, Severus Alexander 222–235), ist Rom immer noch Mittelpunkt der politischen und wirtschaftlichen Macht. Die herrschende Schicht hatte sich jedoch grundlegend gewandelt. Die Macht lag nicht mehr bei den Vertretern der alten Patrizierfamilien; der Adel war zu einer bürokratischen und merkantilen Klasse geworden. Mit den auf Zentralisierung und Stärkung der Staatsgewalt hinzielenden Reformen des Septimius Severus gewann die staatliche Bürokratie, die sich oft aus den Provinzen ergänzte, Bedeutung. Sie war es, die von nun an das Imperium in Wahrheit regierte. Die Gewährung des römischen Bürgerrechts an alle frei Geborenen (*Constitutio Antoniniana* von 212), von der nur die *dediticii* (vorwiegend unterworfene Barbarenstämme) ausgenommen waren, nahm Italien zwar einige Privilegien, verstärkte aber auch den Zuzug erfolgshungriger Menschen nach Rom und förderte den kommerziellen Austausch. Begünstigt durch die verwandtschaftliche Bindung der Severer an Syrien, setzte vor allem aus den orientalischen Provinzen ein starker Zustrom nach Rom ein. Die herrschende römische Klasse, die am Ende der republikanischen und zu Beginn der Kaiserzeit versucht hatte, sich die Kultur der führenden hellenistischen Schicht zu eigen zu machen, hatte davon in Wirklichkeit nur die äußeren Formen angenommen. Daher war sie jetzt um so empfänglicher für ideologische Einflüsse philosophisch-religiöser Art, die aus den geistigen Zentren des hellenistischen Ostens kamen. Sich diesen Ideen gefühlsmäßig zu überlassen war leichter als ihnen rational zu widerstehen. Das Hineingleiten ins Irrationale, das unter den antoninischen Kaisern, in gewisser Hinsicht schon unter Hadrian, begonnen und unter Commodus zugenommen hatte, wird jetzt stärker und umfassender und läßt schließlich jede rationale Auslegung der Wirklichkeit verstummen, womit auch alles experimentelle Suchen aufhört. In konsequenter Weise entfernt sich auch die Kunst von der objektiven Wiedergabe der Wirklichkeit. Der naturalistische Rationalismus, der die Grundlage für das reiche künstlerische Schaffen des Hellenismus gebildet hatte, besitzt zwar noch die von der Tradition verliehene Kraft klassischer Formenprägung. Aber während sich eine nur andeutende, symbolische Darstellung der Wirklichkeit durchzusetzen beginnt, zeigt sich das Nachlassen der Tradition selbst in jenen Denkmälern, die – wie es in offiziellen Werken bis zu Trajan üblich gewesen war – gerade realistischen, historisch-erzählenden Charakter hätten haben sollen. Der symbolische Charakter der Darstellungen auf Ehrenmalen, den wir zunächst nur bei Werken einer plebejischen Strömung der römischen Kunst feststellen konnten, durchdringt jetzt auch die offizielle Kunst, und sei es nur in Form einer neuen, komplexeren Ideologie. Es gibt kein bewußtes künstlerisches Programm, wie es für die griechische Antike und später für die Renaissance literarisch zu belegen ist. So können verschiedene Kunstströmungen nebeneinander herlaufen, denen nur das große technische Können der Marmorbildhauer gemeinsam ist. Die wenigen literarischen Quellen, die von Kunst sprechen, bleiben an die alten Schemata gebunden. Auch die Lehren Plotins haben, wie schon in der Einleitung ausführlich dargelegt wurde, keinen direkten Einfluß auf die Kunst ausgeübt.

Die Skulptur dieser Zeit ist in Rom vor allem durch eine riesige Anzahl von Marmorsarkophagen vertreten. Sie zeigen eine reiche Auswahl an Kompositionsschemata, die sich in den Werkstätten lange Zeit hindurch weitervererbten. Diese Weitergabe fand statt, ohne daß sich der Künstler aufs neue an der Wirklichkeit orientierte, worauf jede originale Schöpfung beruht. Die Arbeit war also bloße Manier, der Ausführende verlor sich in formelhafter Wiederholung. Nur die Manier suggerierte neue Lösungen, die rein formalistischen Charakter hatten. Daraus erklärt es sich, daß in den römischen Werkstätten häufig Effekte wiederholt werden, die der Verstärkung des Ausdrucks dienen, während sie später fast spurlos wieder verschwinden.

Die Begegnung mit der Wirklichkeit erfolgt jedoch immer beim Porträt. Obgleich auch hier traditionelle Elemente eindringen und sich im Laufe des 4. Jahrhunderts ein gewisser Schematismus ausbreitet, so gehört doch das Porträt des 3. Jahrhunderts dank seiner Großartigkeit und Neuheit zu den hervorragendsten Kunstschöpfungen. Im nächsten Kapitel werden wir sehen, daß die – naturgemäß stets dialektische – Begegnung mit der Wirklichkeit häufiger und spontaner in der Kunst der europäischen Provinzen stattfand, da diese in direkterem Kontakt zu dem Leben und den Wünschen der Auftraggeber stand, die selten von hohen kulturellen Voraussetzungen ausgingen. Daher weist die Kunst der Provinzen in formaler Hinsicht häufig Lösungen auf, die in Rom erst später auftreten. Man hat darin irrigerweise einen Einfluß der Provinzialkunst auf die stadtrömische Kunst sehen wollen. Aber es handelt sich nicht um Einflüsse, sondern um die gleichen kulturellen und sozialen Bedingungen, die sich nur jeweils zu verschiedener Zeit ergeben.

In diesen Jahrzehnten ist Rom immer noch der Schmelztiegel, in dem die verschiedenen Erfahrungen aufeinandertreffen; und immer noch strömen aus den hellenistischen Zentren Künstler herbei, werden Werke exportiert. Unter den nicht in römischen Werkstätten gearbeiteten Sarkophagen überwiegen die aus Attika und Kleinasien importierten Stücke. Typologisch sind sie leicht voneinander zu unterscheiden: attische Stücke haben die Form eines Betts (*kline*) mit der Nachahmung gemusterter Stoffe (Sarkophag von San Lorenzo) und mit den auf dem Deckel ausgestreckten Figuren der Verstorbenen; kleinasiatische Sarkophage weisen Ädikulen und Säulen auf. Entsprechend dem kleinasiatischen Typus des Grabmonuments, bei dem der Sarkophag in der Mitte der Grabkammer stand, sind diese Stücke auf allen vier Seiten geschmückt. Dagegen blieben in Sarkophagen römischer Herkunft, die nach italischem Brauch an den Wänden der Grabkammern aufgestellt wurden, die Rückseiten ohne Dekor. Eine Ausnahme bilden die ovalen Sarkophage, die im allgemeinen rundum geschmückt waren, auch wenn sie in Rom entstanden. Nach Rom gelangten Sarkophage aus pentelischem Marmor aus Athen, solche aus den zahlreichen Marmorbrüchen Kleinasiens und in geringerer Zahl Stücke aus Marmor von Prokonnesos (Insel im Marmarameer) mit einem Deckel in Dachform, deren Wände durch Girlanden, die von Eroten oder Victorien gehalten werden, geschmückt sind. Kürzlich hat der Fund eines Schiffs, das mit vierundzwanzig Sarkophagen in der ersten Hälfte des 3. Jahrhunderts vor Tarent untergegangen ist, erwiesen, daß die Sarkophage manchmal unfertig nach Rom geschickt wurden. In vielen Fällen also mußte die eigentliche Ausführung in Rom geschehen. Dort muß man deshalb auch die Anwesenheit originaler, aus den verschiedenen Herkunftsländern der Sarkophage stammender Werkstätten annehmen, zumal wir Besonderheiten nicht nur in ikonographischer Hinsicht, sondern auch in Stil und Arbeitsweise feststellen können. Dies konnte nicht ohne Rückwirkung auf die römischen Werkstätten bleiben.

Aufschlußreich für den Ideengehalt der Sarkophagplastik ist der 1955 aufgefundene große Sarkophag von Velletri (Abb. 43), ein zweifellos in Rom gearbeitetes, in der Ausführung etwas derbes Stück, dessen überreiche, vielschichtige Ikonographie von einem sicher aus den östlichen Provinzen stammenden Musterbuch angeregt wurde. Er gehört noch in die Mitte des 2. Jahrhunderts, wird aber hier herangezogen, weil sein überladenes Programm, wie B. Andreae gezeigt hat, vollständig das eschatologische Gedankengut darbietet, auf dem die symbolischen Darstellungen der römischen Sarkophage des 3. Jahrhunderts basieren. Im Mittelpunkt dieser Symbolik steht der Gedanke, daß das Wesen des Menschen unsterblich sei und daß er nach seinem körperlichen Tod in ein Jenseits gelange, mit dem eine Verbindung möglich sei durch die Liebe (Darstellungen von Eroten, Mythos des Protesilaos, der Proserpina und der Alkestis; der letztgenannte Kult ist noch um die Mitte des 4. Jahrhunderts in der christlichen Grabstätte an der Via Latina lebendig). Im Leben ist der Mensch wie ein Schauspieler, der eine Rolle spielt (Theaterrequisiten, Masken), und tapfer muß er die ihm vom Schicksal auferlegten Prüfungen bestehen (wie Hercules, der schließlich in den Kreis der Götter aufgenommen wird). Er darf sich nicht wie die Giganten gegen die Götter auflehnen, sondern muß ihnen Verehrung entgegenbringen (Opferszenen) und sich als geduldiger Mensch erweisen (wie der Hirte). Tritonen und Nereiden oder Adler begleiten die Verstorbenen zu den Inseln der Seligen. Im Sarkophag von Velletri sind all diese Gedanken vereint und durch Symbole oder Allegorien ausgedrückt. In anderen Sarkophagen dagegen genügt eine einzige symbolische Szene, um jene Glaubensvorstellungen von einem Jenseits zu verkörpern, die das verbreitete religiöse Sehnen und die seelische Angst der Menschen dieser Zeit bezeugen. Dieses Sehnen, das auf der Überlieferung des Hermetismus und seiner mystischen und gnostischen Lehren aufbaut und von philosophischen hellenistischen Texten – wie dem pseudoplatonischen Dialog ‹Axiochos› – genährt wurde, verstärkte sich noch durch die im 3. Jahrhundert sich ausbreitenden Mysterienreligionen. Aber auch noch andere Gedanken waren neben der Idee der Unsterblichkeit von Bedeutung.

Besonders aufschlußreich in dieser Hinsicht sind die Sarkophage mit Prometheus (vgl. Helbig, Nr. 1257). In ihnen ist, wie A. J. Festugière gezeigt hat, neben der Verheißung himmlischer Unsterblichkeit auch das Positive eines gut geführten irdischen Lebens zum Ausdruck gebracht, in einer Welt, die ihren Wert in sich selbst hat, die ewig ist im Wechsel der Jahreszeiten und aus der der Mensch, wenn er sein Werk vollendet hat, durch die Parzen abgerufen wird. Doch an seiner Stelle wachsen immer wieder neue Menschen und neues Leben hervor: Prometheus hört nicht auf, Menschen zu formen; die Jahreszeiten lassen nicht ab, Früchte hervorzubringen. Ochs und Esel verkörpern die brachliegende Erde, die auf neuen Samen wartet, während Merkur die Seele sicher geleitet (Sarkophagfragment mit erklärenden Inschriften im Vatican). Eine nachhaltigere Wirkung als die vielen kleinen Sekten hatte bei den gebildeten Heiden die Lehre von der Verehrung des Merkur-Hermes (Hermetismus), in die platonische und pythagoreische Elemente eingegangen waren.

Mit den Sarkophagen des 3. Jahrhunderts ist die Reliefkunst in eine Welt eingetreten, in der, im Gegensatz zum Hellenismus, der geistig-symbolische Gehalt wichtiger wurde als die Form. Durch diese Eigenschaft gerade sollte sich später das Mittelalter grundlegend von der klassischen Antike unterscheiden.

Im gleichen Maße, wie philosophisch-religiöse Ideologien vordringen, die alle – ob mit oder ohne Einweihung in die ‹unverhüllte Wahrheit› – ein neues Leben nach dem Tode verheißen, werden in der ersten Hälfte des 3. Jahrhunderts Sarkophage mit Darstellungen aus dem Mythenzyklus des Dionysos-Bacchus häufig, des Gottes, der stirbt und aufersteht. Sarkophage in Wannenform, deren Wände mit S-förmig geschwungenen parallelen Kanneluren besetzt sind (‹Riefel›- oder ‹strigilierte Sarkophage›) und die an der Vorderseite zwei Löwenköpfe tragen, gehören in diesen Themenkreis; denn sie zeigen die Form der Wanne, in der man Trauben stampft und Most reifen läßt und aus der dann durch die mit Löwenköpfen verzierten Öffnungen, geklärt und belebend, der dem Dionysos heilige Wein ausfließt: eine klare Anspielung darauf, daß der Mensch zu einem neuen, besseren und reineren Leben nach dem Tode und der Auflösung bestimmt sei.

Schon Marc Aurel hatte sich auf einem Medaillon von 149, als er noch Cäsar war, mit Faustina auf einem von Kentauren gezogenen Wagen als ein neuer Dionysos mit Ariadne wiedergeben lassen, um dadurch die Hoffnung auf ewige Glückseligkeit zum Ausdruck zu bringen. Im 3. Jahrhundert jedoch tritt der symbolisch-religiöse Gehalt des Mythos in den Vordergrund. Aus severischer Zeit gibt es großartige Exemplare ovaler Sarkophage, auf denen der Triumph des Gottes Dionysos oder die Erweckung der Ariadne dargestellt sind, die von dem Gott wie eine dem Tode entrissene Seele aufgenommen wird. Die Tatsache, daß die Gestalt der Ariadne zuweilen die Züge der Verstorbenen trägt, deutet vielleicht auf eine, wenn auch nicht allgemeine, so doch persönliche Hoffnung auf Erlösung hin. Manchmal wird der auf der Sarkophagwand wiedergegebene Triumph des Bacchus oder sein Thiasos durch die Darstellung der Geburt und Kindheit des Gottes auf dem Sarkophagdeckel ergänzt. Eine Gruppe von künstlerisch hervorragenden Sarkophagen mit Dionysosdarstellungen wurde in zwei Grabkammern der Familie der Calpurnii Pisones bei der Porta Pia in Rom gefunden; sie sind zwischen 180 und 225 zu datieren (Baltimore, Walters Art Gallery; zwei Stücke von geringerer Qualität in Rom, Museo Nazionale, vgl. Helbig Nr. 2118, 2127, 2140, 2142). Ihnen steht die Vorderseite eines Sarkophags nahe, die in die Fassade der Villa Medici in Rom eingelassen ist; ebenso ein aus dem Palazzo Taverna in Rom stammender Sarkophag, der in die Sammlung Uwarow gelangte und sich heute im Puschkinmuseum in Moskau befindet.

Alle diese Stücke verraten den Einfluß literarischen Geschmacks, der sie von der gewöhnlichen Produktion der römischen Zeit unterscheidet und ihre Nähe zu Quellen deutlich macht, die noch im Hellenismus wurzeln. Sie zeigen einen solchen Reichtum an Helldunkeleffekten und landschaftlichen Elementen, daß man sie als ‹barock› bezeichnet hat und annehmen möchte, ihre Darstellungen gingen auf Malereien zurück.

Diese Herleitung wird durch einen Stoff aus Antinoë (Paris, Louvre) bestätigt, einen Wandbehang mit Figurenschmuck, der mit Hilfe von Schablonen aufgemalt ist. Dieser Stoff zeigt eine den Sarkophagen entsprechende Aufteilung: auf einem schmalen Streifen oben (übereinstimmend mit den Sarkophagszenen am Rand des Deckels) ist die Geburt des Dionysos geschildert. Darunter folgt ein Dekorstreifen aus Weinranken, die von Vögeln belebt sind, und unter diesem eine große Komposition mit bacchischen Tänzen im Beisein des gebieterischen Dionysos. Den Figuren sind griechische Namen beigegeben. Als Datierung ist im Hinblick auf die Beziehung zu den Sarkophagen das Ende des 3. Jahrhunderts vorgeschlagen worden (G. de Francovich). Trotzdem scheinen gute Gründe dafür zu sprechen, die Ausführung des ‹Velum von Antinoë› erst in der Mitte des 5. Jahrhunderts anzusetzen. Aber die ikonographische Vorlage muß älter sein. Die Tatsache, daß sie auch zu einer Zeit noch fortwirkte, als Sarkophage mit Dionysosdarstellungen schon längst nicht mehr hergestellt wurden, bestätigt, daß in der Malerei eine selbständige Ikonographie dieser Themen bestand.

In dieser Zeit überwiegen die Sarkophage mit dionysischen Darstellungen gegenüber jenen mit epischen und mythischen Stoffen, die im 2. Jahrhundert bevorzugt worden waren. Auch besondere Themen mit klar durchschaubarem Symbolgehalt treten in den ersten Jahrzehnten des 3. Jahrhunderts noch häufig auf. Die Mythen von Medea, Phaeton, Meleager, Hippolyt und Phaidra, Diana und Endymion werden nach festen Schemata wiederholt, die – manchmal meisterhafte – Abwandlungen zum Dramatischen hin erfahren. Vor allem an Sarkophagen dieser Periode sollten sich die Künstler der italienischen Renaissance inspirieren, wenn sie in jenen ‹antiken› Skulpturen eine durch die Kunst bedeutender und wahrer als die Natur selbst gewordene Realität sahen, sogar bei neutestamentlichen Szenen (Geburt Jesu, Kreuzabnahme). Das auffallendste Beispiel für eine solche ikonographische Entlehnung ist das gegen Ende der achtziger Jahre des 15. Jahrhunderts entstandene Grabmal des Florentiner Kaufmanns Francesco Sassetti von Giuliano da Sangallo (Florenz, Santa Trinità), dem ein antiker Sarkophag mit dem Tod des Meleager zugrunde liegt.

Es gibt auch eine Reihe von Sarkophagen, deren Darstellungen sich direkt auf den Verstorbenen beziehen: einige sind symbolisch gemeint, andere enthalten Szenen aus dem Leben, die auf einen breiten Abnehmerkreis passen, wie Eheschließung, Soldatenleben, Opferszenen, Vaterland, Religion und Familie, die Stützen jeder etablierten Gesellschaft.

Man muß sich klarmachen, daß nur in wenigen Fällen der Sarkophag im Auftrag ausgeführt wurde und sein Figurenschmuck den persönlichen Verhältnissen des Verstorbenen genau entsprach. Im allgemeinen handelt es sich um Serienstücke, bei denen man die Köpfe der Hauptfiguren zunächst unbehauen ließ, damit man ihnen später die Züge der Verstorbenen geben konnte. In zahlreichen Fällen fand diese Vervollständigung gar nicht statt. Wo das Bildnis ausgeführt wurde, kann man klar einen Unterschied in der Bearbeitung erkennen.

Diese Sarkophage mit dem ‹Lebenslauf des Verstorbenen› schließen an die Tradition des römischen Ehrenreliefs an. Von hellenistisch-orientalischen Vorstellungen leiten sich dagegen die Sarkophage her, auf denen der Verstorbene, als Symbol seiner körperlichen und geistigen Kraft (*virtus*), auf der Löwenjagd wiedergegeben ist; ebenso die nach der Mitte des 3. Jahrhunderts häufiger werdenden Stücke, auf denen der Tote als Philosoph unter Philosophen und Musen erscheint. Daß eine solche Darstellung rein symbolisch war, beweist eines der besten und spätesten Beispiele dieser Reihe, der Sarkophag des blutjungen Offiziers Peregrinus (Rom, Museo Torlonia, Abb. 44), der gewiß kein Philosoph war. Die oberen Klassen bevorzugen jetzt vor jeder anderen Symbolik die Darstellung des Toten als eines geistigen Menschen (*homo spiritualis, aner pneumatikos*), eines Philosophen im Sinne Plotins, beim Lesen oder Lehren unter Philosophen, «denen die Pforte des Himmels offensteht», wie eine heidnische Inschrift besagt (von Fabia Aconia Paulina für ihren Gatten Vettius Agorius Praetextatus, C.I.L. VI, 1779). Die Philosophen des Peregrinussarkophags sind nicht mehr durch individuelle Merkmale als Vertreter der verschiedenen Schulen charakterisiert, sondern entsprechen schon dem Typus, der später für die Figuren der christlichen Apostel verwendet wurde. Gerade in der Gruppe der Philosophensarkophage finden wir im letzten Drittel des 3. Jahrhunderts die ersten, noch versteckt christlichen Darstellungen des Lehrers, der die ‹wahre Philosophie› lehrt, das neue Gute, das Evangelium. Die ‹Kathedra› Petri, die später als Thron, das heißt als Herrschaftssymbol, verstanden wurde, war ursprünglich als Lehrstuhl gedacht. Das Bild des Philosophen wurde von der kryptochristlichen Kunst übernommen, aber in eine weniger raffinierte plastische Form übersetzt, die der Plebejerkunst nahekam, wenn nicht überhaupt mit ihr identisch war. Diese im ersten Buch charakterisierte Plebejerkunst hatte sich in jener Zeit die Betonung des Ausdrucks in den Gesichtern zu eigen gemacht und zugleich die stets von ihr angestrebte, anspielende und symbolische Erzählweise von Tatsachen gepflegt (‹Bergpredigt›, Rom, Museo Nazionale, Abb. 45). Mit dem christlichen Inhalt verstärkt sich dieser symbolische Charakter: die geschilderten Ereignisse sind in jedem Fall ‹Beispiele›, ob nun aus dem Alten oder dem Neuen Testament. Die ersten christlichen Sarkophage in Rom fügen sich völlig in die Strömung der plebejischen Kunstrichtung ein (die selbstverständlich als künstlerische, nicht als soziale Kategorie gemeint ist).

Der Marmorsarkophag war immer eine kostspielige Form der Bestattung. Trotzdem ist von der Mitte des 3. Jahrhunderts an die Tendenz zu beobachten, ihn noch prächtiger und damit teurer zu gestalten. Durch Großartigkeit und Reichtum des Reliefs ragt der berühmte Schlachtensarkophag aus der Sammlung Ludovisi hervor (Rom, Museo Nazionale), der nach langer Unsicherheit jetzt offenbar eine sichere Datierung gefunden hat. Die berittene Hauptfigur zeigt eine kreuzförmige Narbe auf der Stirn, das Zeichen der in die Mysterien des Mithraskults Eingeweihten; dieselbe Persönlichkeit hat man in einer Büste des Capitolinischen Museums erkannt, die als der junge Sohn des Kaisers Trebonianus Gallus identifiziert wurde, der 251 gefallen ist: ein überzeugender Vorschlag (H. von Heintze). Das Hintereinander im Raum wird hier zum Übereinander, eine Kompositionsweise, die sich in Werken der Malerei wiederfindet, die von Vorbildern des mittleren 3. Jahrhunderts ausgehen (Miniatur Nr. XXXVIII der ‹Ilias Ambrosiana›). Der Sarkophag Ludovisi (Helbig, Nr. 2354), das letzte große Denkmal des sogenannten ‹Barock›, ist in der Technik des polierten Marmors von äußerster Feinheit und in seinen erregten Formen brillant, aber im Grunde manieriert und ohne Wärme, durch die Politur wohl kostbar, aber auch kalt geworden.

Eben wegen dieser manierierten Kälte, die stets unter der raffinierten Technik der gallienischen Zeit durchschimmert, kann man in diese Epoche nicht, wie vorgeschlagen, ein Sarkophagfragment datieren, das in Acilia, zwischen Rom und Ostia, gefunden wurde. Der großartige Rhythmus der Komposition und die Ausdruckswärme in den Köpfen, selbst dort, wo sie eine gewisse Manier verraten, unterscheiden es deutlich vom Sarkophag Ludovisi. Hier haben wir, wie mir scheint, eines der wenigen Beispiele für einen Sarkophag vor uns, der in besonderem Auftrag ausgeführt wurde. Er gehört zum Typus der Wannensarkophage, auf denen ein Gefolge von Musen und Philosophen ein Brautpaar geleitet. Das herkömmliche Schema ist jedoch durch eine ungewöhnliche Figur erweitert, die nur als Genius des Senats angesehen werden kann. Ihre ausgestreckte Hand scheint etwas auszudrücken. Die Geste ist als Designation des jungen Mannes gedeutet worden, der zwischen den Philosophen steht, dessen Kopf aber bestimmt ein gesondert gearbeitetes Porträt ist. Diese Designation könnte – und die Ikonographie sprach nicht dagegen – nur auf Gordianus III. Pius passen, den Knaben, den der Senat Anfang Juli 238 eilig als Kaiser ausrief, ehe er ihm durch den Volksaufstand aufgezwungen werden konnte, dessen Opfer die beiden drei Monate vorher zu Kaisern ernannten Senatoren Pupienus und Balbinus waren. Aber kürzlich ist die Vermutung ausgesprochen worden (B. Andreae, ‹Festschrift U. Jantzen›, 1969), hier sei das Gefolge dargestellt, das den neugewählten Konsul, wenn er sein Amt antritt, begleitet (*processus consularis*). Wenn diese Deutung auch nicht alle Schwierigkeiten auflöst, scheint sie doch annehmbar. Die Datierung des Fragments um die Mitte des 3. Jahrhunderts müßte dann nochmals überprüft werden.

Ein anderer im Auftrag ausgeführter Sarkophag zeigt die ausdrucksvollen Bildnisse eines Ehepaars zwischen Symbolen, die auf die Verwaltung der *annona* anspielen, die für Einfuhr und Verteilung von Getreide und anderen Lebensmitteln an das Volk zuständig war. Das Korn kam zum größten Teil aus Afrika und wurde in Ostia ausgeladen. Dieser Sarkophag ist in die letzten Jahrzehnte des 3. Jahrhunderts zu datieren. Die Porträts der beiden Gatten geben ein gutes Beispiel für den Ausdruck der Lebensangst, über den in der Einleitung gesprochen wurde.

Beim Studium der Sarkophage könnte man zu der Auffassung gelangen, kennzeichnend für die römische Marmorplastik der zweiten Hälfte des 3. Jahrhunderts sei allein die ‹expressionistische› Richtung gewesen. Aber daneben ist auch eine Tradition lebendig, die sich an klassizistischen neuattischen Vorbildern orientiert. Diese dienten besonders nach 250, der Epoche des Gallienus, als Ausgangspunkt für die glatten, strengen Figuren geflügelter Genien, die die Jahreszeiten verkörpern und damit Symbol der Zeit sind, die vorübergeht, wechselt und doch ewig bleibt. Diese Wächter der Ewigkeit, in die der Tote gerade eingeht, sind, ebenso wie die Victorien, typologisch die unmittelbaren Vorläufer der christlichen Engel, ein ikonographisches Element also, das ebenso wie die in Apostel verwandelten Philosophen aus der antiken in die byzantinische Kunst übergehen sollte. Auch die Darstellungen auf offiziellen Monumenten erfuhren in dieser Zeit irreversible Veränderungen, wenn auch in ihnen verschiedene Kunstströmungen, jede mit eigener Tradition, zusammenliefen. Das wird deutlich an dem Bogen, den der Senat zu Ehren von Septimius Severus und Caracalla auf dem Forum Romanum errichtet. Der Widmungsinschrift ist zu entnehmen, daß die Weihe zwischen dem 10. Dezember 202 und dem 9. Dezember 203 erfolgte. Septimius Severus kehrte am 13. April 202 als Sieger aus dem Krieg gegen die Parther zurück (zwei Feldzüge: 195/196 und 197/198), jene seit Jahrhunderten hartnäckigsten Feinde der Römer, die die mesopotamische Grenze unsicher machten und den Handel mit dem Osten störten. Severus, der 198 seinen Sohn Caracalla zum Mitregenten ernannt hatte, beging den Triumph nicht persönlich; er litt an der Gicht und hätte nicht während einer so langen Zeremonie stehen können (‹Vita› XVI, 6). Wahrscheinlich beschloß der Senat die Errichtung des Bogens nach dem zweiten Sieg über die Parther, und bei der Rückkehr des Kaisers war das Monument völlig oder beinahe fertiggestellt, so daß für die Ausführung vier bis fünf Jahre anzunehmen sind. Es war der aufwendigste Bogen, der bis dahin in Rom errichtet worden war. Eine Münze zeigt, daß er von Bronzefiguren bekrönt war: ein Sechsergespann in der Mitte der Attika war an den Seiten von je einem Reiter und einem Fußsoldaten umgeben. Die Architektur wirkt besonders reich, weil die Säulen, die prunkvolle Kompositkapitelle tragen, nicht als Halbsäulen eingelassen sind, sondern vollplastisch vor der Wand stehen und dadurch einen tiefen Schatten erzeugen, wie es auch dem gleichzeitigen Stil der Skulptur entspricht (das gleiche Motiv findet sich auch an den Ehrenbogen für Caracalla in Afrika, in Djemila und Tebessa, und an anderen Bauten jener Provinzen). Die Victorien in den Zwickeln der Hauptarkade und die kleinen Genien der Jahreszeiten darunter folgen der üblichen Thematik. Individueller, wenn auch nach festen Vorbildern, und noch reich an hellenistischer Bewegtheit sind die großen Figuren der Flußgötter in den Zwickeln der Seitenbogen. In dem kleinen Fries über den seitlichen Bogen setzt sich die Tradition des erzählenden Reliefs fort, das immer seinen Platz an dieser Stelle der Ehrenbogen hat (vgl. Titus- und Trajansbogen) und gewöhnlich den Stil der Ehrenreliefs der Plebejerkunst übernimmt. Hier ist der Triumphzug dargestellt, in dem man Wagen mit Kriegsbeute sieht, eine große Sitzfigur, die eine unterworfene Provinz verkörpert, Soldaten und Gefangene. Der Zug endet vor einer Personifikation Roms in großem Format, die thronend die Kapitulation der Barbaren entgegennimmt und als Symbol universaler Macht den Globus in der Hand hält.

Dieser Fries zeigt schon völlig spätantike Formen. Die untersetzten Körper und die durch wenige tiefe Furchen gegliederten Gewänder sind nur durch die nötigsten Umrisse bezeichnet und als große Massen gegeben. Sie schließen sich zu rein erzählerischen, deutlich voneinander getrennten Reihen zusammen. Es ist ein klarer Beweis für die entscheidende Rolle, die die plebejische Kunstströmung bei der Entstehung des spätantiken Stils in Rom gespielt hat. Dieser Fries steht einigen Sarkophagdeckeln nahe, auf denen Gastmähler oder öffentliche beziehungsweise religiöse Umzüge dargestellt sind, die mit der Persönlichkeit des Verstorbenen in Verbindung stehen: eine direkte Fortsetzung der in der Plebejerkunst üblichen Thematik. Diese Kunstströmung schafft sich ja ihre eigene Ikonographie und Formensprache ohne direkte Anlehnung an hellenistische Vorbilder, von denen sie nur gelegentlich einige Details übernimmt.

Der schlechte Erhaltungszustand erlaubt es nicht, die ausführenden Meister der vier Abschnitte des kleinen Frieses am Severusbogen genau zu unterscheiden; jeder Teil scheint von einer anderen Hand zu stammen. Offensichtlich hingegen ist die enge stilistische Beziehung zwischen dem südwestlichen Abschnitt dieses Frieses und den großen Reliefs, die die Hauptfläche über den Seitenarkaden einnehmen. Diese Felder sind etwas Neues im dekorativen Aufbau der Ehrenbogen, weil sie an die Stelle architektonischer Pilastergliederungen, bei denen zwischen horizontalen Rahmen und vertikalen Säulen oder Lisenen Reliefs eingelassen waren, eine einzige Komposition setzen. Diese vier Reliefs erzählen, anstatt zu repräsentieren. Sie schildern eine Reihe von Episoden aus den Feldzügen, deren historische Deutung Gegenstand von Diskussionen ist, die wir hier beiseite lassen. Die drei Belagerungsszenen mit Kriegsmaschinen und der Andeutung eines für die iranische Architektur typischen Kuppelbaus geben wahrscheinlich die Eroberung der parthischen Hauptstädte, Seleukia, Babylon und Ktesiphon, wieder. Wichtig für uns ist die gewählte Erzähl- und Ausdrucksweise. Betrachtet man den gesamten Bogen, hat man den Eindruck, daß diese großen, mit kleinen Figuren angefüllten Felder kein struktureller Teil des Bauwerks sind: sie wirken wie Bildteppiche, die von einem Balkon herabhängen. Man hat unmittelbar das Gefühl, sie seien nicht als Skulpturen entworfen, die in eine Architektur eingefügt werden sollen, sondern als Malereien. Die architektonische Wirkung des Monuments ist dadurch geschmälert. In diesem Zusammenhang ist eine Nachricht des aus Syrien stammenden Historikers Herodianus, der unter Commodus und den Severern Hofbeamter war, von Bedeutung. Er erzählt nämlich, daß der Kaiser, nachdem er seinen letzten parthischen Feldzug mit der Einnahme von Ktesiphon beendet hatte, die Siegesnachricht zusammen mit großen illustrativen Malereien nach Rom gesandt habe, die der Senat öffentlich ausstellen ließ (Herodianus III, 9, 12). Die Hypothese (G. Rodenwaldt CAH XII, 546), daß die Reliefs des Bogens in Verbindung zu diesen Malereien zu bringen seien, ist völlig überzeugend. Aber noch ein anderes Element muß diese Neuerung in der Komposition des Bogens angeregt haben: wir glauben es in dem Einfluß erkennen zu können, der von den Säulen Trajans und Marc Aurels ausging. Stellt man sich die Reliefs der Säulen als gerade Streifen in einer Ebene vor, so würden sie in ihrer Wirkung den großen Feldern des Severusbogens sehr nahekommen. Ähnlich sind auch die in der Komposition angewandten Hilfsmittel, mit denen die Szenen voneinander getrennt, das Gelände, Flüsse und Städte charakterisiert werden; ähnlich ist die Art, wie die kleinen, untersetzten Figuren zu dichten Gruppen zusammengefaßt oder, die gleiche Bewegung wiederholend, in langen Reihen aneinandergefügt sind. Eine Verbindung zwischen diesen Reliefs und den Werkstätten der kaum zehn Jahre vor dem Severusbogen vollendeten Marc-Aurel-Säule ist nicht zu leugnen. Aber der Künstler, der die Reliefs entwarf, vertritt einen weniger plastischen als vielmehr zeichnerischen Stil; eine abwechslungsreiche Figurengestaltung interessiert ihn wenig: die Köpfe gleichen sich alle. Nur einige Randfiguren der Ereignisse ragen aus der Monotonie heraus. Sie dürften also aus einer Werkstatt lokal-römischer Herkunft stammen, deren Leiter mehr daran gewöhnt war, Episoden zu erzählen, die sich zu einem Komplex von Ereignissen zusammenschließen, als sich um allgemeine Formrhythmen zu bemühen und plastischen Reichtum anzustreben. Wenn wir in den Reliefs mit Taten Marc Aurels – die in den Constantinsbogen eingefügt wurden – eine Wende in der offiziellen römischen Plastik hellenistischer Tradition feststellen konnten (vgl. ‹Rom – Das Zentrum der Macht›), so ist jetzt diese Tradition im historischen Relief bewußt aufgegeben worden. Die Zusammenfassung der Figuren eines Ereignisses zu dichten, beinahe geometrischen Gruppen, die wir hier sehen, nimmt voraus, was sich dann zu einer konstanten Formel in der byzantinischen Malerei entwickeln sollte. In Rom ist es in den Mosaiken mit Episoden um Josua in Santa Maria Maggiore (erste Hälfte des 5. Jahrhunderts) bereits zur Regel geworden.

Ein anderes mit Skulpturen geschmücktes Monument, das Septimius Severus und Caracalla gewidmet ist, deckt weitere Züge der Kunst dieser Zeit auf. Es ist kein Ehrenbogen, sondern ein Tor, das nahe dem Forum Boarium steht und von Viehhändlern (*negotiantes boarii*) und *argentarii* gestiftet wurde (damit sind wahrscheinlich nicht die Silberschmiede gemeint, sondern die Wechsler). Die Widmung führt die Ämter auf, die beide Kaiser zwischen Dezember 203 und Dezember 204 ausübten. Das Tor ist also ein Jahr nach dem Triumphbogen geweiht worden. Das Atelier, das die Skulpturen am Triumphbogen ausführte, hat hier aber nicht gearbeitet, jedenfalls nicht am erhaltenen Teil (ein knappes Viertel ist zerstört). Die interessanteste Darstellung des Tors zeigt Septimius Severus und Julia Domna beim Opfer an einem Dreifuß. Eine dritte Figur sollte rechts die Szene vervollständigen, wurde später aber entfernt, und bei dieser Gelegenheit wurde der linke Arm der weiblichen Figur stümperhaft ersetzt. Die Hypothese über diese Ausmerzung, die auch in dem entsprechenden Feld mit dem opfernden Caracalla stattfand, interessiert hier nicht. Wichtig ist jedoch, auf die absolute Frontalität hinzuweisen, die bei der Handlung des Septimius Severus gezwungen wirkt, also bewußt gewählt ist. Julia Domna hebt den rechten Vorderarm, der trotz der schlechten Erhaltung sicher zu rekonstruieren ist, mit der Handfläche nach vorn: ein ritualer Gebetsgestus der semitischen Völker, den wir in der punischen Kunst wiederfinden, ebenso in gleichzeitigen Statuen aus Hatra in Mesopotamien und Palmyra in Syrien, wo Julia Domna (in Emesa) geboren war. Der klare Helldunkelrhythmus des Reliefs entspricht der kräftigen Plastizität der Gesimse und der vegetabilischen Ornamente in den Pilastern, die das Figurenfeld rahmen. Über diesem erscheinen in flacherem Relief zwei Victorien, die eine schwere Girlande tragen; unten ist die Opferung eines Stiers dargestellt. Die zwei Nebenreliefs fügen sich völlig in das Repertoire der offiziellen Monumente ein, und auch das Relief mit dem opfernden Kaiserpaar entspräche der Tradition, wäre nicht die betonte strenge Frontalität der weiblichen Figur. Diese Form der Frontalität weicht ab von derjenigen, die wir schon in früherer Zeit bei den Reliefs der Plebejerkunst angetroffen haben. Sie diente der Hervorhebung der Hauptfiguren, wie wir dies in unserem Zeitraum noch in der Stele eines *Centurio* der Praetorianer finden, der ebenfalls opfernd dargestellt ist. In dem Kaiserpaar des Argentariertors hingegen werden in ritualer Komposition Figuren ‹präsentiert›, die einer höheren, beinahe göttlichen Sphäre angehören (man hat hier sogar eine Darstellung des Septimius Severus als Serapis erkennen wollen). Wir nehmen an, daß sich in dieser Komposition bereits die sakrale Auffassung von kaiserlichen Personen auswirkt, die orientalisch, vor allem iranisch-parthisch ist und von der in Rom traditionellen Vergöttlichung des Kaisers nach dem Tode abweicht. Wir glauben also einen orientalischen Einfluß nachweisen zu können, zwar nicht in der plastischen Form, im Stil, aber in der Ikonographie, in der sich die besondere, den orientalischen Herrschern eigene Ideologie ausspricht. Ikonographie und Stil sind ja verschiedene Bereiche, die getrennt zu würdigen sind.

Diese severischen Denkmäler führen unseres Erachtens zwei Elemente in Rom ein, die wir, zu viel radikaleren und vom stilistischen Gesichtspunkt revolutionäreren Konsequenzen getragen, beide im Constantinsbogen wiederfinden: den formalen Einfluß der Plebejerkunst und die orientalischen Ideologien.

Am 28. Oktober 312 hatte Constantin am *Pons Milvius* über Maxentius gesiegt und damit den langen Kampf gegen den ‹Usurpator› beendet, der doch den letzten Augenblick der Größe für die Stadt Rom bedeutet hatte. Constantin war damit der ältere der beiden Kaiser, neben Licinius (den er dann ebenfalls, 324 in der Schlacht von *Chrysopolis* bei Skutari, ausschaltete). 315 kehrte Constantin nach Rom zurück und hielt sich dort von Juli bis September auf. Er betrachtete Rom schon nicht mehr als bewegende Mitte des Reiches. Er hatte als Hauptstadt zunächst Trier festgesetzt, verlegte sie dann nach *Sirmium* (Sremska Mitrovica an der Save) in Illyrien, später nach *Serdica* (Sofia) in Thrakien, und schließlich gründete er in Byzanz das neue Rom, Konstantinopel. Doch 315 feierte er das erste Jahrzehnt seiner Herrschaft in Rom. In diesem Jahr widmete ihm der Senat jenen Bogen, mit dessen Errichtung man bald nach der Schlacht am *Pons Milvius* begonnen haben muß. Tatsächlich ist der Feldzug gegen Maxentius, von Mailand über Verona bis Rom, in dem Fries dargestellt, der sich über den Seitenarkaden hinzieht; und auf den Sieg über Maxentius spielen die Inschriften an, die Constantin als «Befreier der Stadt» (im Durchgang des großen Bogens) und als «Rächer des Staates gegen den Tyrannen und seine Partei» (in der großen Widmungsinschrift) feiern. Die Deutung des Anfangs der großen Inschrift hat viele Diskussionen aufgeworfen. In ihr wird nämlich der Erfolg Constantins nicht nur seinem überragenden Geist (*mentis magnitudine*), sondern auch dem Rat der Gottheit (*instinctu di-*

vinitatis) zugeschrieben. Der Sieg an der Milvischen Brücke ist verbunden mit der Legende von der Erscheinung des Kreuzes Christi vor Constantin, der schon im vorhergehenden Jahr, zusammen mit Licinius und Galerius bei der Begegnung in Mailand, den Christen freie Religionsausübung gewährt hatte. Daher hat man in der Weihinschrift eine Anspielung auf die ‹Bekehrung› Constantins sehen wollen. Er hatte jedoch zuerst eine andere Bekehrung und ‹Vision› erlebt, die einzige, die in den Panegyriken zu seinen Lebzeiten erwähnt wird: die durch eine ‹Vision› in einem gallischen Heiligtum verursachte Bekehrung vom Jupiter-Hercules-Kult der Tetrarchen zum Kult des Apollo-Helios, der Sonne. «Dein Apollo», sagt ein Panegyrikus (VII, XXI, 4) von 310. Ein anderer Text aus dem Jahr 313 enthält eine Einfügung, die fast als Vorwegnahme der Widmungsinschrift des Bogens erscheint; dort ist die Wirkung des «göttlichen, das ist deines Rates» (IX, IV, 5) erwähnt: ein ausdrückliches Zeugnis also für die immer stärkere Identifizierung des Kaisers mit der Gottheit nach persischem Vorbild. In der Einleitung wurde schon erwähnt, wie dies in der Hofetikette zum Ausdruck kam. Die Inschrift ist wahrscheinlich bewußt doppeldeutig, indem sie sowohl die Protektion des kaiserlichen Schutzgotts Apollo-Helios anruft wie auch Verstand und Geist des Kaisers selbst meint. Gleichzeitig kann sie auf das Christentum bezogen werden, dessen Zeichen, das Monogramm Christi, Constantin auf einigen ebenfalls 315, und zwar in Pavia (*Ticinum*) geprägten Münzen auf dem Helm trägt. All dies führt zum erstenmal unmittelbar zum Verständnis der Reliefs, die den constantinischen Fries an der Nordseite zum Colosseum hin abschließen.

Der Fries nimmt am Constantinsbogen die gleiche Stelle ein wie auf dem Septimius-Severus-Bogen der Fries mit dem Triumphzug und die Friese mit Prozessionen am Trajansbogen in Benevent und am Titusbogen auf dem Forum Romanum. Alle diese Reliefs weichen stilistisch vom übrigen Figurenschmuck ihrer Bogen ab, indem sie, wie schon erwähnt, an die Plebejerkunst anknüpfen. Im Fries des Constantinsbogens kommt noch ein neues Element hinzu. Er beginnt auf der Westseite, die dem Forum zugewandt ist, mit dem Abmarsch des Heers aus Mailand und zieht sich nach rechts hin. Im Süden schließt sich die Belagerung einer Stadt an, die durch die Anspielung auf eine besondere, von den Historikern erwähnte Episode und wegen der Bedeutung, die dieser schwer errungene Sieg für den Verlauf des Feldzugs hatte, mit Verona identifiziert werden kann. Das Größenverhältnis von Figuren und Architektur ist nicht naturalistisch, sondern rein symbolisch, die Formensprache ist herb und ohne Eleganz. Auf die Belagerung Veronas folgt eine Schlacht an einem Fluß, die nur der Sieg am *Pons Milvius* sein kann. Hier wird nicht auf das Eingreifen einer überirdischen Macht angespielt. Aber das Schema dieser denkwürdigen Schlacht diente den Künstlern, die die ersten erzählenden Kompositionen der christlichen Kunst in Rom meißelten, als Vorbild für den Zug der Israeliten durch das Rote Meer mit den die Verfolger hinwegreißenden Wogen. Auf dem Relief der östlichen Schmalseite ist das Gefolge Constantins beim siegreichen Einzug in Rom wiedergegeben. Die zwei großen Kompositionen der Nordseite schließlich stellen die Rede des Kaisers (Abb. 46) und anschließend die Verteilung von Geschenken dar (*oratio* und *liberalitas*). In diesen beiden letzten Szenen wird nicht mehr erzählt, sondern repräsentiert. In den Details entsprechen sie wohl den übrigen Darstellungen, ihre Gesamtkomposition jedoch ist ungewöhnlich. Was bei Vorläufern dieses Stils, auch aus viel früherer Zeit, improvisiert, vom Einzelfall bedingt war, wird hier zum System, zur Regel, die sich – was noch wichtiger ist – von jeder hellenistischen Tradition abwendet und den Anfang einer neuen Tradition bildet, die in der europäischen Sakralkunst bis ins 14. Jahrhundert fortwirken sollte. Daraus geht klar hervor, daß es sich weder um ‹Dekadenz› noch um Unfähigkeit handeln kann – wie wiederholt auch von angesehenen Gelehrten behauptet wurde, denen offenbar der Blick für das Historische fehlte –, sondern um einen neuen Anfang, der ja immer Verirrung und Dekadenz zu sein scheint, wenn man ihn nur vom Standpunkt der Tradition aus betrachtet.

Wenn wir einen Ausschnitt aus der Szene der Geldspende (*liberalitas*) betrachten, können wir Anklänge an Reliefs der europäischen Provinzen feststellen, die Zahlungsszenen wiedergeben. Es wäre aber ein großer Irrtum, zu folgern, in diesem Fall habe die Provinz auf Rom eingewirkt. Die Kultur der Hauptstadt hatte sich in gewisser Hinsicht an die Provinzialkultur angeglichen, als auch in ihr derselbe Mittelstand von Beamten und Soldaten zur Macht kam, der in den Provinzen vorherrschte. Halten wir uns vor Augen, wie sehr jetzt – mittels starker Kontraste der plastischen Formen – gewisse ikonographische Schemata dramatisch zugespitzt werden, die noch um die Mitte des 2. Jahrhunderts den klaren Schnitt und die Ruhe augusteischer Kameen gezeigt hatten, dann erkennen wir, daß die römischen Bildhauer des 3. Jahrhunderts ihren Werken einen so neuen, originellen Ausdruck verliehen haben wie keine andere Zeit der römischen Kunst. Dieser starke Ausdruck, der in einer neuen Anteilnahme an menschlichem Leiden wurzelt, hebt die Grenzen zwischen der offiziellen und der plebejischen Kunst auf. Die beiden Strömungen treffen sich und geben sich gegenseitig neue Lebenskraft: so entsteht der Fries des Constantinsbogens. Daneben enthält er noch ein weiteres neues Element. In der Rede an die Bürger (*oratio*) und der Verteilung der Geschenke (*liberalitas*) finden wir nicht mehr die Thematik des üblichen kleinen Frieses mit Triumphzug wie in den anderen entsprechenden Monumenten, sondern mit neuen Mitteln ist ein Thema dargestellt, das gewöhnlich der offiziellen Kunst vorbehalten war. An dieser Stelle zeigt sich das Neue in der Komposition und in den Regeln, die sie bestimmen: Regeln einer exakten Hofetikette, die einer genau festgelegten Ideologie entspricht. Der Kaiser thront streng frontal in der Mitte als einzige Figur in reiner Vorderansicht (von den beiden die Tribüne rahmenden Kaiserstatuen abgesehen). Alle Figuren sind ohne Verkürzung in zwei Ebenen übereinander angeordnet. Die Etikette schrieb absolute Unbewegtheit vor; daß sie in der Figur des Kaisers eingehalten wurde, haben die zeitgenössischen Schriftsteller gelobt. Auf diese Weise ist das göttliche Wesen des Kaisers ausgedrückt, das durch die Tatsache unterstrichen wird, daß er selbst als Sitzender – sein verlorener Kopf ist noch in Spuren erkennbar – die umstehenden Personen überragt. Aber auch in diesen Figuren beobachten wir Größenunterschiede je nach Rang. Mit der des Kaisers kommen fünf verschiedene Figurengrößen vor: die hohen Würdenträger auf dem Podium in der Mitte; die Beamten, die in den anderen vier Feldern oben die Auszahlung besorgen; die Beschenkten von Rang in der Mitte der unteren Reihe, die mit verhüllten Händen die Gabe direkt vom Kaiser empfangen, und schließlich am kleinsten die anonyme Menge der Bittenden. Man könnte all dies mit genau entsprechenden Regeln, die uns aus späterer Zeit erhalten sind, belegen. Doch mag der Hinweis darauf genügen, daß mit Constantin – und zum Teil schon mit der Reform Diocletians – eine Struktur des Hofs und der Bürokratie beginnt, die ihre direkte Nachfolge in byzantinischer Zeit findet; ihre ideologischen Wurzeln liegen im besonderen Herrschaftsbegriff der iranischen Kultur, wie er in den Reichen der Parther und Sasaniden verwirklicht wurde. Hier können wir orientalischen Einfluß mit Händen greifen, wiederum ideologischen, nicht künstlerischen Einfluß. Frontalität, aufgeklappte Perspektive, die auf die Seiten rückt, was sich in Wirklichkeit vor der mittleren Szene abspielt, und nach Rang abgestufte Figurengrößen sind Stilmittel, die von der Plebejerkunst mindestens seit der Mitte des 1. Jahrhunderts verwendet wurden. Die Ideologie bestimmt die ikonographische Struktur der Komposition; doch diese basiert gänzlich auf lokalen Formelementen, in denen die Plebejerkunst und die offizielle Kunst verschmelzen. Diese Verbindung bleibt in Gedenkmonumenten und Repräsentationsszenen erhalten, auch wenn der Stil des constantinischen Frieses das Jahr 325 nur wenig überdauerte.

Daß zur Zeit, da der Bogen errichtet wurde, der Ausdruck in der Kunst so wichtig geworden war, entsprach auch der soziologischen Struktur, die sich in der Tetrarchie herausgebildet hatte. Nachdem schon unter Gallienus die Senatorenklasse einige ihrer wichtigsten Ämter eingebüßt hatte, wurde das Imperium jetzt von Menschen getragen, die aus dem Bauern- und Soldatenstand kamen, was oft dasselbe war. Sie folgten der Kunstströmung, die ihnen geläufig war. Die nächste Generation jedoch verspürte den Wunsch, sich jene Kunstform anzueignen, die charakteristisch für die Herrschaft der Senatorenklasse gewesen war, eine Bekräftigung der errungenen Macht, wie sie sich in der Geschichte noch öfter wiederholen sollte. So entstand der sogenannte ‹constantinische Klassizismus›. Er äußert sich am reinsten in den Werken, die in direkter Verbindung mit dem Hof und dem alten Patriziat entstehen. Auf den Sarkophagen wiederholen sich weiter die Figuren der vier Jahreszeiten und nehmen klassizistische Formen an, wie auf dem großen Sarkophag der Dumbarton Oaks Collection (früher Sammlung Barberini). Aber die klassizistische Tendenz greift auch auf die Werke christlichen Inhalts über, die ursprünglich von der Plebejerkunst ausgegangen waren, jetzt aber in den Werkstätten gearbeitet wurden, die auch am Constantinsbogen tätig waren (Sarkophag mit der Erschaffung Adams und Szenen aus dem Neuen Testament). Um die Mitte des 4. Jahrhunderts hat die christliche Ikonographie in dem Sarkophag des Präfekten von Rom, Junius Bassus, einen glatten, korrekten Stil gefunden, in dem das im 3. Jahrhundert ausgedrückte Leiden in scheinbare Heiterkeit – die neue Form des öffentlichen Konformismus – umgewandelt ist. Von den durchlebten Stürmen zeugt nur der Verlust der Symmetrie und Eleganz der antiken Kunst in Figuren und Ornamenten, auch wenn beide im Typus den klassischen antiken Vorbildern noch ähnlich sind.

Es ist bekannt, daß der Constantinsbogen mit ‹Spolien› geschmückt ist, mit Reliefs und Skulpturen anderer, aus den Zeiten Trajans, Hadrians und Marc Aurels stammender Denkmäler.

Man hat die Frage aufgeworfen, warum man diesen Bogen mit Skulpturen aus früheren Epochen geschmückt hat. Geschah es, weil die zur Verfügung stehende Zeit nicht ausreichte und nicht genügend Ateliers vorhanden waren, die das Werk mit originalen Reliefs hätten schmücken können? Oder sollte ein politisches Zeichen gesetzt werden, indem man Constantin als Nachfolger der besten Kaiser des 2. Jahrhunderts hinstellte, die durch die lange Anarchie des 3. Jahrhunderts noch verklärt erscheinen mußten? Bejaht man den letzten Fall, erheben sich weitere Fragen: zerstörte und beraubte man bestehende Monumente? Oder lagen die hier verwendeten Skulpturen in einem Marmordepot, weil die Denkmäler, für die sie bestimmt gewesen waren, nicht vollendet wurden? Diese letzte Möglichkeit wird im allgemeinen nicht in Betracht gezogen; sie läßt aber erkennen, wie schwierig es wäre, die Monumente, von denen die Spolien stammen könnten, und ihre Lage in dem uns wohlbekannten Gefüge des antiken Rom zu bestimmen. Es kann auch auf die unvollendet gebliebene Statue eines dakischen Gefangenen (Helbig, Nr. 1141) hingewiesen werden (früher im Lateranmuseum), die im Marmorlager einer Bildhauerwerkstatt (Via dei Coronari 211) entdeckt wurde. Sie gleicht sowohl Figuren am Constantinsbogen wie auch, im Kopf, einer anderen entsprechenden Figur vom Trajansforum (Vaticanische Museen, Braccio Nuovo, Inv. 2293). Nicht alle vorgesehenen Skulpturen hatten also Verwendung gefunden.

Klar erkennbar ist jedenfalls die Absicht, einen prächtigeren und reicheren Bogen als alle vorher in Rom geschaffenen zu errichten. Die großen Figuren der Flußgötter in den Zwickeln der Seitenbogen entsprechen dem gewohnten Schema, zeigen aber schon eine Vorliebe für zeichnerische Durchbildung der Gewänder. Bei den Victorien mit gefangenen Barbaren auf den Säulenbasen (Abb. 47) wird das plastische Relief vollständig von eingegrabenen Linien beherrscht. Darin liegt einerseits eine Fortsetzung und Vereinfachung des seit Commodus in der römischen Plastik dominierenden, auf optische Illusion zielenden Stils. Andererseits zeigt sich hier der Anfang einer Kunst, die gerade im Liniengerüst das tragende Element der plastischen Form sieht: Beginn eines Stils, der später zur byzantinischen Kunst führt, während er im Grunde von

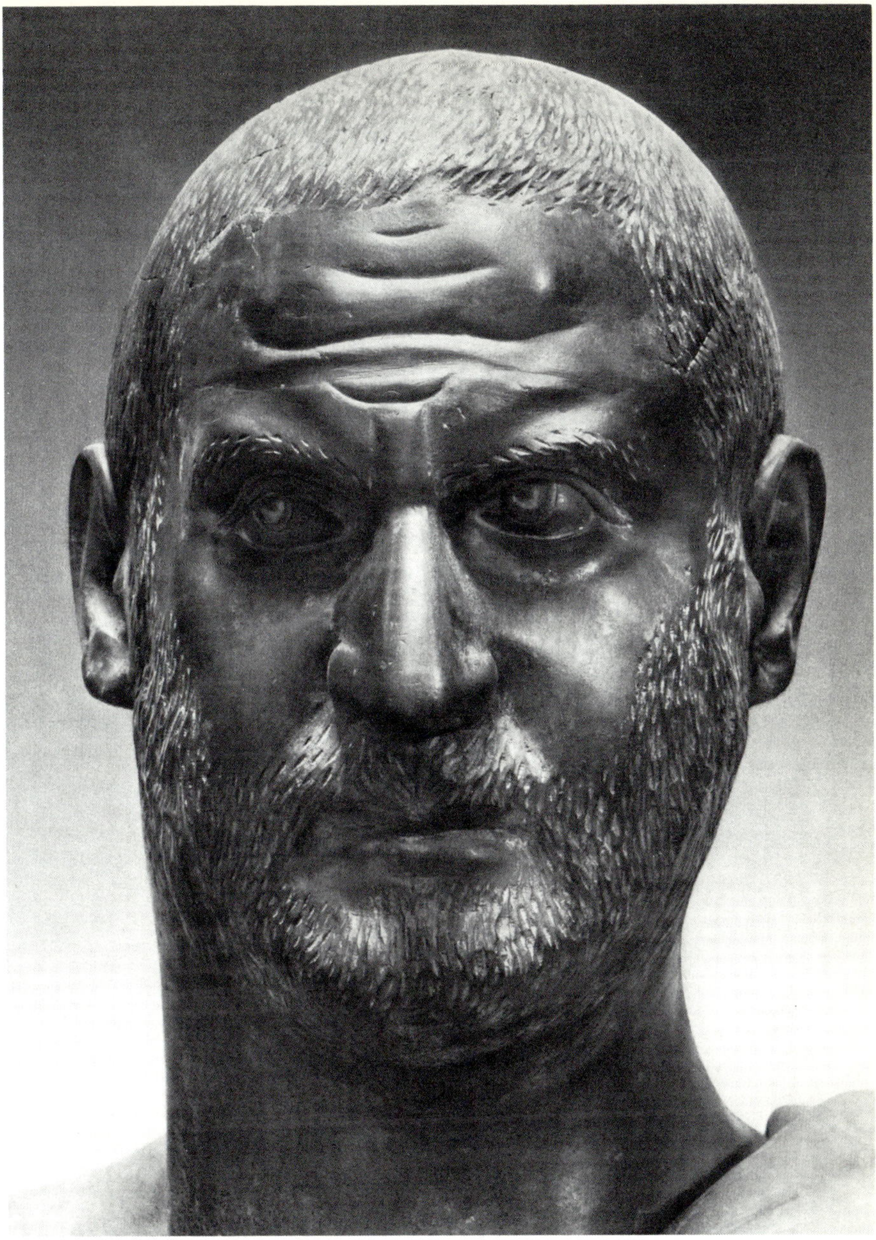

42 – Rom (?) – Kopf der Statue des Kaisers Trebonianus – New York

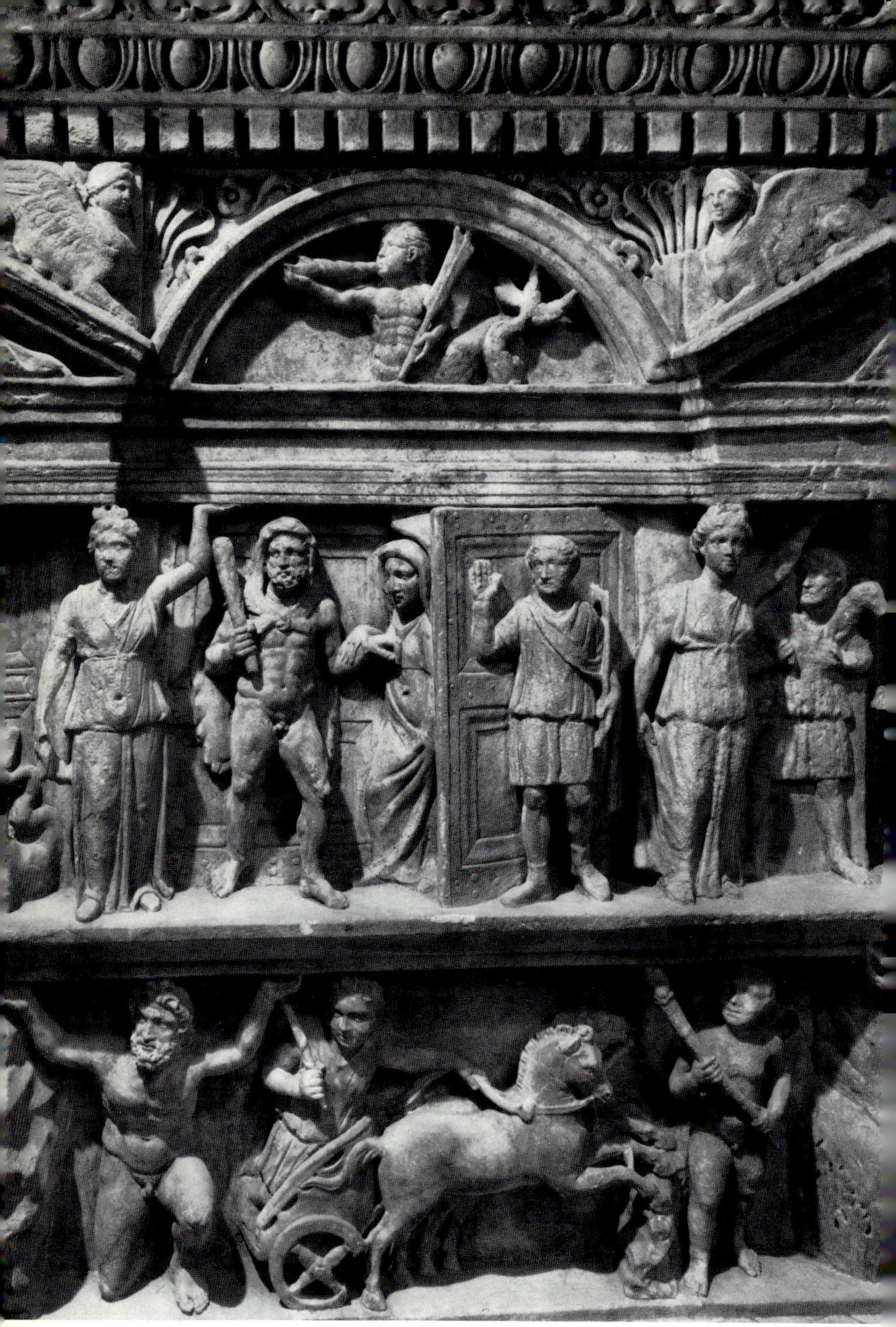

43 – Velletri – Sarkophag. Ausschnitt: Herkules führt Alkestis zurück – Velletri

rein hellenistischen Darstellungen ausgeht. Andere, noch ausgeprägtere Beispiele werden wir im 4. Jahrhundert in der Kunst der Provinzen Kleinasiens und in Konstantinopel antreffen. Wir dürfen also annehmen, diese Teile des Denkmals seien einem Atelier anvertraut worden, das in den Werkstätten des hellenistischen Ostens ausgebildet worden war.

Der Pracht des Constantinsbogens entsprach das Standbild des siegreichen Kaisers, der kurze Zeit danach (324) als Kosmokrator die Leitung des Imperiums in seinen Händen allein vereinigte. Es wurde gleichzeitig mit dem Bogen in der von Maxentius begonnenen, nun vollendeten Basilika auf dem Forum Romanum aufgestellt. Diese diente als Sitz des Gerichts und für offizielle Zeremonien und blieb die größte Basilika Roms. In der Renaissance hat sie die architektonische Gestalt der größten christlichen Basilika, Sankt Peter in Rom, unmittelbar beeinflußt. Die Reste der kolossalen Statue (Helbig, Nr. 1441) befinden sich jetzt im Hof des Konservatorenpalastes auf dem Capitol. Die Höhe des Kopfes, die mit dem Hals 2,60 Meter beträgt, läßt für die Figur auf eine Gesamthöhe von zehn Metern schließen. Der Kaiser war thronend dargestellt, die Rechte auf eine Lanze oder eher ein Zepter gestützt, sofern er, wie fast sicher anzunehmen ist, mit dem Mantel, nicht mit dem Panzer bekleidet war. Der Körper muß aufgemauert, die Oberfläche mit Stuck verkleidet gewesen sein; das Gewand bestand vielleicht aus Metall. Es war ein neuer Typus der Kaiserstatue, die den Herrscher weit über die gewöhnlichen Sterblichen hinaushob: beinahe war es ein Kultbild. Aus weitgespannten, harten, leblosen Flächen aufgebaut, erhält das Antlitz Leben nur durch die riesigen Augen, aus denen die magische Gewalt des Blicks und die Vergeistigung sprechen, die man der Figur aufprägen wollte. Auch hier haben wir einen Vorläufer der großen Augen byzantinischer gemalter wie mosaizierter Kultbilder vor uns. Das Auge, das in der Bildniskunst des 3. Jahrhunderts schon zum Ausdrucksmittel der Lebensangst geworden war, erhält jetzt eine andere Bedeutung: es ist Offenbarung des Inneren und stellt die direkte Verbindung zu den Anwesenden her. Es bleibt charakteristisch für das offizielle Porträt des 4. Jahrhunderts. Als Beispiel zeigen wir das Bildnis des Caius Caelius Saturninus Dogmatius, eines hohen Beamten, wie die Inschrift besagt: «*vir clarissimus*, ausgewählt durch den Senat unter den Bürgern konsularischen Ranges, Berater unseres siegreichen Herrn Constantinus Augustus, Stellvertreter des Stadtpräfekten, Richter beim Tribunal der heiligen Untersuchungen, Vorsteher der *annona* von Rom, Verwalter des kaiserlichen Privatbesitzes» und so weiter. Diesem Mann, der als Mitglied des ‹Studienamtes› ein Jahresgehalt von 60000 Sesterzen erhielt, ließ sein Sohn eine Ehrenstatue errichten, auf die sich die zitierte Inschrift bezieht: so gut wie sicher die uns erhaltene Figur. Doch nur der Porträtkopf wurde bei dieser Gelegenheit ausgeführt, während der mit der Toga bekleidete Körper, aus besserem Marmor und feiner in der Ausführung, von einem Werk genommen wurde, das um die Mitte des 2. Jahrhunderts datiert werden kann; die Inschrift dagegen ist zwischen 326 und 333 anzusetzen. In diesem Bildnis vereinigt sich die dem 3. Jahrhundert eigene große Ausdruckskraft mit dem constantinischen Klassizismus. Es ist überraschend, daß trotz der hohen Funktion und günstigen Vermögenslage der geehrten Persönlichkeit eine ältere Statue benutzt wurde. Aber der Mißbrauch, alte Ehrenstatuen als neu geweihte Figuren wiederzuverwenden, wird schon in der zweiten Hälfte des 1. Jahrhunderts von Dio von Prusa in seiner Rede an die Rhodier (XXXI, 20–141) beklagt. Daraus soll jedoch nicht auf die Unfähigkeit der damaligen Bildhauer geschlossen werden.

Von der Malerei des 3. und 4. Jahrhunderts ist in Rom außer dem Dekor christlicher Katakomben nicht viel erhalten geblieben. In Wirklichkeit unterscheidet sich diese christliche Malerei, deren Zeugnisse etwa von 235 an häufiger werden, vom Standpunkt der künstlerischen Form her nicht von der heidnischen. Der Unterschied liegt nur in der Ikonographie, in den Themen und im Gehalt. Kunsthistorisch müßte sie zusammen mit der heidnischen Malerei betrachtet werden. Dank einem alten Vorurteil in der Einordnung wird sie aber noch für sich behandelt (vgl. A. Grabar, ‹Die Kunst des frühen Christentums›). Daß formal keine Unterschiede bestehen, zeigt die Dekoration einer Villa unter der Kirche San Sebastiano an der Via Appia, die keine christlichen Anspielungen enthält. Das System des linearen Wandschmucks wurde bei äußerster Vereinfachung aus den unter Commodus gebräuchlichen Dekorationen übernommen. Diese wiederum leiteten sich von dem in der letzten Phase des sogenannten zweiten pompejanischen Stils gebräuchlichen Grundschema her: eine mittlere Nische mit zwei kleineren Seitenöffnungen. Auch die Dreiecke über der Mittelnische sind als Reste perspektivischer Darstellungen, die hinter der Nische gedacht sind, zu verstehen. In der Villa unter San Sebastiano, die in das erste Drittel des 3. Jahrhunderts datiert werden kann, ist diese lineare Dekoration auf weißem Grund streng und elegant durchgeführt. Aber genau das gleiche Schema, nur in flüchtigerer, nachlässigerer Ausführung wird auch in den christlichen Katakomben zwischen 200 und 240 verwendet: in den Katakomben der Domitilla (Cubiculum des Guten Hirten), des Praetextatus (Krypta der ‹Krönung›) und eleganter in San Callisto (Krypta der heiligen Lucina). Ein interessantes Zeugnis für das Aufkommen dieses Dekorationstypus haben wir in einem Haus des ‹Cortile del Aquila› in Ostia vor uns, wo sich das neue Schema auf einer zugemauerten Tür findet, die in eine für das frühe 3. Jahrhundert typische Dekoration eingefügt wurde.

Die kleinen Figuren, die in dieser linearen Dekoration auf weißem Grund die Mitte der Felder einnehmen, sind in einer raschen, unbekümmerten Malweise hingesetzt, wobei helle und dunkle Töne unvermittelt nebeneinanderstehen. Diese ‹tachistische› Malerei geht einerseits, wie im ersten Buch gesagt wurde, direkt auf die ‹impressionistische› Form der römischen Malerei flavischer Zeit, das heißt den vierten pompejanischen Stil zurück; andererseits aber ist sie ihrem Wesen nach deren genaues Gegenteil. Denn während der ‹Impressionismus› der hellenistisch-römischen Malerei, ebenso wie der Naturalismus in der Skulptur, den malerischen Naturalismus der Bilder steigern sollte, zerstört die ‹tachistische› Malerei des 3. Jahrhunderts das naturgetreue Bild, indem sie das Körperhafte negiert und die Details unterdrückt. So entstehen kaum angedeutete unkörperliche Darstellungen, die mehr wie Farbflecken und Symbole denn als Abbilder wirken. Wir können also eine Stileinheit zwischen ornamentaler Malerei und illusionistischer Plastik feststellen, die zur Auflösung der plastischen Form führt, wie etwa auf der Basis einer der Säulen des Tetrarchenmonuments, das zur Feier der Dezennalien (303) auf dem Forum Romanum errichtet wurde.

Aber es gibt auch Anzeichen dafür, daß im 3. Jahrhundert die schöpferische Originalität der Malerei wiederkehrt, wie wir später an Beispielen in Afrika, Ägypten und Kleinasien zeigen werden. Auch in Rom finden sich Zeugnisse einer neuen Malerei, die sich ikonographisch und stilistisch von der Tradition des Hellenismus befreit hat und sich durch Sorgfalt der Ausführung und Frische des Entwurfs auszeichnet.

In diesem Zusammenhang nennen wir die zwischen 202 und 229 zu datierenden Malereien des Mithräums unter Santa Prisca, zu denen auch der dramatische Kopf des Sonnengotts gehört, der aus verschiedenfarbigem Marmor zusammengesetzt ist. Betrachten wir auch ein anderes Fragment, das zu einer heftigen Streitszene vor einem Richter gehört haben muß und aus einem Häuserblock in Ostia stammt; es ist zwischen 230 und 250 anzusetzen. Der Gegenstand läßt an eine Folge von Szenen vor einem Richter des aus augusteischer Zeit stammenden schwarzgrundigen Frieses in dem römischen Haus im Garten der Farnesina denken; die Verschiedenheit in Form und Gehalt könnte jedoch nicht größer sein. Dort eine anekdotische Erzählung, witzig, elegant und typisch mondän; hier heftige Dramatik und eine auf das Wesentliche beschränkte Form. Wie in der gesamten Kunst des 3. Jahrhunderts ist eine Vertiefung des menschlichen Gehalts zu spüren, die das Ende der alexandrinischen Bukolik und eine Entwicklung im entgegengesetzten Sinn, ins Volkstümliche, bezeichnet.

Von der Tetrarchenzeit an verbreitet sich eine neue Ikonographie, die die erwähnte Rückkehr zur Originalität in der Malerei bezeugt und alle um das Mittelmeer gelegenen Länder einbezieht. Die veränderten Gewandmoden, das immer häufigere Vorkommen der großen, bunten, gewebten Schmuckstreifen, die in besonderer Anordnung auf die Gewänder aufgenäht wurden und ursprünglich aus Ägypten stammten, dienten der Neufassung und Vereinheitlichung der Bildthemen. So ähnelt ein junger, Getränke tragender Diener von einem Fresko eines Hauses auf dem Caelius in Rom dem gemalten jungen Leuchterträger in einem Grab in Tripolitanien (Gargaresh, Grab der Aelia Arisuth), ohne daß man an irgendeine direkte Abhängigkeit denken muß.

Im 4. Jahrhundert bürgert sich der Brauch ein, besonders prächtige Räume nicht mehr mit Malereien, sondern mit Intarsien aus farbigem Marmor zu schmücken. Wir haben Grund anzunehmen, daß diese Technik vor allem in

Ägypten blühte und daß mitunter die Wandfelder so vorbereitet von ägyptischen Werkstätten verschickt wurden, daß sie nur noch in die Wände eingelassen werden mußten. Einige dieser Intarsien – die man als *opus sectile*, ‹gesägte Arbeit›, bezeichnet – sind uns erhalten. Sie stammen aus einer Profanbasilika, die nach einer überlieferten Inschrift von Junius Bassus erbaut wurde. Es handelt sich wohl um den Konsul des Jahres 331. Er war der Vater jenes Stadtpräfekten Junius Bassus, der 359 als neubekehrter Christ starb und dessen Sarkophag erhalten ist. Von der Dekoration dieser Basilika (einem rechteckigen Raum von 18,30 × 14,25 m mit Apsis) geben uns viele Nachzeichnungen vom 15. bis zum 17. Jahrhundert, als der antike Bau einem Kloster einverleibt und zerstört wurde, Kunde. Nur einige Felder der Wandverkleidung sind erhalten: von Tigern überfallene Tiere, ein in der Zeit vielerorts geläufiges Dekormotiv, nicht ohne symbolische Anspielung; ein Feld mit der Biga des Konsuls zwischen den Zirkusreitern und ein Feld mit einem mythologischen Motiv (Hylas zwischen den Nymphen), das auch einen vorgetäuschten Wandbehang enthält, den ein breiter Streifen mit alten ägyptischen Motiven schmückt.

Ein anderes herrliches Beispiel einer Marmorverkleidung ist kürzlich in Ostia (Helbig, Nr. 3179) gefunden und, nicht zuletzt dank geduldiger und scharfsinniger wissenschaftlicher Forschung (G. Becatti, 1969), aus einer Unzahl von Fragmenten wieder zusammengesetzt worden. Auch in diesem Fall vereinigen sich typisch römische Züge mit Elementen, die nach Ägypten weisen. Als römisch kann die einzigartige Nachahmung einer Backsteinwand typisch lokaler Bauweise in farbigem Marmor angesehen werden. Ägyptisch hingegen wirken einige Partien des wunderbaren vegetabilischen Frieses, der durch Vögel und andere kleine Tiere belebt ist. Als Ganzes wiederholt er traditionelle hellenistische Motive, während ihre Durchführung im einzelnen die Schematisierung der natürlichen Formen zeigt. Die Rahmenbordüre ist absolut identisch mit den Randstreifen ägyptischer Stoffe.

Die Entstehung der Hofetikette und die Erhöhung des Kaiserhauses haben natürlich eine reiche künstlerische Produktion für die Aristokratie zur Folge. Die Kunst beschränkt sich darauf, jetzt nur noch offizielle Werke zur Verherrlichung der Macht und Luxusgegenstände zu schaffen. Das Interesse an künstlerischer Durchbildung schwindet aus den Gewohnheiten der Mittelklasse und aus einem für den täglichen Gebrauch bestimmten, bisher formvollendeten Kunstgewerbe. Von hoher Qualität sind in dieser Zeit nur noch Luxusgegenstände wie Kameen, Gold- und Silberarbeiten oder Elfenbeine; hellenistische und klassizistische Themen halten sich in ihnen noch lange. Ein aufschlußreiches Beispiel für die Verfeinerung dieses nunmehr im Dienste des Luxus stehenden Kunsthandwerks im 4. Jahrhundert bietet das Hochzeitssilber für Secundus und Projecta, das am Ende des 18. Jahrhunderts auf dem Esquilin in Rom gefunden wurde. Dieser aus zahlreichen Stücken bestehende Komplex ist um so interessanter, als er zwischen 379 und 383 fest datiert werden kann;

denn aus dem Jahre 384 stammt bereits die von Papst Damasus verfaßte Grabinschrift für Projecta, die früh verstorbene junge Frau. Auf dem Deckel der in Silber getriebenen Kassette sind die Büsten des Brautpaars in einem von Amoretten getragenen Blattkranz dargestellt. Auf der Vorderseite erscheint Venus bei der Toilette in einer von jungen Tritonen gehaltenen Muschel; auf diesen reiten Amoretten, die Geschenke präsentieren. Die Seitenfelder zeigen Nereiden und Tritonen auf Meerungeheuern. Auf der Rückseite des Deckels ist der Einzug der Braut in ihren Palast wiedergegeben; sie wird begleitet von Personen, die Geschenke darbringen; auf dem unteren Rand steht die Inschrift. Der Kasten selbst, der nach unten schräg zuläuft, ist von Weinblattranken eingefaßt; die Felder sind durch Arkaden gegliedert. In der Mitte der Vorderseite erscheint die Braut sitzend bei der Toilette; sie wird umgeben von zwei Dienerinnen mit Toilettenkasten und Spiegel; außen sieht man Pfauen. Weitere neun Dienerinnen mit Lichtern und anderen Gegenständen stehen unter den Arkaden der übrigen drei Seiten. Es ist dies eine in den orientalischen Provinzen häufige Ikonographie.

Wahrscheinlich wurde das Kästchen von orientalischen Handwerkern gearbeitet, etwa aus Antiochia oder Konstantinopel, die auch in Rom selbst tätig gewesen sein könnten. Charakteristisch für das Milieu der gehobenen römischen Gesellschaft ist das Nebeneinander christlicher (die erwähnte Inschrift sagt: «Auf daß ihr, Secundus und Projecta, in Christus leben mögt!») und heidnischer (Venus) Elemente, denen man sicher nur noch ornamentale Bedeutung beimaß. Es kontrastiert mit der stärkeren Bindung an das Christentum, die wir in den Werken anderer Kunstzentren, wie Mailand und später Ravenna, finden. Für das gleichzeitige Vorkommen des heidnischen und christlichen Motivschatzes in Rom gibt es übrigens zahlreiche Beispiele, unter ihnen den Kalender von 354 und die neue Katakombe an der Via Latina.

Das Motiv der Venus auf einer von Tritonen getragenen Muschel kehrt auf zahlreichen anderen Silberarbeiten wieder, die aus Rom in die europäischen Provinzen exportiert wurden (z. B. auf dem Griff eines Tabletts, das in Frankreich, in Bondonneau, Drôme, gefunden wurde); besonders häufig und in verschiedenen Varianten kommt es in den Mosaiken des 4. Jahrhunderts in Tunesien und Algerien vor.

Das bedeutsamste Beispiel für die Kunst, die sich in Rom zur Zeit Constantins gebildet hatte, ist uns in dem Bauwerk erhalten, das heute als die Kirche Santa Costanza bekannt ist, ursprünglich aber als Mausoleum für Constantina, die älteste Tochter des Kaisers, bestimmt war und wahrscheinlich zwischen 337 und 354 (oder 361) errichtet wurde. Seine Architektur bestätigt, daß Bauten jetzt vorwiegend von Architekten der östlichen Provinzen entworfen werden, auch wenn sich wie hier das Mauerwerk als Arbeit römischer Werkstätten erweist. Das Mausoleum der Constantina ist der älteste auf uns gekommene spätantike Rundbau, ein Zentralbau mit innerem Umgang, ein später weit verbreiteter Gebäudetypus. Die Kuppel und die Wölbungen waren innen ganz mit Mosaiken bedeckt; jetzt sind nur noch die Mosaiken in den Gewölben des Umgangs und in den großen Nischen erhalten. Die Wände waren mit Marmorintarsien verkleidet (die bei der Wiederherstellung von 1620 zerstört wurden). Die Mosaiken in den Nischen sind christlichen Inhalts. Die Gewölbemosaiken des Umgangs zeigen auf weißem Grund Weinleseszenen, Pflanzenmotive und verstreute Ornamente ohne Perspektive und ohne klar erkennbares Programm, aber von großer dekorativer Wirkung (vgl. A. Grabar, ‹Die Kunst des frühen Christentums›, Frontispiz, Abb. 202, 204–207).

Diese Dekoration aus unregelmäßig verstreuten Elementen stammt letztlich aus hellenistischer Zeit; das berühmte Mosaik mit Streumotiven, der ‹ungefegte Boden› (*asàrotos*) des Malers und Mosaizisten Sosos, gehört in diese Gruppe, und in den Gewölben von Santa Costanza befinden sich figürliche Elemente, die offenbar mit der Erinnerung an Sosos in Verbindung gebracht werden können. Außerdem gibt es vor allem sepulkrale Beispiele mit entsprechenden Dekorationen in ägyptischen Gräbern des späten Hellenismus. Wir finden sie auch in Syrien (Grabmal von Djel el Amad bei Tyros) am Anfang des 3. Jahrhunderts, sowie gleichzeitig, aber auch am Ende des 2. Jahrhunderts vor allem in Mosaiken Nordafrikas (Haus des Vogelkäfigs in Karthago, Santa Costanza stilistisch am nächsten), von wo aus sie sich im 4. Jahrhundert nach Spanien ausbreiteten (Villa in Saragossa). Sie bestanden bis zum 5. Jahrhundert (mosaizierte Grabplatte in Nordafrika). Die Mosaiken des Mausoleums der Constantina sind also ein Beispiel für einen rund um das Mittelmeer verbreiteten Dekorationstypus.

Die Kuppel zeigte – wie man auf Renaissancezeichnungen sieht – unten eine Küstenlandschaft mit Putten in Booten oder beim Fischfang: ein noch entfernt hellenistisches Motiv. Darüber jedoch folgten Szenen aus dem Alten und Neuen Testament in zwölf Feldern, die durch weibliche Figuren und Akanthusblätter gerahmt wurden. Wir haben hier ein Bauwerk vor uns, das in der Architektur und Dekoration typisch für den neuen Stil ist: was an hellenistischen Elementen darin fortlebt, hat nur sekundäre, ornamentale Bedeutung. Das Wesen ist verändert.

Im Gegensatz dazu ist das Mausoleum der Helena, der Mutter Constantins, das der Kaiser offenbar vor der Verlegung der Hauptstadt nach Konstantinopel als Familienmausoleum errichten ließ, der römischen Tradition formal noch tief verhaftet. Es wurde auf dem kaiserlichen Besitz *ad duos lauros* (‹bei den zwei Lorbeerbäumen›) an der Via Labicana (heute Via Casilina) erbaut und bestand aus einem großen Rundbau mit einer Kuppel aus kleinen Bruchsteinen (innerer Durchmesser 20,18 m, äußerer Durchmesser 27,74 m). Im Innern wechseln Nischen über halbkreisförmigem und rechteckigem Grundriß miteinander ab. Die größte, die dem Eingang gegenüberliegt, sollte den Porphyrsarkophag der Helena aufnehmen (jetzt Vatican, Museo Pio Clementino, Helbig, Nr. 25). Die Wände waren wahrscheinlich mit Marmorinkrustationen verkleidet, während die Kuppel Mosaiken trug. Man gelangte in die Rotunde durch die Vorhalle einer Basilika, deren Grundriß durch kürzliche Ausgrabungen ermittelt wurde. Das Mausoleum, das im Mittelalter befestigt wurde und im Volksmund als ‹Tor Pignattara› bekannt ist (‹Turm der Töpfe› nach den Amphoren, die man als leichtes Baumaterial in der Kuppel mitverwendete und die in dem jetzigen ruinösen Zustand sichtbar sind), ist heute eine traurige Ruine zwischen den Mietskasernen eines Vorstadtviertels.

II. Die europäische Kunst Roms

Nachdem wir von der Einleitung an die historischen Umstände betrachtet haben, unter denen sich die Kunst dieser Jahrhunderte entwickelte, müssen wir jetzt untersuchen, welche besonderen Ausprägungen diese Kunst in den Kulturkreisen erfuhr, die wir in den verschiedenen Teilen des Reiches unterscheiden können. Jedes Gebiet hat seine Eigenheiten und Probleme, und jedes leistet seinen Beitrag zu dem Übergang, der das Ende der Antike und ihrer am Mittelmeer gelegenen Kunstzentren bezeichnet.

Wir betrachten in diesem Kapitel das Kunstschaffen in den römischen Provinzen jener Länder, die später Europa bildeten.

Der Begriff Europa existierte schon in der Antike. Plinius (‹Naturalis historia› III, 1) nennt Europa in Anlehnung an Strabon den bei weitem schönsten Teil der Welt. Allerdings meint er damit vor allem die Küstenländer des Atlantischen Ozeans und des Mittelmeers. Wir verstehen unter Europa etwas anderes. Unser Begriff bezieht sich im wesentlichen auf das Reich Karls des Großen, und tatsächlich können wir von europäischer Kunst zuerst in der karolingischen Epoche, danach in der Romanik und Gotik sprechen. Besondere Bedeutung erhält die Kunst der europäischen Provinzen des Römischen Reiches dadurch, daß nicht nur die karolingische Hofkunst bewußt auf die Antike zurückgreift, sondern auch romanische und gotische Formen in ihr begründet und vorweggenommen scheinen.

Wir müssen zunächst fragen: wem diente die Kunst der römischen Provinzen, und wer waren ihre Schöpfer? Sie diente vor allem der römischen Besatzung jener Provinzen: Verwaltungs- und Steuerbeamten sowie Soldaten, die in den Garnisonen und großen festen Lagern stationiert waren. Aber in einigen westlichen Provinzen, die schon lange romanisiert waren – wie Spanien (teilweise besetzt seit 218 v. Chr.; 197 v. Chr. in zwei Provinzen geteilt), das mittelmeerische Gallien (*Gallia Narbonensis*, seit 120 v. Chr.) und das linke Rheinufer (befriedet zu Anfang unserer Zeitrechnung) –, verband sich, von einigen Ausnahmen (Vercingetorix, Arminius) abgesehen, die einheimische Oberklasse, wie es immer geschieht, aus wirtschaftlichen Gründen mit den Eroberern. Sie romanisierte sich und bediente sich fortan der herrschenden Kunst hellenistisch-römischer Tradition, um ihre Interessen auszudrücken, die offenbar besonders auf religiösem und kommerziellem Gebiet lagen. Iberer der Provinz *Baetica*, Gallier der *Gallia Narbonensis* und der Stadt *Lugdunum* (Lyon) und seit 48 n. Chr. auch die Einwohner der *Gallia comata* waren zur Senatorenwürde zugelassene römische Bürger. Zwei Jahrhunderte lang erlebten die Barbarenstämme, die sich vorher ständig gegenseitig bekriegt hatten, unter römischer Herrschaft und Verwaltung Eintracht und Frieden, zusammen mit wirtschaftlichem Wohlstand. In dem Gebiet zwischen der mittleren Donau (den Provinzen *Pannonia* und *Noricum*), dem Rhein, Britannien, der Atlantikküste Galliens und Spaniens kam es seit dem zweiten Jahrzehnt des 1. Jahrhunderts n. Chr. selten zu Unruhen. Gelegentliche Ansätze zu Aufständen hatten keine spürbaren Folgen.

Ein erstes Alarmzeichen war 167 der Durchbruch der Donaugrenze durch die Quaden und Markomannen, die in Norditalien (*Venetia*) eindringen konnten, ohne daß sich daraus unmittelbare Folgen ergaben.

Später führten die inneren Wirren, die auf den Tod des Commodus (192 n. Chr.) folgten, zur Verwüstung von *Lugdunum* (Lyon), das 197 zum Teil zerstört wurde. Erst 234 wurden erste Anzeichen wiederaufflammender Angriffslust der germanischen Stämme sichtbar. 252 brach die lange Friedensperiode endgültig ab durch die Einfälle der Franken und Alamannen, die bis in die Pyrenäen und die Auvergne vordrangen. Von 258 bis 273 erklärten sich die Kommandanten des rheinischen Limes (Postumus, Victorinus, Laelianus, Tetricus Vater und Sohn) zu selbständigen Herrschern eines römischen Sonderreiches Gallien, und in dieser Zeit war das Land von Rom gelöst und isoliert. Als die Einheit wiederhergestellt war, kehrte ein normales Leben jedoch nicht wieder ein, und auch während des von 285 bis zur Mitte des 4. Jahrhunderts dauernden Friedens waren die Verhältnisse grundlegend verändert: es gab keine lokale Kunstproduktion mehr; nur öffentliche Monumente in direktem kaiserlichem Auftrag wurden an Orten wie Trier geschaffen, die längere Zeit als Residenz dienten.

Das Kunstschaffen dieser Gebiete in römischer Zeit wird gewöhnlich als Provinzialkunst bezeichnet, ein Terminus, der eine kunstkritische Betrachtung nicht befriedigt. Aber er ist in die allgemeine Vorstellung eingegangen und wäre daher heute nur schwer durch den vom historischen Gesichtspunkt aus treffenderen Ausdruck ‹europäische Kunst Roms› zu ersetzen.

Zur Erklärung der formalen Besonderheiten dieser Kunst sind verschiedene Vorschläge gemacht worden. Der erste, am Anfang unseres Jahrhunderts geäußert (A. Furtwängler), der sie samt und sonders als Kunst der römischen Legionen, als ‹Soldatenkunst› ansah, erscheint seit langem unzureichend. Gleichsam im Gegensatz dazu hat man später alles aus den Verschiedenheiten des einheimischen, lokalen Kulturerbes zu erklären versucht (A. Schober). Obschon diese Erklärung dem Nationalbewußtsein der einzelnen Länder entgegenkommt (sie liegt zum Beispiel dem gebräuchlichen Terminus ‹gallo-römische› Kunst zugrunde), so kann doch auch sie bei weitem nicht immer eine zufriedenstellende Lösung bieten. Die kulturellen Grundlagen, die zweifellos in dem weiten keltischen Gebiet am stärksten ausgeprägt waren, das schon eine eigene künstlerische Tendenz mit festem Formenschatz entwickelt hatte, traten zuweilen deutlich hervor, doch nur von Fall zu Fall, ohne in der europäischen Kunst Roms entscheidende Komponenten zu bilden. In jenen Einzelfällen werden wir daher von keltischer oder thrakischer Kunst der römischen Zeit sprechen.

Kürzlich wurde versucht (H. Schoppa), wenigstens die frühen, in Gallien, am Rhein, in Spanien, Britannien oder den Donauländern ausgeführten einzelnen Werke mit dem Kunstschaffen der römischen oder seit langem romanisierten Gebiete in Verbindung zu bringen, aus denen die in diesen Provinzen stationierten Legionäre stammten. Ihre Herkunft wird häufig in den Inschriften der Grabsteine genannt, die die Mehrheit der uns erhaltenen Kunstwerke bilden. Diese Überlegung scheint methodisch richtig zu sein. Nur muß man sich vor Augen halten, daß in einer zweiten Phase am Ort Werkstätten entstanden, die eigene Formen und Lösungen entwickelten. Außerdem darf nicht vergessen werden, daß neben der Provinzialkunst in den romanisierten Städten immer in großer Zahl importierte Werke vorhanden waren, die die offizielle Kunst des Staates repräsentierten oder von den Kunstzentren des hellenistischen Ostens beeinflußt waren. In Aquileia zum Beispiel konnte ein Altar mit Pan und Silen oder ein anderer mit einem Opfer an Priapos und der Aufdekkung des Liknon bei den dionysischen Mysterien, die von Freigelassenen griechischer Herkunft gestiftet wurden, nachhaltigen Einfluß auf die lokale Produktion ausüben. Schließlich ist zu berücksichtigen, daß das offizielle Kaiserbildnis – außer in vereinzelten Fällen, wie wir sehen werden – sich stets genau nach den physiognomischen Merkmalen und den stilistischen Varianten der Hauptstadt richtete.

1. Norditalien, Illyrien, Noricum, Pannonien und Dakien

Für das Gesamtbild dieser Untersuchungen ist die Tatsache wichtig, daß wir dem Problem der Provinzialkunst schon in Italien jenseits des toscanisch-emilianischen Apennins und im ganzen Gebiet Norditaliens gegenüberstehen. Dieser Umstand ist oft übersehen worden. Man kann sagen, daß er erst volle Beachtung gefunden hat seit der Ausstellung ‹Römische Kunst und Kultur in Norditalien von republikanischer bis tetrarchischer Zeit›, die 1964 (dank G.A. Mansuelli) in Bologna stattfand. Sie gab Gelegenheit zur Überprüfung der Werke und Probleme und hatte eine um so stärkere Wirkung, als sie unmittelbar auf die 1963 in Paris gezeigte Ausstellung ‹Die Kunst im römischen Westen› folgte.

Jetzt hat man erkannt, daß die Erforschung der Probleme einer besonderen ‹Provinzialform› vom geographischen und historischen Bereich Norditaliens ausgehen muß, wo sie früher als anderswo auftritt. Auch hier ist zunächst nach dem vor der Romanisierung vorhandenen kulturellen Grundstock zu fragen. Er besteht aus etruskischen, gallischen, venetischen, rhäto-alpinen und ligurischen Elementen. Forschungen in dieser Richtung haben ergeben, daß fast nichts aus diesen Grundzügen die Romanisierung überlebte; zweifellos nicht die etruskische Kultur, die immer wieder zu Unrecht auch für gewisse Erscheinungen des gallo-römischen Kunstschaffens verantwortlich gemacht wird. Man hat gesehen, daß die römische Organisation schon in republikanischer Zeit und mehr noch durch die Neuordnung unter Augustus die früheren Verhältnisse gänzlich umkehrte. Erhalten blieben daraus nur einige religiöse Elemente, die in einem ganz vom Römischen bestimmten Synkretismus aufgingen.

Norditalien wurde tatsächlich viel umfassender romanisiert als die am Mittelmeer gelegenen Teile Mittel- und Süditaliens, wo sich seit früher Zeit komplexere und weiter fortgeschrittene soziale und kulturelle Verhältnisse herausgebildet hatten. In Norditalien war die Lage ähnlich wie in den Donauländern und in Gallien, nur daß hier die Kolonisation intensiver war und früher stattfand. Es gab zwei Arten von Kolonien: ‹römische› und ‹latinische›. Die ‹römischen› Kolonien hatten spezifisch militärischen Charakter und bestanden aus römischen Bürgern, die in Gemeinden mit einer gewissen Selbständigkeit und eigener Beamtenschaft organisiert waren. Sie waren verpflichtet, die Besatzung für einen strategisch wichtigen Punkt zu stellen (der römische Staat hatte ja in republikanischer Zeit kein stehendes Heer). Die Bürger – im allgemeinen dreihundert, alle mit ihren Familien – erhielten kleine Landparzellen als Eigentum. Dagegen bestanden die ‹latinischen› Kolonien von Anfang an aus Angehörigen verschiedener Völkerschaften, die nicht das römische Bürgerrecht besaßen, und aus einer weit größeren Zahl von Familien: etwa tausend. Sie wurden in den eroberten Gebieten als selbständige, mit Rom verbündete Gemeinden gegründet, die nur die Verpflichtung hatten, ein Kontingent Soldaten zu stellen und politisch Rom gegenüber Treue zu wahren. Gerade von diesen Kolonien gingen die Triebkräfte der Romanisierung aus. Die erste von ihnen war Rimini (*Ariminum*, gegründet 268 v.Chr.) am Ende jener Verteidigungslinie, die immer das mittelmeerische vom festländischen Italien getrennt hat (und die noch in unserer Zeit, am Ende des Zweiten Weltkriegs, den Namen *linea gotica* erhielt). Fünfzig Jahre später (218 v.Chr.) wurden Piacenza und Cremona an strategisch günstigen Punkten gegründet, von wo aus jeweils ein Gebiet erobert werden konnte, das eine Legion Mann (etwa 4200) zu stellen in der Lage war. Im selben Jahr überschritt Hannibal die Alpen, stieg nach Italien herab und hemmte die römische Ausbreitung. Erst ein Menschenalter später wurde sie wiederaufgenommen (Bologna, gegründet 189 v.Chr.). Das Gebiet der Emilia, das die neue Via Aemilia (von Rimini nach Piacenza, seit 187 v.Chr.) durchzog, wurde in große Parzellen aufgeteilt und urbar gemacht. Hohe Bedeutung kam der Gründung der aus Latinern und verbündeten Italikern gebildeten Kolonie von Aquileia zu (181 v.Chr.; vgl. Livius XL, 34, 2), die schon in keltischem Gebiet und an beherrschender Stelle an den Verbindungsstraßen nach Illyrien und Noricum lag. Es war eine große Kolonie mit 3000 Familien, denen im Jahre 160 weitere 1500 Familien folgten. Sie bietet uns mit ihren zahlreichen auf uns gekommenen Kunstdenkmälern ein typisches Beispiel dafür, wie sich das Problem der Provinzialkunst in den Grenzgebieten äußert. Offenbar hat Aquileia tatsächlich den Motivschatz von Noricum, Illyrien, Pannonien und Dakien bestimmt, während die Provinzen Moesien und Thrakien, die eine künstlerische Einheit bildeten, mit Makedonien und indirekt mit Griechenland (Achaia), zum Teil auch mit den Küstenzentren Kleinasiens verbunden blieben. Der Bundesgenossenkrieg von 91 bis 88 v. Chr. hatte dann die Umwandlung der alten latinischen Kolonien in Städte und die Gründung zahlreicher neuer latinischer Kolonien zur Folge, womit weitere Landverteilungen und die Entstehung der ‹quadratischen› Städte verbunden waren, die in fast allen heutigen Städten Oberitaliens noch zu erkennen sind. Im Jahre 49 wurden auch diese selbständigen Kolonien zu Municipien der römischen Republik, und als im Jahre 42 das letzte Militärkommando aufgehoben wurde, hörte das zisalpine Gallien auf, Provinz zu sein. Nach den Bürgerkriegen besiegelte man die vollzogene Romanisierung durch die Ansiedlung der Veteranen in den letzten den alten Bewohnern noch verbliebenen Gebieten. Wie tief romanisiert diese Gegenden waren, geht schließlich aus der Tatsache hervor, daß zahlreiche lateinische Dichter und Schriftsteller aus ihnen stammten, darunter Vergil, Catull und Livius.

Hieraus wird verständlich, in wie geringem Maße der ursprüngliche kulturelle Grundbestand die künstlerische Form der romanisierten Gebiete noch zu beeinflussen vermochte. Selbst die Provinz Venetien, die in ihrer Abneigung gegen die Gallier immer mit Rom sympathisiert hatte, so daß dort die Gründung von Kolonien nicht nötig gewesen war, zeigt keine ausgeprägten Züge, die sich aus der vorvenetischen Kultur des Etschtals herleiten lassen, es sei denn, man möchte sie in einer Neigung zu dekorativer Durchbildung der Details erkennen (was mir als schwaches Anzeichen erscheint).

Der Hellenismus hatte die Kraft gehabt, seine Formensprache sehr alten, hochentwickelten Kulturen aufzuprägen, wie etwa der achaimenidischen und der ägyptischen. So überrascht es nicht, daß auch der römische Hellenismus die Kunstformen der barbarischen Kulturen Europas auslöschte, jedenfalls solange er unverändert stark blieb. Erst zum Zeitpunkt seiner Auflösung wuchsen in den Randgebieten des Reichs Kunstformen empor, die wir national nennen können und die zeigen, daß einige Elemente des vorhellenistischen Erbes am Leben geblieben waren.

Viele der ersten Einwanderer Aquileias stammten aus der Gegend der heutigen Abruzzen, und in den ältesten Skulpturen jener Kolonie kann man eine Verwandtschaft mit dem städtischen Stil der Monumente von *Teate Marrucinorum* und *Amiternum* (vgl. ‹Rom – Das Zentrum der Macht›, Abb. 9) entdecken. Wir müssen also als Ausgangspunkt der Provinzialkunst jene plebejische Kunstrichtung ansehen, die sich, wie wir zeigten, als charakteristisches und bleibendes Element in der Ausbildung und Entwicklung der römischen Kunst erwies. Diese plebejische Kunst bezog hellenistische Formen in einen Stil ein, der die zahlreichen Entwicklungsphasen dieser Formen nicht mitgemacht hatte und ihre organische Bedeutung nicht verstand. Charakteristisch für ein solches Mißverständnis ist, um ein klares Beispiel zu nennen, die Degradierung funktioneller architektonischer Formen zu ornamentalen. Die architektonischen Einzelformen – Gebälke, Friese, Säulen und Pilaster, Kapitelle und Basen – bewahren auch in der hellenistischen Kunst die Erinnerung an ihren funktionellen tektonischen Ursprung, so daß eine Last noch immer ein tragendes Glied voraussetzt und ornamentale Elemente ihre naturalistische Herkunft zeigen. Selbst die abstrahierte Form des Eierstabs enthält stets eine Reminiszenz an ihren vegetabilischen Ursprung aus herabhängenden Blättern und kann daher nicht auf den Kopf gestellt werden. Ebenso werden die Triglyphen eines dorischen Frieses durchweg als tragende Elemente (Kopfseiten von Balken) empfunden und nicht einfach als Helldunkelwerte. All dies gerät in der römischen Provinzialkunst in Vergessenheit, und die architektonischen Details können rein ornamentale Bedeutung erhalten ohne irgendeine Beziehung zu ihrer statischen Funktion. Das gleiche geschieht mit dem menschlichen Körper und dem Gewand. Die anatomischen Formen verlieren ihre organische Funktion und können daher nach Belieben vergewaltigt werden, so daß sie nur noch annäherungsweise richtig, wenn auch ornamental erscheinen und zugunsten des Ausdrucks deformiert werden.

Dies gilt für die gesamte europäische Kunst Roms, also auch für die Provinz Norditalien.

Anzeichen für den Verlust der organischen Struktur und eine Neigung zum ‹Expressionismus›, die in der offiziellen Kunst in Rom seit Commodus zu beobachten sind, treten als Tendenz in der Provinzialkunst schon im 1. Jahrhundert auf. Es wäre, wie schon erwähnt, verfehlt, daraus einen Einfluß der Provinz auf die hauptstädtische Kunst ableiten zu wollen. Vielmehr müssen wir darin einen Beweis für die allgemeine Gleichgültigkeit gegenüber dem naturalistischen Rationalismus erkennen, der ein unerläßliches Kennzeichen der hellenistischen Kunst war und sich in den kultivierteren Zentren am längsten hielt.

Das mit einem dorischen Fries geschmückte Grabmal des Lucius Alfius in Aquileia greift einen Typus wieder auf, der im 1. Jahrhundert v. Chr. häufig war. Er leitet sich von großartigeren hellenistischen Vorbildern her und ist charakteristisch für das campanisch-samnitische städtische Milieu. Er findet dann in der Po-Ebene, in Istrien und in der *Gallia Narbonensis* Verbreitung, nicht aber im antiken Großgriechenland und in Etrurien. Dieser Denkmalstyp ist bezeichnend für die Gegenden, in die eine späte hellenistische Kultur eindrang. Diese ging von Handelszentren in Griechenland (besonders Delos) aus, verbreitete sich im ursprünglichen und kolonialen italischen Gebiet und gelangte auf den gleichen kolonialen und Handelswegen in die *Gallia Narbonensis*, die schon von alters her von der hellenistischen Kultur durchdrungen war. Nicht weniger charakteristisch für den Kunstkreis von Aquileia – wie auch für die plebejische und die Provinzialkunst überhaupt – ist die Bedeutung, die hier der Wiedergabe der Arbeitsgeräte des Beigesetzten gewidmet wird. Dementsprechend ist auf einem anderen Grabmal eine Schmiedewerkstatt abgebildet, die ein Vorspiel für mittelalterliche Handwerkerdarstellungen ist. Auch hier finden wir die Charakteristika der Plebejerkunst wieder: Einschränkung der früher in die italische Kultur eingedrungenen hellenistischen Elemente, ein Abnehmerkreis aus lokalen Beamten, Unternehmern, reich gewordenen Freigelassenen. Doch dies ist nur ein Aspekt, nur eine Komponente.

Die Grabstele des Quadrumvir Gnaeus Octavius Cornicla (Verona, Museo Maffeiano, aus Aquileia) wurde von ihm selbst zu Lebzeiten bestellt (*v*[*ivus*] *f* [*ecit*]); sie drückt daher rein die Absicht des Auftraggebers aus. Ihre Datierung ist umstritten: lange Zeit wurde sie als ‹spätes, barbarisches› Werk betrachtet; dem Schrifttypus nach kann sie jedoch nicht nach 50 oder 80 n. Chr. entstanden sein. Mit dieser Datierung stimmt auch die sorgsame und feine Ausführung der figurenbekrönten Pilaster überein. Die Büste des Verstorbenen soll vor allem Autorität und Energie aussprechen. Der Kopf ist in wenigen wesentlichen Zügen skizziert, die Brust ist streng wie ein Panzer. Die groben Finger verstärken diesen Eindruck der Kraft. Die Toga ist von harten Linien – parallel wie die Haare einer Strähne – durchzogen, und wie bei einer Haarsträhne bildet sich auch eine unbegründete Biegung über der rechten Hand: unbegründet vom naturalistischen Standpunkt aus, aber völlig gerechtfertigt durch eine dekorative Absicht. Wir werden diese parallelen, zu einem ornamentalen Knoten umgebogenen Falten in den romanischen Skulpturen des Doms von Modena wiederfinden und noch im Tympanon der Kirche Sainte Madeleine in Vézelay. Wir haben hier also einen Fall jener ‹Vorahnung des Mittelalters›, die uns durch die ganze europäische Skulptur Roms begleiten sollte. Wenn wir in diesem Beispiel aus Aquileia nach einem Einfluß des venetisch-alpinen Erbes suchen, so kann man ihn höchstens in einer allgemeinen Neigung zu ornamentaler Durchbildung der Formen finden; sucht man nach Rudimenten des Keltischen, so wäre die Vorliebe für die gewellte, gekrümmte, geometrisierende Linie anzuführen.

Wir müssen bedenken, daß aber zur selben Zeit im Bereich der ‹provinziellen› Kunstübung auch eine Grabstele wie die der Egnatia Chila (Museum in Rimini, aus der Gegend von Forlì) geschaffen werden konnte, bei der die typisch hellenistische Wirkung durchsichtigen Stoffs vorzüglich getroffen ist und die von Papyrusstengeln gerahmte Figur der Verstorbenen einen verbreiteten hellenistischen Typus, nur wenig vergröbert, wiederholt. Die direkten Beziehungen zwischen der adriatischen Küste und den Zentren des Hellenismus (Rhodos) sind nie im einzelnen untersucht worden; aber im Hafen von Ancona haben sich Zeugnisse davon erhalten (Ancona, Museo archeologico). Trotz ihrer Feinheiten gehört die fragmentarische Stele in Rimini zum Typus mit mehreren übereinander angeordneten Feldern. Von ihm gibt es viele Beispiele, die auf Grund der weiblichen Frisuren vom Typus Octavia-Livia-Agrippina ins

1. Jahrhundert n. Chr. datiert werden können, so die Stele in Bologna von den Freigelassenen der Familie Alennia. Sie gibt eine Anzahl üblicher Bildnisse wieder, für die es zahlreiche Parallelen auf Monumenten gleicher Art in Rom gibt. Die Stele des Caius Salvius dagegen wiederholt wie andere in Modena denselben Typus in so abweichendem Stil, daß der Verdacht aufkam, es könne sich hier um eine Nachbildung aus dem Mittelalter handeln (der Stein war in den romanischen Turm des Doms eingelassen). Charakteristisch für diesen Stil sind der Verlust der Naturtreue und eine ornamentale Schematisierung. Man braucht aber auch darin keineswegs ein Fortwirken vorrömischer Kulturen zu sehen. In jedem Einzelfall wie auch für die europäische Provinzialkunst als Ganzes muß man bedenken, daß der hellenistische Naturalismus mit seinem Sinn für formale Genauigkeit, Plastizität und weltläufige Eleganz aus der künstlerischen Kultur Griechenlands hervorgegangen war, die eine einmalige, außergewöhnliche Schöpfung innerhalb der ganzen Antike war und blieb. In jeder am Rande liegenden, weniger entwickelten Kultur mußten diese Eigenschaften verlorengehen. Das gesamte festländische Europa hatte, wie seine einheimischen Kulturen zeigen, eine Vorliebe für den nichtfigürlichen, nur durch Linien erzeugten künstlerischen Ausdruck, die zu abstrakten, geometrisierenden Formen führte. Die plastischen, naturalistischen Formen des Hellenismus werden in dem Maße aufgegeben, wie die Teilnahme der oberen Klassen am kulturellen Leben nachläßt.

Bei diesen Stelen ergeben sich auch Probleme der Chronologie. Die norditalienischen Beispiele des genannten Typus werden im allgemeinen nicht nach der Mitte des 1. Jahrhunderts datiert, wie erwähnt, auf Grund der weiblichen Frisuren. Ich glaube jedoch, man kann die Möglichkeit nicht ausschließen, daß es sich dabei in vielen Fällen um ein Fortleben ikonographischer Vorbilder handelt, die in augusteischer Zeit zugleich mit der großen regionalen Neuordnung Italiens aufkamen, die man aber auch noch viel später in den Werkstätten verwendete. Nimmt man ein solches Weiterleben ikonographischer Vorbilder an, so könnte dies eine Abschwächung, ja sogar Negierung des Bildniswerts zahlreicher Grabfiguren bedeuten. Für diese Folgerung spricht die Ähnlichkeit, die zwischen den Gesichtern, gleichgültig ob männlich oder weiblich, festzustellen ist. Römische Porträts von hoher künstlerischer Qualität und sicherer physiognomischer Erfassung finden wir ja nur an Werken für die wirtschaftlich und sozial gehobenen Klassen. Und auch bei ihnen schwindet das Bedürfnis, die Physiognomie des Toten festzuhalten, wie auch in Rom im späten 2. und im 3. Jahrhundert manche Sarkophage, auf denen der Kopf der Hauptfigur zunächst nicht ausgearbeitet worden war, damit man ihm beim Verkauf die Gesichtszüge des Toten geben könne, in unfertigem Zustand belassen wurden. Ich halte es daher für möglich, daß die Stelen mit Reihendarstellungen, die die Erinnerung an mehrere Generationen festhielten, mit der Wirklichkeit nur in der Zahl der männlichen und der weiblichen Köpfe übereinstimmten, ohne daß ihnen ein Bildniswert zukam, der ohnehin oft nicht mehr zu rekonstruieren gewesen wäre. Natürlich gilt dies nicht dann, wenn die Stele oder das Grabdenkmal zu Lebzeiten des Beigesetzten ausgeführt wurde, wie es bei dem Quadrumvir Cornicla aus Aquileia der Fall war.

Das interessanteste Kennzeichen der Skulptur von Aquileia ist am schwierigsten zu erklären, die Tatsache nämlich, daß sich nirgendwo in der offiziellen oder überhaupt vom Hellenismus geprägten Kunst Werke von so starkem Ausdruck des Schmerzes, des Stolzes oder bezaubernder Lieblichkeit finden wie in dieser Provinzialplastik.

Im ersten Teil der Einleitung haben wir gesehen, wie und aus welchen Gründen der Ausdruck der Angst seit dem späten 2. und vor allem in 3. Jahrhundert in der Skulptur so häufig gestaltet wird. In der Provinzialplastik zeigt sich das Streben nach intensivem Ausdruck schon etwa hundert Jahre früher. Es gibt keine andere Erklärung dafür als die Nähe dieser Kunst zum realen, volkstümlichen Leben der Ansiedler und die geringere Einwirkung hellenistischer Vorbilder.

Dieser Zusammenhang wird bestätigt durch die eindeutige Evidenz ethnischer Kennzeichen: dinarisch-illyrischer Züge in Aquileia oder norischer (die sich bis heute erhalten haben und über die Wiedergabe charakteristischer Kleidungsstücke noch hinausgehen).

Auch dieser Zug findet sich im Mittelalter wieder, als die religiöse Kunst nicht mehr höfisch war, sondern in enger Beziehung zum Volk stand als ‹Bibel der Armen›, das heißt der Ungebildeten.

Die Stele des Cornicla war schon ein Beispiel für das Streben nach monumentaler Strenge. Es gibt deren noch viele andere: weibliche Statuen (Abb. 49), die eine schon mittelalterliche Strenge zeigen, männliche Köpfe von erschreckender Intensität, die im harten istrischen Stein mit den einfachsten plastischen Mitteln erreicht ist. All dies bezeugt ein leidenschaftliches Eingehen auf das Wesen des dargestellten Menschentums und eine volkstümliche, von jeder Routine freie Ausdruckskraft: auch dies ein Zug, der der gesamten europäischen Provinzialkunst gemeinsam ist.

Das Mosaik aus Oderzo mit Jagdszenen gehört schon ins 3. Jahrhundert. Es zeigt keine Löwen- oder Hirschjagd wie jene Jagddarstellungen, die von den hellenistischen Zentren des Vorderen Orients ausgehen und sich weit über alle Küstenländer des Mittelmeers verbreiten, sondern die einfache, volkstümliche Jagd mit dem Käuzchen als Köder, durch das die kleinen Vögel auf Leimruten gelockt werden, eine Jagd, die die Bauern Venetiens noch bis vor kurzem als grausames Vergnügen betrieben haben, um den täglichen Maisbrei, die ‹Polenta›, zu bereichern.

In anderen venetischen Reliefs finden sich Züge, die aus der Bronzekunst zu stammen scheinen. So begegnen uns bei Statuen und Reliefs (Stele von Padua) in steife Locken gelegte Haare, die von bronzenen Athletenfiguren der griechischen Klassik abgeleitet sind. Auch diese Formen wurden in der gleichen Art von der mittelalterlichen Kunst wiederaufgegriffen.

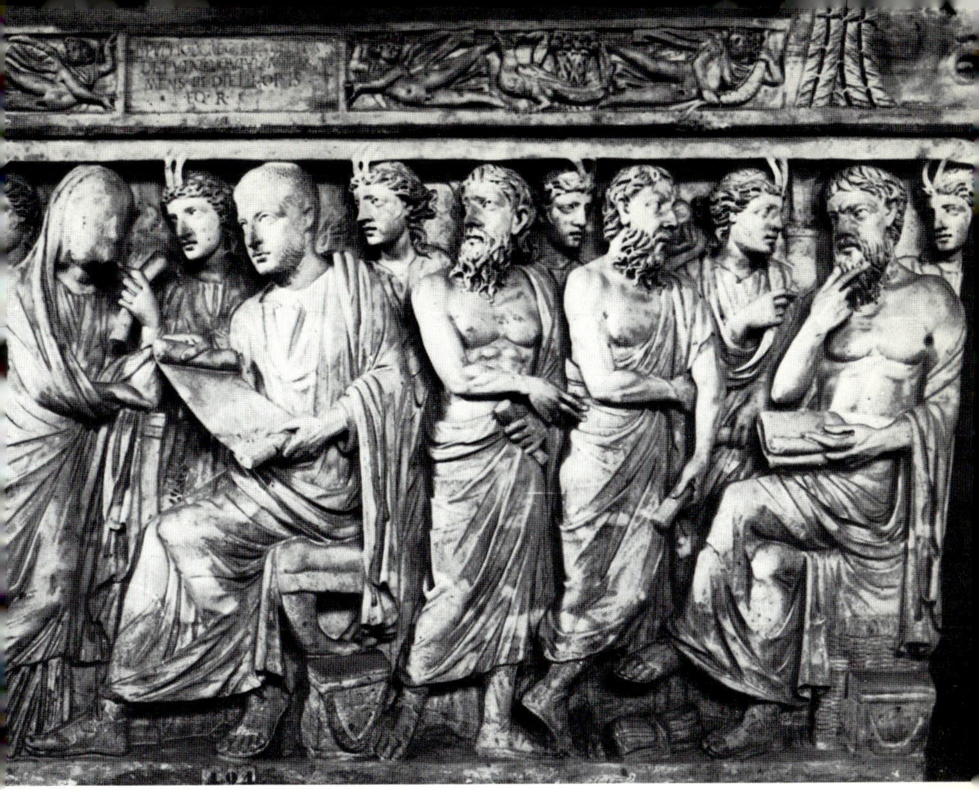

44 – Rom – Sarkophag des Publius Peregrinus. Ausschnitt: Musen und Philosophen – Rom

45 – Rom, Vigna Maccarani – Die Bergpredigt – Rom

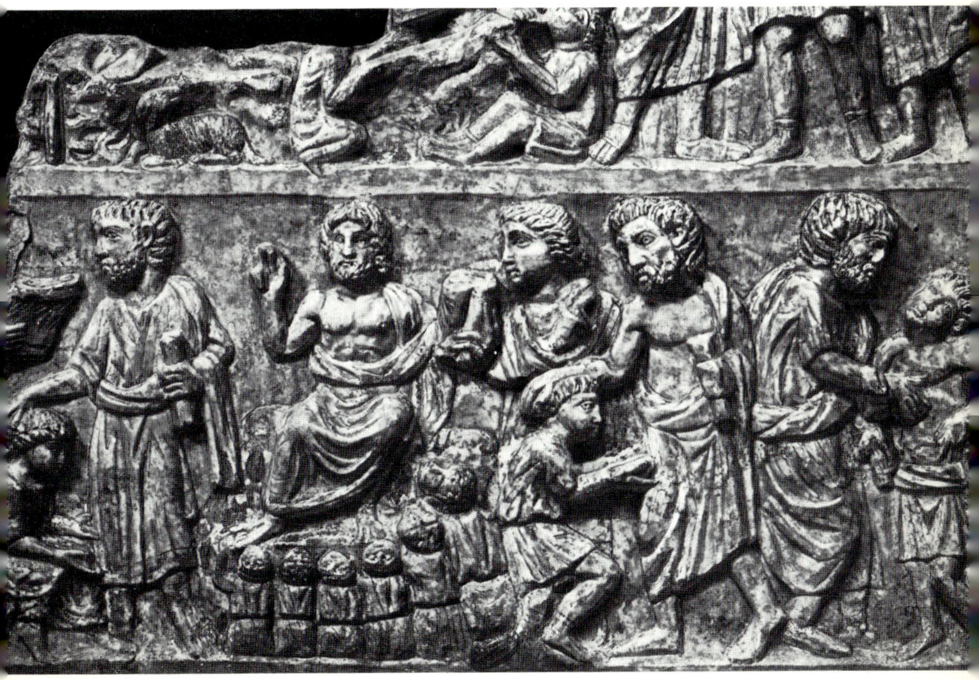

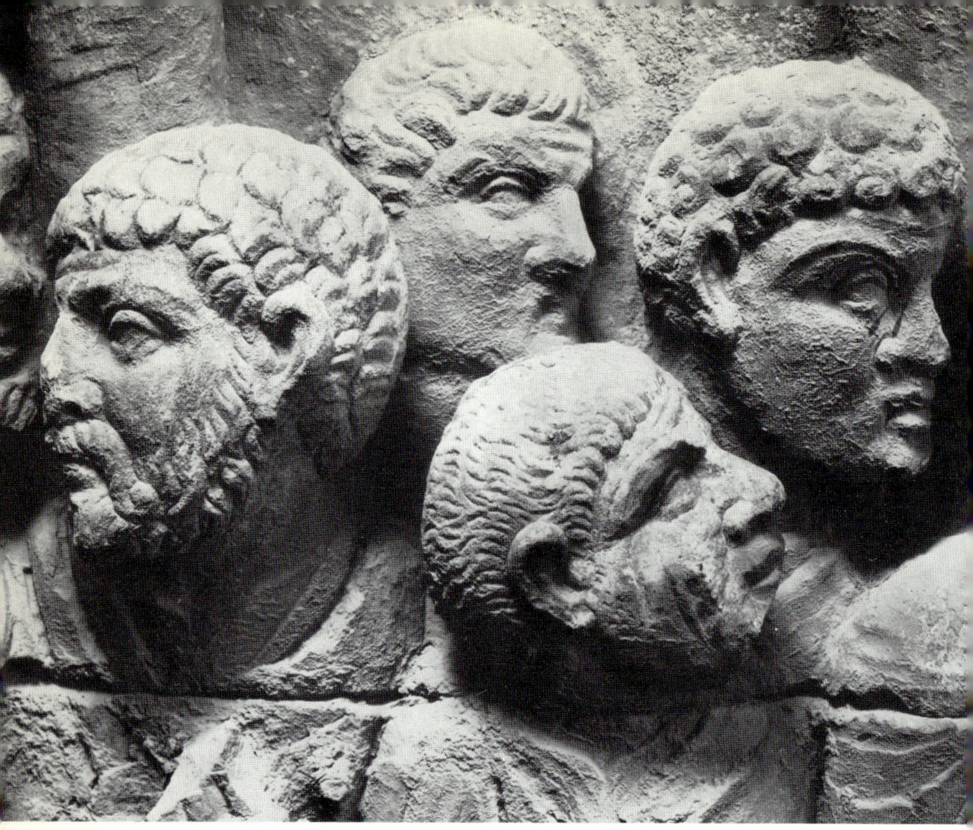

46 – Rom, Constantinsbogen – Rede Constantins (Ausschnitt)

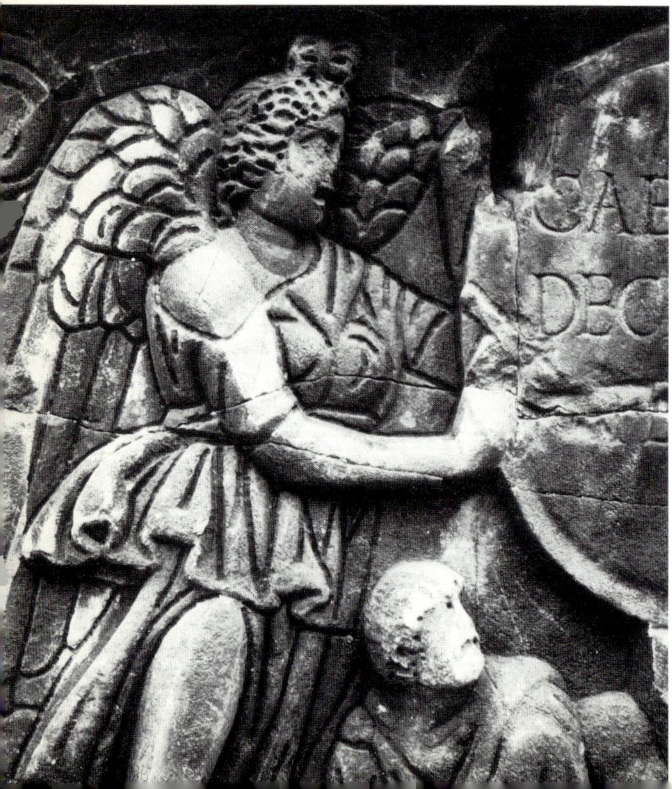

47 – Rom, Forum Romanum – Basis eines Tetrarchenmonuments (Ausschnitt)

Eine gesonderte Betrachtung verdienen schließlich die Kleinbronzen, die sicher zum großen Teil durch wandernde Künstler verbreitet wurden; denn ihren Fundorten nach können sie nicht in lokale Werkstätten eingeteilt werden. Die griechische Kunstindustrie hatte Techniken der Montierung gelehrt, durch die einerseits getrennt gearbeitete Figuren Möbeln und Gefäßen appliziert werden konnten; andererseits ermöglichten sie die Herstellung von Statuetten aus einzeln gearbeiteten Teilen, so daß der gleiche Rumpf, je nachdem, in welcher Haltung ihm Kopf und Glieder angesetzt wurden, für verschieden bewegte Figuren dienen konnte. Statuetten, die klassische und hellenistische Typen wiederholen, sind zu Tausenden hergestellt und in ganz Europa, auch über die Grenzen des Imperiums hinaus, verbreitet worden, ebenso Metallgefäße mit ornamentalen Appliken. Weite Verbreitung fanden auch Paradegeschirre für Pferde oder Schwertgehänge, die vielleicht als Spielpreise verwendet wurden (*baltei*), mit Kampfszenen nach hellenistischen Schemata, die von trajanischer Zeit an, besonders häufig auf Sarkophagen des 3. Jahrhunderts, vorkommen. Das Exemplar in Aosta zeichnet sich durch Genauigkeit der Formen aus; in Brescia ist ein mehr ‹provinzielles› Stück erhalten. Einzelne Figuren finden sich überallhin verstreut: in Velia (Süditalien) und in allen West- und Balkanprovinzen, mit Varianten besonders in den ausdrucksvollen Gestalten fliehender Barbaren zu Fuß oder zu Pferde. Aus dieser Massenproduktion ragen einige Stücke als originale Schöpfungen der städtischen Kultur hervor. In ihnen erkennt man klar, daß es sich nicht um Wiedergaben kleinen Formats nach statuarischen Typen handelt, sondern um Schöpfungen, die für das Format, in dem sie ausgeführt sind, erdacht wurden.

Bis jetzt fehlt es an Forschungen, aus denen man Zentren der Produktion erschließen könnte. In Norditalien sind Werkstätten für Kleinbronzen in Brescia, Aquileia und Veleia (Emilia) nachzuweisen. Zweifellos gab es aber auch hellenistische Stücke aus älterer Zeit, die von Kunstliebhabern gekauft worden waren, und zahlreiche importierte Bronzen. Abweichend vom Stil der italischen Provinzialplastik sind jedenfalls die beiden Figuren von Wasserträgern im Kunsthistorischen Museum in Wien (die zusammen mit vielen anderen Gegenständen aus Montorio Veronese stammen): die eine von ihnen ist ein Original des 2. Jahrhunderts v. Chr., die andere ein späterer Nachguß. Die Figur eines Gefangenen im Museum von Brescia, die zusammen mit einem Gegenstück vor einer Trophäe gestanden haben muß, scheint ein hauptstädtisches Modell vereinfacht zu wiederholen.

Das Zentrum Aquileia muß großen Einfluß auf die östlich angrenzenden Provinzen ausgeübt haben. Aber es muß seinerseits auch über Illyrien Einflüsse und Anregungen aus Makedonien empfangen haben, das zweifellos vom 4. Jahrhundert v. Chr. an eine wichtigere Rolle gespielt hat, als wir heute belegen können. Von Aquileia ausgegangene Formen wie Stelen, die von zwei Löwen oder Sphingen bekrönt werden, Darstellungen der Familie des Toten in rundem Blattkranzrahmen, Grabnischen mit Dreiecksgiebel kommen außer in Illyrien und Noricum bis nach Pannonien und Dakien gleicherweise vor. Das einzige dieser Gebiete, das einige eigene ikonographische und ornamentale Kennzeichen hat, ist Noricum, wo auf eine frühe Eisenkultur eine reiche Metallproduktion in dem von Kelten bewohnten Kärnten (*Carnuntum*, Magdalensberg) gefolgt war. Hier zeigen die Stelen für einheimische Frauen charakteristische Gewandformen und große, an beiden Seiten aufgebogene Hauben. Figuren aus dem Motivschatz der hellenistisch-römischen Grabkunst – zum Beispiel Eros und Psyche auf einem Sarkophag aus *Sirmium* – sind von einem typischen, aus Kurven gebildeten Rahmen umgeben (‹norisches Leistenornament›), der vom Keltischen herkommt und vom 1. bis 4. Jahrhundert bestehen bleibt, sogar noch auf Sarkophagen mit christlichen Darstellungen. Große Verbreitung erlebt das Motiv der Sphinx als Menschenfresserin, einen Menschenkopf in den Klauen haltend, Todesdämon und Grabwächter zugleich, das manchmal (Alba Iulia) durch ein Medusenhaupt ersetzt ist. Das Sphingenmotiv wandert von Norditalien (1. Jahrhundert) nach den Britischen Inseln (2. Jahrhundert), in die Rhein- und Donauprovinzen (2./3. Jahrhundert) und schließlich nach Dakien, nicht aber nach Pannonien und *Moesia superior.*

In diesem Gebiet tragen die militärischen Stelen Darstellungen von Soldaten in Waffen, zu Fuß oder zu Pferde; profane Stelen zeigen Einzel- oder Familienbildnisse oder Motive aus dem Bereich von Kunst und Handwerk. Daneben gibt es Reliefs mit kultischen Themen und Zielen. Aber die profane und die kultische Sphäre vermischen sich häufig. In Makedonien, Thrakien und Moesien jedoch fehlen Handwerksdarstellungen, und militärische Stelen kommen nur vereinzelt vor. In Stelen mit Familienbildnissen ist das sakrale Motiv des ‹Thrakischen Reiters› eingefügt. Diese und andere kultische Darstellungen beherrschen einen großen Teil der Stelen, während der Verstorbene immer heroisiert beim Totenmahl wiedergegeben wird.

Klar heben sich von der lokalen Produktion die importierten Skulpturen ab, die für offizielle Gebäude oder Wohnsitze hoher Beamter und Großgrundbesitzer bestimmt waren. In ihnen spiegelt sich die Kunst Roms im Fortleben der klassischen Typen wider. Maler, die aus größeren Kunstzentren kamen (Makedonien oder Alexandria?), haben Spuren ihres Durchzugs in Werken hoher Qualität hinterlassen, die den mittelmäßigen Malereien der Provinz weit überlegen sind. Dazu gehören die im Landesmuseum in Klagenfurt aufbewahrten, aus einem Gebäude in Magdalensberg stammenden Figuren aus dem griechischen Mythos, die einen Empfangssaal schmückten. Kompositionsschemata einer gehobenen Kunst, die auch durch Illustrationen zu literarischen Texten verbreitet wurden, finden sich auf Grabmosaiken, wie dem des Knaben Aurelius Aurelianus (Split, Museum).

Pannonien und Illyrien besaßen besondere Bedeutung im politischen Leben Roms in der Zeit von Septimius Severus bis Diocletian, der wie die anderen Tetrarchen aus Illyrien stammte. Dieser illyrische und pannonische Beitrag zur

Herrschaft des Reiches im 3. Jahrhundert stellte aber keineswegs – das muß (mit A. Alföldi) betont werden – einen ‹östlichen› Einfluß dar, sondern stand stets im Zeichen Roms als Mittelpunkt des Abendlandes. Die tiefgreifende Romanisierung dieser Gebiete spiegelt sich auch klar im besonderen Charakter ihrer Lokalkunst wider.

Gleichsam als Symbol für die wichtige Rolle, die die illyrischen Kaiser spielten, blieb der riesige Palast erhalten, den Diocletian von 293 an in der Nähe von Salonae erbaute, um sich nach seiner programmatischen Abdankung von 305 dorthin zurückzuziehen, an jene Stelle, die dann vielleicht von dem Palast ihren Namen Split (*Spalatum = s' palatium?*) erhielt. Das gesamte historische Zentrum der Stadt liegt, deutlich sichtbar, über dem Grundriß des alten Palastes, der zum Zufluchtsort der Bevölkerung von Salonae wurde, als die Awaren und Slawen 639 ihre Stadt zerstörten.

Der leicht trapezförmige Grundriß des Palastes hat eine Stirnseite zum Meer hin (157,5 m zwischen den Ecktürmen), die Ost- und Westseite sind 191,25 m und 192,10 m lang. Nach der vierten Seite (150,95 m) fällt das Gelände ab, so daß diese vorn durch starke Substruktionen gestützt wird. Nach dem Meer öffnet sich nur eine bescheidene Tür. Aber die Längsseiten zeigen jeweils in der Mitte großartige Portale zwischen achteckigen Türmen. Von den Toren führen Straßen ins Innere, die sich in der Mitte kreuzen. Die Nordsüdachse ist teilweise von Säulen eingefaßt (Peristyl), die auf einer Seite Zugang zum Tempelbezirk, gegenüber zum achteckigen Mausoleum des Kaisers gewähren, das später in die Kathedrale umgewandelt wurde. In der Fortsetzung der Straße gelangt man über eine unterirdische Treppe zur Pforte am Meer. Die Verbindung von Heiligtum und Wohnpalast entspricht der Auffassung von der kaiserlichen Göttlichkeit. Das Motiv der Säulenstellung mit Archivolten, das sich im Peristyl findet, besitzt architektonisch einen Vorläufer im Tempel des vergöttlichten Hadrian in Ephesos. Die Repräsentationsräume und Privatgemächer nehmen den Flügel am Meer ein, der ganz von einem Korridor mit Fenstern durchzogen wird. Dieser ist in der Mitte und an den Enden durch eine dreigeteilte Säulenstellung mit Gurtbogen unterbrochen, die der Architektur Feierlichkeit und Monumentalität verleiht. Der ganze Palast ist im Grundriß von einem Militärlager abgeleitet, vielleicht im besonderen von den Befestigungen entlang der syrischen Grenze. Aber er zeigt auch Anklänge an Landhäuser der westlichen Provinzen (Front mit Säulenstellung zwischen Ecktürmen).

Der Architekt stammte wahrscheinlich aus dem Osten. In den Einzelformen, in der Anordnung der Räume und im Verhältnis zwischen leeren und gefüllten Wandflächen enthält diese einzige kaiserliche Residenz der Spätantike, die in noch erkennbarer Form auf uns gekommen ist, zahlreiche Elemente, die in mittelalterlichen Wohnpalästen und Burgen wieder auftauchen sollten.

An die mittelalterliche Ikonographie (Schutzmantelmadonna) lassen die Darstellungen eines christlichen Sarkophags denken, auf dem der Gute Hirte unter einer Ädikula mit symbolischen Pfauen von den Figuren des beigesetzten

Ehepaars flankiert wird. Diese sind von Klienten und Bittstellern in kleinerem Maßstab umgeben, abermals ein sprechendes Beispiel für den Ersatz der natürlichen, realen Größenverhältnisse durch hierarchische, symbolische Proportionen, die wir schon in der plebejischen Kunst des 1. Jahrhunderts hatten entstehen sehen und die jetzt die gehobene Kunst und prunkvolle Werke, wie diesen um 320 zu datierenden Sarkophag, völlig bestimmen.

Überall im Gebiet der Donauprovinzen, von Illyrien bis Pannonien und Dakien, finden wir ikonographisch und stilistisch ähnliche Charakteristika. Sie lassen eine Annäherung der römisch-hellenistischen und römisch-plebejischen Formen erkennen, die, nachdem sie viel von den aufgegriffenen Verfeinerungen wieder abgestreift haben, protomittelalterliche Züge annehmen. Ein typischer Fall sind die Votivfiguren der Göttin Nemesis (zuweilen als ‹Königin› verehrt), die sich ziemlich häufig in Dakien finden (Museum von Alba Iulia, dem antiken *Apulum*). Die Geste, mit der die Göttin den Halsausschnitt des Gewandes beiseite schiebt, um als Beschwörung hineinzuspucken, und die in den klassizistischeren Beispielen gut zu erkennen ist, wird hier auf eine Bewegung mit ausgestrecktem Zeige- und Mittelfinger beschränkt, die dem ikonographisch festgelegten Gestus des Redens – und dann in der christlichen Kunst des Segnens – ähnelt. Ein Exemplar wie jenes von *Apulum* (das seit 158 Hauptstadt einer der drei dakischen Provinzen und dann seit 167, nach der Vereinigung der drei Provinzen, Sitz eines Prokurators war) wird in die zweite Hälfte des 2. bis zur ersten Hälfte des 3. Jahrhunderts datiert.

Typisch für den abergläubischen Charakter dieses Kults der Nemesis, der Göttin, die das ungewisse Schicksal der Soldaten lenkt, ist in diesem Exemplar die Inschrift, die berichtet, daß das Gelübde auf Grund eines Traums erfolgte.

Während wir in der Nemesis von *Apulum* die selbständige Umbildung hellenistisch-römischer Formen sehen, lassen andere Denkmäler aus *Noricum* und *Pannonia superior*, die im ursprünglich keltischen Gebiet lagen, ein Wiederauftauchen der älteren einheimischen Grundzüge vermuten. Dies bringt eine Vorliebe für schematische, primitive Formen mit sich, wie sie in der sogenannten La-Tène-Kultur verbreitet waren (Stele des Aurelius Januarius in Budapest; Stele des Aptomarus aus Kärnten, in Deutsch-Altenburg).

Aus dem antiken Bereich Kärntens stammt auch jenes Werk, das die Überlagerung der Formen keltischer Tradition durch die römische Auffassung am deutlichsten zeigt: die einzigartige Stele des Popaeius Senator, die sich noch *in situ* in Matrei (Osttirol), befindet. Sie hat sehr genaue Gegenstücke in den hölzernen Votivbildern, die in einem heiligen Brunnen in Montbouy (jetzt Orléans, Museum) gefunden wurden, oder in anderen aus dem Heiligtum an den Quellen der Seine. Die Stele des Popaeius ist wahrscheinlich in die Zeit unmittelbar nach der römischen Eroberung im Jahre 15 v.Chr. zu setzen (es gibt Stimmen, die sie sogar ins 2. Jahrhundert v.Chr. datieren möchten, als Erinnerung an die erste Öffnung der kärntnerischen Kupferminen für den römischen Handel). Wir dürfen jedoch, auch wenn wir ihre hohe formale Bedeutung anerkennen, nicht vergessen, daß die Verbindung eines als symbolisches Bildnis gemeinten Kopfes mit einem unbelebten Sockel geometrischer Form – die die Griechen in den Hermen nicht ohne ausdrückliche Angabe der Geschlechtsteile gestalten konnten – den Italikern und Römern wohl bekannt war; sie kam auch in Gegenden ohne Beziehung zum Keltischen wiederholt vor und trat noch in der Kaiserzeit auf, wie etwa in der römischen Nekropole von Tarent (vgl. ‹Rom – Das Zentrum der Macht›).

Vergleicht man diese Cippi mit steinernen Votivbildern analoger Struktur, wenn auch abweichender plastischer Form, aus dem Heiligtum im Wald von Halatte (Museum von Senlis), so erkennt man die verschiedene Entwicklung und grundsätzliche Verwandtschaft zwischen Kelten und Italikern, nicht anders als auf dem Gebiet der Linguistik. Diese Verwandtschaft leitet sich vielleicht aus dem fernen gemeinsamen Ursprung in der Lausitz und, wenigstens zum Teil, aus den Wanderungen der Stämme der Urnenfelderkultur her, die in vor- und frühgeschichtlicher Zeit eine gemeinsame Grundlage für den europäischen Westen geschaffen haben.

2. Gallien und der Rhein

Eine besondere Stellung innerhalb der römischen Provinzialkunst kommt der Provinz *Gallia Narbonensis* zu, die etwa dem Gebiet entspricht, das in seinem heutigen Namen ‹Provence› noch die Erinnerung daran bewahrt hat, daß es zur römischen *provincia* par excellence gehörte. Ihr Zentrum, *Narbo Martius* (Narbonne), war die erste Kolonie römischer Bürger jenseits der Alpen (gegründet 118 v. Chr.). Daraus ging die zur Zeit des Tiberius volkreichste Stadt Galliens hervor.

Massilia war es gewesen, das 154 v. Chr. zum erstenmal die Römer gegen die Ligurer zu Hilfe gerufen hatte. Danach hatten sich die Römer zurückgezogen und das Gebiet der alten phokaischen Kolonie wiederhergestellt. 125 wurden sie abermals gerufen, diesmal gegen die Vocontier und Salluvier. 124/123 nahm der Konsul Sextius Calvinus die Hauptfestung der Salluvier, Entremont, eine Stadt mit Mauern nach regelmäßigem, unter griechischem Einfluß entstandenem Plan. In der Nähe gründete er die römische Festung *Aquae Sextiae* (Aix-en-Provence). Im folgenden Jahr wurden die Römer von den Aeduern um Hilfe gebeten, wiederum gegen die Salluvier und die Allobroger, auf deren Seite sich der starke Stamm der Arverner stellte. Als auch diese geschlagen waren, wurden die eroberten Gebiete zu einer Provinz zusammengefaßt, der *Gallia Narbonensis*.

Diese Gegenden waren seit Jahrhunderten vom Einfluß griechischer Kultur durchdrungen, der von der alten griechischen Handelsstation *Massilia* (Marseille) ausging. Marseille stand aber auch in engem Kontakt mit Rom, wenigstens seit der Mitte des 3. Jahrhunderts, als sich der Zweite Punische Krieg ankündigte. Die Einwirkung der hellenistischen Kunst, die selbst noch in der Plastik der *Gallia Narbonensis* aus römischer Zeit zu erkennen ist, konnte jetzt durch archäologische Ausgrabungen nachgewiesen werden. In *Glanum* (Saint-Rémy-de-Provence) kann man klar drei aufeinanderfolgende Phasen unterscheiden.

Die hellenistische Kolonie entwickelte sich bis etwa 100 v. Chr. in Abhängigkeit von *Massilia.* Dann wurde sie innerhalb eines halben Jahrhunderts romanisiert und schließlich, was Städtebau und Monumente anlangt, nach der Eroberung *Massilias* durch Caesar im Jahre 49 v. Chr. völlig umgeformt. Diese endgültige Einnahme des Gebiets von *Massilia* erfolgte, später als die Eroberung des zwischen Atlantik und Rhein gelegenen Gallien (58–51 v. Chr.), im Krieg gegen Pompejus, der sich in Spanien festgesetzt hatte. Danach behielt *Massilia* nur einen Schein städtischer Selbständigkeit unter dem Namen einer freien und verbündeten Stadt. Das Zentrum der römischen Provinz wurde *Lugdunum* (Lyon), eine Kolonie von Italikern mit vollem Stadtrecht seit 43 v. Chr., Sitz einer Garnison und einer tätigen Münzstätte. In *Lugdunum* verfügte Augustus die erste Volkszählung Galliens und gab dem Land eine endgültige Ordnung.

Die neuesten Forschungen über die Denkmäler von *Glanum* (H. Rolland, G. Ch. Picard) haben ergeben, daß als Datum für den Tempel des Gottes Glan, der *Matres Glanicae* und der *Valetudo* die Zeit um 39/38 v. Chr. festgesetzt werden kann. Der Tempel wurde von Agrippa gestiftet, als er nach dem Vertrag von Brindisi zwischen Octavian und Marc Anton von Gallien Besitz ergriff. In die Jahre 35 bis 25 fällt die Errichtung des Grabes der Julier. Die Kapitelle seines quadratischen Hauptgeschosses folgen dem italischen Hellenismus. Die Kapitelle des Aufsatzes, der einem griechischen Rundtempel (*tholos*) gleicht, sind stärker hellenistisch, aber nicht später. Dieses Denkmal zeigt wiederum, daß der augusteische Klassizismus auf das Zentrum Rom und die Hofkunst, die unmittelbar auf ihn zurückging, beschränkt blieb. In *Glanum* lebte wie anderswo in der *Gallia Narbonensis* eine hellenistische und eine hellenistisch-italische Tradition fort, die auch schon vor der römischen Besetzung Fuß gefaßt hatte. Dies wird durch mehrere in Füllmauern aus römischer Zeit gefundene Kapitelle mit männlichen und weiblichen Köpfen zwischen diagonalen Voluten über einem Blattkranz bestätigt – ein aus Großgriechenland stammender Kapitelltypus, der im 3. und 2. Jahrhundert auch in Etrurien verbreitet war (Forum von Paestum, Gräber in Vulci und Sovana). Diese Kapitelle von *Glanum* können wahrscheinlich in die Mitte des 2. Jahrhunderts v. Chr. datiert werden. Einige der Köpfe sind mit den *torques* geschmückt, dem massiven, typisch gallischen Halsring, und alle zeigen – ebenso wie die in starre Kanneluren verwandelten Adern des Blattwerks – eine Härte und geometrisierende Schematik der Ausführung, die sie klar als Werk einheimischer Handwerker ausweisen. Diese folgen den gleichen Tendenzen, die später auch die gallo-römische Kunst charakterisieren. Ein Kapitell mit Köpfen und Voluten ist auch in *Argentorate* (Straßburg) gefunden worden; es stammt vermutlich aus dem 3. Jahrhundert n. Chr.

Der Bildhauer, der die großen Felder des Juliergrabes ausführte, gehörte zwar derselben Stilrichtung an, fühlte sich aber mit größerem Verständnis in hellenistische Neigungen ein. Daß seine Kompositionen von Malereien abgeleitet sind, hatte ich bereits vor dreißig Jahren dargelegt, ein Vorschlag, der jetzt allgemein angenommen wurde, ebenso wie die Vermutung, daß es sich hier um hellenistische Vorlagen handelte. Es ist nicht auszuschließen, daß dabei Mittelitalien eine Vermittlerrolle spielte (wie G. Ch. Picard 1964 vorgeschlagen hat). Die Verbreitung hellenistischer malerischer Kompositionen im mittelitalischen und etruskischen Kunsthandwerk ist noch zu untersuchen, ein Problem das sich bei Sarkophagen mit Schlachtendarstellungen, bei den Bildern der Aschenurnen – besonders in Tarquinia, Volterra und Chiusi – und anderen Denkmälern stellt. Jedenfalls ist festzuhalten, daß sich der Meister von *Glanum* einerseits an die lokale Provinzialkunst anlehnen konnte, andererseits an die – in der Provinzialkunst ebenfalls widergespiegelte – hellenistische Kunst. In dieser Hinsicht ist seine Kunst ein Vorläufer dessen, was sich in Rom am Ende des 1. Jahrhunderts und dann im 2. Jahrhundert nach dem Zwischenspiel des augusteischen Klassizismus mit der Rückkehr zu hellenistischen Vorbildern vollzog. Dies ist in der Formensprache wie auch in der Wahl mythologischer statt profaner Themen zu beobachten. Dem Meister der ‹gesta Trajani› sollte es vorbehalten sein, dieser Tradition und diesem Stil auf dem Gebiete des Historischen höchsten Ausdruck zu verleihen.

Der Meister von *Glanum* setzt seine gemalten Vorbilder in die Plastik um, indem er sich eines sehr flachen Reliefs bedient. Dieses wird unterstrichen und begrenzt durch eine Rille, die wie eine Vorzeichnung der Figurenumrisse erscheint. Dadurch verleiht er den Bewegungen außerordentliche Leichtigkeit und erreicht eine große räumliche Freiheit, die, obgleich mit zeichnerischen Mitteln erzeugt, malerisch wirkt.

Diese technische Einzelheit, die mit der besonderen Formensprache übereinstimmt, ist selbst in bescheidenen Werken der *Gallia Narbonensis* anzutreffen. Daß hier eine eigene Tradition geschaffen wurde, zeigen einige große öffentliche Werke wie der Bogen von Carpentras und der Ehrenbogen von Orange. Der Bogen von Orange wird allgemein aus historischen und epigraphischen Gründen in die Zeit des Tiberius datiert. Seinem Stil nach könnte er auch früher sein. Ein interessantes Symptom, das diese Kunstströmung bestimmen hilft, liegt jedenfalls darin, daß ein bedeutender Gelehrter, der sich allein auf stilistische Formvergleiche stützt, darauf besteht, die Reliefs in das frühe 3. Jahrhundert, in severische Zeit, zu datieren (P. Mingazzini). Läßt man die epigraphischen Datierungsmöglichkeiten im Hinblick auf weitgehende Ergänzungen außer Betracht, so sprechen die historischen Gegebenheiten doch für die Zeit des Tiberius, vor allem aber die Tatsache, daß die Reliefs des Bogens von Orange sich mühelos in die Kunst der ersten Hälfte des 1. Jahrhunderts der *Gallia Narbonensis* einfügen. Dies darf jedoch nicht zu der irrigen Annahme verleiten, die Provinz eilte der Hauptstadt voraus. Vor allem anderen entwickelt die *Gallia Narbonensis* eine Kunst hellenistischer Herkunft, die man nicht dem Kunstschaffen der anderen westlichen Provinzen gleichstellen kann. Schon in den Reliefs des Juliergrabmals in Saint-Rémy-de-Provence lassen sich Elemente aufzeigen, die hier früher als auf der Trajanssäule aufzutreten scheinen, die aber in Wirklichkeit nicht Vorwegnahmen, sondern fortbestehende hellenistische Züge sind, die unabhängig von irgendeinem narbonensischen Einfluß – der tatsächlich unvorstellbar wäre – von der flavischen und trajanischen Skulptur wiederaufgenommen werden. Im übrigen sollten die Werke, die wir in diesem Band, auch wenn sein Umfang begrenzt ist, zusammenstellen, deutlich erkennen lassen, daß die in der westlichen Provinzialplastik zu beobachtende Abwendung von der Tradition des Naturalismus in Einzelformen – auch wenn die Kompositionsschemata noch hellenistisch sind – die Spätantike ebenso ‹vorwegnimmt›, wie dies in Latium die Plebejerkunst tut. Im Falle des Bogens von Orange scheint noch niemand auf die Eigenart der Kompositionen in der Attika hingewiesen zu haben, deren Reliefs sich schroff vom Grund abheben, ohne eingefaßt zu sein, eine Besonderheit, für die sich weder in der griechischen noch in der römischen Skulptur eine Parallele findet. Wohl aber gibt es genaue Parallelen dazu in hellenistisch-etruskischen Sarkophagreliefs von Tarquinia, wo diese Technik aus dem Brauch abgeleitet war, in Formen gepreßte, im allgemeinen vergoldete Terrakottareliefs auf Holzkästen zu applizieren. Wir finden solche Reliefs außerdem auf Sarkophagen der hellenistischen Nekropole von Tarent und aus Südrußland.

All dies bestätigt, daß immer dann, wenn sich die hellenistische Tradition abschwächt und mit ursprünglichen, ‹unverbildeten› Tendenzen mischt, Formen entstehen, die der typisch spätantiken Formensprache nahekommen. Die spätantiken Formen können also nicht von äußeren formalen Einflüssen abgeleitet werden, sondern sie sind aus dem Innern der Kultur des Imperiums selbst hervorgegangen.

Als eines der wirkungsvollsten Werke, die unter dem Einfluß des Hellenismus in lokalen Werkstätten der *Gallia Narbonensis* geschaffen wurden, muß die dramatische Grabstatue der Medea gelten, die die Tötung ihrer Kinder beschließt (Arles, Museum). Wir kennen diese Ikonographie in der statuarischen Plastik anderswo nicht. Bei dieser Figur mit dem wild aufbrausenden Antlitz und der leidenschaftlichen Körperbewegung handelt es sich wahrscheinlich um die gelungene Wiedergabe eines hellenistischen Vorbilds, das der narbonensische Bildhauer durch die Vereinfachung dramatisierte. Daß das Thema in der Gegend nicht unbekannt war, wird durch einen Sarkophagdeckel in einheimischem Stein bezeugt (Marseille, Museum), wo Medea im Giebel erscheint, während die Akroterien zwei andere Episoden aus dem griechischen Mythos zeigen: Odysseus und Eurykleia und Ödipus mit der Sphinx; deshalb können andere vorgeschlagene Deutungen wegfallen.

Außer der *Gallia Narbonensis*, die durch ihre eigentümliche Situation eine Sonderstellung im ausgedehnten Gebiet Galliens und Germaniens einnimmt, sind in der Kaiserzeit zwischen Atlantik, Rhein und oberer Donau verschiedene künstlerische Produktionsstätten mit verschiedenen Charakteristika zu unterscheiden. Es wäre jedoch schwierig – und wahrscheinlich unzutreffend –, diese Unterschiede auf die Besonderheiten der gallischen und germanischen Stämme zurückführen zu wollen, die diese Gebiete besetzt hatten und in Sprache und Sitte voneinander abwichen. Die Romanisierung vereinheitlichte ihre Kultur in den zwei Jahrhunderten, in denen die Römer unter den vorher in ständiger Fehde liegenden Volksstämmen den Frieden aufrechterhielten. Es war die längste Friedenszeit des Abendlandes während der Antike. Die Auswirkungen einer so langen Periode der Sicherheit können wir uns vorstellen, wenn wir bedenken, wie segensreich für das moderne Europa allein die vierundvierzig Friedensjahre zwischen 1870 und 1914 waren. Zu den unmittelbaren Folgen solcher Friedenszeiten gehört wirtschaftliche und kulturelle Einigung. So entstand aus den römischen Provinzen des Westens ein großes Ganzes, und auch wenn man verschiedene Bildhauerwerkstätten in den Provinzen annehmen muß und unterscheiden kann, so bildeten sie doch alle, die *Gallia Narbonensis* ausgenommen, eine weitreichende kulturelle Einheit. Nur die Merkmale dieser Einheit können wir hier auf dem Gebiet der Kunst verfolgen, da in einer Gesamtdarstellung des Imperiums, wie sie hier gegeben werden soll, kein Raum für Einzelanalysen bleibt.

Die Zeit allgemeiner Sicherheit, die in Italien im Jahre 167 mit dem Einfall der Quaden und Markomannen endete, währte in Gallien länger; erst 253 wurde hier das erste Alarmzeichen gegeben. Ihm folgte dann der verheerende Einfall von 276, der alles städtische Leben lähmte.

Die Kunst Galliens und der Rheinlande in römischer Zeit ist zweifellos besonders interessant, in mehr als einer Hinsicht: vor allem, weil sie in barbarischem Gebiet entsteht, das – immer mit Ausnahme der *Gallia Narbonensis* – kaum und nur vereinzelt Berührung mit der griechischen Kunst gehabt hatte, die im ganzen Mittelmeerraum verbreitet war. Dies findet man nirgendwo sonst; denn in Spanien, Afrika und der Balkanhalbinsel bestand seit langem eine Beziehung zur griechischen Kunst. In den westlichen Provinzen Europas und in Britannien wird also die römische Kunst in ein Gebiet verpflanzt, das auf seine Kunstäußerungen beschränkt war, auch wenn es in ihnen besondere Verfeinerung erlangt hatte. Vor allem wirkte sich die einheimische Kunstübung auf dem Gebiet der Ornamentik (in Metall) aus und äußerte sich in abstrakten, nicht naturalistischen Formen unter unbedingter Bevorzugung der gekrümmten Linie, wie noch in römischer Zeit Werke von den Britischen Inseln zeigen. Diese Linie beschreibt sich schlängelnde Läufe: sie hebt sich, ähnlich dem Aufblähen einer Fischblase, und kehrt wieder in sich selbst zurück. Es sind ornamentale Spiele, die sich aus einer grundsätzlich figurenfeindlichen Auffassung entwickelten, die in der jüngeren Steinzeit entstanden und weit verbreitet war (man denke an die Keramiken von Cucuteni und Tripolje in der Ukraine). Aus dieser dem keltischen Gebiet eigenen Kunst hatte sich im Westen die La-Tène-Kultur entwickelt, die bis zur römischen Okkupation im Stadium der fortgeschrittenen Eisenzeit verharrte. Außer den Werken der Metallkunst, die zuweilen kostbare Einlagen von farbigem Email erhielten, müssen auch Holzplastiken vorhanden gewesen sein. Von diesen sind wenige, fast ungeformte Reste, die schon aus römischer Zeit stammen, auf uns gekommen, wie die Statuetten, Köpfe, Tiere und Körperteile, die 1963 an den Quellen der Seine gefunden wurden und in die Zeit des Caligula und des Claudius zu datieren sind (R. Martin, 1964).

Die uns bekannten keltischen Steinskulpturen stammen allgemein aus später Zeit, aus den ersten Jahren nach der römischen Eroberung. Die einzigen älteren sind die Skulpturen aus Entremont, der 123 v.Chr. von den Römern eroberten und zerstörten Festung. In ihnen ist der Brauch, die abgeschlagenen Köpfe besiegter Feinde in Wandhöhlungen auszustellen, auf Stein übertragen worden. Als Idee sind diese ‹têtes coupées› der Säulenhalle von Entremont rein keltisch, in der Form jedoch zeigen sie schon den von der *Gallia Narbonensis* ausgehenden hellenistischen Einfluß. Aber vorher war auch die Form der menschlichen Figur schematisch, im Aufbau von neolithischen Darstellungen abgeleitet.

Diese einheimische Kultur ‹primitiven› Charakters also wurde von der römischen Kunst, sowohl von der hellenistischen ‹gebildeten› Richtung wie auch von der plebejischen Strömung, überlagert. Wir können feststellen, daß bei dieser Überlagerung in der Kaiserzeit die ‹kultivierte› Richtung keine vitale Kunstströmung hervorbringt: sie beschränkt sich auf eine in der Tat provinzielle, vergröbernde Nachahmung von Skulpturen, die aus Rom oder den Zentren Griechenlands und der kleinasiatischen Küste importiert wurden. Dagegen findet die kommemorative Kunst der römischen Mittelklasse, die Plebejerkunst, in dieser Umgebung Gelegenheit, sich freier zu äußern und zu entfalten. Diese in Mittelitalien entstandene plebejische Kunstströmung, die die hellenistischen Anregungen nie wirklich verarbeitet hatte, weil sie der im Grunde figurenfeindlichen, primitiven italischen Kunst – die der keltischen nicht unähnlich war – widersprachen, ist mehr als jede andere als verantwortlich für die Entstehung der Provinzialkunst des Westens oder, wie wir lieber sagen möchten, der europäischen Kunst Roms anzusehen.

Dies scheint natürlich, wenn wir bedenken, daß die Provinzialkunst den Bedürfnissen der gleichen sozialen Schichten diente, für die in Rom und den Städten Mittelitaliens die Plebejerkunst entstanden war. Den lokalen Beamten, Freigelassenen und Kaufleuten entsprachen in den Provinzen die Verwaltungs- und Militärbeamten, römische Kaufleute und mehr oder weniger romanisierte Einheimische, auch Soldaten. Deshalb finden wir auf den Grabstelen Bilder von Soldaten, Handelsszenen und Handwerkerdarstellungen, Wiedergaben von Zinszahlungen, aber auch Familienszenen.

Natürlich verändert sich diese römische Plebejerkunst, die in die Provinzen verpflanzt wird, sie bleibt nicht dieselbe und erlebt in den Werkstätten der Provinz verschiedene Entwicklungen. Der Kunst Norditaliens noch nahe ist die Stele des 9 n. Chr. in der Schlacht im Teutoburger Wald gefallenen Marcus Caelius (Bonn, Landesmuseum). Dann jedoch werden in den einzelnen Gebieten Elemente aus östlichen hellenistischen Werkstätten aufgenommen, aus denen Steinmetzen, im Osten ausgehobenen Truppen folgend, hergekommen sein müssen. Verarbeitet werden ferner – wenn auch in den seltensten Fällen in ausgesprochener Weise – Elemente der einheimischen Kunsttradition, die hier wie auf den Britischen Inseln keltisch ist (wie auch iberische Elemente in Spanien, thrakische in Thrakien und Moesien). Vor allem aber schaffen die Werkstätten der Provinzen dann im Gefolge einiger Steinmetzen von profilierterer künstlerischer Persönlichkeit eigene Formen und Traditionen, die Abwechslung in das gemeinsame Stilbild bringen.

Wenn wir die provinzial-römische Skulptur des Westens als Nachfolge und Entwicklung der Plebejerkunst betrachten, die sich in Rom am Ende der republikanischen und zu Anfang der Kaiserzeit klar herausgebildet hatte, so hat man unserer Meinung nach ein Problem mühelos und überzeugend gelöst, auf das manche weit hergeholten Erklärungen verwendet wurden. Vor allem kann damit der immer wieder auftauchende Irrtum entfallen, an der Entstehung der Provinzialkunst seien etruskische Meister beteiligt gewesen. Was für etruskisch gehalten wurde, ist nichts anderes als das, was die römische Richtung der Pleberjerkunst vom italischen Hellenismus in sich aufgenommen hatte. Wer im Hinblick auf die verschiedenen Zuströme die Bezeichnung ‹Kunst Roms› ablehnt und statt dessen die allgemeine Benennung ‹Kunst des Imperiums› vorziehen möchte, erläge unseres Erachtens einem doppelten Irrtum. Einmal würde er mit einem gemeinsamen Ausdruck etwas bezeichnen, was gar nicht einheitlich ist; denn die westlich-europäischen, die östlich-kleinasiatischen und die nordafrikanischen Provinzen sind ihrer Eigenart und Entwicklung nach verschieden. Jedes Gebiet ist relativ einheitlich in sich und wird auch von den anderen getrennt betrachtet. Das einzig Gemeinsame – und nicht immer – ist das, was jedes Randgebiet der antiken Welt aufweist: daß die hellenistische Form einwirkt, aber nicht verarbeitet wird. Der zweite Irrtum läge darin, daß damit in der europäischen Provinzialkunst des Westens nicht die römische Wurzel anerkannt würde, die stärker ist als jeder andere Beitrag. Es gibt, möchten wir sagen, keine Provinzialkunst, die das ganze Imperium einschließt, sondern in den westlichen Provinzen eine ‹europäische Kunst Roms›, die das Gebiet zwischen Norditalien, den Provinzen Pannonien, Illyrien und Dakien, Spanien und den Britischen Inseln umfaßt und die in Gallien einige größere Zentren hat: in den Provinzen *Belgica, Aquitania, Lugdunensis,* wie auch in *Germania superior* und *inferior.*

An dieser europäischen Kunst Roms ist nicht nur die Untersuchung ihrer Entstehung und ihres Verhältnisses zu Rom von Interesse, sondern auch die

Bestimmung ihrer Formensprache und Thematik. Diese werden sich auf weite Sicht als eines der konstituierenden Elemente der mittelalterlichen Kunst jener Gegenden erweisen, und zwar bilden sie, wie wir hinzufügen wollen, stets ein grundlegendes volkstümliches Element neben dem später einsetzenden byzantinischen Zustrom, der, gebunden an besondere Züge des christlichen Kults und seiner Hierarchie, allzeit gebildeten Charakter haben sollte und damit in gewissem Sinne die Rolle übernahm, die in der Kunst der römischen Zeit der Hellenismus gespielt hatte, in dem ja die byzantinische Kunst unmittelbar wurzelt. Auf einem Relieffragment aus Saintes etwa, das eine Zinszahlung (oder einen Freikauf?) darstellt, wirken die beiden Frauengestalten in den langen Gewändern von Toul wie ferne Vorahnungen der französischen Kathedralskulptur der Gotik. Die Kunst der europäischen Provinzen stellt also ein wichtiges Teilstück im komplexen Bild des Übergangs von der Antike zum Mittelalter dar. Dies bestätigt deutlich unsere Auffassung, daß ein solcher Übergang nicht durch äußere Einflüsse hervorgerufen wird, sondern durch die innere Umwandlung der römischen und romanisierten Welt selbst.

Gallien war in drei Gebiete – *Aquitania, Lugdunensis* und *Belgica* – aufgeteilt. Das erste umfaßte die Zentren von Cher und Gers, Périgueux und die Gegend von Bordeaux; das zweite Lyon, Chalon-sur-Saône, Autun, Orléans, Paris (*Lutetia*); das dritte Reims, Metz, Épinal, Bar-le-Duc, Arlon und auch die Stadt Trier, die im 4. Jahrhundert besonderes Gepräge als kaiserliche Residenz und damit Mittelpunkt der Hofkunst erhielt. *Germania superior* schloß die Zentren der Schweiz und des Elsaß mit *Argentorate* (Straßburg) und *Magontiacum* (Mainz) ein und damit Hauptstädte, die sich in der Nähe großer Militärlager befanden. Die wichtigsten Mittelpunkte von *Germania inferior* waren *Castra Bonnensia* (Bonn) und *Colonia Agrippinensis* (Köln).

Die meisten Denkmäler der Provinzialkunst sind durch Zufall gefunden worden; nur bei den wenigsten bieten kontrollierte Fundumstände Anhaltspunkte zur Datierung. Daher und weil auch ausreichende Spezialuntersuchungen noch fehlen, kann man Besonderheiten der verschiedenen Gegenden noch nicht erkennen und die Werke noch nicht in eine Entwicklungslinie einordnen, obwohl diese Linie existiert. Sicher ist, daß seit dem 1. Jahrhundert des Kaiserreiches die Grundzüge dieser Kunst festliegen, wodurch bestätigt wird, daß sie eine schon vorher in Rom und der italienischen ‹Provinz› bestehende Kunstströmung fortsetzt. Doch wir finden kein bewußtes Arbeiten an künstlerischen Problemen (es ist ein Irrtum, von einem bewußten Gegensatz zur klassischen Form zu sprechen). Wir haben eine Kunstproduktion vor uns, die sich über einem gemeinsamen Nenner von Mal zu Mal und von Ort zu Ort wandelt. Darum ändern sich auch die Stilmerkmale, die wir im 1. Jahrhundert n. Chr. finden, nicht wesentlich bis zum Ende des 3. Jahrhunderts, als durch die Germaneneinfälle der ‹kultivierten› Kunstübung ein Ende gesetzt wurde (Abb. 50). Von da an fehlt der Beitrag dieser lokalen Werkstätten, die in dem wenigen, was sie noch produzieren, einen rapiden Stilverfall zeigen, eine Barbarisierung, die nur vereinzelt ein Emporkommen des keltischen Erbes verrät, öfter aber in reine Primitivität abgleitet, wie man sie noch am Ende des 7. Jahrhunderts in römischem Gebiet auf Grabstelen antrifft (Stele von Niederdollendorf, Bonn, Museum).

Es ist wohl nicht zu gewagt, zu behaupten, daß von den drei Distrikten Galliens Aquitanien, das in vorrömischer Zeit eine besondere Blüte erlebt hatte, die originellsten Werke und am häufigsten Vorformen mittelalterlicher Kunst (‹Protoromanik›) hervorgebracht hat. Wir nennen nur einige Beispiele, wie die Pfeilerstele des Zimmermanns Mansuetus aus Saint-Ambroix und die Statuette eines Jagdgotts aus Touget (Gers), die fast jede Erinnerung an ein hellenistisches Vorbild abgestreift hat (beide im Museum von Saint-Germain-en-Laye).

Die Darstellungen der griechisch-römischen Götterwelt sind tatsächlich ein ‹provinzielles› Echo auf die gehobene Kunst. Als Bestätigung dafür, wie wichtig das kaufmännische Leben war, herrscht die Figur des Merkur vor. Auch Diana und Apollo behalten ihre hellenistische Ikonographie unverfälscht bei, und ebenso das für einen barbarischen Künstler ungewöhnliche Bild der nackten Venus. Daher ist auch bei den dem griechisch-römischen Pantheon angeglichenen Lokalgottheiten der Widerschein der bestehenden Typologie zu spüren, von einigen Besonderheiten abgesehen, wie dem Sitz einiger männlicher keltischer Gottheiten mit untergeschlagenen Beinen (‹Schneidersitz›, ‹Buddhasitz›). Doch für die kleineren Gottheiten, für die es keine Entsprechung im klassischen Pantheon gibt, werden originellere Figuren geschaffen, und an ihnen kann man besser einen neuen Stil erkennen. Dazu gehört der Wald- und Jagdgott aus Mont-Saint-Jean, Sarthe (in Saint-Germain-en-Laye), mit Bogen und Jagdmesser, der ursprünglich Hörner trug.

Die Werkstatt von Bonn schuf verschiedene Denkmäler für die ‹aufanischen Matronen› (*Matronae Aufaniae*), lokale Gottheiten noch ungeklärter Art. Diese Denkmäler fand man bei Grabungen (1928–1930) unter dem jetzigen Dom. Sie waren als Baumaterial wiederverwendet und sollten einige Sarkophage der römischen Nekropole und aus fränkischer Zeit, in denen man die Reste christlicher Märtyrer vermutete, in einer Kultkapelle verschließen. Sie können aus epigraphischen Gründen zum Teil sicher datiert werden und stammen aus der Zeit zwischen 138 und 161. Sie wurden von hohen Offizieren, Centurionen und Soldaten der römischen Garnison (*Legio I Minervia*) und ihren Ehefrauen gestiftet. Von einigen Soldaten wird mitgeteilt, daß sie im Osten gekämpft hätten; bei anderen bezeugt der Name eine Herkunft aus griechisch sprechenden Gebieten; wieder andere waren Italiker. Ihre Herkunft beeinflußt aber keineswegs den Stil der gestifteten Skulpturen, der einheitlich ist. Durch Inschriften, die Beamte der Zivilverwaltung setzen ließen, ist das Fortleben des Kults bis zum Jahr 235 bezeugt.

Hier liegt ein besonderer Fall vor: es ist eine lokale Werkstatt, ohne daß man von primitiver Kunst reden könnte. Ihre Schöpfungen sind von hoher Qualität und einer wenn auch lokalen, so doch durchdachten Kunst zuzusprechen, die die Großartigkeit römischer Inschriften erreichte und eine eigenständige Typologie für diese einheimischen Gottheiten erfand, die auch, und sei es nur aus Diplomatie, von den hohen römischen Funktionären verehrt wurden. Der strenge Faltenstil der langen Gewänder und das eigentümliche, aus Dolden bestehende Blattornament wirken wie Vorwegnahmen gotischer Formen. Das gleiche kann man von weniger hoch entwickelten Skulpturen aus *Germania superior* (Torso aus Nancy, in Straßburg) sagen. Dem klassischen Stil noch ferner stehen andere aus Gallien stammende Kultfiguren, wie die mächtige Figur einer Matrone in Caen, die wie eine ‹Caritas› des Mittelalters von zwei kleineren Gestalten begleitet wird. Sie fand zahlreiche Nachfolgerinnen, so in großem Format aus Naix-aux-Forges (bei Bar-le-Duc) und in kleinem Maßstab an verschiedenen Orten.

Bemerkenswert ist, daß sich in allen Provinzen die römischen Beamten am Kult der einheimischen Gottheiten beteiligen. So steht im Kölner Römisch-Germanischen Museum, um ein weiteres Beispiel zu nennen, ein Reliefaltar mit einer Opferszene, der von Titus Flavius Constans (165–167 *Praefectus praetorio*) der Göttin Vagdavercustis dargebracht wurde. Ebenso finden wir in Dakien häufig Widmungen an Gottheiten esoterischer Kulte und selbst an die Schlange Glykon, das Produkt eines bekannten Betrugs. Besonders charakteristisch ist die Widmung des Quadrumvir der *Colonia Ulpia Traiana* Sarmizegetusa an die *dei patrii* Malachbel und Bebellahamon, Benefal und Manavat, für die er einen Tempel mit Apsis hatte bauen lassen (Museum von Deva in Siebenbürgen).

Besonders wichtig in ikonographischer und künstlerischer Hinsicht ist unter den Kultdarstellungen Galliens eine Gottheit, die offensichtlich mit Jupiter gleichgesetzt ist: ein berittener Gott, der einen schlangenfüßigen Giganten niederwirft und im allgemeinen auf einer reliefierten oder glatten Säule aufgestellt wurde. Hier handelt es sich zweifellos um einen Kompromiß zwischen der einheimischen und der römischen Religion wie auch um eine Anleihe an die hellenistisch-römische Ikonographie. Fragmente solcher Gruppen sind äußerst zahlreich und überallhin verstreut. Die meisten Abwandlungen erfuhr die Figur des Giganten, in der man offenbar der einheimischen Freude am Grotesken, Märchenhaften und Monströsen, die auch aus anderen Werken spricht, freien Lauf gelassen hatte. Sie äußert sich noch in den in Frankreich und Deutschland geschaffenen Fabelwesen des Mittelalters.

Die gleiche Vorliebe offenbart sich auf großartige Weise in der eindrucksvollen Gruppe eines Löwen, der einen Gladiator zu Boden wirft, in Châlon-sur-Saône (wo auch im Mittelalter ein produktives, eigenständiges Bildhauerzentrum bestehen sollte). Hier dient der Helm des Gladiators dazu, das menschliche Haupt in ein phantastisches Bild zu verwandeln, und der Löwe nimmt unmittelbar die zahlreichen Löwen an Portalen und Kanzeln der großen mittelalterlichen Kirchen vorweg. Diese Freude an der Wiedergabe von Wildheit und Schmerz findet sich in den ‹têtes coupées› keltischer Tradition wie in den Figuren menschenfressender Ungeheuer (die ‹Tarasque›), die uns die Skulptur der römischen Zeit in Gallien und Spanien beschert hat. Die kultisch gebundene Kunst geht also von provinzialisierten hellenistisch-römischen Figuren zu Werken über, die mit dem einheimischen Erbe verknüpft sind. Dieses erschafft, bereichert durch die römische Form, neue Bilder, die keine Vorläufer in der Antike haben, wohl aber Nachkommen in der mittelalterlichen Architekturplastik.

Das offizielle Kaiserbildnis ist in den Provinzen gewöhnlich durch Importstücke oder sklavische Nachahmungen solcher Werke vertreten. Aber es gibt auch einige Ausnahmen, die in das ausgehende 2. und das beginnende 3. Jahrhundert gesetzt werden können. Ein etwa doppelt lebensgroßer und daher als Kaiserbildnis bestimmbarer Kopf stammt aus der Nähe von *Argentorate* (Straßburg). Diese Stadt erlitt 235 in den Kämpfen um die Thronfolge schwerste Schäden. Dadurch entstand eine aus Brandspuren und Schutt gebildete, archäologisch deutlich erkennbare Schicht, die für Skulpturen aus der Stadt selbst einen festen zeitlichen Anhaltspunkt bietet. Der genannte Kopf ist damit allerdings nicht zu datieren, weil er aus der Umgebung stammt (Eckbolsheim). In diesem Kreis und in diesem Fall sind stilistische Ableitungen zu schwankend und auf zu unsicheren Daten aufgebaut. Die offizielle Ikonographie scheint durch den einheimischen Künstler abgewandelt worden zu sein, so daß keine Sicherheit zu erlangen ist. Die Zuschreibung des Porträts an einen der rasch abgelösten Kaiser des Jahres 238, Pupienus, ist, auch wenn man eine Ausführung um einige Jahre früher annimmt (J. J. Hatt), wenig befriedigend wegen des Abweichens von beglaubigten Porträts. Die früher vorgeschlagene Identifizierung (R.E. Forrer) mit Antoninus Pius ist ikonographisch einleuchtender. In jedem Fall ist das Werk interessant in der Vereinfachung der Flächen und der zeichnerischen Wiedergabe der Runzeln (es scheint mir aber nicht angängig, dieses Detail aus der keltischen Metallkunst oder der italischen Terrakottaplastik ableiten zu wollen). Ähnliche Beobachtungen kann man an dem Bronzebildnis im Rheinischen Landesmuseum in Bonn machen, in dem man Gordianus III. (238–244) hat erkennen wollen.

Wir müssen also unterscheiden zwischen der Grabplastik für Soldaten, Kaufleute und Beamte, die sich nach der plebejischen Kunstströmung Roms richtet, und den Skulpturen religiösen und offiziellen Inhalts, die dort, wo die hellenistisch-römischen Vorbilder nicht sklavisch nachgeahmt werden, zu bemerkenswerten Lösungen gelangen.

Zu erwähnen bleibt noch die Tatsache – die hier nur angedeutet, aber nicht, wie es nötig wäre, als kulturelles und ätiologisches Problem untersucht werden kann –, daß selbst bei Darstellungen aus der antiken Mythologie Bilder geschaffen werden können, die der europäischen Plastik des Mittelalters näherzustehen scheinen als der Antike. Man betrachte die Stele aus Briançon mit der hellenistischen Wagenfahrt der Eroten im Fries, während oben Andromeda zwischen dem Drachen und ihrem Befreier sich in der Weiträumigkeit einer Renaissancelünette ausbreitet. Oder man sehe die auf einem Relief aus Vaison-la-Romaine mit kindlich naiver Frische erzählten Taten des Hercules.

Beispiele einer Kunst, die komplexer und ihrer Mittel bewußter ist als die Grabplastik in Stein, finden wir in den Bronzefiguren. Sie entstanden offensichtlich in Ateliers, die von erfahreneren Künstlern – wahrscheinlich von Gießereimeistern aus Norditalien – geleitet wurden, denn formal wirken die Bronzen einheitlich. Das Bildnis eines Jünglings, wohl eines einheimischen Häuptlings, im Historischen Museum in Bern bietet ein gutes Beispiel dafür. Auch das Münzbild des Nationalhelden Vercingetorix gehört in diese Richtung. Ausdrucksvoller ist der weibliche Kopf aus Avenches in vergoldeter Bronze, der ursprünglich vielleicht zu einer Trophäe gehörte. Er ist ein großartiges, besonders treffendes Beispiel für jene Darstellungen leidender gefangener Barbaren, die wir in der Einleitung betrachteten.

In Orléans sind zahlreiche Kleinbronzen sehr primitiver Form gefunden worden, die mit den lokalen Holzskulpturen in Verbindung zu bringen sind. Es gibt auch Beispiele hellenistischer, aber in derb geometrischer Weise vereinfachter Formen, die an die Köpfe der Kapitelle von *Glanum* erinnern; sie treten noch in der Kaiserzeit auf.

3. Die kaiserliche Residenz Trier

Trier an der Mosel, in der Provinz *Belgica*, erlangte gegen Ende des 2. Jahrhunderts als Verteidigungsstützpunkt gegen den Druck der germanischen Stämme Bedeutung. Im 3. Jahrhundert wählten es die Kaiser des gallischen Sonderreiches (Postumus 258–267, Laelianus 267, Victorinus 268–270, Marius 270, Tetricus 270–273) zur Residenz, bis Claudius Gothicus die westlichen Provinzen wieder zur Anerkennung Roms bewegen konnte. 275/276 fielen die Franken und Alamannen in Trier ein. Dennoch bestimmte Diocletian es 287 zur Hauptstadt des Westteils des nunmehr in vier Regionen geteilten Reiches. Es war kaiserliche Residenz zur Zeit der Kämpfe zwischen Constantin und Maxentius. Hier wurde vielleicht die Vermählung Constantins mit Fausta gefeiert, der Tochter Maximians, der vor Constantin geflohen war und dem jetzt der Titel Augustus zuerkannt wurde. Der zu diesem Anlaß (im Jahre 307, wahrscheinlich am 31. März) verfaßte Panegyricus, der beiläufig eine Malerei kommemorativen Charakters im Palast von Aquileia (VI, 2) erwähnt, betont den urbanen Glanz der Stadt. Dieser steigerte sich noch unter Valentinianus I. und unter Gratianus. Ausonius, der alte Lehrer der Rhetorik in Bordeaux, nach Trier berufen, um den jungen Gratianus zu erziehen, wurde, als dieser Kaiser war, am Hof gehalten und mit wichtigen Ämtern betraut, bis er 378 *Praefectus Galliarum* und im folgenden Jahr Konsul wurde. Ein eher eleganter als gehaltvoller Dichter, Christ als Mitläufer und ohne Glaubenseifer (obwohl

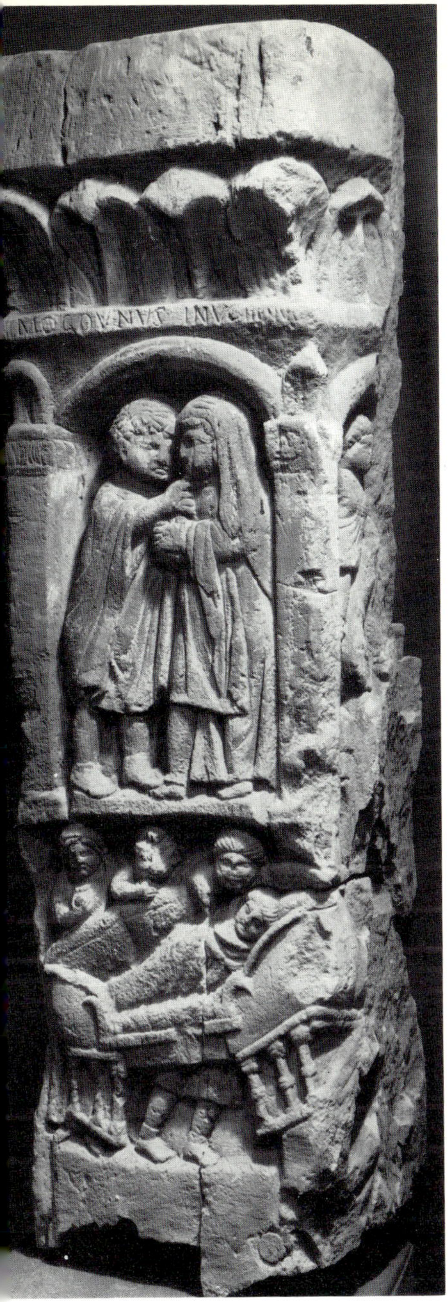

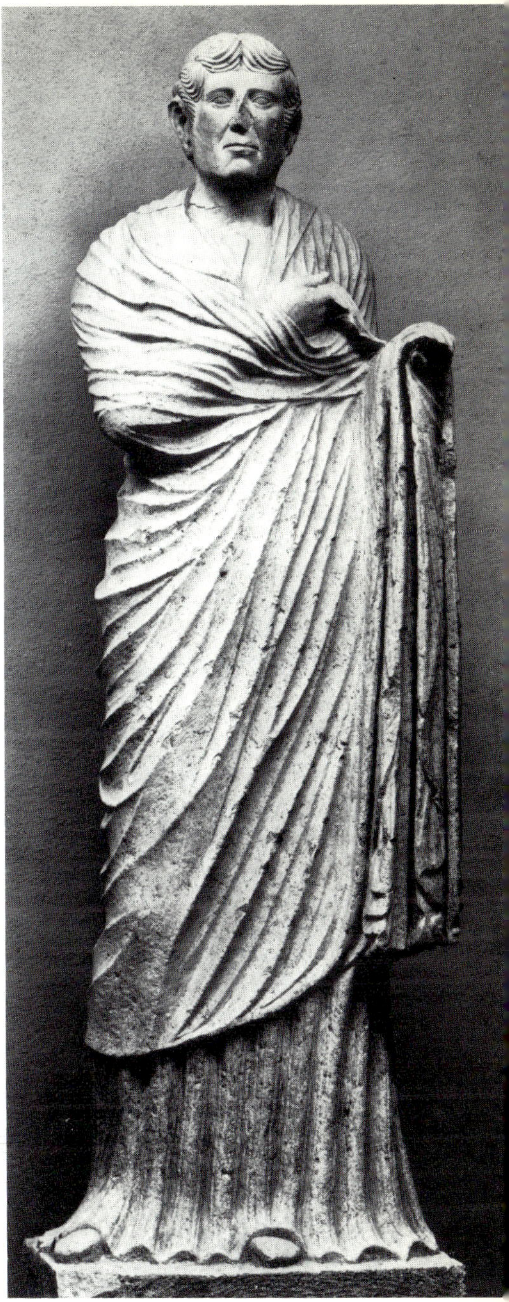

48 – La Malmaison – Grabpfeiler (Fragment) – Bar-le-Duc
49 – Aquileia – Grabstatue einer Frau – Aquileia

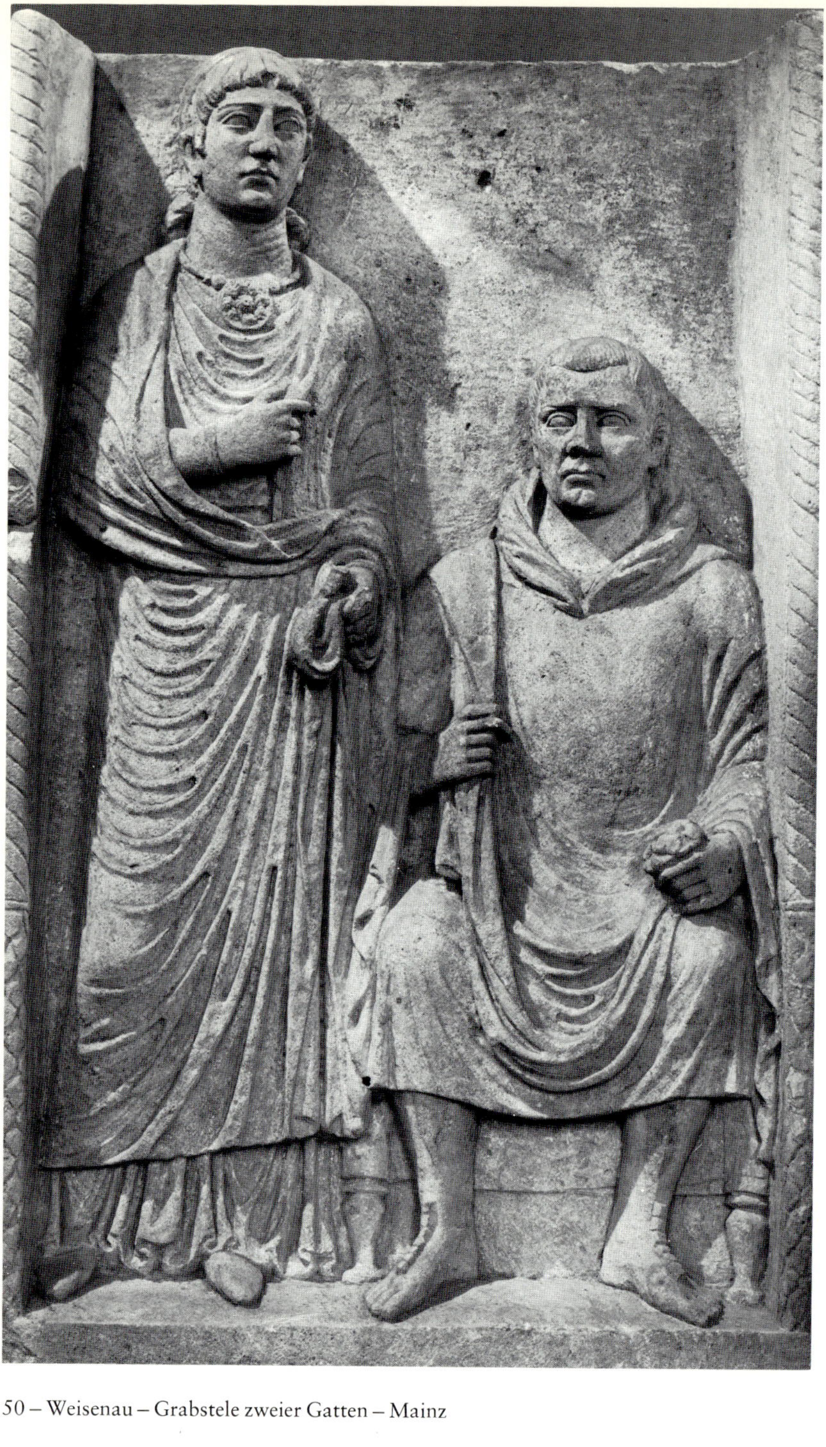

50 – Weisenau – Grabstele zweier Gatten – Mainz

aus seiner Schule in Bordeaux der bedeutende christliche Dichter Paulinus von Nola hervorging), findet er doch echte Töne, wenn er die Anmut der jungen Sklavin Bissula besingt, die ihm einige Jahre vorher als Kriegsbeute zugefallen war. Sein in derselben Zeit entstandenes Gedicht über die Mosel spiegelt den Lebensstil des offiziellen Milieus wider. Aber wir lernen darin auch den regen Verkehr auf dem Fluß kennen, von dem ein mit Fässern beladenes Schiff auf einem Grabdenkmal in Neumagen zeugt. Es ist mit bärtigen Männern besetzt, die der Wein in träumerische Stimmung gebracht zu haben scheint. Nach dem Einfall des Usurpators Maximus im Jahre 383 flüchtete Gratianus nach Lyon. 403 verlegte Stilicho den Hof nach Ravenna, die Präfektur Galliens nach Arles, und Trier verfiel.

Natürlich ist in diesem höfischen Milieu kein Widerhall der typischen Provinzialkunst zu finden. Die Architekturdenkmäler, wie die Porta Nigra, die Aula Palatina – die sogenannte Basilika –, die von Constantin erbauten Zwillingskirchen, die Reste der Bauwerke Gratians, sind großartige Werke, die mit den Bauten Roms wetteifern können. Bei jüngeren Ausgrabungen in einer der Kirchen, die 326 auf den Ruinen einer früheren Residenz errichtet wurde, sind Buntputzstücke zutage gekommen, die die Rekonstruktion einer Kassettendecke ermöglichen; sie sind ein kostbares Zeugnis der constantinischen dekorativen Malerei. Brustbilder von Figuren mit und ohne Nimbus (Abb. 51) wechseln mit rechteckigen Feldern, in denen geflügelte Putten zu tanzen scheinen. Wir übergehen verschiedene Hypothesen über die Bestimmung des Saals, die alle nicht zu belegen sind. Einen Hinweis auf die allgemeine Bedeutung dieser Dekoration als Ausdruck der Freude und Glückseligkeit (A. Alföldi, 1955) kann uns der Vergleich mit einem Goldmedaillon Constantins geben, auf dem neben sehr ähnlichen Putten mit Girlanden die Legende steht: ‹*Gaudium Augusti Nostri*›. Wichtig für die Bestimmung des constantinischen Stils sind die scharf geschnittenen Formen, die nicht mehr in ein Nebeneinander heller und dunkler Flecken aufgelöst sind, sondern ein festes Relief, körperhafte Dichte in genauen, sauberen Umrissen vor unbegrenztem blauem Grund zeigen. Trotz der wenigen erhaltenen Fragmente der Wanddekoration ist zu erkennen, daß die Wände eine Scheinarchitektur trugen: über einem Sockel in Marmorimitation waren Pilaster, zwischen ihnen Felder mit lebensgroßen Figuren gemalt – ein Rückgriff also auf die erste Phase des zweiten pompejanischen Stils, das heißt eine Wiederaufnahme des klassizistischen Typus. Auch die weiblichen Köpfe der Decke zeigen eine klassische Fülle und Festigkeit. Später werden wir diesen constantinischen Klassizismus näher zu beschreiben suchen. Hier sei nur erwähnt, daß er den Übergang zum karolingischen Klassizismus bildete, der sich fünfhundert Jahre später am Hof von Aachen, nicht weit von Trier, entwickelte.

Als Erzeugnisse eines raffinierten Kunsthandwerks, das im 2., 3. und 4. Jahrhundert große Verbreitung finden sollte, müssen wir die Schöpfungen der Glaswerkstätten von Köln erwähnen. Mit der Entdeckung, daß die Glasmasse nach Belieben bearbeitet und modelliert werden kann, wenn man durch ein Rohr Luft hineinbläst – eine Entdeckung, die wahrscheinlich am Ende des 1. Jahrhunderts v. Chr. in Phoinikien gelang –, wurde die Glasherstellung zur Massenproduktion, und die Kenntnis davon gelangte aus den ägyptischen und phoinikischen Werkstätten nach Italien (vor allem Aquileia), Gallien und Germanien; eine besondere Entwicklung erlebte sie seit augusteischer Zeit in Köln. Platten, Tassen, Gläser, Fläschchen und Amphoren wurden in gefärbtem oder naturfarbenem Glas hergestellt, oft in der Form geblasen. Charakteristisch für die Glaswerkstätten von Köln sind die ‹Schlangenfadengläser›, bei denen Fäden aus verschiedenfarbiger Glaspaste auf die Gefäßwand aufgelegt wurden, und Gläser mit anderen Applikationen (Fische, Vögel, ‹Rüssel›). Diese Verzierung der Gläser setzt im 2. Jahrhundert ein und kommt im 3. Jahrhundert zu voller Entfaltung. Im 4. Jahrhundert wird die virtuose Technik der geschnittenen Gläser entwickelt, bei denen die Wandung von einem mehrere Millimeter vor ihr schwebenden Netz umhüllt zu sein scheint. Diese *diatreta* genannten Gläser waren in der Antike wegen ihrer Kostbarkeit berühmt. Auch die Glaskunst nimmt also im 4. Jahrhundert einen elitären Charakter an, der erkennen läßt, daß sie für den kleinen Kreis der obersten Gesellschaftsschicht bestimmt war.

4. Die Iberische Halbinsel

Die Kunst der römischen Zeit auf der Iberischen Halbinsel unterscheidet sich deutlich von der Kunst der anderen westlichen Provinzen des Festlands. Die Gründe hierfür sind leicht erkennbar: während sich in den anderen Provinzen zum Zeitpunkt der römischen Besetzung noch barbarische, in sich gefestigte Stämme zusammengeschlossen hatten, unterhielten die Völkerschaften der spanischen Halbinsel von alters her umfangreiche Beziehungen zu den Griechen und westlichen Phoinikern (Puniern) und hatten durch den entscheidenden Anstoß des Hellenismus eine eigene künstlerische Kultur von hohem Niveau entwickelt. Schöpfer dieser iberischen Kunst waren die Völker Andalusiens und Südostspaniens gewesen, während die Stämme im Norden auf ländlichem Niveau und künstlerisch im Bereich der keltischen Kultur stehengeblieben waren. Ferner wurde das allgemeine künstlerische Niveau dadurch gehoben, daß iberische Söldner in Sizilien und Griechenland unter den Karthagern gedient hatten. Als drittes Element trat hinzu, daß die Römer sich sehr früh in Ostspanien festsetzten: *Hispania citerior* wurde 197 v. Chr. zur Provinz unter einem im Süden, in *Carthago Nova*, residierenden Praetor erklärt. Der südwestliche Teil der spanischen Halbinsel (*Hispania ulterior*) war schon seit dem Zweiten Punischen Krieg (218–201) teilweise romanisiert; er diente dann als militärische Basis sowohl für die Eroberung des Nordwestens der Halbinsel (*Lusitania*) wie im Kriege zwischen Caesar und Pompejus (es war das Gebiet der kostbaren Silber- und Kupferminen). Bei der durch Augustus 27 bis 19 v. Chr. durchgeführten Neuordnung erhielt der Süden den Namen *Baetica* und wurde zur Provinz erhoben, die einem Prokonsul von senatorischem Rang anvertraut war. *Lusitania* wurde von *Hispania ulterior* losgelöst, erhielt als Hauptstadt *Emerita Augusta* (heute Mérida) und wurde einem Legaten unterstellt. Der Osten, *Hispania citerior*, blieb mehr oder weniger im früheren Zustand bis zur Zeit Diocletians, der Ende des 3. Jahrhunderts Asturien und andere Gebiete unter dem Namen *Tarraconensis* vereinigte; Hauptstadt wurde Tarragona, das 260 stark unter dem Einfall der Franken und Alamannen gelitten hatte.

Aus all diesen Gründen hat die iberische Oberschicht die offizielle römische Kunst besser als andere Gebiete in sich aufgenommen und dadurch die Entstehung einer eigentlichen Provinzialkunst verhindert. Sie hatte eine eigene künstlerische Entwicklung hinter sich, die stark vom Hellenismus durchsetzt war. Von dieser iberischen Kunst finden sich noch Nachklänge in der Plastik aus römischer Zeit, nicht als Grundsubstanz, sondern als freie und originelle Interpretation der offiziellen römischen Kunst.

Zu den ältesten Zeugnissen dieser Kunst gehören die Fragmente aus Osuna in der Provinz Sevilla, die ursprünglich vielleicht zu einem Denkmal zu Ehren der Siege Caesars über die Pompejaner in *Colonia Iulia Genetiva Urbanorum Urso* gehörten. Sie sind also um 45 v. Chr. zu datieren. Am bezeichnendsten von diesen Fragmenten ist das Relief eines hornblasenden Legionärs (Madrid, Museo Arqueológico Nacional). Es kann als typisches Beispiel für diese römisch-iberische Kunst angesehen werden, sowohl mit seinen hellenistischen Reminiszenzen – das Flattern des Gewandes und das Standmotiv – wie auch mit Elementen, die aus der kommemorativen Tradition der römischen Plebejer- und Municipalkunst stammen, und mit charakteristisch lokalen Zügen wie Flachheit des Reliefs und zeichnerische Wiedergabe des Details.

In die gleiche Richtung gehören einige Grabstelen mit Handwerksdarstellungen, die hier allerdings seltener als in den mitteleuropäischen Provinzen vorkommen. Fragmente einer solchen Stele aus der Gegend von Córdoba mit der Darstellung eines Mannes, der Oliven aus einem Sack in ein Gefäß schüttet, das einem *modius* ähnelt, weisen auf den reichen Olivenertrag in der *Baetica* hin (vgl. Plinius, ‹Naturalis historia› XV, 3; Martial XII, 63, 1ff.).

Auch die zahlreichen Porträts, wenn sie nicht geradezu aus stadtrömischen Werkstätten stammen – wie die schöne, in Spanien gefundene Frauenbüste des ausgehenden 2. Jahrhunderts im Museum in Boston –, stehen den besten Werken der italienischen städtischen Kunst an künstlerischem Rang nicht nach, während Eigenheiten der Gesichtsbildung und Haartracht sie als lokale Schöpfungen erkennen lassen: so das weibliche Terrakottabildnis im Museo Arqueológico Provincial in Sevilla aus der *Baetica*, das Bildnis im Museo Arqueológico in Mérida (Abb. 52) aus *Lusitania* und der Bronzekopf im Museo Arqueológico in Barcelona aus der *Tarraconensis*. Diese Beispiele aus

Marmor, Terrakotta und Bronze, alle drei aus der zweiten Hälfte des 1. Jahrhunderts – der als ‹Zigeunerin› bekannte Kopf aus Mérida entstammt wohl neronischer Zeit, die beiden anderen sind flavisch – zeigen die besondere Begabung der Künstler, das Charakteristische eines bestimmten somatischen Typus zu erfassen und mit einfachen plastischen Mitteln wiederzugeben.

Auch die spanischen Kleinbronzen, die Gebrauchsgegenständen (Gefäßen, Zaumzeug) appliziert waren, heben sich von den Kleinplastiken der übrigen Provinzen ab. Die Kupferminen, die von den ältesten Zeiten an abgebaut wurden, dürften die Bildung lokaler und wandernder Werkstätten begünstigt haben. All diese Bronzen zeichnen sich durch besondere Lebendigkeit der Komposition und Einfachheit im Detail aus; wichtig sind nicht die Einzelheiten, sondern stets das Ganze. Man betrachte die Zügelführung eines Zaumzeugs mit einer Amazonomachie, auf der das alte Motiv der vom Pferd gezogenen Amazone, das aus der griechischen Kunst des 5. Jahrhunderts v. Chr. stammt, mit großer Ungezwungenheit vergegenwärtigt ist. Ein anderes Beispiel mit einer fragmentarisch erhaltenen Jagdszene, bei der ein Berittener von einem Fußgänger mit Hund begleitet wird, weist ungewöhnliche Frische und Natürlichkeit der Komposition auf. Beide Stücke sind zwischen dem Ende des 2. und der ersten Hälfte des 3. Jahrhunderts zu datieren.

Im Norden der Halbinsel, in der Nähe der Pyrenäen und der Biskaya, finden sich häufiger Reste der vorausgehenden Kultur, die hier zum Teil keltisch ist und viel seltener – an manchen Orten niemals – mit griechischer und phoinikischer Kultur in Berührung gekommen war. Im Gebiet um Burgos zeigen die Grabstelen einen scharf eingeschnittenen Dekor, der oft eine Rosette enthält, die direkt aus der Tradition der Holzbearbeitung (Kerbschnitt) stammt. Neben diesen Formen und dieser Technik findet man Reliefdarstellungen, die ebenfalls mehr eingeschnitten als modelliert sind, nur flache Erhebung und lineare Umrisse zeigen und sich eher an die keltische La-Tène-Kultur anlehnen als an die römische Plastik. Für die Bildthemen (Jagd, Krieg, der heroisierte Verstorbene beim Totenmahl) gilt das gleiche. Diese Stelen halten sich ziemlich unverändert vom 2. bis zum 4. Jahrhundert, und es ist beinahe überraschend, inmitten einer so primitiven Ornamentik eine lateinische Inschrift in edler römischer Majuskel zu sehen.

Wertvolle Denkmäler der Malerei aus römischer Zeit sind auf der Iberischen Halbinsel nicht erhalten; es muß aber solche gegeben haben. Die Mosaiken, die wiederentdeckt wurden und dem 1., 2. und 3. Jahrhundert entstammen, zeigen keine Besonderheiten: sie gehören zu der durchschnittlichen Produktion, die nach ikonographischen Schemata (‹Kartons›) arbeitete, wie sie im ganzen Reich verbreitet waren. Es gibt genügend Kriterien, nach denen sich die Herkunft solcher Vorbilder aus Rom wie aus den Zentren der afrikanischen Küstenländer bestimmen läßt. Die eine wie die andere Provenienz ist ohne Schwierigkeiten zu erkennen. Vielleicht kann man, soweit die kaum begonnenen Studien in dieser Richtung es erlauben, ein Vorherrschen römischer

Vorbilder bis zum Ende des 2. Jahrhunderts feststellen, während vom 3. Jahrhundert an afrikanische Vorlagen überwiegen. Besonders in Mérida und Italica sind schwarzweiße Mosaiken gefunden worden, die gleichzeitigen Denkmälern in Ostia entsprechen, während in den mitteleuropäischen Provinzen das schwarzweiße Mosaik praktisch unbekannt war. Auch von dieser Seite zeigt sich das iberische Kunsthandwerk in direktem Kontakt mit Rom. Es ist übrigens die Zeit, in der Spanien dem römischen Senat seine besten Kaiser schenkte: Trajan und Hadrian.

Im 4. Jahrhundert kommen dagegen Grabmosaiken vor, die direkte Parallelen in Afrika besitzen (Nekropole von Tabarka, Tunesien). Gegen Ende des 4. Jahrhunderts ist auch auf der iberischen Halbinsel der Auflösungsprozeß zu beobachten, der für alle Randgebiete der römischen Welt charakteristisch ist. In dieser Zeit der Zersetzung vermischen sich auch zufällig aus anderen Gebieten aufgenommene ikonographische Elemente mit spontanen Äußerungen volkstümlicher Kunst, so daß Werke aus verschiedenen Gebieten aufhören, sich zu ähneln. Diese Auflösung traditioneller ikonographischer Schemata nimmt auf der Iberischen Halbinsel besondere Formen an. Dafür sind das Mosaik des *Dominus Dulcitius* (Museum in Pamplona) und das mit ‹*ex officina Anniponi*› signierte Werk (Museo Arqueológico in Mérida) anzuführen. Beide schmückten – das erste in der *Tarraconensis*, das zweite in *Lusitania* – die Villen reicher Großgrundbesitzer. Das Mosaik des *Dominus Dulcitius* aus einer Villa bei Tudela zeigt den durch die Inschrift bezeichneten Herrn auf der Jagd, umgeben von einem schematischen vegetabilischen Dekor. Es kann fast kein Zweifel darüber bestehen, daß sich das ikonographische Motiv von einer der Silberplatten mit der Darstellung eines zur Jagd galoppierenden Fürsten herleitet, die für die sasanidische Kunst des 4. Jahrhunderts charakteristisch sind (und sich bis zum 6. Jahrhundert halten). Vom Gebiet von Tudela ist es nicht weit zum Golf von Biskaya, wohin seefahrende Kaufleute Stoffe und Silber aus dem iranischen Raum gebracht haben können.

Dagegen zeigt das in der Nähe von Mérida gefundene Mosaik aus der Werkstatt eines Anniponus (oder Annius Ponus?) die für Randgebiete typische Auflösung hellenistisch-römischer Vorlagen, wobei eigenwillig ausgedeutete ikonographische Motive der Tradition mit ornamentalen einheimischen Elementen vermischt sind. Die einzelnen Figuren sind dem Motivschatz der Sarkophage mit Dionysos, der schlafenden Ariadne und dem Bacchuszug entnommen. Aber die Gestalten haben keinen Zusammenhang untereinander und sind durch Rosetten getrennt, wie wir sie ähnlich auf der Stele in Burgos finden. Die ursprünglichen Pflanzenornamente hingegen sind in gewellte und eingerollte Linien verwandelt; und Dionysos hat die Tracht und Haltung eines Bürgers angenommen. Der ausführende Meister allerdings muß stolz auf sein Werk gewesen sein, wenn er seinen Namen daraufsetzte. Dies ist ein charakteristischer Zug jener spätesten Erzeugnisse der Randgebiete, und wir finden eine Parallele hierzu – für die Auflösung der Komposition wie für die Prahlerei mit dem Werk – in dem Mosaik mit zwei Szenen (Dionysos; Hippolyt und Phaidra) aus Scheich Sueda in Ägypten.

Das Mosaik des Anniponus zeigt, ebenso wie andere Werke in Spanien und auf den Britischen Inseln, daß in den westlichen Randgebieten des Reiches die Überlieferung der antiken Form völlig erlischt, auch wenn die Erinnerung an die hellenistische Ikonographie erhalten bleibt. Im Gegensatz zu dem, was wir in den Provinzen des östlichen Mittelmeerraums sehen werden, geht hier jede Strenge, jede Einheit des Stils verloren, und sei es auch die eines von der hellenistischen Tradition abweichenden oder dieser entgegengesetzten Stils. Am Ende des 4. und am Anfang des 5. Jahrhunderts erhebt sich die ohnehin stark zurückgegangene künstlerische Produktion der Randgebiete nicht mehr über das Niveau eines volkstümlichen Handwerks, da die formale Bindung an die Antike abgerissen ist – wobei wir Ikonographie allein nicht als formalen Wert ansehen – und eine abweichende eigene Tradition nicht mehr geschaffen werden kann. Die gleiche Diskrepanz in bezug auf die Tradition findet man auch in den christlichen Sarkophagen aus Écija oder Quintanabureba in der Provinz Burgos und aus Alcaudete, wo Elemente, die östlichen Vorbildern entlehnt sind, bei der Übernahme durch einheimische Künstler entstellt werden, bei denen Formelemente der alten iberischen Tradition wiederaufzuleben scheinen (vgl. H. Schlunk, 1962, 1965). Die antike Tradition geht verloren, ohne daß ein neuer Stil entsteht. Dieser sollte sich erst unter dem Einfluß der merowingischen Kunst und später mit der großen katalanischen Malerei des 10. Jahrhunderts herausbilden.

5. Die Britischen Inseln

Die Kunst der römischen Zeit bringt auf den Britischen Inseln offizielle Werke mit mehr oder weniger starkem provinziellem Einschlag hervor, außerdem Werke, die für die Randkulturen charakteristisch sind; die antike Ikonographie bleibt in ihnen erhalten, während die Formensprache sich zersetzt und jeden stilistischen Zusammenhang verliert. Daneben blüht ein lokales, vom keltischen Erbe getragenes Kunsthandwerk, das durch die römischen Techniken wohl veredelt ist, in der Form aber eigenständig bleibt. Jedenfalls sollten aus diesem Erbe später Formen und Motivschatz der in den irischen Klöstern gepflegten Miniaturmalerei hervorgehen.

Die Zersetzung der klassischen Form geschieht hier durch einen inneren Prozeß und ohne äußere Einflüsse. Vielleicht könnte man eine Berührung mit den Provinzen *Lusitania* und *Tarraconensis* annehmen. Aber die offizielle Kunst, die im Auftrag der höheren Beamten geschaffen wird, folgt den Kunstströmungen der festländischen Zentren selbst, wie Trier oder Rom.

Die Britischen Inseln waren nicht leicht zu beherrschen. Der Stammesadel widersetzte sich dem Verlust seiner Unabhängigkeit, und obgleich seine Führer und Stammesfürsten auf ihre Münzen lateinische Legenden prägten und sich unter den Schutz des Augustus und des capitolinischen Jupiters stellten, bewahrten sie doch in ihren Bräuchen und Gesinnungen größtmögliche Eigenständigkeit. Die Römer mußten immer starke Streitkräfte auf der Insel unterhalten. Caesars Landung im Jahre 55 v.Chr. wurde als außerordentliches Unternehmen angesehen, als Abenteuer in einem fernen, wilden, sagenumwobenen Land; sie diente dem Schutz der Grenzen Galliens und der Eröffnung neuer Handelswege. Aber sie beschränkte sich nur auf die Südostspitze des Landes. Die Eroberung wurde 43 n.Chr. durch Claudius eingeleitet; vier Legionen vom Rhein und aus Pannonien wurden ständig nach Britannien gelegt, verstärkt durch Hilfstruppen aus Gallien und Thrakien. Unter Vespasian, der an der Eroberung teilgenommen hatte, wurde die Grenze bis zum Firth of Clyde und Firth of Forth vorgeschoben, wo dann unter Antoninus Pius der äußerste Verteidigungswall im Norden errichtet wurde. Schon unter Hadrian war es notwendig gewesen, die Grenze bis zum Solway Firth zurückzuverlegen, der bereits unter Claudius erreicht worden war. Zwischen 287 und 296 erklärte sich das Land für unabhängig unter Carausius und Allectus, die sich Augusti von Britannien nannten, jedoch nach römischem Muster herrschten. Die Erhebung wurde von einem der Tetrarchen, Constantius Chlorus, dem Vater Constantins, niedergeschlagen; er brachte die Insel wieder zur Anerkennung der Zentralregierung zurück, wobei vier und dann fünf kleinere Provinzen in Britannien gebildet wurden. Ein in Trier geprägtes Medaillon zeigt auf der Rückseite die Stadt London, personifiziert durch eine Frau, die vor dem mit Türmen besetzten Stadttor mit erhobenen Händen das Knie beugt, um den heranreitenden Kaiser Constantius zu empfangen; vorn sieht man eine Galeere auf der Themse liegen.

Die eigentliche Provinzialplastik der Britischen Inseln steht in Form und Motivschatz in direkter Verbindung zur Plastik Galliens, besonders der *Belgica.* Eine Sitzstatue im Museum von Carlisle, die aus der Gegend des Solway Firth (Birdoswald, in der Antike *Camboglanna*) stammt, zeigt die gleiche massige, monumentale Gestaltung und scheint ebenso mittelalterliche Figuren vorwegzunehmen wie die gallischen Statuen vom Typ der sitzenden Göttin von Naix-aux-Forges bei Bar-le-Duc. Auch ein Kapitell des klassischen Typus mit eingefügten Büsten gallo-römischer Gottheiten entspricht bis in den Stil dem, was wir im mittleren Nordgallien vorfinden.

Besonderes Interesse verdienen die Skulpturen aus der Gegend von Colchester in Essex, dem antiken *Colonia Camulodunum*, das nach dem gallischen Kriegsgott Camulus benannt war. Es war die Hauptstadt des mächtigsten Fürsten im Südosten Britanniens gewesen, des Cunobelinus, der um Christi Geburt auf Cassivellaunus folgte, der Caesar entgegengetreten war. Auf den Münzen des Cunobelinus, die um 40 n.Chr. geprägt sind, erscheint unter anderen Emblemen die Sphinx. Und die Sphinx als Menschenfresserin, die zwischen den Vorderpfoten einen Menschenkopf hält, finden wir auch auf Grabdenkmälern jener Gegend. Sphingen und Löwen auf Stelen und Grabmonumenten, die auf das Repertoire von Aquileia zurückgehen, sind also beinahe unverändert bis in diesen äußersten Norden gelangt, ebenso wie nach Pannonien und Dakien, wahrhaft eine europäische Kunst bildend, die europäische Kunst Roms, die in der klassischen Antike wurzelt.

Eine andere Stele aus Colchester, die von einer Sphinx zwischen kleinen kauernden Löwen bekrönt ist, zeigt einen römischen Soldaten zu Pferde; er hat einen nackten bärtigen Barbaren zu Boden geworfen, der nur mit dem Schwert bewaffnet ist. Die Inschrift nennt den Namen des Römers und berichtet, daß er aus Thrakien stammte. Ikonographisch enthält der Grabstein nichts aus dem üblichen Motivschatz thrakischer Stelen aus römischer Zeit, sondern entspricht der gallischen und rheinischen Stelen geläufigen Ikonographie, nur daß eine gewisse Steifheit in der Wiederholung des klassischen Schemas festzustellen ist. Dies scheint eher Unvermögen als Stilmittel zu sein, wie später auch bei dem berühmten germanischen Reitergrabstein von Hornhausen (7. Jahrhundert; Halle, Landesmuseum).

Diese Steifheit, diese mechanische Härte bei der Wiederholung von Motiven der römischen Denkmalskunst zeigt sich auch bei einer Gruppe besonders interessanter Werke: den Reliefs, die sich außer Inschriften am Wall des Antoninus Pius in Schottland (Abb. 53) finden. Diese Inschriften nennen die Abschnitte des Grenzwalls, die von den einzelnen Truppenteilen ausgeführt wurden (die englischen Forscher nennen sie *distance slabs*, ‹Streckenplatten›). Die erste dieser Platten im Westen, die aus der Gegend von Bridgeness stammt, teilt mit, daß durch die *Legio II Augusta* 4652 *passus* der Mauer (fast 7 km, von Bridgeness bis zum Avon) gebaut wurden. Man hat siebzehn dieser Inschriften gefunden, sie nennen – außer der *Legio II Augusta* – die *Legio VI Victrix,* die *Legio XX* und *XXV Victrix.* Nur einige Platten sind mit Reliefs geschmückt. Auf der Platte aus Bridgeness ist links, eingefaßt von Pilastern, ein Reiter mit Panzer und Helm, Schild und Lanze dargestellt, zu dessen Füßen vier nackte kaledonische Barbaren erscheinen, einer schon enthauptet, zwei mit Schild und Spieß bewaffnet. Das Relief zeigt eine gewisse Verwandtschaft mit der Stele des Römers. Darauf folgt die Inschrift in einem Rahmen, den halbmondförmige, in Greifen- oder Adlerköpfen endende Amazonenschilde einfassen: ein für viele Skulpturen des schottischen Limes charakteristisches Ornament. Rechts schließt sich ein Relief mit einer Opferszene an (*suovetaurilia:* ein Schwein, ein Schaf, ein Stier), die vor einem Gebäude mit auf Säulen ruhendem Giebel spielt; der Opfernde gießt eben den Inhalt einer Schale über dem Altar aus. Es ist ein dem römischen Repertoire geläufiges Thema, das hier aus streng frontal gegebenen Hauptfiguren aufgebaut ist, während die Tiere in kleinerem Maßstab dargestellt sind – Gepflogenheiten, die wir zu erklären versuchten, als wir ihnen in den Reliefs der Plebejerkunst des 1. Jahrhunderts begegneten. Wir haben also in dieser Szene der *lustratio* des antoninischen Grenzwalls, der 142 bis 145 errichtet wurde, den Beweis für zwei häufig von uns ausgesprochene Behauptungen, daß nämlich die Kunst der westlichen Provinzen an die plebejische Kunstströmung in Rom anknüpft und daß diese Strömung schon frühzeitig Elemente der spätaniken Formensprache enthält.

Die Bildhauer des antoninischen Limes erreichen eine echte, eigenwillige Barbarisierung der traditionellen Vorbilder, wie man an einer anderen dieser Inschriften sehen kann, die bei Castlehill gefunden zu sein scheint. Sie teilt mit, daß 3 666,5 *passus* der Befestigung abermals von der *Legio II Augusta* gebaut worden seien. Links erkennt man eine geflügelte Victoria, die einem Reiter mit Helm – das Pferd ist winzig und linear gegeben – den Siegeskranz reicht; unten erscheinen – fast ungeformt – zwei Gefangene. Das rechte Relief zeigt einen sehr grob gezeichneten Adler in Frontalansicht über dem Tierkreiszeichen des Steinbocks, der das Feldzeichen der *Legio II* war; darunter sitzt ein nackter Gefangener. Selbst der Rahmen hat hier alles Funktionelle und jede Eleganz verloren. Dies ist wirklich Soldatenkunst.

Eine interessante Folge der römischen Besetzung Britanniens ist die Entstehung des Gutshofs. Es ist nicht mehr die dem Vergnügen dienende Villa, sonders stets – auch in luxuriösen Beispielen – ein landwirtschaftlicher Betrieb. Dank genauer archäologischer Forschung und aufmerksamer Konservierung der zutage getretenen Denkmäler kann man bei vielen dieser Landhäuser die Erweiterung durch mehrere Generationen hindurch verfolgen. In der Antike wurde auf den Britischen Inseln nur Landwirtschaft betrieben, nicht Seefahrt. Einige dieser Landhäuser gehörten römischen Zivil- oder Militärbeamten, die nach Beendigung ihres Dienstes im Lande geblieben waren. Die meisten Landgüter jedoch müssen im Besitz von Einheimischen gewesen sein, denen der Aufstieg in ansehnliche Stellungen geglückt war. Im Laufe einer Generation nach der Eroberung machte man sich die römische Bautechnik allgemein zu eigen. Der Geograph Strabon nennt als Güter, die aus Britannien ausgeführt wurden, Korn, Vieh, Gold und Silber, Eisen, Sklaven und Jagdhunde. Dagegen kauften die Briten von Rang von den Römern Wein, silbernes Tafelgeschirr, Bronzegerät, Gegenstände aus Glas und Elfenbein wie auch Schmuck. Es fand also ein Import von Luxus- und Prunkgegenständen statt. Reichtum und Schönheit der in Britannien gefundenen Silbergeräte aus römischer Zeit sind in der Tat überraschend. Am bedeutendsten ist der sogenannte ‹Schatz von Mildenhall›, der 1942 durch Zufall in der Nähe einer kleinen römischen Villa entdeckt wurde. Er besteht aus vierunddreißig Silbergegenständen von hoher Qualität: eine große runde Platte mit Oceanus in der Mitte, zwei kleinere Platten mit Satyrn und Nymphen, vier Schalen mit breitem Rand, der mit Tieren und menschlichen Köpfen allgemeinen Charakters geschmückt ist, eine tiefere Schale mit vegetabilisch verziertem Rand und einem Deckel, der einen Fries mit Kentauren, Ebern, Löwen und menschlichen Köpfen zeigt. Er ist von einem in Silber gegossenen, ehemals vielleicht vergoldeten Figürchen bekrönt, das einen Triton darstellt. Obgleich auch der obere Teil des Deckels mit Muschelmotiven verziert ist, scheint doch der Triton, der als Griff dient, für seinen

Platz nicht passend. Vielleicht wurde die ursprünglich hier angebrachte Figur schon in antiker Zeit ersetzt. Auch die Zugehörigkeit des Deckels zu dieser Schale ist nicht völlig gesichert. Die Ornamente auf dem Rand waren zur Aufnahme von Niello bestimmt. Ebenso zeigt eine andere große runde Platte niellierte geometrische Motive im Mittelfeld und am Rand. Außerdem enthält der Fund kleine Schalen, zwei Kelche und fünf Löffel mit christlichen Inschriften.

Die stilkritische Beurteilung und der Vergleich mit anderen Silberschätzen, die in den westlichen Provinzen und den Mittelmeerländern gefunden worden sind, legen für den Fund von Mildenhall eine Datierung zwischen 350 und der Zeit Valentinians I. nahe, also die zweite Hälfte des 4. Jahrhunderts. Britannien wurde 407 aufgegeben, als die Franken und Burgunder Flandern und den Niederrhein bis zum Meer eroberten. An der Wende jenes Jahrhunderts muß dieser ‹Schatz› von seinem Besitzer, vielleicht einem römischen Beamten, vergraben worden sein, der hoffte, ihn in besseren Zeiten wieder hervorholen zu können. Aber die besseren Zeiten kamen nicht und kommen überhaupt bei solchen Begebenheiten nie wieder.

Die Silberstücke von Mildenhall scheinen, bis auf die Schüssel mit nielliertem geometrischem Schmuck, westliche, wahrscheinlich römische Arbeiten zu sein, die ikonographisch und vielleicht sogar handwerklich von griechisch sprechenden Künstlern beeinflußt wurden.

Von den seltenen Fällen abgesehen, in denen Silbermarken oder Künstlerinschriften angebracht wurden, kann man nicht feststellen, ob Silbergegenstände in Rom, Mailand oder Trier oder gar in Konstantinopel, Antiochia oder Alexandria gearbeitet worden sind. Der Figurenschmuck der beiden Platten mit Tierfriesen ist noch hellenistisch in den naturalistischen Stellungen der Tiere und in den Bäumchen, die die Gruppen voneinander trennen. Doch die in den Fries eingefügten menschlichen Köpfe – zwei weibliche, zwei männliche – stehen kompositionell wie thematisch nicht in Beziehung zu den übrigen Darstellungen. Den bärtigen Kopf mit Zottelhaar auf der Stirn und langem Nackenhaar ausgenommen, geben sie nicht näher bestimmbare klassizistische Typen wieder, wie auch die größeren Köpfe in der Mitte der Schalen, von denen der verschleierte vielleicht Ceres, der behelmte Kopf wahrscheinlich die *Virtus* verkörpert. Der bärtige Kopf erinnert an athenische Bildnisse, wie sie von Gallienus bis zum Ende der constantinischen Ära vorkamen. Gerade in dieser klassizistischen Strömung sind die hier zugrunde liegenden Vorbilder zu suchen, die auch noch lange Zeit nach ihrer Entstehung ohne merkliche Umbildung übernommen wurden. Die technische Herstellung dieser Treibarbeiten ist so zu denken, daß zunächst die Silberplatte über plastischen Holzmodellen getrieben wurde. Darauf zog man die Umrisse nach und gab der plastischen Darstellung ihre endgültige Form durch direktes Hämmern der Platte auf einer Unterlage von Pech, die das Relief ausfüllte, aber noch kleine Veränderungen erlaubte. Der motivisch entsprechende Fries, der den Deckel der anderen Platte schmückt, läßt dagegen eine gewisse Entstellung der Vorlagen erkennen. Vor allem ist sie in den großen Köpfen (Pan, ein Satyr) zu spüren, die in den Tierfries eingefügt sind. Aber auch die Tiere selbst haben die Eleganz und Flüssigkeit der Form verloren. Übrigens müssen die einzelnen Tierfiguren verschiedenen Vorlagen entnommen worden sein, da die natürlichen Größenverhältnisse nicht berücksichtigt sind. Doch was für einen nach Naturalismus strebenden Künstler ein Fehler sein würde, ist unwichtig für den spätantiken Kunsthandwerker: sein einziges Interesse gilt der Füllung der Fläche mit abwechslungsreichen Formelementen, die ein Spiel von Licht und Schatten auf der Oberfläche bilden. Der figürliche Schmuck tritt zurück hinter dem geometrischen, und dann in den barbarischen Goldschmiedearbeiten wird der geometrische Dekor allein vorherrschen. Wenig später sollte es in Britannien andere ‹Schätze› geben, wie den Schatz von Taprain Low aus dem frühen 5. Jahrhundert, eine Sammlung ebenfalls sehr fein gearbeiteter Platten und Gefäße. Sie sind in Stücke zerlegt, weil sie eingeschmolzen werden sollten.

Das Fortleben klassischer Themen und ikonographischer Vorbilder, die in der Form mehr oder weniger abgewandelt sind, ist auch in den Mosaiken der aufwendigeren britannischen Landhäuser des mittleren 4. Jahrhunderts zu beobachten. Neuerdings (D. J. Smith, 1963) ist versucht worden, das Vorhandensein von drei bestimmten Mosaikwerkstätten im 4. Jahrhundert nachzuweisen: die erste in *Petuaria* (Brough on Humber, Ost-Yorkshire), eine andere in *Durnovaria* (Dorchester, Dorsetshire) und die dritte in *Corinium* (Cirencester, Gloucestershire). Das charakteristischste Beispiel ist das Mosaik einer Villa in Low Ham bei Taunton in Somersetshire mit der Geschichte von Dido und Aeneas. Die Komposition des mittleren Oktogons mit Venus zwischen Eroten steht Mosaiken aus Tunesien und Algerien sehr nahe und läßt eine Herkunft des Kartons aus Afrika als möglich erscheinen. Auch die Komposition der Szene mit Venus zwischen Dido, Aeneas und Ascanius könnte diese Vermutung stützen. Aber vielleicht hat das Vorbild gewisse Umformungen erfahren, vor allem im Feld mit den Schiffen, die weit eher von nordischer als mittelmeerischer Bauart sind. Man hat auch Beziehungen zu Ateliers in Trier vermutet, was einleuchtender zu sein scheint. Gewisse Deformierungen der Figuren von Low Ham unterscheiden sich nicht wesentlich von solchen auf Mosaiken des Kornmarkts in Trier, während das afrikanische Mosaik immer einen stark abweichenden Stil zeigt. Man hat auch vermutet, daß das Thema durch Illustrationen von Codices verbreitet wurde; doch die Verschiedenheit des Formats der einzelnen Szenen und die Nähe zu afrikanischen Mosaiken lassen eine solche Hypothese weniger glaubhaft erscheinen. In jedem Fall bleibt dieses Echo Vergils (das aber nicht zu der Vermutung zu verleiten braucht, der Besitzer der Villa sei ein leidenschaftlicher und gebildeter Leser gewesen) in einem so fernen Randgebiet des Imperiums und in so vorgerückter Zeit interessant. Die Vorliebe für literarische Themen, besonders für solche Homers, ist typisch für diese Zeit, in der mythologische Darstellungen unpassend erscheinen konnten in einem Milieu, das sich in seinen Spitzen christlich nannte. Edikte, die 391 in Rom, 392 in Konstantinopel erlassen wurden, wiederholen das Verbot der heidnischen Kulte und verschärfen die Strafen für diejenigen, die noch Weihrauch für die Götter verbrennen (‹Codex Theodosianus› XVI, 10, 19). Erst in dem Dekret von 435 (‹Codex Theodosianus› XVI, 10, 25), in dem das Verbot von Opfern in heidnischen Tempeln wiederholt ist, wird hinzugefügt: *«si qua etiam nunc restant integra»*, «falls solche jetzt noch unversehrt erhalten sind».

ZWEITER TEIL. MITTELMEERRAUM UND ORIENT

I. Nordafrika

1. Africa Proconsularis

Die Kultur der Antike, die klassische wie die hellenistische, hatte ihren Sitz im Raum der Mittelmeerländer, in denen sie zur vollen Entfaltung gedieh. Im 3. und 4. Jahrhundert nun gewinnen auch die Zentren Mitteleuropas an Bedeutung, während sich die des Mittleren Ostens weiter behaupten. Am fruchtbarsten aber ist das Kunstschaffen noch immer in den Ländern des Mittelmeerraums, wo die bildenden Künste noch für lange Zeit aus dem Erbe der hellenistischen Kultur schöpfen sollten.

Vor allem drei große Kulturbereiche zeichnen sich hier ab, die sich durch den besonderen Charakter ihrer Kunst voneinander unterscheiden: die nordafrikanischen Provinzen *Mauretania* und *Africa Proconsularis*, die einem Teil der heutigen Staaten Marokko, Algerien, Tunesien und Tripolitanien entsprechen; dann die Kyrenaika, die verwaltungsmäßig mit Kreta, kulturell aber mit Griechenland und Alexandria verbunden war; und schließlich Ägypten. Wir können hier nur eine allgemeine, kurzgefaßte Charakteristik dieser drei großen Bereiche geben, deren jeder Stoff genug für eine eigene Erörterung böte, zumal noch manche Frage der Datierung und Chronologie offen ist. Wir werden uns darauf beschränken müssen, einige Unterschiede aufzuzeigen, die sich bei ihrem Weg in die Spätantike herausbilden.

Die von Rom in engerem Sinne als afrikanisch bezeichneten Provinzen lagen westlich der Kyrenaika, in einem Gebiet, auf dem sich in Jahrhunderten die punische Kultur entwickelt hatte. Dazu gehörten auf dem Boden des heutigen Algerien und Tunesien die Provinzen *Mauretania Caesariensis, Sitifensis* und *Byzacena*, in denen sich eine Kunst eigener Prägung herausbildete. In diesem Bereich herrschte auch ein intensives geistiges und religiöses Leben dank den christlichen Gemeinden, aus denen Männer wie Tertullian, Cyprianus, Arnobius, Lactanz und Augustin hervorgingen, deren Schriften sich von denen der Apologeten der alexandrinischen Schule – Clemens, Origenes, Dionysius und Athanasios – dadurch unterscheiden, daß sie sich mehr mit den konkreten Problemen befassen, die sich aus dem Kampf der christlichen Gemeinden um ihre Selbstbehauptung in der Gesellschaft der römischen Provinz ergaben.

In *Africa* hatte das Christentum einen emotionalen und volkstümlichen Charakter. Das zeigt sich noch in der Geschichte der Märtyrer von Karthago vom August 180 und im Leidensweg der heiligen Perpetua und ihrer Gefährten in den Jahren 202/203. Wahrscheinlich ist die afrikanische Kirche von Rom gegründet worden (vgl. Tertullian, ‹De praescriptione haereticorum› 36), aber ihr volkstümlicher Charakter bewahrte sie vor den intellektualistischen Verirrungen des Gnostizismus eines Markion. In diesen von intensiverem geistigen Leben erfüllten Provinzen mußte das Christentum wie die Befreiung aus einer moralischen Unterlegenheit erscheinen. Selbst dem Montanismus Tertullians fehlt das exaltiert-prophetische Element, das seine Gründer und seine beiden Prophetinnen in Phrygien charakterisierte. Die Annahme, daß das Ende der Welt bevorstand, wird von ihm vor allem übernommen im Zusammenhang mit der Forderung nach strenger Askese und im Zuge einer – auch gegen Rom gerichteten – antihierarchischen Polemik, die sich auf die Urkirche beruft. Diese Einstellung stimmt offenbar mit der strengen und ernsten Haltung der einheimischen Bevölkerung überein, wie sie sich so deutlich in der lokalen Porträtkunst und Skulptur zeigt, in denen der vorrömische, ja, vorpunische Kern der afrikanischen Kultur sichtbar wird.

Diese Provinzen bildeten eine Welt für sich, deren Einheit durch eine Kette von Bruderschaften zustande gekommen war, auf die sich die alte punische Religion gestützt hatte. Die Einheit blieb lange bestehen, auch nach der römischen Besetzung, die mit dem Fall Karthagos (146 v. Chr.) begann und bis zur Zeit des Augustus immer weiter nach Westen fortgesetzt wurde. Erst in der Epoche Marc Aurels, in der zweiten Hälfte des 2. Jahrhunderts, finden wir auf den Votivtafeln lateinische Inschriften statt der punischen, und erst zu dieser Zeit treten an die Stelle punischer Heiligtümer Tempel von hellenistisch-römischem Typus. Sie bereichern fortan das schon jetzt oft prächtige Stadtbild römischer Siedlungen wie *Hadrumetum*, Thugga, Timgad, Hippo, Cuicul und *Caesarea*. Das großartige Aufblühen der christlichen Gemeinden vom Ausgang des 2. Jahrhunderts an kann man als Folge des inneren Widerstands betrachten, der einst von der punischen Religion ausgegangen war.

In der Kunst kommt die punische Grundsubstanz, und zwar gerade die autochthone, die der Berber, noch in den bescheidensten Werken der Plastik – Stelen und Votivtafeln – zum Vorschein und übt ihren Einfluß bis in bestimmte Einzelheiten auch der Kunst des Standbilds in dieser Provinz aus. Ein charakteristisches Beispiel ist die berühmte Stele, die man in Siliana fand; sie wurde von einem gewissen Cuttinus dem Saturn geweiht, dem Gott, unter dessen Namen in römischer Zeit der punische Kult des Baal Hammon fortlebte. Die Stele ist bekrönt von einem Adler, der auf einer Kartusche steht, die von zwei Siegesgöttinnen, jede mit einem Palmzweig in der Hand, gehalten wird; die Inschrift darauf enthält die Widmung an Saturn. Der Gott in der Lünette, auf einem Stier sitzend, ist flankiert von den Dioskuren in römischer Rüstung. Auf dem Schriftfeld darunter ist die Widmung des Cuttinus zu lesen, und im folgenden Bildfeld ist Cuttinus mit seiner Frau und zwei Töchtern (?), die alle Körbe tragen, dargestellt; in der Mitte sehen wir den Altar, seitlich davon die Opfertiere, einen kräftigen Widder und einen Stier. In den zwei schmaleren Feldern darunter findet sich eine sehr lebendige Darstellung der Feldarbeit auf dem – in der Widmung erwähnten – Landgut des Stifters: die Feldbestellung, die Ernte und schließlich der Transport der Garben auf drei Wagen, die von je einem Paar Pferden gezogen werden. Aus stilgeschichtlichen Erwägungen wird die Stele im allgemeinen in die Zeit der Tetrarchen, gegen Ende des 3. Jahrhunderts, datiert. Tatsächlich aber ist es durchaus fragwürdig, bei diesem Relief stilistische Kriterien anzuwenden, die man aus der Entwicklung der offiziellen römischen Kunst abgeleitet hat. Denn wir haben es hier mit einer besonderen Gestaltungsweise zu tun, bei der alle traditionellen ikonographischen Elemente eine gewisse Verzerrung erleiden, die freilich ihre eigene künstlerische Kohärenz hat. Sie beruht auf einer bestimmten formalen Neigung, die dem ganzen Relief seinen eigentümlichen Ausdruck gibt. Es sind schwerfällige, eckige Formen, die vereinfacht den dargestellten Gegenstand möglichst deutlich wiedergeben sollen. Symmetrische Wiederholungen lassen ihn noch klarer erscheinen, sei es in den Einzelheiten – den Falten der Gewandung, den Schuppen der Panzerhemden, dem Vlies des Widders und den Ähren der Garben –, sei es in der Komposition der Figuren und ihrer Gebärden; auf diese Weise ergab sich eine dekorative Wirkung, wie wir sie bei vielen Werken der primitiven Kunst finden.

Am stärksten manifestiert sich die lokale Grundsubstanz im tripolitanischen Hinterland, in Ghirza, wie der einstige bedeutende römische Militärstützpunkt heute heißt, der vermutlich in der zweiten Hälfte des 3. Jahrhunderts etwa 240 km südöstlich von Tripolis angelegt wurde. Hier wie an anderen Stützpunkten, die die Römer zum Schutz gegen Überfälle der Nomaden errichtet hatten, bestand die Besatzung nicht aus römischen Legionären, sondern aus im Grenzgebiet rekrutierten Truppen: die Namen, die man aus den Inschriften entnehmen kann, sind Namen rein lokaler Färbung, Namen von Puniern und Berbern. Im Umkreis der Ruinen des bewohnten und befestigten Stadtzentrums lagen zwei Nekropolen; ihre Grabdenkmäler, zuweilen von pyramidenartigen Aufbauten gekrönt, unterscheiden sich typologisch nicht von gleichartigen Bauten in anderen afrikanischen Provinzen, bei denen sich hellenistisch-römische Elemente mit punischen Reminiszenzen mischen, aber auch mit provinziellen Formen, die denen der mitteleuropäischen Provinzen entsprechen. Das Besondere an den Grabdenkmälern von Ghirza aber sind die Figurenfriese, die einige dieser Bauten zieren. Zwischen Gesimsen klassischen, wenn auch vereinfachten Typus', stellen die Friese Szenen aus dem ländlichen Leben dar oder Karawanen mit Dromedaren oder aber Jagdszenen: alle überaus lebendig in flachem, hartem Relief wiedergegeben, bei dem die Figuren noch die frische Unmittelbarkeit primitiver, nicht von hellenistischen Einflüssen berührter Kunst haben. Gröber in der Ausführung, sind dies die gleichen Stilprinzipien, die wir an der Stele aus Siliana beobachtet haben.

Die Tendenz zu fast brutaler Unmittelbarkeit des Ausdrucks kennzeichnet auch jene Skulpturen, die zum figuralen Repertoire der römischen Kunst gehören, zumal die meist überaus lebensvollen Porträts. Als Beispiel mag das

Bildnis eines Bürgers der Stadt Thugga – des heutigen Dougga in Tunesien – dienen. Man ehrte ihn mit einer Statue, die man in einer der drei Cellae des Saturntempels der Stadt aufstellte. Der Tempel war übrigens im Jahre 195 errichtet worden, noch zu Lebzeiten des Kaisers Clodius Albinus, der in *Hadrumetum*, einer Küstenstadt dieser Region, zur Welt gekommen war. Nun, dieser verdiente Bürger von Thugga – mit der Toga bekleidet und offenbar im Begriff, ein Trankopfer darzubringen – trägt eine Krone aus Mauertürmen, die ihn ungeachtet seiner bäuerlich derben Gesichtszüge als Schutzgeist der Stadt ausweist. Wir haben es hier nicht mit ‹provinzieller› Kunst zu tun wie mit der in Europa, die zur plebejischen Kunst Roms in Beziehung stand. Vielmehr stehen wir vor einem Beispiel künstlerischen Schaffens von hohem Niveau, das unter Verwendung ikonographischer Elemente der römischen Kunst, vor allem aber von hellenistischen Elementen, die im ganzen Mittelmeerraum verbreitet waren, dennoch einen eigenen Stil entwickelt, bar aller Gefälligkeit und Verfeinerung, der ein möglichst flaches Relief anstrebt und mehr auf zeichnerische als koloristische Wirkungen bedacht ist. Diese Tendenzen lassen sich deutlich ablesen an der Grabstatue eines Mannes, der wie Hercules ein Löwenfell anhat und als Zeichen des Mysten Mohnblumen in der Rechten trägt. Die Figur hat nicht mehr Volumen als eine Stele in flachem Relief, nur der Kopf ist vollkommen plastisch ausgearbeitet.

Ein weiteres bedeutendes Bildnis, in dem sich römische und hellenistische Elemente verbinden, ist das eines Mannes mit struppigem Bart (Tunis, Bardo-Museum, Abb. 56); auf dem Haupt trägt er die Priesterkrone, sein Gesicht ist gezeichnet von den Jahren und den Erfahrungen eines langen Lebens. Diese Bildnisse rücken die *Africa Proconsularis* auf den vordersten Platz im Kunstschaffen der römischen Kaiserzeit; mit ihnen beweist die Region die Originalität, die sie im 3. Jahrhundert, aus dem alle bisher gezeigten Beispiele stammen, erreicht hatte.

Später macht sich der Widerschein des constantinischen Klassizismus in der Kunst *Africas* bemerkbar. Das wird an einem Sarkophag aus der Nekropole von Karthago deutlich: die Verstorbene ist hier vor einem gerafften Vorhang dargestellt; ein Bündel Schriftrollen steht neben ihr auf dem Boden. Zu beiden Seiten der Zentralfigur zeigen vier die Jahreszeiten verkörpernde jugendliche Genien ihre symbolischen Früchte, gleichsam demonstrativ, als handle es sich um eine der in der afrikanischen Kunst so beliebten Ernteszenen. Die Jahreszeitensymbolik wiederholt sich in den Körben und Kränzen des hohen Deckels, womit dieser Sarkophag zu einer eigenständigen regionalen Variante des Typus wird, der damals von den römischen und kleinasiatischen Werkstätten verbreitet wurde.

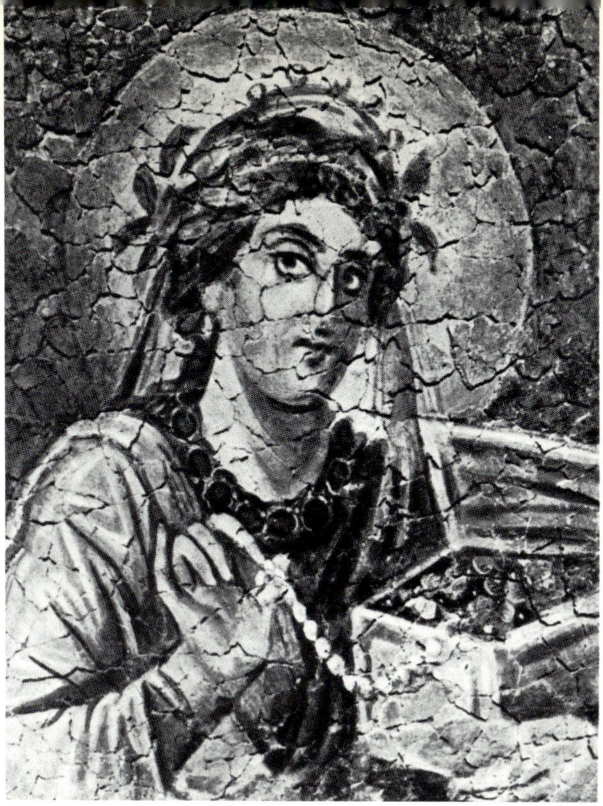

51 – Trier – Kassettendecke – Ausschnitt: Allegorische Gestalt mit Nimbus – Trier

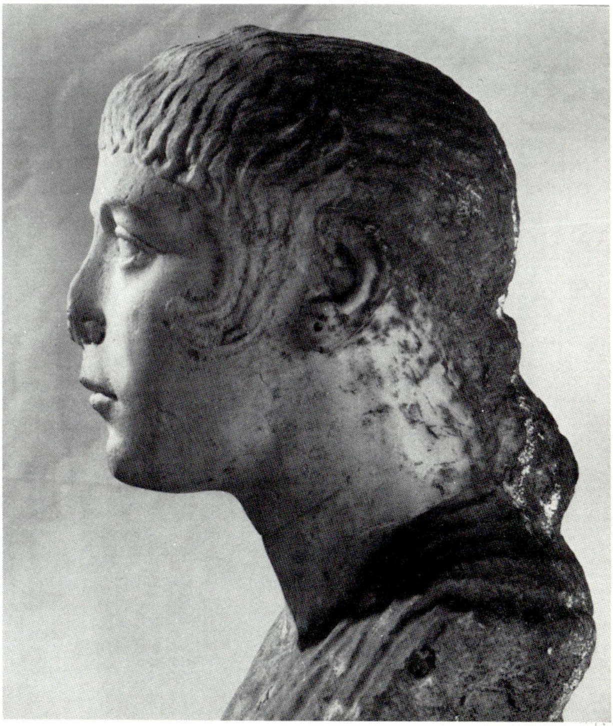

52 – Mérida – Porträt einer Frau, genannt ‹Zigeunerin› – Mérida

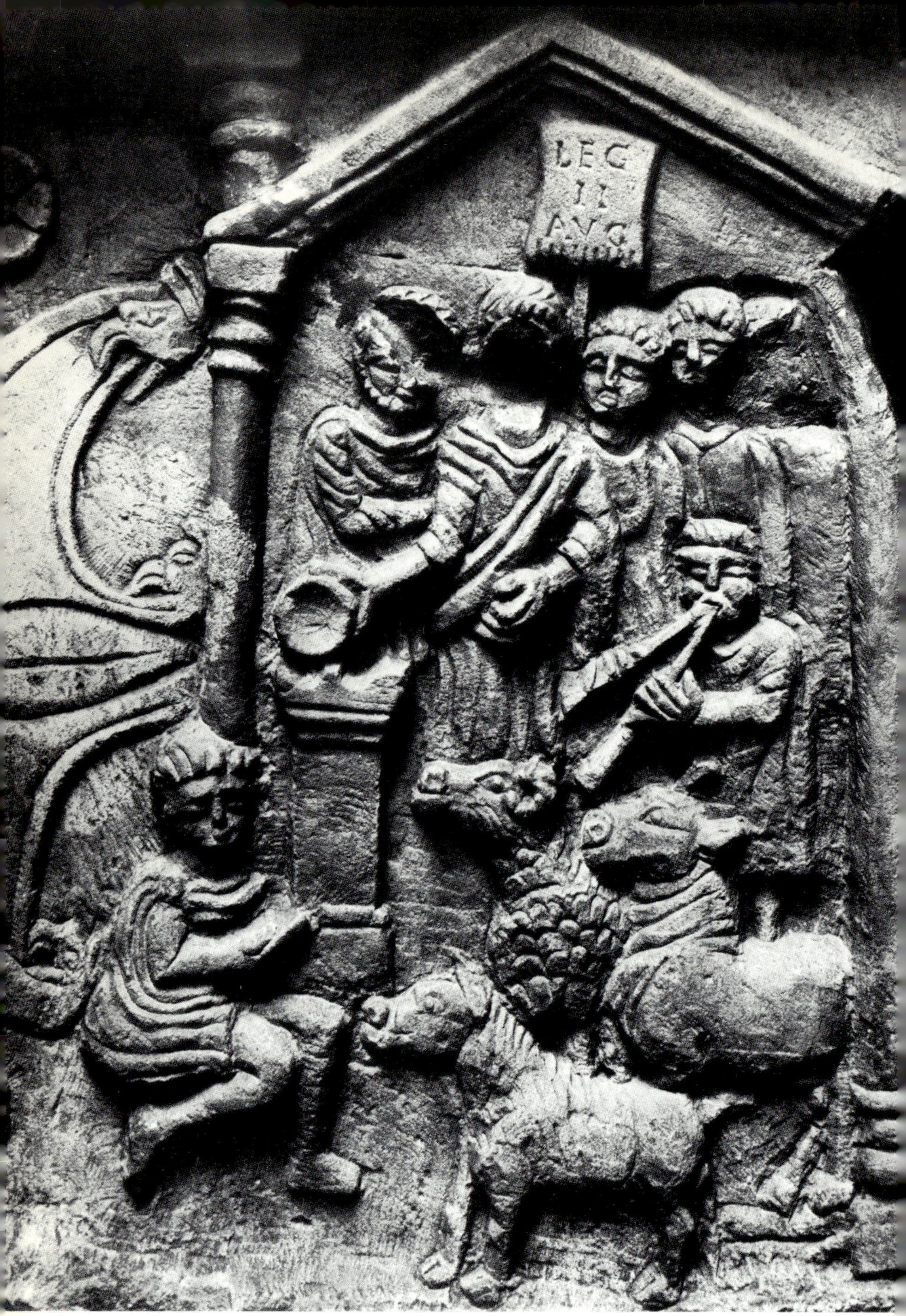

53 – Bridgeness – Inschrift von der Mauer des Antoninus Pius. Ausschnitt: Opferszene – Edinburgh

Die Mosaiken

Ihre stärkste Originalität, ihren größten Glanz erreicht die Kunst der *Africa Proconsularis* in ihren Bodenmosaiken. Hier findet sie einen eigenen künstlerischen Ausdruck dank einer reifen musivischen Technik und einem ausgeprägten Sinn für Farben, dem im Marmor des Landes und in der heimischen Glasherstellung die nötigen handwerklichen Mittel zur Verfügung stehen. Unter anderem ist dies ein Grund dafür, daß wir im 3. (und 4.) Jahrhundert im ganzen Mittelmeergebiet eine Blütezeit der Malerei annehmen dürfen, die eigentlich schon den Beginn der byzantinischen Malerei bezeichnet. Leider sind nicht nur die Kunstwerke verlorengegangen, auch die literarischen Zeugnisse erweisen sich als ungenau und widerspruchsvoll. Angesichts dessen bedauert man, daß diese Epoche keinen Plinius besaß, dessen wenn auch ungenaue, sich auf das Kunstschrifttum des Hellenismus stützende Aufzeichnungen uns immerhin den hohen Stand der Malerei jener Zeit zu bestätigen vermögen.

Die Mosaiken sind nach ihrer Herkunft genau zu unterscheiden: *Mauretania – Caesariensis* und *Sitifensis* – und *Byzacena* auf der einen und Tripolitanien auf der anderen Seite. Während diese Region mehr den hellenistischen Vorbildern verpflichtet bleibt, die vermutlich über Alexandria dorthin gelangen, entwickelt sich in den erstgenannten, zumal im 3. und 4. Jahrhundert, aber auch bis ins 6. Jahrhundert hinein, stilistisch wie thematisch eine zum Teil eigene Form der Mosaikkunst. Die Themen werden oft von der wirtschaftlichen und sozialen Struktur des Gebiets bestimmt, und diese Struktur ist gekennzeichnet durch die Latifundien, den privaten und den staatlichen Großgrundbesitz, innerhalb dessen es ein paar bescheidene Gruppen kleiner Grundbesitzer gibt, bei denen es sich meistens um Veteranen der römischen Legionen handelt. Ein Dokument, wie es die Inschrift über die Regulierung der Bewässerung in der Region von Lamasba aus der Zeit Elagabals bietet (C.I.L. VIII, 18587), wirft ein Licht auf die Dauerhaftigkeit dieses kleinen Besitztums. Doch im allgemeinen läßt sich sagen, daß das große und das sehr große Grundeigentum vorherrschen und ihre Bedeutung entscheidend ist. Man mag sich bei dieser Gelegenheit daran erinnern, daß bereits im 1. Jahrhundert, wie Plinius der Ältere berichtet (‹Naturalis historia› XVIII, 35), sechs Grundbesitzern die Hälfte der Provinz *Africa* gehörte und daß Nero sie ermorden ließ, um sich ihrer Güter zu bemächtigen. Aus einem Erlaß des Jahres 422 geht hervor, daß die kaiserlichen Güter ein Fünftel des Gebiets ausmachten. Quellenschriften scheinen zu besagen, daß Ägypten Rom das nötige Getreide für vier Monate des Jahres lieferte und *Africa* das für die übrigen acht Monate. Man hat auch ausgerechnet (Haywood in T. Frank, ‹Economic Survey of Ancient Rome› IV), daß die Menge, die *Africa* an Rom lieferte, etwa ein Viertel seiner Produktion umfaßte und daß diese das Maß von zwölf Millionen Quintal entschieden überschritt. Des weiteren wurden in großem Umfang Sorghum und Hirse erzeugt, besonders aber Olivenöl und Wein. Auf den großen Gütern richtete man überdies Töpfereien ein, deren Produkte – Lampen und Geschirr – in großen Mengen exportiert wurden. Neuere Untersuchungen zeigen, daß das Geschirr für den täglichen Gebrauch, das sich in Rom und im westlichen Mittelmeergebiet vom Ende des 1. Jahrhunderts bis zum 6. Jahrhundert findet, zu einem Großteil aus afrikanischen Werkstätten kam.

Während der ganzen Geschichte des afrikanischen Mosaiks erscheinen auf Bodenmosaiken Darstellungen von Villen. Von der perspektivischen Ansicht ummauerter Gärten und Anlagen einer Villa am Meer, noch in Anlehnung an das hellenistische Landschaftsbild, geht die Entwicklung bis zu der fast dokumentarischen Darstellung aristokratischen Lebens in der schloßartigen Villa der Spätantike. Hier werden in verschiedenen Zonen Bauern gezeigt, die dem Herrn Gaben darbringen, der Jäger, der mit dem erlegten Wild zurückkehrt, und im unteren Feld das Besitzerpaar: die Dame hat sich aus ihrem Korbsessel erhoben, um sich zu schmücken; der Herr empfängt sitzend ein Dokument. Und schließlich finden wir in der zweiten Hälfte des 4. Jahrhunderts oder nur wenig später in Tabarka die Darstellung eines großen Besitztums, eine Villa mit zwei Türmen und einem Säulengang, außerdem auf anderen Mosaiken des gleichen Komplexes die Wohnungen der Bauern und die zum Besitz gehörenden Felder, die beinahe wie die Illustration zu einer Grundbucheintragung wirken.

Hier ist aus der Darstellung des Gartens jedes naturalistische Element verschwunden. Die Bäume und Blumen, die Fasane, Gänse und Wachteln, die ihn bevölkern, haben die Bedeutung eines Ornaments angenommen in einer flächigen, zweidimensionalen Komposition, die etwas von einem Teppich an sich hat.

Auch die Mosaiken mit Schilderungen von der Landarbeit, der Jagd oder der Pferdezucht – jedes Pferd hat seinen eigenen Namen, Namen, in denen sich die Liebe und der Ehrgeiz des Besitzers verraten – stehen thematisch in Beziehung zum Ort ihrer Entstehung. Es sei nur an jenes Mosaik erinnert, das einer Villa in Karthago ihren Namen gab und auf dem mehr als achtzig Rennpferde verschiedener Besitzer, jedes mit seinem Namen bezeichnet, abgebildet sind; oder an das andere aus einem Haus in *Hadrumetum*, dem heutigen Sousse, mit vier Pferden in den Farben der Zirkusparteien.

Die anderswo fast ausschließlich vorherrschenden mythologischen Szenen fehlen auch hier nicht. Aber die Städte an der afrikanischen Küste lebten vom Meer, vom Fischfang und Handel; das erklärt ihre Vorliebe für die Darstellung von Triumphzügen der dem Meer entstiegenen Venus oder der Amphitrite. Auf einem Mosaik mit einem Thiasos von Meergöttern bezeugt die griechische Signatur eines gewissen Aspasios die Anwesenheit von Handwerkern hellenistischer Tradition in den ersten beiden nachchristlichen Jahrhunderten.

Bei der Betrachtung der zahlreichen Beispiele von Kompositionen mit Venus Marina kann man als Ausgangspunkt in der Epoche Hadrians hellenistisch-römische Vorbilder erkennen, mit klaren Farben, perspektivischer

Anlage und der Neigung zu Grazie und Eleganz. Aber diese Muster erstarren zuweilen zu einer Art heraldischer Symmetrie. Doch häufiger offenbart sich die regionale Eigenart in einem Ausbruch barocker, ja brutaler Formen, die das Monströse der Seeungeheuer, die die Göttin tragen oder das Wasser um sie herum aufpeitschen, noch hervorheben. Diesen Formen entspricht eine überaus lebhafte Farbgebung. Von solchen Darstellungen der Venus weicht man hier selbst nicht mit der christlichen Epoche ab (mittlerer Saal der Thermen in Sétif, vielleicht vom Ende des 4. Jahrhunderts), trotz des Rigorismus des afrikanischen Christentums. Analoge Darstellungen finden sich auf Silbergerät auch aus christlicher Zeit.

Diese späten Schöpfungen scheinen keine Kompositionen aus einer in sich geschlossenen einheitlichen Vision eines bestimmten Künstlers zu sein, vielmehr eine Art Flickwerk unter Verwendung einzelner überkommener Figuren, die nur eine geringe Abwandlung erfahren, während eine persönliche Interpretation erst in Zeichnung und Kolorit gegeben wird. Es sind Arbeiten aus der Werkstatt technisch sehr geschickter Künstler, die verschwenderisch und vielfältig geometrische oder vegetabilische Ornamente anwendeten. Die Entstehung eines besonderen ‹afrikanischen› Stils muß man eher im Mosaik mit ortsbedingtem Gegenstand sehen. Dieser Stil bemächtigt sich in der Folge auch der mythologischen Themen – vor allem in Verbindung mit Meeresgottheiten –, die so eine unverwechselbare Eigenart gewinnen.

Die Vorlagen für die mythologischen Szenen mögen ursprünglich aus anderen Kunstzentren stammen. In einigen Fällen ist die Herkunft aus dem hellenistischen Orient – seltener aus Rom – wahrscheinlich; das einheimische Handwerk konnte sich auf die Anpassung des Vorbilds an die auszuschmükkenden Räume und die Ausführung beschränken. Doch bei den enger mit dem afrikanischen Milieu verbundenen Szenen ist mit Sicherheit anzunehmen, daß Künstler an Ort und Stelle die Entwürfe in unmittelbarem Kontakt mit den Mosaikarbeitern herstellten, die sich eine hervorragende Technik angeeignet hatten. Wir brauchen nur die Antilopen- und Straußenjagd von El-Kef zu erwähnen oder die Löwen- und Pantherjagd von Hippo Regius, die Felslandschaft auf dem Mosaik von Sousse mit den Medaillons der Rennpferde des Sorothus – es wurde leider 1943 bei einem Bombenangriff zerstört – und schließlich die Ansichten von Villen in Tabarka. Sie lassen übrigens die Unterschiede zwischen den einzelnen afrikanischen Werkstätten erkennen; so kann man die Mosaizisten der Küstenstädte, verglichen mit denen aus dem Innern des Landes, an ihrem figurativen Reichtum erkennen. Die afrikanische Mosaikkunst stellt in dieser Epoche zweifellos eine stilistische Einheit dar, mit unterschiedlichen Strömungen und einer Ausstrahlung auch über *Africa* hinaus: nach Sizilien, Spanien, bis ins südliche Gallien, sogar nach Aquileia, vielleicht auch bis ins östliche Mittelmeergebiet. Dieses Kapitel der römischen Kunstgeschichte ist bisher kaum in einigen seiner Aspekte umrissen worden; erst in den letzten Jahren hat man es in seinem autonomen Bestand erkannt.

Gewiß kann es auf den wenigen Seiten, die wir hier dafür zur Verfügung haben, nicht erschöpfend behandelt werden, zumal es dazu noch mancher Einzelanalyse bedürfte. Aber einige charakteristische Züge sollten doch festgehalten werden; am bedeutendsten und auffälligsten sind die Konzeption und Ausführung großer Bodenmosaiken von einheitlicher Komposition. In den Zentren des östlichen Mittelmeergebiets besteht, wie wir sehen werden, noch lange – zumindest bis zur Zeit Constantins – die Tradition, ein gemaltes Bild in Mosaik nachzugestalten und als selbständige Komposition in einen Komplex geometrischer Motive einzufügen. Im afrikanischen Mosaik dagegen entwikkelt sich ein Kompositionsprinzip, nach dem der ganze Fußboden mit einer einzigen Szene bedeckt wird, was jeweils einen originalen Entwurf voraussetzt. Daraus entsteht eine im Vergleich zur Malerei autonome Kunst des Mosaiks. Auch wenn bis zur Mitte des 3. Jahrhunderts noch eine sehr nuancenreiche Farbskala vorkommt, dazu ein malerisches Helldunkel, das erst später weniger sorgfältig verwendet wird, so setzt sich doch eine Ausdrucksweise durch, die der Technik des Mosaiks gemäßer ist und aus ihrer Bedingtheit neue Formgebungen erreicht.

Zu einer einheitlichen Komposition bei Bodenmosaiken und zur Loslösung vom gemalten Vorbild war es bereits bei den schwarzen Mosaiken auf weißem Grund in Rom gekommen, die im 2. Jahrhundert in allen unmittelbar vom stadtrömischen Handwerk beeinflußten Gebieten außerordentlich beliebt waren. In Ostia finden sich sehr schöne Beispiele, so im Fußboden des großen Kuppelsaals in den Thermen der Sieben Weisen (um 130) und in den Fußböden im Haus des Bacchus und der Ariadne – auch sie aus der Zeit Hadrians. Im 3. Jahrhundert macht dann das weißschwarze wieder dem farbigen Mosaik Platz. In *Africa* hatte man im 2. Jahrhundert zwar wie in Rom das schwarzweiße Mosaik gepflegt und damit zugleich die Vorliebe für eine einheitliche Komposition begründet, doch hatte es nur geringe Verbreitung gefunden; es wurde bald von dem rasch aufkommenden, vielfarbigen, einheitlich durchkomponierten Mosaik verdrängt, während es in Rom durch Wiederholungen verflachte. Nach dem heutigen Stand unseres Wissens findet sich das einheitlich konzipierte Fußbodenmosaik, wie es später in der byzantinischen Epoche eine glanzvolle Entwicklung erlebte, in seiner Form als großer farbiger Teppich zuallererst in der afrikanischen Provinz (in Antiochia erst zur Zeit Constantins). In neueren Untersuchungen (I. Lavin) hat man aus dieser Beobachtung auf westlichen Einfluß, insbesondere aus den afrikanischen Provinzen, auf den Ostteil des Reiches schließen wollen, der zur Bildung des spätantiken und der Ursprünge des byzantinischen Stils führte. Diese These würde die traditionelle Meinung vom überwiegenden östlichen Einfluß am Ende der Antike widerlegen. Daß die überkommene Vorstellung aufzugeben sei, entspricht auch unserer Überzeugung, und wir werden in diesem Buch zu zeigen versuchen, daß sich Rom und die Westprovinzen vor den Ostprovinzen von der antiken, klassisch-hellenistischen Tradition lösten, und zwar auf Grund des inneren Wandels der die künstlerische Form bestimmenden Voraussetzungen. Andererseits glaube ich nicht – was historisch eine ebenso unzulässige Vereinfachung wäre – die These vom westlichen Einfluß auf den Ostteil des Reiches im Wandel der Form, der Beziehung zwischen Wirklichkeit und Darstellung, zwischen Inhalt und Ausdruck übernehmen zu sollen. Wir werden uns davon zu überzeugen haben, daß die klassizistisch-hellenistische Form in ihrem eleganten, formal geschlossenen Naturalismus eine Ausnahme war, die die Elite einer außergewöhnlichen Gesellschaft mit einer hochstehenden, rationalistischen Kultur voraussetzte, und daß diese Form sich wandelte, sobald die strukturellen Vorbedingungen der Kultur, die sie geschaffen hatte, wegfielen. Jeder Kulturbereich mußte damals mit den Elementen, über die er verfügte, seine eigene Lösung suchen. Auf dieser Suche entwickelte *Africa* innerhalb der hier betrachteten geographischen Grenzen auf einer im Grunde hellenistischen Basis mit mehr Freiheit und Selbständigkeit als irgendeine andere Mittelmeerprovinz eigene Lösungen. Es ist nicht auszuschließen, daß die Einführung des einheitlich durchkomponierten Mosaikbodens, die in den afrikanischen Villen der Vornehmen mit solcher Vollendung erfolgte, den Anstoß dazu gab, daß man diese Konzeption auch in manchen Zentren des östlichen Mittelmeergebiets wie in Antiochia übernahm. Dagegen scheint es mir unmöglich, noch weiterzugehen, und ich kenne keine Beispiele afrikanischer Vorbilder im Ostteil des Reiches, das heißt östlich von Leptis Magna.

Zu Beginn des 3. Jahrhunderts gibt es in *Africa* noch Bodenmosaiken, die als Dekor aus geometrischen Elementen entworfen wurden und in die verschieden große Bilder – Nachahmungen von Gemälden mit hellenistisch-mythologischen Motiven – eingefügt sind.

Die zentrale Szene eines Mosaiks aus *Hadrumetum* (Sousse) – es besteht aus großen Rundbildern, die von einem Flechtband umgeben und durch Rauten voneinander getrennt sind – stellt Achill am Hofe des Lykomedes dar; beim Klang der Trompete, die einer der Gefährten des Odysseus bläst, greift Achill, der sich in Mädchenkleidung versteckt hielt, zu den Waffen und versetzt damit die Töchter des Königs in Schrecken. Hat diese Komposition auch sonst nichts gemein mit jener anderen gleichen Motivs, die ein Gewölbe in Neros *Domus Aurea* in Rom schmückt (vgl. ‹Rom – Das Zentrum der Macht›), gehört sie dennoch zum gleichen Kompositionstypus: mit der Gestalt des Helden in der Mitte, die von den übrigen Figuren in symmetrischer Anordnung umgeben wird. In Pompeji wurde das Thema vor dem Jahre 79 mindestens zweimal behandelt, und zwar in enger Anlehnung an die klassische griechische Malerei, und mindestens zehnmal mit Varianten im hellenistischen Geschmack. Auch diese afrikanische Variante weicht davon nicht wesentlich ab.

Ein Haus in Thugga (Dougga), dessen Ausgestaltung sich ziemlich sicher in die Zeit des Gallienus datieren läßt, also um 250 bis 265, als die Stadt mit der Erhebung zur Kolonie eine große städtebauliche Entwicklung erlebte, zeigt einen durch einen Hof mit Portikus bestimmten Grundriß; in der Mitte befinden sich Wasserbecken; sie sind umgeben von Bodenmosaiken mit Meeres- und Fischereimotiven. Darunter sind eine Szene aus der Sage von Odysseus und den Sirenen sowie eine weitere homerische Episode: der junge Dionysos und die tyrrhenischen Piraten, die in Delphine verwandelt werden. Dionysos – sein Kopf ist ergänzt – schwingt eine Lanze gegen einen Piraten, der sich vom Schiff ins Meer stürzt und dessen Körper in seinem oberen Teil bereits zu einem Delphin wird, während sich in seinen noch menschlichen Beinen ein Leopard verbeißt. Dieses Detail erinnert an die Beschreibung eines Gemäldes mit demselben Thema der Bestrafung von Piraten – als Gegenstück auf derselben Wand zur Bestrafung des Pentheus –, die wir in den *Eikones* des Philostratos des Älteren finden (I, 18). Dieser Schriftsteller des 3. Jahrhunderts beschrieb – als rhetorische Stilübung – eine Reihe von Bildern, die er in Neapel gesehen haben wollte. Ungeachtet des literarischen Charakters des Werks darf man annehmen, daß den Schilderungen tatsächlich existierende Bilder zugrunde lagen und daß wir uns die Bilder ähnlich wie diese Darstellung in Mosaikform vorstellen dürfen. Gerade dieses Mosaik zeigt übrigens einen mehr literarischen als realistischen Zug. Die einzelnen Figuren haben noch eine hellenistische Grundauffassung, aber die Raumaufteilung ist völlig konventionell und ohne jeden Realismus; die Fische, Tintenfische und Polypen sind als Füllsel ohne wirkliche Beziehung zur Szene über die Fläche verstreut. Mochte dieses Mosaik auch auf Vorbilder aus der Malerei zurückgehen und sich wie ein eigenes, unabhängiges Stück in den Gesamtkomplex des Fußbodens einfügen, ist die Komposition doch zusammenhanglos, was für die Kunst des 3. Jahrhunderts charakteristisch werden sollte. Einige weitere Beobachtungen werden uns diese Entwicklung verdeutlichen können.

Auf dem bereits erwähnten Fußbodenmosaik im Haus des Bacchus und der Ariadne in Ostia ist ein ursprünglich selbständig konzipiertes Bild – der Kampf zwischen Eros und Pan – in die Mitte eines mit pflanzlichen Motiven reich geschmückten Rahmenwerks gestellt, wodurch ein Mosaikboden von einheitlicher Komposition entsteht. Das gleiche gilt für den ‹Triumph des Dionysos› in einem Haus in *Hadrumetum* (Sousse), nur daß dort, weil das Mittelbild farbig ist, der Übergang vom isolierten Bild zum einheitlich gestalteten Fußboden deutlicher sichtbar wird. Daß als Vorlage ein Gemälde diente, zeigt die Andeutung perspektivischer Räumlichkeit. Sie beruht in der Stellung der beiden Satyrfiguren zueinander, der ersten – unvollständig erhaltenen –, die dem von vier Tigern gezogenen Triumphwagen voranschreitet, und der zweiten, die dem Zuge folgt und etwas höher steht, um die Perspektive zu markieren. Die perspektivische Diagonale verbindet diese beiden Figuren, und auch durch den kurzen Schlagschatten an den Füßen des Satyrs und der Tiger wird eine perspektivische Wirkung hervorgerufen. Dennoch hat sich auf dem Weg von einer älteren Bildvorlage bis zum Mosaik das perspektivische Gefühl verloren: es gehörte nicht mehr zur Figurenbehandlung des Mosaizisten, so daß die Mainade mit der Zimbel, die dem Wagen voranschreiten müßte, sich an einem falschen Platz befindet und dort unverhältnismäßig groß erscheint. Dagegen fühlt sich der Mosaizist völlig souverän in dem üppigen Rahmen von Laubwerk, das aus in den Ecken angebrachten Vasen herauswächst und von Vögeln und weinlesenden Eroten bevölkert ist. Dieses an Farben und kleinen Einzelheiten reiche Rahmenwerk ist vollkommen harmonisch, weil es dem Geschmack des Künstlers nicht entgegensteht, der hier die naturalistische Perspektive ablehnt. Der Fries erstreckt sich so vollendet über eine abstrakt gestaltete einheitliche Fläche.

Um dieses Mosaik zu datieren, hat man es mit dem Triumph des Dionysos am Ehrenbogen des Septimius Severus in Leptis Magna verglichen. Aber in Leptis gibt es keine widersprüchlichen Tendenzen; es handelt sich vielmehr um die in sich geschlossene Konzeption eines bedeutenden Künstlers. Bei dem Mosaik dagegen haben wir es mit der Nachbildung einer älteren Vorlage zu tun, die noch perspektivisch entworfen und einem Gesamtwerk angepaßt war, hier aber bereits ein anderes künstlerisches Empfinden widerspiegelt. Da es sich dabei um die Arbeit eines Handwerkerteams handelt, könnte dieser Rückgriff auf ein älteres, allgemein anerkanntes Vorbild auch in eine spätere Zeit als die ersten Jahre des 3. Jahrhunderts – die Entstehungszeit des Triumphbogens in Leptis – zu datieren sein.

Bei einer späteren als der sonst üblichen Datierung schiene uns ein Zusammenhang mit dem Mosaik in der halbkreisförmigen Exedra der Säulenhalle *(oecus)* desselben Hauses auch viel überzeugender zu sein, einem Mosaik, das ein charakteristisches Beispiel für die Komposition aus einzelnen Motiven ist, die scheinbar ohne Ordnung über eine helle Grundfläche ohne Raumtiefe verteilt sind. Zweifellos besteht hier eine entfernte Beziehung zu dem ‹ungekehrten Fußboden› *(asarotōs oikos)* des hellenistischen Malers Sosos von Pergamon. Aber hier handelt es sich um ein ganz anderes Kompositionsschema. Von diesem Dekortypus ausgehend, wird man später zu den Mosaiken der Gewölbe von Santa Costanza in Rom im mittleren 4. Jahrhundert kommen. Übrigens bemerken wir, daß jedes der in dieser Komposition verteilten Bilder einen Rest von Schlagschatten bewahrt hat, der sich später vollends verlieren sollte. Die Hirsestengel, die die Komposition mit der Gazelle in der Mitte umgeben, und die Körbe mit Trauben und Feigen geben der Darstellung ein lokales Gepräge, aber die Gesamtkonzeption schließt sich zweifellos an die Kompositionen mit Stilleben und Gastgeschenken (*xenia*) aus der hellenistischen und hellenistisch-römischen Malerei an. Wir sehen also, wie das afrikanische Mosaik die Vorlagen aus der Malerei in sich aufnimmt und verarbeitet, die als Mosaikentwürfe, als ‹Kartons›, unter den Künstlern des Mittelmeergebiets zirkulierten und die einen reichen Bilderfundus ausmachten, aus dem der Westen wie der Osten des Kaiserreichs schöpften.

In der Vorhalle des Raums, der die Exedra mit der Gazelle enthielt, befand sich ein anderes, ebenfalls mit Hirsestengeln umrahmtes Mosaik, das Fischer in zwei Booten auf einem von Fischen wimmelnden Meer zeigte. In Wirklichkeit handelt es sich nicht um eine Schilderung der Fischerei, sondern um einen Katalog von Fischen, der gleichsam ein Gegenstück zu gewissen literarischen Abhandlungen jener Zeit ist. Diese Art von Darstellungen war in *Africa* weit verbreitet, und die Aufzählung von Fischen ist ein Thema, das auf den Hellenismus zurückgeht. Doch wir sehen hier eine besondere Stilisierung des Meeres, das mit parallel gezeichneten, horizontalen, gewellten kleinen Strichen wiedergegeben wird, eine Stilisierung, die charakteristisch für das afrikanische Mosaik seit Beginn des 3. Jahrhunderts ist. Das Meer erscheint als gleichförmige Fläche, auf der die Fische eingezeichnet sind, ohne daß man den Effekt der Transparenz wiederzugeben versucht hätte. Die hellenistischen Bemühungen um einen zum Realismus tendierenden bildhaften Impressionismus hat man aufgegeben zugunsten einer Konvention, die den Figuren eine beinahe heraldische oder didaktische Bedeutung verleiht und einem dekorativen Schema des Kompositionsaufbaus entspricht.

Im 4. Jahrhundert ist diese Konvention auch in Aquileia im Mosaikboden der Basilika des Theodorus zu finden, der zwischen 308 und 319 entstanden sein dürfte und auf dem Jonas unter einer Pergola aus Weinreben ruhend dargestellt ist.

Aus *Hadrumetum*, und zwar aus Räumen, die südlich von den früher genannten liegen, von denen sie durch eine Mauer getrennt sind, wie sie gemeinhin zwei Häuser trennt, kommt das berühmte Mosaik mit der Darstellung Vergils, der zwischen den beiden stehenden Musen der Geschichte und der Tragödie, Klio und Melpomene, sitzt. Der Dichter ist kenntlich gemacht durch den 8. Vers aus der ‹Aeneis›, den die auf seinen Knien ruhende Rolle aufweist und der das lebhafte kulturelle Interesse der afrikanischen Gesellschaft im 3. Jahrhundert dokumentiert. Die Argumente, die man für eine Entstehung gegen Ende der Epoche des Septimius Severus anführt, sind nicht zwingend. Auf Grund der Umrahmung der Komposition, die den meist blau und rot gehaltenen Einfassungen der Miniaturen in den ältesten Codices entspricht, könnte man das Werk in die Mitte des 3. Jahrhunderts datieren (man hat sogar vom 4. Jahrhundert gesprochen). Übrigens tritt um die Mitte des 3. Jahrhunderts allgemein der buchförmige Codex an die Stelle der Schriftrolle.

Das Wirken einheimischer und offenbar keineswegs mittelmäßiger Künstler in den afrikanischen Mosaikwerkstätten ist – und nicht nur bei den großen Kompositionen – für das 3. und 4. Jahrhundert belegt. Wir nennen als Beispiel ein Bodenmosaik in Tipasa, einer Küstenstadt östlich von *Caesarea.* Es zeigt in der Mitte, umgeben von geometrischen Motiven – kreuzförmig angeordneten Schilden *(peltae)* und übereck gestellten Quadraten –, ein Bild mit einer Gruppe von Gefangenen. In den Quadraten, die in den geometrischen Dekor eingefügt sind, erscheinen Köpfe, wohl ebenfalls von Gefangenen. Dieser Typus des geometrischen Musters ist charakteristisch für römische Bodenmosaiken zwischen der zweiten Hälfte des 3. bis zur Mitte des 4. Jahrhunderts (Ostia, ‹Casa del Protiron› und Haus Region IV, Insel III, 4). In den europäischen Provinzen steht der Typ des barbarischen Kriegsgefangenen in der Tradition der von Pergamon überkommenen Vorbilder und zeichnet sich selten durch ethnischen Realismus in der Behandlung der Figuren aus, es sei denn bei Werken hoher Kunst wie der Trajanssäule. Hier dagegen haben wir sowohl in der Mittelgruppe wie auch in den Köpfen innerhalb der kleineren Quadrate eine Reihe hervorragender Bildnisse von Berbern, deren jedes mit der gleichen Ausdruckskraft individuell charakterisiert ist, wie wir sie in den marmornen Ehrenporträts des 3. Jahrhunderts finden, aus dem auch dieses Bodenmosaik stammt.

Ein weiteres geometrisches Mosaik mit eingefügten figürlichen Darstellungen, das, nach der inneren Ausgestaltung des Gebäudes zu urteilen, gegen Ende der Zeit Constantins entstanden ist, entdeckte man in einem Thermalbad in Djebel Oust, auf halben Wege zwischen *Uthina* und *Thuburbo Maius* in Tunesien. Die figürlichen Bilder zeigen die Büsten der vier Jahreszeiten, die allerdings von der in Rom und den Regionen hellenistischer Tradition üblichen Ikonographie abweichen. Abgesehen von ihren Tributen, weisen diese Jahreszeiten eine physische Gestalt auf, die offenbar auf örtliche Modelle zurückgeht; man hat den Eindruck, Porträts von Damen der Gesellschaft der Stadt zu sehen. Trotz der Errichtung der Kolonien von Veteranen auch italischer Herkunft und trotz der ebenfalls ortsfremden hohen kaiserlichen Bürokratie setzte sich die Bevölkerung in ihrer Mehrheit aus Puniern und Berbern zusammen.

Zu besonderer Bedeutung gelangte das Mosaik mit kreisrunden, von Blattkränzen geformten Medaillons, die ein Brustbild oder einen Tierkopf enthalten, während der Raum zwischen den Medaillons mit vegetabilischen Motiven ausgefüllt ist. Dieser Typus musivischen Dekors war vorzüglich dafür geeignet, große Flächen verschiedenster Form zu bedecken, und fand daher weithin handwerkliche Verwendung. Ein Beispiel dieses Dekortypus, in einer sehr einfachen und klaren Form, mit Kränzen aus einer einzigen Blattreihe, findet sich auf einem Bodenmosaik von Chott Maria (Sousse), das wahrscheinlich vom Ende des 3. Jahrhunderts stammt. Ein anderes Beispiel, nur in komplizierterer Form, zeigt ein Bodenmosaik in Henchir el-Kasbat *(Thuburbo Maius)* bereits aus dem 4. Jahrhundert. Und es ließen sich noch weitere Beispiele anführen.

Nach dem gleichen Schema, nur mit schwereren Blattkränzen und einer heraldischen Stilisierung der Köpfe – es sind ausschließlich Tierköpfe –, ist der Fußboden im großen Peristyl der Villa in Piazza Armerina in Sizilien ausgelegt. Daß die Mosaiken dieser prunkvollen Villa von afrikanischen Mosaizisten ausgeführt wurden und besonders von solchen aus den großen Hafenstädten (Karthago, Hippo und *Caesarea)* wird jetzt von niemandem mehr bestritten. Nur über die Frage, wer der Besitzer der Villa war und aus welcher Zeit die Mosaiken stammen, gehen die Diskussionen weiter. Bis ein endgültiger Ausgrabungsbericht vorliegt, befürworten wir unter den verschiedenen Thesen die Annahme, daß die Arbeiten – abgesehen von einigen kleineren Teilen, die offensichtlich späteren Datums sind – zwischen 320 und 360 entstanden und in diesem Zeitraum nacheinander fertiggestellt worden sind. Mit einer Gesamtfläche von 3500 Quadratmetern bilden die Mosaiken der Villa in Piazza Armerina das bedeutendste und umfassendste erhaltene Dokument afrikanischer Mosaikkunst aus der Zeit der Spätantike.

Die ‹Große Jagd›, die einen schmalen, langgestreckten Raum schmückt, der an beiden Enden in je eine Exedra mündet und der eine Art Narthex vor der basilikalen Halle bildet, diese ‹Große Jagd› ist voller rein afrikanischer Motive; überdies ist sie mit ihren Ausmaßen (etwa 58,30 × 3,90 m) ein beredtes Beispiel dafür, wie eine vertikale Komposition mit übereinandergestellten Dekorelementen praktisch unbegrenzte erzählerische Möglichkeiten bietet, indem sie ständig die Einfügung anderer Szenen und Darstellungen verschiedenen Formats zuläßt, ohne daß dadurch die Einheitlichkeit des Ganzen berührt würde.

Die ‹Kleine Jagd›, künstlerisch von höherem Rang, mehr bildhaft aufgefaßt und von geschlossenerer Komposition, gibt ein realistisches Bild vom aristokratischen Leben jener Zeit; außerordentlich stark entwickelt ist der Sinn für das Landschaftliche, trotz der Anordnung in übereinandergestaffelten Zonen, wie sie typisch ist für Szenen dieser Art im afrikanischen Mosaik des 4. Jahrhunderts. Das vollkommenste Gegenstück zu Piazza Armerina findet sich in *Africa* im Haus der Pferde in Karthago, bei dem nicht nur die mit Medaillons versehenen Teile – hier sind die Köpfe der vier Jahreszeiten eingesetzt –, sondern auch die anderen mit ihren sehr viel selteneren Motiven völlig identisch sind. Unter diesen verdient besonders der Fries Hervorhebung, auf dem Kinder kleinen Vierfüßern und Vögeln nachjagen, inmitten einer Umgebung aus pflanzlichen Dekorelementen, die in unregelmäßiger Anordnung die leeren Stellen auf dem in Karthago wie Piazza Armerina gleichartigen weißen Grund ausfüllen. Es ist ein Motiv, wie man es von mit Stempeln bedruckten Stoffen her kennt, von denen Beispiele in Ägypten erhalten geblieben sind. Auch das Medaillonmotiv kehrt auf den Stoffen wieder, und es ließe sich darüber diskutieren, ob die Priorität der Erfindung in diesem Fall dem Mosaik oder nicht eher dem Stoff zuzubilligen sei.

Weniger leicht zu klassifizieren sind die Bilder, die den Saal mit den drei Apsiden schmücken. Er ist über einen großen ovalen Hof zu erreichen und war sicher für feierliche Empfänge in der Villa von Piazza Armerina bestimmt. Die Szenen, die Ruhm und Taten des Hercules darstellen, sind in einem großartig barocken Stil von fast barbarischer Leidenschaftlichkeit entworfen. Nach der von A. Carandini 1964 aufgestellten Hypothese – der einleuchtendsten von allen, die bisher vorgebracht wurden – handelt es sich um Motive aus Pergamon, die über einen afrikanischen ‹Karton› nach Piazza Armerina gelangt sind. Nach dem ‹Meister› zu fragen wäre in diesem Fall wie in vielen anderen ein müßiges Unterfangen, zumal da es keine gleichartigen Werke gibt, die man derselben Hand zuschreiben könnte. Überdies muß man sich vor Augen halten, wie diese Werke tatsächlich entstanden: durch Weitergabe und Austausch der Vorlagen von einer dieser blühenden Werkstätten zur andern, oft über weite Entfernungen. Auch hier drängt sich wieder der Schluß auf, daß im 3. und 4. Jahrhundert im gesamten Mittelmeergebiet Malschulen weithin tätig gewesen sein müssen, die die hellenistischen Vorbilder erneuerten, die dem neuen formalen Empfinden, wie es sich überall im Kaiserreich durchsetzte, nicht mehr entsprachen. Auf diese Bilder gehen die Kartons für viele Mosaiken zurück. Bei kritischer Prüfung zeigt sich nämlich, daß es sich, von wenigen Ausnahmen abgesehen, nicht um selbständige Werke bedeutender Künstler handelt, sondern um Arbeiten eines hochentwickelten Handwerks. Erst später, vom Ende des 4. Jahrhunderts an, als die Malerei von Wandmosaiken abgelöst wird, hat man es bei ihnen mit Werken schöpferischer Künstlerpersönlichkeiten zu tun. Die Bodenmosaiken in den Villen der Aristokraten waren das Werk einer Handwerkerschaft, die gegen Tagelohn arbeitete und sich an die Vorlagen halten mußte, die der Auftraggeber gewählt hatte. Es war ein sachkundiges Handwerk, aber sein kulturell-schöpferischer Horizont war beschränkt. Dagegen wurden die zum Schmuck der Kirchen bestimmten Mosaiken der byzantinischen Epoche, die für eine längere Dauer berechnet und deshalb mit reicheren Mitteln ausgeführt wurden, Künstlern von stärkerer Persönlichkeit anvertraut, die jedoch von ihren Auftraggebern einen genau ausgearbeiteten thematischen Entwurf erhielten.

Wir müssen auf einige Mosaiken aus Tunesien und Algerien zurückkommen.

Das Mosaik mit der Darstellung der Hasenjagd aus Thysdrus (El-Djem), einem Ort im Hinterland der Ostküste, kommt seiner Anlage nach der ‹Großen Jagd› von Piazza Armerina sehr nahe, wenn es auch etwas früher entstanden sein mag, das heißt in der Mitte des 3. Jahrhunderts. Die Anordnung in drei übereinanderliegenden Zonen ist schon hier durchgeführt, doch deutlicher als in Piazza Armerina sind die Bodenlinie und die Schlagschatten markiert. Die Szene ist luftiger und läßt noch einen Anflug von Naturalismus erkennen.

Die vertikale Komposition, nunmehr frei von allen naturalistischen Forderungen, vielmehr bestimmt von einem neuen Stilgefühl und neuen Normen, finden wir in einem Jagdmosaik in Cuicul (dem heutigen Djemila in Algerien) verwirklicht. Man hat es zwischen 315 und 330 datieren wollen (I. Lavin). In dieser Komposition prägt sich allerdings eine bestimmte Geschmacksrichtung aus, die uns erst später, vom Ende des 4. Jahrhunderts an, in den Elfenbeindiptychen westlicher wie byzantinischer Herkunft wieder begegnet. Eine solche Vorwegnahme um fast ein Jahrhundert erschien uns seltsam. Sie hätte dem afrikanischen Westen eine ausschlaggebende Bedeutung bei der Bildung des nachantiken Stils verschafft. Auf dem Mosaik von Cuicul folgt zwar die Darstellung des Reiters ganz oben – er ist noch aus alter perspektivischer Gewohnheit verkleinert – dem antiken Schema des siegreichen Kriegers. Doch in allem übrigen erfährt die Fläche eine neue Gliederung des Dekors, in dem nun alle Elemente der hellenistischen Tradition fehlen. Der Karton scheint eine originale Arbeit afrikanischer Mosaizisten zu sein. Aber nachfolgende Untersuchungen (P. A. Février, 1965), die sich auf die verschiedenen Bauphasen des Gebäudes gründen, führten zu dem Schluß, daß dieses Mosaik nicht vor dem Ende des 4. oder Anfang des 5. Jahrhunderts entstanden sein kann; sogar eine noch spätere Entstehungszeit ist nicht ausgeschlossen; damit wird die Priorität der afrikanischen Werkstätten hinfällig. Dagegen ist ein Jagdmosaik mit einem kleinen Heiligtum der Diana und des Apollo im Zentrum, das in Karthago um die Mitte des 4. Jahrhunderts entstand, mit absoluter linearer Strenge komponiert. Hier kündigt sich bereits der neue Stil an, der sich in Konstantinopel herauszubilden begann und der im constantinischen Klassizismus und in der im Dekorativen vorherrschenden Neigung wurzelte, alle Formen auf eine abstrakte, unendlich oft wiederholbare Norm zu beschränken und die Figuren frontal auf neutralem Grund wiederzugeben. In den Jagdszenen im mittleren Abschnitt dieses Mosaiks ist noch ein Widerschein älterer Darstellungen zu spüren; doch sind sie schon zu Gebärden erstarrt, die an Lebendigkeit und Natürlichkeit verloren, was sie an dekorativer Wirkung gewonnen haben. Die im oberen Bildabschnitt zu beiden Seiten des kleinen Tempels zu einer Zeremonie aufgereihten Jäger, die vor dem Heiligtum als Opfergabe einen Kranich niedergelegt haben, unterscheiden sich in ihrer abstrakt wirkenden Zurückhaltung nicht von den Götterbildern im Innern des Tempelchens. Diese vor eine Reihe von Zypressen aufgestellten Figuren haben schon die gleiche formale Bedeutung, die später die durch Palmen voneinander getrennten Apostelgestalten im Baptisterium der Arianer in Ravenna vom Anfang des 6. Jahrhunderts haben sollten. Wir können feststellen, daß die große Zeit der originalen und selbständigen afrikanischen Mosaikkunst vom Beginn des 3. bis zur Mitte des 4. Jahrhunderts währt: vor dieser Epoche wirken noch die hellenistischen Motive nach; später dringen dann Motive aus Konstantinopel auch in den Westen und bereiten die byzantinische Kunst vor.

Dem Verrat des kaiserlichen Stellvertreters Lucius Domitius Alexander an Maxentius und seiner kurzen Herrschaft in *Africa*, die mit seiner Niederlage 310 oder 311 endete, folgte ein erbarmungsloser Vernichtungszug gegen die Latifundienbesitzer, die für den Usurpator Partei ergriffen hatten, und besonders gegen die Stadt Karthago. Der Groll der Bevölkerung gegen Maxentius muß nach diesen Unterdrückungsmaßnahmen so groß gewesen sein, daß Constantin nach der Schlacht am *Pons Milvius* das Haupt seines geschlagenen Rivalen nach *Africa* sandte. Jedenfalls trat mit Gewißheit eine Unterbrechung im Bau und in der Ausgestaltung der großen afrikanischen Patriziervillen ein. Zu neuen Unruhen kam es 372 infolge der Rebellion des maurischen Fürsten Firmus, die der Vater des Kaisers Theodosius 375 niederwarf, und noch einmal 396 bis 398 durch Gildo, den Bruder des Firmus. Schließlich lehnte sich der *Comes Africae* Bonifatius gegen die Zentralgewalt auf und rief – wahrscheinlich 429 – die Vandalen zu Hilfe, die in Scharen einwanderten und die ganze

Provinz besetzten, womit die Lostrennung dieser Gebiete von Rom besiegelt war, nicht aber generell der kulturelle Niedergang. Die Kunst der afrikanischen Provinz, die nach der Vertreibung der Vandalen der byzantinischen Herrschaft erliegt, beweist noch ihre ungewöhnliche Vitalität bis zum Ende des 6. Jahrhunderts.

Eines der letzten großformatigen Mosaiken ist das aus Gafsa in Tunesien, das einen Zirkus zeigt. Allein durch die Umrahmung mit Medaillons – dies Motiv hat hier seine höchste Entwicklungsstufe erreicht – beweist es seine Zugehörigkeit zu einer bereits fremd gewordenen Kunst. In dem Rennen entlang der Zirkusmauer, der *spina*, kehrt die Unbefangenheit primitiven Erzählens zurück. Besonders bezeichnend ist die Darstellung der Zuschauermenge unter den Arkaden, die die Stufen des Amphitheaters abschlossen: die Wirkung wird erzielt durch die frontale Aneinanderreihung von Köpfen nach einem ständig wiederholten Schema, das nur in Frisuren, Bartschnitt oder Kopfhaltung leicht variiert wird und fast völlig ohne die gewohnte Polychromie auskommt.

Nach dieser Epoche werden Mosaiken nur noch zum Schmuck von Grabstätten und später auch von Basiliken verwendet (die christliche Nekropole von Tabarka, die Basilika von Sidi Abich bei Enfidaville mit einer Inschrift des Bischofs Paul von Mauretanien usw.), doch immer in einem kleineren Maßstab.

Bevor wir aber dieses Kapitel über die afrikanische Kunst abschließen, müssen wir einen Augenblick innehalten, um zu versuchen, einige charakteristische Züge bei einer Reihe von Mosaiken herauszustellen, die nach unserer Meinung zu den signifikantesten und schönsten Werken dieser Epoche gehören, nicht allein in dieser Region, deren Platz in der – noch zu schreibenden – Geschichte des afrikanischen Mosaiks noch genauer zu bestimmen wäre. Wir sprechen von einigen Mosaiken aus *Caesarea* (Cherchell), der einstigen Hauptstadt des numidischen Reichs Jubas II., der aus dieser Stadt eine einzige Sammlung klassischer Kunst machte, als Augustus ihn dorthin versetzt hatte.

Diese 1925 entdeckten Mosaiken mit ihren Schilderungen ländlicher Arbeiten (Abb. 54) sind nur Fragmente. Das größte Fragment mißt 5,50 m in der Höhe und 3,60 m in der Breite. Umrahmt von ungewöhnlichen pflanzlichen Motiven aus großen eingerollten Blütenstengeln mit einer Blüte in der Mitte, von leuchtender Farbe und mit weißen Glanzlichtern, ist das Mosaik in vier Szenen unterteilt, die – und das ist das Merkwürdige – nicht durch Umrandungen voneinander getrennt, vielmehr unmittelbar übereinandergestellt sind. Die beiden oberen, das Pflügen und das Säen darstellenden Szenen sind durch eine unregelmäßige Trennlinie geschieden und heben sich wiederum von der zweiten Szene – von unten nach oben gerechnet – durch eine gewundene Markierung nach Art des *bustrophedon* ab. Schon diese kompositionellen Eigenarten stellen das Werk außerhalb jeder anderen Reihe afrikanischer Mosaiken, aber auch im übrigen Reich fehlt Vergleichbares. Darüber hinaus ist dieses Mosaik auf Grund seiner hohen stilistischen Qualitäten von besonderem Rang; künstlerisch steht es höher als gleichartige Werke seiner Zeit. Da ist nichts Handwerkliches, keine Spur von Bearbeitung aus zweiter Hand, sondern jene Geschlossenheit der Form und des Ausdrucks, die jedes Detail einbezieht und die man nur in den großen, originalen Schöpfungen antrifft. Alle Figuren, selbst die Ochsen vorm Pflug, sind vom gleichen drängenden Rhythmus getrieben, der anscheinend die vom Wind zerzausten Zweige der Olivenbäume und die sich biegenden alten Rebstöcke und die Weinranken bewegt. Der physische Typus der Arbeiter, die ungepflegt mit verwilderten Bärten und struppigem Haar wiedergegeben, voll männlicher Kraft, doch von der Anstrengung gezeichnet sind, wird gleichförmig, ohne anekdotische Differenzierungen dargestellt. Nur einer ist mit individuelleren Zügen ausgestattet, der älteste, der Aufseher, unten links, bärtig und sonnengebräunt, mit seinem mehr vom Lebenskampf als von den Jahren geprägten Gesicht. Auch Kleidung und Schuhwerk sind – mögen sie ähnlich auf Darstellungen zumal von Feldarbeiten oder Jagdszenen auch des öfteren vorkommen – einzigartig in der Ungezwungenheit und zugleich realistischen Präzision der Zeichnung.

Neben diesen Szenen, die das Pflügen, das Säen und das Jäten eines Weingartens darstellen, ist noch ein weiteres Fragment erhalten geblieben, das anscheinend zum selben Gebäude gehörte. Es zeigt die Weinlese, mit einem Pflücker, der eine Leiter unter einem schon abgeernteten Spalier herab- (nicht hinauf-) steigt. Das zweigeteilte Fragment mißt etwa die Hälfte des größeren Fragments, woraus zu schließen ist, daß die Figur hier doppelt so groß wie die Gestalten auf dem anderen Fragment und somit etwa lebensgroß ist. Das macht es fraglich, ob dieses Mosaik zur selben Komposition im selben Saal gehört hat. Zu diesem Zweifel kommt die Überlegung, daß in der Reihenfolge der Feldarbeiten die Weinlese vor der Aussaat im Herbst kommt, während das Jäten der noch kahlen Weinstöcke zu Beginn des folgenden Frühlings geschieht – und daß es sich bei der Aussaat hier um die herbstliche und nicht die im Frühling handelt, beweisen die Oliven, die noch am Baum hängen. Diese Szenen scheinen also anthologischen Charakter zu haben und einem größeren Komplex entnommen zu sein.

Von dem Gebäude, das diese Mosaiken barg, waren nicht viele Mauern stehengeblieben, aber da man am Ort schöne Kapitelle und Skulpturen von klassischem Typus fand, außerdem eine Inschrift zu Ehren eines Prokurators Aurelius Heraclida, liegt der Gedanke nahe, daß es sich um ein prunkvolles Gebäude offiziellen Charakters handelte. Diese Annahme steht nicht im Widerspruch zu dem hohen Rang dieser Mosaiken.

Zweifellos aus derselben Werkstatt stammt ein anderes im Museum von Cherchell aufbewahrtes Fragment, das, obgleich im Stil und Rhythmus ausgesprochen klassisch, thematisch doch zum gleichen Zyklus gehört, auch wenn es vermutlich aus einem anderen Gebäude kommt. Es zeigt das Keltern des Weins. Die Männer, die die Trauben pressen, sind mit Stoffen bekleidet, die an das Fell des Panthers und damit an ein Tier des Dionysos erinnern, und wenn sie sich an den Händen fassen und mit den Füßen die dicken Trauben in der rechteckigen Wanne treten, haben sie in ihrer fast tänzerischen Haltung etwas Satyrhaftes. Aber den Winzer zur Linken – den einzigen, dessen Kopf erhalten blieb – hat gewiß dieselbe Hand hervorgebracht, die auch die Arbeiter auf den Feldern geschaffen hat.

Die Figuren des Hauptfragments erreichen ungeachtet des dramatischen Helldunkels und der breiten Schlagschatten, die sie begleiten, keine eigentliche, perspektivisch-räumliche Tiefe; vielmehr wirken sie wie ausgeschnitten. Es ist dies ein für die Spätantike charakteristischer Zug, der bis ins Mittelalter fortbesteht. Wir finden ihn zum Beispiel als beherrschendes Merkmal bei den großen Figuren wieder, die vor phantastische Architekturen in der Kuppel von Hagios Georgios in Thessalonike gestellt sind (ausgeführt nach 390 unter Theodosius) und deren Köpfe, abgesehen von dem in ihrem hieratischen Charakter begründeten Unterschied, eine gewisse Ähnlichkeit mit der im Mosaik von Cherchell befolgten Regel zeigen. Weitere Übereinstimmungen lassen sich zwar nicht in afrikanischen Mosaiken des 3. und 4. Jahrhunderts, wohl aber im orientalischen Mosaik finden: zum Beispiel im ‹Triclinium› von Apamea, das, wie die Inschrift besagt, 539 entstanden ist; dort sind die Figuren vom gleichen Impetus beseelt und stehen in einer entsprechenden Beziehung zur Landschaft. Weitere Ähnlichkeiten finden sich in einigen Illustrationen zu Werken des Nikandros in Paris (Bibliothèque Nationale, Suppl. gr. 247, f⁰ 47 v), die wohl in Konstantinopel im 10. Jahrhundert nach Vorbildern ausgeführt wurden, in denen noch etwas von der hellenistischen Tradition lebendig war. Ein letzter Anklang – nicht mehr stilistisch, nur ikonographisch verstanden – ist sogar in der Miniatur der ‹Arbeiter im Weinberg› in einer Evangelienhandschrift in Paris zu erkennen (Bibliothèque Nationale, gr. 74, f⁰ 39 v), die ein griechischer Mönch aus Konstantinopel in der Mitte des 11. Jahrhunderts angefertigt haben soll. Die bei den ländlichen Arbeiten aus Cherchell beibehaltene Tendenz zur räumlichen Darstellung, dazu die deutliche Vorliebe für gleichsam ausgeschnittene Figuren auf abstraktem Grund, vor allem aber der dynamische, ‹expressionistische› Realismus lassen darauf schließen, daß diese Mosaiken nicht später als in der zweiten Hälfte des 3. Jahrhunderts entstanden. Diese Datierung widerspricht der für gewöhnlich angenommenen Entstehungszeit am Beginn des 3. Jahrhunderts ebenso wie der Datierung ins 4. Jahrhundert (340–360), die von einem ernst zu nehmenden Gelehrten (A. Rumpf) vorgeschlagen wurde, deren Begründungen uns aber nicht stichhaltig erscheinen. Doch wichtiger dünkt uns, daß die von uns beobachteten Affinitäten zu so viel späteren Werken, und zwar ausschließlich aus dem Ostteil des Reichs, den Gedanken nahelegen, diese Mosaiken mit irgendeinem Meisterwerk der Malerei aus der zweiten Hälfte des 3. Jahrhunderts in Verbindung zu bringen. Angebracht in einem öffentlichen Gebäude in einer bedeutenden Stadt im Ostteil des Reichs, mochte es von dort aus seinen ikonographischen

Einfluß bis zum 5. und 6. Jahrhundert und vielleicht darüber hinaus ausgeübt haben. Das Fragment mit dem Keltern der Trauben bestärkt uns in unserer Vermutung. Und die kulturellen Traditionen *Caesareas* gingen genau in diese Richtung.

Das Zentrum, in dem eine solche Malerei entstehen konnte, müßte fast das gleiche sein, das ein Jahrhundert später den Meister der Mosaiken von Hagios Georgios in Thessalonike (Saloniki) hervorgebracht hat. J. Bérard hat bemerkt, daß der Sämann die Körner nicht in weit ausholender, kreisförmiger, sondern vertikaler Handbewegung im Wurf verstreut, wie es noch heute bei den algerischen Kabylen üblich ist. Wir wissen nicht, ob diese Handbewegung nicht auch anderswo ausgeführt wurde, und bleiben bei der Meinung, daß die Mosaiken von Cherchell nicht der spezifisch afrikanischen Kunst angehören und sich in ihnen ein Werk der Malerei höchsten Ranges widerspiegelt.

Die jüngsten Entdeckungen unter der Basilika von Santa Maria Maggiore in Rom, nämlich große Landschaftsbilder mit Darstellungen der Feldarbeiten, auf denen, von vertikalen Tafeln unterbrochen, je der Kalender eines Monats verzeichnet ist (Mitteilung von F. Magi in der ‹Pontificia Accademia Romana di Archeologia›, 1969), bestätigen die Verbreitung großformatiger Bilder mit ländlichen Motiven im späten 4. Jahrhundert.

Dagegen gehört ein anderes, jüngst in Cherchell entdecktes Mosaik vom Ende des 4. Jahrhunderts (J. Lassus in ‹Libyca› VII, 1959, S. 257ff.), dessen Thema die Weinlese ist, in seiner durchaus originalen Komposition ganz dem afrikanischen Stil an. Seine Eigenart besteht darin, daß die Figuren wie eine Umrahmung um das quadratische Zentrum, das Weinspalier, angeordnet sind, das abgeerntet wird. Das Weinspalier selbst mit regelmäßig gekreuzten hölzernen Trägern stellt ein geometrisches und zugleich völlig naturalistisches Element dar. Es ist eine Komposition, die sich nur für die Fläche eines Fußbodens eignet; unmöglich, sie sich an einer Wand vorzustellen. Es handelt sich also um einen eigens für ein Mosaik gedachten Entwurf und um einen der seltenen Fälle eines außerhalb des gewohnten Repertoires geschaffenen Werks, was die Eigenständigkeit der Kunst in diesen afrikanischen Provinzen bestätigt.

2. Tripolitanien und die Kyrenaika

Der künstlerische Beitrag Tripolitaniens zur spätaniken Kunst ist von anderer Art als der der westlichen Provinzen des römischen *Africa.* Die drei einzigen Städte, nach denen das Land benannt wurde, hießen Oea (Tripolis), Sabratha und Leptis Magna, und es gab in diesem Land weder die große städtebauliche noch die kulturelle Entwicklung, der wir in der *Byzacena,* in Numidien und in Mauretanien begegnen. Die Unwirtlichkeit der Küste beeinträchtigte den Handel. Daran scheint sich auch nach den Instandsetzungsarbeiten und Neu-

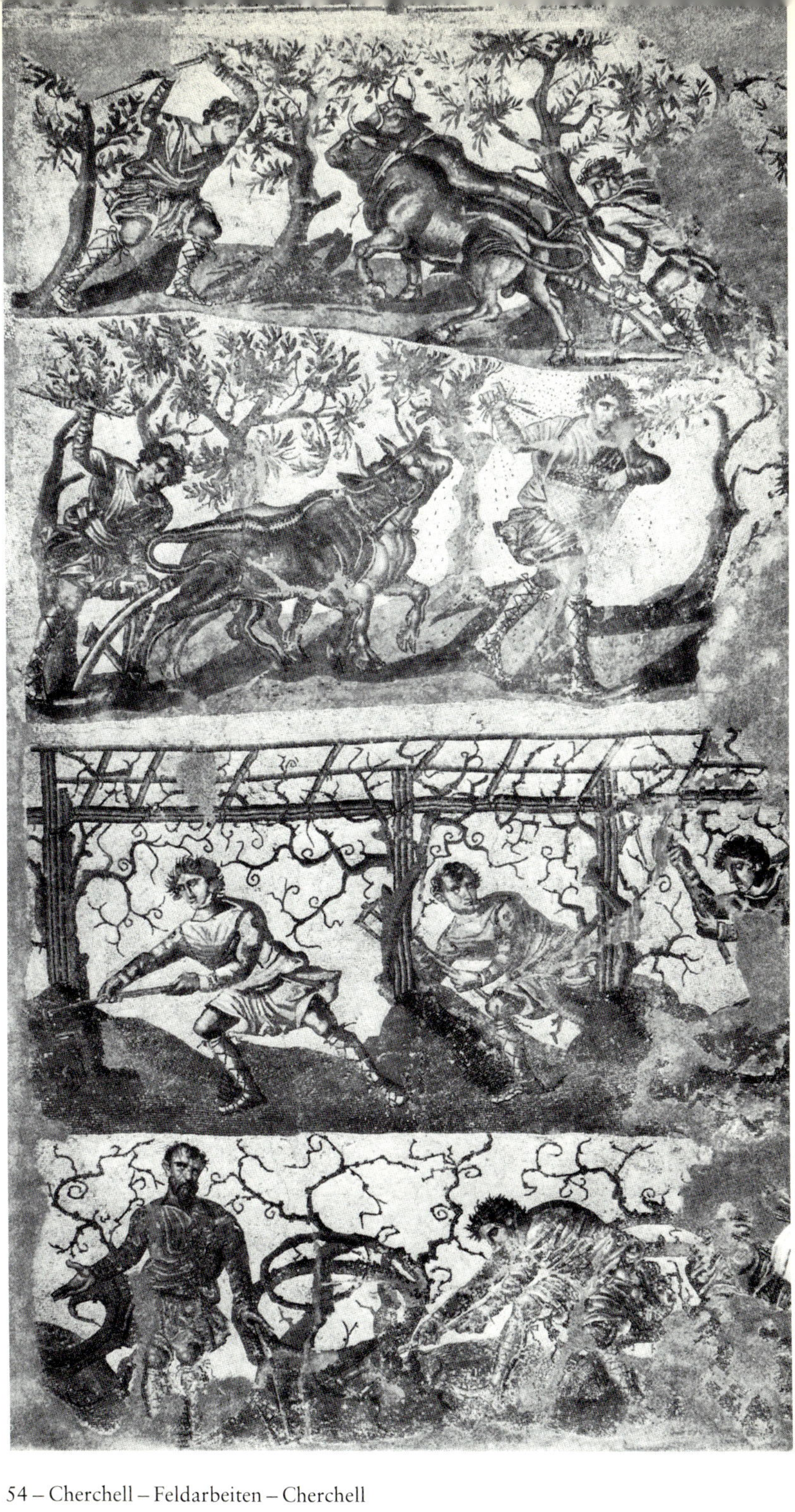

54 – Cherchell – Feldarbeiten – Cherchell

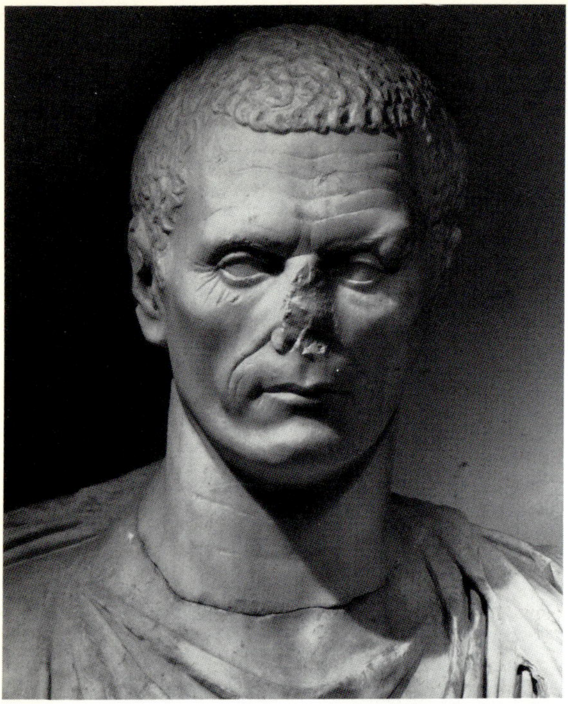

55 – Leptis Magna – Statue des Iddibal Caphada Aemilius (Ausschnitt) – Tripolis

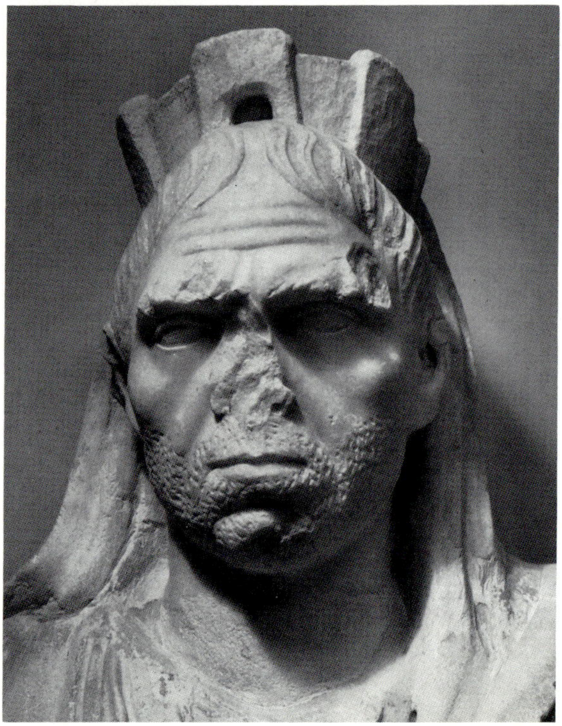

56 – Dougga – Heroisierende Statue eines Gläubigen (Ausschnitt) – Tunis

anlagen, die Septimius Severus am Hafen seines Geburtsorts, Leptis, ausführen ließ, nichts geändert zu haben. Während die Anlagen des alten Hafens Abnutzungserscheinungen von langer und häufiger Beanspruchung zeigen, wirken die des neuen, von Severus angelegten Hafens, als seien sie in der langen Zeitspanne von der Erweiterung des Hafens (210–216) bis zur Besetzung Tripolitaniens durch die Vandalen im Jahre 455, die für Leptis Magna den Niedergang und den Beginn der Versandung des Hafens bedeutete, nie benutzt worden.

Tripolitanien war an der selbständigen Entwicklung der afrikanischen Mosaikkunst nicht beteiligt. Hier erhielt sich noch lange Zeit das hellenistische, von der Malerei abhängige Mosaik, auch in seiner besonderen handwerklichen Form, das heißt in dem kleinen vorgefertigten Mosaik auf einer Terrakottaunterlage, das dann unmittelbar, innerhalb einer Umrahmung aus geometrischen Mustern, in den Fußboden eingelegt werden konnte (*emblema* = eingelegte Arbeit). So ist zum Beispiel der Fußboden einer Villa in Leptis gestaltet, die nach ihrer Mosaikdarstellung ‹Haus des Orpheus› genannt wurde. Orpheus, der mit seinem Gesang die Tiere bezaubert, nimmt ein Feld in der ganzen Breite des Mosaiks ein. Die Anordnung in Registern und die neutrale Grundfläche, auf der die Zeichnung des Bodens kaum angedeutet ist, verweisen die Komposition ins 3. Jahrhundert. Aber den Rest des Mosaiks füllen sechs kleine Bilder aus; es sind zwei ländliche Szenen und eine vom Fischfang, während die drei anderen typisch hellenistische Darstellungen von Vögeln, Früchten und Fischen sind; sie kommen als sogenannte *xenia*, als Gastgeschenke in den hellenistisch-römischen Mosaiken von Rom und Pompeji vor. Da es sich in diesem Fall um Mosaiken auf einer Terrakottaunterlage handelt, könnten hier tatsächlich ältere Stücke in einem Bodenmosaik jüngeren Datums wieder Verwendung gefunden haben.

An den Beginn des 3. Jahrhunderts gehören auch die Mosaiken aus der ‹Villa des Nil›. Die Bildthemen sind insgesamt deutlich hellenistischer Herkunft: das Meer mit Fischern, eine Regatta mit Amoretten, der personifizierte Nil, der sich auf einem Nilpferd niedergelassen hat, und der von Nymphen getränkte Pegasus; das Gegenstück – Pegasus wird von den Musen gefüttert – findet sich auf Terrakottatafeln aus Djemila und Kairo. Doch ‹hellenistisch› wäre eine zu allgemeine Bezeichnung, man muß hier mit aller Wahrscheinlichkeit erläuternd ‹alexandrinisch› hinzufügen. Zu dieser Herkunft paßt auch die malerische Konzeption des Ganzen, die durchaus naturalistisch und impressionistisch ist, sowie die perspektivische und illusionistische Raumbehandlung.

Diese allgemeinen Merkmale der tripolitanischen Kunst tragen dazu bei, die alexandrinische Herkunft auch der landschaftlichen Motive zu bestätigen, mit ihren winzigen Bauwerken und flüchtig hingeworfenen Figurinen, wie sie typisch sind auch für Rom am Beginn der augusteischen Zeit. Hier finden wir sie noch einmal am Ende des 2. – oder Anfang des 3.? – Jahrhunderts auf einem kleinen Bild, das in den Dekor eines Gewölbes eingefügt ist, in dessen Mitte

Dionysos auf einem Panther reitet. Das Gewölbe gehörte zu einer am Meer gelegenen Villa in Dar Buc Ammera bei Zliten, östlich von Leptis, wo man noch weitere Mosaiken und Gemälde entdeckt hat, deren Entstehungszeit allerdings noch strittig ist.

Auch später noch, in der zweiten Hälfte des 4. Jahrhunderts, findet man in der Umgebung von Tripolis Gemälde, die mehr Beziehung zur Kultur Roms und des hellenistischen Ostens als zu der Karthagos haben, wie das Grab der Aelia Arisuth in Gargaresh. Der Name der Toten, die «etwa sechzig Jahre gelebt hat», steht auf einem Tondo, das von einem von zwei schwebenden Genien gehaltenen Kranz eingefaßt ist. Darunter ist das Grab als *loculus* in die Mauer eingelassen. Auf die Rückwand des *loculus* ist das Porträt der Verstorbenen gemalt, umgeben von einem mit Edelsteinen besetzten Kranz, den zwei Mädchen vor einem Hintergrund aus Rosen und Girlanden halten. Es ist ein nüchternes, lineares Bildnis, bereits typisch frühbyzantinisch. Die übrigen Dekorationen sind von anderer Hand, von einem unbefangenen, eiligen Dekorationsmaler, der für die Zirkusszene noch einem alten perspektivischen und volkstümlichen Schema folgt, so daß es nicht ganz deutlich wird, ob der Wettkampf hier symbolische oder realistisch-biographische Bedeutung hat, wenn auch das erstere wahrscheinlicher ist. So schlägt an der Decke des *loculus* ein Pfau zwischen Weinranken ein Rad, und an den Seitenwänden stützen zwei allegorische Figuren je einen Arm auf eine umgestürzte Fackel: die Flamme des Lebens, die erloschen ist. An den Wänden neben dem *loculus* halten zwei reichgekleidete Diener je einen Leuchter mit brennender Kerze. Auf einem Fresko in Rom haben wir den gleichen Leuchter gesehen. Auf den *loculus*, der mit einem kleinen Wasserbecken mit durchlöchtertem Boden versehen ist, um die Trankopfer in Höhe des Kopfes der Toten auf die hölzerne Tomba rinnen zu lassen, war eine Löwin mit der Inschrift ‹*quae lea jacet*› gemalt; ihr entspricht die Inschrift ‹*qui leo jacet*› auf dem *loculus* eines in die angrenzende Wand der Grabkammer eingelassenen Grabes, das mit Bildern minderwertigster Qualität und von absoluter Plumpheit ausgestattet war. Eine Inschrift enthält einen männlichen Namen. Die Bezeichnung der Frau als ‹Löwin› und des Mannes als ‹Löwen› weist darauf hin, daß die beiden den vierten Grad der Einweihung in die Mysterien des Mithraskults erlangt hatten. Doch kein Mithrassymbol ist in den Dekormalereien zu entdecken, so daß man an einen Fall von religiöser Polyvalenz denken kann, wie er sich auch in der Vermischung heidnischer und christlicher Elemente in ein und derselben künstlerischen Ausschmückung findet, so zum Beispiel in Rom, in der Neuen Katakombe an der Via Latina.

Der Plastik fehlen hier in den Porträts jene lokal bedingten charakteristischen Züge, die den in Tunesien, Algerien und Marokko aufgefundenen Werken ihre unverwechselbare Individualität geben. Auch wenn, wie bei der Statue des Iddibal Caphada Aemilius (Abb. 55), eines mit der Toga bekleideten und im Kaiserkult tätigen Bürgers von Leptis, der sich um seine Stadt durch die großzügige Errichtung öffentlicher Gebäude verdient gemacht hatte, unleugbar ethnische Merkmale zutage treten, so bleibt doch die formale Grundstruktur typisch stadtrömisch. Wenn wir die Masse der Inschriften aus Leptis Magna überblicken, stellen wir fest, daß die Stadt im 1. und 2. Jahrhundert Monumente und Wachstum punischen Bürgern zu danken hatte, die Römer geworden waren. Aber die griechischen Inschriften am Tempel des Serapis und der Isis bezeugen auch die Existenz hellenisierter Gruppen, von der im übrigen einige Plastiken und außerordentlich kultivierte Porträts künden, die mehr auf Alexandria oder Athen hindeuten als auf Rom.

Wie auch immer, Tripolitanien besitzt in Leptis Magna mit den Skulpturen aus der Zeit des Septimius Severus eine Reihe höchst bedeutender Zeugnisse der spätrömischen Kunst.

Die von Septimius Severus beschlossene Erweiterung der Stadt wurde unter der Oberaufsicht eines der reichsten Bürger von Leptis, Caius Fulvius Plautianus, ins Werk gesetzt; er war ein Kindheitsfreund des Severus, *Praefectus praetorio* und schließlich der Schwiegervater Caracallas, der seine Tochter Plautilla geheiratet hatte. Die Arbeiten wurden nach den Plänen eines offenbar genialen Architekten ausgeführt. Die alte Stadt aus punischer Zeit war auf dem äußersten Punkt der Landzunge erbaut, in deren Schutz der Hafen entstanden war. Das Marktviertel hatte sich an einer Ost-West-Achse entwickelt, aber schon das in den Jahren 1 oder 2 n. Chr. begonnene und unter Tiberius vollendete Theater folgte einer Südost-Nordwest-Achse, parallel zum Straßennetz, das man gleichlaufend zur großen Küstenstraße anlegte. Diese Küstenstraße wurde zur Hauptverkehrsader der Stadt. An ihrer wichtigsten Kreuzung errichtete man den vierfrontigen Triumphbogen (Quadrifrons) für Septimius Severus und seine Söhne Caracalla und Geta. Der Architekt, der den severischen Bebauungsplan ausarbeitete, dehnte damit die Stadt nach Osten und zum Hafen hin aus. Er legte eine breite, von Bogengängen und Säulen gesäumte Straße an, die parallel zu den Thermen – aus der Zeit Hadrians, in Nord-Süd-Richtung – verlief; gleich hinter den Thermen errichtete er eine große Exedra mit Nymphäum, das heißt mit einer monumentalen Brunnenanlage, die gleichsam als Scharnier der kolonnadengesäumten Straße diente. An diesem Punkt nämlich schlug die Straße eine Ost-West-Richtung ein, mit dem grandiosen Leuchtturm an der Spitze der Landzunge als Endpunkt. Diese Kolonnadenstraße erinnert an entsprechende Anlagen in den römischen Städten Syriens. In dem Raum zwischen ihr und dem Stadtteil aus dem 1. Jahrhundert wurden das Severusforum und die Basilika errichtet. Diese Bauten, die mit ungewöhnlicher architektonischer Pracht und Großzügigkeit angelegt wurden – das Forum bedeckt eine Fläche von ungefähr einem Hektar, die dem Verkehr mit Fahrzeugen entzogen war –, gliederte man in die schon bestehenden, anders verlaufenden Straßen in der Weise ein, daß man am Forum eine Reihe von Läden mit allmählich abnehmender Tiefe baute, wodurch die Richtungsänderung völlig verdeckt wurde.

Der Name des genialen Architekten ist uns so wenig bekannt wie seine Herkunft, ob aus Rom oder Syrien. Wenn man aber die engen Beziehungen des Septimius Severus zu Syrien bedenkt und sich zugleich einige Besonderheiten dieser Bauformen vor Augen hält, mag die zweite Möglichkeit für sich sprechen. Übrigens sind die Arbeiten in Abschnitte aufgeteilt und nach genauem und strengem Zeitplan ausgeführt worden, so daß es Teile gibt, bei denen die letzte ornamentale Ausgestaltung fehlt. Der gesamte Plan wurde in ungefähr fünfzehn Jahren verwirklicht.

Bei diesem großen städtebaulichen und künstlerischen Unternehmen wäre es interessant, etwas über die Beziehungen zwischen Auftraggeber, Künstler und der die Arbeit ausführenden Handwerkerschaft erfahren zu können. Die Kapitelle im pergamenischen Typus von der Portikus des Severusforums tragen ebenso wie die Säulenbasen die Namen griechischer Handwerker (etwa dreißig verschiedene); die Basen der Säulen des Tempels auf dem Forum ruhen auf skulpierten Würfeln, die ihr genaues Gegenstück in Reliefs aus der gleichen Zeit in Aphrodisias haben; auch die Medusenmasken und die einer Meergottheit in den Tondi zwischen den Bogen der Portikus erinnern in ihren besten Exemplaren an Arbeiten aus Aphrodisias. Doch vielleicht geben uns gerade diese Medaillons einen Hinweis auf die damalige Arbeitsmethode. Der Marmor kam fraglos aus Kleinasien. Aber die großen Qualitäts- und Stilunterschiede zwischen den einzelnen Köpfen lassen mich vermuten, daß aus den Werkstätten von Aphrodisias nur einige Stücke als Modelle kamen und daß alles übrige in Leptis von einheimischen Handwerkern ausgeführt wurde. Die Anwesenheit einer Gruppe von Bildhauern aus Kleinasien würde, wie ich glaube, gewisse Barbarismen, an denen es in der Reihe nicht fehlt, kaum zugelassen haben. Auch die Kapitelle mit den Namenszügen von Handwerkern in griechischer Schrift sind vermutlich schon fertig importiert worden, wie es für die Kyrenaika zur Zeit Justinians dokumentarisch verbürgt ist. Das legt den Gedanken nahe, daß auch die Pilaster der großen severischen Basilika (erbaut 210–216) bereits bearbeitet eingeführt worden sein könnten; sie bilden das wichtigste Zeugnis für einen dem römischen Westen fremden Stil, und es gibt einige Anzeichen, die auf eine Herkunft aus den Werkstätten von Aphrodisias schließen lassen. Diese skulpierten Bauglieder sind ein prachtvoller ornamentaler Zusatz, aber sie gehören nicht zur eigentlichen Struktur des Mauerwerks. Die Pilaster der Basilika sind Meisterwerke nicht nur wegen der ungewöhnlichen Technik des überhöhten Reliefs, sondern ebenso wegen der Erfindung neuer formaler Motive.

Hier offenbart sich eine Kraft der Bildkomposition, die zwar durch ihre Eleganz und die sorgfältige Behandlung des Details, durch plastische Wirkung und Geschlossenheit der Gestaltung mit der hellenistischen Tradition verbunden bleibt, aber doch ein ganz neues Empfinden verrät, das sich vom traditionellen stark unterscheidet. Die Figuren treten aus dem neutralen Grund hervor nach einer Auffassung, die dann in der Malerei und im Relief der byzantinischen Zeit bis zum äußersten weiterentwickelt wurde, so etwa in späten Elfenbeinreliefs wie der Kassette aus Veroli aus dem 10. Jahrhundert (London, Victoria and Albert Museum). Die Leisten an den Pilastern haben jede Beziehung zu ihrer natürlichen Funktion verloren und sind zu einem feinen Spitzengewebe geworden, in dem sich schon die ornamentalen Formen der byzantinischen Kapitelle von Konstantinopel und Ravenna (erste Hälfte des 6. Jahrhunderts) ankündigen. Wie dem auch sei, ob die Pilaster mit Ornament eingeführt oder ob dieses an Ort und Stelle gearbeitet wurde, sie gehören weder zur afrikanischen noch zur Kunst der westlichen Provinzen; sie sind vielmehr ein Produkt der Ostprovinzen, aus denen später die byzantinische Kunst hervorgehen sollte.

Vier große Friese schmückten den Triumphbogen der Severer. Der eine zeigt die kaiserliche Familie vor den Bildern der Schutzgötter der Severer und der Stadt; der Kaiser, der zwischen seinen beiden Söhnen steht und die Rechte des einen drückt, hält in der anderen Hand den *lituus*, den Krummstab des Pontifex Maximus. Auf einem anderen Relief wird die Opferung zweier Stiere im Beisein der kaiserlichen Familie (Abb. 58) dargestellt; das dritte läßt einen Zug von Notabeln zu Pferde erkennen, gefangene Partherinnen mit der phrygischen Mütze auf dem Haupt, die in Sänften getragen werden, und Kriegsgefangene zu seiten einer Trophäe; in der Mitte Julia Domna und eine nur noch als Fragment erhaltene Figur, die wie Herakles bekränzt ist (Caracalla? Severus?). Das vierte Relief scheint die Fortsetzung des dritten zu sein und zeigt als Hauptthema Septimius Severus und seine Söhne auf dem Triumphwagen. Die Quadriga ist mit den Bildern der Kybele, des Herakles-Melkart und der Venus-Astarte, orientalischer Gottheiten, geschmückt. Das Überraschende an dieser Darstellung aber ist die Art, wie sich plötzlich in eine Reihe von Figuren, die sich wie bei einem traditionellen Schema narrativer Schilderung von links nach rechts bewegen, der Triumphwagen hineinschiebt und den Rhythmus unterbricht; obwohl auch er sich nach rechts wendet, steht er in einer anderen Perspektive, so daß sich die Mitglieder der kaiserlichen Familie von vorn zeigen und nicht im Profil, wie es dem Rhythmus der narrativen Darstellung entspräche. Diese Frontalität bemerkten wir bereits am Relief der Porta der Argentarii in Rom; nur ist sie hier deutlicher hervorgehoben, da sie plötzlich in einem erzählerischen, bewegten Figurenkreis auftaucht. Hier wird offenbar der normalen Komposition Gewalt angetan, weniger, wie ich glaube, aus künstlerischen als aus ideologischen Gründen. Das Bild des Kaisers darf augenscheinlich nicht als Teil eines erzählerischen Vorgangs erscheinen: es muß erhoben werden zu feierlicher Repräsentation. Wir können den Unterschied ohne weiteres begreifen, wenn wir uns einerseits den tiefreligiösen Gehalt der stets frontal gesehenen byzantinischen Kultbilder vergegenwärtigen und uns andererseits vorstellen, wie dieser Gehalt verblaßte und sich schließlich ganz verlor, als die Hochrenaissance die Gottesmutter der römisch-katholischen Religion wie eine menschliche Mutter darstellte, die mit ihrem Kind spielt.

Dieses ‹Repräsentationsbild›, das die Ideologie der absoluten und autoritären Souveränität erfordert, die sich damals durchsetzte, wäre übrigens formal nicht annehmbar gewesen, wenn nicht bereits die Loslösung vom hellenistischen Naturalismus weiter fortgeschritten wäre, deren Anfänge wir zur Zeit des Commodus beobachteten. Dem objektiven Bild der Wirklichkeit zieht man nun ein Ersatzbild der Wirklichkeit vor, das sich der optischen Illusion bedient, um die Realität zu beschwören, aber dem Künstler freie Hand läßt, seinen Bildern mehr und mehr eine dekorative und symbolische Bedeutung zu geben, selbst wenn er dafür der Realität Gewalt antun muß. Eben dies hat der Meister erreicht, der die Ausführung der Reliefs am Triumphbogen von Leptis leitete, indem er mit dem laufenden Bohrer die Schattentäler der Gewandfalten vertiefte und Haar und Bärte ebenso wie die ornamentalen Dekorelemente an den Leisten der Pilaster der Basilika durchlöcherte. Die entstehenden Furchen, die uns die Illusion einer plastischen Form geben, sind mit so viel genauem Maß und Formgefühl ausgeführt, daß man unwillkürlich auf den Gedanken kommt, der Meister selbst, der die Hände der erkennbar verschiedenen Bildhauer leitete, habe auf die grob herausgearbeiteten Figuren mit einem in Farbe getauchten Pinsel die Schatten und Furchen gezeichnet, die allein ihnen Leben verliehen hätten. Diese malerisch empfundene Plastik bedient sich einer Technik, die nicht unähnlich der des heutigen Tachismus ist, der ja ebenfalls die naturalistische Form zerstört. Wir stehen hier vor einer Wende im visuellen Formverständnis. Aber wir müssen dabei auch, wie mir scheint, die beträchtliche Zeitersparnis berücksichtigen, die diese neue Technik bedeutete – ein Umstand, der in einer Epoche schwerer wirtschaftlicher Krise nur als höchst erwünschter Fortschritt empfunden werden konnte. Ich bin der Meinung, daß die vier großen Reliefs nach Motiven, vielleicht sogar Zeichnungen, die aus Rom gesandt worden waren, von einer Gruppe von Bildhauern ausgeführt wurden, die in Leptis unter der Führung eines aus einer der großen Werkstätten Lykiens oder Kariens stammenden Meisters arbeitete.

Das nachlassende Interesse an der perspektivischen Darstellung und die neue Art der Komposition werden noch deutlicher an einem anderen, in zwei Zonen angeordneten Relief, das die kaiserliche Familie zeigt, die von den Stufen eines Tempels aus einem Opfer beiwohnt. Die Komposition ist neu, verglichen mit dem Relief, das zu der oben erwähnten Reihe gehörte und den gleichen Gegenstand mehr in traditioneller Manier behandelt. Die Anordnung in zwei Zonen ist hier in Wirklichkeit eine einheitliche Komposition, weil die Trennung durch die Stufen zum Tempel gegeben ist, dessen Säulen den Hintergrund für die kaiserliche Familie bilden. Das einzige perspektivische Element ist der in die Mitte gestellte, aber von der Kante her gesehene Altar. Auch in diesem Fall sind es nicht vorwiegend künstlerische Erwägungen gewesen, die zu dieser Konstruktion geführt haben, bei der die komplexe Szene in eine einheitliche Ebene gezwängt wird. Bei einer perspektivischen Behandlung wären nämlich die Figuren der kaiserlichen Familie kleiner gewesen als die Nebenfiguren im Vordergrund. Das aber wäre unzulässig gewesen: die kaiserliche Familie war schließlich die *divina domus,* wie es aus einer Inschrift in Leptis hervorgeht.

Der Severusbogen von Leptis war reich auch an Dekorelementen: Pfeiler mit Trophäen und Gefangenen, mit figurendurchsetztem Laubwerk, ein Fries girlandenhaltender Eroten – ein Motiv, das noch an den Grenzen Indiens, in der Gandhara-Kunst, wiederkehrt – und die gewohnten Siegesgöttinnen, die ihren Platz in den Segmenten der vier Bogenöffnungen haben. Diese Victorien unterscheiden sich stark vom Stil der großen Reliefs und der zeitgenössischen Kunst in der Hauptstadt. Eine weiche, rundliche Fülle, durchaus hellenistisch, voll subtiler Spiele mit einem Helldunkel, verbindet sich mit einer fast barocken Behandlung der Gewandfalten; manche Teile sind völlig als Rundplastik ausgeführt (ein Arm fehlt, Abb. 57). Es ist der Stil der dekorativen Skulpturen attischer Sarkophage dieser Zeit und der noch ganz vom Hellenismus geprägten Plastik Kleinasiens.

Mit den Niken des Severusbogens befinden wir uns in Leptis auf der gleichen Linie einer Entwicklung, wie sie die hellenistische Kunst in der benachbarten Kyrenaika schon seit dem 1. bis 2. Jahrhundert eingeschlagen hat. Als Beispiel gelte die Statuette der Leda mit dem Schwan.

Auch in der Porträtkunst des späten 3. Jahrhunderts ist in der Kyrenaika noch immer, neben expressiven Ansätzen und Tendenzen zur Erstarrung des Aufbaus, eine Vorliebe für plastische Werte und vollendete Detailgestaltung lebendig, in der sich ganz deutlich der Einfluß der hellenistischen Tradition offenbart.

3. Ägypten

Eine Geschichte der ägyptischen Kunst in römischer Zeit ist noch nicht geschrieben, obwohl wir dank schriftlicher Überlieferung durch Papyri und Ostraka über keine römische Provinz so gut unterrichtet sind wie über Ägypten. Vielleicht hängt das auch damit zusammen, daß die Kontroversen über die Rolle Alexandrias als kulturelles Zentrum während der ganzen hellenistischen Epoche, von seiner Gründung 331 v. Chr. an, bis heute nicht verstummt sind. Für die einen das Zentrum der Erneuerung, zur Führung berufen, entbehrte seine Kunst für die andern allen eigenen Gepräges. Die Wahrheit dürfte in der Mitte liegen. Es ist unbestreitbar, daß das römische Ägypten, abgesehen von den offiziellen Standbildern der Kaiser und der Architektur, keinem stärkeren Einfluß Roms unterlag. Die Plastik und zumal das Bildnis fügen sich in den Rahmen der Kunst des östlichen Mittelmeerbereichs; zuweilen zeigen sie kleinasiatische Akzente (Pergamon, Milet), häufiger attizistische, nur mit größerer Nüchternheit und Geschlossenheit der Form. Ein schönes Beispiel für diese Kunst ist der Frauenkopf (Berlin, Staatliche Museen) vom Ende des

1. Jahrhunderts; die Frisur erinnert – bei sparsamerer Verwendung des Bohrers – an die der römischen Damen unter Titus und Domitian. Der hintere Teil des Kopfes war wahrscheinlich mit einem Schleier aus Stuck bedeckt, eine Technik, die bereits die hellenistisch-alexandrinische Plastik gern anwandte.

Die Grabstatue eines älteren Mannes (es handelt sich nicht um einen Sarkophagdeckel), die, nach dem struppigen Bart zu urteilen, um die Mitte des 3. Jahrhunderts entstanden sein dürfte, beweist, daß die Plastik noch die derbe Form pflegt, mit einer Vorliebe für Drapierungen mit klaren, linearen Falten – eine von der illusionistischen Plastik, der wir am Severusbogen in Leptis begegneten, völlig verschiedene Auffassung. Man spürt hinter diesen Bildwerken ein Handwerkertum, das sich seine große Tradition hellenistischer Verfeinerung bewahrt hatte. Aber diese Neigung der hellenistisch-römischen Plastik in Ägypten zu klaren, reinen Formen stand auch in Zusammenhang mit der noch immer lebendigen künstlerischen Strömung, die gewissermaßen die ältesten Traditionen der ägyptischen Kunst fortsetzte. So finden wir hier zahlreiche vorzugsweise aus hartem Stein wie Diorit und Basalt – Steinarten, die man in Ägypten seit alters her verwendete – gearbeitete Skulpturen, in denen sich hellenistische Formen mit den typischen Merkmalen ägyptischer Kunst, dem Linearen, Blockhaften, verbinden. Wir können hier nur ein einziges Beispiel nennen: eine fast lebensgroße Statue, deren unterer Teil nicht mehr erhalten ist und die, wie die Inschrift auf dem Stützpfeiler im Rücken des Standbildes besagt, den Thotpriester Hor, Sohn des Hor, darstellt. Nicht nur Stützpfeiler, Inschrift, Funktion und Material (Basalt) zeugen von altägyptischer Tradition, sondern auch Haltung und Kleidung der Figur. Alles an dieser Statue spricht von der glücklichen Verschmelzung der zwei großen künstlerischen Kulturen, die sich auf diesem Boden entwickelt haben, der ägyptischen und der hellenistischen. Das Resultat ist ein eindrucksvolles Werk, dessen stilistische Kohärenz ihre stärkste Wirkung in dem Kopf erreicht: frontal dem Beschauer zugewandt, vermittelt er mit den schmalen Gesichtszügen und den großen Augen einen Ausdruck religiöser Askese. Über die Entstehungszeit gibt es verschiedene Hypothesen; uns überzeugt am meisten die schon von P. Graindor vertretene Annahme, daß die Statue an den Anfang des 2. Jahrhunderts zu setzen ist.

Wenn man vom Bestehen dieser Kunstströmung ausgeht, kann man vielleicht eine Reihe von Werken aus der Zeit der Tetrarchie, also vom Ende des 3. Jahrhunderts, besser bestimmen, Werke, die von jeher die Kunsthistoriker wegen der Schwierigkeit, sie in den Zusammenhang der Kunst ihrer Zeit einzuordnen, beschäftigt haben. Das berühmteste und charakteristischste Stück aus dieser Reihe ist die Gruppe von vier Figuren aus Porphyr (Abb. 59), die sich je zwei und zwei umarmen, an der dem Dogenpalast gegenüberliegenden Ecke der Markuskirche in Venedig. Der jüngst in Istanbul aufgefundene Fuß, der an einer der Figuren fehlte, läßt über ihre Herkunft aus Konstantinopel keinen Zweifel, womit freilich nicht gesagt ist, daß sie auch in Konstantinopel hergestellt worden sein müssen. Ursprünglich waren die Figuren an einer Säule befestigt, weshalb man sie mit den Figuren auf Konsolen in Verbindung brachte, die in ähnlicher Weise die Kolonnadenstraße in Palmyra schmückten. Die pannonischen Mützen, allerdings verziert mit Edelsteinen – eine Neuerung, die Diocletian eingeführt hatte (Eutropius IX, 26) –, und die beiderseitige Umarmung stellen diese Bildwerke in die Sphäre der Tetrarchie: Augusti und Caesares, die, in der vorausbestimmten Erbfolge, die Einheit in der Teilung der Macht und somit die Fortdauer des Reiches symbolisieren (wie es übrigens auch in der Münzprägung geschieht). Man kann sich allenfalls fragen, auf welche Tetrarchie sie sich beziehen, ob auf die erste mit Diocletian und Maximian als Augusti – ihre Beinamen lauteten Jovius und Herculius – und Galerius und Constantius Chlorus als Caesares, deren zehnjähriges Bestehen zusammen mit dem zwanzigjährigen Jubiläum Diocletians in das Jahr 303 fiel; oder auf die dritte Tetrarchie, die 308 bei der Zusammenkunft von Galerius, Licinius, Constantin und Maximin Daia in *Carnuntum* begründet wurde. Allen anderen Hypothesen fehlt die Überzeugungskraft, und am wahrscheinlichsten erscheint noch immer die erste Tetrarchie. Formal gesehen, bedeutet diese Gruppe, zusammen mit wenigen anderen – so einem Torso aus Niš, der Geburtsstadt Constantins im heutigen Jugoslawien –, einen nicht mehr rückgängig zu machenden Sprung nach vorn. Man wird sie immer als typisches Beispiel für den endgültigen Bruch mit der hellenistischen Form spätantiker Auffassung und für die Vorwegnahme mittelalterlicher Formen nennen. Sogar das Schwert mit dem persischen Griff verstärkt noch diesen Eindruck. Übrigens entspricht der Stil, besonders der Köpfe, genau jenem, der jetzt plötzlich auf den Münzen mit den Herrschern der ersten Tetrarchie erscheint. Wenn wir uns diese Münzen ansehen, stellen wir fest, daß der neue, wuchtige und geometrische Stil, der dennoch Raum für lineare Einzelheiten läßt, zum erstenmal auf den in Alexandria geprägten Münzen Maximins erscheint. Später übernehmen ihn dann auch andere Münzstätten im Osten wie die von Antiochia, Kyzikos und Nikomedeia, später auch die von Rom und Siscia. Bei all diesen Münzprägestellen war der Kopf auf den Münzen bis zu den Ausgaben von 290/292 im überkommenen Stil behandelt worden. Das neue Modell ist also zuerst in Ägypten geprägt worden. Auf Ägypten weist auch das Material, der rote Porphyr, den man 50 km vom heutigen Suezkanal entfernt am *Mons Porphyrites* brach, dem heutigen Djebel Duchan bei Klysma am Roten Meer. Bekanntlich war die Verwendung von Porphyr, einem überaus harten, annähernd purpurfarbenen Material, zur Zeit der römischen Kaiser – womit vielleicht nur ein ptolemäischer Brauch fortgesetzt wurde – allein für die Darstellung der Götter und des Kaisers bestimmt, ebenso wie für den Bau und die Ausschmückung der kaiserlichen Paläste. In besonderem Maße trifft das für die Zeit der Tetrarchie und Constantins zu. Die einzige andere Porphyrplastik, die man mit der genannten Vierergruppe vergleichen kann, ist die berühmte Büste aus Athribis, einer nicht unbedeutenden Stadt im Nildelta; sie ist knapp unter Lebensgröße, und man hat in ihr das Bildnis Maximin Daias, des Galerius oder Licinius erkennen wollen. Aber die gut bekannte Ikonographie des Galerius auf dem kleinen marmornen Ehrenbogen im Museum von Thessalonike legt den Schluß nahe, daß die Büste tatsächlich Galerius darstellt.

Wir glauben heute nicht mehr, in dieser Gruppe den Beweis dafür zu sehen, daß orientalische Formelemente entscheidend und unumstößlich in die Kunst der römischen Spätzeit eingegangen sind; aber wir meinen, daß zu einem bestimmten Zeitpunkt Kunstwerke in einer ägyptischen Werkstatt entstanden sind, in der man die Erfahrungen der ‹ägyptisierenden› Plastik bewahrt hatte und der Zeit anpaßte, diese Strömung war stets lebendig geblieben, wie auch das hier gegebene Beispiel, das Bildnis des Priesters Hor, zeigt. Tatsächlich hat sich der Stil der Vierergruppe, den man als typisch ‹tetrarchisch› bezeichnet hat, nicht weiter verbreitet; er bleibt vielmehr auf eine kleine Reihe von Werken in Porphyr und zeitlich auf ein gutes Jahrzehnt beschränkt. Es ist gewiß bezeichnend, daß dieser Stil bei Werken von offenbar offiziellem Charakter angewendet werden konnte, während in Ägypten selbst noch die hellenistisch-römische Tradition in Übung war. An den ägyptischen Ursprung dieser Plastiken hat übrigens schon J. Strzygowski geglaubt, aber man hatte diese Annahme wieder aufgegeben zugunsten der Überzeugung, sie seien von den Skulpturen aus Palmyra beeinflußt. Man hat damit meiner Meinung nach die Bedeutung der Kunst von Palmyra überschätzt; sie bleibt ein lokales Phänomen von geringer Ausstrahlung, das sich nicht vergleichen läßt mit der großen kulturellen Tradition Ägyptens, so wenig wie mit dessen führender Rolle in der Wirtschaft und Politik des Römischen Reiches.

Die bekanntesten Dokumente aus dem römischen Ägypten sind die mit Wachstemperafarben (Enkaustik) auf Holz – zuweilen auch Leinwand – gemalten Bildnisse, die man im Hause aufbewahrte, bis man die Mumie des Verstorbenen damit ausstattete. Ähnliche Bildnisse findet man auf Leinenstoffen, die als Schweißtücher dienten, und auf denen der Verstorbene von Anubis, dem alten ägyptischen Todesgott, geleitet wird. Von ihrer rituellen Verwendung abgesehen, stellen diese Bildnisse als solche keine nur dem römischen Ägypten eigene Kunstform dar. Porträts von gleicher künstlerischer Qualität dürfte es in jeder prosperierenden Provinz des Reiches gegeben haben. Sie gehören in eine Reihe mit den wenigen Überresten, die wir von den pompejanischen Bildnissen in Freskomalerei oder Mosaik kennen, die durch reinen Zufall erhalten blieben, so wie die ägyptischen Bildnisse dank den besonderen klimatischen Bedingungen des Landes überdauerten. Da die meisten aus der Gegend von Fayûm, der dem Niltal nächstgelegenen Oase, stammen, werden sie in der archäologischen Literatur oft mit diesem Namen bezeichnet, obwohl man in mindestens zehn anderen Orten ebenfalls solche Werke gefunden hat. Man hat sich gefragt, ob einige dieser Bildnisse bis auf die Zeit des Augustus und Tiberius oder nur die der Flavier zurückgehen; sichere äußere chronologische Anhaltspunkte gibt es erst von der Regierungszeit Hadrians an. Während dieser ganzen Periode entsprechen die Bildnisse dem hellenistisch-römischen

Stil. Das Tondo mit den beiden Porträts – ‹Die beiden Brüder› – aus dem 2. Jahrhundert (Kairo, Museum) unterscheidet sich von dem sogenannten ‹Porträt des Pacuvius Proculus› aus Pompeji (‹Rom – Das Zentrum der Macht›) nur durch eine größere Gelöstheit der Ausführung. Daneben scheint die lineare Strenge dieser Bildnisse vom gleichen Geist wie in der Plastik die Statue des Priesters Hor zu sein. Einen anderen Charakter zeigen die Bilder, die eher einer volkstümlichen, regional bestimmten Richtung angehören, wie das aus dem 2. Jahrhundert stammende Bildnis eines jungen Mädchens in einem Naiskos, vor dem Opfergaben von Blumen, Früchten und Getränken aufgestellt sind; oder jenes im Louvre aufbewahrte Werk aus dem 3. Jahrhundert, das sich mit seiner mehr summarischen und mit starken Kontrasten arbeitenden Malweise in eine Parallele mit der illusionistischen Plastik jener Zeit stellt. Am Ende des 3. und im Verlauf des 4. Jahrhunderts – danach kommen diese Bildnisse außer Gebrauch – ist für sie, in Übereinstimmung mit anderen künstlerischen Zeugnissen jener Zeit, hier wie in anderen Teilen des Reiches eine Verflachung des Volumens charakteristisch, eine Tendenz zu abstrakt empfundenen Formen und nicht zuletzt die besondere Bedeutung, die dem Blick aus großen starren Augen gegeben wird. Einige Kunsthistoriker haben in diesen Bildnissen gern die unmittelbaren Vorläufer der byzantinischen Ikonen gesehen, insbesondere der vom Sinai, und der Mosaiken von Ravenna. Das trifft zu, wenn man in diesen Porträts die Zeugnisse einer bestimmten Entwicklung sieht; aber es trifft nach unserer Meinung nicht zu, wenn man damit sagen will, daß diese Entwicklung ausschließlich oder in der Hauptsache auf Ägypten zurückgeht. Die wenigen Werke, die aus den anderen Provinzen erhalten blieben, zeigen vielmehr eine große Einheit der Malerei, die nur vom 4. Jahrhundert an in den westlichen Randprovinzen des Reichs aus formaler Unfähigkeit in Verfall gerät.

Gerade aus Ägypten besitzen wir ein wenn auch indirektes Zeugnis seiner Wandmalerei, deren Gegenstand aus Schilderungen und nicht aus Totengedenken besteht. Es ist ein summarisches Aquarell aus dem 19. Jahrhundert, angefertigt nach den Wandgemälden im Tempel von Luxor, der dem Kaiserkult gewidmet war. Dieser Kult, der mit einem unter Diocletian eingerichteten Militärlager in Zusammenhang stand, hatte seine Stätte in einem alten ägyptischen Tempel gefunden. Um die Reliefs und Hieroglypheninschriften freizulegen, die sich unter dem Verputz befanden, hatte man die Wandbilder zerstört. Geblieben ist die Erinnerung an sie in Form einiger Aquarelle von J. G. Wilkinson, die jedenfalls erkennen lassen, daß es sich um figurenreiche Szenen handelte, die sich in einem malerischen Raum bewegten, der noch nicht in der Frontalität erstarrt war, sondern im wesentlichen noch der hellenistisch-römischen Tradition angehörte.

Weitere solcher indirekten Zeugnisse finden wir in einer Miniaturenreihe aus einer Handschrift der ‹Ilias›, deren Fragmente in Mailand aufbewahrt werden (‹Ilias Ambrosiana›). Die Handschrift stammt wahrscheinlich aus

Konstantinopel, und zwar vom Beginn des 6. Jahrhunderts, wie ich bereits nach genauem Studium der gesamten Reihe der Miniaturen annahm, was jetzt die paläographischen Untersuchungen (G. Cavallo) bestätigt haben. Aber in ihrer Mehrzahl sind die erhaltenen Miniaturen Kopien nach älteren Vorlagen. Unter ihnen ist eine Gruppe zu erkennen, die auf Vorlagen aus der Zeit um die Mitte des 3. Jahrhunderts zurückgehen muß – also auf den Beginn der Illustrierung von Pergamenthandschriften in Buchform überhaupt –, Vorbilder, die vermutlich in Alexandria entstanden sind. Die Miniatur aus dem 13. Gesang, die Idomeneus mit dem Leichnam des Othryoneus zeigt, ist ein gutes Beispiel für diese an Bewegung und individueller Charakterisierung noch so reiche Malerei.

Diese Maltradition wird auch von anderen Bildern bestätigt, die thematisch ägyptisches Ritual wiedergeben, formal aber hellenistisch-römisch und mit mythologischen Elementen durchsetzt sind; man fand sie in der Nekropole von Tuna el-Djebel bei Hermopolis, der Hauptstadt des 13. Verwaltungsdistrikts.

Der Name Alexandria gilt gleichsam als Synonym für das Zentrum der reichsten und mannigfaltigsten Produktion von Kunsthandwerk überhaupt: von dort gelangten Vorlagen und Werke bis zur byzantinischen Epoche ins ganze Reich. Zuweilen wird der Name Alexandria eher symbolisch gebraucht, wenn damit die künstlerische Produktion eines der Zentren des östlichen Mittelmeerbereichs bezeichnet werden soll, die länger als andere produktiv blieben. Des weiteren ist die alexandrinische Herkunft eines Kunstwerks an seinen charakteristischen Eigenschaften abzulesen. So bei den Gläsern vom Ende des 2. oder Anfang des 3. Jahrhunderts, die die französische Expedition unter Leitung von J. Hackin im Königspalast zu Begram in Afghanistan zusammen mit Gipsmodellen für Arbeiten der Toreutik fand. Auf einem dieser Gläser ist, in Relief gearbeitet, der Leuchtturm von Alexandria zu sehen, auf anderen aufgemalte Figuren, die in der künstlerischen Auffassung den Miniaturen der oben erwähnten ‹Ilias› nicht unähnlich sind. Gleichartige Stücke hat man auch in Pommern gefunden, was den weiten Radius des alexandrinischen Kunstexports erkennen läßt. Außerdem könnte man eine Verordnung zitieren, die darauf abzielte, die Landflucht in Ägypten zu verhindern, die der lockende Handel mit den Ländern des Indischen Ozeans verursacht hatte. Doch könnte das Lykurg-Glas, ein ungewöhnlich schönes Stück mit in Hochrelief geschnittenen Figuren (früher im Besitz der Familie Rothschild), sowohl aus Alexandria wie auch aus Antiochia kommen; das eine wäre so hypothetisch wie das andere, und beides ist bei einem Werk von so großem künstlerischem Wert gleichermaßen möglich. Aus dem Umstand, daß sich, wie bereits erwähnt, in der Einlegearbeit aus farbigem Marmor in der Basilika des Junius Bassus in Rom ägyptisierende Motive als ornamentaler Rahmen einer mythologischen Szene – Hylas, von den Nymphen geraubt – fanden, deren Figuren sich in ähnlichem Rhythmus wie jene auf der Lykurg-Vase bewegen, könnte man den Schluß ziehen, beides seien Produkte aus Alexandria, und vielleicht auch für die Vase die Entstehungszeit der Intarsien (330–350) annehmen.

Zu Beginn des 4. Jahrhunderts verbreitete sich von Ägypten aus der Brauch, kreisfömige Ornamente an Kleidungsstücken anzubringen. Aus dieser Zeit dürften einige Stoffe stammen, wie der mit dem Bild des personifizierten Nil, mit dem auf griechisch beigefügten Namen und dem Füllhorn als symbolischem Attribut seiner befruchtenden Macht. Das Material ist ein Gewebe aus farbiger Wolle, auf Leinen appliziert. Das Gegenstück zum Nil ist das Medaillon mit der Büste der Gaia, der Göttin der Erde, das W. G. Bock für die Eremitage (Leningrad) ausgegraben hat und das offenbar zu demselben Kleidungsstück gehörte. In beiden ist im wesentlichen noch die hellenistische Maltradition lebendig, nicht nur im ikonographischen Schema, sondern vor allem in der kostbaren farbigen Modellierung, die hier durch Schraffierung erreicht ist. Und doch kommt von dieser Zeit an gerade in der Webkunst eine neue formale Auffassung zum Durchbruch, die sich später in den Christengemeinden im Innern des Landes als ‹koptische Kunst› entwickeln sollte. Wir müssen uns hier darauf beschränken, nur ein Beispiel zu nennen: das Fragment eines wollenen Wandbehangs mit Pan und Dionysos in einem rechteckigen Rahmen (Boston, Museum of Fine Arts). Die Aureole, die die Köpfe beider mythischer Figuren umgibt, entspricht einer zu dieser Zeit verbreiteten Gewohnheit, für die es zahlreiche Zeugnisse gibt (im Pompeji beschränkte sich die Verwendung des Attributs noch auf die Gottheiten des Lichts). Was nun diese Komposition von der hellenistischen Form unterscheidet, sind ihre Frontalität, die Überbetonung des Kopfes, der Mangel an Gelöstheit in der Zeichnung und die Art, die charakterisierenden Attribute – Kastagnetten, Syrinx und Kantharos – gleichsam wie Füllsel über den Hintergrund zu verteilen. Über die Entstehung dieses Stils, der sich in der Malerei und Architektur bis zur Eroberung durch die Araber (die 640 begann und 646 für Alexandria erfolgte) mit eigenen Formen fortsetzt, gehen die Meinungen der Gelehrten noch auseinander. Er bedeutet jedenfalls eine ‹nationale› ägyptische Reaktion auf den Hellenismus, und gewiß verbinden sich in ihm im Zusammenhang mit der Einführung der Seide sasanidische und sogar indische Elemente. Eine Reaktion, die übrigens aus dem Lande gegen die Kultur von Alexandria aufbricht, und zwar gegen die griechisch-römische Kultur so gut wie gegen die der Mutterkirche des christlichen Ägypten, die zumindest mit einer Wurzel ganz im Griechischen und Spekulativen gründet, während die Massen im Innern des Landes in einem naiven und leidenschaftlichen Christentum den religiösen Elan wiederfinden, der die gesamte altägyptische Kunst beseelte. In der koptischen Kunst spiegelt sich ein allgemeines Phänomen wider, das der Loslösung der an der Peripherie gelegenen Regionen von der griechisch-römischen Kultur, sobald die römische Herrschaft ins Wanken gerät. Es bedeutet überall die Wiederkehr von Formen der alten einheimischen Kultur, die freilich durch den jahrhundertelangen Einfluß des römischen Hellenismus einen gewissen Wandel erfahren haben. Die koptische Kunst bleibt ein auf Ägypten beschränktes Phänomen, sie wirkt nicht mit am Umwandlungsprozeß der spätantiken Kunst, wenn sie auch ein wichtiges Kapitel in der frühchristlichen Kunst darstellt. Was dieses Phänomen historisch-soziologisch bedeutet, hat die Wissenschaft noch nicht völlig erhellt; um es zu klären, müßte man die einzelnen Produktionszentren in ihrer unterschiedlichen sozialen Zusammensetzung und wirtschaftlichen Macht kennen, aber das ist sehr erschwert worden durch die Plünderung der Nekropolen in der Vergangenheit und durch die Zerstörung der römischen Ruinenstädte noch im 19. Jahrhundert – in einem an Bausteinen armen Lande.

II. Griechenland, Thrakien und Moesien

Athen bleibt auch in den Jahrhunderten römischer Herrschaft ein Zentrum der Kultur; aber es ist eine Kultur, die nur noch von den Zinsen eines alten, glanzvollen Kapitals lebt, ohne etwas Neues hinzuzufügen. In der Plastik wird die allgemeine Tendenz zum Expressiven und zu einer barocken Farbigkeit abgeschwächt durch den wesenhaften Klassizismus der Formen. Der kulturelle Impuls, der von Herodes Atticus ausgeht, dem Lehrer Marc Aurels und steinreichen Bürger, der in Athen eine Schule der Rhetorik gründete und aus seinem Vermögen öffentliche Gebäude in ganz Griechenland restaurieren oder errichten ließ, dieser Impuls findet seinen Widerschein auch in der plastischen Porträtkunst. Die Bildnisse, die, wie wir annehmen können, Menschen seiner engeren Umgebung darstellen, gehören zu den besten künstlerischen Leistungen seiner Zeit, so zum Beispiel das Porträt des jungen Polydeukes oder das Memnons des Afrikaners. Es spricht viel für die Richtigkeit dieser Identifizierungen. Polydeukes, der jung gestorbene Lieblingsschüler, von dem Herodes zahlreiche Bildnisse anfertigen ließ – wir besitzen tatsächlich mehrere Repliken –, ist in einer Gestalt wiedergegeben, deren verhaltene Plastizität seiner leicht melancholisch überschatteten aristokratischen Eleganz entspricht. Noch eindrucksvoller ist das sehr schöne Bildnis des Äthiopiers, das man in einem Grundstück des Herodes entdeckte, auf dem er die Büsten seiner besten Schüler hatte aufstellen lassen. Das Porträt des Herodes Atticus selbst, mit Sicherheit identifiziert auf Grund einer Herme mit seinem Namen – allein in Athen waren ihm siebzehn Statuen errichtet worden –, besitzen wir in mehreren Exemplaren; das beste (Paris, Louvre) zeigt uns ein Bildnis mit zarten, nachdenklichen Zügen, das deutlich unter dem Einfluß der Statuen des 4. vorchristlichen Jahrhunderts entstanden ist, allerdings entsprechend einem anderen Gefühlsgehalt abgewandelt wurde.

Gegen die Mitte des 3. Jahrhunderts wird auch in Athen das plastische Bildnis von einem bewegteren Helldunkel und einem intensiveren Ausdruck belebt. Das zeigt eine Reihe von Porträts der ‹Kosmeten›, Männern, die der Erziehung der Jugend vorstanden.

Aber das Beste, was in dieser Zeit in den Werkstätten der griechischen Bildhauer geschaffen wird, sind die Sarkophage. Monumental und figurenreich, in Hochrelief gearbeitet, zeigen gerade die vorzüglichsten Stücke, in denen sich die Schemata der klassischen Ikonographie hartnäckig behauptet haben, stets die Kraft, die den alten Vorbildern dank einer klaren, sauberen Ausführung die Frische des Neuen gibt. Auch hier verwendet man jetzt den laufenden Bohrer, aber nur, um Figuren voneinander zu trennen (so etwa den Arm der Amazone mit dem Schwert in der Hand auf dem Sarkophag aus Thessalonike), oder maßvoll an Frisuren und Mähnen. Sicherlich mußte diesen griechischen Bildhauern die von dem Meister der Reliefs vom Severusbogen in Leptis Magna angewandte Technik barbarisch, unkultiviert erscheinen – weil man immer ein moralisches Verdammungsurteil bereithält für eine Kunstform, die man ablehnt, was zeigt, wie eng die bildenden Künste einer Kultur und einer Gesellschaft verbunden sind.

Wie bereits im ersten Teil erwähnt, wurden diese Sarkophage nach Rom und überhaupt in den Westen exportiert. Einer der schönsten, vom Beginn des 3. Jahrhunderts, ist der Sarkophag, der in der Kathedrale von Agrigent steht; das Relief schildert die Geschichte von Phaidra und Hippolyt. Auch in diesem Fall dürfen wir als Vorlage ein Gemälde annehmen, das mit nur geringen Varianten in allen Repliken wiederholt wird. Besonders der Tod Hippolyts, in der Regel an die Rückseite verbannt, wirkt deutlich wie eine Erfindung der Malerei. Die Zeichnung der Figuren und ihre Stellung in einem malerisch empfundenen Raum entsprechen noch immer hellenistischer Art und Rhythmik. Als einziges Zeichen jener Zeit könnte man die Intensität der inneren Anteilnahme ansehen: das Verständnis für den ‹Schmerz zu leben› ist ein Zug der neuen Kunstrichtung, die sich zu Beginn des 2. Jahrhunderts herausgebildet hat.

Die eigentlich spätantike Form, die zum Bruch mit der hellenistischen Tradition führt, tritt in Griechenland nicht vor der Tetrarchenzeit in Erscheinung, und auch dann nur an den Grenzen Griechenlands selbst. So finden sich die Überreste eines der größten Monumente jener Zeit in Thessalonike: der vierfrontige Bogen des Galerius, zu Ehren seiner Siege über die Perser in der Stadt errichtet, die er zu seiner Residenz gemacht hatte. Galerius war Cäsar während der ersten Tetrarchie (293–305) und Augustus während der zweiten (305–307) und der dritten (308 bis zu seinem Tode 311). Der Bogen von ungewöhnlichem Umfang, mit weiten Arkaden in Form von gemauerten Rundbogen, wurde an der Via Egnatia, der die adriatische Küste mit dem Bosporus verbindenden Heerstraße, errichtet. Der zentrale Raum war von einer Kuppel überdacht. Der Bogen war an einer der beiden Schmalseiten mit einer säulengeschmückten Straße verbunden, die vielleicht ursprünglich ein langes gedecktes Peristyl war und zu einem von einer Kuppel (Durchmesser 24,15 m) überwölbten Rundbau führte, einer *aula palatina* oder eher einem Mausoleum. Diese Rotunde, die spätere Kirche des Hagios Georgios, wurde am Ende des 4. Jahrhunderts durch Theodosius in eine Hofkapelle umgewandelt, indem er einen kreisförmig um eine Apsis laufenden Chorumgang und eine Vorhalle anbauen ließ. Das Innere war mit Marmor und zum Teil noch erhaltenen Mosaiken verkleidet, die nach unten zu persische Stoffe mit Palmetten und Vögeln imitieren und oben große Figuren von Aposteln, Märtyrern und Patriarchen zeigen; ihre Umrisse heben sich von phantastischen Architekturen auf goldenem Grund ab, Architekturen, die auf die *frontes scenae* der Bühnenprospekte zurückgehen. Es ist bereits ein ‹byzantinisch› empfundenes Werk, schon jenseits der Kunst der Antike.

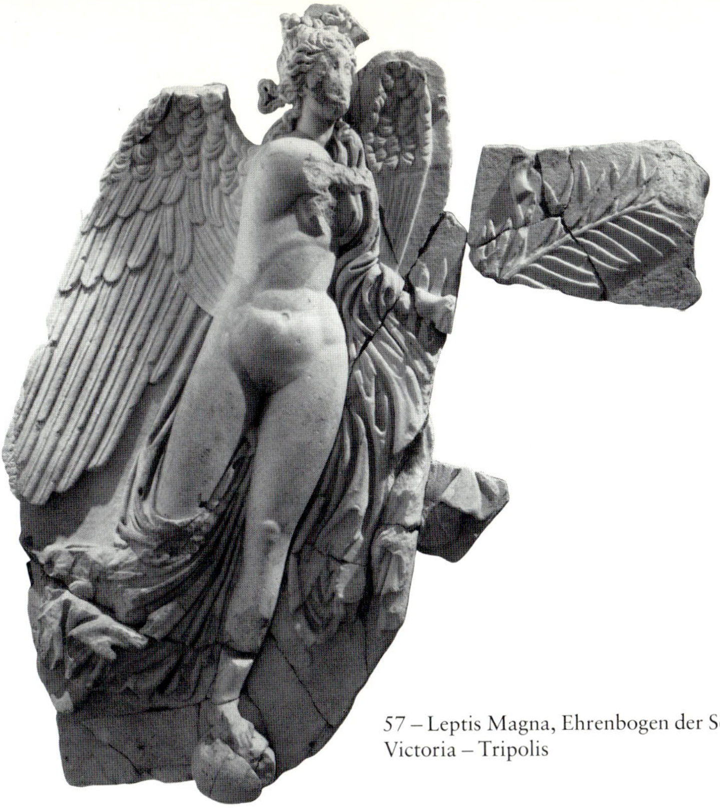

57 – Leptis Magna, Ehrenbogen der Severer – Victoria – Tripolis

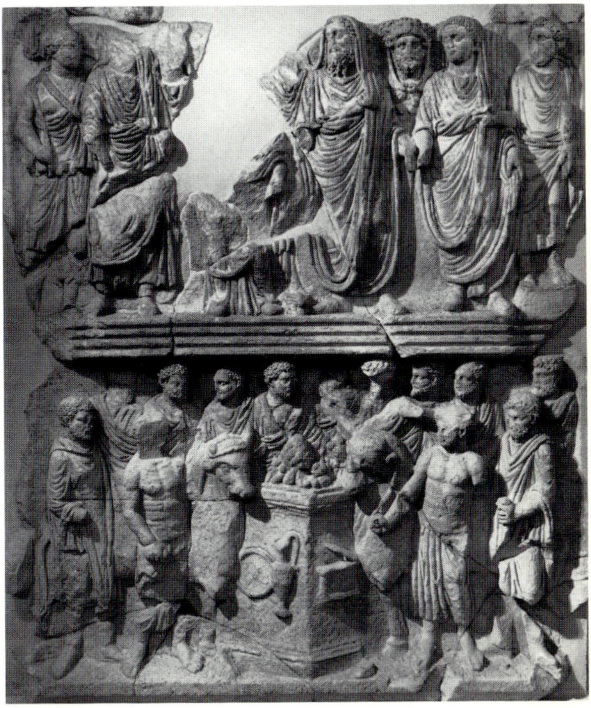

58 – Leptis Magna, Ehrenbogen der Severer – Opfer vor einem Tempel – Tripolis

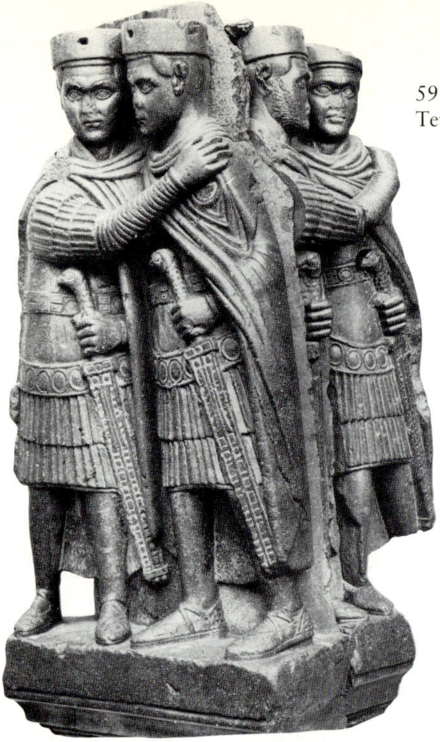

59 – Konstantinopel – Gruppe der Tetrarchen – Venedig

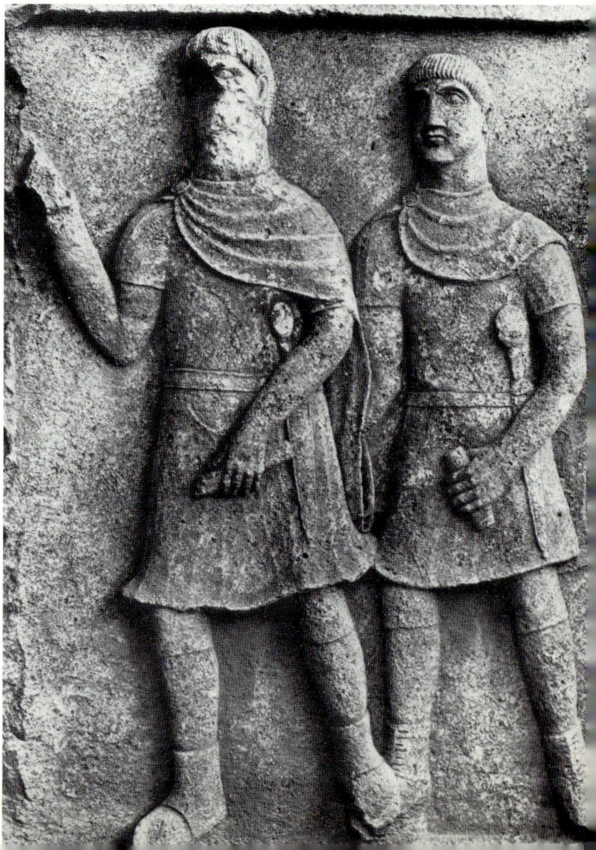

60 – Adamklissi, Siegerdenkmal Trajans – Metope: Trajan und ein Offizier – Adamklissi

Die Skulpturen an den beiden noch erhaltenen Pilastern des Galeriusbogens schildern die Feldzüge in Mesopotamien und Armenien. Charakteristisch ist das Fehlen einer architektonischen Umrahmung an den Kanten, was vielleicht eine Reminiszenz an die spiralförmigen Säulen in Rom ist, wegen der starken Plastizität des Reliefs besonders an die Säule Marc Aurels. Ein neues Kompositionselement sind die auffallend schweren horizontalen Gesimse, die jeweils eine figürliche Szene von der anderen trennen; ihre Folgen von vegetabilischen Motiven finden ihre Entsprechung in dem breiten Kranzgesims oben an den Pilastern, das stark vorkragt und ein bewegtes Helldunkel zeigt. Diese architektonischen Elemente tragen dazu bei, das Ganze mit einer Deutlichkeit zu gliedern, die der klassischen Kunst fremd war, die aber später im Mittelalter üblich werden sollte.

Die Reliefs sind reich an Figuren, die sich kräftig vom Hintergrund abheben. Dennoch geht ihnen eine reale Konsistenz ab, weil eine Kompositionsregel fehlt, die sozusagen die Lektüre klar verständlich machte. Da stehen Figuren verschiedener Größe nebeneinander, nicht nach hierarchischen Gesichtspunkten, sondern nur, möchte man meinen, um den Raum auszufüllen. Motive der traditionellen Ikonographie – speziell in den Kampfszenen des Kaisers – mischen sich mit Szenen, die wohl auf Beobachtungen während der Feldzüge zurückgehen (Gruppen exotischer Tiere). In Gesimsen findet man Anklänge an die Architektur des Diocletianspalastes in Split, vor allem aber an den nur zum Teil erhaltenen Fries des Fünfsäulen-Monuments, das zu Ehren der Tetrarchen auf dem Forum Romanum errichtet worden war (H. Kähler, 1964, Taf. 15–17). Auch die Skulpturen lassen an einen Künstler denken, der in der adriatischen Provinz in unmittelbarem Kontakt mit Rom geschult wurde, was gut zu der illyrischen Herkunft des Galerius passen würde.

War der Bogen an der einen Schmalseite durch eine säulengeschmückte Straße mit dem Rundbau verbunden, so auf der entgegengesetzten Seite mit der kaiserlichen Residenz (die durch Reste identifiziert wurde). In der Umgebung fand man auch die Fragmente eines kleinen Marmorbogens, der mit Tondi – aus Rundschilden herausgearbeiteten Bildnissen – geschmückt war, die von Figuren hochgehalten wurden. In dem einen der Medaillons erkennt man das Porträt des Galerius – bedeutend als ikonographisches Dokument –, im anderen den Kopf der Tyche, der Schutzgöttin der Stadt, der vielleicht ursprünglich auf ein Porträt zurückgeht.

All dies sind öffentliche Monumente. Aber daneben schaffen Künstler von nur lokaler Bedeutung auch die für Makedonien typischen Grabstelen mit zahlreichen Porträtköpfen (bis zu sieben!) nebeneinander. Obgleich im Charakter etwas strenger, lassen sie sich mit den Stelen in Thrakien vergleichen. Man kann sagen, daß in diesen Jahrhunderten Makedonien, Thrakien und Moesien eine einheitliche künstlerische Provinz bilden, die eher in ihrer Typologie als in ihren Formen Unterschiede erkennen läßt. Die Typologie leitet sich von Griechenland her, während für Illyrien, Pannonien und Dakien die Typologie Aquileias maßgebend ist. Hier zeigen die Grabstelen die traditionelle Komposition mit dem heroisierten Verstorbenen, der zum festlichen Mahl auf dem Lager ruht, umgeben von seinen Angehörigen und Dienern, wobei letztere in stark verkleinertem Format dargestellt sind. Zuweilen bewahren diese Stelen noch die korrekten, kalten Formen des Klassizismus (so etwa die Stele aus Varna); oft aber sinken sie in provinzielle Formen von unbestreitbarer Plumpheit ab. Wir sehen, wie sich dort ein noch bei jeder ‹plebejischen› Kunst beobachtetes Phänomen wiederholt: die Neigung, den Hauptpersonen durch die Darstellung besondere Bedeutung zu verleihen, führt zu einer Mißachtung jeder natürlichen Harmonie der Proportionen. Das, worauf es bei dieser Darstellungsweise allein ankommt, ist der Kopf – als Porträt gewollt, wenn auch nur annäherungsweise erreicht –, der auf einem kleinen, zusammengeschrumpften Körper sitzt. Die kleine Büste im Hintergrund rückt diese Stele (im Archäologischen Museum von Sofia) in die Nähe der makedonischen Stelen mit einer Vielzahl von Bildnissen.

Der gesamten Region – Nordgriechenland, Makedonien und Bulgarien – eigentümlich ist die immer wiederkehrende Gestalt des ‹Thrakischen Reiters›, die sich vom 2. Jahrhundert an in Tausenden kleiner Votivreliefs und zuweilen auch auf Grabstelen findet. Ikonographisch gesehen, handelt es sich zweifellos um einen hellenistischen Typus; aber die Frage ist, ob es von dieser Gottheit, von deren Funktionen wir kaum etwas wissen, nicht zuvor bereits andere Darstellungen gab oder ob ihr Kult tatsächlich erst damals aufkam, so wie der Mithraskult um 100 v.Chr. begann. Auf Inschriften wird die Gottheit als ‹Heros› oder ‹Heron› bezeichnet. Der hellenistische Typus entartet zuweilen und zeigt die üblichen Deformationen, bis zum Grotesken (vgl. das Relief von Kričim). Neben diesen Darstellungen findet man andere von ähnlicher künstlerischer Auffassung wie die ‹Donaureiter› oder ‹dreiköpfigen Reiter›. Formal bleibt dies alles im gleichen Umkreis eines dürftigen Handwerks, dem jede eigene erfinderische Fähigkeit abgeht.

Und doch verdanken wir eben diesem Handwerk eines der eindrucksvollsten Monumente, die die römische Herrschaft in diesen Provinzen hinterlassen hat: das Siegesdenkmal von Adamklissi in der Dobrudscha (Rumänien). Vergleicht man unter anderem das Pferd von einem Relief mit dem ‹Thrakischen Reiter› von Ezerovo mit dem Pferd auf einer der Metopen des Frieses von Adamklissi, so wird man die gleiche Schablone erkennen (Metope Nr. 1). Mir scheint hier die einfachste und wirklichkeitsnächste Antwort auf die Frage nach der Herkunft der Reliefs gegeben zu sein, die einst das Monument schmückten und früher so viele Kontroversen hervorriefen. Daß dieses Denkmal zur Zeit Trajans entstanden ist, wird heute von niemandem mehr bestritten, und auf mindestens einem der Reliefs ist Trajan selbst abgebildet (Abb. 60), mag er auch wegen der Entstellungen schlecht zu erkennen sein (Metope Nr. 44, auch 39). Eine jüngst vorgebrachte, scharfsinnige Hypothese (Radu Vulpe, 1964) gäbe auch eine Erklärung dafür, warum das Monument in der Ebene der Dobrudscha und nicht auf der dakischen Hochebene errichtet worden ist. Sie geht davon aus, daß Xiphilinos in seinem knappen Auszug aus dem ausführlichen Bericht des Cassius Dio zwei ursprünglich weit voneinander entfernte Stellen nebeneinandergesetzt hat und daß in dem ausgelassenen Teil eine entscheidende Schlacht geschildert gewesen sein könnte, die in der Dobrudscha stattgefunden hätte, eine Schlacht, für die es mancherlei zwingende Indizien gibt. Das große Siegesdenkmal befand sich nämlich in der Nähe des mit einem Altar verbundenen Kenotaphs, das die Namen der Gefallenen trug – die heute unkenntlichen Zeichen in den Zwischenräumen eingerechnet, müßten es mehr als 3800 Namen gewesen sein –, und das vielleicht auch dem Gedenken an die am selben Ort unter Domitian erlittene Niederlage galt.

Das große kreisrunde Monument, seiner Wirkung nach mit dem Mausoleum Hadrians, der Engelsburg in Rom vergleichbar, stand am Kreuzungspunkt der wichtigsten Straßen, die von der Küste des Schwarzen Meers aus am rechten Donauufer in die Balkanregion führten. Auf dem Rand eines Plateaus gebaut, über einer Landschaft von Tälern – deren eines die befestigte römische Siedlung beherbergte –, war es weithin sichtbar und übte fraglos eine mächtige Wirkung aus, eine Wirkung, die völlig zerstört ist durch die heutige absurde Art der Präsentation, die, wie zu hoffen ist, nur provisorischen Charakter hat. Der Zementkern – mit einem Durchmesser von 30 Metern, also etwa der Hälfte des Hadrianmausoleums –, mit Quadersteinen verkleidet, trug auf der Trommel einen Zinnenkranz, und jede Zinne zeigte die Relieffigur eines Gefangenen. Die ethnische Charakterisierung der einzelnen Figuren vermag eine Vorstellung davon zu geben, wie sich die an der Schlacht beteiligten Massen zusammensetzten. Typologisch erinnern diese Reliefs an Gefangene aus der *Gallia Narbonensis* und bleiben damit, abgesehen von Betrachtungen über ihren künstlerischen Charakter, im Rahmen des Gewohnten. Die Metopen dagegen, die eine Reihe von 44 Reliefs bildeten, die von kleinen kannelierten oder mit Pflanzenmotiven geschmückten Pilastern eingefaßt waren, zeigen sehr mannigfaltige, zum Teil sogar höchst originelle Kompositionen. Es finden sich hier neben den üblichen marschierenden oder reitenden Soldaten einige Schlachtenszenen von durchaus ungewöhnlicher Komposition und ausgesprochener Originalität. So die Metope (Nr. 31), auf der im Vordergrund der nackte Leichnam eines enthaupteten Barbaren liegt, während in der Bildmitte ein mit Panzer, Schild und Lanze bewehrter römischer Soldat einen auf einen Baum geflüchteten nackten Barbaren angreift; oder jene andere (Nr. 24), die getötete Barbaren, in einem wirren Haufen auf Schilde geworfen, zeigt und an gewisse charakteristische Kompositionen der Trajanssäule erinnert. Diese Ähnlichkeiten ermutigen uns, die Frage nach dem Ursprung der Reliefs mit der Hypothese zu beantworten, daß die Zeichnungen dazu aus Rom kamen, und zwar aus dem Kreis neuerungswilliger Künstler, der sich um den Meister der ‹gesta Trajani› geschart hatte (vgl. ‹Rom – Das Zentrum der Macht›), und daß diese Entwürfe dann von einheimischen Handwerkern ausgeführt wurden.

Auch die Reliefs der Trajanssäule dürften nach einer Zeichnung und nicht nach einem plastischen Modell des Meisters ausgeführt worden sein. In dieser Annahme bestärkt uns besonders die Metope Nr. 9; sie zeigt eine Barbarenfamilie auf einem zweirädrigen, von einem Ochsen gezogenen Wagen. Trotz äußerster Vereinfachung der Formen wirkt die Bildkomposition perspektivisch angelegt. Der Wagen kommt schräg aus dem Hintergrund, die Räder sind perspektivisch gesehen, sie erscheinen deshalb oval und die Speichen des Hinterrads verkürzt. Ein Steinmetz jener Gegend hätte so wenig wie die immer wieder als Urheber vermuteten, beim Heer dienenden Handwerker eine solche perspektivische Komposition entworfen, ohne eine von hoher Künstlerschaft zeugende Vorlage vor Augen zu haben. Auch die Metope mit Trajan und einem Offizier ist perspektivisch angelegt, während wir andererseits wissen, daß man in der plebejischen Kunstströmung Roms ebenso wie in der primitiven Kunst der Provinzen bei ähnlichen Darstellungen stets zu einer klaren Frontalität seine Zuflucht nimmt, womit übrigens in dieser Beziehung bereits der Stil der ‹Repräsentationsbilder› der Spätantike vorweggenommen wird.

Sollte dies stimmen, dann muß alles, was man über die Bedeutung der Reliefs von Adamklissi als Station auf dem Wege der antiken Kunst zur Spätzeit und ins Mittelalter gesagt und geschrieben hat, in die richtige Dimension gerückt werden; dann haben diese Skulpturen nur noch die Bedeutung einer lokalen Episode. Einer erhellenden Episode allerdings, weil sie uns zeigt, wie leicht und spontan – und ohne daß man nach ‹Einflüssen› fremder Kulturen suchen müßte – ein noch ganz der hellenistischen Tradition verbundenes Modell, wenn auch in der besonderen Variante der römischen Kaiserzeit, in Formen übergeht, die auf den ersten Blick viel jünger, wenn nicht sogar mittelalterlich erscheinen, sobald die Vorlage in einer Sphäre umgewandelt wird, der alle hellenistische Formkultur mangelt.

Die gleiche Vereinfachung klassischer Formen erkennt man auch an den ornamentalen Teilen des Monuments, während die Reste des gewaltigen Tropaions, das es krönte, in allem dem gewohnten Schema dieser Kompositionen entsprechen; es konnte nur einer römischen Vorlage nachgebildet sein: oben ein von Schilden flankierter Harnisch (darüber wahrscheinlich ein Helm, von dem nur Bruchstücke erhalten sind), unter dem Harnisch der Schaft des Siegeszeichens mit den daranhängenden Beinschienen, zuunterst Figuren sitzender Gefangener – das Ganze in großem Maßstab (über 9 m).

Insgesamt wie in seinen Einzelheiten trägt dieses Monument, ungeachtet seiner Barbarismen, rein römisches Gepräge. Dagegen basierte die provinzielle figürliche Kunst Moesiens wie auch Thrakiens auf hellenistischen Vorlagen, wenn sie nicht in völlig primitive oder ‹keltisierende› Schematismen verfiel, wie etwa bei einer Stele im Museum von Varna.

In den großen Zentren Thrakiens bemerkt man freilich auch einen Widerschein westlicher, römischer Kunst und zugleich die Einwirkung der kleinasiatischen Schulen von Marmorbildhauern. Die Anwesenheit der Römer bezeugen mehrere Bildnisse, in denen man den Stil der antoninischen Epoche erkennt (der Kopf aus Pastoucha im Museum von Plovdiv), oder den der ersten Hälfte des 3. Jahrhunderts (das Bronzeporträt Gordians III. im Museum von Sofia) oder jenen der Tetrarchenzeit (Kopf einer Statue, ebenfalls im Museum von Sofia), als *Serdica* (Sofia) eine Zeitlang kaiserliche Residenz war. Zeugnisse kleinasiatischer Werkstätten – wahrscheinlich aus Aphrodisias – finden wir in den Ornamenten der Wandverkleidung einer großen Villa bei Ivailovgrad, deren Erforschung noch nicht abgeschlossen ist, aber auch in einem schönen, aus dem alten *Oescus* (dem heutigen Gigen) stammenden Bruchstück, das in Sofia aufbewahrt wird. Es entspricht genau einem Ausschnitt aus einem der Pilaster der Basilika von Leptis Magna. Aus kleinasiatischer Werkstatt stammt zweifellos auch die schöne Statue im Museum von Constantsa, die eine Göttin mit Füllhorn darstellt. In ihr erkennen wir Tyche, die Schutzgöttin der Stadt Tomi und ihres Hafens – durch eine kleine Figur zu ihren Füßen ist sie als solche symbolisiert. Der Hafen erlebte vom Beginn des 3. Jahrhunderts an – jener Zeit, aus der diese Skulptur stammt – einen gewaltigen Aufschwung, wie die erst jüngst zutage geförderten und restaurierten Anlagen beweisen, die ich nach Prüfung an Ort und Stelle in die Zeit des Severus datiere.

Dagegen zeigen die Bodenmosaiken der bereits erwähnten Villa bei Ivailovgrad ebenso wie die *in situ* bewahrten Reste in Stara Zagora den Einfluß von westlichen Vorlagen und westlichen Werkstätten auf diesem Gebiet auch in Thrakien. Das gleiche darf man, wie mir scheint, von den Malereien in einer kleinen Grabkammer in Silistra (am rechten Donauufer, in Untermoesien) behaupten, die, nach den historischen Gegebenheiten dieser Region und stilistischen Erwägungen zu urteilen, in der zweiten Hälfte des 4. Jahrhunderts entstanden sein dürften. Alle Vergleiche, die sich hier anbieten, in bezug auf die Figuren wie auf die Ornamentik des Gewölbes, weisen mehr nach Westen als nach Osten. Die kleinen Tier- und Jägerfiguren in den Kassetten der Decke sind mit leichter Hand entworfen, und in den perspektivisch vorgetäuschten Deckenbalken, wie unsinnig sie strukturell auch sein mögen, lebt als ornamentales Motiv ein räumliches Element, das von weither kommt.

Aus dem Süden Ägyptens gelangen auch hierher, so wie an das Nordufer des Schwarzen Meers und in den Westen des Kontinents, Bronzevasen in Form von Büsten, die vermutlich als Räuchergefäße benutzt wurden. Für die Einfuhr von Wandplatten mit Marmorintarsien – wahrscheinlich aus Alexandria – sprechen die jüngst in Kenchreai, dem Südhafen von Korinth, aufgefundenen Glaspaste-Tafeln, die zum Teil noch in Kisten verpackt waren. Die Glasplatten, etwa um 350 entstanden, zeigen Nillandschaften und die Bildnisse von Platon und Homer – eine bezeichnende Wahl in einer Epoche, in der der mystizisierende Neuplatonismus, zumal in Alexandria, selbst christliche Denker anzog und in der die oberen Kreise, die ihre Verbundenheit mit der alten klassischen Kultur ostentativ betonten, beinahe einen Kult mit Homer trieben. Ein überaus bedeutsames Dokument für Griechenland kam aus Argos: ein Mosaik mit Darstellungen der Monate, aus dem späten 5. Jahrhundert. In der Ikonographie der Monate dieses Mosaiks bemerken wir charakteristische Elemente des ‹östlichen› wie des ‹westlichen› Zyklus der Kalender, zum Beispiel in der Gestalt des März, der hier den östlichen Typus des kriegerischen Mars zeigt, aber zugleich auch den Milchtopf und die Schwalbe, die dem westlichen Repertoire entnommen sind. Die jahreszeitlichen Motive stehen wohl im Vordergrund, aber nicht in Form einer Schilderung der durch den Wechsel der Monate bedingten Arbeiten, sondern als Darstellung von Symbolen. So erscheint der Januar als ein mit der Toga bekleideter Konsul, der die *mappa*, das Tuch hebt, um das Signal für den Beginn der Spiele zu geben, und Münzen verstreut. Daß man die gleichen Motive auf einem schon betonter byzantinischen Mosaik in Tegea wiederfindet, zeigt an, daß es im Griechenland des 5. und 6. Jahrhunderts ikonographische Repertoires gab, die aus verschiedenartigen Elementen zusammengesetzt und doch in gewisser Weise autonom waren. Die Steine des Mosaiks sind sämtlich lokalen Ursprungs; es schmückte eine L-förmige Portikus, die den Innenhof eines reichen Privathauses begrenzte. Andere Fußböden zeigten dionysische Motive (vielleicht ebenso wie die Monate auf einer Symbolik beruhend, die noch mit dem Hermetismus zusammenhing) und Jagdszenen mit dem Falken und auf Großwild.

In diesem Mosaik, das sich aus Platten zusammensetzt, die von lebhaften pflanzlichen Motiven nach syrischer, noch klassischer Tradition umrahmt sind, ist bei den Figuren bereits jede Spur der antiken Form verlorengegangen. Aber auch der neue byzantinische Stil ist noch nicht bis hierher vorgedrungen; noch sind überall Vorlagen von mehr rustikalem Charakter in Umlauf, die gleichsam zu einer neuen Koine gehören, einer neuen gemeinsamen Sprache des Kunsthandwerks, die an allen Küsten des Mittelmeers gesprochen wird.

III. Syrien und Kleinasien

Der Raum, der uns jetzt noch für die Behandlung der Probleme des Übergangs von der hellenistischen Form zu der der Spätantike in den Ostprovinzen des Römischen Reiches bleibt, ist nunmehr ziemlich beschränkt gegenüber den bisher – und auch nur allzu kurz – betrachteten Provinzen. Aber diese Mißlichkeit war vorausgesehen; sie wird übrigens etwas kompensiert durch den Umstand, daß die Entwicklung der Kunst in eben diesen Provinzen schon weit gründlicher erforscht worden ist als in den meisten anderen. Wir können uns deshalb hier darauf beschränken, aus dem, was andere bereits erarbeitet haben, Schlußfolgerungen zu ziehen, wobei wir uns auf ein reiches Material an Veröffentlichungen, Studien und Beschreibungen stützen.

Um den Weg dieser Forschungen zu verstehen, muß man bis auf die als Pionierleistung zu wertenden Studien Josef Strzygowskis zurückgehen, von seinen ersten Forschungen seit 1893 bis zu seinem berühmten ‹Orient oder Rom?› von 1901 und den folgenden Schriften bis 1920; in ihnen rückte er, der die Ursprünge der spätantiken und altchristlichen Kunst immer weiter östlich suchte, die Kenntnis bis dahin unbekannter künstlerischer Zeugnisse des Iran und Zentralasiens ins europäische Bewußtsein. Um dieser Verdienste willen möchten wir ihm auch seine scharfen persönlichen Angriffe auf andere Gelehrte verzeihen und die von Rassenfanatismus geprägten Schriften aus seinem letzten Lebensjahrzehnt als Symptom eines peinlichen geistigen Verfalls mit Stillschweigen übergehen.

Unter denen, die von Anfang an die Thesen Strzygowskis bekämpften, waren Gelehrte von hohem Rang wie A. Riegl, F. Wickhoff, H. Wölfflin, A. Schmarsow, aber sie alle waren Anhänger, wenn nicht gar Initiatoren einer idealistischen kunsthistorischen Methodologie, die das Kunstwerk als gänzlich autonom ansah und überzeugt war, daß es sich nach dem Gesetz seiner eigenen inneren Form entwickelt, unabhängig von jedem anderen historischen Faktor. Das heißt, daß sie den von Strzygowski beigebrachten Fakten und Dokumenten nur Theorien und Worte entgegenzusetzen hatten. Oder es handelte sich um wissenschaftlich weniger seriöse Kunsthistoriker, die der Voreingenommenheit des österreichischen, aber aus Galizien stammenden Gelehrten für die Kultur Asiens eine Art von ‹mediterranem› Nationalismus entgegensetzten. So kam es, daß die Frage ‹Orient oder Rom?› die Forschung lange Zeit auf einen Irrweg führte, und man erst jüngst zu der Einsicht gelangte, daß die Frage falsch gestellt war und der historischen Wirklichkeit nicht gerecht wurde. Man hat Irrtümer bezüglich Fakten und Daten berichtigt, auf die sich viele der Argumente Strzygowskis und seiner Schule gestützt hatten, wie etwa die Datierung des Palastes von Muschatta in der jordanischen Wüste in das 2. bis 3. Jahrhundert, als dessen Entstehungszeit jetzt mit Sicherheit die omaijadische Epoche, etwa um 740, angenommen wird. Andererseits hat man die Bedeutung gewisser stilbildender Einflüsse anerkannt, sie aber auf eine spätere Zeit datieren müssen. So wirkt sich zum Beispiel der Einfluß der armenischen Kirchenarchitektur auf die Architektur des Westens erst im Mittelalter aus; und in Armenien selbst sind die wenigen Bauten, deren Entstehungszeit in der ersten Hälfte des 4. Jahrhunderts unbestreitbar zu sein scheint – die Kathedralen von Dvin und Etschmiadzin, die Kirchen von Kassach und vielleicht auch Diraklar –, als lokale Schöpfungen anzusehen, die zwar in rein technischer Beziehung die orientalische Tradition nicht verleugnen (Hatra in Mesopotamien, Sarvistan im sasanidischen Persien), deren Formen und Proportionen aber im wesentlichen hellenistisch sind und sich vor allem stark von der großen byzantinischen Architektur unterscheiden, wie wir sie zur Zeit Justinians in Konstantinopel finden.

Die zwischen 1927 und 1936 von J.H. Breasted, F. Cumont und später den Archäologen der Yale University in Dura-Europos gemachten Entdeckungen schienen das Problem, wie sich die Formen der Spätantike und des byzantinischen Stils entwickelten, gelöst zu haben. Diese Stadt, zunächst eine griechische Kolonie hellenistischer Zeit, wurde eine wichtige Festung und Karawanenstadt der Parther, bis Trajan sie eroberte; 165 wurde sie eine römische Grenzgarnison der Provinz Syrien und Ausgangspunkt für die Feldzüge gegen die Parther, um bald nach 256 von den Sasaniden erobert und zerstört zu werden. Die Monumente dieser Stadt sind also sämtlich vor der Mitte des 3. Jahrhunderts entstanden. Von besonderem Interesse sind dabei die Malereien, da in ihnen, lange vor den Darstellungen am Constantinsbogen, das Prinzip der Frontalität der Figuren verwirklicht ist, die nebenordnende Komposition, hierarchische Größenverhältnisse statt naturalistischer wie der Verzicht auf die illusionistische Perspektive. Die gleiche Entwicklung hatte man schon an der Skulptur und Architektur Palmyras abgelesen, der Stadt in der syrischen Wüste, die zwar in einem Vasallenverhältnis zu Rom stand, sich aber doch einer gewissen Unabhängigkeit erfreute, bis sie im Jahre 272 während eines Vergeltungsfeldzugs Aurelians gegen die Königin Zenobia zerstört wurde. Nach den Entdeckungen von Dura glaubte man sich nun zu dem Schluß berechtigt, daß Palmyra kein lokales, kein Randphänomen sei, vielmehr die Bestätigung, daß eine syrisch-parthische Kunst entscheidenden Einfluß auf die Entwicklung der Kunst der Antike ausgeübt habe, indem sie erst den Stilwandel hervorrief, den wir mit ‹spätantik› bezeichnen und der, nach neuen Beiträgen aus dem Osten, zur byzantinischen Kunst und damit zum Ende der klassischen Antike führte.

Daß die Entwicklung so verlaufen sei, wurde nunmehr allgemein angenommen, und von den Ausgrabungen, die von 1932 bis 1939 von der Princeton University und dem Louvre in Antiochia durchgeführt wurden, erwartete man nur eine weitere Bestätigung. Diese Stadt war nicht nur Sitz des römischen Gouverneurs von Syrien und anderer wichtiger Verwaltungs- und Militärbehörden; sie war, nachdem sie lange Zeit ein glanzvolles Zentrum des Hellenismus gewesen war, etwa von der Mitte der Kaiserzeit an die eigentliche Hauptstadt des Ostens geworden, mit der sich in späterer Zeit nur noch Alexandria und Konstantinopel vergleichen ließen. In dem Schatz vom Esquilin, den wir anläßlich des Hochzeitskästchens der Projecta erwähnten, fanden sich vier silberne Statuetten: neben der Personifizierung Roms die der drei gleich bedeutenden Städte Konstantinopel, Alexandria und Antiochia. Aber Antiochia wurde 526 von einem schweren Erdbeben heimgesucht, und nach der Plünderung durch die Perser im Jahre 540 sollte es sich nicht mehr erholen. Doch von seiner Kultur, seiner Schönheit und seinem Luxus im 4. Jahrhundert haben wir eine lebendige Schilderung in einer kurz nach 350 verfaßten Schrift des Libanios, der vierzig Jahre lang ein Lehrer der Jugend der oberen Klassen, Christen wie Heiden, gewesen war. Einer der bedeutendsten unter seinen christlichen Schülern, Johannes Chrysostomos (geboren um 354), gibt uns seinerseits weitere Schilderungen und Auskünfte über seine Stadt. Schließlich finden wir sie auch in einer der Schriften des Kaisers Julian, dem 363 während seines Aufenthalts in Antiochia geschriebenen ‹Misopogon›, dem wir im übrigen einige von Bitterkeit zeugende autobiographische Einzelheiten verdanken. Hier mußte er alle Zuversicht verlieren, seinen fanatischen, doch schweren Traum von der Wiederbelebung des Heidentums verwirklicht zu sehen. Denn dieser löste sich auf in dem intellektuellen Formalismus des Libanios und der Rhetoren, die Julian um sich geschart hatte, und prallte von der mondänen Frivolität der herrschenden Klasse Antiochias ab, die sich in ihrer Mehrheit zum Christentum bekannte.

Man hatte von den Ausgrabungen dieser so lebendigen, reichen und beweglichen Stadt erwartet, daß sie den Vorrang des künstlerischen Einflusses aus dem Osten während des 3. und 4. Jahrhunderts bestätigten. Statt dessen fand man das Gegenteil: die große Ausbeute an prachtvollen Bodenmosaiken in den Häusern der Reichen in Antiochia und in den Villen, die in den Gärten der eleganten Vorstadt Daphne lagen, bezeugt die ununterbrochene Kontinuität der hellenistischen Tradition bis zum Ende des 4. Jahrhunderts (andererseits kann man feststellen, daß auf den Münzen, die Constantius II. in Nikomedeia und Antiochia im Jahre 355 mit einer Personifizierung Konstantinopels prägen ließ, der klassische Stil noch vollkommen rein erhalten ist).

Man muß also einsehen, daß, wie überall, die Wege der Geschichte, auch die der Kunstgeschichte, verwickelt und vielfältig sind und sich nicht auf ein vorgefaßtes Schema und auf fertige Formeln festlegen lassen. Wir müssen weiter alle Zeugnisse prüfen, die wir sammeln können. Danach werden wir unsere Folgerungen zu ziehen suchen.

In Antiochia erweisen Mosaiken wie der Wettkampf im Trinken zwischen Dionysos und Herakles (‹The Drinking Contest›) oder das Mosaik mit Dionysos und Ariadne, beide vom Beginn des 3. Jahrhunderts, immer noch ihre Herkunft von einer Vorlage nach Gemälden, die im Geiste eines klassizistischen Hellenismus konzipiert sind. Die sorgfältige Nachahmung der Malerei führt die Technik des Mosaiks zu höchster Verfeinerung (bis zu 523 Steine sind auf einer Fläche von 2 × 5 cm verlegt); nirgendwo zeigt sich eine Spur von formaler Auflösung, von nachlassender Geschlossenheit der Komposition wie in der ‹tachistischen› Malerei Roms oder durch Übernahme einer neuen, originalen Technik im afrikanischen Mosaik. Um einen Stilwandel zu erkennen, der sich im Verzicht auf das kleine Bild inmitten des Fußbodens und im Übergang zu einer durchgehenden einheitlichen Komposition ausdrückt, muß man das Zeitalter Constantins abwarten. Aus dieser Epoche stammt das große Mosaik mit dem achteckigen Brunnen in der Mitte, von dem vier breite, senkrecht aufsteigende Streifen ausgehen; in ihnen ist jeweils eine personifizierte Jahreszeit in klassischer, feierlicher Haltung dargestellt; die Figuren sind von dem zu ihnen passenden Laubwerk umgeben, das aus dicken Büscheln emporsteigt, die in den vier Ecken der mit pflanzlichen Voluten verzierten Umrahmung stehen (Louvre). In den Feldern, die sich aus dieser Anordnung ergeben, sind Szenen der Jagd auf verschiedene Tiere wiedergegeben. Diese Jagdszenen lassen zum erstenmal auf einem Mosaik in Antiochia den Stil der Spätantike erkennen. Obwohl die Figuren in eine Landschaft mit reicher Vegetation gestellt sind, erscheinen sie wie ausgeschnitten und ohne Volumen; die anatomischen Verhältnisse sind bis zu Dürftigkeit vereinfacht und lassen die ungezwungene Eleganz des Hellenismus vermissen. Die Szene mit der Rast der Jäger – in der Mitte ein Pfeiler mit einer Statuette der Diana – erinnert an die ‹Kleine Jagd› in Piazza Armerina. Deshalb hat man hier sogar den Einfluß des afrikanischen Mosaiks sehen wollen (I. Lavin). Das Ganze ist von einer Leiste nach architektonischer Art umrahmt, die als Mosaik in goldähnlichen Farben ausgeführt wurde. Sie wiederum ist umgeben von einem Streifen mit geometrischen Ornamenten, in die sich an jeder Seite drei kleine Kompositionen mit mythologischen Landschaften und Vögeln einfügen, während die vier Ecken mit Büsten, die Personifizierungen darstellen, ausgefüllt sind.

Auch in den übrigen Zentren Syriens, Anatoliens oder der Küste finden wir zu dieser Zeit überall eine blühende Kunstproduktion mit einem Reichtum an Erfindungen, die sie unmittelbar an den Westen weitergibt, wenn sie auch in ihrer formalen Substanz stets eng mit der großen Tradition der hellenistischen Kunst verbunden bleibt, insbesondere mit der von Pergamon, die ein unerschöpflicher Quell gewesen zu sein scheint. Diese Blütezeit dauert an: vom 2. Jahrhundert bis zu den Anfängen des 4. Jahrhunderts; ihre Entwicklung kennt keinen jähen Wendepunkt, keinen Bruch. Erst im späten 4. und dann im 5. Jahrhundert zeichnet sich eine neue Formenstruktur ab.

Der gemalte Dekor einer Grabkammer der Nekropole von Tyros läßt in den Bildern mythischer Figuren oberhalb von Girlanden das gemalte Vorbild für völlig gleichartige Reliefkompositionen auf römischen Sarkophagen von der Mitte des 2. Jahrhunderts erkennen.

Am Beispiel von Ephesos, dem glanzvollsten Zentrum und einer der ältesten Städte an der ionischen Küste, läßt sich ablesen, wie sich von der Zeit Hadrians an ein Stil entwickelte, den man in Rom das ‹Barock der Antoninen› nennt; er steigerte sich mit einem Crescendo, das vom Trajanstempel bis zum Hadrianstempel reicht, der in seinem Dekor bereits alle formalen Neuerungen zeigt, die man in Rom an den Reliefs aus der Zeit des Commodus am Triumphbogen Constantins bemerken kann. Die Gesimse sind tief eingeschnitten, aber das Ornament hat wenig Volumen; das durch Figuren bereicherte Blattwerk hebt sich dank der Arbeit mit dem laufenden Bohrer deutlich vom Grund ab. Die Säulenbasen auf der Agora – hohe Sockel mit eingesetzten Figuren – betonen den prunkvollen Charakter dieser architektonischen Monumente und die Vorliebe für eine an Helldunkeleffekten reiche Skulptur. Aber die Grundformen verharren in der Tradition des hellenistischen Naturalismus. Der große Fries zu Ehren des Lucius Verus (vgl. ‹Rom – Das Zentrum der Macht›) konfrontiert uns mit einer bedeutenden Künstlerpersönlichkeit, die hoch über der Routine der Marmorsteinmetzen steht und einen Wendepunkt in der Entwicklung der römischen Skulptur bezeichnet. Wie schon im ersten Buch gesagt, muß man nach unserer Meinung die Wende, die in Rom seit der Zeit des Commodus im Relief, soweit es Kriegstaten schildert oder verherrlicht, zu beobachten ist und die sich deutlich in der Säule des Marc Aurel offenbart, mit ebendiesem Künstler und seiner Schule in Beziehung setzen. Aber in den Händen römischer Handwerker vergröbert sich dieser Stil und nimmt Elemente der plebejischen Tradition auf. Verglichen mit den Reliefs von Ephesos erscheint die spätantoninische Skulptur Roms provinziell. Bei dem antoninischen Relief aus Ephesos sind mehrere Meister am Werk gewesen; der genialste und neuerungsfreudigste von ihnen hat die Felder mit den parthischen Kriegsszenen (Nr. 4–7) geschaffen. Aber auch in den Darstellungen der anderen Felder (Adoption des Marc Aurel und des Lucius, Nr. 1–3 (Abb. 61); Apotheose des Lucius, Nr. 8–11) herrscht ein neues Raumverhältnis. Es scheint, als habe das Relief des Meisters der ‹gesta Trajani› Kraft gewonnen aus einer neuen Beziehung zu Pergamon; aber der Künstler bedient sich der Nebenfiguren wie gefallener oder verwundeter Barbaren, um eine gänzlich neue Ikonographie einzuführen; zugleich schafft er neue figurale Motive, die schräg in den Raum hinein auf den Hintergrund zu angeordnet sind und durch ihre Plastizität ein malerisches Helldunkel hervorrufen, wie es in dieser Kraft und Konsequenz noch nie verwirklicht worden war. Wir stellen an den Reliefs dieses neuerungsfreudigen Meisters bei der Behandlung des Haupthaars seiner Figuren den Gebrauch des Bohrers fest, allerdings nur dort.

Den gleichen Tendenzen unter vermehrter Verwendung des Bohrers begegnet man bei den Arbeiten einer gehobenen handwerklichen Produktion, die im 3. Jahrhundert aus den Werkstätten von Aphrodisias kommen, freilich ohne je die schöpferische Originalität der Reliefs von Ephesos zu haben. Wir beobachteten das Wirken dieser Werkstätten bereits in Leptis und in Thrakien; wie es scheint, hatten sie sich in ihrer Tätigkeit auf zweierlei spezialisiert: auf architektonische und dekorative Friese und auf Kopien. In ihrer Arbeit an den Friesen entwickelten sie die Voraussetzungen für die erwähnten barocken Neuerungen und eigneten sich dabei eine außerordentliche technische Gewandtheit an. Als Kopisten setzten sie eine Tradition fort, deren Zentrum einst Athen gewesen war; ihre Erzeugnisse wurden von der Zeit Hadrians an bis über das 4. Jahrhundert hinaus nach Rom exportiert. Es ist aber auch möglich, daß Künstler aus Aphrodisias sich seit der Epoche Hadrians in Rom niederließen, um dort zu arbeiten.

In dem Kapitel über Rom erwähnten wir die für die Skulptur des 2. Jahrhunderts in diesen Gebieten charakteristische große Produktion monumentaler Sarkophage, die auch in den Westen exportiert wurden, angefangen bei Sarkophagen mit Girlanden und bettförmigem Deckel, die aus den Marmorbrüchen von Marmarion hervorgingen und nach Rom, Griechenland und Kleinasien ausgeführt wurden, bis zur Schaffung eines neuen Typus, der nach einem der Fundorte ‹Sidamara› genannt wurde. Heute spricht man allerdings von ‹Sarkophagen asiatischen Typus'›, weil sie weite Verbreitung fanden, nicht nur in Lydien und Phrygien, auch in Bithynien, Lykien und Pamphylien, in Galatien und Syrien, zudem in Griechenland, Süditalien und Rom (wo man wahrscheinlich auch Nachahmungen herstellte). Man kann zwei Techniken unterscheiden, das heißt zwei verschiedene handwerkliche Traditionen – die von ‹Sidamara› und die lydische, die die ältere zu sein scheint –, aber das Grundschema ist das gleiche. Es sind große Sarkophage mit schweren Deckeln in Form eines Bettes, auf dem die Gestalt des Verstorbenen ruht. Die Seiten des Sarkophags sind mit Nischen oder tympanonüberdachten Portiken geschmückt, vor denen mythische Figuren stehen – zum Beispiel bei einem Sarkophag aus Pisidien Hercules mit der Darstellung seiner Arbeiten –, doch auch die von Philosophen oder Musen. Die architektonischen Elemente in den Giebelfeldern sind tief ausgehauen und fast zu einem Spitzenwerk aus Stein gestaltet: es ist das charakteristischste Formelement und außerdem das Bindeglied zu den ornamentalen Formen der byzantinischen Epoche. Aber die Figuren folgen noch der hellenistischen Tradition, wenn sie auch eine gewisse Starrheit und Unbeweglichkeit zeigen. Typisch für eine sich seit dem späten 3. Jahrhundert im ganzen Mittelmeerraum verbreitende Auffassung der menschlichen Gestalt ist die ausschnitthafte Wirkung, die diese unpersönlichen, klassizistisch anmutenden Figuren hervorrufen, die sich fast rundplastisch von dem ausgezackten architektonischen Hintergrund der Nischen und Tempelchen abheben. Es ist die gleiche Beziehung, die zwischen den großen Figuren der Heiligen und Patriarchen und den Architekturen auf dem Goldgrund der theodosianischen Mosaiken in der Rotunde von Thessalonike besteht. Wir haben also hier eine neues Stilelement, das unmittelbar zum byzantinischen Stil hinführt.

Sarkophage dieses Typus tauchen bereits im 2. Jahrhundert auf. Etwa zu Beginn des 3. Jahrhunderts wird die ‹lydische› Technik durch die ‹Sidamara›-Technik ersetzt, die bis um 250 in Gebrauch bleibt; sie unterscheidet sich von jener durch die stärkere Anwendung des Bohrers, der die architektonischen Teile gleichsam zernagt. Diese Sarkophage scheinen, in ihrer ersten Phase, in Ephesos hergestellt worden zu sein; das würde mit dem zuvor Bemerkten übereinstimmen.

Aber nicht nur die Sarkophage lassen um die Mitte des 3. Jahrhunderts die Entwicklung eines neuen Stils erkennen. Eine entscheidende Wendung in Richtung auf den frühbyzantinischen Stil bemerkt man auch an einer Reihe von Statuen; im allgemeinen sind es Ehrenstatuen von Männern in der Toga, zuweilen auch in der griechischen Chlamys, Konsuln, Senatoren und Statthalter. Solche Statuen fanden sich zahlreich in Ephesos, Aphrodisias und Konstantinopel. Aber Stil und Entstehungszeit stellen sie in einen Zusammenhang mit Werken der theodosianischen Zeit und mit der Kunst der neuen Hauptstadt am Bosporus. Wir werden deshalb im folgenden darauf zurückkommen. Aber schon jetzt können wir sagen, daß sich in der Skulptur Kleinasiens die stilistischen Grundmotive der byzantinischen Kunst ankündigen.

IV. Konstantinopel

Die felsige Landzunge zwischen dem Marmarameer und dem Bosporus, der die schmale Bucht des Goldenen Horns mit der gebogenen Linie ihrer Mündung die Form einer phrygischen Mütze verleiht, hatte es ihrer unvergleichlichen, ebenso vorteilhaften wie schönen geographischen Lage zu danken, daß sie schon sehr früh von den griechischen Kolonisatoren besetzt wurde. Aus der ursprünglichen Kolonie entwickelte sich die griechische Stadt *Byzantion.* In der uns interessierenden Epoche wurde die in den Verband des Römischen Reiches eingegliederte Stadt von Septimius Severus wegen ihrer Parteinahme für seinen Rivalen Pescennius Niger nach der Belagerung von 194 bis 196 durch große Zerstörungen und administrative Herabstufung bestraft. Aber im Hinblick auf die Bedeutung, die die Stadt dank ihrer geographischen Lage hatte, ließ Septimius Severus die Ringmauern wieder aufrichten und schenkte der Stadt überdies eine mit Säulenarkaden geschmückte Prachtstraße – wenn sie auch nicht ganz so lang war wie die, deren sich Antiochia rühmte –, ein großes Hippodrom, ein Theater und prunkvolle Thermen. Die Stadt erhielt den Namen *Antonina Sebasta Byzantion.*

Noch einmal stellte sich die Stadt auf die Seite des Unterlegenen im Kampf um die Macht im Reich. Diesmal war es Licinius, und der Sieger Constantin. Und wieder wurde sie vom Sieger bestraft, der 324 schon damit begann, die Mauern niederreißen zu lassen. Doch gleich darauf beschloß er, aus ihr die neue Hauptstadt des Reichs zu machen, das neue Rom, da es näher bei der unruhigen Ostgrenze lag und andererseits der politischen Einmischung der Senatsaristokratie entzogen war. Denn diese hielt an ihren Vorrechten fest, auch wenn bereits seit den Tagen Caracallas die italischen Senatoren nicht mehr als die Hälfte der Versammlung ausmachten, die Senatoren griechischer Sprache ein knappes Fünftel, und alle übrigen Mitglieder aus den Provinzen kamen. Während noch kurz nach der Übergabe der Stadt viele Bürger in gehobenen Stellungen in die Verbannung geschickt wurden, erließ Constantin jetzt ein Dekret, nach dem jeder Grundbesitzer aus den Verwaltungsbezirken Asia und Pontus eine Residenz auch in der Stadt besitzen müsse, die nun den Namen Konstantinopel trug. Sie wurde am 11. Mai 330 zur Hauptstadt erklärt, nachdem sie mit einer weiteren Ringmauer umgeben und durch Monumente verschönert worden war. Wie man weiß (Kodinos 52 = Unger 879; Zosimos II, 31 = Unger 307), wurde eine ganze Reihe der zum Schmuck der neuen Hauptstadt bestimmten Statuen aus anderen Städten herbeigeschafft, so aus Kyzikos, Antiochia, Tralleis, Nikomedeia, ja sogar aus Athen und Rom. Klassische Statuen – von Phidias und Lysippos – schmückten die große Straße, das Forum, die Thermen, das Hippodrom (von dem die Bronzerosse erhalten blieben und heute vor der Fassade der Markuskirche in Venedig stehen). Wie Rom war die neue Hauptstadt in vierzehn Regionen eingeteilt. Fünf davon lagen in der severischen Stadt und fünf zwischen dieser und der neuen Mauer; danach kann man sich vom Ausmaß der Erweiterung des Stadtgebiets eine Vorstellung machen. Von den restlichen vier Regionen waren zwei Vorstädte; die dritte lag am anderen Ufer des Goldenen Horns, ein Viertel, das noch aus griechischer Zeit stammte; die letzte bildete eine kleine unabhängige Gemeinde mit eigener Verwaltung; sie lag nördlich der Mauer und war um eine Kirche und einen zweiten kaiserlichen Palast gebaut, im Blachernenviertel, das noch heute wie ein Dorf innerhalb von Istanbul anmutet.

Die Feierlichkeiten zur Gründung Konstantinopels dauerten vierzig Tage. Die Stadt wirkte wie nach dem Vorbild Roms geschaffen: mit einem Capitol, einem Senatsgebäude und einem Forum, das außerhalb der severischen Mauern errichtet und mit dem Kaiserpalast durch die verlängerte Arkadenstraße verbunden war. Freilich unterschied sich das Forum von den entsprechenden Anlagen in Rom: es war wie in manchen asiatischen Karawanenstädten, etwa Gerasa und Apamea, kreisförmig angelegt, vielleicht nach dem Muster der kreisförmigen Anlage der antiken iranischen Städte. Eine vom Feuer beschädigte und von einem Gerüst gestützte Porphyrsäule, die zu einem guten Teil noch erhalten ist, bezeichnet den früheren Eingang des runden Platzes. Sie trug eine Bronzestatue, die Constantin als Apoll darstellte mit der Weltkugel in der Hand. Auf dieser Weltkugel aber stand das Kreuz Christi. Es muß hier allerdings hinzugefügt werden, daß auf den Münzen, die aus Anlaß der Gründung der neuen Hauptstadt geprägt wurden, jedes christliche Symbol fehlt. Übrigens sind diese Münzen ein seltenes Beispiel dafür, wie die offizielle Ikonographie ein Porträt verändert. Betrachten wir eine Münze aus der Zeit, in der Constantin noch Cäsar der zweiten Tetrarchie war: wir sehen das Gesicht eines zähen, verschlagenen Mannes. Auf den Münzen aus seiner Kaiserzeit jedoch finden wir einen apollinischen Herrscher, der den Blick zu einem überirdischen Gegenüber aufhebt, womit die Ikonographie des göttlichen Inspirationen lauschenden Condottiere wiederaufgenommen wird, die durch Alexander den Großen in die antike Münzprägung gekommen war. Wir sehen hier den ersten Keim zur Idee des ‹Kaisers von Gottes Gnaden›, die sich später im Mittelalter entwickelte. Die immer wiederkehrende Schwierigkeit der Thronnachfolge sollte im römischen Imperium durch die Idee des Gottkaisertums gelöst werden. Eusebios weist darauf besonders in seinem ‹Leben Constantins› hin (IV, 15 ff.). Er beschreibt auch das Grabmal Constantins, ein Mausoleum, das mit der Apostelkirche verbunden war und das durch diese Nachbarschaft mit einer Kultstätte an das Grabmal seiner Mutter, der heiligen Helena, in Rom erinnerte. Der Sarkophag stand in der Mitte des Mausoleums, von zwölf Stelen umgeben, deren jede einem Apostel geweiht war. Eusebios schrieb (IV, 60), daß dem Toten die Gebete, die man vor den Aposteln verrichtete, zugute kommen würden, andererseits der unmittelbar nach seiner Taufe gestorbene Neophyt den Aposteln gleichzusetzen sei *(isapostolos)*. In die Überlieferung dieses Textes schienen sich Widersprüche eingeschlichen zu haben. So hat man den Bau der Apostelkirche Constantius II., dem Sohn Constantins, zuschreiben wollen. Er soll ihn im Jahre 356 begonnen haben, als man die Reliquien des Timotheus, des Paulus-Gehilfen, nach Konstantinopel gebracht hatte. Aber die Argumente, die J. Vogt (1953) gegen die Annahme einer Textinterpolation in diesem Punkt anführt, scheinen geeignet, die Version des Eusebios zu bestätigen.

Von der Stadt Constantins und seiner Nachfolger ist so gut wie nichts erhalten geblieben. Damit fehlt uns eine wesentliche Voraussetzung dafür, die Entwicklung des neuen Stils in den Kunstwerken, die in der Umgebung des kaiserlichen Hofs entstanden sein müssen, zu verfolgen. Es handelte sich aller Wahrscheinlichkeit nach um eine höfische Kunst, der etwas von der Künstlichkeit und Enge anhaftete, die stets mit der Gründung einer neuen Hauptstadt einhergehen; aber das Fehlen aller Zeugnisse macht es uns unmöglich, die Entwicklung über gut zwei Generationen zu beobachten. Die erhaltenen Werke stammen erst aus der Zeit des Theodosius I. (379–395), und ihr Stil läßt sich bereits als vorbyzantinisch bezeichnen. Da ist nichts von der hellenistischen Formensprache geblieben – ein Stil, schon jenseits der Antike.

Damit die großen Arbeiten ausgeführt werden konnten, mit denen man unter Constantin der neuen Hauptstadt einen monumentalen Aspekt gab, müssen sich zahlreiche Gruppen von Handwerkern zusammengeschlossen haben, die unter der Führung von Architekten, Bildhauern und Malern arbeiteten; auf sie mochte die Wahl deshalb gefallen sein, weil sie bereits in den Werkstätten Kleinasiens und Syriens Beweise ihres Könnens geliefert hatten. Die Grundzüge für die Entwicklung der Kunst Konstantinopels wurden in jenen Jahren geschaffen. Auch in der Folge bewahrte die Stadt einen gewissen Eklektizismus, wie er sich aus der Verbindung von nach Herkunft und Tradition verschiedenen Elementen ergab. Bedeutend wirkte sich aber auch der Impuls aus, den Theodosius I. der weiteren städtebaulichen und monumentalen Entwicklung der Stadt gab.

Eine neue grandiose Mauer wurde 413 von Theodosius II. westlich der constantinischen Stadtmauer errichtet. Sie blieb die endgültige und besteht zu einem großen Teil noch heute. Doch vor allem hatte die Stadt unter Theodosius I. ein neues Wahrzeichen in der Gestalt des großen Forums, des sogenannten ‹Forum Tauri›, erhalten, das auf der großen Arkadenstraße zwischen dem Forum Constantins und der Apostelkirche lag. Das Hauptmonument des neuen Forums war eine mit figürlichen Reliefs geschmückte Säule vom Typ der Trajanssäule oder der Säule Marc Aurels in Rom, die zwischen 386 und 393 errichtet wurde. Obwohl von der Säule nur Bruchstücke erhalten blieben, lassen sie erkennen, daß das Relief nicht das ausgeprägte Helldunkel der Marcussäule hatte, sondern eine klare, genaue und jeder ausgesprochenen Sensibi-

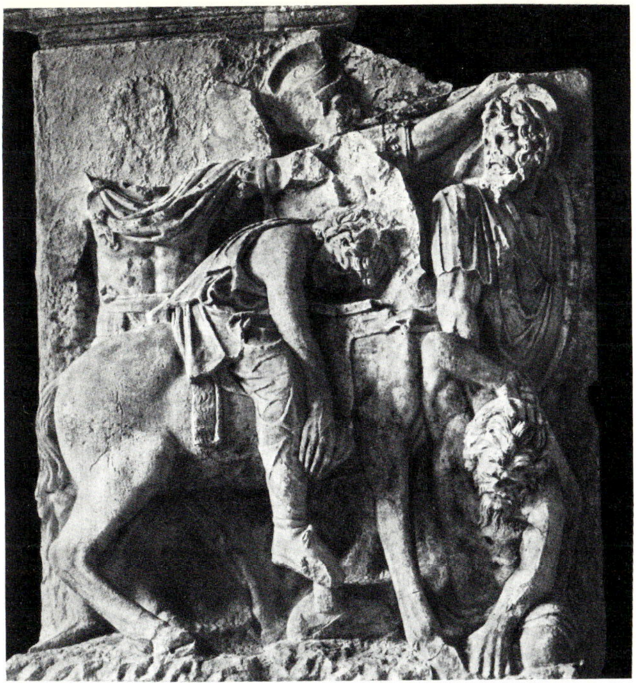

61 – Ephesos – Denkmal des Marcus Aurelius und des Lucius Verus (Ausschnitt) – Wien

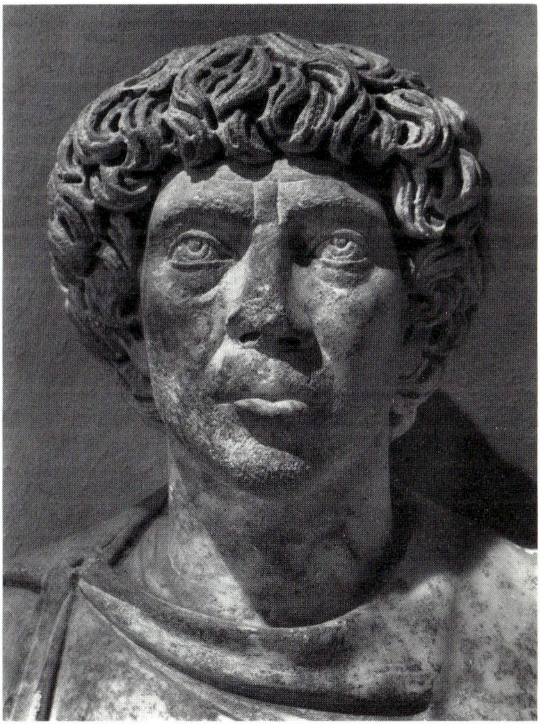

62 – Aphrodisias, Thermen – Statue eines Beamten in der Chlamys (Ausschnitt) – Istanbul

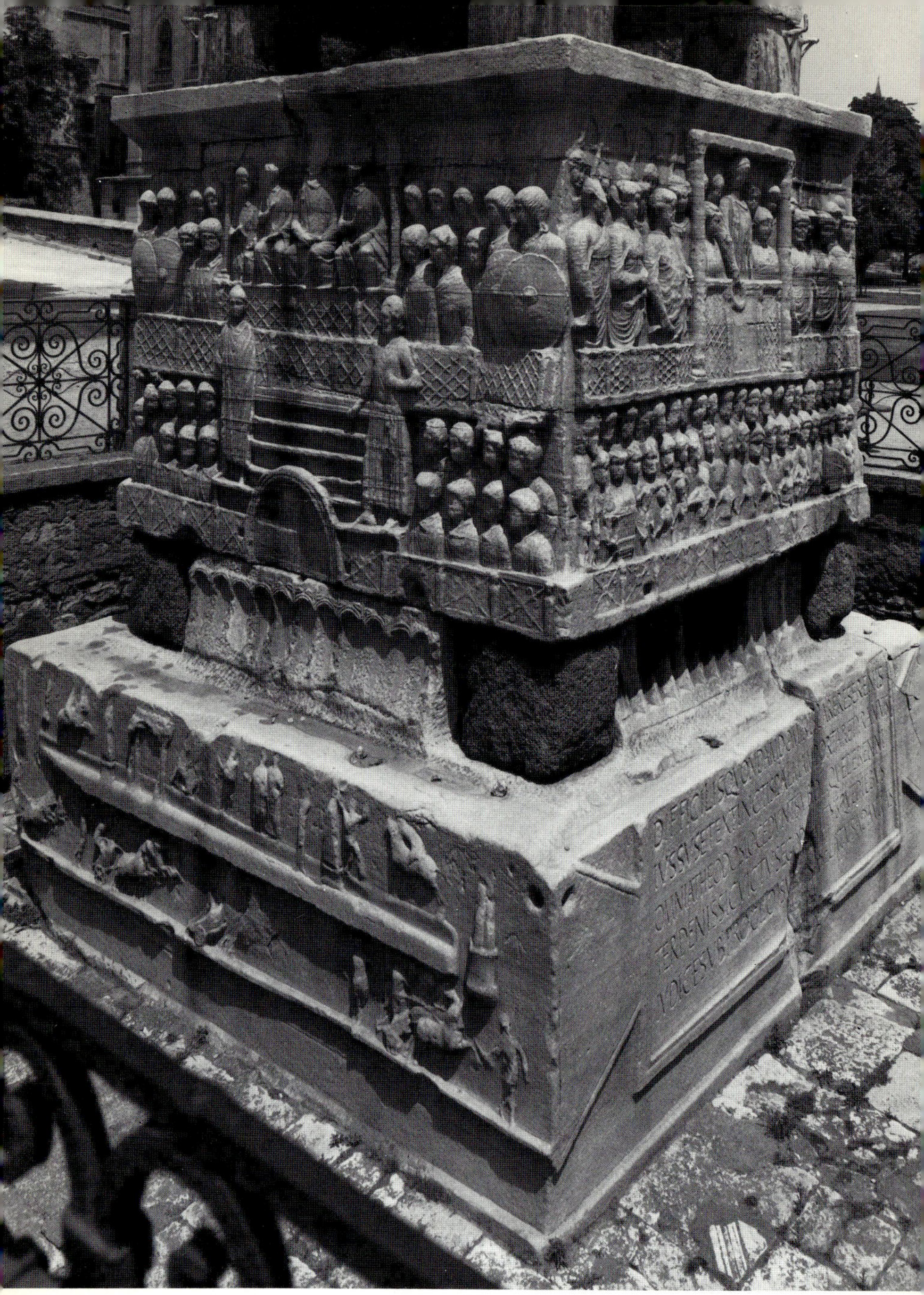

63 – Istanbul, Hippodrom – Meister A: Basis des Obelisken Theodosius' I.

lität bare Zeichnung, wobei oft mit dem Mittel der Wiederholung paralleler Posen gearbeitet wurde, um zu einem gewissen Rhythmus der Komposition zu gelangen. Eine Zeichnung aus dem späten 16. Jahrhundert, die aber wahrscheinlich die Kopie einer älteren ist – die man Gentile Bellini, dem großen venezianischen Maler, zugeschrieben hat –, enthält vielleicht, übertragen in die malerische Sprache seiner Zeit, eine detaillierte Reminiszenz an die auf der Säule dargestellten Szenen. Die Analyse, die diese Zeichnung kürzlich erfuhr (G. Becatti, 1960), scheint mir in überzeugender Weise zu bestätigen, daß es sich dabei um die Säule des Theodosius und nicht um die des Arcadius handelt. Natürlich kann man aus ihr keine Schlüsse auf den Stil des Originals ziehen, aber die Häufung der Landschaftsmotive mit den reich belaubten Bäumen ist überraschend.

In seinem Wunsch – von dem schon die Anlage seines Forums kündete –, Konstantinopel an monumentaler Pracht mit Rom wetteifern zu lassen, befahl Theodosius, auf der *spina* des schon bestehenden Hippodroms einen Obelisk aufzurichten, den schon Kaiser Julian aus Ägypten hatte kommen lassen. Nicht ohne große Schwierigkeiten wurde der Obelisk auf eine Basis (Abb. 63) gestellt, die mit Skulpturen geschmückt wurde. Es sind die einzigen sichtbaren Zeugnisse von der Kunst jener Zeit, die wir besitzen. Ein Chronist hat das Jahr verzeichnet, in dem der Obelisk aufgestellt wurde: 390. Die Inschrift in griechischer und lateinischer Sprache besagt, daß es während der Präfektur des Proculus geschah. Eine eingehende Analyse der Skulpturen an der Basis (G. Bruns, 1932) hat die Richtigkeit dieser Angaben bestätigt und damit gezeigt, daß die frühere Annahme, die Skulpturen seien in der Zeit Constantins entstanden, irrig war. Aber daß sich bei angesehenen Gelehrten ein Irrtum so hartnäckig halten konnte, hatte natürlich einen Grund. Er besteht darin, daß eine bestimmte Entwicklungslinie von den Reliefs am Triumphbogen Constantins in Rom zu den Reliefs an der Basis des Obelisken führt. Nur ist es keine gerade Linie. Die frontale Stellung der Angehörigen der kaiserlichen Familie und die symmetrische Anordnung der sich um sie drängenden Figuren sind zwar Kompositionsprinzipien, die gleicherweise bei den Reliefs des Constantinsbogens *(oratio* und *liberalitas)* wie bei den Reliefs an der Basis beachtet wurden, auf der der Obelisk ruht. Doch die plastische Form ist in beiden Fällen sehr verschieden: sie ist volkstümlich in Rom und aristokratisch in Konstantinopel. Hier, in Konstantinopel, kann man eine Entwicklung aus der Kunst der Sockelreliefs mit Siegesgöttinnen des Triumphbogens in Rom eher als aus derjenigen des Frieses ersehen. Aber man hat einen Stilunterschied sogar innerhalb des Skulpturenschmucks an der Basis des Obelisken festgestellt. Hier waren zwei verschiedene Hände am Werk, wie man ungeachtet des einheitlichen Kompositionsschemas bemerkt: auf der Südost- und der Südwestseite erkennt man eine gewisse Tendenz, die strenge Komposition durch episodische Elemente zu unterbrechen, während auf den beiden anderen Seiten, nach Nordosten und Nordwesten zu, das Schema der zeremoniellen Darstellung mit äußerster Konsequenz verwirklicht ist und der größeren Klarheit zuliebe auf alle Nebenfiguren verzichtet wird. Eine ziemlich überzeugende Hypothese geht davon aus, daß die Mitglieder der kaiserlichen Familie in zwei verschiedenen Zeitabschnitten dargestellt wurden und daß der Name Proculus erst beseitigt und dann wieder eingesetzt wurde; und sie folgert, daß die Arbeiten an den Reliefs der Basis, die mit Sicherheit an Ort und Stelle ausgeführt worden sind, um 390 begannen, dann, nach einer Unterbrechung, unter Arcadius in den Jahren 395 bis 396 wiederaufgenommen wurden, wobei die Basis zugleich auch die Funktion eines Brunnens erhielt. Zu Recht hat man gesagt, daß dieser zweite Meister der erste byzantinische Künstler ist, den wir kennen.

Eine genaue historische und kunstgeschichtliche Einordnung ist nicht zu erreichen, denn noch heute müssen wir uns auf Hypothesen stützen, deren Richtigkeit exakt zu beweisen nicht möglich ist, da eine sichere Dokumentation fehlt. Dennoch dürfen wir wohl die Meinung vertreten, daß der Stil des ersten Meisters (A) der Obeliskenbasis im constantinischen Klassizismus wurzelte; aus ihm entwickelte sich die höfische Kunst der neuen Hauptstadt, der man ein vornehmes und hochkultiviertes Aussehen geben wollte. In dieser Umgebung haben nun zweifellos während zweier Generationen Künstler gearbeitet, die aus den blühenden Bildhauerschulen in Kleinasien kamen. Wir stellten bereits früher ihre Verbundenheit mit der hellenistischen Tradition fest, ihr Streben nach Vollkommenheit und Eleganz der Form. Sie wandten sich gegen den barocken Überschwang der Schule von Ephesos im 2. Jahrhundert, und sie bekannten sich im Lauf des 3. Jahrhunderts zu der neuen Auffassung von der Beziehung zwischen Figur und Raum, die dazu führt, die Figur zu isolieren, verflachen zu lassen und sie überdies mit symbolischer Bedeutung zu befrachten. Auf den Wunsch ihrer Auftraggeber überwog nun die höfische ‹Repräsentation› gegenüber der ‹Schilderung›, mit allen Konsequenzen – Frontalität der Hauptfiguren, hierarchischen Größenverhältnissen und Mißachtung der Perspektive –, die sich schon in Rom seit Septimius Severus bis Constantin herausgebildet hatten. Das sind, wie uns scheint, die historisch folgerichtigen Etappen, die zur plastischen Form der Basis des Theodosiusobelisken überleiteten. Der Unterschied zwischen dem ersten Meister (A) und dem zweiten (B) besteht nicht in der Qualität oder der Kunst; wir finden beim zweiten nur eine strengere Anwendung der schon vom ersten befolgten Grundsätze und damit die Aufgabe jeder naturalistischen Tradition. Doch der Weg, der zu dieser Form führt, hat seinen Ausgangspunkt noch immer in der Klassizität, die das Modell des Hellenismus geblieben war.

Eine Reihe von Statuen von Konsuln und hohen Beamten, die zur Zeit des Theodosius und Arcadius entstanden sein dürften, trägt dazu bei, daß wir dieses Kunstschaffen näher bestimmen können. Leider haben die Statuen meist ihren Kopf eingebüßt; zum Ausgleich besitzen wir die Porträts der Kaiser aus dieser Zeit. Ob diese Statuen nun aus Ephesos oder wie die Mehrzahl aus Aphrodisias oder Konstantinopel kommen, sie weisen keinen stilistischen

Unterschied auf; die einzige Abweichung besteht in der mehr oder weniger rigorosen Anwendung der gleichen formalen Prinzipien oder in der größeren Feinheit der Ausführung. Diese Prinzipien lassen sich zurückführen auf die strenge Frontalität, die noch betont wird durch den vertikalen, linear wiedergegebenen Fall der wichtigsten Falten. Diese Linearität charakterisiert auch die schräg verlaufenden Falten mit ihren spitzen Winkeln ebenso wie die Faltenparallelen in der weiten, bogenförmigen Drapierung der Toga. Stellen wir uns diese Drapierungen übertragen ins Medium der Malerei vor, so sind es bereits die gleichen, die wir auf Mosaiken oder byzantinischen Ikonen finden. Ein schönes Beispiel bietet eine Statue im Museum von Smyrna (Izmir). Dort sind am Faltenwurf unterhalb der weiten Kurve, die der Saum der Toga beschreibt, die Schatten der kleineren Falten nicht bis an den unteren Rand herangeführt, um ihm nicht die Schwere und das Volumen zu nehmen. Dieses Verfahren wird fortan in der byzantinischen Drapierung üblich.

Die gleichen Merkmale zeigt die große silberne Platte *(missorium)* in der Academia de la Historia in Madrid; auf ihr sehen wir den Kaiser Theodosius I., mit Valentinian II. zu seiner Rechten, der einen Teil des Westens regierte, und mit seinem eigenen Sohn, Arcadius, der nach dem Tode des Kaisers (395) bei der Teilung des Reiches sein Nachfolger im Osten sein sollte. Die Platte kommt aus Almendralejo in Spanien und war vermutlich ein Geschenk des Kaisers, der selbst aus Spanien stammte, an einen hohen Würdenträger jenes Landes, aus Anlaß seines zehnjährigen Regierungsjubiläums, wie wir der Inschrift entnehmen. Dieses Jubiläum fiel auf den 11. Januar 388; Theodosius residierte in dieser Zeit, nämlich vom September 387 bis zum April des Jahres 388, in Thessalonike. Die Platte war nun gewiß nicht die einzige ihrer Art, und der Auftrag zur Anfertigung solcher Geschenke anläßlich des Jubiläums dürfte den Silberschmieden der Hauptstadt Konstantinopel rechtzeitig gegeben worden sein. Es besteht große Ähnlichkeit im Faltenwurf an den Figuren auf der Platte und dem der erwähnten Ehrenstatuen, aber auch die Ikonographie der Garde, die wir auf der Platte sehen, erinnert stark an die der Pagen gotischer Abkunft mit ihren sanften Zügen und langen Haaren, wie wir sie auf den Reliefs der Basis des Obelisken antreffen. Diese Figuren lassen an die Engel der byzantinischen wie der abendländischen Kunst bis zum Ende des Mittelalters denken. Aber sie rufen auch die Worte eines neuplatonischen Philosophen ins Gedächtnis, die dieser – Synesios der Kyrene, der später Bischof wurde – an Kaiser Arcadius richtete (‹De regno› 16–18): «Die wegen ihrer jugendlichen Schönheit ausgewählten Wachen . . . stolz auf ihr blondes, gelocktes Haupthaar, Gesicht und Stirn von Parfums benetzt, tragen goldene Schilde und goldene Lanzen. Ihre Anwesenheit kündet das Erscheinen des Fürsten an, wie die erste Morgenröte den Sonnenaufgang . . .» Aber gleich darauf tadelt er diesen Luxus und wirft den Kaisern vor, daß sie sich in ihren Palästen einschließen, «unnahbar wie Eidechsen», damit «die Menschen nicht sehen, daß ihr Menschen wie sie seid».

Das *missorium* des Theodosius ist etwas früher entstanden als die Reliefs am Sockel des Obelisken; der Faltenwurf ist hier noch nicht so starr wie bei den späteren Ehrenstatuen. Dies zeigt noch einmal, wie die Stilentwicklung verlief. Noch ganz vom Hellenismus inspirierte Darstellungen, wie die Personifikation der Erde zwischen Ähren und geflügelten kleinen Putten, wiederholen sich auf Silbergerät aus Konstantinopel bis ins 7. Jahrhundert hinein, wie die zahlreichen Stücke bezeugen, deren Metall vor der Verarbeitung das Prägezeichen der kaiserlichen Schatzkammer erhielt. Diese Elemente der hellenistischen ikonographischen Tradition dienen, nun aus ihrem Zusammenhang gerissen und vor einen objektfremden Hintergrund gestellt, in diesem Teil des Reiches noch lange als ornamentales oder symbolisches Beiwerk. Aber sie bilden nur noch den Rahmen zu jenen gleichzeitigen Schöpfungen, die bereits eine neue künstlerische Auffassung verraten. Allein der Umstand dieses Zusammenwirkens neuer Formen und eines alten ornamentalen und symbolischen Repertoires beweist den intellektualistischen Charakter dieser höfischen Kunst, die den Höhepunkt ihrer Entwicklung in den großen Monumenten des Kaiserreichs und der Kirche findet, aber auch in den Schmuckgegenständen, deren Besitz nur einem kleinen aristokratischen Kreis vorbehalten blieb.

Die Statue eines Konsuls aus den Thermen von Aphrodisias (Abb. 62), in der man das Bildnis Valentinians II. erkennt, und der Kopf des jugendlichen Arcadius vom Forum in Konstantinopel zeigen den gleichen Stil, der nunmehr gültig ist für die offizielle Kunst in den Ostprovinzen des Reiches; und im Unterschied zum Westen gibt es in diesen Provinzen keine ‹provinzielle› oder ‹volkstümliche›, sondern nur eine offizielle Kunst. Die lineare Strenge, die für Improvisationen keinen Raum läßt, und das Zeremoniell der ‹repräsentativen Darstellung› werden allerdings – auch noch in etwas späterer Zeit – bei Porträts von Personen, die außerhalb des engsten kaiserlichen Kreises stehen, minder rigoros angewandt. So ist zum Beispiel die Drapierung an der Statue Valentinians II. bei aller präbyzantinischen Betonung der Linie noch nicht ausgesprochen streng, und da Valentinian hier das Gewand des Konsuls trägt und seine Statue gleichzeitig mit einer des Arcadius aufgestellt wurde, kann die Entstehungszeit nur zwischen den Jahren 387 und 390 liegen. Dagegen zeigt die Statue eines Beamten, ebenfalls aus den Thermen von Aphrodisias, einen sehr viel strengeren Faltenwurf, von großer künstlerischer Kraft in seiner unbeugsamen stilistischen Konsequenz; sie muß daher etwas später, um den Beginn des 5. Jahrhunderts, entstanden sein; aber ihr Kopf ist bei weitem lebendiger und persönlicher als die etwas bläßlichen Herrscherporträts. Die tief mit dem Bohrer ausgearbeitete Frisur, die eine helldunkle, doch unbewegte Masse bildet, das mit breiten, ausdrucksvollen, doch festen Flächen gestaltete Gesicht und auch die Andeutung des unrasierten Barts, die das Bildnis mit anderen derselben Gruppe gemein hat, veranlassen uns, den Kopf dieser Statue mit dem der Kolossalstatue in Barletta in Beziehung zu bringen. Es handelt sich dabei um die Reste einer Bronzefigur von mehr als fünf Metern Höhe, die im

12. Jahrhundert von den Venezianern aus einer nicht näher zu bestimmenden Stadt der Levante entführt wurde und bei einem Schiffbruch unterging. Mit Sicherheit stellte sie einen Kaiser dar, doch bleibt seine Identifizierung ungewiß. Man nannte verschiedene Namen: Theodosius II. (408–450), Valentinian III. (425–455) und mit größerer Wahrscheinlichkeit Marcian (450–457). Wegen der Stilmerkmale chronologisch unannehmbar sind folgende Hypothesen: Valentinian I. (364–375) als zu früh, Herakleios (610–641) als zu spät für die Zeit, in die sich das Werk stilgeschichtlich einordnen ließe. Andererseits war damals die Ikonographie auf den Münzen zu unpersönlich geworden, um bei dem Versuch der Identifizierung hilfreich zu sein. Der Stil ist der gleiche wie der der Bildnisse der Beamten aus Aphrodisias, mit kaum stärkerer Betonung der Starrheit.

Ein Porträt im Kunsthistorischen Museum zu Wien führt uns noch einmal nach Ephesos, das ein Zentrum lebhafter künstlerischer Entwicklung geblieben ist, in dem noch im 6. Jahrhundert Werke mit deutlich typisierendem Anspruch entstehen. Der im Theater aufgefundene Kopf kann zu keinem der bereits erwähnten Torsi gehören. Er zeigt einen in der Bemühung um Charakterisierung weiter fortgeschrittenen Stil, einer Charakterisierung, die dennoch hinter einer vor allem dekorativen Auffassung des Ganzen zurücksteht, da die einzelnen Formen, die die Physiognomie ausmachen, zugleich zum Ornament werden, wie die Augenbrauen am Koloß von Barletta. Die Linie der Augen und der Brauen, die Falten auf der Stirn und um den Mund wollen zweifellos persönlicher Kennzeichnung dienen; aber am Ende bilden sie eine Art ornamentaler Zeichnung mit genauen Entsprechungen auf beiden Seiten des Gesichts. Für beide Köpfe scheint mir die um die Mitte des 5. Jahrhunderts angenommene Entstehungszeit zutreffend.

Wir können diese Reihe von Beispielen mit dem Relief einer Siegesgöttin abschließen, das im 17. Jahrhundert in der Gegend des Serails gefunden wurde, wo früher der große kaiserliche Palast stand. Die dünne Marmorplatte läßt es als ausgeschlossen erscheinen, daß dieses Relief einst an einem Triumphbogen angebracht war. Eher würde es zum Dekor im Innern eines Gebäudes passen. Die Siegesgöttin hielt wahrscheinlich in der Rechten einen Kranz. Wir können in ihr den Schlußpunkt einer Entwicklung in der spätantiken Kunst sehen, an deren Beginn die Victorien am Sockel des Constantinsbogens in Rom stehen. Alle Elemente, die am Triumphbogen zum erstenmal anklingen, finden sich hier in voller Klarheit ausgeprägt, mit strenger innerer Logik und unterstützt von einem Stilgefühl, das seinen Ausdruck nun vollkommen beherrscht. Hier ist jeder Rest naturalistischer Improvisation verschwunden, und wir sind sehr weit entfernt von der üppigen Nacktheit der Victorien am Ehrenbogen in Leptis Magna. Die ganze Figur gehorcht einem fast unerbittlichen, nahezu unpersönlichen, zeichnerischen Rhythmus, der in der strengen Parallelität der Flügel gipfelt. Es ist die gleiche stilistische Tendenz, die wir an den Statuen mit der Toga bemerkt haben. Daß wir sie hier strenger verwirklicht sehen, kann daran liegen, daß das Relief am Ende des 4. oder am Beginn des 5. Jahrhunderts in einer weiter fortgeschrittenen Entwicklungsphase der konstantinopolitanischen Kunst geschaffen wurde.

Arcadius setzte mit der Verschönerung der Stadt das Werk seines Vaters fort. Auch er legte ein Forum an, ähnlich dem des Theodosius und wie dieses mit einer Säule geschmückt, die mit spiralförmig angeordneten Reliefs verziert war. Die Parallele zu Rom war nun vollständig; nur sollten die Säulen von Konstantinopel höher sein als die Trajans und Marc Aurels. Die Säule des Arcadius wurde 402/403 errichtet. Wir wissen nicht, wann die Arbeiten an den Skulpturen beendet waren, doch scheinen sie ohne Unterbrechung ausgeführt worden zu sein. Aber uns ist bekannt, daß die Statue des Kaisers erst nach seinem Tode im Jahre 421 auf die Säule gestellt wurde. Die aus einundzwanzig Marmorblöcken bestehende Säule ruhte auf einer hohen Basis, die noch heute, von Bränden stark angegriffen, mit einem Stück der ersten Reliefspirale an ihrem Platz steht. Der Schaft der Säule wurde 1717 niedergerissen. Doch er wirkt bereits auf den Zeichnungen, die wir von ihm besitzen, stark beschädigt (Cambridge, Trinity College, früher Sammlung Freshfield, Zeichnungen von 1574; Kopenhagen, Kabinett der Zeichnungen, Zeichnung von Melchior Lorichs von 1559; Paris, Bibliothèque Nationale, Nr. 6514, anonyme Zeichnung aus dem letzten Drittel des 17. Jahrhunderts; andere weniger bedeutende Zeichnungen). Zusammen mit den Beschreibungen aus alter wie neuerer Zeit geben diese Zeichnungen eine ziemlich genaue Vorstellung von den Darstellungen der Reliefs, aber nur wenige Hinweise auf ihren Stil.

Besondere Bedeutung kam der großen Basis zu, auf der sich die Reliefs an drei Seiten – die vierte, nach Norden zu, war von der auf die Innentreppe führenden Tür eingenommen – in vier Registern aneinanderreihten. Man hat mit Recht bemerkt (G. Becatti), daß die beiden Zwillingssäulen des Theodosius und des Arcadius in den zeitgenössischen Berichten vor allem als ‹Wunderwerke› gepriesen wurden, weil man sie über eine innere Treppe besteigen und von oben einen Blick über die Stadt werfen konnte. Auf jeder der drei reliefgeschmückten Seiten erschien an hervorragender Stelle das Kreuz oder das Monogramm Christi, und auf den Darstellungen des Säulenschafts wurde die Gegenwart Gottes mehrfach durch die Erscheinung von Engeln verdeutlicht. Die Reliefs an der Basis hatten den Charakter feierlicher Repräsentation und des Triumphalen, aber auch bei den Säulenreliefs überwiegt das Element des Triumphs gegenüber der erzählerischen Tendenz. Dennoch erkennen wir in der Zeichnung eine Fülle landschaftlicher Motive. Soweit sich sehen läßt, herrscht auch hier der gleiche höfische klassizisierende Stil wie bei den anderen Werken der Epoche des Theodosius, und wieder bestätigt sich, ob in den Landschaften oder den Schlachtenszenen, das Fortleben hellenistischer Motive.

Die Kontinuität hellenistischer Motive selbst in späterer Zeit läßt sich übrigens auch durch die Spuren belegen, die die Malerei in schriftlichen Quellen und Miniaturen hinterlassen hat. Beschreibungen von Bildern des 4. Jahrhunderts finden sich in den Libanios zugeordneten Schriften (Ausgabe Foerster VIII, S. 465–470); es waren ländliche Motive und Episoden aus der ‹Ilias›. Prokopios von Gaza (Ausgabe P. Friedländer, 1939) beschreibt Malereien in einem öffentlichen Gebäude vom Beginn des 6. Jahrhunderts mit mythischen Motiven und ebenfalls Szenen aus der ‹Ilias›. Auf das Zeugnis, das die Malerei des 3. und 4. Jahrhunderts in den Miniaturen einer Handschrift der ‹Ilias› ablegt, die in der ‹Biblioteca Ambrosiana› in Mailand aufbewahrt wird, wurde bereits hingewiesen. Nach unserer Meinung geben diese Miniaturen zum Teil ältere Bildkompositionen wieder, aber einige, zum Beispiel die Miniatur XLV, sind zu Beginn des 6. Jahrhunderts entstanden. Wenn man diese Werke mit denen vergleicht, die nach Vorlagen aus dem 3. Jahrhundert geschaffen wurden, und mit dem, was wir den Reliefs der Theodosius- und Arcadius-Säulen entnehmen können, so bestätigen sie die zunehmende Tendenz zur Schematisierung der Bildkomposition, zur Uniformierung der Gestalten und zum Verzicht auf die Körperlichkeit bei Volumen und Strukturen: die Figuren berühren den Boden kaum mit den Zehenspitzen, wie Marionetten am Draht. Den gleichen schwebenden Schritt finden wir wieder bei den Mosaiken in der Basilika von Sant'Apollinare Nuovo in Ravenna um 568. Zu Beginn des 6. Jahrhunderts ist der hellenistische Naturalismus als lebendige Kraft aus der Kunst jener Zeit verschwunden. Aber als Reminiszenz überlebt er sich selbst noch immer im Gebiet von Konstantinopel, Anatolien und Syrien, während im europäischen Westen die Reste seiner Ikonographie entstellt und barbarisiert wurden.

In der berühmten, in Wien aufbewahrten Handschrift der ‹Genesis›, die nach den neuesten Untersuchungen nicht am Ende, sondern innerhalb der ersten zwanzig Jahre des 6. Jahrhunderts entstanden ist, zeigen die von verschiedener Hand stammenden Miniaturen einen Stil, den man nun als byzantinisch bezeichnen kann, obwohl sich in diesen Miniaturen ornamentale und landschaftliche Motive finden, die dem Hellenismus noch so nahestehen, daß man sich zunächst über die Entstehungszeit des Werks und eine eventuelle Beziehung zur pompejanischen Malerei und zur römischen Kunst täuschen konnte (F. Wickhoff). Aber von diesen Miniaturen als Zeugnissen der zeitgenössischen Kunst heben sich die drei am Beginn stehenden deutlich ab. Sie zeigen einen anderen, weit weniger illustrativen Charakter, und unter ihnen ist es zumal die in einem besseren Zustand erhaltene dritte mit einer Darstellung der Sintflut, die noch im Geist einer von hellenistischem Raumgefühl und expressivem Pathos geprägten Kunst angelegt ist. Dieser Charakter ist bei allen aufeinanderfolgenden Transpositionen erhalten geblieben, die, wie wir annehmen müssen, von dem ursprünglich großformatigen Bild zur Miniatur in der Handschrift führten. Die schräge, perspektivische Stellung der Arche, der Strudel, der die mit den Wogen Kämpfenden mit sich reißt, die Dramatik und Differenzierung ihrer Gebärden: das alles weist uns in einen von der spätantiken Kunst Roms und der westlichen Provinzen weit entlegenen Bereich, aber auch ebensoweit von der in der Vergangenheit überschätzten römischen profanen wie der jüdisch-religiösen Malerei eines an der Peripherie gelegenen Zentrums wie Dura-Europos. Wir erinnern hier an das, was wir anläßlich der Mosaiken von Cherchell mit den Darstellungen von Feldarbeiten sagten, und wir müssen noch einmal bestätigen, daß sich zwischen der zweiten Hälfte des 3. und der zweiten Hälfte des 4. Jahrhunderts im Bereich Syrien-Anatolien-Konstantinopel der Übergang von der Kunst der Antike zu der der byzantinischen Welt vollzog, einer Kunst, die ihre Form dank einer aristokratischen Erstarrung der im östlichen Teil des Reiches noch lebendig gebliebenen und vom Hellenismus überlieferten Vorlagen gewann.

Schlußwort zum zweiten Buch

Wir werden kein Fazit ziehen. Wir lehnen es ab, ein bedeutendes historisches Phänomen in ein paar Formeln zu verpacken. Sie würden nur einigen Professoren nutzen, die es sich damit leicht machen könnten, ihre Schüler davon abzuhalten, Fragen zu stellen, und selbst über ein Stichwort zu verfügen, um mit ihm den Nachweis zu führen, daß ihr nächster Kollege mit seiner Formulierung unrecht hatte (denn darin bestehen im allgemeinen die Befriedigungen und der Ruhm des akademischen Lebens).

Vielleicht hat uns die Zeit, in der wir leben, etwas gelehrt, eine schwierige, aber erregende Epoche, in der – so wie in den beiden Jahrhunderten, die den chronologischen Rahmen dieses Buches abgaben – die Menschen einem tiefgreifenden Wandel in ihrer Lebens-, Denk- und Handlungsweise ausgesetzt sind. Sie hat, so glauben wir, gelehrt, daß sich die historische Entwicklung in einer von konkreten Faktoren bestimmten Richtung bewegt, Faktoren, die eine menschliche Gemeinschaft dazu bestimmen, nach einer neuen, besseren Ordnung für sich zu suchen. Aber das geschieht nicht auf geradem Wege oder in einer einzigen Richtung. Jedes Ereignis eröffnet eine Reihe von Möglichkeiten, und mit der Entscheidung für die eine oder andere beschleunigt oder verzögert man die historische Entwicklung oder lenkt sie auf einen Umweg. Dennoch bewahrt diese Entwicklung trotz alledem eine gewisse Einheit. Diese innere Einheit bindet Wirtschaft und Politik eng aneinander und ordnet beiden die Kultur unter. Zur Kultur aber gehört die Kunst. Diesen Faktor Kunst zu isolieren und ihn für autonom zu halten, war einer der Irrtümer, denen das meiste nutzlos bedruckte Papier zu verdanken ist wie auch die weiteste Verbreitung von Regeln, die uns, wie wir heute erkennen, nicht helfen können, zu verstehen, was wirklich geschehen ist. Weder das Wie noch, was wichtiger ist, das Warum. Indessen, obwohl nicht autonom, besitzt die Kunst ihre eigene Kontinuität, die über vorbereitende Phasen zu neuen Formen führt.

Deshalb können wir kein Fazit ziehen am Ende eines Textes, der sich nur die Aufgabe gestellt hat, eine Reihe von Illustrationen zu begleiten und die Aufmerksamkeit auf diese Zeugnisse zu lenken. Aber auch die Auswahl dieser Zeugnisse war begrenzt, sei es durch praktische Erfordernisse, sei es durch die einmal übernommene Verpflichtung, den Text auf eine im voraus bestimmte Seitenzahl, ja Zahl der ‹Anschläge›, zu beschränken. Statt ein Fazit zu ziehen, scheint es mir ehrlicher, den Sinn dieser oder jener Wahl beziehungsweise Nichtwahl zu erklären, auch warum dieses Material nach einem geographischen und nicht typologischen, oder, wie sonst üblich, streng chronologischen Schema zusammengestellt worden ist.

In den drei Jahrhunderten der hellenistischen Epoche (323–31 v. Chr.) hatten sich künstlerische Formen entwickelt, die sich, ungeachtet ihrer Vielfalt, übereinstimmend in einem eleganten Naturalismus ausdrückten, der reizvoll dekorativ wirkte. Diese Formen waren das Ergebnis eines langen Auslese- und Reifeprozesses, der in seinen Ursprüngen auf die klassische Kultur Griechenlands zurückging. In dieser Kultur entstanden in der Plastik und Malerei zahlreiche ikonographische Schemata, die in den Künstlerwerkstätten von Generation zu Generation überliefert wurden. Mit Hilfe dieser Ikonographien stellte man Gegenstände des Mythos und Kults dar, errichtete man Monumente zum Gedächtnis denkwürdiger Taten. Aber jeder Künstler fügte diesen Ikonographien eine eigene Variante hinzu; die Menschen lieben die Wiederholung, aber nicht ohne gewisse Abwandlungen. Nur eine überlegene Künstlerpersönlichkeit vermochte eine neue Ikonographie zu schaffen, die sich dann ihrerseits für lange Zeit durchsetzte. Während der gesamten Antike sah man in der Kunst im wesentlichen eine handwerkliche Technik. Auf diese Weise war man zu einem Kunstschaffen von hohem kulturellem Rang, von einer beachtlichen, bis ins einzelne gehenden Sicherheit im Formalen gelangt, die selbst einem mittelmäßigen Künstler erlaubte, untadeligen und gefälligen Formen, die mit dem Geschmack seiner Zeit übereinstimmten, Leben zu verleihen. Außerdem erleichterte die sich im wesentlichen stets gleichbleibende Ikonographie jedem das Verständnis dessen, was die Darstellungen des Kunstwerks bedeuteten.

Dank diesen Eigenschaften, wozu noch die enorme Verbreitung der in Mengen hergestellten kunsthandwerklichen Arbeiten kam – wobei man sich oft geradezu industrieller Verfahren bediente –, hatte sich die hellenistische Formensprache in der ganzen kultivierten Welt an den Ufern des Mittelmeers als die einzig gültige durchgesetzt. Das Römische Reich übernahm die Kultur des Hellenismus. Sie war früh in das von Griechen kolonisierte Süditalien eingedrungen, das bald zu einer besonderen Kunstprovinz wurde. Ihr Einfluß kam der Kunst Campaniens, Etruriens und Latiums zugute; in all diesen Provinzen arbeitete man, um die Nachfrage nach Kunstwerken zu befriedigen, die von Rom, diesem in rascher Ausdehnung begriffenen Zentrum, ausging. Aber nachdem die Römer endgültig Kleinasien und Griechenland erobert hatten, wurde der Hellenismus durch griechische Künstler, die im Dienst der herrschenden Klasse Roms standen, direkt nach Rom eingeführt. Und von dort breitete er sich dann in einem weiteren Radius aus, bis in vordem noch nicht erreichte Gebiete, die später das Herz des mittelalterlichen Europa bildeten.

Wir sind daran gewöhnt, in der Verbreitung der hellenistischen Kultur in diesem weiteren geographischen und ethnischen Raum das besondere historische Verdienst Roms zu sehen, in einem Raum, der auch eine Bevölkerung in sich schloß, die bis dahin in ‹barbarisch› zu nennenden Bedingungen lebte und der deshalb das Wesen der hellenistischen Kunst völlig fremd und unverständlich erscheinen mußte. Dementsprechend hat man in den verschiedenen Provinzen des immensen Römischen Reiches im allgemeinen jene künstlerischen Dokumente besonders herausgestellt, die die weite Verbreitung und das lange Fortleben der hellenistischen Kunst bezeugen. Es entsprach übrigens nur der allgemeinen akademischen Überzeugung, daß die naturalistische Form der hellenistischen Kunst die einzig legitime Kunstform oder zumindest jeder anderen überlegen sei, eine Überzeugung, die weitgehend von den Archäologen geteilt wird, die aber schlechthin konservativ ist und auf einem unterentwickelten Sinn für die Dynamik der Geschichte, wenn nicht auf einer klaren kulturpolitischen Parteinahme beruht.

Betrachten wir die Dinge ohne ästhetische, klassizistische Voreingenommenheit, dann müssen wir feststellen, daß sie sich in Wahrheit anders verhalten. Die hellenistische Kunst und ihr eleganter Naturalismus waren in der Geschichte der antiken Kulturen ein außerordentliches, ja einzigartiges Ereignis. In allen anderen Ländern hatte die Kunst, bevor sie dem Einfluß der griechischen Kultur erlag, Formen von grundsätzlich anderem Ausdruck entwickelt. Die zahllosen Formen der Natur wurden vereinfacht und nach vor allem dekorativen Gesichtspunkten zu mehr oder weniger geometrischen Gebilden stilisiert. In den alten Kulturen des Ostens wurde die Kunst im wesentlichen von der Religion bestimmt, war unmittelbarer Ausdruck eines Kults oder einer politischen Auffassung von der Macht des Herrschers, als Inkarnation oder Widerschein der Gottheit verstanden. Jeder religiöse, irrationale Gehalt neigt zu sichtbarem, symbolischem Ausdruck, zur abstrakten Chiffre. Der Naturalismus dagegen war unmittelbarer Ausdruck der diesseitigen, rationalistischen Weltanschauung, zu der die Griechen gelangt waren, Ausdruck ihres frühen Studiums der Naturerscheinungen und des logischen Denkens, das sie zur Grundlage ihrer Institutionen machten. Wenn im 6. Jahrhundert v. Chr. Xenophanes schreibt, daß die Pferde, hätten sie einen Gott, ihn sich als Pferd vorstellen würden, bezeugt er, daß auch die religiöse Kunst der Griechen auf einer Beziehung zwischen Mensch und Gottheit beruhte, die sich von der der anderen zeitgenössischen Kulturen vollkommen unterschied.

In der hellenistischen Epoche tritt an die Stelle der von der Gemeinschaft der Bürger gebildeten *polis*, des Stadtstaats, das Königtum nach orientalischem, persischem Muster. Das bedeutet, daß nicht mehr das städtische Bürgertum über den Bau von Monumenten und die Errichtung von Ehrenstatuen entschied, sondern der Herrscher. Die Kunst diente nicht mehr nur dem Kult und der Gemeinschaft der Bürger, sondern drang auch in die Privathäuser der reichen Kaufleute ein, die ihre Wohnungen mit Malereien und Skulpturen schmückten und jedem Gebrauchsgegenstand eine künstlerische Verzierung geben ließen.

In diesem Stadium begegnete Rom der hellenistischen Kunst. Aber sie blieb in der römischen Kultur eine entliehene Kunst, die nach dem Willen der herrschenden Kreise von einer ganz andersartigen kulturellen Unterschicht überlagert wurde, aus der jedoch keine Impulse für eine unmittelbare Weiterentwicklung der hellenistischen Form kamen. Der Naturalismus, der die Grundlage der hellenistischen Form bildete, gab jedem Bildelement seine wirklichen Proportionen, und zwar in der einzelnen Figur wie in ihrem Verhältnis zu den anderen Figuren. Man hatte infolgedessen die Stilmittel der Perspektive und des Helldunkels erfunden, damit jede Figur, in der Plastik wie in der Malerei, in einem Raum zu stehen schien, in dem sie sich wie in der Wirklichkeit frei bewegen konnte. Der römischen Kunst aber gelang es trotz hellenistischer Anleihen nie, dieses Prinzip als verbindlich zu empfinden; sie wandte das formal Erlernte nur rein äußerlich an und ließ es beiseite, sobald es sich als hinderlich erwies bei dem, was den Römern von elementarer Bedeutung war: der Verherrlichung der staatsbürgerlichen und politischen Tugenden und der persönlichen Verdienste auf diesem Gebiet.

In der offiziellen Kunst der Götterstatuen, des Kaiserkults und des Architekturdekors wurden noch immer klassische und hellenistische Vorlagen wiederholt. Aber die lebendigere, spezifisch römische Kunst im Dienste der Verherrlichung von Taten, die die Cäsaren zur Ausdehnung oder Verteidigung der imperialistischen Herrschaft Roms unternahmen, oder jene Kunst, und sie vor allem, die den Alltag des privaten Bürgers widerspiegelte, sie nahmen unvermeidlich ein anderes formales Gepräge an. Der Bruch mit dem Kanon des Hellenismus vollzog sich in einer Gesellschaft, die sich von der früheren weit entfernt und in der sich die Stellung des einzelnen der Welt gegenüber gewandelt hatte. Die große wirtschaftliche, politische und soziale Krise des 3. Jahrhunderts brachte, gefördert von der Angst des Menschen vor einer Welt, die ihm weder äußere noch innere Sicherheit mehr bot, eine tiefe ideologische Umwälzung mit sich.

Betrachtet man das Phänomen ‹Ende der Antike› – und in der Kunstgeschichte heißt das: das Ende der hellenistischen Form –, dann darf man den Blick nicht nur, wie es üblicherweise geschieht, auf Rom und Konstantinopel richten. Denn die künstlerischen Bedürfnisse konnten in den Hauptstädten nicht die gleichen sein wie in den Provinzen. Aber auch jede Provinz oder jede Gruppe von ihrer sozialen Struktur nach ähnlichen Provinzen stellte andere Forderungen an die Kunst und in jeder Provinz hatte die assimilierte eingeborene Bevölkerung ihr eigenes Verhältnis zum Erwerb oder zur Erzeugung von Kunstwerken. Diese Verschiedenheit sollte besondere Bedeutung gewinnen, als beim Zusammenbruch des Reiches jede Provinz oder Gruppe von Provinzen unabhängig wurde und Formen des künstlerischen Ausdrucks hervorbrachte, in denen das eigene überkommene Erbe, modifiziert durch die hellenistisch-römische Erfahrung, wiederauftauchte. Aber auch dieses Erbe hatte überall einen gemeinsamen Kern, wie er jeder primitiven, spontanen, noch ‹unkultivierten› Kunst eigentümlich ist.

In dem vorliegenden Band haben wir die Entstehung solcher peripheren Kulturen außer acht gelassen und haltgemacht am äußersten Punkt einer Epoche, in der das Römische Reich noch seine Einheit bewahrte. Nach dem Tode des Theodosius wird dann das Reich zwischen seinen beiden jungen Söhnen aufgeteilt. Der Osten fällt an den achtzehnjährigen Arcadius, der unter der Vormundschaft des Präfekten Rufinus stand, der Westen an den elfjährigen Honorius unter der Vormundschaft des Heerführers Stilicho, der der Sohn eines Vandalen war; er verlegte nach einigen Jahren die Hauptstadt des Westens nach Ravenna. Wir haben uns bemüht, zu zeigen, wie zu dieser Zeit der Prozeß des Formwandels in den darstellenden Künsten bereits in allen Provinzen des Römischen Reiches abgeschlossen war. Daß sich damals in Teilen Mesopotamiens wie in Dura oder Hatra oder im Innern Syriens wie in Palmyra, also im äußersten Osten des Reichs, in der Plastik ebenso wie in der Malerei vorzeitig ein Stil herausbildete, der nur zu einem geringen Teil die hellenistische Form in sich aufgenommen und verarbeitet hatte, bleibt ein isoliertes Ereignis, dem keineswegs die entscheidende Bedeutung zukam, die man ihm einmal zuerkennen wollte.

In den westlichen Provinzen, die später Europa ausmachen sollten, löste sich die vorwiegend an der Wirklichkeit des lokalen Lebens orientierte Kunst sehr bald von der hellenistischen Form, wohingegen die offizielle Kunst auch weiterhin auf das hellenistisch-römische Repertoire zurückgriff. Die europäische Kunst Roms, wie wir sie genannt haben, entwickelte sich rasch zur Kunst des Mittelalters. Außerhalb der hellenistischen Tradition stehend, repräsentierte sie in mancher Hinsicht die Fortdauer und Ausbreitung der seit der republikanischen Epoche bestehenden ‹plebejischen› Strömung der römischen Kunst, die weniger ästhetische als zelebrative und narrative Ansprüche zeigte. Später sollte sie noch Formelemente aus barbarischer Kunst übernehmen und so manche Voraussetzung für die Entstehung der merowingischen Kunst (vgl. die Abtei von Jouarre in ‹Frühzeit des Mittelalters›, Abb. 77–91) und schließlich für die Kunst des europäischen Mittelalters schaffen.

Der Westen war an Rom gebunden. Noch im ganzen 3. Jahrhundert war Rom, ungeachtet der anarchischen Thronfolgeverhältnisse zwischen 235 und 260, das Zentrum der politischen Macht. In Rom arbeiteten örtliche und kleinasiatische Künstlergruppen, wahrscheinlich auch syrische und alexandrinische; aber die wesentlichen Werke der Plastik zeigten klar unterscheidbare Charakteristika. Von der Wende gegen Ausgang der antoninischen Epoche an, die eine erste Loslösung von der hellenistischen Tradition brachte, bis zur Tetrarchie erlebte Rom eine Periode größerer künstlerischer Autonomie und größerer Ausdruckskraft. Die typisch ‹römische› Richtung – die wir als ‹plebejische Kunst› bezeichnet haben – eroberte sich, angepaßt an eine neue Ideologie und an eine kaiserliche Etikette (ideologisch gesehen, orientalischer Herkunft, doch unabhängig von den aus dem Osten eingeführten Stilelementen), ihren Platz bei der Ausführung offizieller Monumente. Zum Teil war dies schon mit den Skulpturen am Triumphbogen des Septimius Severus geschehen; den Durchbruch bezeichnete der Fries am Constantinsbogen. Aber es war ein Sieg von kurzer Dauer, dem bald nach dem Willen der Sachwalter staatlicher

Macht, die sich unter Constantin bewußt dem augusteischen Zeitalter zuwandten, die Rückkehr zu einer Formgebung nach klassischen Vorbildern folgte. Und zum gleichen Zeitpunkt, da Rom unter der Tetrarchie (zwischen 294 und 324) den Erfolg und den letzten Ausdruck seiner spezifisch ‹römischen› Kunst erlebte, übernahm man im Kaiserreich auch die Formen, die man in Ägypten – einer unmittelbar vom Kaiser abhängigen Provinz – den zu Ehren der vier Herrscher errichteten Porphyrstatuen gegeben hatte, die übrigens auf den Münzen, die zuerst in Ägypten, später auch anderswo geprägt wurden, ihr genaues Gegenstück fanden. Diese Phase in der Geschichte der Kunst unter der Tetrarchie blieb freilich eine vereinzelte, kurze Episode; aber sie war bezeichnend, und sie kündigte an, was nach der Aufgabe der hellenistischen Norm geschehen konnte, nicht allein in Ägypten, sondern auch in anderen Gebieten des Reiches.

Von Rom und dem hellenistischen Orient angeregt, entstand im Westen der afrikanischen Provinz eine selbständige Kunst. Das gesamte kulturelle Leben dieses Gebiets, das literarische und religiöse einbegriffen, nahm einen eigenen Charakter an. Dennoch sollte diese Kunst, nachdem sie sich noch bis nach Spanien, Südgallien und Sizilien ausgewirkt hatte, letztlich ohne Nachfolge bleiben, ein isoliertes Phänomen. Die byzantinische Kunst eroberte das verlorene Gebiet zurück.

Während andere Regionen der afrikanischen Provinz wie Tripolitanien und die Kyrenaika künstlerisch zum Einflußbereich Roms, wenn nicht Alexandrias oder Griechenlands zählten, zeichneten sich in Ägypten zwei Richtungen ab, wahrscheinlich in Anlehnung an die verschiedenen Volksgruppen des Landes. Die erste, noch völlig hellenistische Richtung stand vor allem im Dienst der an der Macht befindlichen Gruppen, der Nachkommen der makedonischen und römischen Eroberer. Sie prägte sich auch im Kunsthandwerk aus, das noch immer auf Seewegen und Handelsstraßen weite Verbreitung fand, in den Mittelmeerländern, in Nordeuropa und bis zu den Küsten des Indischen Ozeans, auf dem die Schiffahrt, nachdem man im 2. Jahrhundert die Regelmäßigkeit der Monsunwinde entdeckt hatte, beträchtlich zugenommen hatte. Die zweite Strömung in der Kunst Ägyptens sprach vor allem die Abkömmlinge der alten Ägypter an, die Priester alter Götterkulte und die Bewohner der Oasen im Innern des Landes. Aus ihrer Verbindung mit iranischen Elementen sollte später die koptische Kunst hervorgehen; es war dies das erste Mal, daß eine an der Peripherie des Reichs entstandene Kunst einen eigenen Stil herausbildete. Sie sollte, zugleich mit der byzantinischen Kunst, unmittelbaren Einfluß auf die religiöse christliche Kunst ausüben und in den kommenden Jahrhunderten im Sudan und in Äthiopien einen großen Aufschwung nehmen.

Griechenland war zu dieser Zeit eine Kunstprovinz geworden, in der es zwar auch verschiedene Strömungen gab, die aber nicht mehr imstande war, einen eigenen selbständigen Stil hervorzubringen. In den Werkstätten erhielt sich die klassizistische Tradition formaler Korrektheit, die dann mit dem Aufkommen des constantinischen Klassizismus wieder zu Ehren kommen sollte. Auf bescheidenem handwerklichen Niveau beeinflußte sie die Gestaltung kleiner Votivmonumente und Grabmäler in der makedonischen Region, in Thrakien und Moesien; Arbeiten von größerer Bedeutung dagegen überließ man in diesen Gebieten römischen oder kleinasiatischen Werkleuten und Künstlern.

In den Ostprovinzen Kleinasiens – Asia, Bithynien, Lydien, Karien und Kilikien – mit ihrem reichen Vorkommen an kostbarem Marmor blieb die künstlerische Vitalität in der Plastik am stärksten, besonders in Ephesos und Aphrodisias. Zwar stellte man weiterhin Kopien und Varianten der klassischen Vorlagen her, aber man schuf auch neue Ehrenmale, prunkvolle architektonische Dekorationen und neuartige Sarkophage. Ihre Formensprache fußte im wesentlichen noch auf dem Hellenismus, besonders auf dem von Pergamon. Aber auch hier kam es zu einer Loslösung vom totalen, konsequenten Naturalismus, der nicht mehr den neuen Bildinhalten entsprach. Diese Abwendung zeigte sich im übermäßigen Gebrauch des Helldunkels, wodurch sich die einzelnen Formen vom Reliefgrund abhoben und durch tiefe Schatten voneinander getrennt wurden. Derart isoliert, gewann jede Form eine ornamentale Autonomie, die sich nicht mehr den Regeln der Ausgewogenheit und der anatomischen Genauigkeit unterwarf, sondern nur denen der dekorativen Wirkung und der Akzentuierung des Ausdrucks. Vor allem war das in den Werkstätten von Aphrodisias der Fall, in denen Bildhauer arbeiteten, die zwar große ornamentale Phantasie besaßen, aber keine neuen formalen Konzeptionen hervorbrachten. Die Figuren, die nur einer dekorativen Absicht und ihrem Rhythmus dienten, isolierten sich von ihrem Hintergrund; sie verloren an Volumen und damit ihre perspektivische Wirkung, die doch die große Neuerung der klassischen Kunst gewesen war. Auch in den Werkstätten des hellenistischen Ostens ging im Laufe des 3. Jahrhunderts das Interesse an dieser formalen Errungenschaft verloren, die einmal die Originalität der hellenistischen Kunst ausgemacht hatte. Statt dessen wiederholten sie ihre Schemata und ließen sie zu ornamentaler Bewegungslosigkeit erstarren. Von solcher Art ist die Beziehung zwischen den großen Figuren der Heiligen und Patriarchen und den Architekturen auf Goldgrund in den Mosaiken des Theodosius in der Rotunde (Hagios Georgios) von Thessalonike.

Das abnehmende Interesse am malerischen Raum stand in direktem Zusammenhang mit einer veränderten Beziehung des Menschen zur Realität. Realismus, Naturalismus und malerischer Raum waren nur Konsequenzen der Haltung, die der Mensch in der griechischen Kultur der Natur und der Welt gegenüber eingenommen hatte: einer im wesentlichen rationalen Haltung. Aber die Kultur der Westprovinzen des Reichs war nie spontan zu einem solchen Verhältnis gelangt. Die führenden Klassen, angefangen bei den italischen und erst recht bei den keltischen und iberischen Bevölkerungsteilen, hatten immer nur die äußere Hülle der griechischen Kultur übernommen; im Grunde aber waren sie einem abergläubischen Irrationalismus treu geblieben, von dem sich nur einige Intellektuelle – wie zum Beispiel Lucrez – völlig freimachen konnten. Hier standen sich zwei Weltanschauungen gegenüber, die sich gegenseitig nicht verstehen konnten. Das ist der Grund für den vorzeitigen Verlust der hellenistischen Form im Westen. Doch auch im Osten, selbst in den Städten, die mit dem Hellenismus gewachsen waren, überwogen in den Jahrhunderten, mit denen wir uns auf diesen Seiten beschäftigten, die irrationalen Tendenzen, wenn sie auch hier komplexere philosophisch-religiöse Formen annahmen. Wir wiesen darauf hin in der Einleitung und auch anläßlich der Symbolik in der Ausschmückung der Sarkophage. Gerade von den Provinzen des östlichen Mittelmeerraums aus verbreiteten sich die Heilslehren nach Rom und über das ganze Reich, in denen der Mensch dieser Zeit einen Halt und eine Hoffnung suchte gegenüber einer Welt, die ihn bedrückte und die gleichzeitig an allen Ecken und Enden zusammenzubrechen schien. Ob es sich bei diesen Heilslehren um den Hermetismus, die Dionysosmysterien oder den Neuplatonismus handelte, ob um den im Thrakisch-Phrygischen wurzelnden Kult des Sabazios, den persischen Mithraskult, das Christentum jüdisch-palästinensischer Herkunft oder auch nur um kleinere örtliche Sekten – sie alle trugen ihr Teil dazu bei, das Verhältnis des Menschen zu den Realitäten der Welt entscheidend zu verändern. Auf die eine oder andere Art konnten sie alle dem Wort des Apostels Paulus beistimmen – das die mittelalterliche Mystik bekräftigen sollte –, dem Wort von der Unwirklichkeit der sichtbaren Welt, die nur ein Schleier sei zwischen dem Menschen und dem Unsichtbaren, das allein als wirklich und ewig zu gelten habe (vgl. ‹Römer› I, 20).

Vor allem auf dieser veränderten Beziehung zur Wirklichkeit beruht der neue künstlerische Ausdruck, der sich immer mehr vom Naturalismus entfernt, um eine immer stärker symbolische und damit transzendentale Bedeutung anzunehmen. An diesem Punkt, als zwar die Herrschaft des Naturalismus bereits gebrochen ist, die hellenistische Ikonographie in den Ostprovinzen aber noch in Übung bleibt, wirkt sich der klassizistische Einfluß vom Hofe Constantins in seiner neuen Hauptstadt am Bosporus als entscheidender Faktor im Kunstschaffen der Zeit aus. Die klassischen, vorhellenistischen Formen mit ihrem Realismus, dem ein abstrakter Rhythmus zugrunde lag, werden noch einmal zum Vorbild genommen; nur werden sie, der neuen irrationalen symbolistischen Auffassung entsprechend, neu interpretiert. Gegen Ende des 4. Jahrhunderts – unter Theodosius I. – tauchen in allen östlichen Provinzen, vor allem jedoch in Anatolien, Konstantinopel und Thessalonike, die ersten Zeugnisse byzantinischer Kunst auf. Man kann auf sie die gleichen Worte anwenden, mit denen G. Ostrogorsky den Hauptteil seiner ‹Geschichte des Byzantinischen Staates› beginnt: «Römisches Staatswesen, griechische Kultur und christlicher Glaube sind die Hauptquellen der byzantinischen Entwicklung.»

So vollzieht sich nicht nur die politische und administrative, sondern auch die kulturelle und künstlerische Trennung zwischen Osten und Westen. Der

Osten hat bereits am Ende des 4. Jahrhunderts die Voraussetzungen für die byzantinische Kunst entwickelt; der Westen dagegen ist bei den Formen einer provinziellen und popularisierenden Kunst stehengeblieben. Ist für den Osten seit langem die Bedeutung der hellenistischen Kunst als die eines Bausteins der byzantinischen anerkannt, so wurde bisher die Rolle der römischen Kunst bei der Entwicklung der westeuropäischen Kultur nicht immer gerecht gewertet, obwohl man sich mit dem Problem seit geraumer Zeit beschäftigt hat.

Das Ende des Hellenismus in der Kunst liegt in der Logik der Geschichte, sobald wir in der Kunst den unmittelbarsten, spontansten und unkontrolliertesten Ausdruck der Gesellschaft sehen. Dennoch hat dieser Wandel der künstlerischen Form eine Unmenge von Diskussionen heraufbeschworen und zu zahllosen Mißverständnissen Anlaß gegeben. Das lag zum Teil daran, daß, von der europäischen Kultur aus gesehen, wie sie sich vom 15. Jahrhundert an, besonders aber zwischen dem Ende des 17. und dem Ende des 19. Jahrhunderts entwickelte, der Naturalismus der hellenistischen Kunst nicht der Ausdruck einer bestimmten, historisch und geographisch fixierten Kultur war, sondern die einzige wahre und legitime Form, die die Kunst überhaupt annehmen konnte. Die griechische Kunst galt als die Kunst schlechthin. Jede von ihren Regeln abweichende Form wurde als Verirrung, Barbarei oder Dekadenz betrachtet. Deshalb die vielen Diskussionen darüber, wieso es möglich war, daß eine solche ‹Vollkommenheit› verlorengehen konnte. Und da der Mensch, oft ohne es sich bewußt zu machen, den Wandel künstlerischer Ausdrucksformen als moralisch zu verurteilende Herausforderung empfindet, mußte also nach einem ‹Schuldigen› an dieser ‹Dekadenz› gesucht werden. Das beweist, wie tief Stil und Form der Kunst mit unserer historisch-menschlichen Existenz verbunden sind.

Die Frage wurde bereits im ersten Versuch der europäischen Kulturgeschichte, eine Geschichte der Kunst vom Altertum bis zur Gegenwart des Schreibenden zu skizzieren, gestellt: in den ‹Commentari› des Lorenzo Ghiberti, des Schöpfers der berühmten Bronzetüren vom Baptisterium in Florenz. Er verfaßte sie in der Zeit von 1447 bis 1455, dem Jahr seines Todes. Nachdem er die Kapitel über griechische und römische Kunst aus der ‹Naturalis historia› des älteren Plinius resümiert hatte, schrieb er das folgende:

«So hatte denn zur Zeit des Kaisers Constantin und des Papstes Silvester der christliche Glaube gesiegt. Die Abgötterei wurde so streng verfolgt, daß alle Statuen und Malereien zerstört und vernichtet wurden, Werke von großem Adel und vollendeter antiker Würde; und mit den Statuen und Gemälden, den Büchern und Kommentaren gingen auch die Unterweisungen und Regeln für eine so ausgezeichnete und vornehme Kunst verloren. Schließlich, um alle alten Gebräuche der Abgötterei auszutilgen, wurde bestimmt, daß die Kirchen weiß zu sein hatten. Schwerste Strafen wurden zu jener Zeit jedem angedroht, der eine Statue oder ein Bild herstellte, und das war das Ende der Standbilder und der Malerei und jeglicher Lehre, die von ihnen handelte.»

Es hat fast eines Jahrhunderts kunstgeschichtlicher Forschungen bedurft, um zu erkennen, daß der Wandel der Formen auch schon vor dem Sieg des Christentums begonnen hatte, schon vor dem Einfall der Barbaren und der Periode des Bildersturms, und um in der modernen Kultur mit dem Begriff der Dekadenz in seiner landläufigen Bedeutung aufzuräumen. Mit dem tatsächlichen Verlauf der historischen Entwicklung vertrauter geworden, begannen wir einzusehen, daß weniger äußere Einwirkungen – die immer leichter auszumachen sind – als vielmehr ein Umwandlungsprozeß innerhalb der Gesellschaft des Römischen Reiches das Ende dieser großen Kultur verursacht haben – und den mühsamen Beginn einer neuen Kultur, die zwar, was Erfahrung und Verfeinerung betraf, von einer niedrigeren Stufe ausging, an der aber eine sehr viel größere Zahl von Menschen teilhaben sollte.

Abbildungsverzeichnis

Die Seitenzahlen beziehen sich auf die den Bildern gegenüberliegenden Textseiten.

Personenregister

UNIVERSUM DER KUNST, BAND XXI

Etrusker und Italiker vor der römischen Herrschaft

Die Kunst Italiens von der Frühgeschichte bis zum Bundesgenossenkrieg.
Von Ranuccio Bianchi Bandinelli und Antonio Giuliano.
1974. VIII, 454 Seiten mit 451 Abbildungen, davon 80 farbig,
6 Pläne und 5 Karten. Leinen

Bevor Rom seine Herrschaft über ganz Italien ausdehnte, hatten sich auf der Halbinsel im Süden, in Mittelitalien und im Norden unterschiedliche Kulturen herausgebildet. Im Süden überwog der von den griechischen Kolonien ausgehende Einfluß, ohne daß die autochthone Kunst verdrängt wurde. In Mittelitalien grenzte die hochentwickelte Kultur der Etrusker an die primitiveren Kulturen der Samniter und der vor allem transadriatischen Einflüssen ausgesetzten Picener. Im Norden traf die Kultur der Veneter einerseits auf die der Illyrer und der Bewohner des Donaugebietes, andererseits auf die der Kelten und Ligurer. Alle diese Kulturen stellten sich den vordringenden Römern als Realität in den Weg, und sie gingen auch während ihrer Herrschaft nicht gänzlich unter. Das dem europäischen Festland verbundene frühe Italien steht Einflüssen offen, die von Anatolien bis zum Balkan und bis zur Ägäis reichen, und gerät mit der Besiedlung im 8. Jahrhundert v. Chr. außerdem in den Bereich griechischer Handels- und Kulturbeziehungen, die selbst in dem ganz andersartigen Sozialgefüge der italienischen Halbinsel lebendig bleiben. Die gesamte Kunst Italiens vor dem Eintreffen der Römer ist deshalb von Rastlosigkeit und Doppelgesichtigkeit geprägt.

VERLAG C. H. BECK MÜNCHEN